Dietz

Christoph Kleßmann

zum 60. Geburtstag

Arnd Bauerkämper,
Martin Sabrow, Bernd Stöver (Hg.)

Doppelte Zeitgeschichte

Deutsch-deutsche
Beziehungen 1945–1990

Verlag J. H. W. Dietz Nachfolger

Gedruckt mit Unterstützung der Friedrich-Ebert-Stiftung, Bonn,
der Westfälisch-Lippischen Universitätsgesellschaft, Bielefeld, und
der Potsdamer Universitätsgesellschaft, Potsdam

Die Deutsche Bibliothek – CIP-Einheitsaufnahme

Doppelte Zeitgeschichte : deutsch-deutsche Beziehungen 1945-1990 /
Arnd Bauerkämper ... (Hg.). - Bonn : Dietz, 1998
ISBN 3-8012-4090-8

Copyright © 1998
by Verlag J.H.W. Dietz Nachf. GmbH
In der Raste 2, 53129 Bonn
Lektorat: Dr. Annette Leo, Dr. Heiner Lindner
Umschlaggestaltung: Manfred Waller, Reinbek
Titelfoto: © Bildarchiv Preußischer Kulturbesitz (bpk), Berlin
Druck und Verarbeitung: Koninklijke Wöhrmann B.V.
Alle Rechte vorbehalten
Printed in the Netherlands 1998

Inhalt

Einleitung

Arnd Bauerkämper, Martin Sabrow, Bernd Stöver:
Die doppelte deutsche Zeitgeschichte 9

I. Abgrenzung und Verflechtung: Der Stellenwert der staatlichen Teilung für die Geschichte von Bundesrepublik und DDR

Ute Frevert:
Die Sprache des Volkes und die Rhetorik der Nation. Identitätssplitter in der deutschen Nachkriegszeit 18

Lothar Albertin:
Politische Jugendarbeit und nationale Frage im geteilten Deutschland 1945-1961. Zu wenig Diskurse im Kalten Krieg 32

Manfred Görtemaker:
Die Ursprünge der „neuen Ostpolitik" Willy Brandts 44

Axel Schildt:
Zwei Staaten – eine Hörfunk- und Fernsehnation. Überlegungen zur Bedeutung der elektronischen Massenmedien in der Geschichte der Kommunikation zwischen der Bundesrepublik und der DDR 58

II. Wahrnehmungs- und Deutungsmuster im Ost-West-Konflikt

Jerzy Holzer:
Polen und die deutsche Zweistaatlichkeit 1949-1989 74

Wladislaw Markiewicz:
Die deutsche Einheit aus der Sicht Polens 83

Detlev Zimmermann:
Zur deutsch-deutschen Wahrnehmung der Krisen im stalinistischen Herrschaftssystem und ihrer Folgen 1956 89

Michael Lemke:
Das Adenauer-Bild der SED 102

Martin Sabrow:
Der Streit um die Verständigung. Die deutsch-deutschen Zeithistorikergespräche
in den achtziger Jahren 113

Werner Bramke:
Kooperation in der Konfrontation: Begegnungen in der deutsch-deutschen Geschichtslandschaft der achtziger Jahre 131

III. Milieus und Identitäten im Vergleich

Josef Mooser:
Die Arbeiterbewegung in der Bundesrepublik und die DDR in den fünfziger Jahren 142

Klaus Schönhoven:
Sozialdemokratie im Wandel. Selbstverständnis und Sozialstruktur der SPD in
den sechziger und frühen siebziger Jahren 158

Wolfgang Jacobmeyer:
DDR-Geschichte im Hauptschulbuch der Bundesrepublik 168

Simone Barck:
„Zu groß angelegt?" „Die Republik" – ein gescheitertes Zeitungsprojekt der DDR
in den fünfziger Jahren 179

Georg Wagner-Kyora:
Arbeiter ohne Milieu und Angestellte im Abseits? Fragen an eine Sozialgeschichte der DDR-Chemieindustrie 197

Helga Grebing:
Dritte Wege – ‚Last Minute'? Programmatische Konzepte über Alternativen zu
den beiden ‚real existierenden' Deutschland zwischen Ende 1989 und Anfang
1990 214

Peter Hübner:
Omnia vincit labor? Historische Aspekte der Beschäftigungskrise in Deutschland
nach 1990 224

Peter Steinbach:
Neuorientierung im Umbruch. Zum Wandel des Selbstverständnisses deutscher Kriegsgefangener in England und den USA 234

Mario Keßler:
Zwischen Kommunismus und Sozialdemokratie, zwischen Ost und West. Die marxistischen Kleingruppen auf dem Weg in die deutschen Nachkriegsgesellschaften 251

IV. Widerstand: Handlungsfelder und Legitimationsmuster

Bernd Faulenbach:
Die Verfolgungssysteme des Nationalsozialismus und des Stalinismus. Zur Frage ihrer Vergleichbarkeit 268

Gisela Diewald-Kerkmann:
Vertrauensleute, Denunzianten, Geheime und Inoffizielle Mitarbeiter in diktatorischen Regimen 282

Arnd Bauerkämper:
Abweichendes Verhalten in der Diktatur. Probleme einer kategorialen Einordnung am Beispiel der Kollektivierung der Landwirtschaft in der DDR 294

Bernd Stöver:
Der Fall Otto John 312

V. Die doppelte Vergangenheit als Herausforderung der Zeitgeschichtsforschung: Theoretische Fragen einer deutsch-deutschen Vergleichs- und Beziehungsgeschichte

Falk Pingel:
Vom Paradigma der Weltrevolution zur Unbestimmtheit der Postmoderne – was heißt „Zeitgeschichte" im Ost-West-Vergleich heute? 330

Hans-Ulrich Wehler:
Diktaturenvergleich, Totalitarismustheorie und DDR-Geschichte 346

Arnold Sywottek:
Nach zwei Diktaturen? Über Perspektiven deutscher Gesellschaftsgeschichte im 20. Jahrhundert 353

Jürgen Kocka:
Nach dem Ende des Sonderwegs. Zur Tragfähigkeit eines Konzepts 364

Ulrich Herbert:
Drei deutsche Vergangenheiten. Über den Umgang mit der deutschen Zeitgeschichte 376

Manfred Hettling:
Umschreiben notwendig? Die Historiker und das Jahr 1989 391

Werner Abelshauser:
Der „Wirtschaftshistorikerstreit" und die Vereinigung Deutschlands 404

Norbert Frei:
Die Rückkehr des Rechts. Justiz und Zeitgeschichte nach dem Holocaust – eine Zwischenbilanz 417

Konrad H. Jarausch:
Die Provokation des „Anderen". Amerikanische Perspektiven auf die deutsche Vergangenheitsbewältigung 432

Abkürzungsverzeichnis 449

Die Autoren 452

Einleitung
Die doppelte deutsche Zeitgeschichte

1. Teilung versus Einheit

Mit der Einheit kam die Trennung. Der tiefgreifende Umbruch, der sich mit dem Ende des SED-Regimes und der Vereinigung Deutschlands vollzog, rief den Deutschen erst wirklich in ihr Bewußtsein, wie weit sie sich im Ost-West-Konflikt voneinander entfernt hatten. Erst im Rückblick wird auch deutlich, wie tiefgreifend die Teilung trotz aller Beschwörungen der nationalen Einheit nicht nur die politische, sondern auch die wirtschaftliche und gesellschaftliche Entwicklung der beiden deutschen Staaten geprägt hatte. Nach dem Zweiten Weltkrieg lebten die Deutschen in zwei Welten, die sie weit auseinander führten und sie selbst nach der staatlichen Vereinigung weiterhin trennten. Noch 1995 fühlten sich 32 Prozent der Ostdeutschen in erster Linie als Deutsche, aber 49 Prozent eher als Ostdeutsche; in Westdeutschland betrachteten sich demgegenüber 66 Prozent der Bevölkerung als Deutsche und nur 11 Prozent als Westdeutsche.[1] Es kennzeichnet die „Vereinigungskrise"[2] der neunziger Jahre, daß im Jahr 1994 immerhin 62 Prozent der Westdeutschen, aber nur 54 Prozent der Ostdeutschen den Zusammenhalt der Nation durch wirtschaftliche Krisen gefährdet sahen. Dagegen nannten 43 Prozent der Ostdeutschen, aber nur 36 Prozent der Westdeutschen soziale Kälte und fehlendes menschliches Miteinander als unmittelbare Bedrohung des nationalen Zusammenhalts. Besonders in der jüngeren Generation ist das Bewußtsein der Zusammengehörigkeit schwach ausgeprägt: 1994 glaubten im vereinigten Deutschland 35 Prozent der Jugendlichen im Alter von 16 bis 29 Jahren, daß Ost- und Westdeutsche untereinander mehr Ähnlichkeit hätten als die Deutschen mit ihren Nachbarvölkern; in der Gruppe der über Sechzigjährigen betrug der entsprechende Anteil 61 Prozent. Der Prozeß der ‚inneren Vereinigung' verläuft schleppend, und es ist nicht zu übersehen, daß ein ostdeutsches Sonderbewußtsein nach wie vor fortlebt oder sich sogar nach dem Ende der Teilung neu zu entwickeln begonnen hat.

Verwunderlich ist dies nicht angesichts des tiefen Grabens, der die Deutschen über vierzig Jahre getrennt hatte: Die innerdeutsche Grenze war die Trennlinie gegensätzlicher Hemisphären; an ihr standen sich Parteiendemokratie und Parteidiktatur gegenüber, Markt- und Planwirtschaft, pluralistische und monistische Gesellschaft, Liberalismus und Diktatur des Proletariats, vergesellschafteter Staat und durchstaatlichte Gesell-

---
1 Angaben nach: E. Noelle-Neumann/R. Köcher (Hg.), Allensbacher Jahrbuch der Demoskopie 1993-1997, Bd. 10, München 1997, S. 495ff. Die folgenden Angaben nach ebd.
2 J. Kocka, Vereinigungskrise. Zur Geschichte der Gegenwart, Göttingen 1995.

schaft, Verwestlichung und Veröstlichung. Die Gegensätze prägten besonders in Phasen des zugespitzten Ost-West-Konflikts – wie nach dem Mauerbau 1961 – die Wahrnehmung der Zeitgenossen. In der Bundesrepublik entwickelte sich allmählich eine politische Kultur unter dem dominanten Einfluß des Westens und besonders der USA, der nahezu alle Lebensbereiche durchdrang und die Reste eines tradierten deutschen „Sonderbewußtseins" zum Verschwinden brachte. Die Bevölkerung der DDR hingegen stand unter einem erheblichen Sowjetisierungsdruck, der ihr Leben ebenfalls weit über die politische Sphäre hinaus bis in den Alltag hinein prägte. Freilich wurde zu keiner Zeit für die DDR die Ostorientierung so konstitutiv wie die Westorientierung für die Bundesrepublik, wo das Leitbild einer auf breiter politischer Partizipation beruhenden Demokratie und das Konzept einer pluralistischen Gesellschaft die traditionellen obrigkeitsstaatlichen Werte zunehmend überlagerten.

Die wechselseitige Abgrenzung blieb aber immer – selbst in Phasen der Entspannungspolitik – eine wichtige Legitimationsgrundlage der beiden wirtschaftlichen, politischen und sozialen Ordnungen in Ost- und Westdeutschland. In beiden Teilen des gespaltenen Landes stellten sich die Politiker bis in die sechziger Jahre als Hoffnungsträger der nationalen Wiedervereinigung hin und ihre Gegenspieler auf der anderen Seite als Lakaien ihrer jeweiligen Supermacht; in beiden Teilen bekräftigte die Distanzierung vom feindlichen Bruder die Gültigkeit der eigenen Wertordnung; aus dem Kontrast zu den wirtschaftlichen und politischen Verhältnissen im Ostblock speiste sich das bundesdeutsche Selbstverständnis nicht weniger als die Identität des SED-Staates aus der Abgrenzung von seinem westlichen Gegenspieler.

2. *Einheit versus Teilung*

Ebenso gilt aber auch, daß die Deutschen bis zum Ende der Teilung zugleich auch vielfach aufeinander bezogen blieben. Wie sich heute deutlicher als vor 1989 zeigt, bildeten Trennung *und* Gemeinsamkeit zwei Seiten eines in sich widersprüchlichen Ganzen, ohne deren Zusammenschau die deutsche Geschichte nach 1945 nicht erklärt werden kann. Beide deutsche Staaten wurzelten in derselben Geschichte, auch wenn sie sich in ihrer Entwicklung und Selbstdarstellung aus unterschiedlichen Arsenalen ihres Traditionsbestandes bedienen sollten. Sie blieben beide trotz der Teilung durch die gemeinsame Sprache ebenso gekennzeichnet wie durch dieselben kulturellen und mentalen Prägungen; sie standen beide auf ihre Weise in der Tradition des deutschen Wegs in die Moderne, und sie machen die Entscheidung nicht einfach, in welchem der beiden Teilstaaten die historischen Bezüge zur gemeinsamen preußisch-deutschen Machtstaatsvergangenheit deutlicher hindurchschimmerten.

Bundesrepublik und DDR durchliefen in ihren Bündnissystemen die gleiche Entwicklungskurve von der Fremdbestimmung über den Einpassungseifer bis hin zur vorsichtigen Emanzipation. Der eine wie der andere begann in den späten vierziger und frühen fünfziger Jahren allmählich aus seiner Objektrolle herauszutreten und mit dem wirtschaftlichen Wiederaufbau wie mit der Integration in das jeweilige Bündnissystem die nationalstaatliche durch eine supranationale kulturelle Orientierung abzulösen. Unter diesen Voraussetzungen zeigten sich beide deutsche Staaten in ihrer offiziellen Politik zunächst eher als Bremser des sich in den sechziger Jahren entwickelnden globalen Entspannungsprozesses und wurden später zu seinen prononciertesten Förderern – bis hin zum Konzept einer besonderen deutsch-deutschen Sicherheitspartnerschaft.

Ost- und Westdeutschland blieben von ihrem ersten bis zu ihrem letzten Tag gemeinsame Erben der totalen Niederlage des „Dritten Reiches"; auf ihnen beiden lasteten die Folgen des nationalsozialistischen Regimes. Die Konfrontation mit seinen Verbrechen berührte das Selbstverständnis aller Deutschen. Zeitgenossen auf beiden Seiten der Elbe erkannten unmittelbar nach Kriegsende die Chance eines moralischen Neuanfangs, die sich aus der „deutschen Katastrophe"[3] und dem „Irrweg einer Nation"[4] ergab; eine tiefergehende Verarbeitung blieb aber in der Frühgeschichte sowohl der ostdeutschen wie der westdeutschen Gesellschaft aus. Beide Teilstaaten suchten zudem Entlastung von der Vergangenheit im Bewährungsaufstieg innerhalb ihres jeweiligen Blocksystems. Während in Westdeutschland die Auseinandersetzung über die Vergangenheit zunächst weitgehend abbrach, wurde sie von der SED-Führung in der SBZ und DDR im Dogma eines verordneten Antifaschismus kanonisiert, der zwar eine grundsätzliche Distanzierung von der NS-Diktatur förderte, aber dem „Monopolkapital" und den „Junkern" die Verantwortung für sie zuwies – und die Bevölkerungsmehrheit damit entlastete.

Aus der europäischen Außenperspektive besser als aus der deutschen Innensicht wurden die beiden Nachfolgestaaten des Deutschen Reichs über vierzig Jahre hinweg auch als Teile eines möglichen Ganzen wahrgenommen. Weder in der östlichen noch in der westlichen Hemisphäre verschwanden je die Zweifel an der Dauerhaftigkeit der deutschen Teilung, und sie bestätigten sich im Sommer und Herbst 1989, als die Mauer erst durchlässig wurde und dann in sich zusammenfiel, während die ostdeutschen Demonstranten plötzlich nicht mehr „*Wir* sind das Volk" riefen, sondern: „Wir sind *ein* Volk!"

In beiden deutschen Staaten erwies sich 1990 – entgegen der Vorstellung einer *Wieder*vereinigung des geteilten Landes – eine direkte Anknüpfung an die Ausgangslage von 1945 schon infolge des Generationswechsels und des sozioökonomischen Wandels als undenkbar. In den sozialen Veränderungen, die sich in unterschiedlichem Ausmaß in beiden deutschen Staaten seit den fünfziger Jahren vollzogen hatten, waren die tradierten Milieus erschüttert und zum Teil aufgelöst worden. Im Laufe der fünfziger Jahre schwanden in der DDR zunehmend – wenn auch nicht abrupt – besonders dörflich-agrarische und konfessionelle Milieus, die dem Druck der zentralstaatlichen Eingriffe nicht standzuhalten vermochten. Ähnlich wurde auch in der Bundesrepublik die Bindungskraft der Milieus durch die Modernisierung zusehends ausgehöhlt; die Integra-

---

[3] F. Meinecke, Die deutsche Katastrophe, Wiesbaden 1946.
[4] A. Abusch, Der Irrweg einer Nation. Ein Beitrag zum Verständnis der deutschen Geschichte, Berlin 1946.

tionskraft dörflich-agrarischer und protestantischer Milieus ging zurück, und in der Arbeiterschaft vollzog sich ein „Abschied von der ‚Proletarität'",[5] der auch die gesellschaftliche Rolle der Gewerkschaften und das Selbstverständnis der SPD tiefgreifend veränderte. Die Erosion von Solidargemeinschaften spiegelte den allgemeinen Bedeutungsverlust kollektiver Bindungen und den Individualisierungsprozeß in modernen Gesellschaften wider, der sich nicht nur als Verlust gesellschaftlichen Zusammenhalts, sondern auch als Befreiung von überkommenen Normen und Zwängen auswirkte.

3. Strukturelle Asymmetrien

Gleichzeitig blieb das Verhältnis zwischen der Bundesrepublik Deutschland und der DDR asymmetrisch und immer von gegenseitiger Abgrenzung geprägt. Durchweg war die Bevölkerung der DDR stärker auf die Bundesrepublik fixiert als die Westdeutschen auf den unattraktiven „Arbeiter-und-Bauern-Staat" – obwohl die DDR als das „andere Deutschland" in Einzelfällen Anziehungskraft auch auf Westdeutsche entfaltete. Nichts drückt diese Asymmetrie stärker aus als das Ausmaß der innerdeutschen Fluchtbewegung: Von 1950 bis 1989 siedelten 4,9 Millionen Menschen aus der DDR nach Westdeutschland über. Umgekehrt entfernten sich die Deutschen im Westen schon bald stärker von der nationalen Einheit als die Deutschen im Osten, die auch in der Zeit schärfster politischer Abgrenzung noch einem gesamtdeutschen Bezugsrahmen verpflichtet blieben, während die Bundesbürger ungeachtet aller Vereinigungsrhetorik am Tag der Deutschen Einheit sich mit jedem Jahr spürbarer vom deutschlandpolitischen Handlungsgebot des Grundgesetzes verabschiedeten und ihre Identität im größeren europäischen und westlichen Kontext neu zu definieren begannen.

Asymmetrisch war die Systemkonkurrenz, der beide deutsche Staaten unterlagen. Gewiß sind die Auswirkungen nicht gering zu veranschlagen, die die bloße Existenz eines zweiten, sozialistischen Deutschland auf die Gestaltung der bundesdeutschen Sozialpolitik in der Nachkriegszeit hatte. Weit bedeutender aber wirkten die DDR-Verhältnisse im Westen als Negativbild; sie behinderten bis in die späten sechziger Jahre auch in der Wissenschaft eine unvoreingenommene Auseinandersetzung mit marxistischen Denkangeboten und sozialistischen Politikvorstellungen. Umgekehrt blieb die wirtschaftliche, politische und kulturelle Magnetkraft der Bundesrepublik eine vom SED-Regime nie zu überwindende Herausforderung, der es sich tagtäglich bis in die feinsten Facetten des sozialen Lebens zu stellen hatte. Die wöchentlichen „Berichte aus dem Parteileben" der einzelnen SED-Gliederungen, die obligatorischen Reiseberichte von Westreisenden, die im gigantischen Überwachungsapparat der Staatssicherheit gesammelten Informationen über die eigene Bevölkerung, sie alle spiegeln, wie

---

5 J. Mooser, Abschied von der „Proletarität". Sozialstruktur und Lage der Arbeiterschaft in der Bundesrepublik in historischer Perspektive, in: W. Conze/M.R. Lepsius (Hg.), Sozialgeschichte der Bundesrepublik Deutschland. Beiträge zum Kontinuitätsproblem, Stuttgart ²1985, S. 143-186.

sehr der zweite deutsche Staat auf den ersten deutschen Staat fixiert blieb, wie der Westen dem Osten offenes Feindbild und zugleich heimliches Leitbild war.

Die strukturelle Asymmetrie der innerdeutschen Beziehungen enthüllte schließlich der deutsche Vereinigungsprozeß nach 1989. Staatsrechtlich vollzog er sich als Beitritt der fünf neuen Länder zum Grundgesetz, sozioökonomisch bedeutete er eine Inkorporation der östlichen Lebensverhältnisse in das westliche System, und politisch wurde er je nach eigenem Standort auf einer Skala zwischen Aufnahme und Anschluß des Ostens durch den Westen Deutschlands erfahren. Asymmetrische Züge weist der von heftigen Kontroversen begleitete Umgang mit den Folgen und den Herrschaftsträgern der sozialistischen Diktatur im vereinigten Deutschland aus. Weitgehend bestimmt von der Berichterstattung in den Massenmedien, verengte sich die Debatte vielfach auf den Diktaturcharakter des Herrschaftssystems und hier vor allem auf den Repressionsapparat des Ministeriums für Staatssicherheit und die Rolle seiner „Inoffiziellen Mitarbeiter". Auch das moralische Versagen vor den Imperativen der Macht wurde öffentlich und kontrovers diskutiert, so etwa am Beispiel der DDR-Historiographie und der Rolle von ostdeutschen Historikern zwischen der Anforderung wissenschaftlicher Seriosität und dem Druck zur politischen Legitimation. Oft wird beklagt, daß das Bewußtsein für eine Lebenswirklichkeit, die in der Diktatur nicht aufging, im öffentlichen Gespräch des vereinigten Landes keine Stimme mehr hat oder gar schnell in den Verdacht „ostalgischer" Verklärung gerät.

4. Abgrenzung in der Verflechtung

Wie lassen sich diese Phänomene von Gegensatz in den Konzepten einer sich methodisch vergewissernden Historiographie zureichend erfassen? Im Rückblick zeichnet sich immer deutlicher die ‚Einheit der Epoche' von 1914 bis 1990 ab, tritt das ‚kurze 20. Jahrhundert' hervor.[6] Doch damit wird die Diskussion über die Zäsuren der deutschen und europäischen Geschichte im 20. Jahrhundert nicht beendet, sondern allenfalls verlagert. So hat die jüngere Zeitgeschichtsforschung herausgearbeitet, daß in den dreißiger Jahren ein umfassender gesellschaftlicher Modernisierungsprozeß einsetzte, der die Zäsur von 1945 übersprang und in den späten fünfziger und frühen sechziger Jahren mit der forcierten Auflösung der Milieus, der neuen Jugend- und Freizeitkultur und der sprunghaften Steigerung des Lebensstandards einen neue Phase erreichte. Der weltgeschichtliche Umbruch von 1989 bis 1991 hat über die Zäsurenproblematik hinaus aber auch der Reflexion über das Selbstverständnis, die Aufgaben und die methodologisch-theoretische Erneuerung der Zeitgeschichte neuen Auftrieb verliehen. 1953 und am Beginn ihrer Etablierung in Deutschland hatte Hans Rothfels der Zeitgeschichte als „Epoche der Mitlebenden" noch eine „durch Mitleben aufschließende

---

6 K. Tenfelde, 1914 bis 1990 – Einheit der Epoche, in: APZ, B 40/1991, S. 3-11; E. Hobsbawm, Das Jahrhundert der Extreme. Weltgeschichte des 20. Jahrhunderts, München 1995, S. 7.

Hebelkraft der Erkenntnis" zugeschrieben.[7] Mit ihm wurde fortan die Oktoberrevolution in Rußland und der Eintritt der Vereinigten Staaten in den Ersten Weltkrieg als Beginn dieser neuen Epoche angesehen, die durch die welthistorische Auseinandersetzung zwischen Demokratie und Diktatur bestimmt worden sei.

Der Generationswechsel machte bald das Dilemma dieser Definition offensichtlich: Nach dem Aussterben der Generation, die den Ersten Weltkrieg noch miterlebt hatte, begann allmählich die Zäsur von 1945 die von 1917/18 abzulösen und die deutsche Zeitgeschichte sich in eine „jüngere" und eine „ältere" Phase zu unterteilen, wenn nicht überhaupt – wie konsequent in der DDR-Geschichtswissenschaft – ihr Beginn auf 1945 festgesetzt wurde. Einen Ausweg bot der Vorschlag, als Zeitgeschichte „die Summe jüngst vergangener, das Leben der Zeitgenossen noch unmittelbar berührender Ereignisse" zu verstehen.[8] In dieser Sicht bleiben die Zeit des Nationalsozialismus und selbst die Weimarer Republik Teil einer weit definierten Zeitgeschichte, die nicht mehr an das persönliche Erleben der Mitwelt gebunden ist, sondern den Teil der Vergangenheit einschließt, der in der Gegenwart unmittelbar präsent ist und ihr Handeln bestimmt.

Geht man von dieser Definition aus, bietet sich das Konzept einer doppelten Zeitgeschichte an, das vom Ansatz her weit genug ist, um die Festigung der parlamentarischen Demokratie in der Bundesrepublik ebenso aufzunehmen wie die Entwicklung der staatssozialistischen Diktatur in der DDR, aber auch die mit dem Mauerbau endgültig zementiert scheinende Teilung des Landes. Doch auch in dieser Doppelung stehen der Geschichtsschreibung verschiedene Wege offen, von denen zumindest drei die gegenwärtige Diskussion bestimmen: Die eine, nationalgeschichtliche Perspektive geht von einer gemeinsamen deutschen Geschichte im Zeitalter der deutschen Zweistaatlichkeit aus; sie argumentiert von der Zusammengehörigkeit der beiden deutschen Entwicklungspfade, von der „dialektischen Einheit" ihrer Staatsgebilde[9] und von der Gleichartigkeit der Umstände, in denen sie existierten. Aus dieser Sicht verliert die Zäsur von 1945 ihr Gewicht und rückt das transitorische Moment der deutschen Teilung in den Vordergrund. Sie hebt besonders die einheitlichen Wurzeln und spezifischen deutschen Traditionen beider deutscher Teilstaaten hervor und beleuchtet die erstaunlichen Gemeinsamkeiten, die sie als zwei Nachfolger desselben Hitlerreiches miteinander verbanden und die ihren parallelen Weg in unterschiedliche Bündnissysteme wie ihre allmähliche Emanzipation in ihnen begleiteten. Das kontrastierende Denkmodell argumentiert umgekehrt mit der Gegensätzlichkeit von deutscher Demokratie und deutscher Diktatur und vermeidet den teleologisch verengenden Akzent einer Geschichtsbetrachtung, die die Geschichte der deutschen Teilung nur von ihrem Ende her deutet. Es lehnt sich stärker an den Denkhorizont der Zeitgenossen an und nimmt die ge-

---

7 Zit. nach: H. Rothfels, Sinn und Aufgabe der Zeitgeschichte, in: ders., Zeitgeschichtliche Betrachtungen, Göttingen ²1963, S. 15.
8 Institut für Zeitgeschichte, Selbstverständnis, Aufgaben und Methoden der Zeitgeschichte, München ²1973, S. 3.
9 So schon Karl Dietrich Erdmann, Drei Staaten – zwei Nationen – ein Volk? Überlegungen zu einer deutschen Geschichte seit der Teilung, in: GWU 36 (1985), S. 679.

trennten und vielfach gegensätzlichen Entwicklungslinien beider deutscher Staaten als Parallelgeschichte auf – etwa indem es die Verwestlichung der einen Gesellschaft der Veröstlichung der anderen gegenüberstellt. Ein dritter Ansatz verfährt beziehungsgeschichtlich. Er betont die „Gegensätzlichkeit und enge Aufeinanderbezogenheit" zweier unterschiedlicher Gesellschaftssysteme auf dem Boden einer Nation,[10] und er erlaubt es, der strukturellen Asymmetrie in ihren Wechselbeziehungen Rechnung zu tragen. Er wird dem Umstand gerecht, daß die Bundesrepublik für die DDR immer ‚objektiver Gegner' und heimliches Vorbild zugleich blieb, während umgekehrt die DDR für die Bundesrepublik nur sehr eingeschränkt und mit immer noch weiter sinkender Bedeutung als Referenzsystem fungierte.

‚Verflechtung in der Abgrenzung' ist das eigentliche Signum der doppelten deutschen Zeitgeschichte und gleichzeitig das Thema des vorliegenden Bandes. Er will auf ein Defizit aufmerksam machen, das die Forschungsentwicklung nach 1990 kennzeichnet: Das nicht zuletzt quellenbedingte Übergewicht von mittlerweile weit über 1.000 laufenden Untersuchungsvorhaben zur ostdeutschen Zeitgeschichte kompensiert das Fehlen einer eigentlichen DDR-Historie vor 1989, aber in ihm setzt sich mit umgekehrtem Vorzeichen derselbe Mangel an beziehungsgeschichtlichen und komparatistischen Analysen fort, der die zwischen Politik, Geschichte und Soziologie angesiedelte DDR-Forschung vor dem Zusammenbruch der DDR kennzeichnete. Erst in der Verbindung von vergleichs- und beziehungsgeschichtlichen Interpretationsdimensionen aber enthüllen sich die vielfältigen Verflechtungen, die die doppelte deutsche Zeitgeschichte prägen halfen. Zu ihnen zählen neben den eigentlichen Kooperationsbeziehungen vor allem Traditionsbeziehungen, die sich auf die gemeinsamen geschichtlichen Wurzeln richten. Weiter sind Kontrastbeziehungen zu nennen, also die negativen, auf Abgrenzung zielenden oder abgrenzend wirkenden Einflüsse, die von der DDR in die Bundesrepublik und umgekehrt wirkten, aber auch Konkurrenzbeziehungen – wie etwa in bezug auf internationale Anerkennung oder im Leistungssport – und schließlich Wechselbeziehungen, in denen sich Faktoren gegenseitiger Beeinflussung in Kultur und Alltag wie in der Literatur oder in der Entwicklung von Lebensstilen erfassen lassen.

Auf den Erkenntnisgewinn einer solchen, nach asymmetrischer Verflechtung in der Abgrenzung fragenden deutschen Zeitgeschichte nach 1945 aufmerksam zu machen, ist das gemeinsame Interesse der hier vorgestellten Beiträge. Sie ordnen sich in fünf Felder, die die Bezugspunkte der doppelten deutschen Zeitgeschichte zwischen 1945 und 1990 in unterschiedlicher Weise ausloten. Im ersten geht es um den Stellenwert der staatlichen Teilung für die Geschichte von Bundesrepublik und DDR aus vorwiegend politik-, aber auch wirtschaftsgeschichtlicher Perspektive. Das zweite, stärker der politischen Kultur gewidmete Feld thematisiert die unterschiedlichen und sich doch überlappenden Wahrnehmungs- und Deutungsmuster im Ost-West-Konflikt, während im dritten Bereich soziale Milieus und die Herausbildung neuer politischer Kulturen im deutsch-deutschen Vergleich behandelt werden. Das vierte Themengebiet befaßt sich

---

10 Erdmann, S. 682.

mit Handlungsfeldern und Legitimationsformen widerständigen Verhaltens in diachron und synchron vergleichender Perspektive, während das fünfte Feld den theoretischen Fragen einer deutsch-deutschen Vergleichs- und Beziehungsgeschichte Raum gibt.

Die Herausgeber hoffen, mit diesem Band eine der zentralen Deutungsachsen der jüngeren deutschen Zeitgeschichte herauszuarbeiten, die neben gesamteuropäischen Perspektiven ebenso wie neben dem deutschen und dem osteuropäischen Diktaturvergleich ihre eigenen Erkenntnischancen birgt, aber in der bisherigen Diskussion deutlich unterrepräsentiert war. Er will daher weniger im Sinne einer „Art innerer Wiedervereinigung der Zeitgeschichte"[11] verstanden sein, sondern vielmehr als Beitrag zur Formulierung eines zwei Teilgeschichten reflektiert miteinander verknüpfenden Interpretationsrahmens, der für Distanz und Nähe der deutschen Geschichte in der Zeit ihrer Zweistaatlichkeit gleichermaßen Raum läßt.

Unser besonderer Dank gilt You Jae Lee für seine Unterstützung bei der Fertigstellung dieses Bandes.

Potsdam, im September 1998

Arnd Bauerkämper
Martin Sabrow
Bernd Stöver

---

11 H.G. Hockerts, Zeitgeschichte in Deutschland. Begriff, Methoden, Themenfelder, in: APZ, B 29-30/1993, S. 19.

I.

Abgrenzung und Verflechtung:
Der Stellenwert der staatlichen Teilung für die Geschichte von Bundesrepublik und DDR

Ute Frevert
Die Sprache des Volkes und die Rhetorik der Nation. Identitätssplitter in der deutschen Nachkriegszeit

„Das Reich ist zerbrochen, die Nation auseinandergerissen ... Zur Zeit lebt Deutschland nur als Idee und nicht als Tatsache." So lautete die teils nüchterne, teils emphatische Diagnose des Sozialdemokraten Kurt Schumacher im Sommer 1945.[1] Der nüchterne Anteil betraf die „Tatsachen": Am 7. Mai 1945 hatten die Truppen der deutschen Wehrmacht kapituliert; am 5. Juni übernahmen die Siegermächte die oberste Regierungsgewalt in Deutschland und verfügten die Aufteilung des Landes in vier Besatzungszonen. Am 2. August gaben die in Potsdam versammelten alliierten Regierungschefs die Bedingungen bekannt, unter denen das „deutsche Volk" sich darauf vorbereiten konnte und sollte, „sein Leben auf einer demokratischen und friedlichen Grundlage von neuem wiederaufzubauen".[2] In welchen räumlichen Grenzen und Zeithorizonten sich dieser Wiederaufbau vollziehen würde, blieb offen.[3]

Die staatsrechtliche Existenz des Deutschen Reiches, seine zentralen Regierungs- und Verwaltungsstrukturen hatten sich folglich im Sommer 1945 aufgelöst; „Deutschland" lebte, wie nicht allein Schumacher meinte, nur noch als „Idee". Aber war diese Idee tatsächlich lebendig? Gerade der emphatisch-beschwörende Tonfall Schumachers weckt Zweifel. Wer dachte in der Situation des Zusammenbruchs an „Deutschland"? Wer hielt an der Vorstellung eines nationalen Zusammenhangs der Deutschen fest, mit welchen Interessen und Gefühlen? Gab es noch ein „deutsches Volk", das als Träger nationaler Zuschreibungen ansprechbar war? Zu welchen Identifikationen lud die „Idee Deutschland" ein, welche schloß sie aus? In welche sprachlichen Formen ließ sie sich gießen?

„Deutsches Volk", „Gemeinschaft", „Nation" – waren diese emotional grundierten Identitätsbegriffe, die über staatsrechtlich-politische Konstruktionen weit hinauswiesen, nicht ebenfalls in den Strudel der Verwirrung und Auflösung geraten, der den militärischen und politischen Zusammenbruch begleitete? Mußte sich nicht vor allem der Begriff der „Nation" durch die zwölf Jahre „national"-sozialistischer Herrschaft diskreditiert sehen? Konnte die Rede vom „deutschen Volk" außer acht lassen, daß die Natio-

---
1 K. Schumacher, Konsequenzen deutscher Politik, in: A. Scholz/W.G. Oschilewski (Hg.), Turmwächter der Demokratie. Ein Lebensbild von Kurt Schumacher, Bd. II: Reden und Schriften, Berlin 1953, S. 25.
2 Ebd., S. 48.
3 Die entsprechenden Dokumente sind abgedruckt in: K.-J. Ruhl (Hg.), Neubeginn und Restauration. Dokumente zur Vorgeschichte der Bundesrepublik Deutschland 1945-1949, München 1982.

nalsozialisten (und ihre völkischen Vorfahren) diesen Begriff ideologisch besetzt und mit rassistischen Inhalten und Aufträgen gefüllt hatten?

Schumacher selbst schien diesen historischen Verbrauch, diese Abnutzung von Begriffen und Gefühlen nicht zu empfinden. Er sprach ungeniert und unbefangen vom „Reich", von der „Nation", vom „deutschen Volk", von „Deutschland". Offenbar waren dies für ihn feste Bezugspunkte, gleichsam ontologische Gewißheiten, die einen unangreifbaren und unkorrumpierbaren ideellen Kern besaßen. Aber vielleicht trügt der Schein des Anfangszitats. Deshalb soll die Frage allgemeiner gestellt werden: Gab es in den Jahren nach dem Ende des Zweiten Weltkrieges in Deutschland ein Bewußtsein dafür, daß die tradierten Begriffe und Gefühle, mit denen überindividuelle Bindungsverhältnisse markiert wurden, fragwürdig geworden waren? Dachte man über den neuen Gebrauchswert solcher Begriffe nach? Entwickelte man Alternativen, neue semantische Angebote, in denen Zugehörigkeits- und Abgrenzungsgefühle empfunden und ausgedrückt werden konnten? Als was beschrieben sich Deutsche in der unmittelbaren Nachkriegszeit, bevor ihnen neue staatsrechtliche Ordnungsraster zur Verfügung standen? Welche Bedürfnisse gingen in solche Selbstbeschreibungen ein? Gab es einen Kampf um Beschreibungen und Zuschreibungen, um Inklusions- und Exklusionsansprüche? Und wer führte diesen Kampf, mit welchen Interessen, Methoden und Zielen?

1. Alliierte Erwartungen

Für die Alliierten, das läßt sich aus ihren offiziellen Verlautbarungen während und gegen Ende des Krieges unschwer herauslesen, gab es „Deutschland" und das „deutsche Volk". Allerdings bestand nicht immer Einigkeit darüber, ob es auch zukünftig dabei bleiben sollte. Auf der Teheraner Konferenz, die die Deutschlandfrage nur am Rande behandelte, äußerten sich alle Regierungschefs zugunsten einer Auflösung des einheitlichen deutschen Staatsverbandes. Roosevelt schlug die Aufteilung Deutschlands in fünf unabhängige Staaten vor, Churchill plädierte dafür, Süddeutschland in eine Donauföderation zu integrieren. Stalin nahm dazu nicht eindeutig Stellung, machte aber darauf aufmerksam, daß jede Zerstückelung enorme Wiedervereinigungskräfte wecken würde, die dann seitens der internationalen Staatengemeinschaft zu „neutralisieren" wären.[4]

Auf diese Folgen hatte bereits im September 1943 ein von Roosevelt eingesetztes Advisory Committee on Post War Foreign Policy aufmerksam gemacht. Eine Teilung Deutschlands, so sein Argument, würde „keinen Beitrag zur Sicherheit leisten", sondern „im Gegenteil derartige Bitterkeit wachrufen und derartige Gewaltmaßnahmen zu ihrer Aufrechterhaltung notwendig machen, daß sie eine ernste Gefahr für die künftige Weltordnung darstellen würde". Nicht nur in der Sowjetunion, sondern auch in den

---
4 Vgl. ebd., S. 21f. Die sowjetischen Protokolle weichen z.T. erheblich von den amerikanischen ab; vgl. A. Fischer (Hg.), Teheran – Jalta – Potsdam. Die sowjetischen Protokolle von den Kriegskonferenzen der „Großen Drei", Köln 1985, S. 84.

USA und in Großbritannien nahm man Deutschland als einen relativ homogenen Nationalstaat wahr, in dem regionale, landsmannschaftliche „Unterschiede" weitgehend eingeebnet seien und ein „schrankenloser Nationalismus" herrsche. Diesem Nationalismus dürfe man keinesfalls durch eine allseits als künstlich empfundene Zerstückelung des Landes Vorschub leisten. Bleibe man bei der in Teheran gefundenen Formel, sehe man sich, warnte der britische Schatzkanzler im März 1945, unweigerlich „einem wachsenden Widerstand in Deutschland gegenüber" und liefere „direkt die Parole für die gefährlicheren Elemente".[5]

Obwohl die Meinungen hierüber in den einzelnen Ländern weit auseinandergingen, gewannen diejenigen Politiker und Politikberater, die sich – aus unterschiedlichen Gründen – gegen eine Teilung Deutschlands aussprachen, zunehmend an Einfluß. Die Jalta-Konferenz im Februar 1945 erwähnte in ihrem Schlußkommuniqué lediglich die Bildung separater Besatzungszonen und bekräftigte, daß die Alliierten nicht beabsichtigten, „das deutsche Volk zu vernichten".[6] Die von Stalin forcierte Frage der Aufgliederung wurde weder abschließend beantwortet noch offiziell thematisiert. Die Berliner Erklärungen der Alliierten vom 5. Juni machten schließlich deutlich, daß es jenseits der Besatzungszonen noch ein „Deutschland als Ganzes" gebe, für das die Oberbefehlshaber der alliierten Truppen „gemeinsam" zuständig seien. Ihr Gremium, der Berliner Kontrollrat, sollte darauf achten, daß das Vorgehen in den einzelnen Besatzungszonen eine „angemessene Einheitlichkeit" wahrte.[7]

Diese Marschrichtung wurde dann auch auf der Potsdamer Konferenz der Siegermächte beibehalten. Von einer „Zerstückelung" oder „Zergliederung" Deutschlands war nicht mehr die Rede; statt dessen machte sich die Sowjetunion für eine deutsche Zentralverwaltung stark. Außerdem hieß es im offiziellen Kommuniqué, Deutschland sei während der Besatzungszeit „als eine wirtschaftliche Einheit zu betrachten", für die gemeinsame Richtlinien aufzustellen seien. Selbst wenn die Regelung, daß jede Siegermacht ihre Reparationsansprüche aus der eigenen Zone befriedigen sollte, die Teilung bekräftigte, wollte sich keine Besatzungsmacht von der politischen Verantwortung für ganz Deutschland verabschieden. Deutschland dauerhaft zu teilen, hätte bedeutet, das war sowohl Amerikanern als auch Russen klar, Einflußsphären klar voneinander zu scheiden und auf Gestaltungsrechte im jeweils anderen Teil zu verzichten.[8] Lediglich Frankreich zeigte sich an einer konsequenten Teilungspolitik interessiert; noch im November 1945 schlug Staatspräsident de Gaulle vor, in Süd- und Mitteldeutschland einen Kranz separater Staaten zu schaffen und den Deutschen Bund in geschrumpfter Form wiederaufleben zu lassen. Außerdem verlangte er die Abtrennung von Rheinland und Ruhrgebiet (die in Potsdam abgelehnt worden war) und erklärte sie zu einer Frage von „Leben oder Tod" der französischen Nation. Die Ansätze einer gesamtdeutschen

---

5 Zit. in Ruhl, S. 16-19 (Advisory Committee); 29-33 (State Department); 52-58 (Schatzkanzler Anderson).
6 Ebd., S. 44-52; Fischer, S. 106ff.
7 Ruhl, S. 85.
8 Vgl. Fischer, S. 393ff.; C. Woods Eisenberg, Drawing the Line. The American decision to divide Germany, 1944-1949, Cambridge 1996.

Politik im Alliierten Kontrollrat wußte Frankreich nach Kräften zu torpedieren, ebenso wie es gegen Zentralverwaltungen als „Wiedergeburt des Reiches" opponierte.[9] Das Gespenst eines deutschen Nationalismus, das die anderen Alliierten beunruhigte, wurde in Paris offenbar nicht als sonderlich gefährlich eingestuft.

2. Deutsche Befindlichkeiten

Ließen sich Spuren eines solchen Nationalismus wahrnehmen? Gab es konkrete Verdachtsmomente für das, was das amerikanische Außenministerium Anfang 1945 noch als die „jetzt vorherrschende ultranationalistische Mentalität" in Deutschland charakterisiert hatte?[10]

In den Monaten des Zusammenbruchs war von diesem Nationalismus wenig zu spüren. Die Sorgen des alltäglichen Überlebens drängten die Sorge um „Deutschland" offenbar weit in den Hintergrund. Die meisten Anfragen, die bei der amerikanischen Militärregierung eingingen, bezogen sich auf lokale Organisations- und Administrationsprobleme, auf Kontakte zu Verwandten in anderen Regionen und auf das Schicksal evakuierter Kinder. Erst an letzter Stelle rangierte die Frage „Was werdet ihr mit Deutschland machen?"[11]

Nationale Identität wurde 1945 nicht von innen her empfunden, sondern von außen attribuiert. Deutsche, die jenseits der Oder und Neiße oder im Sudetenland lebten, mußten wegen dieser Identität ihre Heimat verlassen, ob sie wollten oder nicht. Als Flüchtlinge im „Deutschland" der vier Besatzungszonen angekommen, vermißten sie nur allzu oft jene Solidarität, die die gemeinsame Nationalität im Innern versprach. „Nirgends", wetterte Kurt Schumacher im Mai 1946, „ist so ein Überfluß von Geschwätz von nationalen Dingen wie in unserem armen Land, aber nirgends hat sich ein so großer Teil national so minderwertig gezeigt, wie jetzt die Besitzbürger gegenüber den Flüchtlingen".[12]

Auch in Regionen, die von den Kriegsereignissen und Zerstörungen relativ verschont geblieben waren, bot die Bevölkerung kein Bild der Eintracht und des Zusammenhalts. In seinem Neujahrsaufruf am 31.12.1945 appellierte ein südbadischer Landrat an die Bevölkerung, den „üblen Geist der Zwietracht" ruhen zu lassen: „Seid ein einig Volk von Brüdern!" Anstatt sich gegenseitig zu denunzieren, solle man „die Bereinigung

---

9 Zit. in: H. Graml, Die Alliierten und die Teilung Deutschlands. Konflikte und Entscheidungen 1941-1948, Frankfurt a.M. 1985, S. 108ff.
10 Zit. in Ruhl, S. 30.
11 Zit. in U. Borsdorf/L. Niethammer (Hg.), Zwischen Befreiung und Besatzung. Analysen des US-Geheimdienstes über Positionen und Strukturen deutscher Politik, Wuppertal 1977, S. 37. S. dazu auch P. Alter, Der eilige Abschied von der Nation. Zur Bewußtseinslage der Deutschen nach 1945, in: H. Klueting (Hg.), Nation, Nationalismus, Postnation, Köln 1992, S. 185-202; J. Foschepoth, Zur deutschen Reaktion auf Niederlage und Besatzung, in: L. Herbst (Hg.), Westdeutschland 1945-1955, München 1986, S. 151-166.
12 Scholz/Oschilewski, S. 86.

des Volkskörpers der Militärregierung" überlassen und „das Unvermeidliche mit Würde" tragen.[13] Angloamerikanische Journalisten und Offiziere, die im Sommer 1945 über Deutschland berichteten, äußerten sich immer wieder überrascht über die servile, zutrauliche Haltung vieler Deutscher. Sie hatten mehr Resistenz erwartet, mehr Zurückhaltung. William Shirer, der Deutschland aus seiner Korrespondententätigkeit zwischen 1934 und 1940 gut kannte und im Oktober 1945 nach Berlin zurückkehrte, schrieb am 3.11.1945 in sein Tagebuch: „Wie soll man Worte finden, um das Bild einer bis zur Unkenntlichkeit zerstörten großen Hauptstadt wahrheitsgetreu und genau zu schildern? Das Bild einer einstmals mächtigen Nation, die aufgehört hat zu existieren? Das Bild eines Eroberervolkes, das sich noch vor fünf Jahren, als ich von hier wegfuhr, auf so brutale Weise arrogant aufführte und von seiner Mission als Herrenrasse blind überzeugt war – und das man nun in den Ruinen herumstochern sieht, gebrochen, betäubt, zitternd; hungrige Wesen ohne Willen, Lebenszweck oder Ziel, reduziert auf animalische Funktionen wie Nahrungs- oder Obdachsuche, um den nächsten Tag lebendig zu erleben?"[14]

Die meisten Deutschen, denen Shirer und seine Kollegen begegneten, flüchteten sich in jammerndes Selbstmitleid. Das Muster dafür hatte bereits die Erklärung des Generaloberst Jodl geliefert, die er bei der Unterzeichnung der bedingungslosen Kapitulation abgegeben hatte. „Mit dieser Unterschrift begeben sich das deutsche Volk und seine Armee auf Gedeih und Verderb in die Hände der Sieger. Dieses Volk und seine Armee haben in diesem Krieg, der länger als fünf Jahre dauerte, mehr geleistet und mehr gelitten als wahrscheinlich jedes andere Volk auf der Welt."[15] Auf eine ähnliche Einstellung traf im Juli 1945 der britische Journalist Stephen Spender. In Bad Oeynhausen kam er mit einer Frau ins Gespräch: „Sie stand vor der Tür ihrer Hütte, schaute mich mit Leichenbittermiene an und sagte ‚Armes Deutschland'. Ich sagte darauf nur ‚Armes Holland, armes Belgien, armes Griechenland, armes Norwegen und armes Dänemark.' Sie schaute mich wieder mit einem stumpfen Blick an und meinte, ‚Ich kann mir ja denken, daß es denen allen schlecht geht, aber unser armes Deutschland trifft es immer am schlimmsten!'"[16]

Wenn es nach der Niederlage ein Bewußtsein übergreifender Gemeinsamkeiten in der deutschen Bevölkerung gab, war es das der Leidensgemeinschaft. Man fühlte sich nicht als Täter, sondern als Opfer und lehnte jede persönliche Verantwortung ab. „Nach allem, was sie so von sich geben," berichtete die amerikanische Journalistin Martha Gellhorn bereits im April 1945 aus dem besetzten Rheinland, „hieß kein Mann, keine Frau und kein Kind in Deutschland den Krieg auch nur einen Augenblick gut. Wir stehen mit fassungslosen und verächtlichen Gesichtern da und hören uns diese

---

13 Abgedruckt in: M. Bosch, „Der Neubeginn". Aus der deutschen Nachkriegszeit, Südbaden 1945-1950, Konstanz 1988, S. 29.
14 W.L. Shirer, Berliner Tagebuch. Das Ende. 1944-1945, Leipzig 1994, S. 160.
15 Zit. ebd., S. 78.
16 S. Spender, Deutschland in Ruinen. Ein Bericht, Heidelberg 1995, S. 31f.

Geschichte ohne Wohlwollen an und ganz gewiß ohne Achtung. Ein ganzes Volk, das sich vor der Verantwortung drückt, ist kein erbaulicher Anblick."[17]

Nur wenige Stimmen scherten aus diesem Chor der Ahnungslosen aus. Als die norwegische Schriftstellerin und Nobelpreisträgerin Sigrid Undset im Oktober 1945 daran erinnerte, daß es „Millionen deutscher Kinder geben" müsse, „deren Väter sich an den Grausamkeiten gegen Zivilisten, Frauen und Kinder in Rußland, Polen, Jugoslawien, Griechenland, Frankreich oder Norwegen beteiligt haben", gab ihr der Heidelberger Philosophieprofessor Karl Jaspers recht. Auch er forderte seine deutschen Zeitgenossen auf, sich zu einer Verantwortungsgemeinschaft zu bekennen und zu „lernen, miteinander zu reden". In seinem Geleitwort für die erstmals im November 1945 erscheinende Zeitschrift „Die Wandlung" rief er zu öffentlichen Diskussionen und Auseinandersetzungen auf, um sich wieder auf „gültige uns alle verbindende Normen" zu besinnen. Eben diese seien ebenso verloren gegangen wie das „einigende Selbstbewußtsein als Volk".[18]

Wenn Jaspers hier einen weitgehenden Identitätsverlust der Deutschen diagnostizierte, maß er diesen Verlust an einem positiven Ideal nationalen Selbstbewußtseins, das er das „wahre Deutschland" nannte: ein humanes, humanistisches Deutschland klassischer Kultur und weltbürgerlicher Gesinnung. Dieses Deutschland, mit dem man sich vorbehaltlos identifizieren könne, müsse wiederhergestellt werden. Der gleichen Meinung war der greise Historiker Friedrich Meinecke. Auch er empfahl 1946 die Rückkehr zur Klassik, die Gründung von Goethe-Gemeinden, die Schiller, Goethe, Mörike als das „Deutscheste vom Deutschen" lasen und darin „in allem Unglück unseres Vaterlandes und inmitten der Zerstörung etwas Unzerstörbares, einen deutschen *character indelebilis*" spürten. Hier wurzele der Keim nationaler Erneuerung, nicht aber in einer Haltung des trotzigen Schulterschlusses.

Meinecke, der immer darauf beharrt hatte, daß Nationalstaat und Weltbürgertum miteinander kompatibel wären, verweigerte nach der „deutschen Katastrophe" explizit das, was er den „üblichen Katechismus der nationalen Pflichten" nannte: „Wir müßten, meint man dem Herkommen nach da wohl, angesichts der Demütigungen, die heute unser ganzes Volk, keinen ausgeschlossen, treffen, uns hinter dies Volk stellen und allen bisherigen Streit unter uns vergessen." Gerade das aber sei angesichts der immer noch nachwirkenden nationalsozialistischen Epoche „innerer Fremdherrschaft" nicht möglich. Vielmehr gelte es, sich aus der seelischen Umklammerung dieser Herrschaft zu befreien und das notwendige Werk der Umerziehung zu „christlich-abendländischer Gesittung" beherzt – und gemeinsam mit den Siegermächten – in Angriff zu nehmen.[19]

---

17 Zit. in H. M. Enzensberger (Hg.), Europa in Ruinen. Augenzeugenberichte aus den Jahren 1944-1948, Frankfurt 1990, S. 88.
18 Zit. in H. Glaser, Die Kulturgeschichte der Bundesrepublik Deutschland, Bd. 1, Frankfurt 1990, S. 93f., 197f.
19 F. Meinecke, Die deutsche Katastrophe. Betrachtungen und Erinnerungen, Wiesbaden 1965, S. 176, 151f.

Selbst wenn Meinecke darauf aufmerksam machte, daß nicht alle Deutschen in gleichem Maße schuldig geworden seien, hielt er doch an einer gemeinsamen historischen Verantwortung für das „Dritte Reich" fest. Darin stimmte er mit dem Heidelberger Theologen Martin Dibelius überein, der die Deutschen Anfang 1946 in einer „metaphysischen Schicksalsgemeinschaft" vereint sah. Selbstkritisch wies Dibelius darauf hin, daß „wir alle ... Nutznießer" des NS-Staates gewesen seien und deshalb auch alle Anteil an der „furchtbaren Katastrophe" hätten.[20]

Ähnlich formulierte es der Rat der Evangelischen Kirche Deutschlands in seinem Stuttgarter „Schuldbekenntnis" vom Oktober 1945. „Nicht nur in einer großen Gemeinschaft der Leiden" wisse er sich „mit unserem Volk", sondern auch „in einer Solidarität der Schuld". Eben diese Schuld- oder Verantwortungsgemeinschaft aber wurde von großen Teilen der inner- und außerkirchlichen Öffentlichkeit abgelehnt. Die Stuttgarter Erklärung erntete weit mehr Kritik als Zustimmung. Die Kritiker verwiesen auf die „Schuld der anderen" und hielten die Kirche nicht für befugt, sich zu allgemeinpolitischen Fragen zu äußern. Demgegenüber beharrte vor allem das EKD-Mitglied Martin Niemöller darauf, daß die Kirche „heute der einzige Mund" sei, „den unser armes Volk nach außen hin hat".[21]

Das stimmte nicht ganz. Immerhin gab es im Januar 1946, als Niemöller diese Behauptung aufstellte, bereits Zeitungen und Zeitschriften mit hohen Auflagen, in denen viele Münder sprachen. Vor allem der von Alfred Andersch und Hans Werner Richter redigierte „Ruf" machte durch selbstgewisse, oft respektlose Artikel auf sich aufmerksam. Das „junge Deutschland", das sich hier artikulierte, lehnte sowohl den Topos der Leidens- als auch den der Schuld- oder Verantwortungsgemeinschaft ab. „Ich fühle mich als Deutscher", bekannte der gerade aus amerikanischer Kriegsgefangenschaft entlassene Richter, „ich bin Deutscher, ich kann nicht aus meiner Haut heraus. Aber ich bin nicht verantwortlich für Hitlers Verbrechen und für den Chauvinismus vergangener Zeiten. Und die jungen, heimkehrenden Soldaten" (die zu den begeisterten Lesern der Zeitschrift zählten) „sind es ebensowenig". In dem Maße, wie man sich von den Nazis distanzierte, wahrte man auch Abstand zu den „imperialistischen Ansprüchen der Siegermächte". Statt dessen berief man sich auf den neuen Geist der „jungen Generation", die gemeinsam mit dem „jungen Europa" ihre eigenen Wege finden wolle.[22]

Richter distanzierte sich vehement von dem Vorwurf des Nationalismus, den ihm der Publizist Erich Kuby machte. Aber er scheute sich nicht, von der „Demütigung eines ganzen Volkes" durch die Alliierten zu sprechen. Damit griff er auf nationale Gemeinschaftsformeln zurück, denen er eigentlich skeptisch gegenüberstand. Begriffe wie „deutsches Volk" waren schließlich alles andere als wertfrei oder unbelastet; auch die „nationale Ehre", die unweigerlich im Raum stand, wenn man das Volk „gedemü-

---

20 M. Dibelius, Selbstbesinnung des Deutschen, hg. v. F.W. Graf, Tübingen 1997, S. 47f.
21 Ruhl, S. 296f.; A. Boyens, Das Stuttgarter Schuldbekenntnis vom 19. Oktober 1945 – Entstehung und Bedeutung, in: VfZ 19 (1971), S. 374-397.
22 Zit. in Glaser, S. 132f.

tigt" sah, hatte im „Dritten Reich" (und früher) eine unrühmliche Rolle gespielt und klar definierte politische Einheits- und Ausgrenzungsaufgaben erfüllt. Offenbar waren aber selbst die jungen, zornigen Intellektuellen der Nachkriegszeit, die sich auf eine streng verweigernde, individualistische Einstellung einschworen, nicht in der Lage, die semantischen Fallstricke zu erkennen; auch sie hatten bei allem Verlangen nach einer offenen Zukunft augenscheinlich das Bedürfnis nach nationaler Rückversicherung.

3. Politische Identifikationsangebote

Für die politischen Parteien, die sich seit dem Sommer 1945 neu gründeten, stellte sich das Problem anders dar. Ihre öffentliche Verantwortung war größer als die emeritierter Professoren oder angehender Schriftsteller. Um politische Gestaltungsfunktionen beanspruchen und erfolgreich wahrnehmen zu können, mußten sie die Menschen erreichen und ihnen überzeugende Deutungsangebote ihrer Situation liefern. Ihre Rhetorik mußte zwangsläufig einheitsstiftende und identifikatorische Elemente aufweisen, um überhaupt bei den Adressaten „anzukommen".

Dennoch überrascht die Unbekümmertheit, mit der Politiker in der sogenannten Stunde Null auf tradierte Begriffe nationaler Vergemeinschaftung zurückgriffen. Von Kurt Schumacher war bereits die Rede. Er ließ keine Gelegenheit verstreichen, seine national- und klassenpolitisch motivierte Anhänglichkeit an die Idee des deutschen Reiches in den Grenzen von 1937 zu betonen; er hob den nationalen Geltungs- und Vertretungsanspruch der Sozialdemokraten hervor, verbat sich aber „nationalistische Hysterie" und distanzierte sich von der „bei den Deutschen der letzten Jahre üblichen Arroganz". Zwar nahm er durchaus zur Kenntnis, daß ein Großteil der Bevölkerung „nationalistisch verseucht" oder „infiziert" war; gleichwohl war er überzeugt, daß „Deutschland" und das „deutsche Volk" demokratiefähig seien und binnen kurzem als „gleichwertiger" Partner in die Staatengemeinschaft zurückkehren würden. Bereits im Mai 1946, auf dem ersten Parteitag der SPD in Hannover, meldete er den Anspruch an, „daß wir mit Subjekt sein wollen, soweit es Deutschland angeht", und mahnte die Besatzungsmächte: „Man muß jedem Volke ein gewisses Minimum seiner nationalen Selbstachtung gestatten, wenn man es zu einem Volke der Zusammenarbeit und des Friedens machen will."

Nun konnte sich Schumacher mit Blick auf seine Parteigenossen auf der sicheren Seite wähnen; immerhin hatten sich Sozialdemokraten vom national-völkischen Furor des „Dritten Reichs" ferngehalten oder ihm sogar aktiv widerstanden. Zugleich hatten sie bereits in der Weimarer Zeit gezeigt, daß sie keineswegs jene „vaterlandslosen Gesellen" waren, als die man sie im Kaiserreich porträtiert hatte. An dieses positive Weimarer Nations- und Reichsverständnis suchte Schumacher 1945 umstandslos anzuknüpfen. Nicht nur den eigenen Parteimitgliedern, sondern allen Deutschen bot er es als Modell einer Politik an, die „mit der Nation und mit der Internationale gegen den Nationalismus" gehe.

"Nationalismus" entdeckte der Sozialdemokrat im übrigen nicht nur auf der Rechten, sondern auch auf der Linken, genauer gesagt: im Osten. Erbarmungslos geißelte er den „neuen Nationalismus" der SED, jene Mischung aus „sozialistischer Phraseologie und aufgestacheltem Nationalismus", die auch schon den „Nazismus" ausgezeichnet habe.[23] Er sah darin eine politische Taktik, die mit dem Feuer spielte, aber auch eine ernste Konkurrenz für den eigenen nationalen Anspruch. Schließlich machte die SED keinen Hehl daraus, daß sie ein breites politisches Spektrum in Ost und West mobilisieren wollte. Bereits die KPD hatte in ihrem ersten Aufruf vom Juni 1945 die Einheit der „Volkskräfte" beschworen und die Verantwortung für Krieg und Katastrophe den Großbanken und Konzernen, den hohen Offizieren und Nazi-Größen angelastet. Zwar habe auch das „deutsche Volk einen bedeutenden Teil Mitschuld" auf sich geladen, indem es sich zum „Werkzeug Hitlers" habe degradieren lassen. Doch biete die Nachkriegszeit die Chance, sich von dieser Mitschuld zu befreien und den Kampf für die „Wiedergeburt unseres Landes" aufzunehmen.[24]

Wilhelm Pieck drückte sich am 1. Februar 1946 noch deutlicher aus. „Unsere politische Orientierung war immer auf Deutschland, auf die nationalen Interessen unseres Volkes gerichtet. Das ist auch ganz natürlich. Nur so können wir zur Partei des deutschen Volkes werden." Um diese Entwicklung zu beschleunigen, bot er „auch allen denen die Hand, die zwar Mitglieder der Nazipartei waren, sich aber an ihren Verbrechen nicht beteiligten". Am Schluß seiner Rede bemühte er sogar den Rütlischwur („Wir sind ein einig Volk, und einig wollen wir handeln") als „heiliges Bekenntnis" für die „Einheit Deutschlands".[25] Jene Einheit, die durch die Vereinigung von SPD und KPD zur SED vorbereitet werden sollte, wurde fortan mit großem propagandistischen Aufwand beschworen.

Nachdem die Westmächte, allen voran die USA, als Hauptfeinde dieser Einheit identifiziert worden waren, begann eine nationale Agitation, die hemmungslos aus dem Arsenal des deutschen Vorkriegsnationalismus schöpfte. Im Oktober 1949 regte sich der Parteivorstand der SED über die „Überschwemmung Westdeutschlands mit flachen, banalen und minderwertigen amerikanischen Büchern und Filmen" auf: „Die klassische deutsche Musik und die Musik anderer Völker wird durch den Radau sogenannter Jazzkapellen verdrängt. Das jahrhundertealte, hochentwickelte deutsche Kulturerbe soll zerstört werden. Gleichzeitig wird in Deutschland die antinationale unwissenschaftliche Theorie des Kosmopolitismus, des Weltbürgertums, der ‚Vereinigten Staaten von Europa', der Geist des Fatalismus und Pessimismus verbreitet."[26] Ein Jahr vorher hatte Pieck die angeblichen Bemühungen der Westmächte gegeißelt, das „deutsche Volk als Nation" auszulöschen und sein „Nationalgefühl" durch „Care-Pakete

---

23 Scholz/Oschilewski, S. 34, 47-49, 82, 93f.; K. Schumacher, Reden – Schriften – Korrespondenzen 1945-1952, hg. v. W. Albrecht, Berlin 1985, S. 241, 245, 259, 459f.
24 Dokumente der Kommunistischen Partei Deutschlands 1945-1956, Berlin 1965, S. 1-8.
25 W. Pieck, Reden und Aufsätze, Bd. II, Berlin 1951, S. 32f.
26 Programmatische Dokumente der Nationalen Front des demokratischen Deutschland, hg. v. H. Neef, Berlin 1967, S. 73.

und Lucky-Strike-Zigaretten" zu „ersticken". Dem setzte er das stolze Bekenntnis „zu jenen Nationaltaten unseres Volkes" entgegen, „die dem deutschen Namen auch heute noch in der Welt Ehre und Ansehen geben".[27]

Zu diesen „Nationaltaten" gehörten nicht nur das Kommunistische Manifest, die Arbeiterbewegung des Kaiserreichs und der Widerstand gegen den Nationalsozialismus; dazu zählten auch, das hatte Pieck aus einer Besprechung mit Wladimir Semjonow mitgenommen, „Lessing, Beethoven, Goethe, Wagner, Humboldt, Virchow". Diese Integration des nationalen Kulturerbes war Teil einer „neuen Argumentation", mit der die SED die „Hetze" des Westens zu neutralisieren bzw. umzukehren suchte. Indem man sich als die Sachwalter des „wahren Nationalismus" inszenierte und die Westparteien des „Kosmopolitismus" zieh, versuchte man, jene bürgerlichen Bevölkerungsschichten zu gewinnen, die – im Westen wie im Osten – der SED mit unverhohlenem Mißtrauen begegneten.[28]

Seinen organisatorischen Ausdruck fand dieser „wahre Nationalismus" in der 1947 einsetzenden Volkskongreß-Bewegung und ihrer Nachfolgerin, der 1949 gegründeten Nationalen Front. Vor allem die zweite Tagung des Volkskongresses am 17. und 18. März 1948 verbuchte die SED als „großen Erfolg", der einen „starken Eindruck auf (die) Massen, auch im Westen" gemacht habe.[29] Schon bei der Wahl des Datums bewies man nationales Fingerspitzengefühl. Schließlich jährte sich am 18.3. zum hundertsten Mal der Tag, an dem mit den Berliner Barrikadenkämpfen die 1848er Revolution in Preußen-Deutschland in ihre heiße Phase getreten war. Dieses Jubiläum wurde sowohl im Osten als auch im Westen gebührend gefeiert. Zu einer gemeinsamen Kundgebung konnte man sich nicht entschließen, denn die aktuellen Interpretationen der 1848er Revolution hatten sich bereits auseinanderentwickelt. „Freiheit ... Freiheit ... Freiheit", notierte die Berliner Journalistin Ruth Andreas-Friedrich in ihrem Tagebuch, riefen die westlichen Demonstranten auf dem Platz der Republik, „Einheit ... Einheit ... Einheit" die östlichen zwischen Gendarmenmarkt und Friedrichshain.[30]

Während sich der Deutsche Volkskongreß am 18. März 1948 verpflichtete, das Vermächtnis der „Väter", nämlich „die Schaffung einer unteilbaren deutschen demokratischen Republik", einzulösen, mahnte der Publizist Ernst Friedländer am gleichen Tag in der ZEIT: „Wir bedürfen heute vor allem der Freiheit, die notwendig ist, um jeden Totalitarismus abzuwehren ... Wo wir sie gewinnen, da allein ist Deutschland." Auch die Paulskirchenfeier, zu der sich im Mai 1948 westdeutsche, westeuropäische und amerikanische Professoren und Politiker in Frankfurt am Main versammelten, akzentuierte die Freiheit vor der Einheit.[31]

---

27 Pieck, Reden, S. 168.
28 W. Pieck, Aufzeichnungen zur Deutschlandpolitik 1945-1953, hg. v. R. Badstübner/W. Loth, Berlin 1994, S. 233, 191.
29 Ebd., S. 192.
30 R. Andreas-Friedrich, Schauplatz Berlin. Tagebuchaufzeichnungen 1945-1948, Frankfurt 1986, S. 218f.
31 Neef, S. 28ff.; M. Overesch u.a. (Hg.), Die Gründung der Bundesrepublik Deutschland. Jahre der Entscheidung 1945-1949. Texte und Dokumente, Hannover 1989, S. 203; Die Welt v. 20.5.1948, S. 1f. („Die

Nicht nur in Washington, Paris, London und Moskau, sondern auch in Berlin und Frankfurt waren damit die Weichen gestellt für eine Separierung des westlichen und östlichen Deutschland.[32] Es ging nur noch darum, wem die Schuld dafür zugeschoben werden konnte, um den, wie sich der nordrhein-westfälische Innenminister Menzel (SPD) Anfang 1948 äußerte, „bei einer Teilung sicherlich zu erwartenden Nationalismus" nach außen ableiten zu können.[33] Beide Seiten warfen einander Verrat an der „Nation", am „deutschen Volk" und seinem angeblichen Einheitswillen vor. Vor allem die SPD unter Kurt Schumacher nahm den Kampf um Begriffe und Gefühle mit der SED auf; umgekehrt ließ die SED keine Gelegenheit aus, den sozialdemokratischen Parteiführer als vaterlandslosen Gesellen zu diffamieren.

Die CDU dagegen schaffte es, weitgehend außerhalb des nationalen Gefechtsfeldes zu bleiben. Sie distanzierte sich bereits in ihrem Juni-Aufruf 1945 von den „nationalen Phrasen" der Nationalsozialisten, bekannte sich aber zu ihrer „heißen Liebe zum deutschen Volk" und betonte „unsere Pflicht, mit diesem Volke den Weg der Sühne, den Weg der Wiedergeburt zu gehen". Die Kölner Leitsätze der Christlichen Demokraten, ebenfalls im Juni 1945 publiziert, entwarfen die Vision einer „neuen Volksgemeinschaft", „die die gottgegebene Freiheit des einzelnen und die Ansprüche der Gemeinschaft mit den Forderungen des Gemeinwohls zu verbinden weiß". Dieser Gemeinschaftsrhetorik entzog Konrad Adenauer, seit 1946 CDU-Vorsitzender der britischen Zone, sehr rasch den Boden. In seiner Kölner Universitäts-Rede vom März 1946 legte er vor 4.000 Zuhörern ein flammendes Bekenntnis zur „Einzelperson" ab, die sich gegen jedwede Zumutungen eines Kollektivs (Staat, Nation) zur Wehr setzen müsse. Moralischen Halt biete einzig die christliche Ethik, nicht aber Materialismus oder Nationalismus. Diese Orientierung kam auch im Parteinamen zur Geltung, der das Christliche (und Demokratische) betonte, den nationalen Bezugspunkt (Deutschland) aber nicht benannte.[34]

Das Christentum sollte die Deutschen über Klassen-, Konfessions- und regionale Grenzen hinweg zusammenführen. Die Deutschen sollten sich als christliches und christlich erzogenes Volk fühlen, das seine politischen Sünden christlich bereute, damit sie ihm christlich veziehen wurden, und das sich zugleich als Teil des christlichen Abendlandes mit anderen christlichen Völkern verständigen konnte. „Christlich" war eine Zauberformel, mit der sich die Vergangenheit problemlos bewältigen und die Zukunft erfolgreich gestalten ließ. Daß diese Formel nicht nur optimale Integration verhieß, sondern auch Exklusion vorsah – die in Deutschland verbliebene jüdische

---

Freiheit in der Paulskirche"); Süddeutsche Zeitung v. 19.5.1948, S. 1 („Die Hundertjahrfeier in Frankfurt").

32 Auch W. Loth kommt zu dem Ergebnis, daß die Teilung „in den Köpfen vorweggenommen (wurde), noch ehe sie auf der Ebene der Entscheidungen der Siegermächte Realität wurde" (Die Deutschen und die deutsche Frage. Überlegungen zur Dekomposition der deutschen Nation, in: ders. (Hg.), Die deutsche Frage in der Nachkriegszeit, Berlin 1994, S. 221.
33 Zit. in Ruhl, S. 464.
34 Ruhl, S. 188f., 196, 224f.; H.-P. Schwarz, Adenauer. Bd. 1, München 1994, S. 513ff.

Bevölkerung wurde gleichsam ein zweites Mal ausgeschlossen –, fiel offenbar keinem auf.[35]

Angesichts der Sammlungskraft des Christlichen konnte sich die CDU mit nationalen Parolen und Gemeinschaftsvisionen weitgehend zurückhalten. Zwar griff auch Adenauer die gängigen Formeln von der Leidens- und Schicksalsgemeinschaft auf, wenn er den „Starkmut" rühmte, mit dem die Deutschen den Zusammenbruch ertrügen. Auf Parteitagen betonte er zudem, daß „das deutsche Volk (…) den Anspruch auf Einheit niemals aufgeben" könne, und applaudierte denjenigen Parteifreunden, die den „Ostraum" als „deutsche Heimaterde" zurückforderten.[36] Politisch aber konzentrierte Adenauer seinen ganzen Einfluß auf den Weststaat, der sich bereits 1946 abzuzeichnen begann. Auch seine streng föderalistische Position, die sich vom Zentralismus der Schumacher-SPD deutlich distanzierte, vertrug sich kaum mit nationalen Einheits-Visionen.[37]

Statt auf das Reich, den deutschen Nationalstaat Bismarckscher oder Weimarer Prägung, setzte Adenauer auf die „Vereinigten Staaten von Europa". Ausgehend von einer Verständigung mit Frankreich, der er hohe Priorität einräumte, sah er die Zukunft des eigenen Landes nur in einem europäischen Bund gesichert. „Ich bin Deutscher und bleibe Deutscher", erklärte er im März 1946, „aber ich war auch immer Europäer und habe als solcher gefühlt". Eben diese Gefühle müßten jetzt politische Gestalt gewinnen; nur so könnten der Frieden gewahrt und nationalistische Abenteuer dauerhaft unterbunden werden.[38] Diese Vision war nicht Adenauers Monopol; auch Kurt Schumacher sprach schon im Sommer 1945 von Deutschland als einem „Bestandteil Europas" und präzisierte diese Formulierung im Mai 1946: „Ein neues Deutschland würde seine höchste Aufgabe darin sehen, Bestandteil zu sein der Vereinigten Staaten von Europa."[39]

Der Traum eines verbundenen Europa tauchte in den vierziger Jahren in fast allen politischen Entwürfen und Stellungnahmen auf. Schon in Widerstands- und Emigrantenkreisen hatte man vom „Bund europäischer Staaten" oder einer „Lebensgemeinschaft der europäischen Völker" gesprochen, in die sich das neue Deutschland eingliedern sollte; man hatte den Typ des „deutschen Europäers" kreiert und ein „europäisches Gesamtbewußtsein" beschworen.[40] Nach dem Zusammenbruch strichen alle

---

35 Schumacher grollte zwar im Sommer 1945: „Um mit dem nationalen Gedanken öffentlich zu operieren, fehlt es heute den Besitzbürgern an Mut. Jetzt muß der Begriff ‚christlich' als die große Tarnung herhalten." (Scholz/Oschilewski, S. 34). Für den anti-jüdischen Effekt hatte er kein Auge.
36 Konrad Adenauer und die CDU der britischen Besatzungszone 1946-1949, hg. v. d. Konrad-Adenauer-Stiftung, Bonn 1975, S. 337, 270. Zu den unterschiedlichen Positionen innerhalb der CDU vgl. A. Doering-Manteuffel, Konrad Adenauer – Jakob Kaiser – Gustav Heinemann: Deutschlandpolitische Positionen in der CDU, in: J. Weber (Hg.), Die Republik der fünfziger Jahre. Adenauers Deutschlandpolitik auf dem Prüfstand, München 1989, S. 18-46.
37 W. Benz, Föderalistische Politik in der CDU/CSU, in: VfZ 25 (1977), S. 776-820.
38 Konrad Adenauer, Reden 1917-1967, hg. v. H.-P. Schwarz, Stuttgart 1975, S. 105.
39 Scholz/Oschilewski, S. 49, 91.
40 Zitate bei Ruhl, S. 171, 168, 177.

politischen Gruppierungen, allerdings in unterschiedlicher Intensität, ihre europäischen Optionen heraus – wobei Europa im Westen lag. Nur die SED hielt sich zurück; je heftiger sie die nationale Karte spielte, desto schärfer wurde ihre Kritik am „Kosmopolitismus", den sie in den westlichen Zonen am Werk sah.

4. Fazit

Als 1945 zwölf Jahre nationalsozialistischer Politik und Herrschaft ihr Ende fanden, machten sich die alliierten Siegermächte auf ein deutsches Volk gefaßt, das mit nationalistischen Ideen und Vorstellungen imprägniert war. Sie begegneten jedoch Deutschen, denen jedes „einigende Selbstbewußtsein als Volk" (Jaspers) abhanden gekommen war. Die höchst unterschiedlichen Erfahrungen der Kriegs- und unmittelbaren Nachkriegszeit hatten eine solche gemeinsame Identität, die im „Dritten Reich" mit großem propagandistischen und materiellen Aufwand erzeugt und stabilisiert worden war, rasch zerfallen lassen. Frauen und Männer, Flüchtlinge und Einheimische, Ausgebombte und Dorfbewohner, Jugendliche und Erwachsene, Soldaten und Daheimgebliebene, Nazis und Nicht-Nazis – sie alle verfügten über dezidert uneinheitliche Erinnerungen und Erlebnisse, die das abgegriffene Bild einer „Volksgemeinschaft" Lügen straften.

„Die Deutschen", „das deutsche Volk", „die deutsche Nation" – solche Kollektivbegriffe waren 1945 bloße Konstrukte, die die Erfahrungswelt der einzelnen kaum berührten. Für sie zählten private Nöte und Bedürfnisse; für Gemeinschaftsgefühle und Vergemeinschaftungszeremonien gab es wenig oder keinen Raum. Deutsche oder Deutscher zu sein war in der Situation des militärischen und politischen Zusammenbruchs weit mehr ein zugeschriebenes Merkmal denn ein aktiv empfundenes.

Das änderte sich in dem Moment, als sich ein öffentliches Leben zu entwickeln begann. Geprägt wurde es durch die Neu- oder Wiedergründung von Parteien in den einzelnen Besatzungszonen, durch das Engagement von Kirchenvertretern und die Publikation von Zeitungen und Zeitschriften. Die in diesen Medien und Organisationen Tätigen entwarfen verschiedene Bilder und Vorstellungen einer kollektiven deutschen Identität. Sie alle setzten sich dezidiert von der rassistisch grundierten Volksgemeinschafts-Ideologie der NS-Zeit ab, hielten aber an einer historisch begründeten Gemeinschafts-Vision fest. Manche suchten die Einheit der Deutschen in der klassischen Kultur der Goethezeit, andere beriefen sich auf die nationalen Einheits- und liberalen Freiheitswünsche der 1848er Revolution. Die Sozialdemokratie erinnerte an die Fusion von nationaler Identifikation und Internationalismus in der Frühgeschichte der deutschen Arbeiterbewegung, während ostdeutsche Kommunisten deutsches Kulturerbe und Sozialismus als nationale Gründungsmythen vereinnahmten.

Die Auseinandersetzung mit der unmittelbaren Vergangenheit dagegen blieb überall auf der Strecke. Vor allem die Parteien zeigten wenig Interesse daran, ihre potentiellen Wähler durch Schuldzuweisungen zu verschrecken. Die innere Differenziertheit und

Zerrissenheit dessen, was von der „Volksgemeinschaft" übrig geblieben war, motivierte sie eher dazu, positive Zukunftsvisionen zu entwerfen, als vergangene Rechnungen zu präsentieren. Der Topos der Schuld- oder Verantwortungsgemeinschaft, den manche protestantische Theologen und Laien in die Diskussion einführten, wurde nicht aufgegriffen. Statt dessen setzte sich das Bild der Deutschen als einer Leidens- und Schicksalsgemeinschaft durch, die ihr schweres Los mit Hilfe christlicher Ethik und (west)europäischer Unionsträume heroisch meisterte. Für den Übergang zur Wiederaufbau-Gemeinschaft, der sich dank massiver alliierter Hilfestellungen überraschend schnell vollzog, war die „nationale These" (Adenauer) entbehrlich. Gerade der Umstand, daß sich die SED diese These angeeignet hatte und hemmungslos auf der nationalen Klaviatur spielte, entzog ihr im Westen den Resonanzboden. Darunter litt nicht zuletzt die SPD Kurt Schumachers, deren nationale Rhetorik zu sehr an der Vor-Vergangenheit haftete, um sich einen Platz zwischen der christlichen und der kommunistischen Sprache des Volkes erobern zu können.

Lothar Albertin

Politische Jugendarbeit und nationale Frage im geteilten Deutschland 1945-1961.
Zu wenig Diskurse im Kalten Krieg

In der Geschichte der Kriege haben Kapitulationen und Diktate, Niederlagen und Siege, Waffenstillstands- und Friedensverträge zwischen Besiegten und Siegern nie danach gefragt, in welchem Geist die nachrückende Generation die Lasten und Pflichten der Älteren übernehmen werde. Künftige Sicherheit war eine Funktion des Völkerrechts oder faktischer Oktrois und Vereinbarungen militärischer, ökonomischer und territorialer Art gewesen. 1945 sahen oder ahnten Besiegte und Sieger, daß der Aufbau eines möglichst langfristigen und weltweiten Friedens noch anderer als institutioneller Konzepte – wie etwa der Vereinten Nationen – bedurfte. Die epochale Aufgabe, Frieden auf Dauer zu begründen, konnte nur erfüllt werden, wenn es gelang, die junge Generation von den inhumanen Grundlagen und Zielen der Diktatur und ihres Krieges zu befreien und für Werte nationalen und internationalen Zusammenlebens zu gewinnen, die in demokratischen Ordnungen unabdingbar sind.

Zum Aufbau eines friedlichen und demokratischen Deutschland gehörten die territorialen Voraussetzungen. Der nationalsozialistische Krieg hatte sie faktisch verändert. Seit ihren ersten programmatischen Verlautbarungen setzten aber alle politischen Parteien auf die Wiederherstellung der nationalen Einheit, und dies sogar in den Grenzen von 1937. Selbst Regionalparteien wie die Christlich-Soziale Union verband trotz ihres starken Föderalismus – mit ihrem späteren Nein zum Grundgesetz – ein „grundsätzliches Bekenntnis zu Gesamtdeutschland".[1] Dessen Realisierungschance schien anfangs nicht einmal die KPD in Frage zu stellen, und auch die von der SMAD direkt kontrollierte KPD in der dortigen Zone und in Berlin vermied zustimmende Äußerungen zu den sowjetisch oder polnisch verwalteten deutschen Ostgebieten; die spätere SED bekannte sich erst auf ihrem Parteitag 1950 ausdrücklich zu ihrem Verlust.

Es lag nahe, daß die politischen Parteien und die Jugendverbände, die sich mit ihrer inhaltlichen und organisatorischen Hilfe oder Steuerung herausbildeten, die Forderung nach nationaler Einheit in ihre Programmatik einbanden. Die Einheit Deutschlands war für die Werbung um das Gros der jungen Generation unverzichtbar.

---

1 So F.J. Strauß in einer Sitzung der CSU-Landtagsfraktion. Chr. Henzler, Die Christlich-Soziale Union in den ersten Nachkriegsjahren, in: Hans-Seidel-Stiftung (Hg.), Geschichte einer Volkspartei. 50 Jahre CSU 1945-1995, München 1995, S. 154.

Damit waren Probleme vorprogrammiert. Die nüchterne Einschätzung der Aussichten besagte schon damals, daß die territorialen Forderungen nicht einlösbar waren. Insofern erschien es unverfänglich, sie auf die junge Generation zu projizieren, die nicht unter Vollzugsdruck stand. Die Parteien berücksichtigten aber nicht, daß die junge Generation – namentlich in den Formen politisch organisierter Jugendarbeit – immer auch eine generationsspezifische Eigendynamik entfaltete und daß sie früher in die Politik drängte, als sie ihr zugestehen wollten.

Die Kumulation solcher Probleme komplizierte den Prozeß. Wie würde die junge Generation mit der Tatsache umgehen, daß Postulate nicht einlösbar waren, die auch in originären, auf eigener Sozialisation beruhenden Einstellungen verankert waren? Inwieweit würde sie aus nationalem Denken und Fühlen heraus gesamtdeutsche Themen mit einer gesteigerten Emphase verfolgen? Diese Frage lag umso näher, als sie es ablehnte, für die Folgen eines Krieges haftbar gemacht zu werden, dessen Verursachung bei den Älteren lag. Die Parteien kamen der jungen Generation immer dann entgegen, wenn sie um Jugendliche warben. Der Vorsitzende des britischen Zonenverbandes der FDP, Franz Blücher, erklärte auf einer Detmolder Wahlkundgebung im September 1946, diese Jugend habe den Nationalsozialismus und Militarismus nicht verschuldet und nicht gesucht, sie sei vielmehr diesem System „ausgeliefert worden durch uns".[2] Das war auch die einfache Formel, wenn sie die Jugendamnestie befürworteten. Sie klang kaum anders bei Otto Grotewohl, wenn er gegen die ältere Generation – in den Westzonen – zu Felde zog: „Die Jugend hat in der Vergangenheit keinen Mißbrauch getrieben, sondern sie selbst ist mißbraucht worden."[3]

Es war jedenfalls offen, inwieweit die organisierte oder politisch interessierte und aktive Jugend von den Rollen abweichen würde, die ihr von den maßgebenden Kräften in der Geschichte der deutschen Teilung angesonnen oder oktroyiert wurden. Die gebotene Kürze dieses Essays, in dem der Verfasser streckenweise in die Doppelrolle des Historikers und Zeitzeugen eintritt, läßt nur die Skizze einiger exemplarischer Daten über Befindlichkeiten, Auffassungen, Absichten und Aktionen zu, soweit sie in den ersten Nachkriegsjahren und in späteren, von der Politik determinierten Schlüsselszenen sowohl herrschende Trends der Jugendarbeit betrafen als auch minoritäre Ansätze, diese zu überwinden.

Die politische Jugendarbeit von SPD und CDU verband die nationale Frage von Anfang an mit kritischen Abgrenzungen vom historisch diskreditierten Nationalbegriff. In ihren „Leitsätzen" verpflichteten sich die „Falken" aller Altersstufen schon bei ihren Gründungen im Spätherbst 1945 zum „vollen Einsatz für ein demokratisches Deutschland."[4] Die „Antikriegsfeiern" ab 1946, bei denen die „Jungen Sozialisten" gelegentlich auch mit Jugendorganisationen anderer politischer Observanz gemeinsam auftraten,

---
2 Zit. bei L. Albertin, Demokratische Herausforderung und politische Parteien. Der Aufbau des Friedens in Ostwestfalen-Lippe 1945-1948, Paderborn 1998, S. 485.
3 Volks-Echo für Westfalen-Lippe, 22.3.1947, S. 6.
4 Vgl. Albertin, S. 276.

nahmen die Hoffnung auf Einheit ausdrücklich auf. Auch die „Junge Union" sah sich in dieser Hinsicht in Übereinstimmung mit anderen Jugendverbänden und lud sie zu ihren Themenabenden ein, wenn es um die „Einheit Deutschlands" ging.[5]

Hatte hier die deutsche Frage ihren selbstverständlichen Stellenwert in Visionen einer internationalen Friedensordnung, so wurde sie von den „Jungdemokraten" der FDP früh und ausdrücklich mit Appellen zur Wiederbelebung nationalen Bewußtseins verknüpft. Von der jungen Generation, die Erich Mende im Mai 1946 sehr weit faßte, nämlich mit dem Geburtsjahrgang 1910 beginnen ließ, sagte er: „Das größte Ideal, das jeden jungen Deutschen bewegt, ist Deutschland."[6] Auf die Jugend wirke „ermunternd und begeisternd", „wenn die Freie Demokratische Partei für die Wiederherstellung eines deutschen Reiches eintritt, das in organischer Neugliederung als Ganzes einen Staat bildet".[7]

Die FDP befand sich mit solchen Aussagen auf der gezielten Suche nach Wählern in dem Riesenheer der ehemaligen Mitglieder von HJ und BDM, Jungvolk und Jungmädeln, von jüngeren Offizieren, Soldaten und NSDAP-Angehörigen. Nach den Landtagswahlen 1947 in der britischen Zone beklagte Mende indessen im Landesausschuß der Partei den mangelnden Zuspruch junger Wähler. Er bedauerte die argwöhnische Betrachtung der „nationalen Einstellung der jungen Generation": „Wir jungen Deutschen dürfen nicht deutsch denken, dann rasseln wir schon mit den Säbeln."[8] Wolle man die Jugend ansprechen, müsse man national sein.

Von langer Hand vorbereitet – und mit ähnlich breiter Rekrutierungsabsicht konzipiert – war die Ausrichtung auf die deutsche Frage in der Vorbereitung der FDJ-Gründung. Schon die Vordenker im Moskauer Exil sahen in der „Umerziehung der Hitlerjugend eine der Hauptaufgaben".[9] Tatsächlich wurden deren große Kontingente in der SBZ früh eingeladen, in die Jugendausschüsse und die spätere, im März 1946 zugelassene FDJ einzutreten. Im ideologischen Kampf zur „Umerziehung des deutschen Volkes" sollte die Jugend die Rolle eines schichten- und parteienübergreifenden Vorgriffs auf die geplante deutsche Gesellschaft übernehmen. Die verbal unverfängliche Aufgabe lautete allgemein: „Pflege eines wahrhaft deutschen nationalen, demokratisch-freiheitlichen Geistes, besonders unter der Jugend". Die operationelle Devise für dieses Projekt wurde im März 1945 in die Anweisung gefaßt: „In diesem Sinne müssen wir Kader heranziehen und erziehen; Jugend gewinnen und nochmals Jugend gewinnen." Schon für die Jugendausschüsse und auch für die FDJ hieß die gesamtdeutsche Vorgabe des Sekretariats des ZK der KPD, auf diesem Felde „nach dem Beispiel der Sowjetzone" zu verfahren.

So verfuhren bereits die FDJ-Gründungsinitiativen in den Westzonen, als sie noch auf einer Mischung von Instruktionen des Berliner ZK und lokalen Antrieben beruhten.

---

5 So ihre Detmolder Arbeitsgemeinschaft. Vgl. P. Gödecke, in: Albertin, S. 447.
6 E. Mende, Die Jugend von heute, Ms., Bonn, 16.5.1946. Im Text unterstrichen.
7 Ebd.
8 Zit. bei Albertin, S. 491.
9 Zit. – auch im folgenden – bei ebd., S. 251-253.

Auch im Westen warnte die FDJ seit Beginn vor einer organisatorischen Zersplitterung der Jugendarbeit. Die proklamierte Einheitlichkeit sollte die Zuständigkeit für die deutsche Einheit suggerieren. Sie übernahm dann die „Grundrechte der jungen Generation",[10] verschwieg deren Herkunft aus der Berliner FDJ-Zentrale und warb ähnlich intensiv um ehemalige Mitglieder der NS-Jugendorganisationen. Als sie ihre erste Delegiertenkonferenz für Ostwestfalen-Lippe zu einem „Friedenstag der deutschen Jugend" einberief, betonte der Sekretär des Bezirks Westfalen die eigene Internationalität ebenso dezidiert wie den Überparteilichkeitsanspruch.[11]

In dieser Veranstaltung – vor den ersten Wahlen in der britischen Zone – umwarb die FDJ die jungen Alterskohorten noch durch eine andere Aussage: „Die deutsche Jugend sei gegen jede Abtrennung deutscher Gebiete, ganz gleich, ob im Osten oder Westen", erklärte ihr Sekretär, „ebenso müßten die Zonengrenzen fallen". Ähnliche Worte hatten die Parteioberen selten gewagt. Wohl hatten zwei Wochen zuvor westdeutsche kommunistische Zeitungen aus einem Interview Wilhelm Piecks im Berliner Rundfunk zitiert, es hänge von der Energie „unseres Volkes" bei der demokratischen Neugestaltung und Ausrottung der Kriegsverbrecher ab, „in welchem Maße auf der Friedenskonferenz auch bei der Festsetzung der Grenzen auf seine Lebensbedürfnisse und Lebensnotwendigkeiten Rücksicht genommen wird".[12]

Die nationale Frage war auch hier territorial definiert worden, maßgebend wurde aber in der konkurrierenden Jugendarbeit der Legitimationsdruck durch Systemvergleich. KPD und FDJ nutzten zunächst alle Möglichkeiten der Kommunikation und Agitation, um für die – jugendpolitisch markierte – Überlegenheit der eigenen Ideologie und ihre Durchsetzung einzutreten. Als der Jugendhof Vlotho ein Podium aus Vertretern aller Parteien in eines seiner Seminare einlud, mahnte die kommunistische Referentin unter dem Titel „Aufbau eines demokratischen, einheitlichen Deutschlands" das Recht der Jugend an, durch eigene Vertreter ihr Schicksal zu bestimmen.[13] Die Einheit war der Wechsel auf die Zukunft, für die die Jugend genuin zuständig war.

Die wechselseitige Kommunikation stieß sich früh an den Merkmalen der Systeme. Da der Jugendhof seit 1946 mit der Konsequenz seines Prinzips der Offenheit und Diskussion auch FDJ-Mitglieder einlud, hatten sogar Erich Honecker, Jugendsekretär des ZK seit Anfang Juli 1945, Edith Baumann und Hermann Axen eine seiner Veranstaltungen genutzt, um sich dort umzusehen und mit Klaus von Bismarck zu reden. Sie interessierte, was diesen Standort für Lehrgänge und Seminare über West-Ost-Fragen für junge Menschen so attraktiv machte. Übertragbar war für ihr Grundverständnis freilich wenig;[14] der Diskurs war ihnen fremd. Vielmehr wurden sie bald mit dem Risiko solcher Veranstaltungen bekannt – als sich bei einer gesamtdeutschen Begegnung ein

---
10 Vgl. U. Mählert, Die Freie Deutsche Jugend 1945-1949, Paderborn 1995, S. 110-112.
11 Volks-Echo für Westfalen-Lippe, 6.9.1946, S. 2.
12 Ebd., 13.8.1946, S. 1.
13 Ebd., 22.2.1947, S. 2.
14 Vgl. Albertin, S. 358.

35

FDJ-Führer samt Familie absetzte.[15] Die westdeutsche FDJ wurde in den Jahren der fortschreitenden Spaltung und massiven Kampagnen der SED und KPD gegen Marshall-Plan und Westbindung zum Instrument beider Parteien. Sie unterschied zwischen beiden Teilen Deutschlands durch massive Polemik und hymnisches Lob.

Die Ereignisse des Jahres 1950 verknüpften die Entwicklung des geteilten Deutschland aufs engste mit der Zuspitzung des Kalten Krieges in den internationalen Beziehungen. Die Londoner Außenministerkonferenz der drei Westmächte vom 11. bis zum 13. März kündigte Schritte zur beschleunigten Einbindung der Bundesrepublik in die westlichen Bündniskonzepte an. Es zeichneten sich – zunächst in vorbereitenden Studien und diplomatischen Kontakten – die Europäische Gemeinschaft für Kohle und Stahl ab, der Abbau des Besatzungsstatuts zugunsten westdeutscher Souveränität und die Wiederbewaffnung. Der Beginn des Korea-Krieges am 25. Juni forcierte direkt oder indirekt die Prozesse, Stimmungen und Deutungen. Auf beiden Seiten eskalierten die Bedrohungsperzeptionen. Auf beiden Seiten wurde die Stellung der Jugend oder ihrer politisch unterschiedlich organisierten und orientierten Kontingente Thema der Deutschlandpolitik. Beiderseits wurde der Führungsprimat in der nationalen Frage – mit ziemlich identischem Vokabular – unter dem Kriterium der besseren, „demokratischen" Gesellschaftsordnung angemeldet.

Geradezu brisante Effekte schien das Ostberliner Deutschlandtreffen der FDJ zu Pfingsten anzunehmen. Mehrere Hunderttausend hatten sich in den Massenveranstaltungen versammelt. Angekündigt war, daß sie auch nach Westberlin ausströmen würden, dessen deutsche und alliierte Behörden Maßnahmen zur Verhinderung vorbereitet hatten. Schon im Vorfeld hatten westdeutsche Instanzen den Sog dieses Treffens auf die Jugend in der Bundesrepublik gefürchtet. Die nordrhein-westfälische Landesregierung hatte Mitte Mai ihren Beamten und Angestellten Sanktionen für den Fall ihrer Teilnahme angedroht.[16] Die britische Militärregierung warnte noch danach, Ende Juli 1950, die deutschen Behörden vor einer „großzügigen Propagandaaktion mit Plakaten, Flugblättern, Versammlungen usw." seitens der KPD, deren Ziel die „Ausrufung der demokratischen Republik nach dem Vorbild der Ostzone" sei.[17] Die Besorgnis galt vor allem der eigenen Jugend zwischen 16 und 25 Jahren.[18] Das Bundesministerium für Gesamtdeutsche Fragen hoffte, mit einer großen Plakataktion über die unechten Wahlen zur Volkskammer die „politische Gleichgültigkeit und Indolenz der westdeutschen Jugend" zu überwinden.[19]

---

15 Vgl. ebd. auch die Folgen für den sowjetrussischen Offizier A. Bejdin, der das Treffen ermöglicht hatte.
16 Vgl. Die Kabinettsprotokolle der Landesregierung von Nordrhein-Westfalen 1946 bis 1950, Siegburg 1992, Dok. 489, S. 928.
17 Stadtarchiv Blomberg IV 213/O1/01, Kreis Detmold, Hauptamt, An die Städte und Gemeinden, streng vertraulich, 31.7.1950.
18 Stadtarchiv Blomberg, ebd., Innenminister NRW an die Regierungspräsidenten, 13.9.1950.
19 Das erste Plakat befaßte sich mit den Wahlen zur Volkskammer unter der Schlagzeile „Schwindelwahl wie dazumal". Stadtarchiv Blomberg, ebd., Schnellbrief des Ministers an alle Kommunen v. 24.9.1950.

In einer Phase, in der Konrad Adenauer bereits Gespräche mit den Amerikanern, Briten und Franzosen über eine internationale Armee mit deutschen Kontingenten führte, wurden solche Massenkundgebungen unter sicherheitspolitischen Aspekten gedeutet. Ein Memorandum des Kanzlers vom 29. August unterstellte der DDR-Regierung die Absicht, ihr „Einigungswerk" mit einer Besetzung Westberlins zu beginnen und später gegen die Bundesrepublik fortzusetzen, ausgelöst oder begleitet durch „Befreiungsaktionen" mit Aufmärschen der „straff organisierten FDJ und einer aktiven Fünften Kolonne".[20] Für den Ernstfall wurden Szenarien bis zur Verlegung der Bundesregierung nach Kanada oder Nordafrika suggeriert.[21]

Spätestens anläßlich dieses Pfingsttreffens tauschten sich westalliierte und westdeutsche Repräsentanten über ihre Befürchtung aus, daß die Jugend der Bundesrepublik den demonstrativen Aktionen der FDJ nicht gewachsen sei. McCloy war vom Pfingsttreffen „stark beeindruckt": „Es sei den Russen gelungen, 500.000 junge Menschen auf die Beine zu bringen, im Ganzen eine Demonstration, die sehr zu denken gebe. Auf der westlichen Seite sei nichts Gleichwertiges vorhanden".[22] Er bat Adenauer um Vorschläge, „wie man die Jugend in ihrer Abwehrkraft gegen die Ideen des Ostens stärken könne, ohne sie dem gleichen militärischen totalitären Zwang zu unterwerfen".[23] Er bot für die Förderung von Jugendarbeit finanzielle Hilfen an. Adenauer gestand Defizite ein und schlug vor, „daß man durch geschickte Aufklärung die Jugend für den europäischen Gedanken westlicher Prägung begeistere".[24] Ratlos blieben auch die politischen Parteien. Im Bundesvorstand der FDP berichtete ein Abgeordneter aus Niedersachsen Mitte Juli 1951 von Anträgen, im Plenum des Landtages vor Behandlung des Landesjugendplans den Film der Festspiele des Berliner FDJ-Pfingsttreffens 1950 zu zeigen, damit bei den Verantwortlichen gesehen werde, „welche ungeheure dynamische Kraft dort drüben die Bewegung hat".[25] Er wies auf den Kostenaufwand der nächsten Weltjugendfestspiele hin, womit man die westeuropäische Jugend nach Berlin locken werde.

Die Verlegenheit auf westdeutscher Seite war groß. Die nationale Frage war durch das agitatorische Junktim von „Einheit und Frieden" seit 1946/1947 durch die FDJ, KPD und SED öffentlich besetzt. Die demokratischen Parteien und Jugendorganisationen sahen die Rekonstruktion einer vom Nationalsozialismus gereinigten nationalen Identität und ihrer Symbole kontrovers.[26] Der Rekurs auf sie – verbunden mit den Forde-

---

20 Akten zur Auswärtigen Politik der Bundesrepublik Deutschland 1949/50. September 1949 bis Dezember 1950, hg. im Auftrage des Auswärtigen Amts vom Institut für Zeitgeschichte, München 1997, Dok. 113, S. 324f. Kurz zuvor war es in Dortmund bei der Auflösung einer von der Stadtverwaltung verbotenen FDJ-Kundgebung durch die Polizei zu Schlägereien gekommen.
21 Ebd., Dok. 94, S. 264. Hier auch Maßnahmen gegen „Ansätze von Fünften Kolonnen".
22 Akten zur Auswärtigen Politik, Dok. 66, S. 66. Notiz des Ministerialdirigenten Blankenhorn.
23 Ebd.
24 Ebd.
25 Vgl. U. Wengst (Bearb.), FDP-Bundesvorstand. Die Liberalen unter dem Vorsitz von Theodor Heuss und Franz Blücher. Sitzungsprotokolle 1949-1954, Düsseldorf 1990, Dok. 12, S. 232.
26 H. Westphal, 1949/1950 in Berlin in der sozialistischen Jugendarbeit tätig, erinnerte sich in einem Brief an Klaus von Bismarck vom 4.9.1986, daß er „tief aufgewühlt und aus echtem Protest die Veranstaltung im Berliner Titaniapalast verlassen habe, bei der Konrad Adenauer als Bundeskanzler erstmalig in Berlin

rungen nach Aufhebung der Zonengrenzen und der Oder-Neiße-Grenze – zog allzuleicht nationalistische Übersteigerungen nach sich. Solche Übersteigerungen traten ohnehin schon auf und drohten, ein Nährboden für nationalsozialistische Reminiszenzen zu werden. Die Sozialistische Reichspartei füllte damit bald ihre Jugendkundgebungen, und die FDP konnte sich wenig später einer eigenen, rechtsorientierten Unterwanderung in mehreren Landesverbänden nur mit Hilfe der Briten erwehren.

Welche Zielorientierung sollte der Jugend vorgegeben werden – von der zudem 80 Prozent als politisch abstinent galten? In der „Frankfurter Allgemeinen" schrieb ein Kenner des „mitteleuropäischen Ostblocks", die Ostunion unter sowjetischer Führung nehme immer stärkere Gestalt an. Die westdeutsche Jugend habe dagegen kein Organ für eine klare Meinungsäußerung: „Man weiß aber, daß sie politisch zum großen Teil abseits steht, ohne recht zu wissen, wohin sie gehört." Seine Titelfrage lautete: „Und die Westunion?"[27]

Gewiß, der westeuropäische Prozeß war imposant und übertraf jedes historische Zeitmaß. Schon im August 1950 entsandte die Bundesrepublik ihre Delegierten in die Beratende Versammlung des Europarates und war bereits in die konstitutionelle Genesis der Europäischen Gemeinschaft eingetreten. Die politische Jugendbildung vermochte aber kaum, dieses rasante Tempo wahrzunehmen und zu verarbeiten, geschweige denn konzeptionell und didaktisch umzusetzen. Die westeuropäische Einigung war öffentlich allenfalls – mit spektakulären aber ephemeren Wirkungen – eine Angelegenheit kleiner studentischer Gruppen geworden, die glaubten, die deutschfranzösischen Schlagbäume über Nacht entfernen zu können.

Im Vordergrund öffentlicher Konfrontation stand außerdem die Wiederbewaffnung. Deren Gegner rückten für die Optik der Medien in die Nähe kommunistischer Gruppierungen und boten diesen Gelegenheit, den Schein einer breiten und geschlossenen Bewegung gegen die Politik der Bundesregierung vorzutäuschen. Soweit sich die Akteure dagegen wehren wollten, fielen die Abgrenzungen in der emotionell engagierten Jugend am schwersten.

Unter den westdeutschen Jugendverbänden, die sich inzwischen im Bundesjugendring zusammengefunden hatten, herrschte Hilflosigkeit vor. Die Pluralität der Grundorientierungen gegenüber der ideologischen, agitatorischen und aktionsmäßigen Geschlossenheit der kommunistisch gesteuerten Formationen wurde nicht als Stärke empfunden. Die Folge war, daß sie sich unter dem kleinsten gemeinsamen Nenner trafen: einem „naiven Antikommunismus".[28] Es war die bloße Ablehnung des anderen Systems ohne die selbstkritisch offene Auslegung des eigenen.

Nach den gescheiterten Bemühungen, mittels der Stalin-Note 1952 den westeuropäischen Einigungsprozeß und die Einbindung der Bundesrepublik aufzuhalten, war

---

sprach und am Schluß von sich aus die dritte Strophe des Deutschlandliedes anstimmte". Korrespondenz, von H. Westphal dem Verfasser überlassen.
27 FAZ v. 26.7.1950, S. 1.
28 E. Krippendorf, Die Flucht vor unbequemen Tatsachen, in: West-Ost-Berichte 10. Oktober 1959, S. 364.

mit deren Aufnahme in die NATO 1955 die Zäsur erreicht, nach der die Sowjetunion keine ernsthaften Versuche mehr unternahm, die Bundesrepublik „mit dem Köder der Wiedervereinigung in eine neutrale Position zu locken".[29] Einzelne geheime Sondierungen von westdeutscher Seite, den finanziellen Preis einer Wiedervereinigung auszuloten, beruhten auf Wunschdenken.[30] Es bahnten sich langsam Kontakte zur Lösung humanitärer Fragen mit finanziellem Aufwand an.

Die deutsche Teilung stabilisierte sich international. Auf der Genfer Konferenz im Juli 1955 verzichteten die Westmächte gegenüber der Sowjetunion auf den Vorrang der Wiedervereinigung vor der europäischen Sicherheit und bestanden nicht einmal auf der gleichzeitigen Verwirklichung beider Ziele.[31] Für Washington galt eine neue Arbeitsthese. Sie erklärte das Handeln des Kreml aus dem Gefühl einer Bedrohung von außen.[32] Tatsächlich geriet die Wiedervereinigung auf westlicher Seite immer mehr zu einem diplomatisch-rituellen Pflichtthema, zu dem es hinter vorgehaltener Hand hieß: Die Wiedervereinigung ist politisch unmöglich, es ist aber unmöglich, dies zu sagen.

Folgt man den Erinnerungen Konrad Adenauers, so verhehlte auch er nach seinem Moskaubesuch 1955 nicht die Erkenntnis der deutschen Delegation, „daß die Sowjetunion wirklich ein starkes Sicherheitsbedürfnis hatte".[33] Wurde dieses unterstellt, so konnte die Politik der UdSSR für weniger aggressiv gehalten werden, auch wenn ihre Agitation die These von der Bedrohung wachhielt und weiterhin von der „revanchistischen" Bundesrepublik sprach. Sie schloß jedenfalls die Akzeptanz des Status quo nicht mehr aus. Auch das Berlin-Ultimatum Chruschtschows 1958/1959 änderte daran wenig.

In westdeutschen Umfragen von 1953 und 1954 unter Fünfzehn- bis Vierundzwanzigjährigen hatte jeder zweite Befragte die Wiedervereinigung für die wichtigste Zukunftsaufgabe erklärt, nur halb so viele hatten die Sicherung des Friedens an erster Stelle genannt.[34] Diese Anteile standen für einen herrschenden Trend unter denjenigen, die sich politische Lösungen nicht anders als durch verbale Kraftakte erhofften. In der zweiten Hälfte der fünfziger Jahre ernüchterten immerhin die Jugendverbände von solchen Illusionen. Der Bundesjugendring stellte zwar 1956 seine „Tage der Jugend" unter das Leitwort „Jugend im ganzen Deutschland". Die Handlungsdevise hatte aber bereits die Silvesteransprache des Bundespräsidenten Theodor Heuss durch die Empfehlung vorgegeben, „die Bürde des ideologischen Geschwätzes abzubauen".[35] Konjunktur hatten nun persönliche Begegnungen.

---

29 E. Schulz, Die deutsche Nation in Europa, Bonn 1982, S. 108.
30 Ebd., S. 109. Schulz erwähnt den Vorschlag des damaligen Bundesarbeitsministers Anton Storch im Jahre 1954. Zu den Sondierungen des Bundesfinanzministers Fritz Schäffer vgl. D. Blumenwitz, Die Christlich-Soziale Union und die deutsche Frage, in: Geschichte einer Volkspartei, S. 339.
31 Vgl. FAZ v. 25.7.1955, S. 1.
32 FAZ v. 8.10.1955, S. 1.
33 Konrad Adenauer, Erinnerungen 1953-1955, Stuttgart 1966, S. 556.
34 Stärker in diesen Quoten vertreten waren die Probanden mit höherer Schulbildung und Vertriebenenschicksal. FAZ v. 1.4.1955, S. 2: „Die Jugend ruft nach Wiedervereinigung".
35 Vgl. H. Westphal, Die Jugend im ganzen Deutschland, in: Deutsche Jugend, 4 (1956), S. 14.

Umsomehr drängten seitdem Jugendgruppen und Schulklassen in die DDR, mit Besichtigungsprogrammen und zu Gesprächskontakten. Sie luden auch zu Gegenbesuchen ein. Den dort lebenden Menschen sollte demonstriert werden, daß man sich nicht abkoppeln lassen wollte. Was gut gemeint war, erwies sich als riskant. Sie trafen in der Regel auf FDJ-Gruppen und ideologisch geschulte Klassen, die ihnen ein glänzendes Bild von der DDR und der UdSSR vorgaukelten und kaum überprüfbare Daten über angebliche Mißstände in der Bundesrepublik vorhielten. Unter denen, die im Westen Besuche machen durften, waren mitunter auch junge Leute, die sich informieren und ein eigenes Urteil bilden wollten. In der Zeitschrift „Deutsche Jugend" riet Heinz Westphal, der über reiche Erfahrungen aus der Berliner Jugendarbeit aus seiner Tätigkeit als Bundesvorsitzender der „SJD-Die Falken" verfügte, alle Kontakte zu nutzen, sich aber darauf gründlich vorzubereiten. Er gab Ratschläge und warnte vor allem vor einer simplen Gegenüberstellung der Verhältnisse. „Die Formel lautet nicht einfach: Dort KZ und hier Freiheit. Sonst könnte uns unser Gast mit gleicher Vereinfachung antworten: Bei uns Arbeiteraufstand des 17. Juni, bei euch satte Bürger in geistiger Leere."[36]

Namentlich die Reisen von Schulklassen und Sportgruppen in die DDR und nach Ostberlin brachten manche Pannen mit sich, bis zu Blockaden oder Abbrüchen von Gesprächen. Die Schulbehörden und Jugendämter in der Bundesrepublik, die Berichte einholten, wurden angesichts der empfindlichen und gefährlichen Defizite nervös. Mehr denn je waren ihnen nun die Hilfen willkommen, die Einrichtungen der politischen Jugendbildung anboten, wie der Jugendhof Vlotho. Sie beschickten seine Schülerlehrgänge, auf denen ausgewählte Primaner und Primanerinnen, später auch Berufsschüler acht Tage lang in verschiedenen Fachgruppen West-Ost-Themen behandelten. Schließlich hospitierten dort auch Geschichtslehrer, um inhaltliche und didaktische Anregungen zu sammeln.

Aus den Lehrgängen kehrten dann hochmotivierte Schülerinnen und Schüler in ihre Schulen oder auch in die freien und konfessionellen Jugendverbände zurück und brachten Anstöße und Erfahrungen mit. Sie wurden mancherorts beherzigt, trafen aber andernorts auf Argwohn. Selbst in vielen Behörden befürchteten die Verantwortlichen, wer sich mit dem Kommunismus beschäftigte, demonstriere bereits Anfälligkeit für seine Inhalte. Ihnen mißfiel auch, daß die Befassung mit dem Nationalsozialismus und seinen Folgelasten nicht zuletzt zu realistischen Einsichten in die Dauerhaftigkeit der Oder-Neiße-Grenze führte.

Die strategischen Zentren der Agitation in Ostberlin und Moskau nutzten die Schwäche im Gros der westdeutschen Jugend und die Verunsicherung der zuständigen Organe und Behörden. Der Gipfel wurden die VI. Weltfestspiele für Jugend und Studenten in Moskau vom 28. Juli bis zum 11. August 1957. Unter den Leitworten: „Mir und Drushba", Frieden und Freundschaft, lockten sie Interessierte aus aller Welt. Die erste dieser Veranstaltungen hatte 1947 in Prag stattgefunden. An ihrer kommunistischen Steuerung war kein Zweifel. Der Förderkreis aus der Bundesrepublik für Moskau

---

36 Ebd., S. 15.

sollte sie zwar verschleiern; angeblich „unpolitische" Mitglieder wie der Pädagogik-Professor Leo Weismantel und der Verleger Ernst Rowohlt erkannten offenbar nicht, daß sie für bestimmte agitatorische Zwecke eingespannt wurden.[37] Auch eine kleine Beobachtergruppe aus der Jugendarbeit in Vlotho, die Weismantel und Rowohlt im Moskauer Hotel „Ukraine" aufsuchte und dafür gewinnen wollte, öffentliche Zeichen ihrer politischen Unabhängigkeit zu setzen, stieß auf eine grenzenlose politische Naivität.[38]

Aus der Bundesrepublik kamen 1.250 Teilnehmer zum Treffen, überwiegend aus kommunistisch orientierten Organisationen und Gruppierungen, in kleinen Kontingenten aus Sympathisanten und Abenteuerlustigen aus der Kultur- und Sportarbeit von Jugendgruppen, die jeden politischen Durchblicks entbehrten. Die bombastische Eröffnung im Lenin-Stadion, das 100.000 Menschen faßte, faszinierte sie ebenso wie die „Freundschaftstreffen" mit Jugendlichen anderer Nationen und die gleichzeitigen Sportwettkämpfe. Sie merkten auch nicht, daß die Ausflüge in das 70 km entfernte Kloster Sagorsk und Gespräche mit den dortigen Seminaristen zugleich verbargen, was über die russisch-orthodoxe Kirche nicht bekannt werden durfte. Die abgeschirmte Berichterstattung verriet auch nichts über die Diskussion der kritischen Beobachtergruppe an der Moskauer Lomonossow-Universität, in deren Verlauf die russischen Kommilitonen immerhin – nach dem XX. Parteitag der KPdSU – die westdeutschen Informationen über die DDR mit dem freimütigen Kommentar aufnahmen, diese sei das „Museum des Stalinismus".[39]

Mit dem folgenden Weltfestival für Jugend und Studenten in Wien vom 26. Juli bis zum 6. August 1959 traten die Organisatoren zum ersten Mal aus dem eigenen Machtbereich heraus. Die Leitung der Reisegruppe aus der Bundesrepublik war ähnlich wie in Moskau besetzt; es fehlte nicht der ehemalige FDJ-Funktionär aus Hessen, Helmut Rödl. Maßgebend agierte in der Vorbereitung die „Ständige Kommission", zu der aus der DDR Werner Lamberz, Sekretär des Zentralrats der FDJ sowie des nach dem Kriege gegründeten, aus Moskau gelenkten „Weltbundes der Demokratischen Jugend" gehörte. Der Ostblock bestritt 3,5 Mio. Dollar der Gesamtkosten von 4,5 Mio.[40]

Bei diesem Festival – von der Eröffnung durch Einmarsch der 18.000 Teilnehmer aus 112 Ländern bis zum Feuerwerk am Ende – blieben die Veranstalter mit ihren Delegationen meistens unter sich. Die österreichischen Medien schwiegen sich über das Festival einmütig aus, von der schwachen kommunistischen Presse abgesehen; die Bevölkerung ignorierte es. Die Mehrheit der Teilnehmer kam aus den Entwicklungsländern – und war überwiegend wenig informiert. Die DDR entsandte 1.000 Teilnehmer, die viel Propagandamaterial verteilten. Sie durften sich nur in geschlossenen

---

37 Vgl. E. Breßlein, Drushba! Freundschaft? Von der Kommunistischen Jugendinternationale zu den Weltjugendspielen, Frankfurt a.M. 1973, S. 98. Ebd., S. 101f., Auszüge aus dem Tagebuch Weismantels.
38 Die Gruppe bildeten der Verfasser und zwei Mitglieder des damaligen studentischen Ost-West-Arbeitskreises, Urs Müller-Plantenberg und Heinz Thum.
39 Der Verfasser hat daran teilgenommen.
40 Breßlein, S. 109.

Gruppen bewegen, ganz anders als die Polen, die sich überall umschauten und alle Gesprächsgelegenheiten ausschöpften, nicht zuletzt mit den mehr als eintausend Teilnehmern aus der Bundesrepublik. Diese setzten sich diesmal anders zusammen. Neben etwa 40 Prozent Kommunisten und 20 Prozent Sympathisanten waren auch Touristen und Beobachter gekommen, aus dem Verband Deutscher Studentenschaften, dem Bundesjugendring, 19 Mitglieder des Liberalen Studentenbundes. Dieser hatte Mitte Mai 1959 beschlossen, auf dem Festival „unsere freiheitliche Auffassung in allen Fragen der Politik und Gesellschaftsordnung zu vertreten", und betont, es sei insbesondere zu vermeiden, „daß die gesellschaftlichen Verhältnisse in Deutschland allein und einseitig von den Funktionären der FDJ dargestellt werden".[41] Er tat dies in Wien couragiert. Die österreichischen Jugendorganisationen betrieben ihrerseits vielfache Aufklärung über die Absichten der Festivalveranstalter.[42]

Aus der Bundesrepublik stammten auch zwölf Mitglieder des studentischen Ost-West-Arbeitskreises,[43] der einerseits seit längerem Gespräche mit Kommilitonen aus der DDR führte und andererseits die Arbeitsgruppen in den Vlothoer Schülerlehrgängen leitete.[44] Sie hatten sich als Teilnehmer angemeldet und verteilten sich auf die Veranstaltungen, um möglichst intensive und aktive Eindrücke zu sammeln. Es war kein Wunder, daß die Leitung aus der DDR es bei einem offiziellen Treffen beließ und weitere, auch individuelle Begegnungen unterband. Ihre Delegierten waren zwar auf der Jugendhochschule Bogensee gründlich vorbereitet worden,[45] sie waren aber echten Diskursen nicht gewachsen. Den lebhaften Informationsaustausch des westdeutschen Teams mit anderen Delegationen in den zahlreichen Veranstaltungen konnten die Funktionäre freilich nicht verhindern.

Die Teilnehmer aus dem studentischen Ost-West-Arbeitskreis fuhren nach Wien in Abstimmung mit dem Bundesministerium für Gesamtdeutschen Fragen. Sie analysierten das Festival und sandten ihm die Ergebnisse mit der nachdrücklichen Empfehlung, informierte Jugendgruppen zum nächsten Festival 1961 nach Helsinki gehen zu lassen und sich um die finanzielle Förderung zu kümmern. Was der Verständigung durch Information und Argumentation nützen sollte, zerschlug sich zuletzt. Am Ende fehlte den Bonner Entscheidungsträgern, die die nationale oder gesamtdeutsche Frage institutionell verwalteten, das Zutrauen in die Überzeugungskraft von Diskursen, in denen

---

41 Ebd., S. 110.
42 Vgl. Arbeitsgemeinschaft für gesellschaftliche Studien (Hg.), VII. Weltfestspiele der Jugend und Studenten für Frieden und Freundschaft. Wien, 26. Juli bis 4. August 1959. Analyse und Kommentar, Monschau 1960, S. 66-71. Hierin auch Dokumente, S. 73-197.
43 Vgl. R. Rürup, Erinnerung an den Jugendhof, in: Bildung – Entfaltung des ganzen Menschen. Jugendhof Vlotho, hg. v. Jugendhof Vlotho, Vlotho 1996, S. 93-94. Hierin auch kurze Beiträge anderer Mitglieder aus der politischen Bildungsarbeit. Für die Teilnahme in Wien war extra eine „Akademische Vereinigung für politische Bildung" gegründet worden.
44 Der Verfasser, der 1957-1960 im Auftrage des Kultusministers NRW die Schülerarbeit in Vlotho leitete, war unter den Teilnehmern. Seine Eindrücke vom Festival in Wien finden sich in: West-Ost-Berichte 12 (1959), S. 458-464. Danach unternahm er mit Heinz Thum und Urs Müller-Plantenberg eine Studienreise durch kommunistische Ferienlager auf dem Balkan.
45 Vgl. Breßlein, S. 113. Hier auch Angaben zur Zusammensetzung der Teilnehmer aus der DDR.

die normativen Grundlagen und realen Verhältnisse zwischen den Gesellschaftsordnungen und Machtblöcken möglichst authentisch und glaubwürdig gegenübergestellt und ausgemessen wurden. Sie verpaßten eine große Chance der Jugendarbeit.

Daß manche Aktivitäten der Jugendarbeit dem DDR-Regime trotzdem unbequem wurden – immerhin mußte es eine steigende Quote junger Flüchtlinge registrieren –, demonstrierte es nicht zuletzt mit dem Bau der Mauer. Am 13. August 1961 war ich unterwegs in Tiflis. Die gastfreundlichen Georgier hatten über Nacht Haltung und Miene geändert. Sie blickten eher feindselig, und ihre Jugend lernte sofort aus den kontrollierten Medien, in Berlin sei eine Maßnahme getroffen worden, die einer akuten Bedrohung durch die „revanchistische" Bundesrepublik entschlossen begegnen und den Frieden bewahren solle.[46] Es bedurfte gründlicher Informationen und glaubwürdiger Darlegung, um ihre Gesprächsbereitschaft zurückzugewinnen.

---

46 Der Verfasser hat Eindrücke aus drei Rußlandreisen und Begegnungen mit jungen Leuten in kommunistischen Ferienlagern und bei anderen Kontakten in der CSSR, in Jugoslawien und Bulgarien sowie während der Festivals in Moskau und Wien in den West-Ost-Berichten 1958 bis 1961 geschildert.

Manfred Görtemaker
Die Ursprünge der „neuen Ostpolitik" Willy Brandts

Der Bau der Berliner Mauer vom 13. August 1961 gehört zu den einschneidendsten Zäsuren der deutschen Nachkriegspolitik. Willy Brandt bemerkte dazu später, seine politischen Überlegungen seien „durch die Erfahrung dieses Tages" wesentlich mitbestimmt worden: „Was man meine Ostpolitik genannt hat, wurde vor diesem Hintergrund geformt."[1] Auch für Egon Bahr, den eigentlichen Architekten der „neuen Ostpolitik", bündelten sich an diesem Tag verschiedene Handlungsstränge wie in einem großen Drama: „Die alten Thesen und geläufigen Wünsche von Ost und West begegneten sich, prallten auf das gesetzte neue Faktum einer Mauer. Nachdem der Sturm vorüber war, wurden fundamentale Veränderungen sichtbar, denen keiner entging. (...) Eine neue Entwicklung begann, eine neue Rechnung mußte aufgemacht werden."[2]

Beide Aussagen verweisen auf umfassende Ursachen- und Wirkungszusammenhänge, die über das lokale Ereignis weit hinausreichen. Zwar lebten die Deutschen bereits seit 1945 in zwei unterschiedlichen Welten, die 1949 mit der Gründung der Bundesrepublik Deutschland und der Deutschen Demokratischen Republik ihren staatlichen Ausdruck gefunden hatten. Aber erst mit dem Mauerbau wurde die Hoffnung auf baldige Wiedervereinigung zu einer Schimäre. Bis dahin hatten beide deutschen Regierungen zumindest formal am politischen Ziel der Überwindung der Teilung festgehalten. Selbst die Westintegration der Bundesrepublik, die vordergründig die Spaltung vertieft hatte, war offiziell als Voraussetzung zur Wiedervereinigung begriffen worden. Bundeskanzler Adenauer selbst meinte dazu, im gleichen Maße, in dem sich der westdeutsche Teilstaat zu einem politisch stabilen und wirtschaftlich prosperierenden Gemeinwesen entwickele, erhöhe sich auch seine „Magnet-Wirkung" auf die Bürger Ostdeutschlands; diese würden dadurch entweder zum Aufstand gegen ihre Regierung oder zur Flucht in den Westen veranlaßt. Die Annahme war nicht völlig abwegig: Der 17. Juni 1953 und 2,7 Millionen Flüchtlinge, die zwischen 1949 und 1961 aus der DDR in die Bundesrepublik übersiedelten, schienen Adenauer recht zu geben.

Tatsächlich geriet die DDR in den fünfziger Jahren durch den Exodus qualifizierter Arbeitskräfte so stark unter Druck, daß sie schließlich nur noch mit der Zwangsmaßnahme einer physischen Abriegelung gegenüber dem Westen stabilisiert werden konnte. Nach dem Mauerbau war ein Zusammenbruch des SED-Regimes allerdings kaum noch zu erwarten. Adenauers „Politik der Stärke" war gescheitert. Eine „neue Ostpolitik" mußte pragmatische Wege für ein friedliches Nebeneinander der beiden

---
1 W. Brandt, Begegnungen und Einsichten. Die Jahre 1960-1975, Hamburg 1976, S. 17.
2 E. Bahr, Zu meiner Zeit, München 1996, S. 125.

deutschen Staaten aufzeigen, ohne mit dem Wiedervereinigungsgebot des Grundgesetzes in Konflikt zu geraten. Wie hat sich diese Politik entwickelt? Von welchen Voraussetzungen hatte sie auszugehen? Und welche Schritte wurden von ihren Befürwortern unternommen, um die Idee eines „Wandels durch Annäherung" in die Wirklichkeit umzusetzen?

1. Deutschlandpolitische Überlegungen in den fünfziger Jahren

So sehr die Tatsache hervorzuheben ist, daß die neue Ostpolitik des Mauerbaus als Katalysator bedurfte, um gedanklich Gestalt zu gewinnen, so sehr trifft es zu, daß die Vorüberlegungen zu einer Neuorientierung der westdeutschen Politik gegenüber der DDR und den Staaten Osteuropas bereits in den fünfziger Jahren begannen. Spätestens mit dem Beitritt der Bundesrepublik zur NATO im Mai 1955 war die Notwendigkeit gegeben, die Grundlagen der „deutschen Frage" neu zu durchdenken. Zwar hieß es in Artikel 7 Abs. 2 des am 23. Oktober 1954 zwischen der Bundesrepublik und den Westmächten in Paris geschlossenen Deutschlandvertrages in bekannter Sprachregelung, die westlichen Verbündeten würden gemeinsam mit der Bundesrepublik auf „ein wiedervereinigtes Deutschland, das … in die europäische Gemeinschaft integriert ist", hinwirken.[3] Aber dieses Versprechen besagte wenig, wenn man die Westmächte mit der Realität des Ost-West-Konflikts und der Tatsache der deutschen Teilung konfrontierte. Peter Bender hat deshalb zu Recht darauf hingewiesen, daß Deutschland nach dem NATO-Beitritt der Bundesrepublik und der Gründung des Warschauer Paktes 1955 nicht mehr nur ideologisch und staatlich geteilt war, sondern nunmehr auch zwei feindlichen Bündnissen angehörte und gegeneinander bewaffnet wurde. Für die Dauer des Ost-West-Konflikts, so Bender, sei damals „die letzte Chance für eine staatliche Einheit" geschwunden.[4] Auch Bender hält es allerdings für fraglich, ob dafür überhaupt jemals eine realistische Aussicht bestanden habe. Denn für eine Wiedervereinigung fehlte auch schon vor 1955 stets die „einfachste Voraussetzung": die Notwendigkeit, „daß keine Großmacht einen Nachteil davon haben durfte".[5]

Nach 1955 mußte man darüber jedoch nicht länger spekulieren. Die Sowjetunion, die zuvor noch mit dem Gedanken eines neutralisierten Gesamtdeutschlands gespielt hatte, stellte sich nun – wie zuvor bereits die Westmächte – auf die dauerhafte Existenz zweier deutscher Staaten ein. Sogar Bundeskanzler Adenauer war jetzt bereit, im September 1955 eine Einladung der sowjetischen Regierung zu einem Besuch nach Moskau anzunehmen, um über die Aufnahme diplomatischer Beziehungen und die Rückführung der letzten deutschen Kriegsgefangenen zu verhandeln. Nur eine Woche nach

---
[3] BGBl. 1955, S. 305.
[4] P. Bender, Die „Neue Ostpolitik" und ihre Folgen. Vom Mauerbau bis zur Vereinigung, München ³1995, S. 29.
[5] Ebd.

Adenauers Moskau-Besuch billigte die UdSSR der DDR die staatliche Souveränität zu, die auch für den deutschen Verkehr zwischen West-Berlin und der Bundesrepublik galt. Die Sowjetunion behielt – analog zu den Pariser Verträgen der Westmächte mit Bonn vom Oktober 1954 – lediglich ihre Siegerrechte in Fragen, „die Deutschland als Ganzes betreffen".[6] Zugleich weigerte sich Moskau, weiterhin über die deutsche Einheit zu verhandeln. Darüber sollten die Deutschen sich künftig selber verständigen. Praktisch bedeutete dies, daß die deutsche Wiedervereinigung von der Tagesordnung der Politik zwischen den Großmächten abgesetzt war und unter den Bedingungen des Ost-West-Konflikts keine Aussicht auf Verwirklichung mehr besaß.

Wie sehr der Sowjetunion hingegen an der fortdauernden Existenz der DDR gelegen war, zeigte sich im Juni 1956, als der französische Außenminister Christian Pineau in Washington und Paris eine Äußerung Nikita Chruschtschows wiedergab, in der es hieß: „Ich habe lieber 20 Millionen Deutsche auf meiner Seite als 70 Millionen gegen uns. Selbst wenn Deutschland militärisch neutral wäre, genügt uns das nicht. Wir wollen auch, daß die sozialen und wirtschaftlichen Errungenschaften Ostdeutschlands beibehalten werden. Ostdeutschland auf unserer Seite zu halten, ist darüber hinaus für uns eine Frage des Prestiges."[7] Tatsächlich war die DDR inzwischen vor allem ein machtpolitischer Schlußstein des sowjetischen Imperiums geworden, der Moskau eine fast unbegrenzte Truppenstationierung in Mitteleuropa ermöglichte. Die kommunistische Herrschaft in der Tschechoslowakei wurde dadurch militärisch flankiert, das unberechenbare Polen gegenüber dem Westen abgeriegelt. Wie bedeutsam diese Rolle der DDR war, sollte sich in ihrer ganzen Dramatik erst 1989/90 offenbaren, als mit dem Zusammenbruch des SED-Regimes auch die sowjetische Position in der Tschechoslowakei und Polen zerfiel. Aber bereits beim Ungarn-Aufstand und den Unruhen in Polen 1956 erwies sich die sowjetische Präsenz in der DDR als nützlicher Teil eines Einflußsphärenkonzepts, das auch vom Westen durch Nichtintervention respektiert wurde.

Für die westdeutsche Ostpolitik ergaben sich daraus weitreichende Schlußfolgerungen. So bestätigte die zurückhaltende westliche Reaktion gegenüber dem Aufbegehren in Polen und Ungarn die bittere Erfahrung des 17. Juni drei Jahre zuvor, daß die Sowjetunion im Grunde freie Hand hatte, in ihrem Machtbereich in Osteuropa „für ihre Art von Ordnung zu sorgen, ohne ein Einschreiten des Westens befürchten zu müssen".[8] Überdies hatte die Genfer Gipfelkonferenz vom Juli 1955 einen ersten, sehr begrenzten Entspannungsversuch eingeleitet, in dem die Bundesrepublik sich rasch als Störfaktor einer Ost-West-Annäherung erwies. Zwar gelang es Adenauer noch einmal, den vom britischen Premierminister Anthony Eden vorgeschlagenen Plan einer militärischen Inspektionszone beiderseits der Teilungslinie zwischen Ost und West zu torpe-

---

6 Vertrag über die Beziehungen zwischen der DDR und der UdSSR v. 20.9.1955, Gbl. der DDR 1955, Bd. I, S. 918.
7 Bulletin des Presse- u. Informationsamtes der Bundesregierung, 9.6.1956, S. 1014 u. 23.6.1956, S. 1117.
8 Bahr, S. 105.

dieren.⁹ Aber vor allem in Paris und London wuchs nun die Entschlossenheit, Entspannungs- und Rüstungsvereinbarungen künftig nicht mehr vom Vorrang der deutschen Wiedervereinigung abhängig zu machen. Die Bundesregierung trug dagegen durch ihre kompromißlose Haltung, keinerlei Vorschläge ernsthaft zu diskutieren, „die die Entspannung auf der Grundlage einer auch nur vorübergehenden Anerkennung oder stillschweigenden Hinnahme der Teilung Deutschlands bewirken wollen",¹⁰ zu einer Selbstisolierung ihrer Ostpolitik bei, die vor allem nach dem Amtsantritt des neuen amerikanischen Präsidenten John F. Kennedy im Januar 1961 bedrohliche Züge annahm. Der Konflikt mit den Verbündeten, der sich daraus ergab, wurde nun bis zum Ende der Ära Adenauer immer unüberbrückbarer.

Dabei war Adenauer durchaus nicht unflexibel. Als sich die Westmächte 1957 entschlossen zeigten, ungeachtet der Bedenken des Kanzlers ihre Abrüstungsbemühungen mit der Sowjetunion fortzusetzen, bemerkte er in einer beachtlichen politischen Kehrtwendung kurzerhand, Abrüstung solle nun nicht mehr der Preis für die Einheit sein, sondern deren Voraussetzung. Noch 1961 erklärte er dazu in einer Wahlrede: „Wenn das mit der kontrollierten Abrüstung gelungen ist, kommt auch die Wiedervereinigung."¹¹ Insgeheim wandte er sich zudem bereits im März 1958 an Moskau und schlug in streng vertraulichen Unterredungen mit Botschafter Smirnow und dem stellvertretenden Ministerpräsidenten Mikojan bei dessen Deutschland-Besuch im April 1958 vor, „der ‚DDR' den Status Österreichs zu geben".¹² Offenbar hatte er die Hoffnung auf baldige Wiedervereinigung durch seine „Politik der Stärke" inzwischen aufgegeben, auch wenn er dies öffentlich nicht zugeben mochte. Der folgende Globke-Plan, der um die Jahreswende 1958/59 konzipiert, in einer erweiterten Fassung aber erst am 17. November 1960 vorgelegt wurde, bestätigte diese Flexibilität. Die Forderung nach Wiedervereinigung durch freie Wahlen wurde darin insoweit modifiziert, als die Bevölkerungen der Bundesrepublik und der DDR jeweils für sich eine Mehrheitsentscheidung treffen sollten, so daß bei der Abstimmung keine Majorisierung des einen über den anderen Teil Deutschlands möglich gewesen wäre.¹³

Die Konjunktur des Kalten Krieges ließ pragmatische Wiedervereinigungskompromisse allerdings nicht mehr zu. Vor allem die Sowjetunion sah keinen Grund mehr, auf ihre uneingeschränkte Herrschaft in Ostdeutschland zu verzichten, die für den Bestand ihres Imperiums in Osteuropa von so fundamentaler Bedeutung war. In der Bundesrepublik bestand andererseits – trotz aller Kontroversen über die Praxis der Adenauer-

---
9 Siehe hierzu: A. Eden, Memoiren 1945-1957, Köln 1960, S. 349f.
10 So die Formulierung einer offiziellen Polemik des Auswärtigen Amtes gegen den französischen Ministerpräsidenten vom 6. April 1956. Zit. nach: Bundesministerium für gesamtdeutsche Fragen (Hg.), Dokumente zur Deutschlandpolitik, III. Reihe, Bd. 2, Frankfurt a.M. 1955, S. 238.
11 Wahlrede auf einer Großkundgebung in Regensburg, 14.8.1961, in: H.-P. Schwarz (Hg.), Konrad Adenauer. Reden 1917-1967. Eine Auswahl, Stuttgart 1975, S. 422.
12 K. Adenauer. Erinnerungen 1955-1959, Stuttgart 1967, S. 377ff. Siehe hierzu auch K. Gotto, Adenauers Deutschland- und Ostpolitik 1954-1963, in: Konrad Adenauer. Seine Deutschland- und Außenpolitik 1945-1963, München 1975, S. 203ff.
13 Gotto, S. 226f.

schen Politik – ein weitgehender Grundkonsens in der nationalen Frage. So stimmten alle Parteien mit Ausnahme der Kommunisten darin überein, daß Freiheit vor Einheit rangiere. Die Wiedervereinigung Deutschlands war nur unter demokratischen Vorzeichen vorstellbar und sollte – auf die eine oder andere Weise – durch freie Wahlen herbeigeführt werden.

Auch die Deutschlandpläne der SPD und der FDP, die im März 1959 vorgelegt wurden, strebten das Ziel der Wiedervereinigung unter freiheitlichen und demokratischen Vorzeichen an. Menschenrechte und Grundfreiheiten besaßen darin einen zentralen Stellenwert. In dieser Hinsicht waren sie von den Positionen der Bundesregierung nicht weit entfernt. Was sie von den Grundsätzen der Adenauerschen Politik trennte, war der Verzicht auf Westverklammerung und Gleichheit im Bündnis, einschließlich des Rechts auf Atomwaffen. So plädierten SPD und FDP für ein demokratisch vereintes, blockfreies Deutschland, das von fremden Truppen geräumt und von Atomwaffen frei sein sollte. Sicherheit vor und für Deutschland sollte statt dessen ein neu zu konstruierendes, vom Gedanken der Entspannung und Abrüstung getragenes gesamteuropäisches Sicherheitssystem bieten, das in einem Friedensvertrag der vier Siegermächte des Zweiten Weltkrieges mit Deutschland zu fixieren sein würde. An den Verhandlungen dazu sollten die Bundesrepublik und die DDR gleichberechtigt teilnehmen, wobei die beiden deutschen Staaten untereinander alle Fragen – bis zur Ausarbeitung eines gesamtdeutschen Wahlgesetzes – regeln sollten, die für die Wiedervereinigung zu klären waren.[14]

Hintergrund dieser Überlegungen war nicht nur die seit 1957 umfassend geführte Abrüstungsdiskussion – mit Vorschlägen der britischen Labour Party unter Sir Hugh Gaitskell, des polnischen Außenministers Adam Rapacki und des „Erfinders" der amerikanischen Containment-Politik, George F. Kennan –, sondern auch die Forderung des sowjetischen Partei- und Staatschefs Nikita Chruschtschow vom November 1958, die Beschlüsse der Potsdamer Konferenz von 1945 zu revidieren und West-Berlin in eine „Freie Stadt" umzuwandeln. Natürlich sollte damit auf elegante Weise im Einvernehmen mit den Westmächten das „Schlupfloch" Berlin geschlossen und die DDR stabilisiert werden. Das „Chruschtschow-Ultimatum" hing indessen wie ein Damoklesschwert über dem Frieden in Europa. Der Deutschlandplan der SPD nahm darauf ausdrücklich Bezug, wenn er feststellte, die „zugespitzte West-Ost-Situation" lasse „die Entspannung in Europa nur noch zu, wenn man sich zu einer schritt- und stufenweisen Regelung der militärischen und politischen Fragen entschließt". Die SPD halte daher „Vereinbarungen über regionale und kontrollierte Rüstungsbeschränkungen in Mitteleuropa für dringend erforderlich, weil ohne diese die politischen Probleme dieses Raumes nicht zu lösen sind".[15] Doch gerade weil Chruschtschow mit seinem Berlin-Vor-

---

14 Abgedruckt in: K. Hirsch (Hg.), Deutschlandpläne. Dokumente und Materialien zur deutschen Frage, München 1967, S. 278f. (FDP) und S. 279ff. (SPD). Zur SPD-Position vgl. auch Deutschlandplan der SPD - Kommentare, Argumente, Begründungen, hg. vom Vorstand der Sozialdemokratischen Partei Deutschlands, Bonn, April 1959.
15 Hirsch, S. 279.

stoß den Status quo nicht verändern, sondern festschreiben wollte, fanden die Vorschläge der SPD und FDP, die letztlich ebenso wie die vorangegangenen Adenauerschen Initiativen auf die Überwindung der deutschen Teilung abzielten, in Moskau kein Gehör. Adenauer begnügte sich deshalb gegen Ende seiner Amtszeit im Juli 1962 mit dem resignativen Angebot eines „Burgfriedens". Heinrich Krone, der langjährige enge Vertraute des Kanzlers, skizzierte den Inhalt des Vorschlages in seinem Tagebuch mit den Worten: „Moskau möge die deutschen Fragen für die nächsten zehn Jahre so belassen, wie sie zur Zeit seien, und wir würden uns damit diese Jahre hindurch einverstanden erklären, nur möge der Kreml dafür Sorge tragen, daß die menschlichen Verhältnisse in der Zone besser würden. Was dann später zu tun sei, das solle man eben später überlegen."[16]

Das war jedoch schon nach dem Mauerbau, der auch das Adenauersche Denken viel tiefgehender beeinflußte, als es in seiner Amtszeit vor der Öffentlichkeit sichtbar wurde. Willy Brandt, der damals als Berliner Regierender Bürgermeister häufig mit dem Kanzler zusammentraf, bemerkte dazu später: „Man irrt sich, wenn man glaubt, für Konrad Adenauer hätten sich die außenpolitischen Aufgaben der Bundesrepublik mit der unwiderruflichen Bindung an Europa und Amerika erfüllt. ‚Ostpolitik' existierte für ihn zwar nicht als Formel, wohl aber als Auftrag für eine neue Phase der Entwicklungen, an die er sich schon sehr viel früher heranzutasten versuchte, als es die Öffentlichkeit ahnte."[17] Tatsächlich fragte Adenauer Brandt bei einem ihrer Treffen 1962, was wohl zu antworten wäre, „wenn die Freiheit Berlins unter Anerkennung des Zonenregimes zu erreichen sei".[18] Und mit Blick auf die Hallstein-Doktrin bemerkte der Kanzler am 17. Juni 1963 in Brandts Berliner Arbeitszimmer lakonisch: „Ach, wissen Sie, gewisse Dinge muß man weggeben, solange man noch etwas dafür bekommt."[19] Es mangelte Adenauer also nicht an Einsicht und der prinzipiellen Bereitschaft, einen Preis zu zahlen, wenn dafür West-Berlin gesichert und die Lebensbedingungen der Menschen in der DDR verbessert würden. Aber für eine grundsätzliche Korrektur seiner Deutschlandpolitik fehlte dem 1963 immerhin bereits 87jährigen die Kraft. Sein bleibendes Verdienst war die Westintegration, die 1955 abgeschlossen wurde. Ihre logische Ergänzung, eine aktive Neuorientierung der Ostpolitik, mußte von anderen als ihm betrieben werden.

---

16 H. Krone, Aufzeichnungen zur Deutschland- und Ostpolitik 1954-1969, in: R. Morsey/K. Repgen (Hg.), Adenauer-Studien III, Mainz 1974, S. 170.
17 Brandt, Begegnungen, S. 64.
18 Krone, S. 171.
19 Brandt, Begegnungen, S. 65.

2. Wandel durch Annäherung

Chruschtschow-Ultimatum und Mauerbau förderten somit über alle parteipolitischen Grenzen hinweg die seit 1955 theoretisch bereits bestehende Einsicht in die Dringlichkeit einer „neuen Ostpolitik". Zugleich änderten sie jedoch auf radikale Weise die Voraussetzungen und Rahmenbedingungen des ostpolitischen Denkens. Dies galt in erster Linie für die konservative Erwartung einer baldigen Wiedervereinigung im Sinne der Adenauerschen Politik der Stärke. Man habe damals, im August 1961, „einen Vorhang weggezogen, um uns eine leere Bühne zu zeigen", so Brandt im Rückblick. Illusionen seien abhanden gekommen, die das Ende der hinter ihnen stehenden Hoffnungen überlebt hatten – „Illusionen, die sich an etwas klammerten, das in Wahrheit nicht mehr existierte".[20] Nach dem Mauerbau durfte man jedenfalls nicht mehr damit rechnen, daß die DDR in einem überschaubaren Zeitraum zusammenbrechen würde. Zumindest war nun die Möglichkeit versperrt, daß die ostdeutsche Bevölkerung ihre „Volksabstimmung mit den Füßen" fortsetzte und damit den ökonomischen Niedergang der DDR beschleunigte.

Aber auch die Deutschlandpläne der SPD und FDP wurden durch die Entwicklung der Berlin-Krise zu Makulatur – sofern sie angesichts ihrer Vorstellungen von Blockfreiheit und Aufhebung der Westbindung überhaupt eine Chance auf Realisierung besessen hatten. Innerparteilich ohnehin umstritten, stießen sie nun vor dem Hintergrund zunehmender Ost-West-Spannungen in der Öffentlichkeit immer stärker auf Unverständnis und Ablehnung. Die sowjetische Reaktion tat ein übriges, um die ost- und deutschlandpolitischen Reformer in den Bonner Oppositionsparteien zu entmutigen. Die FDP trat daraufhin den Rückmarsch in Richtung CDU/CSU an und beteiligte sich 1961 wieder an einer Koalitionsregierung unter Adenauer, während die SPD sich mit dem Godesberger Programm 1959 das Profil einer regierungsfähigen „Volkspartei" gab und mit einer berühmt gewordenen Bundestagsrede von Herbert Wehner am 30. Juni 1960 auf den Boden der Adenauerschen Außen- und Sicherheitspolitik stellte. Wehner distanzierte sich dabei nicht nur vom Deutschlandplan der SPD, dessen Kernaussagen maßgeblich unter seiner Federführung entwickelt worden waren, sondern ließ auch die frühere sozialdemokratische Ost- und Einheitspolitik weit hinter sich. Von nun an war die von Adenauer vollzogene Westbindung auch für die SPD nicht länger ein möglicher Preis für ein Arrangement mit dem Osten, sondern dessen unumstößliche Voraussetzung.[21]

Willy Brandt, der dem greisen Adenauer von der SPD als junge und moderne Alternative entgegengestellt wurde, kam dieser Wandel mehr als gelegen: Er war nie ein Anhänger des Deutschlandplans seiner Partei gewesen. Wie die meisten Berliner Sozi-

---

20 Ebd., S. 17.
21 Siehe „Plädoyer für eine gemeinsame Politik". Rede vor dem Deutschen Bundestag nach dem Scheitern der Pariser Gipfelkonferenz, 30.6.1960, in: H. Wehner, Wandel und Bewährung. Ausgewählte Reden und Schriften 1930-1975, Frankfurt a.M. 1976, S. 232ff.

aldemokraten, darunter sein Pressesprecher Egon Bahr und die vertrauten Gefährten Heinrich Albertz, Klaus Schütz und Dietrich Spangenberg, war er „härter gegen den Osten, näher dem Westen und skeptischer gegen Neutralisierungsvorstellungen als die SPD im Bundesgebiet".[22] Von den Propagandisten und Agitatoren in Ost-Berlin wurde er deshalb ebenso schonungslos angegriffen und verfolgt wie Adenauer – zum Teil sogar noch schärfer, weil er als Sozialdemokrat im unmittelbar benachbarten West-Berlin die größere Bedrohung darzustellen schien. So verstieg sich Ulbricht nach dem Mauerbau zu der Behauptung, „der Herr Brandt" habe sich bemüht, „Herrn Adenauer rechts zu überholen", und sei „bei diesem Bemühen im Graben der faschistischen Ultras" gelandet.[23]

Tatsächlich hatte Brandt nach dem 13. August nicht nur versucht, den Berlinern in der Krise politisch und moralisch Halt zu geben – in dieser Hinsicht Ernst Reuter während der Blockade 1948 nicht unähnlich –, sondern auch die Bundesregierung und die westlichen Alliierten mit bitteren Worten kritisiert, weil sie der Abriegelung Ost-Berlins tatenlos zusahen. Doch was hätten diese anderes tun können? Für die Westmächte kam eine Intervention jetzt ebensowenig in Betracht wie am 17. Juni 1953 oder beim Ungarn-Aufstand 1956. Die Zementierung des Status quo in Deutschland wurde von ihnen sogar mit Erleichterung zur Kenntnis genommen, weil damit der Frieden in Europa erhalten blieb. Und so wie 1955 der Vollzug der Westintegration der Bundesrepublik eine erste Phase der Entspannung zwischen Ost und West ermöglicht hatte, leitete die Beilegung des Streits um Berlin auch jetzt wieder – nach einem Umweg über Kuba – eine neue Ära der Verhandlungen ein, die schließlich zu weitreichenden Rüstungskontrollvereinbarungen zwischen den USA und der Sowjetunion sowie ab 1969 auch zu einer Entspannung in Europa führen sollte. Ohne die Mauer, so erklärte der frühere Berater Präsident Kennedys, Theodore Sorensen, dazu nüchtern bilanzierend in einer Fernsehdokumentation aus dem Jahre 1976 zu den Ereignissen des 13. August, wäre die Entspannung der sechziger Jahre, bis zu den Ostverträgen 1970, nicht möglich gewesen.[24]

Dies ist historisch betrachtet sicher richtig. Doch für den Regierenden Bürgermeister Berlins waren solche Perspektiven 1961 noch nicht erkennbar. Die Ursprünge der „neuen Ostpolitik" Willy Brandts liegen daher weniger in der theoretischen Durchdringung eines komplexen geschichtlichen Sachverhalts als vielmehr in der Tatsache der physischen und politischen Nähe zum Problem. So entstand die neue Ostpolitik nicht in Bonn – weder in der Bundesregierung um Adenauer noch in der SPD um Wehner –, sondern in Berlin, wo Brandt und seine Mitarbeiter in den fünfziger Jahren zu den „Kalten Kriegern" und energischen Befürwortern einer nationalstaatlichen Wiedervereinigung gehört hatten und wo sie nun aus dem unmittelbaren Erleben der Spaltung zu

---

22 Bender, S. 76.
23 Dokumente zur Deutschlandpolitik, IV. Reihe, Bd. 7, S. 233.
24 Aussage Sorensens in: L. Lehmann/P. Schultze, Ein Sonntag im August. Zur Geschichte der Berliner Mauer, Norddeutscher Rundfunk und Sender Freies Berlin, Fernsehdokumentation, 12.8.1976, S. 84. Zit. nach Bender, S. 79.

Vorreitern einer Neuorientierung wurden, die auf eine undogmatische Verbesserung der Lebensbedingungen der Menschen im geteilten Europa abzielte. Schon 1960 sind in Brandts Reden und Grundsatzbetrachtungen Beispiele zu finden, in denen er für einen offensiveren Umgang mit den Kommunisten plädierte. Nach dem Mauerbau nahm diese Tendenz deutlich zu, die er schließlich im Oktober 1962 in einer Vorlesung über „Wagnis und Chance der Koexistenz" in der Harvard University zu einem programmatischen Konzept verdichtete: „Wir haben Formen zu suchen, die die Blöcke von heute überlagern und durchdringen. Wir brauchen so viel reale Berührungspunkte und so viel sinnvolle Kommunikation wie möglich. (...) Es geht um eine Politik der Transformation. Wirkliche politische und ideologische Mauern müssen ohne Konflikt nach und nach abgetragen werden. Es geht um eine Politik der friedlichen Veränderung des Konfliktes, um eine Politik der Durchdringung, eine Politik des friedlichen Risikos; des Risikos deshalb, weil bei dem Wunsch, den Konflikt zu transformieren, wir selbst für die Einwirkung der anderen Seite auch offen sind und sein müssen."[25]

Nicht zufällig berief sich Brandt bei der Begründung seines ostpolitischen Neuanlaufs wiederholt auf Präsident Kennedy und dessen Rede vom 4. Juli 1962, in der Kennedy „das Prinzip der nationalen Unabhängigkeit mit der Anerkennung gegenseitiger Abhängigkeit" verbunden und zu „internationaler Zusammenarbeit mit dem Angebot aktiver Partnerschaft und konkreter weltweiter Solidarität" aufgerufen hatte. Es sei die „Pflicht der Europäer", so Brandt, „hierauf eine ebenbürtige Antwort zu geben".[26] Der Zwang in Berlin, mit der Mauer zu leben, hatte ihn zuvor schon veranlaßt, nach Wegen zu suchen, „die Mauer durchlässig zu machen und die besonders lebensfeindlichen Lasten der Spaltung mildern und, wo möglich, überwinden zu helfen".[27] Dabei durfte man sich nicht allein auf die Alliierten oder die Bundesregierung verlassen. Vielmehr mußte man selbst etwas unternehmen – und zwar unter ausdrücklicher Einbeziehung der DDR. Dies war die „Berliner Linie", die in langen Gesprächen zwischen Brandt, Bahr, Albertz, Schütz und Spangenberg entstanden war. Seit Dezember 1961 ging es darin um Passierscheine, um ein Minimum an innerstädtischem Besuchsverkehr – wenigstens von West nach Ost – zu schaffen, sowie um die Regelung humanitärer Fragen wie Familienzusammenführungen, in die schließlich auch das Gesamtdeutsche Ministerium in Bonn einbezogen wurde. Die Erfolge waren bescheiden, aber spürbar. Allein 790.000 West-Berliner nutzten die Passierscheinregelung von Weihnachten bis Neujahr 1963, um Verwandte im Ostteil der Stadt zu besuchen. Die Wirkung reichte weit über Berlin hinaus: Das Passierschein-Abkommen war ein Beweis für die Möglichkeit, allen ideologischen Unterschieden zum Trotz und ungeachtet divergierender

---

25 Zit. nach W. Brandt, Der Wille zum Frieden. Perspektiven der Politik, Frankfurt a.M. 1973, S. 74. Brandt wiederholte diese Ausführungen am 15. Juli 1963 in einem Vortrag auf einer Veranstaltung der Evangelischen Akademie Tutzing, bei der auch Egon Bahr über „Transformation" bzw. „Wandel durch Annäherung" sprach. Vgl. Dokumente zur Deutschlandpolitik, IV. Reihe, Bd. 9, S. 567, sowie ebd., IV. Reihe, Bd. 12, S. 812.
26 Brandt, Wille, S. 73.
27 W. Brandt, Erinnerungen, Frankfurt a.M. 1989, S. 63f.

Rechtsauffassungen zu praktischen Lösungen mit den kommunistischen Verhandlungspartnern zu kommen.

Doch Brandt und seinen Mitstreitern ging es um mehr als punktuelle menschliche Erleichterungen im Schatten der Mauer. Was sie tatsächlich anstrebten, war eine grundsätzliche Neugestaltung des Verhältnisses zwischen Ost und West – zumindest in Deutschland und Europa. Dabei kam ihnen zu Hilfe, daß der neue amerikanische Präsident Kennedy ganz ähnliche Vorstellungen entwickelte wie sie. So sprach Kennedy am 10. Juni 1963, als er in Washington seine „Strategie des Friedens" verkündete, von der Bedrohung, daß Ost und West „in einem unheilvollen und gefährlichen Kreislauf gefangen" seien, „in dem Argwohn auf der einen Seite Argwohn auf der anderen auslöst und in dem neue Waffen zu wiederum neuen Abwehrwaffen führen". Diesen Teufelskreis gelte es zu durchbrechen. Der Westen müsse seine „Politik so betreiben, daß es schließlich das eigene Interesse der Kommunisten wird, einem echten Frieden zuzustimmen".[28] Dies war auch das Ziel Brandts, der sich noch mehr ermutigt fühlen konnte, als Kennedy bei seinem Besuch in Berlin Ende Juni 1963 in der Freien Universität erklärte, es sei „wichtig, daß für die Menschen in den stillen Straßen östlich von uns die Verbindung mit der westlichen Gesellschaft aufrechterhalten wird – mittels aller Berührungspunkte und Verbindungsmöglichkeiten, die geschaffen werden können, durch das Höchstmaß von Handelsbeziehungen, das unsere Sicherheit erlaubt".[29]

Kennedy wurde damit nicht nur zu einer zentralen Instanz, auf die sich die Befürworter einer neuen Ostpolitik berufen konnten, um das Verhältnis zum Osten zu entideologisieren und wieder auf eine pragmatische Grundlage zu stellen, sondern er leistete auch selber einen wichtigen Beitrag zur Entspannung zwischen Ost und West. Für Brandt war dies in doppelter Hinsicht von Bedeutung: Zum einen befand er sich dadurch mit seinen Auffassungen – im Gegensatz zu Adenauer – im Einklang mit dem wichtigsten Repräsentanten der westlichen Politik. Zum anderen ergab sich aus der beginnenden amerikanisch-sowjetischen Annäherung auch für Bonn ein zunehmender Sachzwang in Richtung Entspannung, um eine internationale Isolierung zu vermeiden.

Auch Egon Bahr berief sich daher im Juli 1963 auf Kennedys gerade proklamierte „Strategie des Friedens", als er in der Evangelischen Akademie Tutzing zum ersten Mal die Paradoxie aussprach, von der die neue Ostpolitik nach 1969 lebte: „Überwindung des Status quo, indem der Status quo zunächst nicht verändert werden soll." Jede Politik zum direkten Sturz des Regimes auf der anderen Seite sei aussichtslos. Der ostdeutsche Staat müsse daher von der Bundesrepublik und den Westmächten als Realität respektiert werden, ohne ihn juristisch anzuerkennen. Unterhalb der juristischen Anerkennung gebe es noch viel Bewegungsraum. Nicht-Anerkennung dürfe die Politik nicht lähmen. Wenn die Mauer ein Zeichen der Angst und des kommunistischen Selbsterhaltungstriebes sei, dann wäre zu fragen, ob es nicht Möglichkeiten gebe, „diese durch-

---

28 Rede des Präsidenten John F. Kennedy vor der Universität Washington am 10. Juni 1963, in: Europa-Archiv, 1963, S. 289ff.
29 Dokumente zur Deutschlandpolitik, IV. Reihe, Bd. 9, S. 465.

aus berechtigten Sorgen dem Regime graduell so weit zu nehmen, daß auch die Auflockerung der Grenzen und der Mauer praktikabel wird, weil das Risiko erträglich ist". Das sei eine Politik, die man auf die Formel bringen könnte: „Wandel durch Annäherung".[30]

Bahrs prägnanter Slogan, nicht Brandts hölzerne Vokabel von der „Transformation", sollte bald zum vielfach mißverstandenen Schlüsselbegriff für die Diskussion um die neue Ostpolitik werden. In Tutzing hätte Bahr nach Brandt sprechen sollen, kam jedoch schon am Vorabend zu Wort und stahl seinem Chef die Schau. „Zum Ausgleich", kommentierte Brandt später gelassen, „zog er einen Teil der mir zugedachten Kritik auf sich."[31] Gegen die Formel selbst hatte Brandt Bedenken, da sie dem Mißverständnis Nahrung geben konnte, den ostpolitischen Reformern schwebe eine Annäherung an das kommunistische System vor. Tatsächlich blieb die öffentliche Zustimmung, die man angesichts des längst überfälligen Neuansatzes und dessen Nähe zu den Intentionen der amerikanischen Administration unter Präsident Kennedy hätte erwarten können, zunächst aus. Brandt und sein Berliner Kreis bildeten in der deutschen Politik noch immer eine Minderheit. Sogar der SPD, die unter Herbert Wehner in Bonn an die Macht drängte und alles zu vermeiden suchte, was ihre Koalitions- und Regierungsfähigkeit beeinträchtigen konnte, kamen die scheinbar „vaterlandslosen Gesellen" in Gestalt der Berliner Genossen, die mit den Kommunisten über die Festschreibung der deutschen Teilung reden wollten, denkbar ungelegen. Bahrs „Wandel durch Annäherung" wurde daher von Wehner heftig kritisiert, auch wenn er selbst ganz ähnlich dachte und drei Jahre später das gleiche sagte. Doch zunächst mußten alle Überzeugungen beiseite geschoben werden, um erst einmal die Möglichkeit für deren Durchsetzung zu schaffen.[32] Dieser Taktik schloß sich am Ende sogar Brandt an, der zwar „Wahrhaftigkeit" forderte, aber seine Formulierungen „vorsichtig, tastend und ein wenig schwebend" hielt, um das Ziel des Machtwechsels nicht zu gefährden.[33]

3. Der Machtwechsel 1969

Die Phase zwischen dem Mauerbau 1961 und dem Machtantritt der sozialliberalen Koalition 1969 war eine Periode des Übergangs, in der auch die neue Ostpolitik allmählich Gestalt annahm und zunehmend bessere Chancen für ihre Realisierung gewann. Dazu trugen nicht nur Brandt und die SPD, sondern eine Vielzahl von Einzelpersonen und Institutionen bei, die sich um eine Revision der dogmatischen Deutschlandpolitik und um eine Versachlichung und Entideologisierung des Verhältnisses zum Osten bemühten. Zu nennen sind unter anderem Persönlichkeiten wie Karl Jaspers,

---

30 Dokumente zur Deutschlandpolitik, IV. Reihe, Bd. 9, S. 572ff.
31 Brandt, Erinnerungen, S. 73.
32 Vgl. Bender, S. 133.
33 Brandt, Begegnungen, S. 108.

Marion Gräfin Dönhoff, Golo Mann, Carl Friedrich von Weizsäcker und Sebastian Haffner, der liberale Teil von Presse, Funk und Fernsehen, aber auch die Evangelische Kirche sowie einzelne Wagemutige und Gruppierungen in den Parteien – wie Wolfgang Schollwer in der FDP mit einer als „geheim" eingestuften Denkschrift aus dem Jahre 1962 –, die mit Vorschlägen und Plänen für eine Modifizierung der Ost- und Deutschlandpolitik hervortraten. Indem sie in wechselnder Schwerpunktsetzung zu verstehen gaben, daß die deutschen Ostgebiete verloren seien, die Anerkennung der Oder-Neiße-Grenze auch im deutschen Interesse liege und das Instrumentarium der Adenauerschen Deutschlandpolitik mit Alleinvertretungsanspruch, Hallstein-Doktrin und ihrem Verweis auf die Vier-Mächte-Verantwortung nicht länger brauchbar sei, ebneten sie die politische und psychologische Bahn für den ostpolitischen Neuanlauf der SPD, bei dem sich neben Brandt und Wehner nun auch Helmut Schmidt erstmals profilierte.[34]

Die offizielle Politik der Bundesregierung war in dieser Zeit von tastenden Versuchen gekennzeichnet, das Mißtrauen der osteuropäischen Staaten gegenüber der Bundesrepublik abzubauen und eine Basis für Zusammenarbeit zu schaffen. Insbesondere Gerhard Schröder, der von 1961 bis 1966 unter Adenauer und Ludwig Erhard als Außenminister amtierte, versuchte „mit viel Geduld" deutlich zu machen, „daß Deutschland heute als Teil eines neuen Europa ein guter Nachbar ist, der nicht Revanche sucht, sondern Verständigung, und nicht Spannungen, sondern Sicherheit für alle".[35] Die Regierung Erhard bemühte sich auch um verstärkten Austausch mit den osteuropäischen Ländern auf allen Gebieten, vom Handel bis zum Sport, und errichtete Handelsmissionen in Warschau, Budapest, Bukarest und Sofia. Die Bundesrepublik war damit zum ersten Mal in Osteuropa außerhalb der Sowjetunion staatlich vertreten. Den „Ostkontakten" wurde der Geruch des „halben Landesverrats" genommen.

Eine Wende in der Ostpolitik wurde dadurch jedoch noch nicht eingeleitet, weil Erhard und Schröder sich nicht entschließen konnten, die DDR in ihre Initiativen einzubeziehen. Außerdem war vor allem Erhard bestrebt, die osteuropäischen Völker gegen ihre Regierungen auszuspielen, indem er beispielsweise erklärte, die Bundesrepublik werde „nichts unversucht lassen, um den Völkern dieser Länder immer wieder vor Augen zu führen, daß nur die ungelöste Deutschlandfrage einer endgültigen Aussöhnung im Wege steht und darum eine baldige Regelung dieses Problems auch in ihrem eigenen Interesse liegen würde".[36] Vor diesem Hintergrund überrascht es kaum, daß eine Normalisierung der Beziehungen zwischen der Bundesrepublik und den osteuropäischen Staaten unter Erhard ebensowenig gelang wie unter Adenauer.

Als im Dezember 1966 eine Große Koalition aus CDU/CSU und SPD gebildet wurde – mit Kurt Georg Kiesinger als Bundeskanzler und Willy Brandt als Vizekanzler

---

34 Vgl. hierzu ausführlich A. Baring (in Zusammenarbeit mit M. Görtemaker), Machtwechsel. Die Ära Brandt-Scheel, Stuttgart 1982, S. 197ff.
35 Zit. nach B. Meissner (Hg.), Die deutsche Ostpolitik 1961-1970. Kontinuität und Wandel. Dokumentation, Köln 1970, S. 107f.
36 Ebd., S. 99.

und Außenminister –, befand sich die Ostpolitik somit noch immer in der Sackgasse, in die sie in den fünfziger Jahren unter Adenauer geraten war. Nun jedoch forderte Kiesinger als Grundsatz seiner Regierung, man müsse „ohne Scheuklappen sehen, was ist".[37] In seiner Regierungserklärung am 13. Dezember sprach er zwar weiterhin von Wiedervereinigung. Aber es sei nicht abzusehen, wann sie gelingen werde. Statt zu lamentieren und Forderungen zu stellen, gehe es auch in dieser Frage um Frieden und Verständigung.[38] Am 17. Juni 1967 ergänzte er, es sei „nur schwer vorstellbar, daß sich ganz Deutschland bei einer Fortdauer der gegenwärtigen politischen Struktur in Europa der einen oder der anderen Seite ohne weiteres zugesellen könnte". Deshalb könne man „das Zusammenwachsen der getrennten Teile Deutschlands nur eingebettet sehen in den Prozeß der Überwindung des Ost-West-Konflikts in Europa".[39]

Dem konnte sich auch Brandt ohne weiteres anschließen, der sich zugleich um eine „Politik der kleinen Schritte" bemühte, wie er sie in Berlin mit den Passierscheinregelungen betrieben hatte. Dabei sollte – anders als unter Erhard und Schröder – vor allem die DDR von Anfang an einbezogen werden, um „ein Höchstmaß an Beziehungen zwischen den Menschen in den beiden Teilen Deutschlands" herzustellen, wie er bereits ein Jahrzehnt zuvor, am 30. Mai 1956, nach dem XX. Parteitag der KPdSU und einer zentralen Konferenz der SED als einfaches Mitglied des Berliner Abgeordnetenhauses im Bundestag gefordert hatte.[40] 1958 – inzwischen schon als Regierender Bürgermeister – hatte er für diesen Gedanken ebenfalls vor dem Außenpolitischen Institut in London geworben, um „das Leben im willkürlich gespaltenen Deutschland zu erleichtern".[41] Und 1959 hatte er dazu in Springfield im amerikanischen Bundesstaat Illinois in einer Rede zu Ehren Abraham Lincolns weitsichtig erklärt, daß es „weder eine isolierte noch eine plötzliche Lösung der Probleme geben würde", sondern daß man „auf graduelle Veränderungen, auf schrittweise Lösungen als Ergebnis zäher Auseinandersetzungen" hoffen müsse.[42]

In der Großen Koalition, mit der CDU/CSU als Partner in der Tradition Adenauers, stieß solcher Pragmatismus indessen schon nach kurzer Zeit an enge Grenzen. Selbst Kiesinger, der einen unbelasteten Neuanfang wünschte, war unter dem Druck konservativer Parteigänger wie Karl Carstens und Karl Theodor Freiherr zu Guttenberg nicht in der Lage, grundsätzliche Positionen seiner Vorgänger zu revidieren. Dies galt für die Oder-Neiße-Frage ebenso wie für den Anspruch, „für das ganze deutsche Volk zu sprechen" – auch wenn Reizworte wie „Alleinvertretungsrecht" und „Sowjetzone" inzwischen vermieden wurden. Entscheidend für das Scheitern der „neuen" Ostpolitik der Großen Koalition war jedoch der strategische Fehler, diplomatische Beziehungen

---

37 Zit. nach: Texte zur Deutschlandpolitik, hrsg. vom Bundesministerium für gesamtdeutsche Fragen, Bd. 1, Bonn 1968, S. 78.
38 Ebd., S. 19ff.
39 Ebd., S. 78ff.
40 Brandt, Erinnerungen, S. 64.
41 Ebd.
42 Ebd.

mit Rumänien aufzunehmen, ohne vorher das Verhältnis zur DDR und zu Polen geklärt zu haben. Der Botschafteraustausch mit Bukarest wurde dadurch zum Bumerang: Unter dem maßgeblichen Einfluß der Sowjetunion, Polens und der DDR beschloß der Warschauer Pakt im Februar 1967 eine „umgekehrte Hallstein-Doktrin". Kein Mitglied des Paktes durfte danach sein Verhältnis zur Bundesrepublik normalisieren, ehe nicht die Beziehungen zwischen der DDR und der Bundesrepublik auf eine vertragliche Grundlage gestellt waren.

Aus dieser erneuten Sackgasse fanden die Partner der Großen Koalition bis zu deren Ende im Herbst 1969 keinen Ausweg mehr, da sie sich gegenseitig blockierten. Während Brandt drängte, den Schritt zur Anerkennung der DDR zu wagen, um endlich aus dem Dilemma der bisherigen Ost- und Deutschlandpolitik auszubrechen, zog sich Kiesinger nach dem Rückschlag vom Februar 1967 zunehmend auf alte Positionen zurück, die er erst drei Monate zuvor verlassen hatte. Im Sommer 1969 war diese Resignation vollkommen, als er erklärte, solange die Sowjetunion sich nicht bereit zeige, die deutsche Frage im Wege der Verständigung zu lösen, „können wir zunächst nur die verbliebenen deutschen Positionen verteidigen".[43] Diese Aussage hätte auch von Adenauer stammen können. Sie machte deutlich, daß eine erfolgversprechende neue Ostpolitik, die diesen Namen verdiente, nicht mit der CDU/CSU, sondern nur gegen sie zu verwirklichen war. Brandt arbeitete deshalb frühzeitig auf einen Machtwechsel in Bonn hin, der auch einen Politikwechsel in Deutschland ermöglichen sollte. Zugleich gab er seinem ehemaligen Berliner Pressesprecher Egon Bahr im Auswärtigen Amt Gelegenheit, als Leiter des Politischen Planungsstabs die neue Ostpolitik im Detail vorzubereiten.[44] Mit der Bildung der sozialliberalen Koalition aus SPD und FDP nach der Bundestagswahl vom 28. September 1969 wurde der Wechsel schließlich vollzogen, der damit auch zur eigentlichen Geburtsstunde der Brandtschen Ostpolitik wurde.

---
43 Rede vor dem National Press Club am 8. August 1969 in Washington. Zit. nach Meissner, S. 374.
44 Vgl. Bahr, S. 224ff.

Axel Schildt

Zwei Staaten – eine Hörfunk- und Fernsehnation. Überlegungen zur Bedeutung der elektronischen Massenmedien in der Geschichte der Kommunikation zwischen der Bundesrepublik und der DDR

Den sich über Monate hinziehenden Zerfall und schließlich den Zusammenbruch des SED-Regimes im Herbst 1989 erlebte die weit überwiegende Mehrheit der West- und Ostdeutschen vor dem Fernsehschirm. Dabei ist es sinnlos darüber zu spekulieren, welchen Verlauf die Geschehnisse ohne ihre permanente massenmediale Stilisierung genommen hätten, denn die nahezu vollständige Einbeziehung der Bevölkerung des zweiten deutschen Staates in das Publikum der westlichen Fernsehstationen war selbst eine grundlegende Tatsache des DDR-Alltagslebens mindestens seit den sechziger Jahren, und die „Medienrevolution" 1989 ist insofern auch als Kumulationspunkt eines längeren Prozesses zu verstehen. Die allabendliche virtuelle Republikflucht der DDR-Bürger nach dem Motto „Der Sozialismus geht, Johnnie Walker kommt" (Volker Braun) ist ein interessanter Spezialfall der Bedeutung der massenmedialen Revolution im 20. Jahrhundert. So wie deren Geschichte insgesamt ohne die Beachtung der Massenmedien nur unvollständig verstanden werden kann, ist auch die DDR als zeitweiliger zweiter deutscher Staat ohne die Berücksichtigung der massenmedialen „Beziehungsgeschichte zwischen den beiden deutschen Staaten"[1] nicht adäquat zu verorten. Die DDR hatte als Staat mitten in Europa – mit der gleichen Sprache wie sein westlicher Nachbar – und angesichts des technischen Standes der Kommunikation keine hermetisch vom „Klassenfeind" zu isolierende Gesellschaft, und alle darauf abzielenden Versuche trugen den Stempel hilfloser Lächerlichkeit. Die Einfuhr gedruckter Konterbande ließ sich zwar verhindern, der Empfang moderner, drahtloser, elektronischer Massenmedien aber eben nicht, auch nicht durch eine angeblich allmächtige Stasi. Der Fortschritt der Massenmedien ließ die DDR besonders „alt aussehen",[2] ein

---

1 J. Requate, Die Untersuchung der audiovisuellen Medien der DDR als Forschungsaufgabe. Probleme, Chancen und Perspektiven, in: Potsdamer Bulletin für Zeithistorische Studien, Nr. 7 (August 1996), S. 32; zum Postulat – hier bezogen auf Produktwerbung und politische Propaganda – vgl. auch G. Diesener/R. Gries, Nachkriegsgeschichte als Kommunikationsgeschichte. Deutsch-deutsche Projekte zur Produktwerbung und Politikpropaganda, in: DA 26 (1993), S. 21-30.
2 Als positive Seite davon fehlte in kaum einem westdeutschen Reisebericht aus der DDR in den siebziger und achtziger Jahren die mitunter nostalgisch verklärte Beobachtung, daß im anderen deutschen Staat noch das Altdeutsche, Preußische usw. aufbewahrt worden sei.

Element jener „Modernisierungsfalle",³ aus der es für das SED-Regime letztlich kein Entrinnen gab. Es scheint insofern nützlich, die DDR, ergänzend zu den geläufigen politischen Zäsuren, auch hinsichtlich massenmedialer Prozesse zu historisieren. In der folgenden Skizze wird dabei die These vertreten, daß einer Phase des Kalten Krieges im Äther als Teil herkömmlicher propagandistischer Auseinandersetzung der beiden gerade gegründeten deutschen Staaten in quasi „reaktiver Mechanik"⁴ eine noch undeutlich konturierte Transformationsperiode folgte (im Kern die sechziger Jahre), die – interessanterweise in der Phase der Neuen Ostpolitik, als die beiden deutschen Staaten erklärten, keinen Kalten Krieg mehr gegeneinander führen zu wollen – in eine völlig neue Qualität massenmedialer Einflußnahme mündete, deren Beschreibung mit dem Begriff der „Propaganda" simplifizierende Vorstellungen hervorrufen müßte. Denn der Wirkung des „Westfernsehens" – das ja überwiegend überhaupt nicht direkt auf das Publikum östlich von Elbe und Werra zielte – hatte die DDR eben einerseits nur weitgehend wirkungslose Propaganda entgegenzusetzen, andererseits versuchte sie, ihr mit einer Anpassung der eigenen massenmedialen Programme an das Angebotsprofil der westlichen Stationen zu begegnen – mit allen damit verbundenen Problemen.⁵ Es soll betont werden, daß die Erforschung der Massenmedien (die auch für die Bundesrepublik noch viele Lücken aufweist) der DDR in breitem Maße gerade erst begonnen hat, so daß die folgenden Überlegungen einen nur sehr vorläufigen Status beanspruchen.

1. Konkurrenz und Propaganda – die DDR verliert den Ätherkrieg

Die konzeptionellen Voraussetzungen für ein erfolgreiches Ausfechten der Radio-Konkurrenz mit den westlichen Stationen waren für die DDR von vornherein sehr ungünstig. Im Rückgriff auf Traditionen der Arbeiterkulturbewegung und besonders auf kommunistische Strategien der Zwischenkriegszeit wurde der Rundfunk vor allem als Mittel der Aufklärung und Erziehung angesehen,⁶ während der primären Funktion des

---

3 S. Meuschel, Überlegungen zu einer Herrschafts- und Gesellschaftsgeschichte der DDR, in: GG 19 (1993), S. 9; vgl. D. Mühlberg, Überlegungen zu einer Kulturgeschichte der DDR, in: H. Kaelble u.a. (Hg.), Sozialgeschichte der DDR, Stuttgart 1994, S. 62-94.
4 Chr. Kleßmann, Die doppelte Staatsgründung. Deutsche Gesellschaft 1945-1955, Bonn 1991, S. 177.
5 Dieser Anpassungsprozeß ließe sich z.T. über die erhaltenen Bestände des DDR-Hörfunks und Fernsehens rekonstruieren, wobei sicherlich die Analyse von beliebten Unterhaltungssendungen (z.B. „Ein Kessel Buntes" 1971ff.) besonders ergiebig wäre; zu den Beständen vgl. I. Pietrynski, Der DDR-Rundfunk ist tot – es leben die Akten, in: H. Riedel (Hg.), Mit uns zieht die neue Zeit ... 40 Jahre DDR-Medien, Berlin 1993, S. 299-302; dies., Offene Archive für ein abgeschlossenes Kapitel. Streiflichter auf Quellen zur Rundfunkgeschichte der DDR, in: SRuGM 20 (1994), S. 30-37; J. F. Leonhard, Programmvermögen und kulturelles Erbe. Die Rundfunkarchive Ost im Deutschen Rundfunkarchiv, in: DA 28 (1995), S. 404-410; A. Diller/I. Pietrynski, SED und Rundfunk. Quelleninventar zu den Protokollen der Parteiführungsgremien (1946-1989), in: SRuGM 22 (1996), S. 30-42.
6 Vgl. I. Marßolek/A. von Saldern, Das Radio als historisches und historiographisches Medium. Unveröff. Ms. 1997, S. 9; D. Münkel. Herrschaftspraxis im Rundfunk der SBZ/DDR. Anspruch-Sicherung-Grenzen. Unveröff. Ms. 1997, S. 14; vgl. jetzt – bei Abschluß des Manuskripts noch nicht vorliegend –

Radios nach allgemein bekannter Meinung der Hörer seit den zwanziger Jahren, Unterhaltung und „Zerstreuung" zu liefern, nur widerstrebend und halbherzig nachgekommen wurde.[7] Insofern besaß die DDR zwar die technischen Möglichkeiten des elektronischen Mediums, nutzte aber dessen potentielle Attraktivität aus übergeordneten politisch-ideologischen Gründen nur unzureichend.[8]

Der Wirkung der DDR-Radiostationen auf die westdeutsche Bevölkerung, auf die im Zeichen des Kampfes für nationale Einheit gegen „imperialistische Spalter" besonders großer Wert gelegt wurde, waren deshalb enge Grenzen gesetzt. Nach einer repräsentativen bundesweiten Erhebung des Allensbacher Instituts 1952 hatte etwa die Hälfte der Bundesbürger die Möglichkeit, „Ostsender" zu empfangen und machte davon auch mehrheitlich mehr oder weniger oft Gebrauch. Aber sie beurteilten den Inhalt der Sendungen, soweit es sich nicht um Musik handelte, meist sehr ungünstig.[9] Immer wieder wurde zwar von Rundfunkverantwortlichen in der Bundesrepublik warnend auf die Radio-Überlegenheit der „Zone" hingewiesen, aber dies waren erkennbar lobbyistische Argumente, die den technischen Ausbau der eigenen Stationen als staatspolitisch dringliche Aufgabe erscheinen lassen sollten.[10] Mit der Warnung, daß vor allem Arbeiter im grenznahen Bereich auf „ostzonale" Programme ausweichen würden, verlangte der Intendant des Bayerischen Rundfunks in einer amerikanischen Tageszeitung 1950 sogar die Halbierung der von der Besatzungsmacht auferlegten Sendezeiten, in denen die „Voice of America" für die USA werben sollte.[11]

Eine der wenigen Kontroversen in der frühen Bundesrepublik über den Umgang mit dem Radio der DDR ergab sich 1950, als der Leipziger Sender den westdeutschen öffentlich-rechtlichen Anstalten die Übernahme von Bach-Kantaten anbot. Nach zähen Verhandlungen – man befand sich auf dem Höhepunkt des Kalten Krieges – erklärten sich die Intendanten der ARD unter der Bedingung einverstanden, daß keine politischen Reden zur Untermalung mitgeliefert würden; einzig der Intendant des Süddeutschen Rundfunks, der sozialistische Remigrant Fritz Eberhardt, weigerte sich, dem „Pankower Regime" auch nur diesen kleinen Finger zu reichen.[12]

---

umfassend A. v. Saldern/I. Marßolek (Hg.), Zuhören und Gehörtwerden II. Radio in der DDR der fünfziger Jahre. Zwischen Lenkung und Ablenkung, Tübingen 1998.
7 Vgl. S. Müller, Der Rundfunk als Herrschaftsinstrument der SED, in: Materialien der Enquete-Kommission „Aufarbeitung von Geschichte und Folgen der SED-Diktatur in Deutschland (12. Wahlperiode des Deutschen Bundestages), Bd. II, 4, Baden-Baden 1995, S. 2302f.
8 Vgl. als Überblick H. Riedel, Hörfunk und Fernsehen in der DDR. Funktion, Struktur und Programm des Rundfunks in der DDR, Köln 1977; R. Geserick, 40 Jahre Presse, Rundfunk und Kommunikationspolitik in der DDR, München 1989; G. Holzweißig, Massenmedien in der DDR, Berlin 1989.
9 Vgl. BArch Koblenz, B 145 (Presse- und Informationsamt der Bundesregierung), 4222, Institut für Demoskopie (IfD), Die Stimmung im Bundesgebiet. Die Resonanz der Sowjetzonen-Sender.
10 Vgl. A. Schildt, Moderne Zeiten. Freizeit, Massenmedien und „Zeitgeist" in der Bundesrepublik der 50er Jahre, Hamburg 1995, S. 231f., 260.
11 Vgl. M. Kausch, Kulturindustrie und Populärkultur. Kritische Theorie der Massenmedien. Mit einer Vorbemerkung von Leo Löwenthal, Frankfurt a.M. 1988, S. 56.
12 Vgl. K. Dussel u.a., Rundfunk in Stuttgart 1950-1959, Stuttgart 1995, S. 37ff. Zur Bedeutung des Bach-Jahres für die DDR vgl. D. Staritz, Geschichte der DDR 1949-1985, Frankfurt a.M. 1985, S. 58.

Der Einfluß westlicher Programme auf die Bevölkerung der DDR war ungleich größer als die Wirkung des östlichen Rundfunks auf die Westdeutschen und Westberliner. Dies ist vor allem im Hinblick auf die Berliner Konkurrenzsituation dokumentiert worden. Schon im ersten Nachkriegsjahr entstanden dort die Rundfunkstrukturen, die im Kalten Krieg bestimmend wurden: der Berliner Rundfunk für die eigene und der Deutschlandsender als Station für die Westzonen-Bevölkerung auf der Seite der SBZ und der Rundfunk im amerikanischen Sektor (RIAS) sowie die Sendestelle des Nordwestdeutschen Rundfunks (NWDR) im britischen Sektor von Berlin.[13] Die Hegemonie in der Ätherkonkurrenz errang schon sehr bald der RIAS, der seine Reichweite in der ersten Hälfte der fünfziger Jahre räumlich auf den größten Teil der DDR ausdehnte, seit Anfang 1952 über ein durchgehendes Nachtprogramm und ein Jahr später auch über ein zweites Programm verfügte; die DDR empfand den RIAS als gefährlichste Propagandazentrale des „Klassenfeindes", gegen die immer wieder Störsender installiert wurden.[14] Es war offensichtlich, daß die Programme des RIAS seit der Krise um Berlin 1948 als relativ wahrheitsgetreue Unterrichtung über die Situation in Ostdeutschland geschätzt wurden. Nach Umfragen amerikanischer Stellen schalteten die Berliner Haushalte, in denen ein Radioapparat vorhanden war, im September 1947 zu 38 Prozent, im Februar 1948 zu 51 Prozent und im Mai 1949 zu 91 Prozent zuerst den RIAS ein.[15] Aber es war nicht nur der Informationsservice, seit 1950 speziell unter dem Titel „Berlin spricht zur Zone", der den RIAS zum bevorzugten Sender für die Bevölkerung der DDR werden ließ, sondern auch ein anderen Stationen offenbar überlegenes Unterhaltungsprogramm – „Entertainment" wurde von den Verantwortlichen groß geschrieben.[16] Seinen sichtbaren Einfluß-Höhepunkt erreichte der RIAS bei den Unruhen im Juni 1953, auch wenn die anhaltende Diskussion darüber, ob von diesem Radiosender eine bloß unterstützende oder aber sogar eine initiierende Wirkung ausging, nicht zu entscheiden ist.[17] Jedenfalls war die Wahrnehmung der SED-Spitze und der Rund-

---

13 Vgl. „Hier spricht Berlin..." Der Neubeginn des Rundfunks in Berlin 1945. Hg. Deutsches Rundfunkarchiv, Potsdam 1995; W. Rogasch, Ätherkrieg über Berlin. Der Rundfunk als Instrument politischer Propaganda im Kalten Krieg 1945-1961, in: Deutschland im Kalten Krieg 1945-1963, Berlin 1992, S. 69-84; W. Schivelbusch, Vor dem Vorhang. Das geistige Berlin 1945-1948, München 1995, S. 169ff. Zu ergänzen ist, daß noch Mitte der fünfziger Jahre Teile der DDR-Bevölkerung aus sendetechnischen Gründen vom Radio nicht erreicht werden konnten; vgl. den Bericht des von der Volkswagen-Stiftung geförderten Projekts „Zuhören und Gehörtwerden. Rundfunk und Geschlechterordnung im Dritten Reich und in der DDR der fünfziger Jahre (Leitung: I. Marßolek/A. von Saldern). Unveröff. Ms. 1997, S. 507ff.
14 Vgl. H. Kundler, RIAS Berlin. Eine Radiostation in einer geteilten Stadt, Berlin 1994, S. 170f.
15 Vgl. ebd., S. 221.
16 Vgl. ebd., S. 120ff. Dieser Aspekt wurde in den Darstellungen zum Juni 1953 von DDR-Seite in der Regel ausgeklammert; vgl. etwa H. Teller, Der kalte Krieg gegen die DDR. Von seinen Anfängen bis 1961, Berlin (Ost) 1979, S. 154ff., 161ff.
17 Vgl. Chr. F. Ostermann, Amerikanische Propaganda gegen die DDR. US-Informationspolitik im Kalten Krieg, in: G. Diesener/R. Gries (Hg.), Propaganda in Deutschland. Zur Geschichte der politischen Massenbeeinflussung im 20. Jahrhundert, Darmstadt 1996, S. 119, 120; M. Wacket, „Wir sprechen zur Zone". Die politischen Sendungen des RIAS in der Vorgeschichte der Juni-Erhebung 1953, in: DA 26 (1993), S. 1035-1048.

funkkader eindeutig davon bestimmt, die Propagandaschlacht im Äther klar verloren und durch eigenes Unvermögen dem RIAS das Publikum überlassen zu haben.

Auf zwei Ebenen zog man Konsequenzen: Auf der institutionellen sollte mit der Schaffung des Staatlichen Rundfunkkomitees eine stärkere Zentralisierung und Effektivierung erreicht werden,[18] auf der Ebene des Programms erfolgte nun – im Kontext des am 9. Juni 1953 verkündeten Neuen Kurses – ein verstärktes Eingehen auf die seit langem bekannten Wünsche der Hörerschaft. Dies bedeutete eine Erhöhung des Anteils an Unterhaltung und vor allem an unterhaltender Musik. Die seit Herbst 1953 vom Berliner Rundfunk ausgestrahlte „Schlagerlotterie" als Antwort auf die „Schlager der Woche" des RIAS war für diese Bemühungen symptomatisch.[19] Aber deutlich schien schon zu diesem Zeitpunkt, wer herausforderte und wer versuchte, durch ähnliche Angebote – bis hin zu nur leicht modifizierten Imitaten – zu reagieren und gezwungen war, der Modernisierung des Mediums hinterherzulaufen.[20]

2. Herausforderungen durch die westliche Jugendkultur

In der zweiten Hälfte der fünziger Jahre erfaßten die Produkte und Leitbilder der US-Kulturindustrie die westdeutschen Jugendlichen – genauer gesagt zunächst männliche Arbeiterjugendliche.[21] In einer zeitspezifischen Mischung von Ressentiments gegen die oberflächliche westliche Zivilisation, Besorgnis vor der Verderbnis der Jugend durch hedonistische Haltungen, hemmungslosen Konsumismus und die Aufweichung natürlicher elterlicher Autorität dokumentierten sich in endlosen Diskussionen über die „Halbstarken" die Auffassungen von Lehrern, Geistlichen und anderen professionell mit Jugendproblemen befaßten Experten.[22] Erst zum Ende des Jahrzehnts hin gewannen dabei Stimmen zunehmend Gehör, die der Jugend eine erhöhte Autonomie, eine eigene „Teilkultur" (Friedrich Tenbruck) in ihrer Freizeit zugestehen mochten, wenn sie ansonsten den Anforderungen des Berufs- und schulischen Lebens genügte. Ausläufer dieser jugendkulturellen Einflüsse erreichten auch die DDR und führten zu recht merkwürdigen Ähnlichkeiten mit den publizistischen Reaktionen in der Bundesrepublik – deutlich etwa in der Begrifflichkeit, mit der geradezu phobisch der Rock'n' Roll als anarchistischer Angriff auf Sitte und Anstand stigmatisiert wurde;[23] wenn man nicht

---

18 Vgl. K. Dussel, Die Sowjetisierung des DDR-Rundfunks in den fünfziger Jahren, in: ZfG 45 (1997), S. 992-1016.
19 Vgl. D. Mühlberg, Wer machte Hörfunk für wen? Kulturelle Erziehung und sozialistische Massenmobilisierung in der DDR der 50er Jahre. Notizen. Unveröff. Ms 1997, S. 8.
20 Vgl. Riedel, Hörfunk, S. 46ff.
21 Vgl. u.a. K. Maase, BRAVO Amerika. Erkundungen zur Jugendkultur in der Bundesrepublik in den fünfziger Jahren, Hamburg 1992; Th. Grotum, Die Halbstarken. Zur Geschichte einer Jugendkultur der 50er Jahre, Frankfurt a.M. 1994.
22 Schildt, S. 174ff.
23 Vgl. U. G. Poiger, Rock'n' Roll, Kalter Krieg und deutsche Identität, in: K. Jarausch/H. Siegrist (Hg.), Amerikanisierung und Sowjetisierung in Deutschland 1945-1970, Frankfurt a.M. 1997, S. 275-290.

wußte, wer sich äußerte, konnte man durchaus konservative Politiker oder katholische Prälaten aus der Bundesrepublik mit SED-Agitatoren oder FDJ-Jugendleitern verwechseln, die gleichermaßen heftige Kämpfe gegen das Vordringen der dekadenten „blue jeans" führten.[24] Hier vermengten sich – tendenziell systemübergreifend – tief verwurzelte antiamerikanische Ressentiments und generationell sich auseinanderentwickelnde ästhetische Präferenzen. Aber es handelte sich bei der Gemeinsamkeit erbitterter Gegnerschaft gegenüber der neuen populären Musik und Mode in beiden deutschen Staaten sozusagen um eine unerklärte Koalition von konservativen Positionen, die in Westdeutschland einige Jahre später bereits anachronistisch wirkten, mit der offiziösen Jugendpolitik der DDR.

Für die Jugendlichen auf der westlichen Seite wurde das Radio – das aufgrund der aufkommenden Transistor-Technik nun auch als preiswertes tragbares Koffer- oder Taschengerät angeschafft werden konnte – ein wichtiges Element selbstbestimmter Programmauswahl.[25] Hinzu kamen sehr häufig Schallplattenspieler und Tonbandgeräte – der Schallplattenverkauf erreichte 1960 (nach einer Verdoppelung innerhalb von fünf Jahren) mit über 67 Millionen verkaufter Scheiben (88 Prozent davon „Schlager") seinen Höhepunkt, und die Käuferschaft bestand zu einem beträchtlichen Teil aus Jugendlichen.[26] Durch die Marktmechanismen – die Jugend wurde gerade als wichtiger Konsumträger entdeckt – und technischen Möglichkeiten der elektronischen Massenmedien wurde der hinhaltende Widerstand der öffentlich-rechtlichen Rundfunkanstalten gegen die angelsächsische Pop-Lawine überwunden. Die westdeutschen Stationen boten Ende der fünfziger, Anfang der sechziger Jahre nämlich noch kaum Sendungen an, die das herkömmliche Arrangement von Tanz- und Unterhaltungsmusik durch Rock'n' Roll ergänzten. Wo es ausnahmsweise solche Angebote gab, etwa „Heiße Sachen: Tanztee der Jugend" (Süddeutscher Rundfunk 1956/57), wußten die Verantwortlichen durch demoskopische Umfragen um deren Attraktivität in der jugendlichen Altersgruppe,[27] aber erst seit Mitte der sechziger Jahre verbreitete sich das Segment sogenannter „internationaler Hitparaden" und anderer Sendungen mit vornehmlich amerikanischer und britischer Pop-Musik merklich. Bis dahin jedoch mußten – und konnten – Jugendliche mit eigenem Empfangsgerät oder geduldet am elterlichen Apparat auf andere Stationen ausweichen, die ihren Geschmack stärker berücksichtigten, auf

---

24 Vgl. J. Steinmayr, Jitterbug und FDJ, in: Deutsche Jugend 4 (1956), S. 453-457.
25 Zwar handelte es sich um 1960 erst um jugendliche Minderheiten, die über ein eigenes Radio verfügten, etwa ein Drittel der männlichen und ein Viertel der weiblichen Jugendlichen zwischen 17 und 20 Jahren, aber dies war bereits ein Vielfaches der Mitte der fünfziger Jahre ermittelten Werte; vgl. Jugendliche heute. Ergebnisse einer Repräsentativumfrage des Nordwestdeutschen Rundfunks, München 1955, S. 17; Kindler & Schiermeyer-Verlag – Anzeigenredaktion. BRAVO-Leser stellen sich vor, München 1961, S. 43ff.
26 Vgl. Schildt, S. 219ff.
27 Vgl. IfD, Junge Rundfunkhörer 1957. Eine Umfrage für den Süddeutschen Rundfunk, Allensbach o.J. (hekt. Exempl. im Hans-Bredow-Institut an der Universität Hamburg), S. 29; allerdings schützte auch begeisterter Zuspruch des jugendlichen Publikums nicht vor dem Absetzen solcher Sendungen wegen angeblich zu niedrigen Niveaus, wie etwa 1959 im Fall der wöchentlichen „Teenager-Party" des Bayerischen Rundfunks (vgl. Schildt, S. 252).

das seit 1958 ausgestrahlte deutschsprachige Programm von Radio Luxemburg, auf den US-Soldatensender AFN oder auf sein britisches Pendant BFN bzw. BFBS. Seit Anfang der sechziger Jahre brachten sogar die in der DDR grenznah errichteten und speziell auf die Bundesrepublik zielenden Mittelwellen-Stationen „Freiheitssender 904" (der illegalen KPD) und „Deutscher Soldatensender" (auf der Frequenz 935) in den frühen Morgen- und späten Abendstunden eine Mischung von politischer Propaganda und aktueller Pop-Musik mit einem hohen Anteil von Rockgruppen, die in der DDR offiziell nicht goutiert wurden.[28]

Aber die Ätherwirkung gestattete keine Funktionalisierung von Pop-Musik allein für die politische Agitation auf dem Gebiet des „Klassenfeindes". Zunehmend mußten sich die Verantwortlichen von SED und FDJ damit auseinandersetzen, daß die DDR-Jugendlichen selbst sich in immer stärkerem Maße von der westlichen Musik und den damit einhergehenden Leitbildern eines zivilistischen Lebensstils affiziert zeigten. So meldete z.B. der Evangelische Pressedienst im Mai 1959 eine „heftige Kampagne der SED-Jugend gegen das offenbar weitverbreitete Abhören der Luxemburger Programme in der Sowjetzone."[29]

In den sechziger Jahren dann – auf der Basis der Sicherung der Herrschaft durch die Schließung der Grenze – erfolgten zahlreiche Bemühungen, die „westlichen" Orientierungen und massenkulturellen Bedürfnisse der DDR-Jugend durch eine ganze Reihe von Angeboten zu kanalisieren: FDJ-Singebewegung, Jugendradio DT 64, eine eigene Jugendmode („sozialistische Jeans") und die Förderung einer eigenen DDR-Rockmusik.[30] Bekanntlich wurden solche Versuche kultureller Modernisierung mit großem Mißtrauen von Teilen der Partei- und Staatsführung – nicht zuletzt auch von der Sowjetunion – betrachtet und nicht selten durch administrative Machtsprüche abgebrochen. Der aus Anlaß von Jugendkrawallen gefaßte Beschluß des Sekretariats der SED-Bezirksleitung Leipzig vom 13. Oktober 1965 „Zu einigen Fragen der Jugendarbeit und dem Auftreten der Rowdygruppen" erscheint symptomatisch für die unnachgiebige Härte und gleichzeitige argumentative Hilflosigkeit gegenüber dem Phänomen einer nicht integrationswilligen Jugendbewegung.[31] Ein Teil der Jugendlichen sei den „Tendenzen der amerikanischen Unkultur, der Texasideologie und des Rangertums" erlegen, die „zutiefst den gesitteten Anschauungen von Moral und Ethik aller anständigen Menschen" widersprächen. Das Ziel des Gegners bestehe darin, „besonders unter der Jugend die ideologische Aufweichung zu betreiben, Zügellosigkeit und Anarchie zu entwickeln, um Teile der Jugend gegen ihre eigene Arbeiter- und Bauern-Macht aufzuput-

---

28 Vgl. J. Wilke/St. Sartoris, Radiopropaganda durch Geheimsender der DDR im Kalten Krieg, in: J. Wilke, Pressepolitik und Propaganda. Historische Studien vom Vormärz bis zum Kalten Krieg, Köln 1997, S. 285-332.
29 Epd/Kirche und Rundfunk 11 (1959), Nr. 10 vom 11.5.1959, S. 5.
30 Vgl. M. Rauhut, Beat in der Grauzone. DDR-Rock 1964-1972. Politik und Alltag, Berlin 1993.
31 Dok. in Chr. Kleßmann/G. Wagner, Das gespaltene Land. Leben in Deutschland 1945-1990. Texte und Dokumente zur Sozialgeschichte, München 1993, S. 471f.; vgl. zum Kontext D. Wierling, Die Jugend als innerer Feind. Konflikte in der Erziehungsdiktatur der sechziger Jahre, in: Kaelble, S. 404-425.

schen und zum Landfriedensbruch aufzuhetzen. Sie betreiben diese Aufhetzung über ihre Rundfunk- und Fernsehstationen (...), aber auch sehr geschickt mit Mitteln der Unkultur der westlichen Musik und des Tanzens, der Beatle-Ideologie und des Gammlertums, der Aufhetzung zur Arbeitsbummelei. (...) Wir sind durchaus für eine moderne und gepflegte Tanzmusik, wir sind auch nicht gegen zündende Rhythmen, aber wir wenden uns entschieden gegen solche Gruppen, die alle Prinzipien der Moral und Ethik verletzen, barfuß und halbnackt auftreten, Körperverrenkungen vollziehen und mit ihren aufpeitschenden Rhythmen die Jugend in Ekstase bringen, um sie zu Exzessen zu verleiten."

Administrative Gegenmaßnahmen konnten nicht verhindern, daß sich unter westlichem Einfluß auch in der DDR in den sechziger Jahren eine eigene Jugendkultur herausbildete – 1965 wurde sogar eine komplette Lizenz-LP der Beatles von der Plattenfirma „Amiga" veröffentlicht.[32] Man sollte diese Jugendkultur nicht vorschnell als „westlich" bezeichnen, weil neben den westlichen Einflüssen auch andere Elemente zu beachten sind,[33] aber zweifellos breitete sich in diesen Jahren ein Gefühl jugendlicher Zusammengehörigkeit – auch über Systemgrenzen hinweg – aus, das sich mit der Feindschaft gegenüber dem „Klassenfeind" kaum vereinbaren ließ.[34]

Die Herausbildung einer neuen Jugendkultur in der DDR in den sechziger Jahren fiel zusammen mit bzw. war ein Element des Versuchs einer „sozialistischen Konsumpropaganda"[35] nach dem V. Parteitag der SED 1958. Unter weltwirtschaftlich günstigen Rahmenbedingungen schien es den Verantwortlichen der DDR möglich, das gesamte Lebensniveau der Bevölkerung – vom Wohnen bis zur Freizeit – qualitativ zu erhöhen und westliche Standards sogar zu übertreffen. Aber zum einen war das Scheitern dieses Ziels sehr bald deutlich, zum anderen gab es erhebliche Besorgnisse aufgrund der kulturellen Begleiterscheinungen, die vornehmlich als „dekadent" bezeichnet und bekämpft wurden. Als Symbol dafür gilt das 11. Plenum des ZK der SED 1965,[36] obwohl auch dieses keine nachhaltige Wirkung hatte und schon zwei Jahre später erneut eine „liberalere" Linie folgte – nicht der letzte kulturpolitische Kurswechsel in der Geschichte der DDR.

---

32 Vgl. M. Rauhut, „Wir müssen etwas Besseres bieten". Rockmusik und Politik in der DDR, in: DA 30 (1997), S. 576.
33 Vgl. G. Irmscher, Der Westen im Ost-Alltag, in: Wunderwirtschaft. DDR-Konsumkultur in den sechziger Jahren, hg. v. Neue Gesellschaft für Bildende Kunst, Köln 1996, S. 185-193.
34 Vgl. diesbezüglich etwa den Brief eines weiblichen Teenagers aus Magdeburg an eine neue Brieffreundin im Westen aus dem Jahr 1969. Dok. in Kleßmann/Wagner, S. 468f.
35 R. Gries, „Meine Hand für mein Produkt". Zur Produktionskampagne in der DDR nach dem V. Parteitag der SED, in: Diesener/Gries, Propaganda, S. 128-145.
36 Vgl. Kahlschlag. Das 11. Plenum des ZK der SED 1965. Studien und Dokumente, Berlin 1961. Interessanterweise wurde das Fernsehen dort kaum in die Dekadenz-Kritik einbezogen (vgl. P. Hoff, Das 11. Plenum und der Deutsche Fernsehfunk, in: ebd., S. 105-116).

3. Die DDR im Fernsehzeitalter

Auch wenn die ehrgeizigen Ziele der SED-Führung nicht erfüllt wurden und der Abstand zur Bundesrepublik in den Augen der Bevölkerung nicht verringert werden konnte, erlebte die DDR doch seit den sechziger Jahren die Durchdringung des Alltags mit neuen Konsumgütern, Möbeln, elektrischen Geräten für den Haushalt und mit Fernsehgeräten. Die DDR wurde in diesem Jahrzehnt eine Fernsehgesellschaft, mit auf diesem Gebiet nur geringem Rückstand zur Bundesrepublik. 1960 hatte gegenüber jedem vierten westdeutschen jeder sechste ostdeutsche Haushalt ein Fernsehgerät – im europäischen Vergleich der Fernsehdichte lag die DDR Mitte der sechziger Jahre auf dem vierten Platz –, ein Jahrzehnt später waren annähernd 70 Prozent der DDR-Haushalte mit dem neuen Medium ausgestattet.[37] Wie schon ein Jahrzehnt zuvor beim Hörfunk wurde übrigens der Einfluß des DDR-Fernsehens auf die Bevölkerung der Bundesrepublik von interessierter westlicher Seite grotesk überzeichnet, um einen forcierten Ausbau der eigenen Infrastruktur als politisch dringlich erscheinen zu lassen.[38] Tatsächlich erreichte das DDR-Fernsehen nur eine grenznahe Minderheit des westdeutschen Publikums – etwa 20 Prozent der Haushalte in der Bundesrepublik –, das dafür Spezialantennen benötigte, und wie im Falle des Hörfunks wurde deutlich unterschieden etwa zwischen beliebten alten UfA-Schnulzen, die der DDR aufgrund der Überlieferung reichlich zur Verfügung standen, und politischen Nachrichten oder Magazinen, die kaum auf Resonanz stießen.

Hingegen konnte bereits sehr früh die große Mehrheit der DDR-Fernsehhaushalte Westprogramme empfangen.[39] Mehr als drei Viertel von ihnen schalteten einer von der US-Botschaft veranlaßten Erhebung zufolge 1960 allabendlich die „Tagesschau" ein und vereinten sich damit grenzübergreifend zur deutschen Fernsehnation.[40] Viele Phänomene des neuen Mediums, das letztlich die Häuslichkeit in der Freizeit festigte, zeigten sich in der DDR ebenso wie in der Bundesrepublik. Trotz großzügiger staatlicher Filmförderung kam es auch im zweiten deutschen Staat seit Ende der fünfziger Jahre zu einem dramatischen Rückgang des Kinobesuchs,[41] der ähnlich wie in der Bundesrepublik fast ausschließlich noch von Jugendlichen angetreten wurde. Die Zahl der Filmbesucher halbierte sich in der DDR von 1961 bis 1967 auf weniger als 100

---

37 Vgl. Statistisches Jahrbuch der DDR 1976, S. 312; vgl. J. Roesler, Wandlungen in Arbeit und Freizeit der DDR-Bevölkerung Mitte der 60er Jahre, in: ZfG 37 (1989), S. 1068.
38 Vgl. etwa J. Lingenberg, Das Fernsehspiel in der DDR. Ein Beitrag zur Erforschung künstlicher Formen marxistisch-leninistischer Publizistik, München 1968, S. 269; Schildt, S. 298f.
39 Vgl. P. Hoff, Organisation und Programmentwicklung des DDR-Fernsehens, in: K. Hickethier (Hg.), Institution, Technik und Programm. Rahmenaspekte der Programmgeschichte des Fernsehens, München 1993, S. 246.
40 Vgl. Zentralarchiv für empirische Sozialforschung an der Universität zu Köln, American Embassy Reports, S - 4, DIVO (Deutsches Institut für Volksaufklärung), East Zone Radio Listening and TV Viewing Habits (März 1960).
41 Vgl. Th. Beutelschmidt, Sozialistische Audiovision. Zur Geschichte der Medienkultur in der DDR, Potsdam 1995, S. 209ff.

Millionen. Seit Anfang der siebziger Jahre stand der Fernsehkonsum eindeutig an der ersten Stelle unter den „geistig-kulturellen Betätigungen in der Freizeit".[42] Auch die immanenten Prozesse der Fernsehentwicklung folgten eher der Logik des Mediums als politischer Systemhaftigkeit. Mit einem leichten Rückstand zur Bundesrepublik (dort 1963 bzw. 1967) wurden seit 1969 – gleichzeitig zur Inbetriebnahme des Berliner Fernsehturms am Alexanderplatz als modernes Wahrzeichen der „Hauptstadt der DDR" – ein Zweites Programm und Sendungen in Farbe geboten. Allerdings waren es – anders als in Westdeutschland – Anfang der siebziger Jahre nur etwa 10.000 Haushalte, die ein Farbfernsehgerät besaßen, und im Unterschied zum Vollprogramm des ZDF strahlte das zweite Programm des DDR-Fernsehens zunächst in 20 Wochenstunden meist nur Wiederholungen des ersten Programms aus.[43]

Der wohl wichtigste Trend betraf – wie seit 1953 für das Radio konstatiert – die sukzessive Zunahme des gesamten Sendevolumens. Gegenüber 49 Stunden in der Woche 1959 wurden 1965 75 und 1970 bereits 116 Stunden wöchentlich ausgestrahlt (1980 waren es dann 149 Stunden). Seit 1970 gab es ein durchgehendes Nachmittags- und Vorabendprogramm sowie ein ganztägiges Programm am Wochenende – und damit immer mehr Gelegenheiten, Unterhaltungssendungen im Fernsehen zu verfolgen. Deren Anteil – zählt man die drei etwas diffusen Sammelkategorien Unterhaltung, Sport und Fernsehdramatik inklusive Kinofilme zusammen – machte jeweils etwa die Hälfte des gesamten Programms aus.[44] Und die zunehmende Bedeutung der Unterhaltung wurde nun auch theoretisch mit einem „erweiterten Kulturbegriff" legitimiert.[45] In der Sendung „tausend tele-tips" wurden seit 1959 sogar Werbespots gezeigt, die Konsumgüter der DDR-Produktion mit ähnlichen Mitteln anpriesen wie im Westen, also mit Hinweisen auf das mit dem Erwerb gleichzeitig zu erlangende Prestige, mit der Verbindung von Konsumgütern und schönen Menschen, die ein optimistisches Lebensgefühl vermittelten usw. Die Werbesendungen, mit ihrer formalen Orientierung am überlegenen westdeutschen Konsumangebot mitunter unfreiwillig komisch, standen allerdings unter dem Generalverdacht, kleinbürgerliche Ideologie zu transportieren und mußten 1976 aufgrund einer zentralen Direktive eingestellt werden.[46]

Seit 1967 verfügten die Fernsehverantwortlichen, wie schon lange zuvor in der Bundesrepublik üblich, über empirisch erhobene Daten über die Lebens- und Sehgewohnheiten der Bevölkerung, die es ermöglichten, bestimmte Sendungen günstig zu plazieren. Aber diese in der Regel unveröffentlichten Erhebungen[47] zeigten gleichzeitig den ständigen Rückgang der Akzeptanz und der Einschaltquoten beim DDR-Publikum;

---

42 H. Hanke, Kultur und Freizeit – Zu Tendenzen und Erfordernissen eines kulturvollen Freizeitverhaltens, Berlin (Ost) 1971, S. 96.
43 Hoff, Organisation, S. 269, 273.
44 Vgl. die Zusammenstellung aus den Statistischen Jahrbüchern der DDR ebd., S. 257, 263, 271, 276f., 279.
45 Vgl. mit zahlreichen instruktiven Hinweisen Beutelschmidt, S. 79ff.
46 Vgl. S. Tippach-Schneider, Moderner Einkauf, moderner Verbraucher und das Verschwinden der Waren. Das Werbefernsehen in der DDR von 1959 bis 1976, in: Wunderwirtschaft, S. 62-76.
47 Eine der ersten Veröffentlichungen mit einschlägigen empirischen Befunden erfolgte mit der Studie von Hanke, Kultur, S. 96ff.

1982 sollen sie einen Tiefpunkt von 33 Prozent erreicht haben,[48] weil immer mehr Bürger – soweit sie nicht im „Tal der Ahnungslosen", den nicht von ARD und ZDF erreichbaren Regionen im Süd- und Nordosten der DDR, lebten – sich lieber vom „Westfernsehen" unterhalten und informieren ließen. Daß dies die überwiegende Mehrheit tat, durfte von der Zuschauerforschung in der DDR selbstverständlich nicht thematisiert werden, ist aber durch westliche Untersuchungen exakt belegt worden.[49]

Das SED-Regime hatte letztlich selbst die Hardware geliefert, die es ermöglichte, ihrem massenmedialen Monopolanspruch auszuweichen. Gegenüber dem gleichen Phänomen beim Hörfunk schuf diese Entwicklung aber eine neue Qualität, die sich aus der ungleich größeren Suggestionskraft der Bilder gegenüber dem bloßen Wort ergab. Nun konnten die DDR-Fernsehbürger vom Augenschein her vergleichen, und dieser Oberflächenvergleich am Bildschirm hatte tiefgreifende Wirkungen, die die Verantwortlichen fürchteten, aber nicht abwenden konnten. Die ganze Hilflosigkeit des „Arbeiter- und Bauernstaates" im Kampf gegen das „Westfernsehen" offenbarte sich in der „Aktion Blitz contra Nato-Sender" im Oktober 1961 oder in der „Aktion Ochsenkopf", in der FDJler DDR-Bürgern die anfangs nur schwer zu besorgenden Antennen, die nach Westen gerichtet waren, vom Dach holten oder sie dazu nötigten, sie umzupolen; dabei kam es zu Drohungen mit drakonischen Strafen – auf der Basis des Straftatbestands der „Staatsfeindlichen Hetze" gegen die DDR (Art. 106 StGB in der Fassung von 1957) – und zum Einzug von Geräten;[50] zu erwähnen sind auch die peinlichen Befragungen von Kindergarten-Kindern und Schulanfängern, welches „Sandmännchen" bzw. welchen „Sandmann" sie denn am Abend gesehen hätten. Solche Aktionen trugen sehr zur Verstimmung der Bevölkerung bei und wirkten langfristig eher kontraproduktiv.

Es ist evident, daß das DDR-Fernsehen den Kampf um das Publikum zu eben jenem Zeitpunkt endgültig verloren hatte, als das neue Medium zum hegemonialen Massenmedium geworden war, also Anfang der siebziger Jahre. Und in den verbleibenden zwei Jahrzehnten bildete sich immer stärker jenes Einflußphänomen heraus, das mit dem Begriff der „Propaganda" kaum zu erfassen ist. Die Teilnahme der Mehrheit der DDR-Bevölkerung am Westfernsehen, das für das Publikum einer völlig anderen Gesellschaft konzipiert war,[51] zog Konsequenzen für das ostdeutsche Bild der Bundesrepublik nach

---

48 Vgl. Chr. Braumann, Fernsehforschung zwischen Parteilichkeit und Objektivität. Zur Zuschauerforschung in der ehemaligen DDR, in: Rundfunk und Fernsehen 42 (1994), S. 524-541; auch vom Zentralinstitut für Jugendforschung wurden einige Studien zur Nutzung der elektronischen Massenmedien vorgelegt; die Meinungsforschung war politisch sehr stark umstritten, wie die Schließung des Instituts für Meinungsforschung 1979 illustriert – dessen Bestände sind offenbar zum großen Teil vernichtet; vgl. H. Niemann, Meinungsforschung in der DDR. Die geheimen Berichte des Instituts für Meinungsforschung an das Politbüro der SED, Köln 1993, S. 54ff.
49 Vgl. K. R. Hesse, Westmedien in der DDR. Nutzung, Image und Auswirkungen bundesrepublikanischen Rundfunks und Fernsehens, Köln 1988; Geserick, S. 155ff.
50 Vgl. ausführlich Geserick, S. 155ff.
51 Heute weitgehend vergessen ist die Tatsache, daß in vielen Sendungen auch unterhaltender Sorte in den 60er Jahren häufig noch die Zuschauer aus der DDR gesondert begrüßt wurden (etwa in der Sendung

sich, die auf westlicher Seite viele Beobachter verwunderten. Es handelte sich quasi um ein weltweit wohl einmaliges – unbeabsichtigtes – massenmediales Großexperiment, bei dem der westliche Teil des Publikums die Möglichkeit des Vergleichs von Alltagsrealität und Fernsehabbildung im gleichen Land besaß, während der östliche Teil des Publikums wohl mehrheitlich von deren tendenzieller Identität ausging. Nicht nur die SED-Propaganda war dagegen wirkungslos – selbst dort, wo sie ausnahmsweise die Fakten auf ihrer Seite hatte, etwa im Fall der seit Mitte der siebziger Jahre ansteigenden Arbeitslosigkeit, tat sie dem positiven Fernseh-Bild von der Bundesrepublik offenbar kaum Abbruch – im Gegenteil: Tatsachen wurden für viele DDR-Bürger häufig schon durch ihren propagandistischen Kontext dementiert.[52] Auch die seit den sechziger Jahren ausgestrahlten politischen Magazine vor allem in der ARD, zuerst „Panorama" und dann „Report", die Rechtsradikalismus, Bonner Korruptionsaffären, Ausländerfeindlichkeit und andere negative Dinge – mit einem enormen kontroversen Echo in der westdeutschen Öffentlichkeit[53] – thematisierten, vermochten das positive Bild der Bundesrepublik in der DDR kaum zu irritieren. Allenfalls die höhere Kriminalität und die ungebärdigere Jugend wurden als gravierende Nachteile des Westens empfunden.[54] Vielmehr verband sich das vom Fernsehen übernommene Bild der Bundesrepublik mit Tagträumen, die vor allem mit den Frustrationen des DDR-Alltags kontrastiert wurden. Dafür spricht, daß gerade die in den Unterhaltungsprogrammen glaubwürdig simulierten Lebens- und Freizeitstile offenbar große Attraktion besaßen, etwa in den heiterharmonistischen Familienserien („Schölermanns – unsere Nachbarn heute abend", „Familie Hesselbach", „Forellenhof" usw.), die im westdeutschen Fernsehen seit Mitte der sechziger Jahre vermehrt vorkamen.[55] Zu untersuchen bleibt auch der Einfluß von US-Serien und Filmen, die seit den siebziger Jahren vor allem das Vorabendprogramm der westlichen Stationen zunehmend beherrschten,[56] auf das Bild der DDR-Bürger vom Westen.

Paradiesisch verdichtet erschien die Bundesrepublik in der Fernsehwerbung für Konsumgüter und Dienstleistungen; nicht wenige Westdeutsche staunten über die exakten Kenntnisse ihrer DDR-Verwandten, die nach Erhalt eines Päckchens fragten, warum dieses und nicht ein anderes (laut Werbung unvergleichliches) Markenprodukt geschickt worden sei – wobei die unterschiedlichen Preise meist nicht bekannt waren.

„EWG – Einer wird gewinnen"); dies kam dann in den siebziger Jahren kaum noch vor. Spezielle Sendungen für die „mitteldeutsche" bzw. dann DDR-Bevölkerung waren nun seltener im Programm.

52 Hinzu kommt, daß sich das DDR-Fernsehen zeitweise freiwillige Zügel anlegte; so wurde das (ausgezeichnete) Fernsehspiel „Krupp und Krause" (1969) auch aufgrund der prioritären Handelsbeziehungen in den siebziger Jahren nicht ausgestrahlt; vgl. G. Griesener, „Krupp und Krause". Eine deutsche Geschichte, in: ders., Propaganda, S. 176-190.

53 Vgl. G. Lampe/H. Schumacher, Das „Panorama" der 60er Jahre. Zur Geschichte des ersten politischen Fernsehmagazins der BRD, Berlin 1991.

54 Vgl. Hesse, Westmedien, S. 113.

55 Vgl. J. Beile, Frauen und Familien im Fernsehen der Bundesrepublik. Eine Untersuchung zu fiktionalen Serien von 1954-1976, Frankfurt a.M. 1994.

56 Vgl. I. Schneider, Amerikanische Einstellung. Deutsches Fernsehen und US-amerikanische Produktionen, Heidelberg 1992.

Trotz erheblicher Steigerungen des Lebensstandards in den siebziger Jahren – zwischen 1970 und 1980 nahmen das Durchschnittseinkommen von 755 auf 1021 Mark und die Spargutaben um 90 Prozent zu, 1980 verfügten 38 Prozent der Haushalte über einen PKW, 84 Prozent über eine Waschmaschine und 88 Prozent über ein Fernsehgerät[57] – wuchs die Unzufriedenheit mit dem eigenen Staat; der Lebensstandard und die Konsummöglichkeiten der Bundesrepublik wurden immer ausschließlicher zum Vergleichskriterium, und die Staatsführung der DDR reagierte darauf mit einer Legalisierung des Besitzes von Westwährung, mit der im „Intershop" eingekauft werden konnte, und der Verbreiterung des Angebots von Westwaren in „Delikat"-Läden für diejenigen, die nur über DDR-Währung verfügten. Und diese für notwendig gehaltene Nachgiebigkeit gegenüber der eigenen Bevölkerung – finanziert durch eine wachsende Staatsverschuldung – bezog sich auch auf die Versorgung mit den westlichen Fernsehprogrammen. Nichts zeigt diesbezügliche Veränderungen deutlicher als der Vergleich der Antennen-Stürmer-Aktionen der sechziger Jahre mit der seit dem VIII. Parteitag der SED 1971 vorgenommenen Einspeisung von ARD und ZDF in die vorhandenen Kabelnetze von Großsiedlungen.[58] Auch der Betrieb individueller „Satelliten-Schüsseln" für den Empfang der seit Mitte der achtziger Jahre sendenden privaten Fernseh-Stationen RTL und SAT 1 wurde amtlicherseits in der Regel problemlos genehmigt; weil die eigene Produktion dieser Empfangsanlagen die Nachfrage nicht decken konnte, durften auch improvisierte Installationen und sogenannte „Antennengemeinschaften" betrieben werden.[59] Die DDR hatte damit bereits vor ihrem Ende das staatliche Monopol der Massenmedien für den elektronischen Sektor stillschweigend aufgegeben. Letztlich war dies eine realistische Wendung, auf deren Basis überhaupt das eigene Angebot wenigstens ein größeres Segment des Fernsehpublikums der DDR halten oder sogar zurückerobern konnte. Denn selbstverständlich war das eigene Fernsehen nicht einfach nur unattraktiv. Einige Sendungen – „Ein Kessel Buntes" wurde erwähnt, auch eine überaus erfolgreiche Kriminalserie gehörte seit 1971 dazu[60] – hatten gegenüber der westlichen Konkurrenz den Vorteil, daß sie die „DDR-Identität" eher trafen. Ähnlich wie im Falle von Konsumgütern aus DDR-Produktion, die bekanntlich erst einige Jahre nach der Vereinigung ein spektakuläres *comeback* erlebten, wuchs auch die Attraktivität der DDR-Fernsehunterhaltung und die Beliebtheit der eigenen Schauspieler und Schauspielerinnen in den neunziger Jahren beträchtlich an. Die Qualitäten des DDR-Fernsehens gelten vielen ehemaligen Bürgern der DDR retrospektiv geradezu als liebens- und erstrebenswert; dies ist wohl auch ein Zeichen dafür, daß die westlichen Sender ihre Funktion als Projektionsfläche für Träume von einem besseren Leben verloren haben, durch die Vergleichsmöglichkeit von Medienbildern und Alltagsrealitäten Desillusionierungen aufgebrochen sind. Der übermächtige Einfluß des westlichen

---

57 Vgl. Staritz, S. 208.
58 Vgl. Beutelschmidt, S. 149f.
59 Vgl. ebd., S. 150f.; nach 1989 zeigte sich in der DDR bzw. dann den fünf neuen Bundesländern eine vergleichsweise höhere Akzeptanz der privaten Sender als in den alten Bundesländern.
60 P. Hoff, Das große Buch zum Polizeiruf 110, Berlin o.J. [1996].

Fernsehens war so gesehen im östlichen Teil Deutschlands an die Existenz der DDR gebunden.

Das Ende des „zweiten deutschen Staates", das die Deutschen als eine einige Hörfunk- und noch mehr als Fernsehnation erlebten, war wie erwähnt in diesem Sinne der Höhepunkt einer langen Entwicklung. Wenn von einer „Fernsehrevolution" oder besser wohl von einer „mediengenerierten Revolution" gesprochen werden darf,[61] bedeutet das zwar nicht, daß die Wirkung der (westlichen) Massenmedien als Ursache für den Umbruch der Jahre 1989/90 gelten kann, es handelte sich – wie die vorangehenden und gleichzeitigen Geschehnisse in der Sowjetunion und den anderen sozialistischen Ländern deutlich machen – um einen welthistorischen Wandel, der sich unabhängig von direkter westlicher Medienmacht vollzog. Aber die Formung des Bewußtseins der DDR-Bevölkerung, die durch die Fernseh-Programme von ARD und ZDF seit den siebziger Jahren eine neue Qualität gewann, hatte durchaus ihren hintergründigen Anteil am friedlichen Ablauf und an der raschen Verbreitung von Aktionsformen und Forderungen zwei Jahrzehnte später – nicht zuletzt hinsichtlich der wohl jeden Beobachter frappierenden Geschwindigkeit der Veränderung der Parole „Wir sind das Volk" in „Wir sind ein Volk".

---

61 Vgl. H. Hanke, Kommunikation in Aufruhr – Medien im Wandel, in: Rundfunk und Fernsehen 38 (1990), S. 318-327; Hoff, Organisation, S. 281.

II.

Wahrnehmungs- und Deutungsmuster im Ost-West-Konflikt

Jerzy Holzer

Polen und die deutsche Zweistaatlichkeit 1949–1989

Wenn wir dieses Thema betrachten, muß man seine inhaltlichen Grenzen bestimmen. Einerseits haben wir mit staatlicher Politik, andererseits mit ihrer Wahrnehmung bei den Eliten und Massen der Bevölkerung zu tun. Doch solange Meinungsumfragen in Polen überhaupt als Instrument der Wissenschaft nicht funktionieren (d.h. entweder nicht durchgeführt oder ihre Ergebnisse als streng vertraulich verschwiegen wurden), so lange konnten Kenntnisse der Massenstimmung nur allgemein oder intuitiv bleiben.

Es läßt sich auch fragen, ob der Begriff „polnische Politik" für die Zeit zwischen 1945 und 1989 überhaupt paßt. Nach dem Zweiten Weltkrieg ist Osteuropa als eine geopolitische Zone entstanden, Polen ist ein Bestandteil dieser Zone gewesen und unterlag damit dem entscheidenden oder wenigstens einem weitgehenden Einfluß von Moskau auf die polnische Innen- und Außenpolitik.[1]

Ich bin gleichzeitig der Meinung, daß die sowjetische Deutschlandpolitik selbst nicht immer völlig entschieden in ihrer Richtung und Zielsetzung war, was den sogenannten Satellitenstaaten einen gewissen Spielraum sicherte. Das war besonders wichtig für Polen, weil gerade hier die Deutschland-Politik eng mit der Innenpolitik verbunden war und die deutsche Gefahr in der kommunistischen Propaganda als bedeutender Integrationsfaktor benutzt wurde.

Neben den Prioritäten, die die sowjetische Außenpolitik festsetzte, gab es Akzentsetzungen, die nicht unbedingt immer mit den sowjetischen Interessen übereinstimmten. Die erste betraf die Stabilisierung und internationale Anerkennung der Oder-Neiße-Grenze. Die andere lag in der Verfestigung der deutschen Spaltung und in der Verhinderung der Wiedervereinigung.

Der Entstehung der deutschen Zweistaatlichkeit ging eine Zeit bis 1949 voraus, in der Polen sich dem kommunistischen Staatsmodell näherte und im besetzten Deutschland keine Staatlichkeit existierte. Überhaupt hat es erst seit 1946 Kontakte zwischen der Polnischen Militärmission in Berlin und den deutschen Politikern in der sowjetischen Besatzungszone gegeben, die eine Lizenz der sowjetischen Behörden hatten.[2]

Als wichtigste Frage galt für die polnische Regierung die Oder-Neiße-Grenze. Kommunisten und später Vertreter der SED verdienten aus ihrer Sicht nicht mehr Vertrauen als Vertreter der anderen Parteien, weil ihre Äußerungen unklar und

---

1 Ich habe darüber in einem anderen Kontext schon vor neun Jahren geschrieben, vgl. J. Holzer, Osteuropa und die neue deutsche Staatenordnung, in: W. Weidenfeld/H. Zimmermann (Hg.), Deutschland-Handbuch. Eine doppelte Bilanz 1949–1989, Bonn 1989, S. 685.
2 T. Marczak, Granica zachodnia w polskiej polityce zagranicznej w latach 1944–1950, Wrocław 1995, S. 536ff.

manchmal widersprüchlich waren. Im Oktober 1946 sagte der Generalsekretär der Polnischen Arbeiterpartei Gomułka in einer Rede: „Es genügt nicht, auf den Hitlerismus zu schimpfen und Naziparteiausweise mit anderen Parteiausweisen auszutauschen. Man soll die Kriegs- und Eroberungsideologie, die Ideologie einer Revanche für die erlittene Niederlage ausrotten".[3]

Zu einer Annäherung der beiden kommunistischen Parteien kam es erst nach einer Erklärung der SED im Dezember 1947, in der sie die Oder-Neiße-Grenze billigte.

Mit dem Positionswandel der SED verschärfte sich die schon vorher extrem kritische Beurteilung der deutschen politischen Kräfte der Westzonen. Die deutschen Politiker in Westdeutschland konnten sich im Zuge der allmählichen Intensivierung des Kalten Krieges hinsichtlich der Oder-Neiße-Grenze immer weiter vorwagen.

Das galt besonders für Kurt Schumacher. Aufgrund seiner emotionalen nationalen Reden wurde er in Polen zu einem Symbol des deutschen Revanchismus erhoben. Während der internationalen Konferenz sozialistischer Parteien im Juni 1947 in Zürich antwortete auf Äußerungen des Gastredners Schumacher der Vertreter der Polnischen Sozialistischen Partei am schärfsten. Er wirkte auch dabei mit, die Aufnahme der SPD in das COMISCO, das Internationale Komitee der Sozialistischen Konferenzen zu blockieren – was freilich nur für wenige Monate gelang.[4]

Über die Einstellung der polnischen Eliten gibt es wenig Material. Nur einzelne ihrer Vertreter versuchten eine generelle antideutsche Stimmung zu dämpfen. Am stärksten manifestierte sich das bei den polnischen linken Intellektuellen, Kommunisten, Sozialisten und Liberalen. Man suchte „gute Deutsche" vor allem in der sowjetischen Besatzungszone. Nur in der katholischen Wochenzeitschrift „Tygodnik Powszechny" wurde 1948 eine Erklärung des deutschen Katholikentages als ein Schuldgeständnis positiv kommentiert.[5]

Noch weniger läßt sich über die polnische Massenstimmung dieser Zeit ermitteln. Jedenfalls wurden die Deutschen, egal ob in den westlichen oder in der sowjetischen Besatzungszone, ob Kommunisten, Sozial- und Christdemokraten oder Liberale sämtlich als ewige Feinde angesehen.

Die Wahrnehmung der deutschen Zweistaatlichkeit im Polen der kommunistischen Ära läßt sich in drei Phasen untersuchen. Die erste Phase dauerte von 1949 bis 1956, die zweite von 1956 bis 1979 und die dritte von 1970 bis 1989.

Für die erste Phase war kennzeichnend, daß man die DDR vom Standpunkt der kommunistischen Ideologie und der kommunistischen polnischen Staatsräson als einen engen Verbündeten, die Bundesrepublik dagegen als profiliertesten Feind (neben der imperialistischen Supermacht USA) betrachtete.

---
3 W. Gomułka, Artykuły i przemówienia, Bd. 2, Warsawa 1964, S. 254.
4 W. Borodziej, Od Poczdamu do Szklarskiej Poręby. Polska w stosunkach międzynarodowych 1945–1947, London 1990, S. 58.
5 Darüber schreibt E. Dmitrów ausführlicher im letzten Kapitel seiner hervorragenden Monographie, Niemcy i okupacja hitlerowska w oczach Polaków. Poglądy i opinie z lat 1945–1948, Warszawa 1987, S. 306–322.

Bei der Entstehung zweier deutscher Staaten im Jahre 1949 war die polnische Politik schon weitgehend auf eine „klassenmäßig" bestimmte Linie festgelegt. Der von Moskau gewährte Spielraum war eng. Der Entschluß, den westdeutschen Staat als eine Verkörperung des Bösen mit den vererbten Eigenschaften Nazi-Deutschlands zu betrachten und den ostdeutschen Staat als Verkörperung des Guten und Fortsetzung des antifaschistischen Kampfes deutscher Kommunisten, wurde für alle Staaten des sowjetischen Blocks obligatorisch.

Andererseits stellten gerade die Jahre 1949–1954 eine Art Flitterwochen in den Beziehungen zwischen Polen und der DDR dar. Die DDR brauchte eine Anerkennung ihres Standortes im kommunistischen Block, und kein Land taugte mehr als Polen dazu (selbstverständlich mit Ausnahme der Sowjetunion), ihr einen Persilschein des Antinazismus auszustellen. Dafür bezahlte man hoch. Keine neun Monate nach der Gründung der DDR wurde in Görlitz der Vertrag über „die Staatsgrenze zwischen Polen und Deutschland" unterschrieben.

Auf diese Art und Weise entschied sich für lange Jahre die polnische Wahrnehmung beider deutscher Staaten. Die Frage der Oder-Neiße-Grenze spielte eine entscheidende Rolle. Die Bundesrepublik wollte die neue Grenze nicht anerkennen, war also nicht nur Klassenfeind (wie alle kapitalistischen Staaten), sondern auch Feind der polnischen Nation. Die DDR hatte die Grenze anerkannt, und dieser Faktor war für die polnische Politik primär.

Die Politik reagierte stark auf die Einstellung der Eliten. Die polnische Kultur und Wissenschaft standen unter einem starken Druck des Marxismus und sozialistischen Realismus. Dementsprechend wurde auch die deutsche Kultur in Polen rezipiert. Eine besonders aktive Rolle spielte bei der Darstellung einer demokratischen Entwicklung in der DDR der führende Schriftsteller der jungen Generation, Tadeusz Borowski. Er war 1949–1951 im Polnischen Presseinformationsbüro in Ost-Berlin tätig.

Für die zweite Phase ab 1956 war kennzeichnend, daß die Beziehungen zwischen Polen und der DDR mehr oder weniger gespannt blieben, was jedoch im offiziellen politischen Leben zumeist keinen direkten Ausdruck fand. Prinzipiell besaß in der polnischen Politik weiterhin die Grenzfrage Priorität. Auf die Kritik aus der DDR in den Jahren 1956 und 1957 antwortete die polnische Führung defensiv. Man versuchte eher die polnischen Umwandlungen zu rechtfertigen als den Spieß umzudrehen und die DDR-Führung zu kritisieren.

In den vertraulichen Thesen, die das polnische Außenministerium für den Besuch einer polnischen Delegation unter Leitung von Gomułka im Juni 1957 vorbereitete, hieß es: „1. Polen betrachtet die Frage der Freundschaft und der besonders engen Zusammenarbeit mit der DDR als einen Grundfaktor seiner Politik. Wir lassen uns von folgenden Voraussetzungen leiten: a) Die DDR ist ein sozialistischer Staat (...); b) unsere beiden Staaten sind Mitglieder des sozialistischen Lagers (...); c) die DDR ist Nachbar Polens, und uns trennen keine widersprüchlichen Interessen. Die Bestimmung der polnisch-deutschen Oder-Lausitzer-Neiße-Grenze und ihre Anerkennung durch die DDR als einer dauerhaften und unverletzlichen Friedens- und Sicherheitsgrenze in

Europa hat die Grundlagen für eine Entwicklung der besten beiderseitigen Beziehungen geschaffen; d) Polen und die DDR teilen gemeinsame Abwehrinteressen wegen einer Bedrohung durch westdeutsche militärische Kräfte (…); e) Polen und die DDR bindet das Warschauer Bündnis (…); f) wir sehen in der DDR die Kraft, die eine wichtige Bedeutung für die Entwicklung der ganzen deutschen Nation in eine demokratische und friedliche Richtung und für die zukünftige Vereinigung Deutschlands hat."[6]

Die Reaktion der polnischen Eliten war nicht immer ebenso defensiv. Das fand seinen Ausdruck in verschiedenen Polemiken der polnischen Presse, wenn auch die Rechtfertigung überwog und die Kritik an DDR-Zuständen eher verschleiert blieb, so wenn eine polnische Journalistin sich nur zu schreiben erlaubte: „Wir gratulieren der DDR-Partei, daß sie frei von Streiten bleibt; ich möchte aber hinzufügen, daß unsere Streits eher fruchtbar waren."[7]

Allmählich milderte sich nach 1957 die DDR-Kritik an der polnischen Politik. Dementsprechend betonte die polnische Führung viel stärker die Freundschaft zwischen Polen und der DDR und ebenso die Rolle der DDR als eines Bollwerks der Demokratie in Deutschland.

Anfang der sechziger Jahre zeigten sich neue Risse. Die Gomułka-Führung in Polen befürchtete zwei Tendenzen der DDR-Politik. Deren erste war, daß die DDR sich in der Position eines ersten Bündnispartners der Sowjetunion zu etablieren und damit den wirtschaftlichen und politischen Interessen Polens Schaden zuzufügen drohte. Zum anderen fürchtete die polnische Führung, daß die DDR ihre wirtschaftlichen Beziehungen mit der Bundesrepublik intensivieren würde. Andererseits wußte man in Warschau, daß die DDR eine politische Isolierung durch die Bundesrepublik befürchtete, was gewisse Chancen für eine intensivere Zusammenarbeit mit Polen schuf.

Zu einer Annäherung kam es 1966, als Ulbricht bilaterale Bündnisverträge mit Polen und der Tschechoslowakei vorschlug. Die polnische Antwort verriet Begeisterung. Gomułka hatte die Idee eines Dreiecks Polen-DDR-Tschechoslowakei, das wirtschaftlich und politisch eng zusammenarbeiten sollte.[8] Wie Gomułkas spätere Äußerungen zeigten, stand dahinter nicht zuletzt die Absicht, den Weg zu einer deutschen Wiedervereinigung zu blockieren.

Trotz einer am Anfang entgegenkommenden Position der DDR und des Abschlusses des Bündnisvertrages zwischen Polen und der DDR kam es im Herbst 1967 zu einem sich intensivierenden Streit, als die DDR die gemeinsamen Beschlüsse über die wirtschaftliche Kooperation kündigte. Gomułka erklärte Ulbricht später: „Das sind keine gleichberechtigten Beziehungen. Ihr würdet so etwas gegenüber einem kapitalistischen Land nicht machen, und vielleicht würdet ihr sogar anders mit Arabern sprechen (…) Wir haben keinen Nachrichtendienst in der DDR, aber wir wissen, daß es bei

---

6 Zit. nach dem Text im Archiv des Polnischen Außenministeriums bei M. Tomala, Patrząc na Niemcy. Od wrogości do porozumienia 1945–1991, Warszawa 1997, S. 142.
7 E. Werfel, Do towarzyszy z bratnich partii, in: Przeglad Kulturalny, 10.11.1956.
8 Über diese Idee und ihr Scheitern: M. Tomala, Przyjaźń z NRD, ale za jaką cenę, w: Zeszyty Niemcoznawcze 1994, Nr. 1, S. 5–51.

Euch Kräfte gibt, die die Zusammenarbeit mit dem Westen, vor allem mit der Bundesrepublik, eventuell noch mit der Sowjetunion und der Tschechoslowakei verstärken wollen, aber nicht mit Polen."

Gomułka betonte einen Monat später im Gespräch mit dem sowjetischen Außenminister Gromyko, daß die Intensivierung der wirtschaftlichen Kooperation zwischen der DDR und der Bundesrepublik ökonomische Vorteile für die DDR und politische Vorteile für die Bundesrepublik gebracht habe. Seine Schlußfolgerung ging weit: „Die DDR will wirklich ein souveräner selbständiger sozialistischer Staat sein. Wir werden sie hierbei mit allen Kräften unterstützen. Wenn jedoch andere Kräfte zu Wort kommen, dann können verschiedene Schwierigkeiten entstehen. Daran muß man denken. Persönlich finde ich die Sache der wirtschaftlichen Integration sehr wichtig. In einem anderen Fall ist es schwer vorauszusehen, was passieren könnte. Ulbricht wird einmal abgehen. Dann kommen andere, und man weiß nicht, welchen Weg sie gehen werden. Gerade damit rechnen Brandt und Kiesinger."

Die Entwicklung der Beziehungen Polens zur DDR hatte einen bedeutenden Einfluß auf die Einstellung Polens zur Bundesrepublik. Auch hier trat schon 1955 im Zusammenhang mit dem Besuch Adenauers in Moskau und der Aufnahme sowjetisch-bundesdeutscher Beziehungen ein erster Wandel ein. Schon im selben Jahr wurde polnischerseits eine „Normalisierung" der Beziehungen mit der Bundesrepublik vorgeschlagen. Dies lehnte die Regierung Adenauer jedoch mit Rücksicht auf die Hallstein-Doktrin ab.

Im Zusammenhang mit dieser Linie tolerierte die polnische Regierung Initiativen katholischer Kreise. Seit 1958 bemühte sich als Vertreter der Gruppe „Znak", Stanisław Stomma, Kontakte mit den bundesdeutschen Politikern aufzunehmen.[9] Nach dem Scheitern der offiziellen Versuche betrachtete die polnische Führung die Bundesrepublik weiterhin als einen Gegner. Anders verhielt sich ein Teil der katholischen Intellektuellen. Trotz des Wandels der offiziellen Politik versuchte die Gruppe „Znak" ihre Kontakte mit den deutschen katholischen und evangelischen Kreisen sowohl in der Bundesrepublik als auch in der DDR auszubauen.[10]

Viel wichtiger war jedoch eine Initiative der polnischen katholischen Hierarchie. Nach längeren Vorbereitungen übermittelte sie 1965 den deutschen katholischen Bischöfen die Botschaft „An deutsche Brüder". Obwohl sie sich ebenso an die west- wie ostdeutschen Katholiken richtete, war der politische Kontext eindeutig. Die große Mehrheit der deutschen Katholiken lebte in der Bundesrepublik, und der Satz „wir vergeben und bitten um Vergebung" stand im Widerspruch zu der Auffassung, daß in der Bundesrepublik der Neonazismus eine entscheidende Rolle im öffentlichen Leben spiele.[11]

---

9 W. Pailer, Stanisław Stomma. Nestor der polnisch-deutschen Aussöhnung, Bonn 1995, S. 73ff.
10 Darüber schrieb in seiner unveröffentlichten Magisterarbeit R. Freudenstein, Der polnische Katholizismus und die deutsche Frage 1965–1985, Ms. 1988, S. 41ff.
11 Die Vorgeschichte, Geschichte und Nachgeschichte der Botschaft hat schon eine umfangreiche Literatur. Vgl. E. Heller, Macht – Kirche – Politik. Der Briefwechsel zwischen den polnischen und deutschen

Das erste Mal kam es in Polen zu einer innenpolitischen Auseinandersetzung, in deren Hintergrund die Wahrnehmung der Bundesrepublik stand. Eine besondere Bedeutung als Propagandainstrument gewann dabei die gegen die Bundesrepublik gerichtete Kampagne der nationalkommunistischen Fraktion um Mieczysław Moczar. Später erschien in einer Riesenauflage das Pamphlet eines jungen Schriftstellers als „Bericht aus München", der ein neonazistisches Porträt der Bundesrepublik zeichnete.[12] Die Kampagne gegen die Bundesrepublik wurde auch durch die Gomułka-Mannschaft im Zusammenhang mit einer vermeintlichen bundesdeutschen Bedrohung während der tschechoslowakischen Krise 1968 betrieben.

Obwohl der Wandel der bundesdeutschen Politik einerseits, wirtschaftliche Probleme in Polen andererseits letztlich entscheidender waren, beeinflußte auch der Streit mit der DDR-Führung den neuen Versuch, im Jahre 1969 Beziehungen zwischen Polen und der Bundesrepublik zu normalisieren.[13] Die polnische Seite gewann von Bonn viel, nämlich die Aufopferung der Hallstein-Doktrin, eine weitgehende, wenn auch nicht endgültige Anerkennung der Oder-Neiße-Grenze sowie vielversprechende ökonomische Aussichten. Sie mußte dafür mit einem Verzicht des neonazistischen Bildes der Bundesrepublik bezahlen. Der Warschauer Vertrag am 7. Dezember 1970 bedeutete so ein Ende der zweiten Phase in den polnisch-deutschen Beziehungen.

Wie sich ohne den tiefgreifenden Wandel in der polnischen Innenpolitik nur wenige Tage später die weiteren Beziehungen gestaltet hätten, ist schwer zu beurteilen.

Die neue Gierek-Mannschaft wollte eine technokratische Entwicklung in Gang setzen und brauchte dazu intensive westliche finanzielle und technische Hilfe. Der bundesdeutsche Partner stand bereit, sich in Polen zu engagieren. Er verlangte wenig: Zugeständnisse, die die Ausreisemöglichkeiten der willigen „Deutschstämmigen" betrafen, und eine Art polnisches Alibi für die bundesdeutsche Demokratie (was paradox schien, weil so ein undemokratisch regiertes Land einem anderen seine Demokratie beglaubigen sollte).

Andererseits hielt die Gierek-Regierung auch weiterhin an gewissen traditionellen Urteilen und Vorurteilen fest. Wenn das innenpolitisch nützlich war, erinnerte man sich gern an die antipolnischen Vertriebenenaktivitäten. So schwankte die Wahrnehmung zwischen dem Bild einer demokratischen Bundesrepublik, symbolisiert durch die Namen Brandt, Schmidt und Scheel, und eines revanchistischen Landes, symbolisiert durch Vertriebene, CDU/CSU-Politiker und die Bundeswehr.

Manche Veränderungen aber waren nicht zu stoppen. Weil die Liberalisierungspolitik Giereks breit genutzte Reisemöglichkeiten in den „kapitalistischen Westen" schuf, gingen Hunderttausende zur Schwarzarbeit, zum Schwarzhandel und – seltener – zum Studieren oder als Touristen über die Grenze. Ein großer Teil von ihnen kam in die

---

    Bischöfen im Jahre 1965, Köln 1992; P. Madajczyk, Na drodze do pojednania. Wokół orędzia biskupów polskich do biskupów niemieckich z 1965 roku, Warszawa 1994.
12 A. Brycht, Raport z Monachium, Warszawa 1967. Vorher ist der Text in Fortsetzungen in einer katholischen Wochenzeitschrift erschienen.
13 Im erwähnten Buch schrieb Tomala, Patrząc, S. 247 ff., darüber auf der Basis von Archivmaterialien.

Bundesrepublik: 18.000 oder 16 Prozent von denen, die in die nicht-sozialistischen Länder reisten, im Jahre 1970, 177.000 oder über 25 Prozent im Jahre 1980.[14] Die Wahrnehmung der Bundesrepublik wurde so immer weniger durch Propaganda bestimmt.

Andererseits verbesserten sich nun zeitweise auch die Beziehungen zwischen Polen und der DDR. Die Gierek-Mannschaft, welche sich mit der Bundesrepublik ökonomisch arrangierte, bewies Toleranz gegenüber intensiveren deutsch-deutschen Beziehungen. Sie war ideologisch wenig engagiert, betrachtete aber die Existenz der DDR wie ihre Vorgänger als fundamentalen Faktor der polnischen Staatsräson.[15] Die DDR nach der Übernahme der Führung durch Honecker strebte mehr nach einer Intensivierung der Beziehungen zu den kommunistischen Nachbarländern.

Jedenfalls konnten Polen und DDR-Deutsche die Grenze seit 1972 ohne Paß und Visum überschreiten. Für das Jahr 1970 notierte die Statistik 174.000 polnische Reisen in die DDR, im Jahr 1980 (d.h. im letzten Jahr des paß- und visumfreien Verkehr) 3.784.000 Reisen. Das waren mehr als 60 Prozent aller polnischen Auslandsreisen. Wie stark die Reisen die Wahrnehmung der DDR beeinflußten, läßt sich schwer beantworten. Einerseits wurden menschliche Kontakte erleichtert, und die DDR erschien in den polnischen Augen als ein relativ reiches Land mit guter Versorgung. Andererseits scheute man die starke politische Kontrolle, die „preußische Disziplin" der Bevölkerung und sehr oft auch eine antipolnische Stimmung, die durch das Aufkaufen von Waren durch Polen hervorgerufen wurde. Immerhin herrschte in der DDR trotz einer besseren Versorgung als in Polen Mangelwirtschaft.

In der zweiten Hälfte der siebziger Jahre trat ein neuer Faktor im polnischen öffentlichen Leben auf, eine organisierte Opposition. Die große Mehrheit der Oppositionellen vermied es durchweg, öffentlich Meinungen über Länder des kommunistischen Blocks abzugeben, obwohl klar war, daß sie die DDR als eine Verkörperung stalinistischer Relikte betrachteten.

Nur eine damals anonyme Gruppe, die Polnische Unabhängigkeitskoalition (PPN), veröffentlichte mehrere Texte über die deutsche Frage. Die PPN war der Meinung, daß die Bundesrepublik deutsche demokratische Kräfte vertrat, die DDR wegen ihrer internen Ordnung und Abhängigkeit von der Sowjetunion eine demokratische Entwicklung in Polen behinderte und die deutsche Wiedervereinigung auf der Basis der Bundesrepublik im polnischen Interesse lag.[16]

Die polnischen Ereignisse 1980–1981 und die spätere „sanfte Normalisierung" führten zu Spannungen zwischen Polen und der DDR. Die Entscheidung der DDR, den freien Reiseverkehr einzustellen, beeinflußte die Stimmung in der polnischen Bevölkerung. Die negative Beurteilung der polnischen „Konterrevolution" intensivierte noch die

---

14 Mały Rocznik Statystyczny 1984, Warszawa 1984, S. 303.
15 Wichtige Materialien aus dem polnischen ZK-Archiv zitiert M. Tomala, Ku kolejnej „przyjaźni z NRD w latach siedemdziesiątych, w: Zeszyty Niemcoznawcze 1996, Nr. 1, S. 31–76.
16 Vgl. drei illegale Texte: Polska a Niemcy (1978), Niemcy, Polacy i inni (1978), O stosunkach z Niemcami raz jeszcze (1980).

in Polen vorherrschende Meinung über die DDR als ein Land des dogmatischen und konservativen Kommunismus.

Die Reaktion der polnischen Führung auf die Kritik aus der DDR war ambivalent. Als Innenminister Kiszczak den Sekretär des polnischen Episkopats, Erzbischof Dąbrowski, am 10. August 1982 traf, sprach er auch über die Beziehungen mit der DDR und ließ verlauten, „daß die DDR-Leute uns belehren und selbst heimlich eine gewaltige Hilfe aus der Bundesrepublik ziehen".[17]

Władysław Baka, in der polnischen Führung für die Wirtschaftspolitik verantwortlich, erinnert sich an ein Gespräch 1981 mit Jaruzelski, unmittelbar nachdem die polnische Regierung durch DDR-Wirtschaftspolitiker brieflich heftiger Kritik unterzogen worden war: „Wir dachten an eine scharfe Entgegnung. In keinem Punkt sollten wir etwas bereuen oder die Grundsätze der Reform verlassen. Dagegen müßten wir die Versteinerung und den Dogmatismus der Briefverfasser beweisen."[18]

Andererseits konnte jedoch Jaruzelski über Honecker im Jahre 1992 sagen: „Ich wußte, daß Honecker auf die polnischen Wandlungen widerwillig blickte, nicht nur vor, sondern auch nach der Einführung des Kriegsrechtes. Ich behandelte ihn gleichwohl ohne Widerwillen. Er hatte zehn Jahre in Nazigefängnissen verbracht. (…) Und zudem konnte ich eine Tatsache nie vergessen. Dank seiner ist in Berlin ein Monument des polnischen Soldaten und des deutschen Antifaschisten geschaffen worden. Honecker legte dort regelmäßig einen Kranz nieder. Ich weiß nicht, wer das jetzt tun würde."[19]

Schließlich blieb die deutsche Wiedervereinigung ein Alptraum der polnischen kommunistischen Führung. Am 30. Oktober 1987, als sich zwei ihrer Spitzenvertreter – Barcikowski und Ciosek – mit hohen Kirchenvertretern trafen, notierte einer der letzteren: „Die Staatsvertreter informierten, daß die deutsche Frage sich für Polen ungünstig entwickelte. Es zeichnen sich jetzt Perspektiven nicht nur für die Neutralisierung, sondern auch für die Vereinigung Deutschlands ab. Im Januar des nächsten Jahres kommen der deutsche Außenminister Genscher und später Kanzler Kohl nach Polen. Die Deutschen sind jetzt in unseren Gesprächen hart geworden, und sie reden als Machtvertreter. Sie sind die größte europäische Wirtschaftsmacht. Zu einem gewissen Grad sind sie auch Frankreich gefährlich geworden. In diesem Zusammenhang würde der Sekretär Czyrek gern ein Gespräch mit dem Primas und anderen Vertretern der katholischen Hierarchie haben."[20]

Noch am 10. Dezember 1988 bereitete das polnische Außenministerium eine Analyse vor, die an alle Politbüromitglieder und ZK-Sekretäre verschickt wurde, in der stand: „Im polnischen Interesse liegen solche Wandlungen in der DDR, welche diesem Land

---

17 P. Raina, Rozmowy z władzami PRL. Arcybiskup Dąbrowski w służbie Kościoła i Narodu, Bd. 2: 1982–1989, Warszawa 1955, S. 40.
18 W. Jaruzelski, Stan wojenny. Dlaczego, Warszawa 1992, S. 133.
19 Ebd., S. 245f.
20 Raina, S. 191. Es gibt keine Beweise, daß Vertreter der katholischen Kirche auf diesen Vorschlag eingegangen sind.

eine politische Stabilisierung und einen sozialen Frieden verschaffen und gleichzeitig eine prosozialistische Orientierung verstärken. Man muß jedoch damit rechnen, daß die Reformen in diesem Land für uns ungünstige Prozesse, besonders in den innerdeutschen Beziehungen, in Gang bringen."[21]

Diese Priorität einer „Nicht-Wiedervereinigung" und damit einer Erhaltung der DDR um jeden Preis störten die guten Beziehungen mit der Bundesrepublik indes keineswegs. Rakowski verheimlicht in seinen Memoiren nicht, daß er die Bundesrepublik als den wichtigsten polnischen Partner im Westen betrachtete.[22]

In der polnischen Opposition trat in derselben Zeit eine entgegengesetzte Haltung zutage. Jan Józef Lipski schrieb mehrmals über Deutschland, um schließlich gleich nach dem polnischen Wandel, aber noch vor dem Zusammenbruch der DDR zu pointieren: „Solange in der DDR eine große sowjetische Armee steht, gibt es keine Chance für einen Abzug der sowjetischen Besatzung aus Polen (…) Eine Auflösung der DDR wäre wahrscheinlich mit einer Entspannung in ganz Europa verbunden (…) Die Teilung Deutschlands ist gleichbedeutend mit der Teilung Europas und die Berliner Mauer ist das Symbol dieser Teilung."[23]

Auf zwei miteinander verbundenen tragenden Säulen ruhte die offizielle polnische Deutschlandpolitik und damit die Wahrnehmung deutscher Zweistaatlichkeit: auf der Oder-Neiße-Grenze und auf der deutschen Spaltung. Im Laufe der siebziger und achtziger Jahre wurde diese Verbindung durch einen wachsenden Teil der polnischen Opposition in Frage gestellt. Doch erst der polnische Wandel 1989 konnte auch eine neue Wahrnehmung und mit ihr eine neue Politik in Gang setzen.

---

21 S. Perzkowski (Hg.), Tajne dokumenty Biura Politycznego i Sekretariatu KC. Ostatni rok władzy 1988–1989, Londyn 1994, S. 209.
22 Vgl. M. Rakowski, Jak to się stało, Warszawa 1991, S. 59 f., 105, 165f., 180-187.
23 J. J. Lipski, Wir müssen uns alles sagen. Essays zur deutsch-polnischen Nachbarschaft, Gleiwitz/Warschau 1996, S. 260f.

Władysław Markiewicz
Die deutsche Einheit aus der Sicht Polens

William Wallace, aber auch andere westliche Politikwissenschaftler sind der Meinung, daß „Geographie, Demographie, wirtschaftliches und finanzielles Gewicht (...) Deutschlands Rolle als Europas führender Staat unausweichlich" mache.[1] Im „Kleinen Europa" von 1945-1989 übten die USA die politische Hegemonie aus und sorgten – mit Frankreich, Deutschland und Großbritannien im Schlepptau – für eine globale und regionale Sicherheitsmacht. Im „Großen Europa" der neunziger Jahre seien Polen, die Ukraine und Rußland wichtige Akteure, während die USA nahezu zum Außenseiter werde. Entscheidender Mitspieler bei der Stabilisierung der regionalen Ordnung werde nun Deutschland – anstelle Amerikas.

Es ist an der Zeit, sowohl jene Aspekte der deutschen Geschichte, Kultur, Gesellschaft und Wirtschaft fünfzig Jahre nach dem Zweiten Weltkrieg zu würdigen, auf die heutige Deutsche zu Recht stolz sind – ein „Modell Deutschland" im weitesten Sinne – als auch zu bedenken, was deutsche Politiker und Intellektuelle tun müssen, damit Deutschland ein Beispiel für andere Staaten wird. Das Modell Deutschland, obwohl deutsche Wähler die Kosten einer regionalen Führungsrolle nur ungern übernehmen wollen, kann es sich nicht länger leisten, lediglich ein Wirtschaftsmodell zu sein. Aus gutem (und manchmal schlechtem) Grund werden deutsches Recht und deutsche Gebräuche wiederum – wie vor hundert Jahren – Standards setzen, denen andere Staaten, wie z. B. Polen, im Übergang zu Demokratie und Marktwirtschaft folgen werden.[2]

Diese Tendenz, ein „Modell Deutschland" zu konstruieren, muß nicht unbedingt bedeuten, daß in Deutschland wieder ein „Machthunger" erwacht. Zwar erlebt man derzeit manchmal mit Überraschung – wie Jürgen Kocka sagte – wie alte Identitäten und Grenzen, regionale Traditionen und geopolitische Konstellationen, alte Bindungen und Leidenschaften, auch alte Vorurteile und Ressentiments wieder hervortreten und politikmächtig werden. Deswegen erscheint auch die Frage „Bricht im vereinten Deutschland ein neues Zeitalter teutonischer Größe an?" berechtigt.[3] Es wird aber ebenso deutlich, daß in einer Diskussion der Frage, ob dem vereinten Deutschland am Ende unseres Jahrhunderts wieder die Rolle einer Großmacht zukommt, man gut daran tut, „die Empfindlichkeiten des Auslands zu berücksichtigen". Auf eine Großmachtpo-

---
1 W. Wallace, Deutschland als europäische Führungsmacht, in: Internationale Politik, 5/1995, S. 23. Folgende Wiedergaben ebd.
2 Vgl. ebd., S. 27f.
3 P. M. Lützeler, „Großmacht" Deutschland? Essay über die Perspektive von außen, in: Internationale Politik, 2/1997, S. 9. Folgendes Zitat ebd.

litik der Deutschen reagiert man international verständlicherweise allergisch. „Keiner der europäischen Einzelstaaten kann mehr als Großmacht in dem Sinne auftreten, wie es zu Beginn des Ersten Weltkrieges möglich war."[4] „Zwar werden manchmal Befürchtungen gehegt, daß das vereinigte Deutschland eine imperiale Berufung habe. Die Ursache der Besorgnisse, die auch durch Deutschlands Stärke und Einfluß hervorgerufen werden, müssen [aber] immer sorgfältig und objektiv geprüft werden. Ehrlicherweise muß (...) festgestellt werden: In Europa, wo Deutschland früher eine zentrale Stellung bekleiden wollte, gibt es nun keine deutsche Großmachtpolitik; und eine gemeinsame deutsch-russische Grenze gehört glücklicherweise auch der Vergangenheit an."[5]

Die Suche nach einer neuen nationalen Identität in der neuen Situation, d.h. nach der Wiedervereinigung Deutschlands und nach der Transformation des sozialen Systems in Polen, ist selbstverständlich. „Die territoriale Größe der Bundesrepublik ist nach der Vereinigung erheblich, ihre Bevölkerungszahl im europäischen Vergleich überdurchschnittlich hoch. (...) Und natürlich gewinnen diese Faktoren im Zusammenhang mit dem Prozeß allgemeiner politischer und territorialer Atomisierung, der mit der Auflösung der Sowjetunion, Jugoslawiens und der Tschechoslowakei einherging, zusätzlich an Gewicht. Immerhin stand die deutsche Vereinigung als einziges Ereignis dieser Art gegen den allgemeinen, gegenläufigen Trend in Südost- und Osteuropa."[6]

Deutschland besitzt für ein potentielles Riesenheer verfolgter, hungernder, heimatloser Menschen wie für eine zunehmende Zahl krisengeschüttelter Staaten des östlichen Europa sowie der außereuropäischen Welt eine enorme Attraktivität. Diese Anziehungskraft bedeutet heute Macht und verlangt eine besondere Verantwortung. Das nationale Interesse Deutschlands und das Sicherheitsinteresse seiner Nachbarn schließen sich nicht mehr aus. Wichtig ist – wie Martin und Sylvia Greiffenhagen schreiben und was in Polen Vertrauen weckt – daß „als Quelle ihres nationalen Selbstbewußtseins Deutsche weniger den Nationalstolz alten Musters zeigen, sondern auf ein Selbstbewußtsein setzen, das sich in hoher Demokratiezufriedenheit und im Stolz auf wirtschaftliche Prosperität und soziale Sicherheit gründet."[7] Deutschland gehört nach 1945 zu den Zukunftsnationen, weil sich seine Identität in beiden Perspektiven, d. h. Herkunfts- oder Zukunftsorientierung, grundlegend geändert hat; mit Blick auf seine politische Kultur ebenso wie mit Blick auf seine internationale Rolle.[8] „Alle Völker, ohne jede Ausnahme, haben Probleme damit, die Vorurteile gegen ihre alten/neuen nächsten Nachbarn zu überwinden."[9]

---

4 Ebd., S. 14.
5 K. Skubiszewski, Deutschland: Anwalt Mitteleuropas. Eine polnische Sicht der deutschen Europa-Politik, in: Internationale Politik, 2/1997, S. 29f.
6 G. Schöllgen, Geschichte als Argument. Was kann und was muß die deutsche Großmacht auf dem Weg ins 21. Jahrhundert tun?, in: Internationale Politik, 2/1997, S. 3f.
7 M. und S. Greiffenhagen, Hypothek der Vergangenheit. Belastungen der außenpolitischen Handlungsfähigkeit, in: Internationale Politik, 8/1995, S. 21.
8 Vgl. ebd., S. 26.
9 A. Wolff-Powęska, Die Zugehörigkeit von Minderheiten. Identität und Integration in der Transformationsepoche, in: Internationale Politik 10/1997, S. 25.

Jede Nation stellt sich die Frage nach ihrer Identität. Keine aber erhält auf diese Frage so viele Antworten wie die Deutschen. Auch sieben Jahre nach der Unterzeichnung des Einigungsvertrags kann von einer gesamtdeutschen Identität keine Rede sein. Die Ostdeutschen wollen keine Rückkehr zu ihrem alten Staat und seinem System. Aber das Gefühl, von den Westdeutschen zurückgestoßen zu werden, sowie das Verlangen nach Akzeptanz und nach dem Schutz der eigenen Würde führen dazu, daß sich heute fast 70 Prozent der Ostdeutschen weniger als Deutsche denn als Bewohner der östlichen Bundesländer fühlen, während 1990 61 Prozent die Gegenposition eingenommen hatten.[10]

„Zentrales Anliegen der deutschen Politiker nach 1990 war es, ihre Partner, aber auch sich selbst, davon zu überzeugen, daß die europäische Ideologie nach der Wiedervereinigung genauso gültig geblieben und vielleicht sogar noch wichtiger geworden ist."[11] Ein seit Jahrhunderten grundlegendes Problem für die Deutschen stellt die Gestaltung ihrer Beziehungen zu ihren zahlreichen Nachbarn dar. Wie können mit allen Nachbarn gute Beziehungen unterhalten werden? Dies war eine für lange Zeit unmögliche Angelegenheit, für die Europa eine Lösung bot. „Sieben Jahre nach der Wiedervereinigung muß Deutschland eine Außenpolitik definieren, die weder durch die Schatten der Vergangenheit noch durch die Arroganz einer wiedergefundenen Macht geprägt sein darf."[12]

Die polnisch-deutschen Beziehungen – so stellte Richard von Weizsäcker fest – haben sich in der letzten Zeit zweifellos stabilisiert. Es fehle nicht an positiven, konstruktiven Erklärungen von beiden Seiten. Fast möchte man sagen, es wäre mitunter besser, nicht zu viele Erklärungen abzugeben, wenn die darin angekündigten Taten auf sich warten lassen.[13]

Die Beziehungen zwischen der Republik Polen und der Bundesrepublik Deutschland werden noch heute von den Ereignissen des Zweiten Weltkrieges entscheidend geprägt. Aber das betrifft nicht nur Polen, sondern auch andere Nationen. „Noch Anfang Dezember 1989 haben Mitterrand und Thatcher in Paris darüber gesprochen: Sie empfanden ‚eine historische Angst' vor der Zunahme der deutschen Macht nach einer Wiedervereinigung, die Moskau nicht verhindern konnte und Washington nicht verhindern wollte. Nur hat Mitterrand daraus andere Schlußfolgerungen gezogen als Frau Thatcher. Für sie war die Europäische Gemeinschaft mit einem wiedervereinigten, größeren Deutschland nicht lebensfähig; für ihn dagegen war gerade Europa der einzige Weg, die deutsche Macht einzubinden und unter Kontrolle zu halten."[14]

---

10 Vgl. ebd., S. 28f.
11 D. Vernet, Europäisches Deutschland oder deutsches Europa? Deutsche Interessenpolitik in Europa, in: Internationale Politik, 2/1997, S. 16.
12 Ebd., S. 22.
13 Vgl. R. von Weizsäcker, in: Europa – aber wo liegen seine Grenzen? 104. Bergedorfer Gesprächskreis, Hamburg 1995, S. 5.
14 D. Vernet, „Historische Angst". Frankreichs Politik und Deutschlands Einheit, in: Internationale Politik, 2/1997, S. 62.

Trotz der in unseren beiden Gesellschaften herrschenden Überzeugung von der tausendjährigen Feindschaft zwischen Polen und seinem westlichen Nachbarn wurde Deutschland für Polen erst wesentlich später zu einem existentiellen Problem als es zum Beispiel zwischen Deutschland und Frankreich oder Dänemark der Fall war. „In der ganzen Menschheitsgeschichte – sagt Michael Nerlich – gibt es keinen Haß zwischen Völkern oder Staaten, der dem deutschen Haß auf den französischen Nachbarn vergleichbar wäre, und er färbte sich seit 1870 zunehmend rassistisch."

Leider ist in der Öffentlichkeit immer noch weitgehend unbekannt, daß im 16. und 17. Jahrhundert die deutsch-polnische Grenze zu den ruhigsten und friedlichsten in Europa gehörte. Wir müssen uns auch dessen bewußt sein, daß die gemeinsame Geschichte von Polen und Deutschen nicht nur mit Eisen und Blut geschrieben war, nicht nur aus Zerstörung, Vernichtung und Leid bestand, sondern auch durch friedliches Zusammenleben, produktive Kooperation und gegenseitiges Lernen bestimmt worden ist. Der Blick auch auf diese Vergangenheit – und das ist vor allen Dingen die Rolle und Aufgabe der Schule – ist notwendig, weil sie helfen kann, die Vorurteile zu relativieren und das Engagement für eine bessere, ressentimentfreie Nachbarschaft zu verstärken und zu motivieren. Es verbindet uns mehr als wir glauben. Karl Dedecius hat darüber sehr viel geschrieben, leider ist sein Werk sowohl in Deutschland als auch in Polen noch zu wenig bekannt.

Für den Prozeß der europäischen Integration des Friedens und der Stabilität in Europa sind somit zwei Postulate wichtig. Erstens kommt es darauf an, auf diesem Kontinent keine krassen Niveauunterschiede zuzulassen, damit es nirgendwo eine Grenze zwischen Zivilisation und Barbarei, zwischen Reichtum und Armut, zwischen Freiheit und Despotie gibt, die dann möglicherweise zu einer militärischen Machtkonzentration an einer solchen Grenze führt. Damit spreche ich mich gegen eine Grenze vom „Typ Rio Grande" aus, also gegen eine schwer zu überwindende, konfliktträchtige Zivilisationsgrenze.[15] Das zweite Postulat betrifft unterschiedliche Niveaus des wirtschaftlichen Wohlstands und bei den Sicherheitsstrukturen gleichermaßen, wenn es etwa um die Dislozierung von Nuklearwaffen und die Entwicklung von Militärbasen geht.

Entscheidende Bedeutung für die Chancen Polens auf Beteiligung an der europäischen Integration wird jedoch die Ausgestaltung der Beziehungen zu Deutschland haben, welches als einziges Land der Gemeinschaft an Polen grenzt. Man kann jedoch kaum auf intensive Hilfe Deutschlands bei den polnischen Reformprozessen rechnen, ebensowenig darauf, daß sich Deutschland intensiv in der polnischen Wirtschaft engagiert, weil dafür die langjährigen Entwicklungsaufgaben im östlichen Teil Deutschlands nur wenig Spielraum lassen.

Fünfzig Jahre nach dem Krieg ist der Abstand zwischen dem geschlagenen Deutschland (auf jeden Fall dessen Hauptteil in den alten Ländern) und Polen größer als vor oder unmittelbar nach dem Krieg. Das gilt für die Infrastruktur der demokratischen Institutionen ebenso wie für das Niveau der Wirtschaft. Gleichwohl geht es nicht

---
15 Vgl. B. Geremek, in: Europa – aber wo liegen seine Grenzen?, S. 13.

darum, ob Polen ein ärmeres Land ist als Deutschland (denn das war es auch vorher), sondern darum, Polen nicht Unfähigkeit (oder gar eine angeborene Abneigung gegen Demokratie oder gut organisierte und erfolgreiche Arbeit) zur Last zu legen. Die Ursachen liegen vielmehr in den Startbedingungen nach dem Krieg und in der Spaltung Europas durch die Front des „Kalten Krieges". Deutschland, genauer die Bundesrepublik, hat seine Chance genutzt. Polen hat seine Chance genutzt, wann und wie sie sich ihm bot: im Kampf um Freiheit, um den Sturz der Diktatur, um die Möglichkeit, den Weg der Demokratie und Marktwirtschaft einzuschlagen. Eingetreten ist das mit vierzigjähriger Verspätung.

Man wird jedoch hinzufügen müssen, daß Polens Schicksal im vergangenen halben Jahrhundert (und dadurch auch sein heutiges) in entscheidendem Maße durch den deutschen Überfall im Jahre 1939 bestimmt wurde, der den Zweiten Weltkrieg auslöste, der für Polen nicht nur mit einer furchtbaren Bilanz der Opfer und Kriegsverlusten endete, sondern auch mit einem ungünstigen Platz in der neuen europäischen Nachkriegsordnung.[16] Wir müssen immer an Hannah Arendt denken: „Freundschaftliche Beziehungen bedürfen der relativen Gleichheit des Lebensstandards und der Lebensumstände. Die Arroganz des Stärkeren führt zu einer Neuauflage des Nationalismus".

Die Entwicklung der ehemaligen sozialistischen, vor allem der GUS-Staaten, in den neunziger Jahren führte uns schonungslos vor Augen, daß Demokratie ohne materielle Grundlage, das heißt ohne die Fähigkeit, die Grundbedürfnisse der Bevölkerung eines Landes zu befriedigen, eine leere Hülle bleibt, von den Menschen nicht angenommen wird und sich jederzeit in Autoritarismus umwandeln kann.[17]

Die Beziehungen zwischen Polen und Deutschland – so Richard von Weizsäcker – werden um so konstruktiver sein, je mehr sie in einen gesamteuropäischen Zusammenhang eingebettet sind. Europa heißt unter anderem: Grenzen überwinden und zusammenarbeiten. Um diesem Anspruch zu genügen, entstanden entlang der deutschen Grenze zur Tschechischen Republik und Polen acht Euroregionen. Das ist eine wirkliche Wunderidee: schon jetzt gelten diese Regionen als die erfolgreichste Form der grenznahen Kooperation, sie helfen Entwicklungsunterschiede in den Grenzgebieten abzuschwächen, sie fördern Vertrauen und Zusammenarbeit der Menschen.[18] Obwohl die Deutschen die meisten Gesellschaften gegründet haben, sind sie doch nicht die größten Investoren in Polen. Grundsätzlich investieren sie in kleine und mittelgroße Industrie- und Handelsfirmen. Die deutschen Geschäfte entstehen fast in allen Woiwodschaften, aber die größte Konzentration des deutschen Kapitals befindet sich in Warschau, Kattowitz, Stettin, Danzig, Breslau, Oppeln und Posen.[19]

Voraussichtlich erst nach dem Jahre 2005 wird das polnische Volkseinkommen 40 Prozent des durchschnittlichen Volkseinkommens in den EU-Staaten betragen. Es

---

16 Vgl. Holzer, Dialog, S. 17.
17 U. Schöler, Wie aktuell ist Otto Bauer, in: Neue Gesellschaft/Frankfurter Hefte, 7/1995, S. 619.
18 Vgl. Deutschland, 3/1995, S. 28–30.
19 P. Kalka, Raport: gospodarczo-społeczne i prawne aspekty inwestycji niemieckich w zachodnich województwach przygranicznych, in: Przegląd Zachodni, 4/1996, S. 147.

besteht eine tiefe Asymmetrie zwischen Deutschland und Polen, vor allem im wirtschaftlichen Bereich: Das Volkseinkommen ist in der Bundesrepublik zehnmal größer als in Polen; der Außenhandelsumsatz zwanzigmal größer. Der Anteil Deutschlands am Welthandel beträgt 12 Prozent, der Polens nicht ganz ein Prozent.[20] In den deutsch-polnischen Beziehungen spielt die junge Generation eine immer größere Rolle.

Seit 1989 hat sich die Situation der polnischen Bürger, die der deutschen Minderheit angehören, deutlich verbessert. Die gegenwärtige Lage schafft aber auch bessere Bedingungen für Polen und für Personen polnischer Abstammung in Deutschland. Es gibt heute eigentlich keine grundlegenden Streitfragen mehr. Die politische Zusammenarbeit wird jedoch durch die Tatsache erschwert, daß die Parteistrukturen in beiden Ländern sich sehr wesentlich unterscheiden – und manchmal schließt dies die Kommunikation völlig aus.[21] Erheblich mehr wäre zum Beispiel für die Förderung von Kontakten zwischen der Jugend beider Länder zu tun.

Wir dürfen auch nicht vergessen, daß kleinste Anlässe genügen, um alte Ängste wieder zu beleben und entsprechende Überreaktionen auszulösen. Allgemein besteht der Verdacht, aufgekauft zu werden, wenn deutsches Kapital in Polen investiert wird. Bekannt sind auch Zerstörungen renovierter deutscher Kriegsdenkmäler in Schlesien, selbst wenn sie nur an die Gefallenen des Ersten Weltkrieges erinnerten und keinerlei nationalsozialistische Symbolik aufwiesen.

Die Tatsache, daß Polen und Deutsche zum ersten Mal in ihrer Geschichte als völlig demokratische und souveräne Nationen nach ihrer Identität suchen, schafft auch die Notwendigkeit, daß sie von neuem ihre Interessen und Prioritäten der gemeinsamen Partnerschaft und nachbarschaftlichen Zusammenarbeit definieren müssen.[22] Wenn dies gelingen soll, müßten sich beide Länder aus dem Schatten ihrer nationalen Komplexe, Egoismen und Überheblichkeiten lösen.

---

20 Vgl. Zeszyty Niemcoznawcze, in: Polnische Stiftung für Internationale Angelegenheiten, 1/1997, S. 87f.
21 Vgl. ebd., S. 5f.
22 A. Hajnicz, Polens Wende und Deutschlands Vereinigung. Die Öffnung zur Normalität 1989–1992, Paderborn 1995.

Detlev Zimmermann

Zur deutsch-deutschen Wahrnehmung der Krisen im stalinistischen Herrschaftssystem und ihrer Folgen 1956

Mit der Einbindung der Bundesrepublik in die NATO und dem Beitritt der DDR in den Warschauer Vertrag endete 1955 eine wichtige Etappe in der deutschen Nachkriegsgeschichte. Die doppelte Blockintegration zementierte faktisch die Spaltung Deutschlands in zwei formal unabhängige und grundverschiedene Staaten. Gleichwohl hielten die Regierungen in Ost und West an dem Ziel der Wiedervereinigung fest. Diese Maxime fand ihren Ausdruck in der Hallstein-Doktrin und in dem wenige Tage nach Adenauers Moskaubesuch in Kraft getretenen Staatsvertrag zwischen der DDR und der UdSSR. Doch längst beherrschte der Kalte Krieg die deutsche Frage. Sicherheitspolitische Vorbehalte und ideologische Gegnerschaft dominierten die außenpolitischen Interessen. Das Niveau und die Intensität der Systemkonfrontation rückten eine Wiedervereinigung in immer weitere Ferne. Dennoch beeinflußte das Thema das außenpolitische Denken und Handeln der politischen Eliten beiderseits der Grenze weiter. Da der Schlüssel zur Lösung der deutschen Frage vor allem aber in den Händen Moskaus lag, verfolgten die Regierenden am Rhein und an der Spree jeden Schritt der sowjetischen Diplomatie mit gespannter Aufmerksamkeit.

1. Der XX. Parteitag der KPdSU

Im Vorfeld deutete nichts auf die historische Bedeutung des XX. Parteitages hin. Weder die Haltung der sowjetischen Delegation auf der gerade ergebnislos beendeten Genfer Außenministerkonferenz noch die Parteitagsregie ließen Vermutungen aufkommen, daß der Kreml politische Kurskorrekturen vornehmen wolle. Wie immer bestimmten Schlagzeilen über Erfolge der sowjetischen Volkswirtschaft und die Krise des Westens die ersten Seiten der Tageszeitungen. Um so überraschter reagierte die Öffentlichkeit, als nach dem Kongreß Gerüchte über eine aufsehenerregende Rede Chruschtschows die Runde machten, die überdies vom Westen bald bestätigt wurden. In einem Geheimbericht hatte der Chef der KPdSU zur Generalabrechnung mit Stalin ausgeholt und dessen Personenkult wie Herrschaftsmethoden gleichermaßen vehement kritisiert. Überdies rückte er angesichts der atomaren Vernichtungskapazitäten von der Stalinschen These der Unvermeidbarkeit des Krieges zwischen den beiden Lagern ab und bekannte sich zur friedlichen Koexistenz als Ordnungsmuster für das Ost-West-Verhältnis. Im Vertrauen auf die Mobilisierbarkeit verborgener Potenzen der sowjetischen Gesellschaft sollte der Wettbewerb um das bessere System ausschließlich auf die politische und wirtschaftlich-soziale Ebene verlagert werden.

Angesichts der Radikalität und Plötzlichkeit des Bruchs verwundert es kaum, daß die SED-Führung erst einmal vorsichtig das Terrain sondierte, auf dem sie sich zu bewegen gedachte. Die Spitzenfunktionäre zeigten sich verunsichert. Aber auch der Westen war nicht frei von Irritationen. Es beunruhigte Adenauer zutiefst, daß die Rede in der Öffentlichkeit eine so starke Resonanz erfuhr und sich sogar einige Politiker an Seine und Themse ihrem Charme nicht entziehen konnten. Im Gegensatz zu jenen Kreisen, die sogar Signale für eine Wende in der sowjetischen Außenpolitik zu erkennen glaubten, konnte der Kanzler in dem Beitrag Chruschtschows keine prinzipiellen Neuerungen wahrnehmen. Die Koexistenz- und Entspannungsgedanken, die manche für innovative Elemente hielten, waren für ihn nur taktische Nuancen, die mit dem Begriff Kalter Krieg gleichgesetzt werden konnten. „Jetzt haben die Russen umgelegt und führen einen politischen Krieg, wir nennen es kalter Krieg, es ist tatsächlich ein politischer Krieg."[1] Für ihn blieb die Sowjetunion unverändert ein „russischer Koloß"[2], der fortgesetzt und machtbesessen nach der Beherrschung des ganzen Kontinents und der Welt strebe. Das treibende Prinzip sowjetischer Außenpolitik bleibe der Expansionismus und die Weltrevolution ihr unverrückbares Ziel. Daran hätten weder der Tod Stalins 1953 noch die Einlassungen Chruschtschows auf dem XX. Parteitag etwas geändert. In diesen Ansichten wußte sich Adenauer mit dem Auswärtigen Amt und seinen engsten Beratern einig. Für Außenminister Heinrich von Brentano war in Moskau lediglich ein Toter nur noch einmal zu Grabe getragen worden.[3] Die demonstrative Betonung der Kontinuität des totalitären Images des Sowjetsystems erwuchs hierbei weniger aus einer emotionalen Ablehnung der kommunistischen Diktatur als vielmehr aus einer nüchternen Beurteilung des Meinungs- und Entscheidungsprozesses bei den wichtigsten europäischen Verbündeten. Mit Sorge beobachtete man, daß die neuen Töne aus Moskau ihre Anziehungskraft auf Paris und London nicht verfehlten. Adenauer befürchtete eine Aufgabe des von ihm bisher mit aller Kraft und Energie verteidigten Junktims von europäischer Entspannung und deutscher Frage. Für ihn bildete seither die Entspannung die notwendige Voraussetzung für die Überwindung der deutschen Teilung als dem eigentlichen Herd des Spannungszustandes. Allen Abkoppelungsversuchen in Vorbereitung auf die Genfer Außenministerkonferenz, selbst von engen Beratern in die Diskussion gebracht, erteilte er eine entschiedene Abfuhr.[4] Aber die Ersetzung von Macmillan durch Selwyn Lloyd im Foreign Office sowie der Wahlsieg der „Republikanischen Front" in Frankreich weckten unheilvolle Vorahnungen in Bonn. In diesen Vermutungen fühlte sich der Bundeskanzler nach der ersten Kontakt-

---

1 Adenauer. Teegespräche 1955-1958, bearbeitet von H. J. Küsters, Berlin 1986, S. 82, (4.5.1956).
2 Ebd., S. 102, (18.7.1956).
3 Vgl. D. Kosthorst, Brentano und die deutsche Einheit. Die Deutschland- und Ostpolitik des Außenministers im Kabinett Adenauer 1955-1961, Düsseldorf 1993, S. 148.
4 Vgl. W. G. Grewe, Rückblenden 1976 - 1951. Aufzeichnungen eines Augenzeugen deutscher Außenpolitik von Adenauer bis Schmidt, Frankfurt a.M. 1979, S. 268.

aufnahme mit der Regierung Mollet bestätigt. Der neue französische Außenminister Christian Pineau kündigte an, daß sich sein Land aktiv um eine Belebung des Entspannungsprozesses bemühen und hierfür mit eigenen Initiativen aufwarten werde. Erste Verlautbarungen von Regierungschef Mollet gingen in die gleiche Richtung.[5] Wie sehr ihm diese Entwicklungen mißfielen, machte Adenauer in außergewöhnlich offenen Worten deutlich, die er wenige Tage später vor den Bundesvorstandsmitgliedern der CDU/CSU fand: „Ich muß Ihnen sagen, ich darf es sonst nicht so kraß sagen, hier darf ich es tun, was mir in erster Linie vor Augen schwebt. Mir schwebt in erster Linie vor Augen, daß nicht die Bundesrepublik auf den Altar der Versöhnung zwischen West und Ost geworfen wird. Das ist die große Gefahr. … Denken Sie daran, daß die Regierung Mollet/Pineau erklärt hat, Sowjetrußland habe zwar den Freundschaftsvertrag Sowjetrußland – Frankreich als erledigt erklärt, Frankreich betrachte ihn jedoch nicht als erledigt. Und dann lesen Sie die Artikel (…); das ist nichts anderes als ein Bündnisvertrag Sowjetrußlands und Frankreichs gegen Deutschland! Diese Gefahr ist wesentlich größer, als Sie denken."[6] Da auch Premierminister Eden eine Aktivierung der sicherheits- und abrüstungspolitischen Kooperation mit der UdSSR befürwortete, sah Adenauer die Einheit des Westens gefährdet und eine schwere Bündniskrise innerhalb der Allianz heraufziehen.

Die einsetzende Reisediplomatie zwischen West und Ost sowie die Londoner Abrüstungsgespräche wertete der Kanzler als einen ersten psychologischen und propagandistischen Erfolg des Kreml. Angesichts des noch offenen Ergebnisses dieser Kontakte stellte er wiederholt öffentlich die Frage, ob der Westen überhaupt noch die von der Sowjetunion und dem Kommunismus ausgehenden Gefahren wahrnehme. Nachdrücklich warnte er die Verbündeten vor einer prinzipiellen Fehleinschätzung sowjetischer Politik. Nach wie vor zeige der Kreml keine überzeugende Bereitschaft zum wirklichen Frieden. Seine neuen Akzente im Konfliktverhalten resultierten lediglich aus der anhaltenden wirtschaftlichen Schwäche des Imperiums sowie aus den veränderten weltpolitischen Rahmenbedingungen. Darunter verstand Adenauer auch die nicht spannungsfreien Beziehungen zu den osteuropäischen Satellitenstaaten. In diesem Sinne schloß er einen voranschreitenden Erosionsprozeß des Ostblocks nicht aus. Dabei wurde er nicht müde, eine Rückkehr zu einer realitätsbezogeneren Betrachtung zu fordern. Der Kanzler empfahl, wieder entschiedener auf eine Strategie der politischen Geschlossenheit und der militärischen Stärke zu setzen. Nur unter diesen Bedingungen würden sich der Sowjetunion Zugeständnisse zur deutschen Einheit abringen lassen. Eine Überprüfung seiner eigenen deutschlandpolitischen Position kam für ihn nicht in Betracht.

Aus der Sicht der SED-Führung mußten sich die sorgenvollen Gedanken, die Adenauer bewegten, geradezu lächerlich ausnehmen. Den Nöten, denen sich Ulbricht nach

---

5 Vgl. Archiv der Gegenwart 1956, S. 5705f.
6 Adenauer: „Wir haben wirklich etwas geschaffen." Die Protokolle des CDU-Bundesvorstandes 1953-1957, hg. von der Konrad-Adenauer-Stiftung, bearb. von G. Buchstab, Düsseldorf 1990, S. 858f.

den Enthüllungen über die stalinistischen Verbrechen gegenübersah, waren weit existentieller Natur. Für die SED-Führung ging es wieder einmal schlicht ums politische Überleben. Als gewiefter Machtpolitiker erkannte Ulbricht sofort die Brisanz der Chruschtschowschen Botschaft. Er wußte nur zu gut, daß dem Bericht, der der SED-Parteitagsdelegation[7] in einem Moskauer Hotel zur Kenntnis gegeben wurde, tiefgreifende Umwälzungen folgen würden, die umgehend eine veränderte Strategie erforderten. Dabei befand sich Ulbricht in einer ausgesprochen prekären Lage. Er mußte seinen Ziehvater Stalin verdammen, ohne seine eigene Macht von irgend jemand in Frage stellen zu lassen.

Wie er die häufig als Entstalinisierungskrise bezeichnete Situation zu meistern glaubte, deutete er erstmals im März in einem Artikel im „Neuen Deutschland" an.[8] In breiter Ausführlichkeit informierte er darin über die neuen Thesen zum friedlichen Aufbau des Sozialismus sowie zur Vermeidbarkeit von Kriegen, um am Ende in dürren Worten auf die Verletzung der Leninschen Normen des Parteilebens und den Stalinschen Personenkult einzugehen. Über die Verbrechen des Diktators verlor er keine Silbe. Damit war vom Ersten Sekretär die Generallinie vorgegeben, die auch von den Delegierten auf der 3. Parteikonferenz strikt eingehalten wurde. Anstatt den XX. Parteitag ehrlich aufzuarbeiten, erschöpften sich ihre Beiträge auf eine oberflächliche Distanzierung vom Stalin-Kult und von den Massenrepressalien. Parallelen zu Irrtümern der KPdSU wurden für die SED prinzipiell geleugnet. Für das Politbüro fehlte jedwede Veranlassung zur Selbstkritik. Die Einsetzung einer ZK-Kommission zur Überprüfung von Angelegenheiten von Parteimitgliedern, der ausgerechnet der für die Säuberungen verantwortliche Ulbricht vorstand, hatte lediglich die Funktion, einer möglichen Systemkritik die Spitze zu nehmen. Ihre Überprüfung ergab die Aufhebung der Parteistrafen gegen Franz Dahlem, Anton Ackermann, Paul Merker, Hans Jendretzky und Elli Schmidt.[9] Darüber hinaus wurden 1956 infolge einer Amnestie rund 21.000 Strafgefangene, darunter auch zahlreiche politische Häftlinge aus Arbeitslagern und Zuchthäusern entlassen.[10]

Dennoch gelang es dem Apparat nicht, Kritik und Unmutsbekundungen innerhalb und außerhalb der Partei gänzlich zu unterdrücken. Wenn die Proteste auch das polnische und ungarische Ausmaß nicht erreichten, so waren sie dennoch nicht als marginal zu bezeichnen. Der Bazillus der ideologischen Dissidenz drang vor allem in die Bereiche von Kultur und Wissenschaft.[11] Aus Enttäuschung über die Verweigerungshaltung Ulbrichts und seiner Gefolgsleute wagten namentlich junge Intellektuelle offene Kritik.

---

7 Der Parteitagsdelegation gehörten neben Walter Ulbricht Otto Grotewohl, Karl Schirdewan und Alfred Neumann an.
8 Vgl. Über den XX. Parteitag der Kommunistischen Partei der Sowjetunion. Artikel von Walter Ulbricht vom 4. März 1956, in: SED und Stalinismus. Dokumente aus dem Jahre 1956, Berlin 1990, S. 93ff.
9 Vgl. H. Weber, Geschichte der DDR, München 1985, S. 282.
10 Vgl. Detaillierte Angaben in: Zur Entlassung werden vorgeschlagen ... Wirken und Arbeitsergebnisse der Kommission des Zentralkomitees zur Überprüfung von Angelegenheiten von Parteimitgliedern. Dokumente. Mit einem Vorwort von J. Gabert, Berlin 1991.
11 Vgl. Chr. Kleßmann, Opposition und Dissidenz in der Geschichte der DDR, in: APZ, B 5/1991, S. 56.

Ihre politischen Vorstellungen blieben aber mit der Forderung nach geistiger Freiheit sowie alternativen und libertären gesellschaftlichen Modellen zumeist noch vage. In der Summe hofften sie wohl auf einen vom Stalinismus gereinigten demokratischen Sozialismus.[12] Das umfangreichste und detaillierteste Reformprogramm lieferte Wolfgang Harich. Seine „Plattform für einen besonderen deutschen Weg zum Sozialismus"[13] brachte ihm den besonderen Unwillen der SED-Oberen ein, weshalb ihn die Strafjustiz mit zehn Jahren Zuchthaus auch am schärfsten traf. Der Bannstrahl der Funktionäre richtete sich aber auch gegen den angesehenen Philosophen Ernst Bloch, dessen undogmatischer Marxismus („Das Prinzip Hoffnung") über seine Zwangsemeritierung hinaus die oppositionelle Jugend stark beeinflußte.[14] Aber auch inzwischen so bekannte Personen wie Gustav Just, Walter Janka und Erich Loest gerieten ins Visier des Apparats. Rigoros ging die Staatsgewalt gleichfalls gegen Unmutsäußerungen an Universitäten und Hochschulen vor. Die Gefährlichkeit dieser Rebellion der Intellektuellen ergab sich für Ulbricht aber nicht nur aus deren Bandbreite, sondern vor allem aus dem zeitlichen Zusammenfallen der Reformbestrebungen der Geistesschaffenden einerseits und dem Entstehen einer innerparteilichen Opposition andererseits. Ermuntert durch die Vorgaben aus Moskau glaubten einige Genossen, Kritik am selbstherrlichen Führungsstil Ulbrichts üben zu können. Im Interesse einer effizienteren Politik der SED befürwortete eine Gruppe von Spitzenfunktionären um Staatssicherheitschef Ernst Wollweber und das für Kaderpolitik verantwortliche Politbüromitglied Karl Schirdewan eine Einschränkung des Zentralismus der Bürokratie durch eine Stärkung der Eigenverantwortlichkeit in Partei und Wirtschaft. Doch alle noch so begrenzten Neuerungen gingen dem Ersten Sekretär zu weit. Ulbricht brachte seine Widersacher, zu denen auch Gerhart Ziller, Fred Oelßner, Fritz Selbmann und Paul Wandel gehörten, zum Schweigen und drängte sie bis 1958 aus dem Politbüro und Zentralkomitee. Außerdem verloren auf der Ebene der Bezirke viele Funktionäre Amt und Würden.[15] Alternatives Denken blieb in- und außerhalb der SED bis zum Ende der DDR höchst unerwünscht.

Daß die altstalinistische Führungsriege die spannungsreichen Monate nach dem XX. Parteitag unbeschadet überstand, hatte verschiedene Ursachen. Sie konnte sich – anders als 1953 – inzwischen auf eine neuformierte und systemkonforme Funktionärsbürokratie stützen, auf das Ministerium für Staatssicherheit und die nach dem Arbeiteraufstand vom 17. Juni 1953 geschaffenen Kampfgruppen verlassen sowie auf beachtliche ökonomische Erfolge verweisen. Überdies kam ihr zugute, daß der Kreml im Rahmen seiner Deutschlandpolitik eine Stabilisierung der Verhältnisse in der DDR für vordringlich hielt. Die deutsche Frage im Kontext des XX. Parteitages berührte demzufolge nicht nur die Wahrnehmungen und Reaktionen bundesrepublikanischer Entscheidungsträger, sondern motivierte auch die SED-Führung und oppositionelle Kräfte zu

---
12 „Die Entstalinisierung sollte strukturell wirksam werden, ohne die Grundlagen des Sozialismus anzutasten". (G. Zwerenz, Der Widerspruch. Autobiographischer Bericht, Berlin 1991, S. 218.)
13 Vgl. W. Harich, Keine Schwierigkeiten mit der Wahrheit, Berlin 1993, S. 111ff.
14 Vgl. E. Neubert, Geschichte der Opposition in der DDR 1949-1989, Bonn 1997, S. 109ff.
15 Vgl. M. Jänicke, Der dritte Weg, Köln 1964, S. 185.

einer diesbezüglichen Positionierung. Hierzu finden sich sowohl in den Dokumenten der SED als auch in den Aussagen und Programmen der Opposition aufschlußreiche Passagen.

Für das Jahr 1956 strebte Ulbricht offensichtlich eine Verfassungsänderung an, die den sozialistischen Charakter der DDR unterstreichen und die Zweistaatlichkeit Deutschlands hervorheben sollte. Zudem erwog er die Abspaltung der ostdeutschen von der gesamtdeutschen Kirche. Jedoch nahm man auf Anraten Moskaus von beiden Vorhaben vorerst Abstand.[16] Gleichwohl ließ Ulbricht keinen Zweifel aufkommen, welchen Weg die DDR zukünftig beschreiten würde. In den Materialien zur 3. Parteikonferenz heißt es dazu: „Die Entwicklung der Deutschen Demokratischen Republik ist jetzt nicht mehr zu trennen von der Entwicklung des ganzen sozialistischen Lagers. Darin liegt die wichtigste Garantie für die weiteren Erfolge der Deutschen Demokratischen Republik."[17] Während die SED-Spitze auf eine konsequente Abgrenzung zur Bundesrepublik zielte, behielten Ulbrichts Gegner die Wiedervereinigung, zumindest aber eine Annäherung der beiden deutschen Staaten im Blick. In der historischen Retrospektive zeugten ihre Überlegungen allerdings nicht selten von einer gehörigen Portion Naivität und Realitätsferne. Dies trifft auch auf Harichs programmatische „Plattform" zu. In ihr revitalisierte er Gedanken von einem besonderen deutschen Weg zum Sozialismus, wie sie unmittelbar nach dem Krieg verschiedentlich diskutiert wurden. Notwendige Voraussetzung für diesen „dritten Weg" war für ihn allerdings eine grundlegende ideologische Neuorientierung der SED. Nach deren Entstalinisierung sollte sie gemeinsam mit der SPD oder in einer aus der Verschmelzung von SPD und reformierten SED hervorgegangenen neuen sozialistischen Partei auf eine antikapitalistische Entwicklung Gesamtdeutschlands hinwirken.[18] Da Harich seine gesellschaftlichen Zielvorstellungen inhaltlich nur bedingt und keineswegs widerspruchsfrei ausfüllen konnte und zudem diese Ideen nur einem kleinen Personenkreis bekannt waren, blieben sie in ihrer öffentlichen und damit auch politischen Wirkung sehr begrenzt. Sein gedankliches Konstrukt scheiterte schon bald an der gesellschaftlichen Wirklichkeit.

2. Polen

Das Verhältnis der beiden deutschen Staaten zu Polen gestaltete sich nach dem Krieg außerordentlich kompliziert und konfliktreich. Während die Forderung nach Wiederherstellung der Grenzen von 1937 die Beziehungen zur Bundesrepublik belasteten, verharrte die Interessengemeinschaft mit der DDR – trotz der Anerkennung der Oder-

---

16 Vgl. F. Stern, Dogma und Widerspruch. SED und Stalinismus in den Jahren 1946 bis 1958, München 1992, S. 176.
17 Protokoll der Verhandlungen der 3. Parteikonferenz der SED. 24 bis 30. März 1956, Bd. 1, Berlin 1956, S. 15.
18 Vgl. Harich, Schwierigkeiten, S. 154ff.

Neiße-Linie (Görlitzer Vertrag) – allenfalls auf dem Niveau einer formalisierten und von der Sowjetunion verordneten Zusammenarbeit.[19] Als der „Frühling im Oktober" zum Aufbrechen stalinistischer Strukturen in Polen führte, waren die Beziehungen Bonns und Ostberlins zu Warschau – wenn auch graduell unterschiedlich – weit entfernt von Normalität und guter Nachbarschaft.

Adenauers Polenpolitik war in der ersten Hälfte der fünfziger Jahre vor allem durch Gleichgültigkeit und Passivität geprägt. Er betrachtete sie – wenn überhaupt – als nützliche Flankierung seiner auf Moskau konzentrierten Intentionen. Aber auch nach dem Botschafteraustausch mit der UdSSR hielt die Sprachlosigkeit an. Mit der Hallstein-Doktrin türmte sich überdies noch die Frage der Anerkennung der DDR als ein zusätzliches Hindernis auf. Damit war das Verhältnis zu Polen endgültig in den Sog der Deutschlandpolitik geraten. Wirtschaftliche Kontakte blieben infolge des politischen Stillstandes eher begrenzt.[20] Mit Blick auf die Perspektivlosigkeit der Beziehungen plädierten vor allem sozialdemokratische Politiker wie Carlo Schmid, aber auch Vertreter der Regierung für eine Aktivierung der Ostpolitik im allgemeinen und die Aufnahme eines deutsch-polnischen Dialogs im besonderen.[21] Noch vor den Arbeiterunruhen in Poznán stellte Außenminister von Brentano die Frage, ob es nicht sinnvoll sei, auf die Ostgebiete zugunsten der Befreiung von 17 Millionen Deutschen in der Sowjetzone zu verzichten.[22] Diese „Güterabwägung" löste bei den Vertriebenenverbänden einen Sturm der Entrüstung aus. Sie warfen dem Chef des Auswärtigen Amtes eine angebliche Verzichts- und Ausverkaufspolitik vor. Dabei war ihnen wie der gesamten Öffentlichkeit entgangen, daß auch der Kanzler die Chancen einer Revision der Ostgrenze inzwischen ausgesprochen nüchtern betrachtete. In einem Gespräch mit Oppositionsführer Ollenhauer hatte er schon 1955 zugegeben: „Oder-Neiße, Ostgebiete – die sind weg! Die gibt es nicht mehr! Wer das mal aushandeln muß – na, ich werde es nicht mehr sein müssen."[23] Gleichwohl bemühten sich zahlreiche Regierungsvertreter, die Gedankenspiele des Außenministers mit der demonstrativen Betonung der Aufrechterhaltung des Friedensvertragsvorbehalts für die Oder-Neiße-Linie umgehend abzuschwächen.

Die Beschleunigung der Demokratisierung Polens verstärkte aber dennoch die Notwendigkeit der Suche nach einer konstruktiven Politik. Dabei verfolgte man in der Bundeshauptstadt den gesellschaftlichen Erneuerungsprozeß und die Emanzipationsbestrebungen gegenüber der Sowjetunion mit zuversichtlichem, aber doch spürbar zurückhaltendem Interesse. Skepsis an einem wirklichen Wandel bestimmte mehrheitlich die Sicht. Drohgebärden sowjetischer Militärs sowie der Blitzbesuch Chruschtschows

---

19 Vgl. Chr. Kleßmann, Das Ende des Ost-West-Konfliktes. Deutschlands Vereinigung und die Anerkennung der polnischen Westgrenze, in: Nordost-Archiv 1/1993, S. 113.
20 Vgl. M. Kreile, Osthandel und Ostpolitik. Zum Verhältnis von Außenpolitik und Außenwirtschaft in den Beziehungen der Bundesrepublik Deutschland zu den RGW-Ländern, Baden-Baden 1978, S. 78.
21 Vgl. Chr. Kleßmann, Adenauers Deutschland- und Ostpolitik 1955-1963, in: J. Foschepoth (Hg.), Adenauer und die Deutsche Frage, Göttingen 1990, S. 74.
22 Vgl. A. Baring, Sehr verehrter Herr Bundeskanzler! Heinrich von Brentano im Briefwechsel mit Konrad Adenauer 1949-1964, Hamburg 1974, S. 192.
23 Zit nach: H. Stehle, Adenauer, Polen und die Deutsche Frage, in: Foschepoth, Adenauer, S. 85.

in Warschau nährten zudem Zweifel am Erfolg der polnischen Entstalinisierungsbemühungen. An diesen grundsätzlichen Bedenken änderte auch die Wahl Gomulkas wenig, wenngleich die eingeleiteten Veränderungen nun als dauerhafter bewertet wurden. Adenauer trug diesen neuen Realitäten Rechnung, indem er sie vor dem Bundestag „als einen Schritt auf dem Wege zu einem freien Polen (...), mit dem wir alle strittigen Fragen in friedlicher und fairer Weise aufrichtig zu regeln wünschen", würdigte. Als Voraussetzung solcher Gespräche verlangte er zwar ausdrücklich keinen Systemwechsel, forderte aber für die Gegenseite „die volle Verfügungsgewalt eines souveränen Staates über seine inneren und äußeren Angelegenheiten."[24] Damit waren baldige Kontakte zu Warschau wenig wahrscheinlich. Auch jedwede direkte oder indirekte Unterstützung des Liberalisierungsprozesses, die eine gewaltsame Loslösung von der UdSSR einschloß, lehnte der Kanzler weiterhin strikt ab. Er favorisierte hingegen eine evolutionäre Entwicklung, die den Emanzipationsprozeß verstärken und auch den polnischen Bürgern den Weg in die Freiheit weisen würde. Gerade wegen des Blutbades in Budapest wollte er eine unkontrollierbare Eskalation des Geschehens in Polen, einschließlich dessen möglicher Rückwirkungen auf die DDR, unbedingt vermeiden. Moskau sollte unter keinen Umständen der Vorwand für eine weitere Intervention gegeben werden.[25] Überdies warf der Wahlkampf von 1957 seine ersten Schatten voraus. Aus Rücksicht auf die einflußreichen Vertriebenenverbände hielt es die Bundesregierung gerade jetzt für wenig ratsam, eine ostpolitische Kurskorrektur einzuleiten. „Keine Experimente", Adenauers Wahlkampfslogan von 1957, erlangte somit auch für die Gestaltung des Verhältnisses zu Polen Relevanz. Mangelnde Innovationsfähigkeit verhinderte noch für viele Jahre eine Gesundung der bilateralen Beziehungen.

Obgleich die nationalsozialistische Vergangenheit die Nachbarschaft zwischen der DDR und Polen nicht im gleichen Maße wie die zur Bundesrepublik belastete, taten sich auch im Verhältnis zum „besseren" deutschen Staat zahlreiche Konflikte auf. Deren Ursachen lagen vor allem in der gemeinsamen Blockzugehörigkeit begründet. Dabei entsprach die mit großem propagandistischen Aufwand verbreitete „Freundschaft der sozialistischen Brudervölker" von Beginn an nicht den Realitäten. Sie gehörte auch deshalb ins Reich der Mythen, da selbst die Freundschaftsbekundungen der führenden Klasse der politischen Konjunktur unterlagen und bei Bedarf sogar zur Disposition gestellt wurden.[26] Deutliche Zeichen der Entfremdung konnte man bereits in den ersten Monaten nach dem Tode Stalins erkennen. Der wachsende Legitimitätsdruck auf die PVAP ließ die SED immer mehr zu Maßnahmen der Einschränkung von staatlichen und privaten Kontakten greifen. Nach dem XX. Parteitag erfuhr dieser Abschottungsversuch noch eine Steigerung. Irritiert über den vergleichsweise offenen Umgang mit

---

24 Verhandlungen des Deutschen Bundestages. Stenographische Berichte, Bd. 32, S. 9260.
25 Vgl. Adenauer: „Wir haben wirklich etwas geschaffen.", S. 1183f.
26 Vgl. L. Mehlhorn, Die Sprachlosigkeit zwischen Polen und der DDR: Eine Hypothek, in: E. Kobylinska u.a. (Hg.), Deutsche und Polen. 100 Schlüsselbegriffe, München 1993, S. 523.

Chruschtschows Geheimrede,[27] beobachtete man in Ostberlin mit Unbehagen, wie die öffentlichen und parteiinternen Diskussionen im Nachbarland anschwollen und die stalinistische Fraktion innerhalb der PVAP zunehmend die Kontrolle über die Partei verlor. Angesichts der erbitterten Machtkämpfe fühlten sich die Genossen in der DDR sowohl in ihren Vorbehalten gegenüber den polnischen Entstalinisierungsversuchen als auch in der Richtigkeit des selbstgewählten Kurses bestätigt. Als im Juni Streiks und Demonstrationen in Poznán ausbrachen, die von polnischen Sicherheitskräften nur mit Waffengewalt niedergeschlagen werden konnten, dürfte den Politbüromitgliedern aber erneut der Schreck in die Glieder gefahren sein. Die offenkundigen Parallelen zum Volksaufstand vom 17. Juni 1953 in der DDR waren für niemanden zu übersehen. Eine Wiederholung dieser für die SED-Führung traumatischen Ereignisse brauchte sie indes zu jenem Zeitpunkt nicht zu befürchten. Übereinstimmend wußten die Mitarbeiter der Staatssicherheit zu berichten, daß eine unmittelbare Bedrohung für Ulbricht und seine Spitzenfunktionäre von dem Geschehen in Poznán nicht ausginge. Dagegen spiegelten die Stimmungs- und Situationsberichte bestehende antipolnische Ressentiments wider, die der SED-Spitze wohl nicht ungelegen kamen, da sie von bedrohlicheren, systemkritischen Überlegungen ablenkten. Gleichwohl durfte sich die Führungsriege aber nicht völlig in Sicherheit wiegen. Die Ursachen der polnischen Unruhen wurden von der Bevölkerung nicht selten auf die unzureichende Versorgungslage zurückgeführt, unter der letztlich alle osteuropäischen Länder einschließlich der DDR litten.[28] Es verwundert daher nicht im geringsten, daß die Entscheidungsträger in Ostberlin das rigorose Eingreifen des polnischen Militärs gegen den Arbeiterprotest in Poznán generell begrüßten.[29]

Aber das Geschehen vom Juni sollte nur der Auftakt für noch dramatischere Ereignisse sein. Der Autoritätsverlust von Staat und Partei jenseits der Oder schritt unaufhörlich voran. Parallel dazu wuchs das Mißtrauen gegenüber den polnischen Genossen. Dabei wich die interessierte Aufmerksamkeit, mit der der Apparat die Liberalisierung in Polen zwangsläufig verfolgte, allmählich einem Klima permanenter Gereiztheit. In der zur Entscheidung drängenden Machtfrage sympathisierte die SED inzwischen unverhohlen mit den Reformgegnern im Zentralkomitee und Politbüro. Den Aufstieg Gomulkas, der vor wenigen Wochen noch inhaftiert war und nun in Polen als Hoffnungsträger gefeiert wurde, verfolgte man hingegen mit Argwohn und Widerwillen, stellte sich mit seiner Rückkehr doch erneut die Frage nach der Legitimität des SED-Regimes. Als sich der ehemals Verfemte auf dem 8. Plenum der PVAP dann sowohl gegen die Absichten Chruschtschows als auch gegen die innerparteilichen Widersacher

---

27 Vgl. J. Foitzik, Die parteiinterne Behandlung der Geheimrede Chruschtschows auf dem XX. Parteitag der KPdSU durch die SED, die PVAP und die KPTsch, in: I. Kircheisen (Hg.), Tauwetter ohne Frühling. Das Jahr 1956 im Spiegel blockinterner Wandlungen und internationaler Krisen, Berlin 1995, S. 69.
28 Vgl. S. Wolle, Polen und die DDR im Jahre 1956, in: H. Olchowsky/H.H. Hahn (Hg.), Das Jahr 1956 in Ostmitteleuropa, Berlin 1996, S. 46ff.
29 Vgl. W. Borodziej, Die Beziehungen Polen-DDR im Spiegel der Akten des polnischen Außenministeriums, in: Olchowsky/Hahn, S. 61.

durchsetzen konnte, registrierte man dies in Ostberlin mit Frustration und Verbitterung. Gomulkas „polnischer Weg zum Sozialismus" war Ulbricht mehr als suspekt. Dem Verzicht auf die Kollektivierung der Landwirtschaft und den Verständigungsbemühungen mit der katholischen Kirche stand der SED-Chef zeit seines Lebens ablehnend und mit völligem Unverständnis gegenüber. Damit erreichte die gegenseitige Entfremdung und Sprachlosigkeit im Herbst 1956 eine neue Qualität. Noch im November soll Ulbricht den Machtantritt Gomulkas mit der Frage kommentiert haben, „ob ‚die Konterrevolution in Polen nicht auf kaltem Weg gesiegt' habe".[30] Doch das internationale Umfeld und die Blockdisziplin verlangten auch von der SED ein Mindestmaß an Einvernehmen und Kooperationsbereitschaft mit der neuen polnischen Führung. Diese Annäherung fiel Ulbricht in dem Maße leichter, wie Gomulka – entgegen den Befürchtungen der Parteispitze – einen radikalen Umbruch der Gesellschaft vermied und zu repressiven Herrschaftsmethoden zurückkehrte. Der „polnische Sonderweg im Ostblock" erlaubte es der SED immer wieder, auf strukturelle Defizite im Nachbarland hinzuweisen und damit von eigenen Schwierigkeiten und Unzulänglichkeiten abzulenken.

3. Ungarn

Hatte sich Chruschtschow in Polen noch allein mit dem militärischen Aufmarsch seiner Truppen an der Grenze begnügt, so ließ er wenige Tage später in Ungarn die Waffen sprechen. Mit seinem Befehl zur blutigen Niederwerfung des Volksaufstandes stürzte der Kremlchef den Westen wieder einmal in große Verlegenheit und Schwierigkeiten. Erneut wurde sichtbar, daß dieser sich mit der Teilung des Kontinents längst abgefunden hatte und keine Antwort auf die Frage wußte, mit welchen politischen Mitteln man den Völkern Osteuropas zur Unabhängigkeit verhelfen könnte. Folglich bewegten sich die Stellungnahmen zwischen Empörung und Hilflosigkeit. Darin machte auch Bonn keine Ausnahme. Aber im Gegensatz zu einigen zuvor optimistisch gestimmten Betrachtern fühlte sich der Kanzler in seiner nüchternen Beurteilung des Wesens und der Ziele sowjetischer Außenpolitik bestätigt. Für ihn war das Eingreifen der russischen Armee ein unwiderlegbarer Beweis dafür, daß das mit dem Begriff Koexistenz nach außen aufgesetzte „Lächeln der Russen nichts anderes als eine Maske gewesen" war.[31] Wenn sich mit der Tauwetterperiode unter Stalins Nachfolgern jemals Hoffnungen auf eine baldige Liberalisierung des Ostblocks verbunden hatten, dann waren diese Vorstellungen nunmehr wie Seifenblasen zerplatzt. Des Kanzlers Kritik bezog sich allerdings nicht nur auf die sowjetische Politik. Dem ungarischen Ministerpräsidenten warf er mangelndes Fingerspitzengefühl und ungenügenden Spürsinn für das politisch Machbare vor. Aus seiner Sicht hätte Nagy die Sowjetführer nicht mit

---

30 Ebd., S. 62.
31 Adenauer. Teegespräche 1955-1958, S. 158 (5.11.1956).

überzogenen Forderungen konfrontieren und provozieren dürfen. Es sei ein großer Fehler gewesen, den Warschauer Vertrag zu kündigen und der sozialistischen Staatsform sofort abzuschwören, Maßnahmen, von denen man wußte, daß die Sowjets sie nicht hinnehmen konnten. In diesem Kontext lobte Adenauer ausdrücklich die flexible Haltung Gomulkas, der durch Beharrungsvermögen einerseits und ausreichende Berücksichtigung der strategischen Interessen der UdSSR andererseits dem Kreml doch beachtliche Konzessionen abzuringen gewußt hatte. Dieses taktische Geschick vermißte er sowohl bei Nagy und seinen nationalkommunistischen Weggefährten als auch bei Kardinal Mindszenty und der katholischen Kirche.

Da die Nachfolger Stalins nun wieder auf eine Politik der Gewalt setzten, müsse auch der Westen seine Strategie neu überdenken und zur Politik der Stärke zurückkehren. Notwendige Voraussetzung hierfür sei, daß die Verbündeten wieder mit einer Stimme sprächen. Mit dem Radford-Plan[32] hatten sich aber erhebliche Meinungsverschiedenheiten aufgestaut. Adenauer glaubte deutliche Symptome außenpolitischer Konzeptionslosigkeit bei der Führungsmacht zu erkennen.[33] Diese interalliierten Interessenkonflikte verstärkten sich noch, als zum Zeitpunkt des Aufbegehrens der Ungarn Großbritannien und Frankreich mit einem Angriff auf den von Nasser zuvor verstaatlichten Suezkanal begannen. Dieser Rückfall in den puren Kolonialismus wurde von der amerikanischen Diplomatie – auch weil er die Weltöffentlichkeit von der ungarischen Tragödie ablenkte – scharf verurteilt. Damit entstand eine für die Zeit des Kalten Krieges höchst ungewohnte Koalition. Gemeinsam forderten Washington und Moskau die sofortige Einstellung der Kampfhandlungen. In dieser dramatischen Phase der Doppelkrise fühlte sich der deutsche Kanzler zu einer Demonstration der Solidarität mit seinem angeschlagenen französischen Amtskollegen berufen. Entgegen den Ratschlägen der Fraktionsführer der Oppositionsparteien reiste er an die Seine und wurde unmittelbarer Zeuge des dortigen Entscheidungsprozesses. In seinen Gesprächen im Matignon bekräftigte er die bei den Franzosen ohnehin vorhandenen antiamerikanischen Ressentiments, riet aber gleichzeitig zum Einlenken im Konflikt. Hinter seiner ungewohnt vehement, aber nicht ohne Bedacht vorgetragenen Empörung über die amerikanische Haltung verbarg sich das eigentliche Anliegen des Kanzlers. Ihn plagte die Vorstellung, die zusätzlich durch den Bulganin-Appell zur gemeinsamen Konfliktlösung im Nahen Osten genährt wurde, daß sich die Supermächte über die Köpfe der Europäer hinweg über die Aufteilung der Welt verständigen könnten.[34] Mit dieser Schreckensvision traf er in Paris auf geneigte Zuhörer. Die Demütigung, die der französischen Außenpolitik gerade widerfuhr, plante der Kanzler zur Beschleunigung des kontinentalen Zusammenschlusses als einzig mögliche Antwort auf die weltpolitischen Herausforderungen

---

32 Zur „Radford-Krise" vgl.: H. Ehlert u.a. (Hg.), Anfänge westdeutscher Sicherheitspolitik 1945-1956, Bd. 3: Die NATO-Option, München 1993, S. 216ff.
33 Vgl. Adenauer. Teegespräche 1955-1958, S. 129f. (28.9.1956).
34 Vgl. Documents diplomatiques français 1956/2, S. 553f.

zu nutzen. Das Debakel am Suezkanal sollte so zum Katalysator des westeuropäischen Integrationsprozesses werden.

Beeinflußten Irritationen zwischen Bonn und Washington die Beziehungen in der westlichen Allianz, so war auch das Verhältnis Ostberlins zu seiner Führungsmacht im Herbst 1956 nicht konfliktfrei. Im Apparat der SED wuchs merklich das Befremden über Chruschtschows Nachsicht und Langmut mit den Reformbewegungen in Polen und Ungarn. Ein im Fernsehen ausgestrahltes und im „Neuen Deutschland" abgedrucktes Gespräch Ulbrichts und Grotewohls mit einem Journalisten gab hierüber unmißverständlich Auskunft. Ihr gemeinsames Credo lautete höchst einfach: „Liberalisierung bedeutet Restauration des Kapitalismus."[35] Damit übernahm insbesondere der Erste Sekretär unter den Parteiführern des Ostblocks wieder einmal die Rolle des Scharfmachers. Als die Proteste und Demonstrationen in Budapest in unkontrollierte Gewalt gegen verhaßte Funktionäre und Einrichtungen von Partei und Staat umschlugen, ergriff auch die SED-Oberen die Angst. Die Entscheidungsgremien der Partei tagten in Permanenz. Fortlaufend wurde der engste Führungskreis vom Ministerium für Staatssicherheit über die Lage im Lande informiert. Dabei häuften sich Meldungen über Arbeitsniederlegungen und Unmutsbekundungen, deren Ursachen nicht nur auf die allseits bekannten Versorgungsschwierigkeiten zurückzuführen waren, sondern auch zunehmend die Ereignisse in Ungarn reflektierten.[36] Hinzu kamen Berichte über wachsende Unruhen an den Universitäten. Hinter den studentischen Forderungen nach Abschaffung des gesellschaftswissenschaftlichen Grundstudiums und des obligatorischen Russischunterrichts sowie der Zulassung eigener, von der FDJ unabhängiger Interessenvertretungen stand das Aufbegehren gegen die erzwungene ideologische Indoktrination der SED. Doch schon während des ersten Einmarsches der Roten Armee in Budapest hatte Ulbricht die eigene Bevölkerung eingehend gewarnt: „Aus den Ereignissen in Ungarn muß man die Lehre ziehen, daß die Werktätigen und ihre Staatsmacht wachsamer sein müssen, um die Zersetzungsarbeit, die von bürgerlichen und faschistischen Elementen unter der Losung der ‚Freiheit' durchgeführt wird, zu unterbinden (...)"[37]

Wie immer suchten die Genossen die Ursachen und die Verantwortung für die Destabilisierung der Gesellschaft beim „Klassenfeind", dem man mit aller Härte und Konsequenz begegnen müsse. Dabei empfand die Führungsriege die Situation immerhin als so bedrohlich, daß sie auf dem Höhepunkt der Ungarn-Krise einen umfänglichen Katalog von möglichen Gegenmaßnahmen entwarf. Dessen Inhalt spiegelt das symptomatische Mißtrauen der Funktionäre gegen die eigene Bevölkerung genauso anschaulich wider wie ihr weit überzogenes Sicherheitsbedürfnis. Für den Fall einer „konterrevolutionären" Erhebung entwickelte der Katalog ein abgestuftes Szenario von militärischen Repressivmaßnahmen, das vom Einsatz der Volkspolizei und der Kampf-

---

35 ND, 28.10.1956.
36 Vgl. S. Wolle, Das MfS und die Arbeiterproteste im Herbst 1956 in der DDR, in: APZ, B 5/1991, S. 42ff.
37 Neues Deutschland, 27. Oktober 1956.

gruppen über die Hinzuziehung der Volksarmee bis hin zur Bitte um Hilfe an die sowjetischen Truppen reichte.[38] Daß dieser Plan nicht zur Anwendung kam, lag vor allem am Sinneswandel Chruschtschows, der ein Aufweichen des Blocks und eine Infragestellung der sowjetischen Herrschaft in Osteuropa nicht akzeptieren konnte. Damit triumphierten auch in der DDR die Vertreter der demonstrativen Unnachgiebigkeit. Stalin blieb – anders als in der Donaumetropole – auf dem Denkmalsockel stehen. Dafür zerstoben alle noch so vagen Hoffnungen auf eine Synthese von Demokratie und Sozialismus. Der schon wieder macht- und selbstsichere Ulbricht verkündete auf der 30. ZK-Tagung im Januar 1957: „Ungarn lehrt: Es gibt keinen dritten Weg."[39] Mit seiner schroffen Absage an einen Pluralismus der Modelle versiegten für lange Zeit die theoretischen Diskussionen über einen humanen Sozialismus. Ihre intellektuellen Urheber und Sympathisanten gingen über die offene Grenze, resignierten oder fügten sich schließlich der Staatsgewalt.

In der Summe wurden die Krisen im stalinistischen Herrschaftssystem bei den Entscheidungsträgern im Osten und Westen Deutschlands höchst unterschiedlich wahrgenommen. Dabei resultierte ihre differierende Sicht naturgemäß aus ihren gegensätzlichen ideologischen Positionen. Gleichwohl empfand man veränderte weltpolitische Bedingungen in Bonn und Ostberlin erst einmal als Bedrohung der eigenen außenpolitischen Konzeption bzw. der eigenen Machtstellung. Dabei waren die osteuropäischen Krisen für die SED weitaus gefährlicher, stellte sich doch mit den Forderungen nach substantiellen Reformen zugleich immer auch die existentielle Frage nach der Legitimität der Macht. In dieser spannungsreichen Zeit bewies Ulbricht seinen außerordentlichen Machtinstinkt. Er blieb hart, machte keine Zugeständnisse und wahrte dadurch letztendlich Stabilität in der DDR. Nach den abgebrochenen Entstalinisierungsbemühungen empfahl er sich somit als Musterknabe des Kreml.

Aber auch die bundesdeutschen Eliten beobachteten die Erosionstendenzen im Ostblock mit zwiespältigen Gefühlen. Zwar bestätigten die Krisen in Polen und Ungarn ihre Auffassungen von der unzulänglichen „Demokratie" und der mangelnden Effektivität der osteuropäischen Gesellschaften, aber eine instabile Struktur der europäischen Ordnung gefährdete auch die Konsolidierung der Westbindung der Bundesrepublik und ihr Streben nach Gleichberechtigung. Insoweit bildete das klare Muster der Freund-Feind-Beziehungen in der Mitte der fünfziger Jahre sowohl für die Verantwortlichen in Bonn als auch in Ostberlin den geeigneten Bezugsrahmen zur Durchsetzung ihrer primären politischen Ziele. Je eisiger der Wind des Kalten Krieges wehte, desto deutlicher gewann der einmal eingeschlagene Kurs an Plausibilität und Akzeptanz.

---

38 Vgl. A. Mitter/S. Wolle, Untergang auf Raten. Unbekannte Kapitel der DDR-Geschichte, München 1993, S. 257f.
39 Zit. nach Stern, S. 194.

Michael Lemke
Das Adenauer-Bild der SED

Als die SED Ende der vierziger Jahre daranging, im Gleichklang mit den Interessen der UdSSR und in deren Auftrag die Schaffung einer gesamtdeutschen „Nationalen Front" in Angriff zu nehmen, standen in Westdeutschland zwei große Gruppen im Mittelpunkt ihrer Aufmerksamkeit: die Organisationen der Arbeiterbewegung und das politische Bürgertum. Noch ging es ihr und der Sowjetunion um die als historisch qualifizierte Aufgabe, die Einheit Deutschlands durch die kurzfristige Übertragung des „antifaschistisch-demokratischen" Modells auf Westdeutschland zu sichern bzw. – nach der doppelten Staatsgründung im Herbst 1949 – wiederherzustellen.

Diese in der Tat gewaltige Aufgabe erschien der SED durchaus als schwierig und nicht ohne Hilfe der SPD und der „Bürgerlichen" lösbar. Doch würde man die Geschichte nur von ihrem Ende her betrachten, wenn man unterstellte, Ulbricht und seinen Getreuen wäre ihr auf dieses Ziel bezogene Handeln von Anfang an als illusionär bewußt gewesen. Zuweilen glich die Deutschlandpolitik der SED der geheimnisvollen mehrarmigen hinduistischen Gottheit, die zugleich umarmen und erdrücken konnte, wenn sie es denn wollte.

Im Unterschied zum göttlichen Rätsel der Inder blieb das Prinzip der SED im Umgang mit den „Klassenbrüdern" und „Patrioten" im Westen kein Geheimnis: Etwa in dem Maße, wie sie den Wünschen der SED entsprachen, wurden sie hofiert oder geschmäht, erfuhren sie die Zuneigung oder den Zorn, das Lob oder den Tadel der ostdeutschen Staatspartei. Wenn sich Ablehnung und Zustimmung zuweilen eigenartig vermischten und oft den Eindruck politischer Schizophrenie erweckten, leiteten die SED-Bündnispolitik doch rationales Kalkül und politische „Notwendigkeit": Eigene und sowjetische Interessen, die jeweils aktuelle Situation und verschiedenartige Kräftekonstellationen zwangen dazu, Widerstrebende im Westen immer wieder umwerben zu müssen, wenn sie denn für die eigene Sache unverzichtbar schienen.

Mit der DDR war im Verständnis ihrer Gründer eine doppelte Alternative entstanden: Der neue Staat sollte mit der „negativen" deutschen Vergangenheit, mit der Kontinuität von Staat, Gesellschaft und Machtausübung vor 1945 radikal brechen und die „positive" andere Möglichkeit gegenüber der kapitalistischen Bundesrepublik sein: deren Korrektiv, Konkurrenz und schließlich Überwindung.

Mit dem sowjetischen Sozialismusmodell pflanzte die neue politische Klasse der DDR dem Korpus der ostdeutschen Gesellschaft ein Implantat ein, das auch die Voraussetzung für den in seinem Wesen antagonistischen deutschen „Sonderkonflikt" bildete. Dieser entwickelte sich als eine eben sehr „deutsch" gefärbte Auseinandersetzung innerhalb der weltweiten Konfrontation zwischen kommunistischer Diktatur und liberalem Verfassungsstaat. Die Systemauseinandersetzung auf deutschem Boden war in hohem Maße geistiger Natur. In der dualistischen Sicht der SED verkörperte die gesellschaftliche Transformation in der DDR, die im wesentlichen die Züge einer differenzierten Sowjetisierung trug, die Einheit von politischer Revolution und sozialem Fortschritt. Folgerichtig geriet der Partei jede Opposition gegen diesen Prozeß – hüben wie drüben – zur „Konterrevolution". So bildete sich die innerdeutsche Systemauseinandersetzung im kollektiven Bewußtsein der SED als ein von der Geschichte geforderter „Klassenkampf" zwischen den revolutionären und den konterrevolutionären – „reaktionären" – Kräften des deutschen Volkes ab. Im Verständnis der SED war dieser soziale Ur-Kampf vor allem ideologisch zu führen; als Krieg des neuen sozialistischen, über die Zukunft gebietenden und kollektiv handelnden Verantwortungsmenschen gegen das durch Ausbeutung vereinzelte und vom Kapitalismus egoistisch deformierte Individuum. Untrennbar verbunden mit dem „neuen" Menschenbild war die Schaffung von entsprechenden Feindbildern, als Voraussetzung für die Auseinandersetzungen im Kalten Krieg, vor allem für die Begründung der Rechtmäßigkeit von Offensiven, zu denen das Dogma von der Überlegenheit des Sozialismus überdies verpflichtete.

Das Feindbild der SED war stets eindeutig und ließ scharfe Konturierung nie missen. Zum einen griff die Partei für den einzelnen faßbare Zustände im Westen an, zum anderen damit verbundene, sie repräsentierende, handelnde Personen. Das wichtigste Feindporträt der SED und ihres Propagandaapparates in den fünfziger und sechziger Jahren trug die Züge Konrad Adenauers. Der erste Bundeskanzler stellte für das SED-Politbüro über zwei Jahrzehnte die allgemeinste Zusammenfassung und Inkarnation der Bundesrepublik dar. Sie war der „Adenauer-Staat", und Adenauer repräsentierte ihn nicht schlechthin; er war die Bundesrepublik.[1]

Material für das Adenauerbild lieferte die Vergangenheit zu einem geringen Teil; mehr floß es seinen Urhebern aus dem unerschöpflichen Reservoir von Ideologie und Politik zu. Der SED kam zugute, daß der alte Konservative ein denkbar günstiges Darstellungsobjekt abgab. Er war zu alt und politisch zu lange „gedient", um noch politisch „unschuldig" sein zu können, und er besaß in jeder Beziehung ein Profil, das ihn sowohl für ein „Tyrannenbild" als auch für die Karrikatur geeignet machte.

Freilich existierte ein überliefertes Adenauerbild aus der Zeit vor 1945, ein Bild vor dem eigentlichen Bild der SED, das erst am Ende der vierziger Jahre Konturen anzunehmen begann. Welche Sachverhalte gehörten mit Wahrscheinlichkeit zum Vor-Bild der deutschen Kommunisten? Als Zentrumspolitiker und Kölner Oberbürgermeister war Adenauer ein prinzipieller Gegner kommunistischer Ideen und Politik geblieben, der er zwar manche kommunalpolitische Schlacht geliefert hatte, sie aber auch zu nutzen wußte, wenn es ihm opportun schien.[2]

---

1 Vgl. M. Lemke, Konrad Adenauer in der DDR-Historiographie, in: H.G. Hockerts (Hg.), Das Adenauer-Bild in der DDR, Bonn 1996, S. 113f.
2 Vgl. H.-P. Schwarz, Adenauer, Bd. 1: Der Aufstieg: 1876-1952, Stuttgart 1986, S. 307-309.

Auf der Ebene der Reichspolitik wurde der Pragmatiker als „kühler", nichtemotionaler Antikommunist ebenfalls nicht „auffällig". So machte Adenauers Verhältnis zu den Kommunisten während der Zeit der Weimarer Republik wenig Schlagzeilen und bei der KPD kein „böses Blut". Er kannte Wilhelm Pieck zumindest in dessen Eigenschaft als Mitglied des preußischen Staatsrates, dem Adenauer von 1921 bis 1933 vorstand, und es ist wahrscheinlich, daß ihm auch Kommunisten bei der geheimen Wahl für das Amt des Staatsratspräsidenten ihre Stimme gaben.[3] Der weitverbreitete Separatismus-Vorwurf wurde in der Zeit bis 1933 auch weniger von den Kommunisten erhoben als vielmehr zunächst von bürgerlichen Gegenspielern Adenauers und dann – in militanter Weise – von den Nationalsozialisten.[4]

Die KPD konnte naturgemäß über die Haltung Adenauers während des „Dritten Reiches" nichts oder nur sehr wenig wissen, wohl aber über die der damaligen Öffentlichkeit nicht unbekannte Resistenz des Zentrumsmannes gegenüber Ideologie und Politik Hitlers vor und während dessen Machtergreifung sowie über die Umstände und den Modus der Vertreibung Adenauers aus allen seinen Ämtern. Dessen Festnahme und zeitweilige Inhaftierung durch die Gestapo wurde – nicht zuletzt durch Augenzeugenberichte kommunistischer Mithäftlinge, die ihm halfen[5] – gleich nach der deutschen Kapitulation bekannt. Auch wußten zumindest die westdeutschen KP-Funktionäre um die Angriffe der Nazis auf den „Philosemitismus" Adenauers,[6] was dessen Darstellung als Fortsetzer nazistischen Ungeistes in den fünfziger und sechziger Jahren erheblich erschweren sollte. So erschien der rheinische Zentrumspolitiker vielen Mitgliedern der KPD/SED nach 1945 zwar als bürgerlicher Politiker, vielleicht auch als „Mann des Kapitals", aber nicht als unversöhnlicher Antikommunist, der a priori als politischer Partner nicht in Frage gekommen wäre – wenn er denn gewollt hätte.

In den Jahren bis 1948 kann von einem SED-Feindbild Adenauer in der Tat nicht die Rede sein. Zum einen wiesen die Nachkriegsprogramme der Kölner, später rheinischen CDU, deren Vorsitzender er wurde, mit den veröffentlichten kommunistischen Nachkriegskonzepten – einschließlich Sozialisierungsaussagen – Ähnlichkeiten auf. Adenauer, der um die Vormacht in der CDU der britischen Besatzungszone kämpfte, trat zudem „reichsweit" kaum in Erscheinung. Zum anderen stellte für die KPD/SED eindeutig Kurt Schumacher den „Klassenfeind Nr. 1" dar. Ihr wichtigster Gegner im Bereich christdemokratischer Politik war Jakob Kaiser, einer der beiden Vorsitzenden der CDU der SBZ, die als Partei gesamtdeutschen Anspruch erhob und eine unabhängige Politik zu betreiben gedachte. Adenauer lehnte Person und Politik Kaisers, vor allem aber dessen Anspruch auf die Führung der CDU in ganz Deutschland strikt ab. Die SED registrierte diesen innerparteilichen Konkurrenzkampf genau und nutzte Adenauers Position für ihren (und der Sowjets) repressiven Kurs gegen Kaiser faktisch

---
3 Vgl. H. Köhler, Adenauer. Eine politische Biographie, Berlin 1994, S. 150.
4 Vgl. Schwarz, S. 289.
5 Vgl. ebd, S. 416.
6 Vgl. ebd., S. 327.

aus. Das Desinteresse des rheinischen CDU-Politikers an einem Engagement für die ostdeutschen Christdemokraten kam ihr gelegen. Bereits im Herbst 1947 entstand in der SBZ der Eindruck, Adenauer habe die Ost-CDU abgeschrieben.[7]

Wenngleich der gewiefte Taktiker Wesen und Funktion der SED als Satrapen der UdSSR und dogmatische „Klassenkampfpartei" klar erkannte und sich von ihr klar abgrenzte,[8] legte er keinerlei Wert auf eine Zuspitzung der innerdeutschen Situation. Die Russen, meinte er in einem Telefonat mit dem bayrischen CSU-Politiker Josef Müller, behandelten die CDU/CSU als „Außenstehende". Die Sache Kaiser sei „persönlicher Natur" und die Ost-CDU eine ganz andere Angelegenheit. Mische man sich ein, schade man der CDU der SBZ nur.[9]

Diese Haltung blieb den Sowjets und ihren Bündnispartnern natürlich nicht verborgen. Die Führung der SED warb um Adenauer als Gesprächs- und möglichen Bündnispartner, was der freilich durchschaute. Noch nachdem er sich im Mai 1948 eindeutig und scharf gegen die Verhältnisse in der SBZ und vor allem gegen die pseudodemokratische „Volkskongreßbewegung" ausgesprochen hatte,[10] lud ihn die „gleichgeschaltete" Führung der Ost-CDU mit herzlichen Worten zu Tagungen nach Ostberlin ein.[11]

Auch hatte die Führung der westdeutschen KPD – vielleicht im Auftrage, mit Sicherheit nicht ohne Wissen Ostberliner oder sowjetischer Stellen – Adenauer immer wieder in ihre Deutschlandaktionen einzubeziehen versucht[12] – vergeblich allerdings.

Die zwar nicht massiven, aber doch eindeutigen Bemühungen der SED zeigen zum einen, daß man den Politiker für einen bereits – oder perspektivisch – einflußreichen Mann hielt und zum anderen noch nicht als „hoffnungslosen Fall" betrachtete. Das eigentliche Feindbild Adenauer entstand, wenngleich nicht übergangslos, im Zusammenhang mit den unmittelbaren Vorbereitungen zur Bildung eines westdeutschen Separatstaates und mit der Wahl des CDU-Politikers zum Präsidenten des Parlamentarischen Rates. Aber auch jetzt war das Bild – zumindest nicht bis zur Gründung der Bundesrepublik – keineswegs definitiv und unabänderlich konfrontativ. Noch im März 1949 sprach Otto Nuschke, der Vorsitzende der Ost-CDU, mit ihm in Bonn, und wenig später erreichte ihn ein in höfliche Worte gekleidetes Fernschreiben des Präsidiums des von der SED gesteuerten Deutschen Volksrates, das er sachlich beantwortete.[13]

---

7 Vgl. Stiftung Bundeskanzler-Adenauer-Haus (StBKAH), Nr. 08.51, Schreiben des Kreisvorsitzenden der CDU Chemnitz L. Kirsch an Adenauer, 18.09.1947.
8 „Die SED", so hielt er in einem Manuskript fest, „handelt keineswegs demokratisch, auch ihr nationaler Mantel zeigt (…) große Löcher. Sie ist eine 100%ige marxistische, ihrem Grunde nach totalitäre Klassenkampfpartei, die eine absolut einseitig orientierte Auslandspolitik treibt und vom deutschen Volke verlangt. Es gibt zwischen ihr und uns keine Berührungspunkte." Vgl. ebd., Nr. 08.55/1, Manuskript der Rede Adenauers für den nordrhein-westfälischen CDU-Parteitag, 14./15.08.1947.
9 Vgl. ebd., Nr. 08.56. Notiz über ein Telefonat Adenauers mit J. Müller, 21.12.1947.
10 Vgl. ebd., Nr. 08.56, Notiz Adenauers für eine Stellungnahme in „Der Tag" (Berlin), 20.05.1948.
11 Vgl. ebd., Schreiben G. Dertingers an Adenauer, 17.06.1948.
12 Vgl. ebd., Nr. 08.68, Antworttelegramm Adenauers an M. Reimann, 20.04.1946.
13 Vgl. H.P. Mensing, Nachkriegskontakte Konrad Adenauers mit Bürgern der SBZ/DDR, in: Hockerts, S. 176.

Erst nach dem Vollzug der westdeutschen Staatsgründung war Adenauer in der Sicht des SED-Politbüros der „Spalter" Deutschlands, der im Interesse und im Auftrag der USA und der anderen Westmächte handelte. Folglich trat die im wesentlichen von den Nazis entwickelte Charakteristik Adenauers als „Separatist" und „Vaterlandsverräter" sofort in den Vordergrund. „Einmal Separatist, immer Separatist", hieß es.[14]

Diese propagandistische Linie erhielt ihre zeitbedingte Modernisierung durch die Darstellung der „patriotischen" Politik der SED zur Erhaltung der deutschen Einheit als Gegenstück zum Adenauer-Kurs. Nach der Gründung der Bundesrepublik und der Wahl Adenauers zum Kanzler blieb der Spalter-Vorwurf konstant, zeigte aber nach dessen Regierungserklärung am 20. September 1949, in der erstmals der westdeutsche Alleinvertretungsanspruch explizit verkündet wurde, seitens der SED Konsequenzen: „Mit einem alten Separatisten wie Adenauer kann man keine Verhandlungen führen. Mit jedem anderen kann man Verhandlungen führen, aber nicht mit Adenauer und Schumacher (...). Solche alten Separatisten sind unfähig, irgendwie auch nur in Richtung der Einheit Deutschlands zu denken",[15] führte Ulbricht am 19. Mai 1950 gegenüber einer westdeutschen Delegation aus. Mit dem Beginn der Diskussion um die Bewaffnung der Bundesrepublik im zweiten Halbjahr 1950 sah die SED im Bundeskanzler auch den „Militaristen" und „Kriegshetzer", der die Deutschen in den Bruderkrieg treiben wolle. Der kommunistische Propagandaapparat begann mit dem Aufbau von positiven westdeutschen Gegenbildern – Gustav Heinemann z.B., der im Oktober 1950 als Bundesinnenminister zurückgetreten war, erschien als geeignet. Die Anti-Adenauer-Rhetorik zielte auf einen baldigen Rücktritt des Kanzlers, dessen Position gerade im Zusammenhang mit der Wiederbewaffnungsfrage noch keineswegs gefestigt war. Bereits im Verlaufe des Jahres 1950 war das Bild Adenauers klar konturiert und in seinen Grundzügen fertiggestellt. Erfuhr es in der Folge Veränderungen, vielleicht „Verfeinerungen"?

Was ging in der Führung der SED vor, als z.B. im Umfeld der Diskussion um den „Grotewohlbrief" vom November 1950, in dem der Bundesrepublik Verhandlungen über die Bildung eines gesamtdeutschen Konstituierenden Rates vorgeschlagen wurden, die Polemik gegen den Kanzler schlagartig verstummte? Nicht auf Adenauer, mit dem man nun doch verhandeln wollte, sondern auf die Amerikaner wollte die Parteiführung nunmehr das „Feuer" richten.[16] In diesem Fall und bei anderen Anlässen wurde das Feindbild nicht korrigiert, sondern einfach zeitweilig ausgesetzt. Bei einem solchen taktisch bedingten Schachzug spielten in der Regel aktuelle politische Entwicklungen, vor allem Veränderungen der deutschlandpolitischen Interessenlagen der Sowjetunion

---

14 Vgl. O. Winzer, Der Vaterlandsverrat des Dr. Konrad Adenauer. Vom Separatismus zur „Integration Europas", Berlin (O) 1952, S. 28. Die von der Parteiführung in Auftrag gegebene und Schlüsselfunktion besitzende Propagandabroschüre leitete Parteifunktionäre, Propagandisten und Gesellschaftswissenschaftler politisch an.
15 Zit. bei: M. Wilke, Die SED und Konrad Adenauer, in: Hockerts, S. 18.
16 Vgl. SAPMO-BArch, DY 30, IV 2/1/45, Bl. 175, Diskussionsrede von R. Herrnstadt auf der 3. Tagung des ZK der SED, 26./27.10.1950.

eine Rolle. So zwangen die Offerten der UdSSR im Zusammenhang mit der sowjetischen Notenoffensive vom Frühjahr 1952 der SED eine Diskussion um freie Wahlen auf, die sie in Wahrheit strikt ablehnte. Das besaß zeitweilig Konsequenzen für die Darstellung der von Adenauer geforderten freien Wahlen. Diese wurden als Instrument des „Einverleibens" der DDR dargestellt und bekräftigten das Bild Adenauers als eines besonders raffinierten und „aggressiven" Politikers. Das ideologische Adenauerbild geriet immer wieder in einen nicht auflösbaren Widerspruch zum politischen Pragmatismus von sowjetischer und ostdeutscher Führung. Der Bundeskanzler wurde „verteufelt", aber gleichzeitig – wenn es die Situation gebot – an den gesamtdeutschen „Tisch" gebeten. So erweckten Gesprächsangebote der SED an die Bundesregierung, mochten sie auch plakativ sein und letztendlich nur eine Aufwertung des kommunistischen Regimes bezwecken, in der Öffentlichkeit häufig den Eindruck politischer Schizophrenie. Man „prügelte" und umarmte – andere freilich mehr noch als Adenauer – eben oft gleichzeitig. Die Schärfe der Kritik an Adenauer hing auch ab von der westdeutschen innenpolitischen Situation und von Prioritäten, die die SED setzte. Geriet z.B. die „rechte" Führung der SPD stärker ins Ostberliner Visier, flachten die Angriffe gegen Adenauer in der Regel ab; warb das Politbüro aus irgendwelchen Gründen massiv um die SPD, intensivierten sich diese wieder.[17]

Das Feindbild Adenauer war insofern gesamtdeutsch, als es sowohl dessen Gegner in der Bundesrepublik als auch die „Nationale Front" in der DDR gegen den Politiker und die von ihm repräsentierten Verhältnisse in der Bundesrepublik, vor allem aber gegen deren Westintegration, aktivieren sollte. Natürlich erklärte sich das verzerrte Adenauer-Konterfei vorrangig aus dem Wesen und den inneren Zusammenhängen von Kaltem Krieg und deutschem Sonderkonflikt. Die Führung der SED vermochte nur in deren Grenzen zu denken und in deren Geist Feindbilder als Handlungsanleitung zu entwerfen. In dem vom Kalten Krieg bestimmten konfrontativen innerdeutschen Austausch begünstigten westliche Feindbilder – etwa die Darstellung Ulbrichts als Diktator und bedingungslosen „Gefolgsmann des Kreml" – die Fortzeichnung von östlichen Pendants. Die Feindbilder der SED, und hier besonders jene, die Person und Politik Adenauers thematisierten, waren zwar alle „ideologisch" und propagandistisch, erklärten sich jedoch in hohem Maße politisch. Sie spiegelten die Reaktionen des Ostens auf die Aktionen der Bundesregierung getreu, wenngleich auf eigenartige Weise wider.

Mit der fortschreitenden Westintegration der Bundesrepublik nach 1952 geriet Adenauer in der Propaganda gänzlich zum Lakaien „Amerikas", der den nationalen Ausverkauf betreibe. Die westdeutsche Alleinvertretungsdoktrin und die Nichtanerkennung der politischen Ostgrenzen machten ihn zum Revanchisten und Kriegshetzer, seine Weigerung, sich mit allen Deutschen „an einen Tisch" zu setzen, zum „kalten Krieger". Seine Innenpolitik brachte ihm in der SED den Ruf ein, der Reaktionär an sich zu sein, das Oberhaupt der Restauration, der Interessenvertreter der Monopole

---

17 Vgl. M. Lemke, Eine neue Konzeption? Die SED im Umgang mit der SPD 1956 bis 1960, in: J. Kocka (Hg.), Historische DDR-Forschung. Aufsätze und Studien, Berlin 1993, S. 367, 370, 374f.

und gar der „Hitler unserer Tage".[18] Seit 1957 qualifizierte ihn die SED zum „Atomkanzler", der offenbar nichts anderes im Sinn hatte, als Deutschland und den Rest der Welt ins atomare Verderben zu stürzen. Am Ende seiner Amtszeit – die „Spiegel"-Affäre 1962 bot dafür einen Aufhänger – war Adenauer aus SED-Sicht pausenlos damit beschäftigt, demokratische Rechte abzubauen, verschiedene Notstandsgesetze durchzupeitschen und eine klerikal-faschistische Militärdiktatur vorzubereiten.[19] Verbalinjurien wechselten einander ab. Die Behauptung war mit dem Beweis identisch. Doch ließ sich am Wechsel der „Beschimpfungen" auf die Veränderung der Bedürfnisse und der Schwerpunkte der ostdeutschen, vor allem aber der sowjetischen Deutschlandpolitik, zurückschließen. Hier zeigen sich Ansätze für eine brauchbare Periodisierung der Entwicklung des Adenauer-Bildes der SED. Diese Periodisierung, sofern sie wissenschaftlich Sinn macht, wird also weniger von den Zäsuren im Wirken des christdemokratischen Politikers und der westdeutschen Entwicklung als mehr von den Herrschaftsbedürfnissen der SED bestimmt sein.

Die „Notwendigkeiten" der Politik, so wie sie von der SED im Laufe der Nachkriegsentwicklung definiert worden waren, helfen auch bei der Bestimmung von Konstanten und Variablen der Adenauer-Darstellung. Die Vorwürfe des Separatismus und des Spaltertums durchzogen die ganze Zeit seines Schaffens. Doch verschwanden der Anwurf des „nationalen Verrats" und die Bezeichnung „Spalter" nach 1961 allmählich aus dem aktuellen SED-Sprachgebrauch. Zum einen errichtete nicht Adenauer – wenngleich die SED ihm eine indirekte Urheberschaft unterstellte – in Berlin eine trennende Mauer und grenzte sich weiter ab. Zum anderen entstand nicht nur bei Parteiideologen, wenn sie die DDR als großartige historische Leistung priesen, die berechtigte Frage, ob nicht Adenauer – dem „Spalter" – eigentlich ein großes Verdienst um die Gründung des „Fortschritts DDR" zukomme. Bis zum Mauerbau, kaum darüber hinaus, blieben auch die Bezeichnungen „Kalter Krieger", „Mann des Monopolkapitals" und „Oberhaupt der westdeutschen Restauration" erhalten. Variable waren u.a. die Charakteristika: „Atom-Kanzler", „Gewährsmann des politischen Klerikalismus", „Spion des französischen Geheimdienstes" und „Berlinfeind".[20] Sie dienten zeitlich begrenzten Aktionen und sollten in der Regel ganz bestimmte Zielgruppen ansprechen.

Eine Trennung von Betrachtern und ihrer Sicht berührte auch ein anderes Problem des Adenauer-Feindbildes der SED: die Wahrnehmung einer zweiten, nicht immer sofort erkennbaren „Farb"-Schicht. Denn im negativen Bild steckte immer auch dessen positive Überwindung. Die politische Botschaft hieß: „Fort mit Adenauer". Doch blieb sie destruktiv, wenn man keine „Auswege aus Adenauer" anbot.

Zum einen verwies die SED-Propaganda mit der Verurteilung des greisen Kanzlers immer auf die patriotischen Kräfte in der Bundesrepublik auch als personelle Alternati-

---

18 Vgl. SAPMO-BArch, DY 30, IV 2/1002/170, Entwurf für ein Wahlprogramm der SED zu den Wahlen in Westberlin, 14.04.1958. Vgl. auch G. Holzweißig: Konrad Adenauer in den Medien der DDR, in: Hockerts, S. 85-89.
19 Vgl. Lemke, Adenauer, S. 114.
20 Vgl. Holzweißig, S. 80, 82.

ve. Oppositionelle wurden das freilich nur in dem Maße, wie sie der SED nutzten oder für sie instrumentalisierbar schienen. So gab es deutliche Unterschiede z.B. bei der Abbildung des unabhängigen Heinemann und des weitgehend SED-konformen Josef Wirth als die andere, bessere Möglichkeit. Zum anderen schimmerten im Adenauerbild immer die Konterfeis von „wahrhaft nationalen" SED-Führern als Repräsentanten des guten, des „fortschrittlichen und demokratischen" Deutschlands und dessen gesamtnationaler sozialistischer Perspektive durch. Das Gegenbild transportierte also auch den gesamtdeutschen politischen Anspruch des SED-Führungszirkels. Vor allem in den „patriotischen" Kampagnen der fünfziger Jahre trat eine dritte „alternative" – eine historische – Bildschicht zutage. Den „guten Deutschen" der Geschichte, deren Größe in erster Linie am Maßstab ihrer Rußlandfreundlichkeit gemessen wurde, stellten die Parteiideologen die „schlechten Deutschen" gegenüber: Bismarck und Rathenau contra Adenauer und Bankier Pferdmenges. So enthielt das Feindbild immer den Dualismus von Gut und Böse in seiner besonderen Ausformung von patriotisch und antinational. Der düstere Adenauer lieferte die Kontrastmasse für die lichte Entwicklung in Ostdeutschland. Von dieser Bildaussage ließ sich ein häufig gesamtdeutsch kaschiertes, in Wahrheit (DDR-)innenpolitisch relevantes Gebot ableiten: Der Kampf der „westdeutschen Patrioten" gegen alle möglichen von der SED verurteilten Entwicklungen in der Bundesrepublik werde um so erfolgreicher sein, je mehr sie eine starke DDR an ihrer Seite wüßten. „Deshalb heißt Produktionssteigerung und Planerfüllung (…) zugleich Hilfe für den Sieg über das Adenauer-Gesindel".[21]

Offenbar blieb das Feindbild Adenauer in erster Linie nach innen gekehrt. Da seine Modifizierung über zwei Dezennien weitgehend unterblieb und es in sich selbst erstarrte, kam die SED bei der gewollten Gleichsetzung von Bundesrepublik und Adenauer vor allem seit Mitte der fünfziger Jahre bei der eigenen Bevölkerung in Erklärungsnot. Wie konnte es sein, daß sich die Anziehungskraft der Bundesrepublik und das Wirken Adenauers offenbar umgekehrt proportional entwickelten und das „Böse" ständig „Gutes" hervorzubringen vermochte? Der intellektuelle Mechanismus versagte, wonach jedem sozialen Fortschritt in der Bundesrepublik die Restaurationsthese und jeglichen Reformen die Behauptung einer sich noch verstärkenden repressiven antidemokratischen Machtausübung durch den Kanzler entgegengehalten wurde. Es wurde immer schwieriger, ökonomische Erfolge mit dem forcierten Einwirken fremden Kapitals, einem höheren Grad intensiver Ausbeutung u.a.m. zu begründen. Zunehmend floß in das offizielle Adenauerbild ungewollt das Eingeständnis eines steigenden westdeutschen Lebensstandards ein, der eben trotz Adenauer und Monopole erreicht worden sei. Doch ließ es sich nicht vermeiden, dem Erzfeind gelegentlich maliziös zu konzidieren, daß es ihm gelungen sei, große Teile der „Werktätigen" für seinen „imperialistischen" Kurs zu gewinnen, sie zu korrumpieren. Überdies erhielt das Bild des Friedensfeindes, Kalten Kriegers und Verhandlungsgegners sichtbare Risse, als Adenauer sich mit der sowjetischen Führung in verschiedenen Fragen arrangierte, im September

---
21 Ebd., S. 84.

109

1955 nach Moskau fuhr und diplomatische Beziehungen vereinbarte. Es waren dann auch sowjetische Politiker, die – hinter vorgehaltener Hand – dem Kanzler eine gewisse Bewunderung zollten und der SED offenbar einen Anstoß zur Entkrampfung geben wollten: „Er ist ein schlauer Alter", meinte der stellvertretende sowjetische Außenminister Sorin anerkennend.[22] So bleibt auch die Frage nach den sowjetischen Einflüssen auf das Adenauerbild der SED bestehen. Insgesamt flossen dessen Widersprüche und Dissonanzen in andere Adenauerbilder ein, die in der Bevölkerung der DDR neben dem offiziellen Feindbild entstanden. Sie wurden von diesem sicherlich tangiert, waren aber außerordentlich differenziert und gerieten in vielen Fällen zu Gegenbildern der Adenauerdarstellung der SED, die sich dadurch häufig mit einer eigenartigen, für sie schwer faßbaren oppositionellen „Gegendarstellung" konfrontiert sah.[23] Zur Erhöhung der geringen Glaubwürdigkeit ihres Feindbildes stilisierte die Propaganda der Parteiführung, insbesondere wieder aus innenpolitischen Gründen, Adenauer-kritische Politiker in der Bundesrepublik – vor allem Christdemokraten – zu „Kronzeugen" der SED, was sie nicht daran hinderte, diese (u.a. Kaiser und Lemmer) auf eine zum Teil perfide Art zu bekämpfen.

Bei der Analyse des Adenauer-Bildes der SED stellt sich in einem größeren Zusammenhang auch die interessante Frage, inwiefern im Westen entstandene Argumente gegen den Gründungskanzler in das Ostberliner Feindklischee einflossen und umgekehrt der vielfältigen und differenzierten Opposition gegen Adenauer in der Bundesrepublik „Munition" geliefert wurde.

Das Adenauer-Bild wäre in Nuancen anders ausgefallen, wenn nicht eine Reihe subjektiver Schöpfungs-Elemente mit im Spiel gewesen wären. Der wichtigste personelle Einflußfaktor hieß Walter Ulbricht. Der Erste Sekretär der SED und spätere Staatsratsvorsitzende der DDR fühlte sich nicht zu Unrecht als deutscher Gegenspieler des Bundeskanzlers und darüber hinaus als kompetenter Historiker. Diese Kombination „befähigte" den kommunistischen Parteiführer nicht nur zu einer permanenten Beurteilung der Politik Adenauers, sondern auch der historischen Rolle des Rheinländers in der deutschen Zeitgeschichte. Viele von der SED-Propaganda sofort aufgegriffene Charakteristiken und Bezeichnungen für Adenauer und dessen Politik stammen von ihm. Der Erste Sekretär ließ sich über verschiedene Kanäle über das Tun des Bundeskanzlers informieren und maß jedem Schritt des Kontrahenten Bedeutung – häufig eine überzogene – zu. Umgekehrt war dies nicht der Fall. Für Adenauer war Ulbricht zwar ein „Diktator", doch vor allem betrachtete er ihn als einen im Prinzip nicht handlungsfähigen, von Moskau gestützten „Statthalter". Daß der Herr im Palais Schaumburg politisch und weltanschaulich ganz andere Positionen als er vertrat, empörte Ulbricht nicht so sehr wie die Tatsache, daß er als deutscher Staatsmann von Adenauer nicht wahrgenommen wurde und daß dieser sich weigerte, mit ihm in dieser Eigenschaft zu

---

22 Vgl. SAPMO-BArch, NY 4090/473, Bl. 364, Aktenvermerk über ein Gespräch zwischen J. König und V. Sorin, 10.09.1956.
23 Vgl. G. Buchstab, Das Adenauer-Bild in der Ost-CDU, in: Hockerts, S. 200.

verhandeln. Ulbrichts Bild vom „Klassenfeind" Adenauer war also nicht schlechthin ideologischer und politischer Art. Es wurde über Jahre einerseits von persönlichen Kränkungen mitgeprägt, andererseits von der freilich niemals eingestandenen Bewunderung für einen Feind, der bemerkenswert erfolgreich und populär obendrein war. Natürlich wollte Ulbricht auch und vor allem einen Sturz Adenauers als die – maßlos überschätzte – Bedingung für die gewünschte „Wende" in der Bundesrepublik, die man in Ostberlin ständig erwartete und intellektuell von Jahr zu Jahr verschieben mußte. Doch auch nach dem Rücktritt des Bundeskanzlers erlahmte das Interesse Ulbrichts an dessen historischen Wirken nicht. Die fleißige Lektüre der „Erinnerungen" Adenauers – die in Ostberlin greifbaren Exemplare ließ er für sich reservieren – löste bei Ulbricht den Wunsch aus, sich näher vor allem mit der Deutschlandpolitik des Kontrahenten zu beschäftigen. Im Oktober 1968 bildete sich auf seine Anweisung hin unter Federführung des Instituts für Marxismus/Leninismus beim ZK eine Kommission aus Vertretern verschiedener Forschungsinstitutionen der DDR, die eine Dokumentation zur Entwicklung der deutschen Frage 1945-1961 erarbeiten sollte.[24] Dieses im Schriftverkehr kurz „Adenauerkommission" genannte Gremium lieferte zwar nicht mehr als eine Materialsammlung, reflektierte aber das anhaltende Interesse Ulbrichts an einem möglicherweise differenzierteren Bild Adenauers nach dessen Tod.

Die Frage, inwiefern die einzelnen Mitglieder der Parteiführung, des Apparates und der Partei das verordnete Adenauerbild ernst nahmen, ist schwer zu beantworten. Freilich sollte differenziert werden. Vor allem der mit Propaganda und Infiltration beschäftigte Westapparat benötigte es als sein „Handwerkszeug". Hier spielte das nimmermüde Politbüromitglied Albert Norden, in Personalunion Chef der Westkommission des ZK und des „Ausschusses für deutsche Einheit", eine wesentliche Rolle als Spiritus rector und Organisator der „klassenmäßigen" Umsetzung des Feindbildes. Er ließ keine Möglichkeit für Angriffe gegen Adenauer ungenutzt. „Strategische" Idee war eben, alle negativen bzw. von der SED als solche bezeichneten Prozesse in Politik und Gesellschaft der Bundesrepublik mit Adenauer zu identifizieren. Dies gelang z.B. in Fragen der Westintegration zumindest in gewissem Maße formal – Adenauer und Westintegration ließen sich auch intellektuell nicht trennen – scheiterte jedoch bei den Versuchen, Adenauer alle Mißstände und Fehlentwicklungen, vor allem aber Nazismus anzulasten. So entwickelte sich z.B. der Versuch, ein Schreiben Adenauers vom 10. August 1934 an den preußischen Innenminister, in dem Adenauer sich aus durchsichtigen Gründen gegen den Vorwurf des Separatismus und der Feindschaft gegenüber der NSDAP in seiner Oberbürgermeisterzeit verteidigte,[25] trotz großangelegter propagandistischer Kampagne zum Fehlschlag. Auch der vom Politbüro mit der Sache beauftragte Norden[26] „paßte" letztendlich. Das Bild des „Nazis" Adenauer nahm auch im Westen

---
24 Vgl. SAPMO-BArch, NY 4182/1380, Bl. 89-91, Schreiben O. Winzers an Ulbricht, 11.10.1967. Vgl. dazu auch Wilke, S. 25-28 und Lemke, Adenauer, S. 121f.
25 Vgl. Holzweißig, S. 85-89.
26 Vgl. SAPMO-BArch, DY 30, J IV 2/2/759, Bl. 4, Politbürobeschluß, Protokoll 17/61, 11.04.1961.

kaum jemand ab. Für viele Mitglieder der SED blieb das Adenauerbild ihrer Partei zumindest in weiten Zügen unglaubwürdig. Haß gegen den widerborstigen Bundeskanzler stellte sich in den seltensten Fällen ein. Wichtig war, daß Adenauer für das Politbüro und den Propagandaapparat über zwei Jahrzehnte zuvorderst eine negative Konstante blieb, eine fiktive und gleichzeitig konkrete Größe, die letztendlich nur propagandistisch von Bedeutung war, eine Form, in die je nach Bedarf neue Inhalte gefüllt wurden. Was man auch eingab, heraus kam immer wieder ein undifferenziertes Bild von Adenauer als Inkarnation des „Bösen". Verbindet man die Mosaiksteine des Kanzler-Feindbildes nach der ihm innewohnenden Logik, so kristallisieren sich drei konstante allgemeine Aussagen heraus: erstens das Schema der Bundesrepublik als der Adenauer-Staat; der Kanzler repräsentierte demnach die reaktionäre deutsche Traditionslinie. Zweitens stellte Adenauer darin die Versinnbildlichung des konterrevolutionären Kampfes des deutschen Imperialismus gegen die DDR und den Fortschritt – vertreten im wesentlichen durch die SED – dar. Und drittens symbolisierte Adenauer die innenpolitische Repression in der Bundesrepublik. Die SED bezog jegliche westdeutsche Opposition letztlich immer auf Adenauer als Gegner „an sich".

Viele Funktionäre der SED, der Bündnisparteien und Massenorganisationen reduzierten ihre Auseinandersetzung mit Adenauer – besser: mit dem Bild von ihm – auf rituelle Beschimpfungen. Eigentlich stand ein ewig präsenter Götze im Raum, dem man ungewollt diente. Dieser „negative Götzendienst" trug zur Popularisierung des Kanzlers nur bei. Aus welchem Anlaß auch immer – keiner Rede fehlte ein Vorspann, in dem der Referent als agitatorische „Pflichtübung" mit dem Kanzler abrechnete. Selbst bewußte Genossen hörten in der Regel kaum mehr zu. Das allgemeine Desinteresse resultierte aus dem hohen Bekanntheitsgrad dessen, was an Polemik erwartet wurde und zumeist tatsächlich folgte. Es war aber auch ein Ergebnis der „Normalität" des Kalten Krieges, in den sich die konfrontativ-plakative Auseinandersetzung mit dem Adenauer-Symbol als allgemeiner Geschäftsgang „harmonisch" einordnete. Und Normalität riß niemandem „vom Stuhl". Hinzu trat ein herzliches Desinteresse der SED-Führung an der Biographie eines Politikers, die nur in dem Maße interessant schien, wie sie aus aktuellen Anlässen politisch gegen die Bundesrepublik instrumentalisiert werden konnte. Nach seinem Rücktritt war Adenauer für das Politbüro folgerichtig sehr bald kein Thema mehr. Es ist nicht nachvollziehbar, ob mit dem Beginn der Ära Honecker ein möglicher Sichtwandel in der Parteiführung stattfand. Im Abbruch der Polemik zeigte sich einmal mehr die politische Zweckgebundenheit als die eigentliche Determinante der Auseinandersetzung mit Adenauer. Andere Politiker der Bundesrepublik rückten in den Vordergrund des Interesses der SED. Sie waren später – denkt man an Brandt oder Strauß – keineswegs mehr nur grau in grau, sondern ließen auch Zwischentöne und mehr „Licht" erkennen. Eine westdeutsche Karikatur ließ Ulbricht beim Abgang seines Konkurrenten von der politischen Bühne in Tränen ausbrechen – zu Recht, wie man im Nachhinein feststellen könnte. Doch ist es auch eine Ironie der Nachkriegsgeschichte, daß das SED-Feindbild Adenauer dessen physischen Tod eigentlich nicht überlebte.

Martin Sabrow

Der Streit um die Verständigung.
Die deutsch-deutschen Zeithistorikergespräche
in den achtziger Jahren

Alarm herrschte im Ost-Berliner Zentralinstitut für Geschichte bei der Akademie der Wissenschaften der DDR (ZIG), als am 19. Februar 1985 ein Unbekannter das Gebäude an der Prenzlauer Promenade betrat und sich dem Pförtner als auswärtiger Historiker zu erkennen gab, der einem Fachkollegen einen Besuch abstatten wollte. Ohne es zu ahnen, hatte der Gast, der eine aus gemeinsamer Beschäftigung mit der Historiographiegeschichte gewachsene Bekanntschaft auffrischen wollte, durch sein bloßes Erscheinen eine unerhörte Situation provoziert. Denn der unverhoffte Besucher besaß keine Sondergenehmigung, die ihm den Zutritt hätte gestatten können – und er kam aus dem Westen. Der im Anschluß an das Vorkommnis pflichtgemäß zu erstattende Bericht illustriert im Bemühen des aufgeschreckten Instituts, jede ideologische Kontaminierung zu vermeiden und gleichzeitig dem unverhofften Besucher den Eindruck internationaler Offenheit mitzugeben, ein zentrales Dilemma der sozialistischen Geschichtswissenschaft in der DDR: „Am 19. 2. 1985 suchte Prof. Dr. Ernst Schulin (…) den Genossen Dr. Hans Schleier (…) auf. Er hatte das Gebäude unangemeldet betreten. Prof. Schulin ist Dr. Schleier persönlich bekannt von der Zusammenarbeit in der Internationalen Kommission für Geschichte der Geschichtsschreibung des CISH. (…) Dr. Schleier konnte angesichts dessen ein Gespräch nicht ablehnen. (…) Dr. Schleier hat den unangemeldeten Besuch sofort der Institutsleitung gemeldet."[1]

Aus der Perspektive des geteilten Deutschland trug die Szene dramatische Züge – aus der Perspektive des vereinigten Deutschlands hat sie bestenfalls anekdotische Qualität. Das Ende von Teilungen pflegt die Brückenbauer zur Disposition zu stellen. Der anhaltende Streit *nach* 1989 um die bundesdeutsche Ostpolitik *vor* 1989 führt vor Augen, wie sehr die Entscheidung über Opportunität und Opportunismus eine Frage des Blickwinkels ist und wie schnell im Nachhinein der einst kühne Pionier als zaghafter Zauderer, der lächerliche Illusionist als pragmatischer Realist erscheinen kann – und umgekehrt. Der Perspektivenwandel, der mit dem überraschenden Abschluß der vierzigjährigen deutschen Teilungsgeschichte einhergeht, stellt auch die deutsch-deutschen Historikerkontakte während der Zeit der deutschen Doppelstaatlichkeit in ein neues

---

1 Archiv der Berlin-Brandenburgischen Akademie der Wissenschaften (ABBAW), Rb 1169, Information über unangemeldete Einreisen aus der BRD gemäß Anweisung 10/83, 22.4.1985. „CISH" steht für „Comité International des Sciences Historiques".

Licht. Aus der DDR stammende Nachwuchshistoriker wehrten sich nach 1989 vernehmlich dagegen, daß die „Leute, die wir in der DDR als unsere Feinde empfunden hatten – nämlich als Vertreter der SED-Ideologie, die Karrierechancen und Vorteile hatten, die wir nicht hatten –, (...) im Westen bekannt (waren)", und daß nach der Wende „man vom Westen aus genau diese Kontakte weiterpflegte".[2] Nicht wenige der so angegriffenen Westhistoriker suchten diesen Vorwurf vor allem defensiv zu entkräften: „Unsere Kontakte mit DDR-Historikern waren vor 1988/1989 fast Null."[3] Westdeutsche Kritiker der „alten DDR-Forschung" erinnerten dagegen an die „zahlreichen deutsch-deutschen Historikertreffen in Ost und West", auf denen „überwiegend Artigkeiten aus(getauscht)" worden seien. In ihrem Urteil entpuppte sich die selbsternannte „Verantwortungsgemeinschaft der Historiker" als eine unheilige Allianz von gesiebten Reisekadern im Osten, die im Auftrag der Einheitspartei „Geschichtswissenschaft als Desinformation" betrieben hätten, und ihren Helfern im Westen, die sich aus Einfalt oder Vorsatz „zur Selbstamputation ihres doch an Diktaturen in aller Welt so geschärften Menschenrechts- und Unrechtsbewußtseins" bereit gefunden hätten.[4] Gegen diese Sicht wiederum, die so unreflektiert *ex post* argumentiert und die Geschichte der DDR nun zur bloßen „Vorgeschichte des wiedervereinigten Deutschland" verkürzen will[5], hat sich freilich auch scharfer Protest erhoben. Er richtet sich gegen die „Naivität heutiger Verurteiler"[6] und gegen die „neue Parteilichkeit", durch die hier „Geschichte als agitatorischer Knüppel mißbraucht wird"[7]. Aber es geht um mehr als um die Kurzsichtigkeit des Blicks zurück im Zorn; es geht um eine Kontroverse, deren Kern aus dem Getümmel kampfgelehrter Aufgeregtheit geborgen zu werden verdient: In Rede steht die Frage nach dem Beitrag der deutsch-deutschen Historikerbeziehungen für die Stabilisierung oder Destabilisierung der SED-Diktatur.

---

2 Wem gehört die DDR-Geschichte? Ein Streitgespräch zwischen J. Kocka und S. Wolle, in: Wochenpost, Nr. 44, 28.10.1993.
3 Ebd.
4 K. Schroeder/J. Staadt, Zeitgeschichte in Deutschland vor und nach 1989, in: APZ, B 26/1997, S. 21, 24, 19.
5 Ebd., S. 29.
6 K. Pätzold, „Wo waren Sie im Krieg gegen die DDR?" Deutsch-deutsche Gespräche vor '89 - Die Historiker, in: ND, 30./31.8.1997.
7 U. Mählert, Der Dialog mit der DDR gilt als Verrat. Zehn Jahre nach dem Manifest von SPD und SED befehden sich die Historiker heftiger denn je, in: Süddeutsche Zeitung, 16.9.1997. Weitere Wortmeldungen in der kontroversen Diskussion stammten von: J. Schmädeke, Widerstandsforschung und DDR-Kontakte, APZ, B 38/1997, S. 48-50; W. Bramke, Dialog oder Kungelei und Verrat. Gedanken zu einem Streit, der nicht allein die Historiker betrifft: Ost-West-Gespräche, in: ND, 19.8.1997; J. Staadt, Widerstandsforschung und vorauseilende Kompromißbereitschaft, in: ebd., S. 50-52, J. Kocka, Stellungnahme zu Klaus Schroeder/Jochen Staadt: Zeitgeschichte in Deutschland vor und nach 1989, in: ebd., S. 52f.; G. Aly, Kampfgelehrte an der Geschichtsfront. Der Streit um die Widerstands-Gedenkstätte, in: Berliner Zeitung, 9./10.8.1997; K.-H. Janßen, Händel durch Annäherung. Historiker streiten um Nähe und Distanz zur einstigen DDR, in: Die Zeit, 19.9.1997; J. Kocka, Ost-West-Kontakte, in: ebd., 17.10.1997, S. 73.

1. Der historische Dialog – das politische Wagnis

Brückenschläge innerhalb der gespaltenen Zunft datieren nicht erst aus den achtziger Jahren. Schon der vielfach nachgezeichnete Weg der deutschen Geschichtswissenschaft in die fachliche Teilung war von – freilich vergeblichen – Versuchen begleitet, die dem „Sturm auf die Festung Wissenschaften" in der DDR zum Opfer gefallenen Verbindungen zur westdeutschen Disziplin neu befestigen. Einen neuen Anlauf zur Kooperation in der Konfrontation unternahmen ost- und westdeutsche Historiker in den sechziger Jahren, als nach dem Mauerbau von 1961 die ideologischen und institutionellen Grenzen der geteilten Geschichtswissenschaft endgültig gezogen schienen. Doch der zaghafte und über ein verstecktes Historikertreffen in Ost-Berlin am Rande des Historikertages 1964 kaum hinausgelangende Versuch eines deutsch-deutschen Dialogs zu Fragen der Faschismusforschung führte schon bald zu einer Generalabrechnung mit den „Versöhnlern" in der Ost-Disziplin.[8] In der Folge versuchte die DDR-Geschichtswissenschaft sich in der innerdeutschen Konkurrenz durch eine noch hermetischere Abgrenzung und die Kappung der letzten institutionellen Verbindungen zu behaupten. Die Kontakte zwischen den verfeindeten Lagern beschränkten sich danach im wesentlichen auf Begegnungen auf internationalen Konferenzen und wechselseitige Archivbesuche, und sie wurden von seiten der DDR durch eine restriktive Genehmigungspraxis gegenüber auswärtigen Benutzungsanträgen ebenso gesteuert wie in der Einschränkung eigener Außenverbindungen auf einen „ideologisch gefestigten" Stamm von „Reisekadern".

Doch auch die sorgfältigste Abschottung der doktrinären Fachwissenschaft in der DDR konnte nicht verhindern, daß die Abgrenzung beider Wissenschaftssysteme im Laufe der Jahre an Schärfe zu verlieren begann. Auf immer mehr Feldern machte seit der Mitte der siebziger Jahre die überkommene Konfrontation vorsichtigen Bemühungen um Kooperation Platz. Leistungen der DDR-Historiographie etwa in der Reformationsgeschichtsschreibung und Imperialismusforschung, aber auch zur Geschichte Preußens und zu geschichtstheoretischen Grundlagenfragen fanden nun im Westen zunehmende Aufmerksamkeit, während zugleich im Osten das Bild einer monolithischen „bürgerlichen" Gegenwissenschaft mit der fortschreitenden Ablösung des historistischen Paradigmas im Zuge der westlichen Theoriedebatten und der aufkommenden Sozialgeschichte an Suggestionskraft zu verlieren begann.

Was diesen Prozeß förderte und was ihn hemmte, von welchen Hoffnungen und Befürchtungen er begleitet war und welche Chancen und Risiken er eröffnete, illustriert ein Unternehmen, mit dem in den achtziger Jahren ausgerechnet Vertreter einer durch ideologische Gräben besonders tief gefurchten Teildisziplin eine Brücke zur deutsch-deutschen Verständigung zu schlagen suchten: die Werkstattgespräche zur Zeitge-

---

8 Vgl. M. Sabrow, Der „ehrliche Meinungsstreit" und die Grenzen der Kritik. Mechanismen der Diskurskontrolle in der Geschichtswissenschaft der DDR, in: G. Corni/M. Sabrow (Hg.), Die Mauern der Geschichte, Leipzig 1995, S. 79-117.

schichte. An ihrem Beginn stand ironischerweise ein dreitägiges Kolloquium mit dem Titel „Der Kampf gegen den Faschismus. Aspekte – Probleme – Lehren" in Sellin auf Rügen vom 28. Februar bis 1. März 1984, mit dem die DDR-Geschichtswissenschaft im Vorgriff auf den bevorstehenden 40. Jahrestag des Hitler-Attentats vom 20. Juli 1944 und zur Vorbereitung des bevorstehenden Internationalen Historikerkongresses in Stuttgart ihre Sicht auf den antifaschistischen Widerstand demonstrieren wollte.

Doch die eigentliche Bedeutung der Konferenz im Selliner Hotel „Frieden" lag nicht in dem, was auf ihr öffentlich verhandelt wurde; Sellin wurde zur Initialzündung einer neuen Stufe deutsch-deutscher Kooperation. Denn zu den Eingeladenen zählten auf ZK-Beschluß in bewußter Abkehr von der bisher seitens der DDR geübten Abgrenzungspraxis mit Christoph Kleßmann, Hans Mommsen, Lutz Niethammer und Hans-Josef Steinberg auch vier bundesdeutsche Historiker – augenfälliger und gewollter Ausdruck des gewachsenen Selbstbewußtseins und der dem Anschein nach erreichten Stabilität der Geschichtswissenschaft im Sozialismus.[9] Am Rande der dreitägigen Konferenz ergaben sich allerdings Gesprächskontakte zwischen Ost- und Westdeutschen, die die Dialogofferte beim Wort nahmen und ihre Grenzen auszuloten suchten: Christoph Kleßmann sprach seinen Leipziger Kollegen Werner Bramke auf die Möglichkeit einer Begegnung von Bielefelder und Leipziger Studenten außerhalb der üblichen Delegationspraxis an; Lutz Niethammer diskutierte mit Olaf Groehler und Dietrich Eichholtz vom ZIG die Idee eines Folgetreffens zu Fragen der deutschen Nachkriegsgeschichte, an dem ausschließlich Historiker aus beiden deutschen Staaten teilnehmen sollten.

Während aber die Leipzig-Reise einer Bielefelder Studentengruppe erst nach dreijähriger Vorbereitung im Frühjahr 1987 stattfinden konnte,[10] nahm die Idee eines deutsch-deutschen Dialogs zur Zeitgeschichte erheblich zügiger Gestalt an. Schon am 15. März 1984 kam Niethammer in einem Schreiben an Eichholtz auf den in Sellin geknüpften Faden zurück und schlug vor, eine mögliche Mitarbeit von DDR-Autoren im Studienprogramm der Fernuniversität Hagen und im bundesdeutschen „Journal für Geschichte" im direkten Gespräch zu erörtern. Das Treffen, an dem neben Eichholtz und Niethammer auch Groehler teilnahm, kam schon am 6. April 1984 zustande. Laut Aktennotiz von Niethammer zeigten seine Gesprächspartner sich interessiert daran, eine Mitwirkung von DDR-Historikern im „Journal für Geschichte" weiterzuverfolgen. Allerdings erwies sich schon der institutionelle Vorlauf des Projekts als erheblich: „Herr Eichholz wollte zunächst eine Grundsatzscheidung der Direktion der Akademie der Wissenschaften erwirken, daß deren Mitarbeiter am Journal für Geschichte mitwirken

---

9 „Zum Kolloquium werden gezielt 90 bis 100 Historiker eingeladen, darunter 15 Gäste aus sozialistischen und bis zu 20 Gäste aus kapitalistischen Ländern, einschließlich aus der BRD und Berlin (West). (…) Die Liste der einzuladenden Gäste ist der Abteilung Wissenschaften vorzulegen." (SAPMO-BArch, DY 30, J IV2/3/3530, Sekretariat des ZK, Protokoll Nr. 67 vom 21.6.1983.)
10 Vgl. hierzu Bramkes eigenen Beitrag in diesem Band und ders., Dialog oder Kungelei.

können."[11] Auch eine ostdeutsche Mitarbeit im Studiengang Neuere Geschichte der Fernuniversität schien nur auf längere Frist möglich; man verständigte sich darauf, daß das „Vorhaben (…) ohne Termindruck von beiden Seiten gründlich weiter sondiert werden (soll)".[12] Statt dessen griff die DDR-Seite einen dritten Vorschlag Niethammers auf, der eine lockere Folge von Werkstattgesprächen über den Kalten Krieg zum Inhalt hatte, mit wechselnden Veranstaltungsorten in der Bundesrepublik und in der DDR. Zustimmung fand Niethammer, der sich zuvor politischer und finanzieller Unterstützung in Nordrhein-Westfalen versichert hatte, auch für seinen Vorschlag, die erste dieser Tagungen im Ruhrgebiet zu veranstalten. Einvernehmen wurde auch über das Procedere erzielt, das die Bildung einer Kerngruppe mit je etwa fünf im engeren Themenbereich arbeitenden Historikern aus der Bundesrepublik und aus der DDR vorsah, die fallweise durch weitere Spezialisten zu ergänzen sei: „Die Sitzungen sollten nicht publiziert werden, aber von Geheimniskrämerei frei sein. An eine Veröffentlichung von Protokollen ist nicht gedacht."[13]

Welche Motive leiteten die Initiatoren aus beiden Lagern bei ihrem Verständigungsprojekt? Bramke nannte in seinem Rückblick das gemeinsame Interesse an Auflockerung und den gemeinsamen Wunsch, „sich von einer ideologisch verhärteten Doktrin zu wichtigen zeitgeschichtlichen Themen lösen" zu wollen.[14] Niethammer selbst führte in seinem späteren Einladungsschreiben an mögliche Referenten aus dem Westen an, „daß bei DDR-Historikern verstärktes Interesse und wohl auch zunehmend Möglichkeiten bestehen, zu einem interessanten Meinungsaustausch mit Historikern aus der Bundesrepublik zu kommen".[15] Seine Initiative ordnete sich ein in die politischen Bemühungen von Regierung und Opposition in der Bundesrepublik, die in den frühen siebziger Jahren begonnene Entspannungspolitik fortzusetzen und die innerdeutschen Gesprächskontakte im Rahmen des von Egon Bahr geprägten Modells eines „Wandels durch Annäherung" zu intensivieren.[16] Dahinter stand der gemeinsame Eindruck der westdeutschen Teilnehmer an der Selliner Tagung, daß sich auch in der herrschaftslegitimatorisch besonders beanspruchten Zeitgeschichtsschreibung im SED-Staat die ideologischen Bindungen zu lockern begonnen hätten. Daß das Treffen vom Februar 1984 der Hoffnung auf einen freilich höchst bescheidenen Wandel überra-

---

11 Ebd., (Lutz Niethammer), Aktennotiz über ein Gespräch mit Professor Olaf Gröhler (sic!) und Professor Dietrich Eichholz (sic!) in Berlin (DDR) am 6.4.84.
12 Ebd.
13 Ebd.
14 Bramke, Dialog oder Kungelei.
15 Universität Jena, Historisches Seminar, Lehrstuhl Prof. Dr. Niethammer, Zeitgesch. Colloquium (i.f. UJ, Coll.) I, L. Niethammer, Briefentwurf, 1.6.1984. Für die mir gewährte Akteneinsicht bin ich Lutz Niethammer zu Dank verpflichtet.
16 Wohl nicht zuletzt, weil Niethammer die Rückendeckung des sozialdemokratischen Ministerpräsidenten Rau besaß, hatte der von SPD und Gewerkschaften getragene „Verein der Freunde Nordrhein-Westfalens" sich bereit erklärt, den westdeutschen Anteil der geplanten Konferenzen als Gastgeber zu übernehmen. Ein informatorischer Kontakt zur Bundesregierung kam hingegen offenbar erst zwei Jahre später und auf Betreiben des parlamentarischen Staatssekretärs Anton Pfeifer zustande (Ebd., A. Pfeifer an L. Niethammer, 19.9.1986).

schenden Auftrieb gegeben habe, betonte auch Kleßmann in seinem Antwortschreiben an Niethammer: „Daß die Konferenz in Rügen, von der wir, wenn ich das richtig sehe, doch alle ganz angenehm überrascht waren (gemessen an den normalerweise niedrig gehängten Erwartungen), nun möglicherweise weitere Kontakte nach sich zieht, finde ich sehr erfreulich. (...) Zumindest ließen die Diskussionen in Rügen Ansätze einer etwas differenzierteren Urteilsbildung erkennen, und dann sollte man auch ruhig besonders heiße Eisen der Zeitgeschichte einmal anpacken."[17]

Die Hoffnung, über den fachlichen Austausch die ideologische Häutung der DDR-Geschichtswissenschaft zu befördern, schwang freilich nur in der internen Verständigung der Gesprächsinitiatoren mit. Gegenüber der Öffentlichkeit hingegen wurde eine Sprachregelung gesucht, die die Position der Dialogbefürworter auf DDR-Seite nicht zusätzlich erschwere, wie die Presseerklärung der Fernuniversität Hagen zum ersten Werkstattgespräch zeigte: „Der Gedanke zu diesen Gesprächen entstand am Rande einer internationalen Arbeitstagung zu Fragen des Antifaschismus in Sellin auf Rügen (...) Dabei waren besonders zwei Motive maßgebend: einerseits das Bedürfnis nach einem kritischen wissenschaftlichen Meinungsaustausch über Fragen der deutschen Nachkriegsgeschichte, andererseits die in beiden deutschen Staaten empfundene besondere Verantwortung für den Frieden, zu der durch klärende historische Erörterungen über Alternativen zum Kalten Krieg in Deutschland ein Beitrag geleistet werden könnte."[18]

Unterschiedliche Motive lassen sich auch für die ostdeutsche Seite herausschälen. Im Kalkül des SED-Apparats mochte eine Rolle spielen, daß sich so im Vorgriff auf ein Kulturabkommen zwischen beiden deutschen Staaten Chancen und Risiken einer Normalisierung auf wissenschaftlichem Gebiet erproben ließen. Auch lag es im Interesse der östlichen Machthaber, namhafte Vertreter einer sozialliberalen Strömung in der bundesdeutschen Geschichtswissenschaft in eine von der DDR initiierte und kontrollierte Dialogpolitik einzubinden. Vor allem aber bot Niethammers Vorstoß die willkommene Gelegenheit, das gewachsene Selbstbewußtsein der zweiten deutschen Geschichtswissenschaft und ihre in mehr als dreißig Jahren erarbeitete Kompetenz als Werbung für die DDR nach außen zu nutzen und aus ihrer steigenden internationalen Anerkennung politisches Kapital im eigenen Land zu schlagen. Die beteiligten Historiker teilten diese Auffassung der Geschichtsfunktionäre im SED-Apparat, weil sie ihnen die Möglichkeit einer vorbehaltlosen Wiederaufnahme in die *scientific community* in Aussicht stellte, und sie begriffen zudem ihre Chance, dadurch gleichzeitig die inneren Spielräume ihres Fachs zu erweitern. Politik und Wissenschaft mochten in der Frage des deutsch-deutschen Historiker-Dialogs unterschiedliche Akzentsetzungen verfolgen, aber Politiker und Historiker einte der gemeinsame Glaube an die Festigkeit der eigenen Wissenschaft, die von einer kontrollierten Öffnung gegenüber dem Systemgegner

---

17 Ebd., Chr. Kleßmann an L. Niethammer, 13.6.1984.
18 Ebd., Presseerklärung „Erste Tagung zur deutschen Nachkriegsgeschichte mit Historikern aus der Bundesrepublik und aus der DDR", o.D.

nur profitieren könne: „Gleichzeitig wollte ich", urteilte Bramke rückblickend, „den verantwortlichen Wissenschaftspolitikern demonstrieren, daß eine sukzessive Öffnung verantwortbar sei und neues DDR-Bewußtsein produziere, gerade gegenüber westdeutschen Partnern."[19]

Allerdings war die Rollenverteilung im einzelnen komplizierter, als Bramke erkennen konnte. Zumindest stieß Groehler mit seiner Initiative im SED-Apparat offenbar auf weniger Widerstand, als nach gewohntem Klischee zu vermuten gewesen wäre: Die Abteilung Wissenschaft wurde in ihrer Meinungsbildung von einem Bericht der Historikergesellschaft über die Selliner Tagung beeinflußt, der der eigenen Disziplin das beste Zeugnis über ihre Begegnung mit dem Klassenfeind ausstellte: „Unsere Stärke bestand in der Zusammenführung von Historikern, wissenschaftlich und politisch bestens gerüstet, so daß es von der wissenschaftlichen Substanz her in keinem Fall zu Einbrüchen oder Sprachlosigkeit kam. (...) Die BRD-Historiker signalisierten von Anfang an, Gemeinsamkeiten zu suchen und herauszustellen (Prof. Niethammer, Prof. Mommsen). Derartig weitreichende Angebote zur Fortsetzung eines Dialogs zu Fragen der modernen Geschichte zwischen Historikern der BRD und der DDR – einschließlich anderer sozialistischer Länder! – gab es in den vergangenen Jahren nicht." Deutlich läßt der Bericht im weiteren die Absicht erkennen, die besondere Eignung der beiden Westdeutschen für einen grenzüberschreitenden Historikerdialog herauszustreichen, ohne gleichzeitig ihren Charakter als bedrohliche Gegner zu übersehen: „Die ‚BRD-Delegation' hatte sich augenscheinlich vorgenommen, die politischen und wissenschaftlichen Möglichkeiten bis an die Grenzen zu testen, ohne es aber zum Abbruch kommen zu lassen. Nach ersten aggressiven Ausfällen (Niethammer und Mommsen) paßten sie sich dem Grundkonzept an, waren sie sichtlich bemüht, Gemeinsamkeiten zu suchen und herzustellen."[20] Die Historikergesellschaft empfahl daher, die westliche Offerte trotz aller Risiken aufzugreifen, weil das über Jahrzehnte geformte Gedankengebäude einer sozialistischen Geschichtswissenschaft nun so weit gereift sei, daß es seines bisherigen Schutzes durch Abgrenzung mehr und mehr entraten könne: „Derartige Angebote sollten beachtet und geprüft werden. Die Geschichtswissenschaft der DDR besitzt die Kraft, solche Dialoge im Sinne unserer ideologischen Offensive zu führen."[21]

Unbehagen im SED-Apparat vermochte unter diesen Umständen lediglich ein Passus der „Nur für den Dienstgebrauch" bestimmten Analyse der innerdeutschen Begegnung von Sellin zu bereiten, in dem darauf hingewiesen wurde, daß Hans Mommsen einen „Sonderfall" darstelle und in Sellin eine persönliche Einladungspolitik zu eben der West-Berliner Widerstands-Konferenz anläßlich des 40. Jahrestags des 20. Juli 1944 betrieben habe, gegen die die Selliner Tagung nach dem Willen des ZK als wissenschaftspolitisches Gegengewicht hatte fungieren sollen. Mit Hans Mommsen aber

---
19 Bramke, Dialog oder Kungelei.
20 Der Bundesbeauftragte für die Unterlagen des Staatssicherheitsdienstes der ehemaligen Deutschen Demokratischen Republik (i.f. BStU), AGMS 5397/85, Zusammenfassung eines Berichtes der Historikergesellschaft der DDR, 10.4.1984.
21 Ebd.

verbanden sich im SED-Apparat besondere Erinnerungen. Schließlich war er es gewesen, der aus ostdeutscher Sicht die DDR-Geschichtswissenschaft schon in den sechziger Jahren mit seinen „pseudofortschrittlichen" Bemühungen in Bedrängnis gebracht hatte, und unvergessen war Ernst Engelbergs temperamentvolle Warnung vor der „spezifische(n) politische(n) Gefährlichkeit und Funktion" des „frechen Kerl(s)" Mommsen, der in seiner Einladungspolitik „auch mit dem Mittel der verfeinerten Korruption" arbeite.[22] Über die Entscheidung, die der ZK-Apparat daraufhin traf, informierte der stellvertretende Direktor des ZIG das Ministerium für Staatssicherheit so: Es sei „nach Absprache und Beratung mit der Abt. Wissenschaften beim ZK der SED und dem Gen. Prof. Ernst Diehl beschlossen worden (…), künftig mit dem BRD-Wissenschaftler Prof. Niethammer enger zusammenzuarbeiten, um ihn als Gegenpol zu dem Prof. Mommsen aufzubauen. Zu diesem Zweck sei Prof. Niethammer zu einem Gespräch mit den Gen. Eichholz (sic!) und Gen. Prof. Groehler eingeladen worden (am 6.04.1984)."[23]

Doch wenn es ihr zu diesem Zeitpunkt vielleicht noch so scheinen mochte, als ob die DDR-Seite das Gesetz des Handelns an sich gezogen hätte und dem Gegner die Bedingungen der innerdeutschen Kooperation souverän zu diktieren vermöge, so mußten sich Partei und Staatssicherheit schon durch Groehlers anschließenden Bericht über sein Apriltreffen mit Niethammer eines Schlechteren belehren lassen. Ganz offenkundig wurden die ZIG-Historiker bei dieser Besprechung von dem Tempo überrannt, mit dem Niethammer auf sein Ziel eines grenzüberschreitenden Dialogs zusteuerte, bereits einen Geldgeber für das Unternehmen aufgetrieben habe, auf einen ersten Konferenztermin noch im Jahre 1984 drängte, nach den Auswahlkriterien für den Teilnehmerkreis fragte und einen Empfang beim nordrhein-westfälischen Ministerpräsidenten Rau in Aussicht stellte: „Wir brachten zum Ausdruck, daß die von ihm unterbreiteten Vorschläge praktisch auf die Bildung einer Art bilaterales Historiker-Seminar hinauslaufen würde. (…) Professor Niethammers Vorschlag müsse von uns auch unter diesem Aspekt erst einmal gründlich überdacht und geprüft werden."[24] Ganz offenkundig hatte die Groehler und Eichholtz erteilte Besuchsdirektive keine Zusagen auf die von Niethammer ventilierten Fragen vorgesehen, so daß seine Ansprechpartner hinhaltend reagieren mußten: „Wir erklärten Professor Niethammer, daß wir es nach Klärung der grundsätzlichen Fragen nicht für ausgeschlossen hielten, im Herbst 1984 den wissen-

---

22 E. Engelberg, Bericht über meine Reise nach Wien zu dem internationalen Symposion „Österreich-Ungarn und die Internationale" vom 6.9. bis 13.9.1964, zit. n. M. Sabrow, Historia militans in der DDR. Legitimationsmuster und Urteilskategorien einer parteilichen Wissenschaft, in: Historicum. Zeitschrift für Geschichte, 1995, Nr. 43, S. 22.
23 BStU AGMS 5397/85, Treffvermerk, 11.4.1984. Der Umstand, daß Mommsen seinem früheren Assistenten Niethammer wissenschaftlich und politisch denkbar nahestand, läßt dieses Kalkül des SED-Apparats besonders bizarr erscheinen.
24 Ebd., O. Groehler, Bericht über ein Gespräch mit Professor Dr. Lutz Niethammer am 6. April 1984, Abschrift. Es handelt sich um einen von Groehler für das ZIG, die AdW und den Rat für Geschichtswissenschaft sowie das ZK erstatteten Bericht, den ein Inoffizieller Mitarbeiter seinem Führungsoffizier zur Abschrift überlassen hatte.

schaftlichen Meinungsaustausch fortzusetzen. (...) Niethammer versuchte zu erfragen, welche Haltung wir zu einer möglichen Publikation wichtiger Ergebnisse der Diskussionen einnehmen würden. Wir verwiesen darauf, daß zunächst einmal die Ergebnisse derartiger Veranstaltungen abgewartet werden müßten, um zu einer Entscheidung in dieser Frage zu gelangen."[25]

Ungeachtet seines vorsichtigen Taktierens gegenüber Niethammer, setzte sich Groehler intern weiterhin für das Projekt ein und empfahl in seinem Bericht, auch auf das Angebot einer Mitarbeit im „Journal für Geschichte" einzugehen, weil es „uns hinsichtlich seiner Massenverbreitung günstige Möglichkeiten einräumt, Lesern aus der BRD unsere Forschungsergebnisse, wie sie publiziert vielfach bei uns bereits vorliegen, nahe zu bringen. Wir können auf diese Weise das Journal nicht nur als Ideologieträger unserer Geschichtsauffassung nutzen, sondern neben devisenwirtschaftlichen Vorteilen auch wirksame Literaturpropaganda unseres eigenen Schrifttums betreiben, die langfristig unserem Buchexport zum Vorteil gereichen würde."[26]

Diesmal aber war der SED-Apparat nicht mehr bereit, seine Bedenken ohne weiteres einer so vagen Gewinnaussicht zu opfern; zu fadenscheinig bemäntelte Groehlers Argumentation den mit Händen zu greifenden Umstand, daß der DDR-Seite das Spiel zu entgleiten drohte. Daran änderte auch ein ergänzend von der Leitung des ZIG erarbeitetes Strategiepapier nichts, in dem es hieß, daß „die Verbindungen zu Prof. Niethammer warmgehalten werden sollten", „man sich von Niethammer aber nicht festlegen lassen dürfe auf (...) den Teilnehmerkreis und (...) die Themenliste".[27] Doch selbst durch dieses Votum ließ sich die zuständige ZK-Abteilung nicht zum Handeln drängen, sondern taktierte vorerst dilatorisch. Empört berichtete der stellvertretende ZIG-Direktor Heinz Heitzer seinem Führungsoffizier im Mai 1984 über das Schicksal der vom ZIG an das ZK gesandten Vorschläge: „Obwohl bereits vor drei Wochen abgeschickt, wurde erst jetzt bekannt, daß diese noch immer beim Genossen Prof. Diehl liegen. Es wurde die Meinung geäußert, daß sich der Gen. Prof. Diehl um eine schwierige Entscheidung drücken will."[28]

Eine weitere Erschwernis ergab sich mit dem plötzlichen Tod des ZIG-Direktors Horst Bartel im Juni desselben Jahres. Die daraus resultierende Unsicherheit über den zukünftigen Kurs des Instituts wirkte sich nicht eben günstig auf die Risikobereitschaft der interimistischen Führungsriege des Instituts aus und trug Groehler plötzlich starken Widerstand im eigenen Haus ein. Um sein Vorhaben fürchtend, wandte Groehler sich daraufhin mit der Bitte um Unterstützung an den zuständigen Referenten für Geschichte in der ZK-Abteilung Wissenschaften. Der wiederum riet, sich doch um die Unterstützung des als Leitinstitut für die Geschichtswissenschaft fungierenden Instituts für Marxismus-Leninismus beim ZK der SED (IML) zu bemühen, um so die politische

---

25 Ebd.
26 Ebd.
27 Ebd., Treffvermerk vom 11.5.1984.
28 Ebd.

Rückendeckung seiner Initiative zu erhöhen.[29] Tatsächlich gelang Groehler das Kunststück, unter den leitenden Mitarbeitern des IML nicht nur den für aufgeschlossen geltenden Günter Benser für sein Vorhaben zu gewinnen, sondern überraschenderweise auch den als ausgesprochenen *hardliner* eingestuften Walter Wimmer. Erst daraufhin rang sich Diehl, der als ZK-Mitglied, stellvertretender Leiter des IML und Vorsitzender des Rats für Geschichtswissenschaft eine außergewöhnliche Machtfülle als Geschichtsfunktionär in Schlüsselposition auf sich vereinte, zu einem ambivalenten Entscheidungsvorschlag an das ZK durch, der sich obendrein auf eine „Empfehlung" des Ministeriums für Auswärtige Angelegenheiten stützte. Er sprach sich für das erste geplante Historiker-Kolloquium in Hagen aus und versuchte doch gleichzeitig einer Erstickung durch Umarmung vorzubeugen: Es „soll das von Prof. Niethammer vorgeschlagene Verfahren erprobt werden, ohne daß sich die Historiker der DDR organisatorisch und thematisch zu sehr binden, ohne daß daraus bindende Verpflichtungen entstehen. Entsprechend der Empfehlung des MfAA wird deutlich gemacht, daß jegliche mißbräuchliche Bestrebung im Sinne der Entwicklung ‚innerdeutscher Beziehungen' abgelehnt wird und zum Abbruch der Kontakte führen."[30]

Nun ging es rasch voran: Am 26. September 1984 war Niethammer abermals Gast des ZIG, um die konkreten Modalitäten des ersten Werkstattgesprächs in einer Besprechung festzulegen, an der neben Groehler und einem weiteren ZIG-Vertreter nun auch Wimmer und Benser teilnahmen. Man vereinbarte, daß das erste Treffen schon im Dezember desselben Jahres in Hagen stattfinden und der Teilnehmerkreis jeweils zehn bis zwölf Vertreter beider Seiten umfassen sollte, die am ersten Tag die Reichweite und Tragfähigkeit der alliierten Zusammenarbeit 1944/45 und am zweiten die deutschen Nachkriegskonzeptionen und ihre Perspektiven unter der alliierten Besatzung diskutieren würden. Um schnell zu einer Erörterung strittiger Fragen zu kommen, wurden für jeden Tag lediglich zwei Einführungsreferate verabredet und so verteilt, daß bürgerliche bzw. westalliierte Pläne von DDR-Vertretern, die sowjetische Haltung und Positionen in der politischen und gewerkschaftlichen Arbeiterbewegung aber von West-Historikern behandelt wurden.

Genau diese Festlegung überging allerdings der Bericht, den die DDR-Seite über das Gesprächsergebnis erstattete. Er ventilierte statt dessen detailliert die mögliche Rollenverteilung zwischen ZIG und IML – beredter Ausdruck der prekären Gratwanderung, auf den sich die Dialogexpedition aus östlicher Sicht begeben hatte.[31] Aufschlußreich ist der Detailvergleich der doppelten deutschen Berichterstattung auch in anderer Hinsicht: Niethammer notierte, daß als „allgemeine Thematik der beabsichtigten Gesprächsreihe (…) – wie in den Vorgesprächen in Aussicht genommen – ‚Alternativen in

---

[29] Mitteilung von Prof. Dr. O. Groehler an den Vf., 26.8.1994.
[30] BStU, MfS 10772/85, II 2, 5397/85, Treffvermerk vom 18.9.1984.
[31] Ebd., (O. Groehler?), Bericht über den Besuch von Prof. Dr. Lutz Niethammer von der Fernuniversität Hagen, BRD, im Zentralinstitut für Geschichte vom 26. September 1984, 30.9.1984. Abschrift.

und zum Kalten Krieg' vereinbart" worden sei[32]; Groehler dagegen erklärte unter Rücksicht auf eine entsprechende Besuchsdirektive seiner Seite eine weniger neuralgische Themenformulierung für abgesprochen: „Das von Seiten der DDR-Historiker vorgeschlagene Thema ‚Die Vorstellungen der Antihitlerkoalition und der deutschen Widerstandsbewegung über den Neuaufbau Deutschlands und seine Stellung in der europäischen Friedensforschung' wurde im Prinzip bestätigt."[33] Ebenso überging die DDR-Seite in ihrer Notiz den Hinweis, daß im Interesse eines freien Diskussionsverlaufs der Verzicht auf Öffentlichkeit und Publikation vereinbart worden war. Niethammer hingegen führte in seinem Vermerk kommentarlos die Namen möglicher westdeutscher Teilnehmer auf, während nach dem östlichen Protokoll „Niethammer (…) bei dieser Gelegenheit erneut (unterstrich), daß der Kreis der Historiker aus der Bundesrepublik, die ihre Teilnahme an der wissenschaftlichen Veranstaltung zugesagt haben, sich ganz überwiegend innerhalb jener Kreise bewegt, die sich nach seiner Aussage ‚links von der Mitte befinden'." Das taktische Gespür wurde mit Erfolg belohnt; das ZK stimmte der Teilnahme einer aus Historikern des ZIG, des IML und der Berliner Humboldt-Universität bestehende Delegation von Historikern aus der DDR am Hagener Kolloquium zu und ermächtigte darüber hinaus den „Delegationsleiter (…), Historiker der BRD zu einem wissenschaftlichen Kolloquium in die DDR einzuladen".[34]

2. Der Schein des Wirklichen und die Macht des Faktischen

Die Werkstattgespräche entwickelten sich getreu der vorgezeichneten Linie. Im Dezember 1984 trafen sich in Hagen neun Historiker aus der DDR und 15 Historiker aus der Bundesrepublik, um über die Perspektiven alliierter und deutscher Nachkriegspolitik 1945 zu diskutieren; die einleitenden Beiträge erschienen im Jahr darauf – „nur unwesentlich überarbeitet"[35] – unter dem Titel „Jenseits der Kapitulation" im „Journal für Geschichte".[36] Das Folgetreffen fand, wie vereinbart, in der DDR statt; diesmal waren es 15 Ostdeutsche, zehn Westdeutsche und ein Österreicher, die sich in Schloß Reinhardsbrunn bei Gotha dem Hauptthema „Das Jahr 1947 – Chancen für ein antifaschistisch-demokratisches Deutschland in einer europäischen Friedensordnung" widmeten. Zum dritten Werkstattgespräch 1987 lud wieder die westliche Seite ein, um

---

32 UJ, Coll. I, Lutz Niethammer, Vermerk über ein Gespräch im Zentralinstitut für Geschichte am 26.9.1984.
33 BStU, MfS 10772/85, II 2, (Groehler?), Bericht über den Besuch von Prof. Dr. Lutz Niethammer vom 26. September 1984.
34 SAPMO-BArch, DY 30, J IV 2/3/3753, Sekretariat des ZK, Protokoll Nr. 144 vom 4.12.1984.
35 L. Niethammer, Jenseits der Kapitulation. Beiträge aus der Bundesrepublik und aus der DDR zu Perspektiven alliierter und deutscher Politik 1945, in: Journal für Geschichte, 1985, H. 3, S. 14.
36 D. Geyer, Deutschland als Problem der sowjetischen Europapolitik, in: ebd., S. 16-23; R. Badstübner, Reichweite und Tragfähigkeit alliierter Zusammenarbeit, in: ebd., S. 24-33; P. Brandt, Die Arbeiterbewegung. Deutsche Nachkriegskonzeptionen und ihre Perspektiven unter alliierter Besatzung, in: ebd., S. 34-43; O. Groehler, Großindustrielle Nachkriegskonzeptionen, in: ebd., S. 44-51.

diesmal in Bad Homburg Fragen der politischen Kultur und der wirtschaftlichen Entwicklung in den vier Besatzungszonen zu erörtern. Im Dezember 1988 fand das nun Routine gewordene Werkstattgespräch am Müggelsee bei Ost-Berlin statt und befaßte sich mit der Fragestellung „Kultur in Nachkriegsdeutschland – Konzepte und Probleme". Schon 1987 hatte Niethammer nach jahrelangen Bemühungen die Zustimmung der Ost-Berliner Behörden für die Durchführung eines Oral-history-Projekts in der DDR erhalten und – betreut von Historikern am ZIG – eine Reihe von lebensgeschichtlichen Interviews in Karl-Marx-Stadt (Chemnitz), Bitterfeld und Eisenhüttenstadt durchführen können, die Grundlage einer größeren Studie über „Die volkseigene Erfahrung" wurden.[37] In derselben Zeit gewann Niethammer über Vermittlung der ZIG-Historikerin Helga Schultz zudem eine Reihe von DDR-Fachleuten dazu, einen sechsteiligen Studienkurs über neuere Entwicklungen der Sozialgeschichte in der DDR zu verfassen. Aus dieser Zusammenarbeit entwickelte sich eine weitere Institutionalisierung der deutsch-deutschen Kooperation, die sich zunächst 1988 und 1989 in zwei Arbeitstagungen mit Zeitgeschichtlern des ZIG an der Fernuniversität Hagen niederschlug, aber mit dem Rückenwind des Kulturabkommens auch zu ersten Forschungsaufenthalten von ostdeutschen Nachwuchshistorikern im Sommer 1989 in Hagen führte.

Niethammer allerdings wollte auch dabei nicht stehenbleiben: „Es gab sogar Fühlungnahmen, ob man nicht zu gemeinsamen Forschungsprojekten kommen könne. Das muß in weiteren Gesprächen ausgelotet werden, zumal mir inhaltlich dafür ein zunächst kritisch erscheinender Themenbereich, der aber für beide Seiten von großem Interesse wäre, vorschwebt, nämlich die Wanderungsbewegungen in Deutschland von 1944 und 1961."[38] Schon weniger schien jetzt aber der SED-Führung in ihrer finalen Krise zuviel: Ein von Niethammer und Groehler geplanter Sammelband „Deutschland danach. Historiker aus der Bundesrepublik und der DDR diskutieren Nachkriegsalternativen", der zeitgleich in Ost und West erscheinen sollte, scheiterte 1988/89 ebenso wie ein paralleles innerdeutsches Kooperationsprojekt „Der Weg der Eliten in den Krieg" an der Verhärtung der der Agonie entgegengehenden DDR-Führung.[39] Bereits von der Wende eingeholt wurde dann im Herbst 1989 ein Workshop in Parchim, auf dem west- und ostdeutsche Historiker Fragen der *oral history* erörterten, während vor den Fenstern das in Bewegung geratene Staatsvolk sich zum Demonstrationszug zu

---

37 L. Niethammer, Die volkseigene Erfahrung. Über die Hintergründe der Arbeit an diesem Projekt geben Niethammers Vorwort und die im Anhang abgedruckten Betreuerberichte Auskunft.
38 UJ, Coll. II, L. Niethammer, Zwischenbericht aus dem Kooperationsvorhaben des Arbeitsbereichs Geschichte der Fernuniversität mit dem Zentralinstitut für Geschichte der Akademie der Wissenschaften der DDR zur Sozialgeschichte und Oral History der DDR, o.D. (November 1988).
39 L. Niethammer, Glasnost privat 1987, in: ders., Die volkseigene Erfahrung, S. 38. Zum Schicksal der geplanten Publikation zu den nationalsozialistischen Führungseliten vgl. M. Broszat, Erfolg und Scheitern eines deutsch-deutschen Zeitgeschichts-Dialogs, in: ders./K. Schwabe (Hg.), Die deutschen Eliten und der Weg in den Zweiten Weltkrieg, München 1989, S. 7-24; L. Nestler, Über den Verlust zumutbarer Standfestigkeit, in: ders. (Hg.), Der Weg deutscher Eliten in den zweiten Weltkrieg, Berlin 1990, S. 25-29.

sammeln begann, und nur Wochen später begann mit dem Ende der Teilung das doktrinäre Geschichtssystem der DDR selbst zu Staub zu zerfallen.

Zurück blieb eine fachliche Kooperation, die nach 1989 *sub specie finis* als „ideologische Kumpanei" erschien und die Frage aufwarf: „Hat(te) der oder die es denn nötig, sich hier derartig anzubiedern?"[40] Die zeitgenössischen Wahrnehmungsmuster und Reaktionsweisen des SED-Apparats enthüllen freilich ein anderes Bild, als es diesem Vorwurf zugrunde liegt. Es ist das Bild einer zweiten deutschen Geschichtswissenschaft, die sich in gestandenem Alter auf eine *liaison dangereuse* einließ – und dafür bezahlen mußte. Am Anfang der deutschsozialistischen Kontaktbereitschaft stand der Glaube an die eigene Stärke, verbunden mit einem allenfalls leisen Anflug von Selbstzweifel: „Die Initiative zu der Arbeitsberatung zwischen Historikern aus der DDR und [der] BRD vom 6.-9.12.84, die in Hagen stattgefunden hat, ging im wesentlichen von der DDR aus", hielt der Bericht des von seinem Informanten Olaf Groehler ständig auf dem laufenden gehaltenen MfS fest.[41] „Die Veranstaltung verlief insgesamt so, daß die DDR-Delegation ihre marxistisch-leninistische Geschichtsauffassung offensiv darlegte", bekräftigte eine zusammenfassende „Information" der zuständigen Hauptabteilung an den Minister.[42] Ebenso befürwortete der zuständige Abteilungsleiter im ZK das von Niethammer in einer Eingabe an Honecker beantragte Befragungsprojekt nicht zuletzt mit der Begründung, daß „Befragungen dieser Art keinen Schaden für uns bringen werden".[43] Zu keiner Zeit aber vergaß die DDR-Seite, daß ihr subjektiver Freund immer auch ihr objektiver Gegner war – und daß er gefährlich blieb, wie sich schon auf dem ersten Treffen in Hagen zeigte: „Die DDR-Vertreter wurden mit einem Versuch Prof. Niethammers konfrontiert, eine Pressemitteilung mit der Überschrift ‚1. Deutschdeutsches Historikertreffen' zu veröffentlichen. Das wurde unter Hinweis auf die politische Situation der DDR zurückgewiesen. Dafür wurde vereinbart, eine Pressemitteilung mit dem Titel ‚1. Tagung zur Deutschen Nachkriegsgeschichte mit Historikern der BRD und aus der DDR' zu veröffentlichen. Wie inzwischen festgestellt wurde, hielt sich die BRD-Seite nicht an die getroffene Vereinbarung und veröffentlichte doch die Pressemitteilung in der ursprünglichen Fassung."[44]

Es war nicht das einzige Mal in der Geschichte der deutsch-deutschen Werkstattgespräche, daß die Staatssicherheit sich von den Initiatoren der Werkstattgespräche düpiert fühlen mußte, wie sich schon im folgenden Jahr am Fall Dietrich Staritz zeigen sollte. Der langjährige DDR-Forscher war von Niethammer als Teilnehmer für Reinhardsbrunn benannt worden, erhielt aber überraschend keine Einreisegenehmigung. Von seiten des ZIG konnte Rolf Badstübner, der die Vorbereitungen in Abwesenheit

---

40 W. Mann, Wenn Sachsen nach Vergangenheitsbewältigung fragen, in: FAZ, 19.3.1998.
41 BStU, AP 58302/92, Bericht IMS „Ernst", 11.12.1984.
42 BStU, AP 58302/92, Information zu den Ergebnissen einer Arbeitsberatung zwischen Historikern der DDR und der SPD nahestehenden Historikern der DDR, 19.12.1984.
43 SAPMO-BArch, Vorl. SED, 40128, J. Hörnig an K. Hager, 27.1.1986.
44 BStU, AP 58302/92, Information zu den Ergebnissen einer Arbeitsberatung zwischen Historikern der DDR und der SPD nahestehenden Historikern der DDR, 19.12.1984.

Groehlers koordinierte, Niethammer nur sein hilfloses Bedauern ausdrücken und beteuern, daß die Visumsablehnung nicht auf die Haltung der Historiker zurückgehe: „Im Gegenteil sei man zum wissenschaftlichen Austausch mit Staritz in der Akademie bereit. Man habe von dort gegen die Visumsentscheidung auch remonstriert und um eine Begründung gebeten. Eine solche Begründung sei zwar abgelehnt worden, aber es sei bedeutet worden, daß die Gründe allein in der (politischen) Biographie von Staritz, insbesondere den Bedingungen seines Weggangs aus der DDR und damit im Zusammenhang stehenden Äußerungen im Westen lägen."[45] Badstübner irrte. Der frühere Spiegel-Korrespondent Staritz war nie DDR-Bürger gewesen und auch nach Schließung des Ost-Berliner Spiegel-Büros noch jahrelang unbehindert in die DDR gereist. Das MfS hatte sich auch nicht im Zusammenhang mit der früheren IM-Tätigkeit von Staritz quergelegt, sondern weil es die Entwicklung des Historiker-Dialogs mit Sorge um die Aufweichung der „Einladungspolitik" verfolgte: „Im Rahmen der Tagung im Dezember 1984 bemühte sich Prof. Staritz durch gezielte Fragestellungen ‚strittige Fragen' in der Geschichtsschreibung der DDR herauszufinden. Er ordnete sich damit in den Kreis der BRD-Historiker ein, die zum starren konservativen Flügel gezählt werden, ohne offen zu provozieren. (…) Es muß davon ausgegangen werden, daß Prof. Niethammer (BRD) in offenbarer Abstimmung mit BRD-Einrichtungen dafür Sorge zu tragen hat, daß neben bürgerlich-liberalen Vertretern auch Historiker der konservativen Fraktion in den Treffen mit DDR-Historikern eingebunden sind."[46]

Allein, Niethammer reagierte anders, als die Staatssicherheit gedacht haben mochte. Er ließ Badstübner prompt warnend wissen, daß er nun „nicht übersehen könne, ob das Gespräch zustande komme"[47], und informierte noch am selben Tag die westdeutschen Teilnehmer über die neue Lage. Mochte er zu diesem Zeitpunkt noch willens sein, das Treffen letztlich nicht an Staritz' Ausladung scheitern zu lassen, so änderte er seine Haltung, als er von Staritz erfuhr, daß die politischen Gründe nur vorgeschoben sein konnten. Von Geyer und Kleßmann brieflich bestärkt, „fürchtete (er) daraufhin, die Tagung absagen zu müssen", da „wir nicht aus allgemeinen Gründen uns zensieren lassen könnten."[48] Unter diesen Umständen blieb nur der abenteuerliche Versuch, die Ost-Berliner Behörden womöglich in direkter Konfrontation zum Rückzug zu zwingen. Den Weg wußte Egon Bahr. Er schlug dem bei ihm nachfragenden Niethammer vor, „um die Sache in der gebotenen Eile von der Sachbearbeiter- auf eine politische Ebene zu heben, sich der Abhöreinrichtungen der Staatssicherheit zu bedienen". Niethammer meldete sich daraufhin telefonisch zunächst bei Badstübner, um mit Nachdruck auf die Gefährdung des Treffens hinzuweisen, und dann bei der Ständigen Vertretung der Bundesrepublik in Ost-Berlin, um den gesamten Vorgang ausführlich zu schildern, nachdem er auch hier ausdrücklich auf die Abhörung der Leitung durch die Staatssi-

---

45 UJ, Coll. I, L. Niethammer, Notizen über ein Gespräch mit Rolf Badstübner, 22.11.1985.
46 BStU, AP 58302/92, Hauptabteilung XVIII, Einladung des BRD-Historikers Prof. Staritz zum Symposium „Das Jahr 1947" in der Zeit vom 9.-13.1985 in Reinhardsbrunn, 2.12.1985.
47 UJ, Coll. I, L. Niethammer, Notizen über ein Gespräch mit Rolf Badstübner, 22.11.1985.
48 Ebd., L. Niethammer, Notizen über ein Gespräch mit Rolf Badstübner am 26.11.1985.

cherheit hingewiesen worden war. Die Taktik hatte überraschenden Erfolg. Schon am nächsten Tag konnte Badstübner mitteilen, daß „sich etwas bewege". Auch die den Rückzug der Staatssicherheit notdürftig bemäntelnde Sprachregelung war Badstübner bereits geläufig: „Es sei bereits zugesagt, daß das Versehen mit Herrn Staritz bereinigt werde".[49] Tags darauf erhielt Niethammer dann auch offiziell Bescheid, daß Staritz in die DDR einreisen dürfe.

Die Abwehrhaltung des MfS hingegen konnte dieser Vorfall allerdings nur versteifen. Immer wieder warnten Einschätzungen aus Mielkes Haus, daß in den „Kampf gegen den gesellschaftlichen Fortschritt (...) die Wissenschaft gezielt einbezogen" werde und „die Fernuniversität Hagen und ihre Vertreter besonders aktiv" „beim Vorgehen gegen den Sicherungsbereich Wissenschaft und Technik" sei.[50]

Mielkes Leute zählten die Hagener Historiker zu den gefährlichsten Protagonisten des „Gegners". „Durch die Fernuniversität Hagen werden Aufklärungsinteressen gegenüber der Geschichtsforschung der DDR (...) sichtbar", warnte das MfS im Mai 1986 und verwies darauf, daß gerade durch sie und andere Ostforschungseinrichtungen „Fragen der Vergangenheitsbewältigung, der Erbpflege (sic!) und Traditionspolitik der DDR (...) hinsichtlich ihrer Angreifbarkeit geprüft werden".[51] Auch über Niethammer selbst sparte das MfS nicht mit warnenden Mitteilungen: „Bisher konnte folgende Zielstellung zum Vorgehen des Prof. Niethammer erarbeitet werden. Er versucht Ansatzpunkte zu finden, die geeignet sind, die DDR-Historiker zu veranlassen, in ihrer geschichtlichen Betrachtungsweise und daraus resultierenden historischen Einschätzungen Positionen einzunehmen, um insbesondere (...) Widersprüche zur offiziellen Politik von Partei- und Staatsführung zu Fragen der Geschichtsauffassung und Gegenwartsentwicklung unter den Bedingungen des real existierenden Sozialismus festzustellen; (...) Voraussetzungen für eine Fehlerdiskussion bezüglich der UdSSR-Nachkriegspolitik zu schaffen sowie (...) persönliche Stützpunkte unter den Historikern der DDR zu entwickeln."[52]

Auch in der SED machte man sich keineswegs Illusionen über den wahren Charakter des Hagener Dialogpartners. Aber unter den politischen Umständen einer auf Integration und supranationaler Sicherheitspartnerschaft gestimmten Gegenwartsphase des Ost-West-Gegensatzes wurden die simplen Rezepte des Spitzel- und Repressionsapparates den Handlungsmöglichkeiten auf der staatlichen Führungsebene nicht gerecht. Die ZK-Abteilung Wissenschaften wog daher ihr Urteil über Niethammer betont sorgsam ab: „Von ihm ging der Vorschlag aus, Kolloquien zur Zeitgeschichte zwischen

---

49 Ebd.
50 BStU, HA XVIII/5 – 6178, Arbeitsmaterial „Erkenntnisse über das Wirksamwerden imperialistischer Ostforschungseinrichtungen und den mit ihnen zusammenwirkenden staatsmonopolistischen Institutionen in der BRD", 15.12.1986.
51 Ebd., HA XVIII – 6413, Hauptabteilung XVIII/5, Stand der Realisierung der operativen Planaufgaben; Schlußfolgerungen für die weitere Qualifizierung der politisch-operativen Arbeit, 8.5.1986.
52 Ebd., HA XVIII – 6178, Arbeitsmaterial „Erkenntnisse über das Wirksamwerden imperialistischer Ostforschungseinrichtungen und den mit ihnen zusammenwirkenden staatsmonopolistischen Institutionen in der BRD", 15.12.1986.

Historikern aus der BRD, die zumeist der SPD und dem DGB nahestanden oder auf Positionen entspannungsbereiter bürgerlicher Politik stehen, und der DDR zu veranstalten (...) Niethammer nahm in diesen Gesprächen und Diskussionen eine Position ein, die erkennen ließ, daß er fest auf dem Boden der kapitalistischen Gesellschaftsordnung der BRD steht. Er ist jedoch bemüht – trotz grundlegender politischer und ideologischer Unterschiede und deutlich artikulierter Gegensätze –, einen konstruktiven Dialog mit den Historikern der DDR herzustellen, um damit nach seinen eigenen Worten einen Beitrag zur Friedenssicherung zu leisten. Von Niethammer kann unterstellt werden, daß er zu denjenigen BRD-Historikern gehörte, von denen am ehesten erwartet werden kann, von bestimmten Klischeebildern über KPD, SED und DDR abzurücken."[53]

Wie grotesk diese Einschätzung, die ganz im Interesse der dialogbereiten Historiker am ZIG lag und wohl auch formuliert wurde, an der Wirklichkeit vorbeiging, sollte sich nicht erst im Herbst 1989 erweisen. Nur kurze Zeit vermochte die Hoffnung auf die ideologische Schwäche des „Gegners" das Wissen um die Erosion der eigenen Denkordnung zu überdecken. Immer leichter überwand die Sogkraft der Westwissenschaft alle bürokratischen und ideologischen Sperren. Jahr um Jahr stieg die Zahl der Fahrten ins westliche Ausland, und längst hatten Westbesuche den Reisen in Staaten des sozialistischen Lagers den Rang abgelaufen. Was das für die Geschlossenheit der zweiten deutschen Geschichtswissenschaft bedeutete, führte der Rechenschaftsbericht der SED-Parteileitung am ZIG im Oktober 1988 so aus: „In jüngster Zeit sind wir (...) verstärkt dazu übergegangen, den Meinungsstreit in stärkerer Differenzierung nichtmarxistischer Auffassungen so zu entwickeln, daß er bei klarer Benennung unversöhnlich gegensätzlicher Standpunkte auf weltanschaulichem und theoretischem Felde in höherem Maße zum einen den politischen Dialog zur Friedenssicherung fördert, zum anderen Kenntnis- und Erkenntnisgewinne auch für die marxistische Geschichtswissenschaft bringt. Die Anforderung an unsere wissenschaftlichen und politischen Fähigkeiten und Fertigkeiten sind in diesem Prozeß gewachsen."[54] Ahnte der Berichterstatter womöglich, daß der mutmachende Appell an die eigene Kraft diesmal vergebens sein sollte?

Niethammer jedenfalls, der im Verein mit Groehler die Berechtigung für eine unkontrollierte Ein- und Ausfuhr seiner Interviewkassetten durchgesetzt hatte,[55] empfand im Oktober 1988 bereits, „daß so offene, kritische, sachbezogene und oft auch heitere Gespräche noch vor zwei bis drei Jahren fast undenkbar gewesen wären".[56] Von dem Druck, dem das sozialistische Geschichtsbild sich in der deutsch-deutschen Konkur-

---

53 SAPMO-BArch, vorl. SED, 40128, SED-Hausmitteilung an Gen. Hager von Abt. Wiss., 10.2.1986.
54 Landesarchiv Berlin, 00205, Zentralinstitut für Geschichte, GO der SED, Rechenschaftsbericht, Oktober 1988.
55 Vgl. Niethammer, Die volkseigene Erfahrung, S. 24f.
56 UJ, Coll. II, L. Niethammer, Zwischenbericht aus dem Kooperationsvorhaben des Arbeitsbereichs Geschichte der Fernuniversität mit dem Zentralinstitut für Geschichte der Akademie der Wissenschaften der DDR zur Sozialgeschichte und Oral History der DDR, o.D. (November 1988).

renz ausgeliefert hatte, gibt der ZIG-Bericht über das Hagener Arbeitstreffen Auskunft, auf dem der erste von DDR-Seite vorgelegte und von Peter Hübner verfaßte Lehrbrief zur DDR-Sozialgeschichte diskutiert wurde: „Erfragt bzw. in Frage gestellt wurde durch die Hagener Kollegen insbesondere unsere Auffassung von (…) Übergangsperiode und einheitlichem revolutionärem Prozeß; (…) Klassen und Klassenschichtung für Arbeiterklasse und Intelligenz; (…) Arbeiterinteressen, Verhältnis zwischen materiellen und ideellen, Tages- und Perspektivinteressen, (…) Einheit von Wirtschafts- und Sozialpolitik, Verhältnis zwischen wirtschaftlichem und sozialem Fortschritt. Niethammer kritisierte die s.E. von Hübner vorgenommene Reduzierung der Arbeiterinteressen auf elementare (Lohn und Brot), fand übergreifende politische Zusammenhänge durchaus nicht hinreichend reflektiert und insbesondere den 17. Juni 1953 unzureichend thematisiert."[57]

Sobald sie den Dialog mit dem Westen suchte, ohne länger auf der grundsätzlichen Differenz zwischen „sozialistischem" und „bürgerlichem" Wahrheitsstreben zu beharren, hatte sich die DDR-Historiographie auf ein Kräftemessen eingelassen, in dem sie hoffnungslos unterlegen war. Die Rückkehr in die *scientific community* mußte so die Legitimität einer zweiten deutschen Geschichtswissenschaft um so nachhaltiger in Frage stellen, je erbarmungsloser die innerdeutsche Konkurrenz ihre Defizite zu Tage förderte: „Wie das Hagener Treffen verdeutlichte, haben wir da schon konzeptionell noch viel zu leisten (…) und gleichzeitig erhebliche Rückstände in der empirischen Forschung abzubauen."[58] Tatsächlich hatten schon die Treffen von Reinhardsbrunn 1986 und Hagen 1987 zu einer spürbaren Enttäuschung der westlichen Seite über die wissenschaftliche Unergiebigkeit der Auseinandersetzung geführt, bis dann 1988 in Müggelsee das offenkundige Unvermögen der DDR-Seite, in ihren Referaten mit der Entwicklung des Diskussionsniveaus Schritt zu halten, Groehler und Niethammer gemeinschaftlich dazu bewog, die Reihe der Werkstattgespräche in Zukunft nicht mehr fortzuführen. Das interne Resümee des ZIG-Berichtes von 1988 verstand sich in dieser Situation als Appell für die Zukunft des Historiker-Dialogs; tatsächlich kam es einem Nachruf auf die Identität einer eigenen DDR-Geschichtswissenschaft gleich: „Für die Vorbereitung und Durchführung weiterer Treffen mit den Hagener Kollegen ist die beiderseitige bzw. gemeinsame intensive Arbeit mit vergleichbaren Ergebnissen empirischer Forschungen anzustreben. Solange wir dabei nicht über Ansätze hinauskommen (…), bleibt es in der Auseinandersetzung weitgehend bei Postulaten, können wir unsere Geschichtsauffassung wie unser DDR-Geschichtsbild kaum überzeugungskräftig erklären und falsche Darstellungen sowie Fehlinterpretationen zwar zurückweisen, jedoch nicht widerlegen."[59]

---

57 ABBAW, ZIG 703/9, WB DDR-Geschichte im ZIG der AdW, Bericht über das Arbeitstreffen in der FernUniversität Hagen (BRD), 30.9.-3.10.1988, 10.10.1988.
58 Ebd.
59 Ebd.

Die westliche Kooperations-Initiative auf dem Feld der Historie hatte sich im Denken aller Beteiligten als Emanzipation zweier gleichberechtigter Partner von überkommenen Zwängen verstanden und als Bekenntnis zu einer – wiewohl asymmetrischen – Verflochtenheit im beiderseitigem Fach- und Friedensinteresse. Doch schwerlich hätten Absicht und Wirkung weiter auseinander liegen können: Es war die gemeinsame Illusion eines gegenseitigen Nutzens, die die künstliche Denk- und Wirklichkeitsordnung der sozialistischen Diktatur in den achtziger Jahren auf ihre abschüssige Bahn von der Kontaktsperre zur Kontaktmetamorphose gelockt hatte. An ihrem Ende entpuppte sich auch in der Fachdisziplin der Historiker, was der Schein des Wandels durch Annäherung für die innere Ordnung der SED-Herrschaft wirklich bedeutete: die Öffnung zum Untergang.

Werner Bramke

Kooperation in der Konfrontation: Begegnungen in der deutsch-deutschen Geschichtslandschaft der achtziger Jahre

1. Ost-West-Kontakte im Kreuzfeuer

„Wir sind pfleglich und recht vorsichtig miteinander umgegangen, suchten lange vor der Wende den Dialog, hatten uns mit den Realitäten arrangiert, hielten sie – wer tat das nicht? – für dauernd und stabil, wollten sie auch nicht ändern."[1] So gelassen und ohne Bedauern erinnerte sich Wolfgang Benz zum dritten Jahrestag der Vereinigung an seine Kontakte mit Historikerkollegen aus der DDR vor 1989. Es schien 1993, daß nach der weitgehenden Abwicklung einer nun plötzlich auch von Autoren, die während der DDR mit deren Historikern den Umgang pflegten, als überflüssig erkannten Sparte[2] nicht nur die Geschichtswissenschaft der DDR als Fußnote in der deutschen Historiographiegeschichte ein kaum bemerktes Dasein fristen, sondern auch die Erinnerung an Kontakte zwischen Historikern aus Deutschland-West mit Deutschland-Ost verblassen würde.

Da wurden wir 1997 eines Besseren oder vielmehr Schlechteren belehrt. Klaus Schroeder und Jochen Staadt vom Forschungsverbund SED an der Freien Universität Berlin beschuldigten namhafte Historiker wie Christoph Kleßmann, Jürgen Kocka und Peter Steinbach, durch ihre Kontakte zu DDR-Historikern und insbesondere durch zu weites Entgegenkommen gegenüber der anderen Seite zur Machtstabilisierung der SED-Herrschaft beigetragen zu haben.[3] Die Wortmeldungen zur Beschuldigung vor allem durch Peter Steinbach und Jürgen Kocka[4] sollten versachlichen, doch ist zu be-

---

1 W. Benz, Das Ärgernis der Siegerpose, in: J.-D. Kogel u.a.(Hg.), Neues Deutschland. Innenansichten einer wiedervereinigten Nation, Frankfurt a.M. 1993, S. 30.
2 Vgl. K. Nowak, Zur Lage der Geschichtswissenschaft in den neuen Bundesländern, in: Universität Leipzig 1 (1992), S. 8.
3 Vgl. K. Schroeder/J. Staadt, Zeitgeschichte in Deutschland vor und nach 1989, in: APZ, B 26/1997, S. 15-29.
4 Vgl. P. Steinbach, FU-Geschichte – im Fadenkreuz der SED? oder: Vergangenheitsbewältigung als Therapieangebot, in: Berliner Debatte Initial, H. 8, 1997, S. 109-116; ders., Im Walde gepfiffen, oder: die Ware DDR, in: ebd., S. 114-116; ders., Politik der Verdächtigung. Jochen Staadt geht es um Skandalisierung, nicht um die Sache, in: Der Tagesspiegel, 5.8.1997, S 8; J. Kocka, Im Gespräch die Dogmen aufweichen. Zum Streit um die Ost-West-Historikerkontakte, in: Berliner Zeitung, 30./31.8.1997; ders., Stellungnahme zu Klaus Schroeder/Jochen Staadt, Zeitgeschichte in Deutschland vor und nach 1989, in: APZ, B 38/1997, S. 52f.; ders., Ost-West-Kontakte, in: Die Zeit, Nr. 43, 17.10.1997, S. 73 (hierbei handelt es sich um eine Zuschrift nach der Resümierung des Streits durch Karl-Heinz Janßen [Händel durch An-

zweifeln, daß die Auslöser des Streits das wollen und nicht von vornherein auf die politische Diskreditierung namhafter Konkurrenten im Fach hinarbeiteten, was Stoßrichtung und argumentative Dürftigkeit der Repliken[5] auf die Antwort der Herausgeforderten zu erkennen geben.

Hierin liegt das eigentliche Problem des Umgangs mit solchen Angriffen. Vom Standpunkt des Fachwissenschaftlers aus, der die damaligen Kontakte in den historischen Kontext einordnet, sind die Angriffe sachlich leicht zu entkräften. Doch wo politische Interessen unmittelbar bedient werden sollen, ist die gewollte Unsachlichkeit Methode, und ihr ist selbst in der direkten Begegnung der Kontrahenten schwer zu begegnen, wenn in der Gesprächsrunde von vornherein quantitative Ungleichgewichte bestehen.[6]

Zum Zeitpunkt, an dem dieser Beitrag geschrieben wird, scheint die Auseinandersetzung abgeflaut zu sein, und man könnte sich die Frage vorlegen, ob es zweckmäßig ist, jetzt an den deutsch-deutschen Historiker-Dialog zu erinnern, noch dazu durch mich, der ich als ehemaliger DDR-Historiker für maßgebliche politische Kreise und auch für nicht wenige bundesdeutsche Historiker (wobei die Unterscheidung in alte und neue Bundesrepublik nicht getroffen werden muß) von vornherein als ein eher belastender als entlastender Zeuge gelte. Aber die Auseinandersetzung um die West-Ost-Kontakte wird ohnehin immer wieder aufleben, und jeder, der sich einmal an der Debatte beteiligt hat oder an den Kontakten partizipierte, wird wieder in den Streit hineingezogen werden. Und man wird in diesem Streit einen langen Atem haben müssen. In Kleßmanns 1992 vorgetragenem Plädoyer, Martin Broszats Forderung nach Historisierung des Nationalsozialismus auch für die so anders geartete zweite deutsche Diktatur nutzbar zu machen, um nicht den gleichen „langen und mühsamen Weg"[7] wie zur Erforschung der ersten deutschen Diktatur zu gehen, schwang wohl die Hoffnung mit, daß es dafür ein breites Interesse geben würde. Sie hat sich so nicht erfüllt, was

---

näherung], in: ebd., Nr. 39, 19.9.1997, S. 49). Vgl. weiterhin J. Schmädeke, Ein verzerrtes Bild. Was SED-Akten aussagen: Zu Vorwürfen gegen Peter Steinbach, in: Der Tagesspiegel, 29.7.1997; ders., Widerstandsforschung und DDR-Kontakte. Zum Beitrag von Klaus Schroeder/Jochen Staadt, Zeitgeschichte in Deutschland vor und nach 1989 (B 26/97), in: APZ, B 38/1997, S. 48-50; W. Bramke, Dialog oder Kungelei und Verrat?, in: ND, 19.8.1997.

5 Vgl. J. Staadt, Robert Havemann: existent aber nicht gegenwärtig. Die Gedenkstätte Deutscher Widerstand stellt ein Geschichtsbild zur Schau, das einer DDR-Geschichtsinterpretation entspricht, in: Der Tagesspiegel, 5.8.1997, S. 8; ders., Gespenster und andere Merkwürdigkeiten. Eine Antwort auf Peter Steinbach, in: Berliner Debatte Initial, H. 8, 1997, S. 113-116; ders., Widerstandsforschung und vorauseilende Kompromißbereitschaft, in: APZ, B 38/1997, S. 50-52. Ein scheinbar sachliches Gutachten durch Karl Wilhelm Fricke, Hans Günter Hockerts, Wolfgang Schuller und Uwe Thaysen stellt zumindest in der verkürzten Wiedergabe durch den Tagesspiegel vom 12. August eine indirekte Unterstützung Schroeder/Staadts dar, indem es dem Forschungsverbund SED-Staat ein pauschal gutes Urteil ausstellt, ohne auf die von Schmädeke und Steinbach bis dahin aufgespießten Unsachlichkeiten und Verkürzungen einzugehen.

6 Vgl. Rheinischer Merkur, 7.11.1997 (Wiedergabe eines von Peter Joachim Lapp moderierten Podiumsgespräches mit Heinz Eggert, Gerhard Finn, Christoph Kleßmann und Armin Mitter).

7 Chr. Kleßmann, Zwei Diktaturen in Deutschland – Was kann die künftige DDR-Forschung aus der Geschichtsschreibung zum Nationalsozialismus lernen?, in: DA 25 (1992), S. 603, Anm. 5.

damals nicht abzusehen war. Die versuchte politische Inbesitznahme der Geschichtswissenschaft wird – so wie es sich abzeichnet – den Weg zur Historisierung des „Realsozialismus" vermutlich eher noch weniger begünstigen, als dies im Zusammenhang mit dem Nationalsozialismus geschehen ist.

Nachfolgend wird auf einige Stationen der deutsch-deutschen Historikerbegegnungen im letzten Jahrzehnt der DDR eingegangen werden. Dabei greife ich auf persönliche Erfahrungen zurück. Sie stammen aus einer Zeit, in der die Auseinandersetzungen zwischen den Historikern aus Deutschland-Ost und Deutschland-West auch kooperative Elemente einzuschließen begannen. Und gerade diese werden in den gegenwärtigen Auseinandersetzungen den damaligen Teilnehmern der westdeutschen Seite als Ausdruck politischer Blindheit, wenn nicht der Liebedienerei gegenüber der SED-Führung angelastet. Daß dabei wir ehemaligen DDR-Historiker pauschal als Handlanger der Macht angesehen werden, verwundert mich nicht. Günter Grass beklagte zum Jahreswechsel 1997/98 im Gespräch mit Günter Gaus bitter, daß es in Deutschland kaum noch anzutreffen sei, daß der politische Gegner ernstgenommen und ihm ehrenvolle Motive unterstellt würden. Kurzfristig wird dieser Zustand nicht zu ändern sein. Aber – so ließ mich Walter Markov im Herbst 1990, als der Umgang mit den DDR-Historikern immer rauher und in meinen Augen unsachlicher wurde, wissen, man solle mit einiger Gelassenheit der List der Geschichte vertrauen; sie bringe einiges wieder in Ordnung.

2. Erste Begegnungen: persönliche und überhaupt

Anfang der achtziger Jahre, als ich mich im Rahmen der Hinwendung zur Geschichte Sachsens auch in die Widerstandsforschung einzumischen begann, stieß ich auf Kleßmanns Auseinandersetzung mit dem Widerstandsbegriff.[8] Nicht, daß ich bis dahin die Auseinandersetzung um den deutschen Widerstand, wie sie in der Bundesrepublik geführt wurde, nicht mit Interesse verfolgt hätte. Aber es war die Art, wie Kleßmann mit anderen Auffassungen, so mit denen aus der DDR und vor allem aus Polen, umging, die mich anregte, wie aus einer wenig später veröffentlichten Untersuchung hervorging.[9]

Zu diesem Zeitpunkt hatte sich in der Geschichtswissenschaft der DDR bereits ein – modisch ausgedrückt – Paradigmenwechsel vollzogen, der sich in einer Hinwendung zur ganzen deutschen Geschichte und in der Erweiterung des Spielraumes der Historiker ausdrückte.[10] Es war nicht so, wie Georg G. Iggers mißverstanden hat, daß die

---

8 Chr. Kleßmann, Gegner des Nationalsozialismus. Zum Widerstand im Dritten Reich, in: APZ, B 46/1979, S. 25-37.
9 Vgl. W. Bramke, Der unbekannte Widerstand in Westsachsen 1933 bis 1945. Zum Problem des Widerstandsbegriffs, in: Wissenschaftliche Zeitschrift der Karl-Marx-Universität Leipzig, Gesellschaftswissenschaftliche Reihe 34 (1985), S. 194ff.
10 Vgl. A. Fischer/G. Heydemann (Hg.), Geschichtswissenschaft in der DDR, Bd. 1, Berlin 1988, S. 15-23.

Preußenaufwertung Ende der siebziger Jahre sich ungeachtet einer begrenzten Öffnung der DDR-Geschichtswissenschaft hin zur internationalen Diskussion aus dem autoritären Charakter der DDR ergeben hätte und damit in Gegensatz zu den Arbeiten der Bielefelder Schule geraten sei.[11] Beides, der unbefangenere Umgang mit einem lange verketzerten Gegenstand deutscher Geschichte und die gleichzeitige Hinwendung einer Reihe von Historikern zur Sozialgeschichte, für die die Bielefelder Schule die stärksten Anstöße gab, erfolgte nicht nur zeitlich annähernd synchron, sondern war eben Ausdruck dieser gewissen Öffnung der DDR seit Helsinki. Daß dabei die Preußen-Geschichte vorzugsweise in Berlin und Sozialgeschichte mit einem Schwerpunkt in Leipzig angesiedelt war, muß nicht zwangsläufig zur Vermutung führen, daß die Autorität der Zentrale in Berlin das autoritäre Preußen bevorzugte und der Spielraum fernab vom Zentrum so viel größer war. Wenn auch kaum zu bezweifeln sein dürfte, daß Honecker persönlich die Preußen-Forschung förderte[12], so hat er doch auf die inhaltliche Ausrichtung kaum Einfluß genommen, wie nicht nur mit ihr befaßte Historiker bestätigen, sondern auch seine offenbar spontanen Äußerungen auf Ingrid Mittenzweis Friedrich-Biographie verrieten. Und gleichzeitig wurden im Rat für Geschichtswissenschaft der DDR, an dessen Sitzungen ich seit etwa 1980 gelegentlich und seit 1987 regelmäßig teilnahm, die sozialgeschichtlichen Forschungen Hartmut Zwahrs u.a. als beispielhaft hoch gelobt.

Georg G. Iggers hat in der Grundtendenz zutreffend den „politischen und institutionellen Rahmen, in dem sich Geschichtsforschung und -schreibung in der DDR vollzogen", skizziert.[13] Der individuelle Spielraum hing auch in den achtziger Jahren, wenngleich längst nicht mehr in dem Maße wie zur Zeit Ulbrichts, von der Wahl des Themas und dabei vor allem davon ab, inwieweit politische Interessen der SED-Führung direkt berührt schienen.[14] Er war aber in dieser Zeit größer, als heute im allgemeinen eingeschätzt und damals vielleicht vielfach von den Historikern wahrgenommen wurde.[15]

Diese Bewertung trifft aus meiner Sicht auch auf die Kontakte zu Fachkollegen aus den westlichen Ländern und die deutsch-deutschen Begegnungen zu. Jürgen Schmädeke hebt hervor, daß alle BRD-Historiker bei ihren Kontakten mit DDR-Forschern „davon ausgegangen (sind), daß ostdeutsche Wissenschaftler, die in den ‚Westen' kamen, ‚Reisekader' mit politischen Auftrag und Berichtspflichten waren"[16]. Diese Annahme war grundsätzlich berechtigt, doch der in der Tat gestellte Auftrag konnte nur bedingt kontrolliert und durchaus mit persönlichen Intentionen verbunden werden.

---

11 Vgl. G. G. Iggers, Geschichtswissenschaft und autoritärer Staat. Ein deutsch-deutscher Vergleich (1933-1990), in: Berliner Debatte Initial, H. 2, 1991, S. 128.
12 Vgl. J. Petzold, Politischer Auftrag und wissenschaftliche Verantwortung von Historikern in der DDR, in: K. H. Pohl (Hg.), Historiker in der DDR, Göttingen 1997, S. 100.
13 Iggers, S. 129f.
14 Vgl. ebd. sowie zur individuellen Erfahrung: Petzold, S. 95, 99, 101ff.
15 Vgl. zu diesem Problem W. Bramke, Freiräume und Grenzen eines Historikers im DDR-System. Reflexionen sechs Jahre danach, in: Pohl, S. 36-41.
16 Ich erhielt nach einigen Rangeleien die Reiseerlaubnis in Richtung Westen 1986.

Und dabei war der Spielraum nicht gar so gering zu veranschlagen, wobei zu berücksichtigen ist, daß die von der SED-Führung angesteuerte „Koalition der Vernunft" im Entspannungsprozeß der achtziger Jahre mit den Intentionen der meisten DDR-Historiker zusammenfiel und bekanntlich auch im Westen Resonanz fand. Hinzu kam, daß die fortschreitende Öffnung der DDR seit Helsinki einem nicht so kleinen Teil von Geschichtswissenschaftlern schon deshalb entgegenkam, weil diesen die methodische Verarmung wegen der Abkoppelung von der internationalen Diskussion oft durchaus bewußt war. Sie hatten ja die Möglichkeit, den internationalen Forschungsstand vor allem über die westdeutsche, z. T. auch fremdsprachige Literatur zur Kenntnis zu nehmen und als Hochschullehrer auch die Chance, diese Literatur ihren Studenten zugänglich zu machen und mit ihnen zu diskutieren. In internen Debatten wurden Defizite gegenüber internationalen Standards nicht selten sehr direkt angesprochen. Als Kontakte mit westlichen Forschern einem erweiterten Kreis von DDR-Historikern – in der Mehrzahl Angehörigen von Akademie-Instituten und Hochschullehrern, doch auch Assistenten – ermöglicht wurden, hatten die ostdeutschen Teilnehmer an deutsch-deutschen Historikertreffen oder internationalen Kolloquia zumeist auch das dringende Bedürfnis, sich zum eigenen Gewinn auszutauschen und Literaturdefizite zu beheben, wobei westdeutsche Kollegen nicht selten großzügig entgegenkamen.

Die Ost-West-Kontakte waren von beiden Seiten gewollt. Jürgen Kocka hat die westdeutsche Interessenlage vor allem mit der Hoffnung gekennzeichnet, „Verkrustungen zu lockern, Freiheitsspielräume zu erweitern und öffentlich zu Wort zu kommen"[17]. Das hatte Egon Bahr schon Anfang der sechziger Jahre als „Wandel durch Annäherung" zum Ziel erhoben. Damit war man nicht so weit von den ostdeutschen Zielvorstellungen entfernt. Die DDR-Führung wollte über vielfältige Kontakte einen Wandel der westdeutschen Politik erreichen, um die vollständige Anerkennung der DDR durch die BRD zu ermöglichen und Entspannungen einzuleiten, die den ökonomisch unerträglich gewordenen Druck der Hochrüstung abbauen sollten. Mit diesem Ziel konnten sich die meisten Wissenschaftler der DDR ohne Probleme identifizieren, wobei ich mich einschließe. Inwieweit der einzelne Historiker damit auch einen Wandel der inneren Verhältnisse mitbewirken wollte bzw. wenigstens akzeptierte, wird sich heute kaum exakt feststellen lassen.

Wichtig erscheint mir noch festzuhalten, daß das Anerkennungsstreben der DDR auch ein gewisses Inferioritätsbewußtsein einschloß, in der Führungsspitze, bei vielen Wissenschaftlern, im prosaischen Alltag der DDR sowieso. Politbüromitglieder prangerten die „imperialistische BRD" an – und erhoben deren Produktivität zum Vorbild für die im eigenen Staat „Werktätigen". Nicht wenige Gesellschaftswissenschaftler priesen die Überlegenheit der eigenen wissenschaftlichen Position gegenüber der westdeutschen und waren doch sehr um die Anerkennung von gegnerischer Seite und vor allem um Westreisen bemüht. Andere kannten die eigenen Schwächen genau, übersahen Mängel und Interessengebundenheit bei westlichen Forschern nicht und hofften

---

17 Kocka, Ost-West-Kontakte.

durch gemeinsamen Streit selbst vorwärts zu kommen und – vielleicht – von der Konfrontation zu einer vorerst begrenzten Kooperation zu gelangen. Ich bin mir ziemlich sicher, daß diese zuletzt angedeutete Haltung die Mehrzahl der DDR-Teilnehmer am internationalen Kolloquium zum Thema Antifaschismus Ende Februar/Anfang März 1984 in Sellin auf Rügen[18] leitete.

Auf diesem Kolloquium, in dem maßgebliche Historiker der DDR (auch politisch „Maß Gebende" vom Institut für Marxismus-Leninismus beim ZK der SED) einen an den Klassenkampf gebundenen Antifaschismus-Begriff aufgaben und grundsätzlich den bürgerlichen Widerstand, d. h. auch die Verschwörung des 20. Juli 1944 insgesamt, als Teil des antifaschistischen Kampfes werteten, traf ich zum ersten Mal Christoph Kleßmann persönlich. In der relativ intimen Atmosphäre in einem nur von den Kolloquiumsteilnehmern belegten Hotel direkt an der Ostseeküste wurden auch die Gespräche am Abend nach den eigentlichen Verhandlungen einigermaßen unverkrampft geführt. Über Kurt Finker, dem ich seit langem verbunden war, machte ich die Bekanntschaft mit Hans Mommsen und eben Christoph Kleßmann, der mich an einem dieser Abende fragte, ob ich die Chance sehe, daß er mit Studenten nach Leipzig kommen und mit Kommilitonen und Kollegen sprechen könne. Ich sagte sofort zu, alle Möglichkeiten auszuschöpfen, um dieses Vorhaben zu verwirklichen.

Wir haben nie im Detail darüber gesprochen, welche politischen Implikationen damit verbunden sein mußten, und auch später nicht darüber, wie weit wir uns ihrer damals bewußt waren. Ich nehme aber an, daß Kleßmann genug vom bisherigen Brauch offizieller Begegnungen zwischen Studenten aus der DDR und der BRD mit ihren von Partei und Jugendverband aufgezwungenen Ritualen wußte. Unausgesprochen war zwischen uns klar, daß wir ein solches Treffen nicht wollten, und vermutlich auch, daß es einige Mühe kosten würde, die Hindernisse für eine weitgehend unkontrollierte, auf jeden Fall in ihrem Ablauf nicht reglementierte deutsch-deutsche Studentenbegegnung aus dem Weg zu räumen. Hätten wir die tatsächlich sich dann auftürmenden Schwierigkeiten vorhergesehen, wären wir dann zurückgeschreckt? Ich glaube nicht, denn im Grundsatz war uns das Ungewöhnliche des Vorhabens bekannt, und wie der Briefwechsel zwischen Kleßmann und mir zeigt, kam es trotz allen (aufgeschriebenen und telefonisch ausgesprochenen) Ärgers nie zur Entmutigung, und zu keinem Zeitpunkt wurde ersthaft der Abbruch der Vorbereitungen auf das Treffen erwogen.

---

18 Vgl. den Bericht über dieses Kolloquium bei: K. Pätzold/W. Meinicke, Der Kampf gegen den Faschismus, in: ZfG 32 (1984), S. 718f.

3. Studententreffen in Leipzig

Bevor es Ende Juni 1987 zu diesem Treffen von einer Gruppe von 25 Studenten aus Bielefeld mit einer etwas größeren Zahl Leipziger Kommilitonen in der Messestadt kam, bedurfte es eines Briefwechsels, in welchem etwas mehr als 40 Schreiben vor allem zwischen den beiden Protagonisten Kleßmann und Bramke sowie zwischen einigen Dienststellen der DDR und den beiden Hochschulen hin und her gingen.[19] Die anfängliche Ablehnung des Treffens wurde mit dem Fehlen eines Kulturabkommens zwischen beiden deutschen Staaten begründet. Das mußte nicht nur als Vorwand aufgefaßt werden, wenn wir berücksichtigen, daß sich damals die DDR hartnäckig bemühte, einem solchen Abkommen näherzukommen.

Aber wir blieben ebenfalls hartnäckig. Für Christoph Kleßmann war es wohl auch der Ehrgeiz, als erster den Durchbruch zu einer bedingten Normalität im Studentenaustausch zu schaffen, eben im Sinne: Wandel durch Annäherung. Wenn das so war, dann trafen sich unsere Intentionen. Außerdem wollte ich unseren Studenten zu ein wenig mehr Berührung mit einer uns fremden Welt und über die Kontakte mit Bielefeld – vielleicht – auch zu Einladungen an sie dorthin verhelfen. Denn ich erhoffte *vor allem* – ziemlich sicher, daß sich die Leipziger Studenten offen und selbstbewußt als DDR-Bürger bei diesem Treffen bewegen würden –, daß die politisch Mächtigen durch den Erfolg des Treffens ein wenig von ihrem Mißtrauen gegenüber einem nach ihrer Meinung unmündigen (Studenten)Volk verlieren und zu Lockerungsmaßnahmen veranlaßt würden.

Es kam uns schließlich ein – aus unserer Sicht – Zufall entgegen. Bei einem weiteren Treffen äußerte Hans Mommsen den Wunsch, mit Bochumer Studenten nach Leipzig zu kommen. Er fand natürlich meine Unterstützung, übrigens auch die wichtiger Vertreter des Instituts für Marxismus-Leninismus (so die Walter Wimmers). Den Ausschlag dafür, daß es nur eines Jahres bedurfte, bis der Besuch der Bochumer zustande kam, gab aber wohl ein Gespräch von Mommsen mit Berthold Beitz, der den direkten Weg zu Erich Honecker suchte – und die „Koalition der Vernunft" war perfekt.

Der Mommsen-Besuch mit Mitarbeitern und knapp 30 Studenten in Leipzig brach das Eis auch für die Bielefelder, die allerdings erst rund zwei Monate später einreisen durften. Beim Besuch der Bielefelder Studenten mit Kleßmann war das MfS offenkundig etwas besser vorbereitet. Trotzdem gelang es uns, das vereinbarte Programm weitgehend ohne Aufpasser oder doch ohne Restriktionen einzuhalten[20], auch dank einer

---

19 Der Briefwechsel liegt in Kopie fast vollständig dem Zentrum für Zeithistorische Forschung vor; einige wenige Briefe, die das Bild nicht verändern, fand ich noch während der Arbeit an diesem Beitrag. Was an Schreiben zwischen den Dienststellen der DDR in unserer Sache gewechselt wurde, ist mir bisher fast völlig unbekannt. Die Einschränkung „fast" bezieht sich auf einige Aktenblätter des MfS, die ich inzwischen einsehen konnte.

20 Die mir bekannten MfS-Akten bestätigen das, freilich auch den Ärger dieser Behörde wegen des Treffens. Leider sind die meisten mir von der Leipziger Außenstelle der Gauck-Behörde übergebenen Kopien so gut wie nicht oder nur sehr schwer lesbar, und die Behörde lehnte es mit nicht überzeugenden Argumenten ab, mir neue Kopien anzufertigen.

Universitätsleitung, in der vor allem Prorektor Dietmar Stübler meine Mogelei gegenüber den Sicherheitsorganen tolerierte – und damit abdeckte.

Über das Treffen, in dessen Mittelpunkt eine Diskussion über Widerstandsforschung in Ost und West stand und zu dem mehr informelle Begegnungen und Gespräche auch in kleinen Gruppen nicht nur als Randerscheinungen gehörten[21], berichteten nur die Westmedien. Im Deutschland-Funk äußerte Norbert Osterwinter von der Universität Bielefeld am 2. Juli 1987 gegenüber Falk Schwarz seinen Eindruck, „daß man bereit war, sehr tolerant mit uns zu diskutieren und mit uns in ein wirklich offenes Gespräch zu kommen". Und er erwähnte auch seine Überraschung wegen der sicheren beruflichen Perspektive der DDR-Studenten, von der die westdeutschen „eigentlich nur träumen können".

Meine oben geäußerte Hoffnung, daß die beiden deutsch-deutschen Studententreffen, die meines Wissens einzigen dieser Art in der DDR seit den fünfziger Jahren und außerhalb eines kirchlichen Daches, die Oberen zu mehr Offenheit ermutigen würden, blieb unerfüllt. Die Verletzung der Sicherheitsbestimmungen wurde mir übel ausgelegt, aber wiederum half mir die Rückendeckung der Universität und partiell in der SED-Bezirksleitung, unwürdige Befragungen im Grunde unbeschadet zu überstehen.

Was blieb, waren die Erinnerungen der Beteiligten an etwas, was so noch nicht gemacht worden war, waren neu geknüpfte Verbindungen, die u. a. zum Bücheraustausch, vor allem zum Vorteil der DDR-Studenten und z. T. über meinen Postweg führten, und war eine Intensivierung der Kontakte. Im Sommersemester 1989 ermöglichte mir Christoph Kleßmann ein einsemestriges Gastspiel an der Bielefelder Universität, und noch während dieses Gastsemesters erreichte ich mit einem einzigen Brief und ohne Auflagen durch das Ministerium für Hoch- und Fachschulwesen die Erlaubnis für eine Gastprofessur Kleßmanns für das Frühjahrssemester 1990. Die Erlaubnis wurde erteilt, obwohl bei den zuständigen Stellen bekannt war, daß Kleßmann unbestechlich die Mängel des politischen Systems der DDR analysiert hatte. Ich nahm sie als Ausdruck von wachsender Liberalität in der DDR. Ich verkannte damals, daß sie Ausdruck eines Auflösungsprozesses war.

4. Nachsatz

Es wäre aber verfehlt, das Studententreffen und seine Begleitumstände heute lediglich unter dem Gesichtspunkt der Auflösung der DDR zu betrachten und die Akteure, die es herbeiführten, danach zu bewerten, ob sie den Auflösungsprozeß gefördert oder gebremst hätten. Eher schon geben die Umstände, die zur Begegnung führten, und die angedeuteten Nachspiele Aufschluß über politische Differenzierungen in der späten DDR.

---

21 Vgl. Deutsch-deutsche Geschichtsstunde. Studenten der Universität Bielefeld besuchen Kommilitonen in Leipzig, in: Neue Westfälische Zeitung, 14.7.1987.

Dieser Beitrag wurde zwar mit dem Wissen darüber geschrieben, daß Martin Sabrow die hier behandelte Problematik gleichfalls im Visier haben würde, doch waren mir bis zu diesem Schlußwort die Begrenzungen der Thematik und seine Sicht auf die damaligen Kontakte nur sehr allgemein bekannt. Das erinnert sehr an die damalige Situation, als ich zwar den politischen Rahmen, in dem sich die Ost-West-Historikerkontakte bewegten, einigermaßen abschätzen konnte, auch über die Intentionen der Verantwortlichen des Zentralinstituts für Geschichte einigermaßen gut informiert war, doch von deren Verhandlungen mit den westdeutschen Historikern nur ganz wenig wußte. So erfuhr ich erst 1994 durch Einsicht in MfS-Akten,[22] daß ich als „Stammkader[n] der Werkstattgespräche"[23] geführt wurde! Ich betrachtete meine Teilnahme an der Veranstaltung in Bad Homburg 1986 lediglich als den Ausdruck dafür, daß ich im Kreis der tonangebenden Historiker der DDR für wert befunden worden wäre, gelegentlich am deutsch-deutschen Historikerdialog teilzunehmen.

Und nicht nur nebenbei: Ich wollte ganz bewußt einen kleinen Sonderweg gehen, durchaus auf der Linie einer generellen Auflockerung der Konfrontation, dies aber so, daß ich selbst einige dieser Schritte bestimmen konnte, zum Teil im Einvernehmen mit den Vertretern der Leitung der Universität, doch teilweise auch ganz ohne Rücksprachen und -versicherungen. Das Lesen der Beiträge von Sabrow und mir vermittelt so Allgemeines und Besonderes, oder anders ausgedrückt, den widersprüchlichen Zusammenhang von Zentralismus und Regionalismus auf einem Feld der Wissenschaftspolitik, wobei das Schwergewicht mehr auf der Politik lag.

Die Unterschiedlichkeit in der Anlage der Studien von Sabrow und mir ist auch dadurch gekennzeichnet, daß in ersterer die Intentionen und Spielräume der DDR-Historiker aus bundesdeutscher Sicht analysiert werden, während ich fast ganz darauf verzichte, einerseits wegen meiner regionalen Perspektive, doch auch aus der Vorsicht heraus, daß meine im Vergleich zu den altbundesdeutschen Historikern sehr veränderte Situation das Urteil beeinflussen und zu Mißverständnissen führen könnte. Dazu und vor allem zum Nachdenken über das, was aus den Begegnungen von 1984/87 nach 1989 fortwirkt oder hätte fortwirken können, bedarf es einer weiteren, späteren Darstellung.

---

22 BStU 030200.
23 Vgl. hierzu den Beitrag von M. Sabrow in diesem Band.

III.

Milieus und Identitäten im Vergleich

Josef Mooser
Die Arbeiterbewegung in der Bundesrepublik und die DDR in den fünfziger Jahren

1. Neubildung der Arbeiterbewegung und deutsche Teilung

Im September 1948 sprach Herbert Wehner zum ersten Mal auf einem Parteitag der SPD. In einem kurzen, aber sehr grundsätzlichen Beitrag formulierte er langfristig gültige Grundpositionen, Erfahrungen und Ansprüche der Sozialdemokraten im Verhältnis zum Osten bzw. zur SBZ, die erinnerungswürdig nicht nur aus dem Grunde sind, weil Wehner eine Zentralfigur der „Deutschlandpolitik" der Sozialdemokratie war. In den kritischen Monaten des Sommers und Herbst 1948 – Berliner Blockade, Folgen der Währungsreform, Spurt zur Staatsgründung im Schatten des Kalten Krieges – proklamierte er die Einheit der demokratischen, sozialen und nationalen Elemente in der sozialdemokratischen Politik.

Das „Schicksal Europas" hänge vom „sozialen Gehalt" der mittel- und westeuropäischen Staaten ab; der „Kampf um den Osten" könne „nur mit durchgreifenden Reformen im Westen geführt werden". Wehner warnte ausdrücklich vor der optimistischen Erwartung, eine „freie Arbeiterbewegung" im Osten (und damit auch die nationale Einheit) werde – weil selbstverständlich – schon irgendwie wieder kommen. Vielmehr forderte er ein aktives politisches Handeln, das sich nicht in der Abgrenzung erschöpfen sollte. Als ehemaliger Kommunist wisse er, daß durch die „totalitären Regimes im Osten (...) nicht bloß für wenige Jahre, sondern für Generationen die physische und geistige Möglichkeit der Wiederkehr einer freien selbständigen Arbeiterbewegung ausgerottet" werde. Er sei aber Sozialdemokrat geworden, weil ihm klar geworden sei, daß der „Sozialismus untrennbar mit der Freiheit" verbunden und für diese Verbindung zu „kämpfen" sei. Gleichzeitig war Wehner sich gewiß, daß es in der kommunistischen Partei „Tausende und Abertausende" gebe, die mit ihrer eigenen Partei „tief unzufrieden und unglücklich" seien. Dann fragte er selbstkritisch: „Aber woran liegt es, daß sie nicht zu uns kommen? Es liegt daran, daß wir selbst glauben, diese Unzufriedenheit müsse sich von allein in einer Art Selbstlauf ihre Entwicklung bahnen. Wir ringen zu wenig um diese Menschen. Wir müssen ihnen und allen zeigen: Hier steht das Freiheitliche und Sozialistische, das es in Europa gibt! Aber sie sehen bei uns viel Bürokratismus, viel Schablone, und sie sehen bei uns allzuviel Selbstzufriedenheit im Beharren auf alten Traditionen. (Beifall). Wir haben viel von dieser Tradition zu pflegen, aber das ist nicht alles."[1]

---

1 Protokoll der Verhandlungen des Parteitages der sozialdemokratischen Partei Deutschlands vom 11.-14. September 1948 in Düsseldorf, Hamburg o.J., S. 74f. (im folgenden werden die Parteitagsprotokolle zitiert

Diese Sätze verweisen auf das vielschichtige und sehr spannungsvolle Grundmuster der Beziehungen zwischen Kommunismus und Sozialdemokratie in Deutschland. Nach 1945 waren diese in einer äußerst komplexen und zugespitzten Weise bestimmt durch eine fundamentale Abgrenzung und Verflechtung zugleich[2] oder durch eine konfliktreiche Gleichzeitigkeit von Ferne und Nähe, in der sich die Geschichte der deutschen Arbeiterbewegung mit der nationalen und internationalen Geschichte engstens verband. Auf dem Trümmerfeld Deutschland lagen gleichsam die Lasten der Vergangenheit neben Zukunftshoffnungen. Die Arbeiterbewegung in der Nachkriegszeit schleppte ein schweres und widersprüchliches Erbe mit sich: Eine Geschichte mit vielen Niederlagen bis 1933, die Trennung zwischen den Erfahrungen der Arbeiterschaft und der Führungsgruppen im Verhalten gegenüber dem Nationalsozialismus, die Gemengelage zwischen Widerstand, Resistenz und Anpassung, schließlich die moralische und politische Rehabilitierung 1945 dank des militärischen Sieges der Alliierten über NS-Deutschland, nicht aber dank einer Aktion der Arbeiterschaft oder von Gruppen der Arbeiterbewegung. War unter diesen Voraussetzungen die Herausforderung zu einer Selbsterneuerung der Tradition schon schwierig genug, so geriet der Anspruch auf eine politische und gesellschaftliche Neuordnung im Geist der sozialistischen Arbeiterbewegung durch den Ost-West-Konflikt und die nationale Teilung unter einen zusätzlichen, neuartigen und extremen Druck.

Diese Polarisierung hat sehr schnell den Erneuerungsimpuls zur „Einheit der Arbeiterbewegung" gebrochen (in der SBZ/DDR) oder verengt (in Westdeutschland) und den alten politisch-ideologischen Gegensatz zwischen der sozialdemokratischen und kommunistischen Arbeiterbewegung zu einem Faktor des Kalten Krieges zwischen Staaten und Machtblöcken gemacht. Das berührte die Arbeiterbewegung grundlegend. Aus einer schichtenspezifischen, selbstorganisierten, autonomen, sozialen und politischen Bewegung gegen die kapitalistische Wirtschaftsordnung und bürgerliche Gesellschaft mit (in den zwanziger Jahren noch) vielfältigen und unterschiedlichen Vorstellungen über eine alternative gesamtgesellschaftliche Ordnung wurden in den jeweiligen „Systemen" staatstragende Kräfte. Die SED – zumindest ihre Führung – etablierte sich seit 1946 in einer durch die Besatzungsmacht ermöglichten und abgestützten Revolution von oben als Staatspartei, die ein Traditionselement des Sozialismus – den Antikapitalismus – auf Kosten aller anderen durchsetzte und dabei die Diktatur zur Grundlage des Sozialismus erklärte und erhob. Zusammen mit den „Junkern" und „Kriegsverbrechern" zählte die Sozialdemokratie (und andere sozialistische Strömungen) zu den ersten Opfern dieser Revolution. Im Gegenzug wurde – beginnend 1946 im Berliner Abwehrkampf gegen die Zwangsvereinigung von SPD und KPD – die Sozialdemokratie zu einer staatstragenden Kraft der westlichen Demokratie, obwohl ihre wirtschafts-

---

nach: Parteitag SPD, Jahr). – Dem Charakter des Essays entsprechend beschränke ich mich auf direkte Nachweise und knappe Hinweise.
2 Vgl. zu dieser Interpretationsfigur Chr. Kleßmann, Verflechtung und Abgrenzung. Aspekte der geteilten und zusammengehörigen deutschen Nachkriegsgeschichte, in: APZ, B 29-30/1993, S. 30-41.

und sozialpolitischen Ziele noch offen bzw. unerfüllt waren. Auf dem Weg zum Godesberger Programm des „demokratischen Sozialismus" im Jahre 1959, das die demokratische Selbstorganisation und Selbstbestimmung in allen gesellschaftlichen Funktionsbereichen zum Prinzip des Sozialismus erhob, löste sich die SPD aus dem primär antikapitalistischen Traditionszusammenhang und hob als „Volkspartei" die Arbeiterbewegung auf zugunsten einer Bewegung zur Demokratisierung von Gesellschaft und Wirtschaft.

Diese allgemeinen und knappen Andeutungen zu politischen Faktoren im historischen Prozeß des „Endes der Arbeiterbewegung"[3] sollen die historische Komplexität und Tiefenschärfe des Themas verdeutlichen. Allein den bekannten Antikommunismus von SPD und Gewerkschaften in der Bundesrepublik in ihrem Verhältnis zur DDR wieder einmal zu rekapitulieren, bliebe oberflächlich. Gerade nach dem Untergang der DDR und des „sozialistischen Lagers" ist es für eine historische Perspektive wohl fruchtbar, sich von den in der gesamtdeutschen Nachkriegsgeschichte eingeschliffenen Selbstverständlichkeiten zu lösen und eine Distanz zu nehmen, die Erkenntnisse ermöglicht. Stark ist nämlich die (gut zu begründende) Versuchung, die DDR zu einem endlich abgeschlossenen Irrweg, zu einer Fußnote in der deutschen Geschichte zu machen. Der so naheliegende und notwendige Diktaturenvergleich zwischen der NS- und SED-Herrschaft sollte nicht den Blick verkürzen und beide Diktaturen gewissermaßen zu einer Geschichte der Schreckenskammern isolieren. Die Tatsache, daß sowohl der Nationalsozialismus im Jahre 1933 wie der Kommunismus im Jahre 1945 möglich wurden, wurzelte auch im Scheitern der Weimarer Demokratie bzw. der Unfähigkeit zum historischen und demokratischen Kompromiß zwischen Bürgertum und Arbeiterschaft in der kapitalistischen Industriegesellschaft. Im Verhältnis der sozialdemokratischen Arbeiterbewegung zur DDR war diese Vorgeschichte immer präsent. Jene setzte zunächst ihren Zweifrontenkampf gegen Kommunismus und Kapitalismus fort. In Ferne und Nähe erneuerte sich das politische Konfliktverhältnis zwischen SPD und KPD aus den zwanziger Jahren, und die Verfolgungserfahrungen in der SBZ/DDR bildeten eine bedrückende Kontinuität zum „Dritten Reich".

Die Vergangenheit der Krise und die Katastrophe der bürgerlichen Gesellschaft bestimmten nicht nur die inneren Verfassungen der beiden deutschen Staaten seit 1949. Als kontradiktorische Ordnungen verwiesen sie im Rahmen der nationalen Spaltung auf beiden Seiten erklärtermaßen auf den provisorischen Status der Staaten. Obwohl beide den Anspruch auf Kernstaaten eines künftigen Gesamtdeutschland und damit auf eine bekannte, linear hochgerechnete Zukunft erhoben, war damit doch eine große politische Unsicherheit verbunden. Denn die Wiedervereinigung blieb abhängig von den Konjunkturen des übergreifenden Ost-West-Konflikts und damit auch von den

---

3 Vgl. zu dieser vorwiegend sozialgeschichtlichen Diskussion in den achtziger Jahren: R. Ebbighausen/F. Tiemann (Hg.), Das Ende der Arbeiterbewegung in Deutschland? Ein Diskussionsband zum sechzigsten Geburtstag für Theo Pirker, Opladen 1984; J. Mooser, Arbeiterleben in Deutschland 1900-1970. Klassenlagen, Kultur und Politik, Frankfurt a.M. 1984, bes. S. 224ff.

Kriegsrisiken und gegensätzlichen Vorstellungen der Mächte über die innere Ordnung eines möglichen Gesamtdeutschlands. Zur Erfahrung, Befürchtung oder Hoffnung des Provisoriums der politischen Ordnungen zählte somit auch das Provisorium der gesellschaftlichen Ordnungen. Das bestimmte die Relevanz der Wiedervereinigung für die Arbeiterbewegung in Westdeutschland. Eine Beziehungsgeschichte zwischen West- und Ostdeutschland hat also den Provisoriumscharakter der beiden deutschen Staaten ernst zu nehmen. Vor allem gilt dies für die fünfziger Jahre, also für die Periode vor dem Mauerbau und der Kuba-Krise 1961/62, in der der Ost-West-Gegensatz noch nicht vollständig im wechselseitig anerkannten Patt der Mächte eingerastet war.

Diese lange Einleitung zum folgenden Essay über das Verhältnis von SPD und Gewerkschaften zur DDR in den fünfziger Jahren sollte nicht nur Rahmenbedingungen der Fragestellung verdeutlichen, sondern plädiert auch methodisch dafür, die historische Substanz und den Stellenwert von „Illusionen" im politischen Handeln genauer zu betrachten und zu würdigen. Der wesentliche Faktor in jener Beziehung war die sozialdemokratische Erwartung eines wiedervereinigten Deutschland in sozialistischer Gestalt durch die Überwindung der kommunistischen Ordnung in der DDR. Diese Erwartung im nachhinein und einseitig nur als „unwirklich" zu kritisieren,[4] ist blind gegenüber der historischen Tiefendimension dieser Erwartung und der aufwühlenden Ambivalenz der Konfrontation in den fünfziger Jahren.

2. Legitimitätsbewußtsein der sozialdemokratischen Arbeiterbewegung und die Wiedervereinigung

In den eingangs zitierten Sätzen Herbert Wehners über die Funktion sozialer Reformen im Westen für den „Kampf um den Osten" scheint eine politische Haltung der Nachkriegssozialdemokratie auf, die in vielen Varianten immer wiederkehrt.[5] In Kurt Schumachers politischer Leidenschaft, in programmatischen Resolutionen der Parteitage und in Reden von Parteiführern, aber auch in der parlamentarischen Opposition gegen Adenauers Politik der Westintegration und in der Wende gegen die konservative, besitzbürgerliche und „klerikale" politische Kultur der fünfziger Jahre artikulierte sich ein hohes geschichtliches Legitimitätsbewußtsein: Nach dem Versagen der bürgerlichen Eliten gegenüber dem Nationalsozialismus stelle eigentlich nur oder wenigstens primär die sozialdemokratische Arbeiterbewegung die historisch legitime Kraft zur Neugestaltung Deutschlands dar. In dieser Überzeugung waren als Ansprüche und Zielsetzungen die Einheit und Gleichzeitigkeit von demokratischer, nationaler und sozialer Frage enthalten. Die demokratische Staatsverfassung sollte durch die Demokratisierung der

---
4 So im Duktus der Argumentation bei K. Klotzbach, Der Weg zur Staatspartei. Programmatik, praktische Politik und Organisation der deutschen Sozialdemokratie 1945 bis 1965, Berlin 1982.
5 Vgl. auch zu den historischen Wurzeln dieser Haltung: D. Groh/P. Brandt, „Vaterlandslose Gesellen". Sozialdemokratie und Nation 1860-1990, München 1992, bes. S. 233ff.

Wirtschaft ergänzt und fundiert werden. Politische Demokratie und sozialistische Wirtschaftsordnung mit Rahmenplanung, Mitbestimmung und (bis zum Godesberger Programm) Aufhebung des privaten Großeigentums sollten eine Einheit bilden, um dem politischen Mißbrauch wirtschaftlicher Macht vorzubeugen. Eben einen solchen Mißbrauch seitens bürgerlicher Gruppen machte man für den Untergang der Weimarer Republik seit 1930 verantwortlich. Umgekehrt sollte jene Einheit von Demokratie und Sozialismus eine Alternative zum Kommunismus bilden. Auch die frühe, in der Wirtschafts- und Versorgungskrise seit 1946 geborene und von Schumacher wiederholt verwendete Metapher von der wirtschaftlichen „Magnetisierung" der Westzonen war nicht nur im Lebensstandard begründet, sondern mehr noch in der ordnungspolitischen Zukunftserwartung: Der Aufbau im Westen könne auf die Bevölkerung Ostdeutschlands nur anziehend wirken, „wenn nicht ein schuldbeladener und kurzsichtiger Kapitalismus seinen Stempel dem deutschen Westen aufdrückt".[6] Eine aktuelle politische und moralische Bestätigung dieser Erwartung sah man in der erfolgreichen Selbstbehauptung der SPD gegenüber der SED in Berlin, insbesondere in den triumphalen Wahlerfolgen bei den Stadtverordnetenwahlen im Oktober 1946 und im Dezember 1948. Der „Berliner Freiheitskampf" beglaubigte, daß die Sozialdemokratie die „nationale Geltung und die menschliche Selbstachtung am stärksten repräsentiert".[7]

Für das Verhältnis zur DDR hatte jenes geschichtliche Legitimitätsbewußtsein und die daraus entspringende politische Anspruchshaltung von SPD und Gewerkschaften vielschichtige und weitreichende Folgen. Als erstes ist – weil es bis in die späten fünfziger Jahre die aktuelle Strategie der SPD bestimmte – die oberste Priorität der Wiedervereinigung auf der politischen Agenda und die Naherwartung dieses Ereignisses zu nennen. Die antikommunistische Abgrenzung blieb nicht ein bloßes Prinzip. Charakteristisch für diese Einstellung war 1957 die 1.-Mai-Parole des DGB: „Wiedervereinigung ohne Gewalt – aber bald".[8] Obwohl angesichts der außen- und sicherheitspolitischen Umstände den starken Worten nur schwache Taten zugunsten konkreter Maßnahmen für die Wiedervereinigung gegenüberstanden oder gegenüberstehen konnten, blieb die Naherwartung mental erhalten. Sie motivierte wohl noch in einer Art Torschlußpanik den „Deutschland-Plan" der SPD vom 18. März 1959, also im Zeichen der Berlin-Krise.[9] Er stellte einen komplizierten Stufenplan zur „wirtschaftlichen und politischen Zusammenführung Deutschlands" vor und versuchte insbesondere in den prozeduralen Fra-

---

6 W. Albrecht (Hg.), Kurt Schumacher, Reden – Schriften – Korrespondenzen 1945-1952, Berlin 1985, S. 622 (Dezember 1948); vgl. die ähnlichen Aussagen ebd., S. 662, 678f, 695f., 708f.
7 Ebd., S. 623 (Dezember 1948); vgl. H. Hurwitz, Demokratie und Antikommunismus in Berlin nach 1945, 4 Bde., Köln 1983-1990.
8 Zit. nach: W. Schröder, Facetten der deutschlandpolitischen Diskussion des DGB in der Adenauer Ära, in: K. Schönhoven/D. Staritz (Hg.), Sozialismus und Kommunismus im Wandel. Hermann Weber zum 65. Geburtstag, Köln 1993, S. 287.
9 Vgl. Jahrbuch der Sozialdemokratischen Partei Deutschlands 1958/59, Hannover o.J. (im folgenden zit.: Jahrbuch SPD, Jahr), S. 397ff.; Klotzbach, S. 482ff.; „Spiegel"-Interview „Mit Wehner in den Abgrund?", in: G. Jahn (Hg.), H. Wehner, Wandel und Bewährung. Ausgewählte Reden und Schriften 1930-1980, Frankfurt a.M. 1981, S. 192-209.

gen, durch die teilweise Anerkennung der östlichen Postulate und in der (auch sonst virulenten) stillschweigenden Hoffnung auf „reformerische" Kräfte in der DDR die Sowjetunion bzw. SED auf das Verhandlungsfeld zu locken. Die wesentlich von Herbert Wehner ausgearbeitete Initiative war freilich chancenlos und stieß in der westdeutschen Öffentlichkeit auf Unverständnis und massive Kritik an Wehner; man verdächtigte ihn als Kryptokommunisten, der einen „dritten Weg" verfolge und die gesellschaftliche Ordnung der Bundesrepublik nach links schieben wolle.

Im berühmten „Plädoyer für eine gemeinsame (Außen-)Politik" von SPD und CDU/CSU am 30. Juni 1960 nahm schließlich auch Wehner von der Erwartung einer nahen Wiedervereinigung Abschied. Bis dahin aber prägte eine solche Einstellung die Fundamentalopposition zur Westintegration und Wiederbewaffnung, weil man von Adenauers Politik befürchtete, daß sie die nationale Spaltung vertiefe bzw. die Wiedervereinigung in eine unabsehbare Ferne rücke. Diese freilich nicht von allen, aber doch von vielen Mitgliedern und Anhängern der SPD und Gewerkschaften eingenommene Haltung war indes einem außen- und innenpolitischen „Zermürbungsprozeß"[10] ausgeliefert; das atomare Patt und die einsetzende „Entspannungspolitik" sowie die große Zustimmung zu Adenauer ließen sie zunehmend „unwirklich" erscheinen bzw. werden. Daran ist realistischerweise nachträglich zwar nichts zu korrigieren, aber doch anzuerkennen, daß hier ein tief begründetes historisches Legitimitätsbewußtsein zugrunde lag, das gerade als Arbeiterbewegung eine Antwort auf den Kommunismus suchte. Schließlich ist auch eine spezifische Wirkung der Außen- und Sicherheitspolitik der SPD festzuhalten. Die leidenschaftlichen Auseinandersetzungen über die Wiederbewaffnung haben mit der Kritik an der militärischen „Restauration" auch die Reflexion über die NS-Vergangenheit vorangetrieben, aus der die bundesrepublikanische Demokratie viel gewonnen hat.[11]

Selbstverständlich gehörte zum Legitimitätsbewußtsein der sozialdemokratischen Arbeiterbewegung in Westdeutschland immer auch die scharfe Abgrenzung gegenüber der SED und DDR. Sie begann im Widerstand gegen die Zwangsvereinigung und setzte sich fort in der grundsätzlichen Entlegitimierung der SED als sozialistischer Kraft – parallel zur Nichtanerkennung des Staates in der „Zone". Der Kommunismus als ein Zweig der Tradition der Arbeiterbewegung wurde ausgegrenzt. In der Funktion und Aktion der SED als „russischer Staatspartei" lösten sich für Schumacher 1948 auch die „rußlandhörigen Kommunisten (…) allmählich von jeder Form des Deutschseins oder der internationalen sozialistischen Idee".[12] Der kommunistische „Bruder" wanderte in dieser Wahrnehmung aus der eigenen Nation und Geschichte der Arbeiterbewegung in Deutschland nach „Osten" aus. SPD und Gewerkschaften erhoben gewissermaßen einen Alleinvertretungsanspruch für die deutsche Arbeiterbewegung; das bildete ihre

---

10 Vgl. W. F. Hanrieder, Deutschland, Europa, Amerika. Die Außenpolitik der Bundesrepublik Deutschland 1949-1989, Paderborn 1991, S. 400ff., Zitat: S. 404.
11 Vgl. zuletzt dazu die im Detailreichtum wie in der Verschränkung der Perspektiven aufschlußreiche Dokumentation von W. Kraushaar, Die Protest-Chronik 1949-1959, 4 Bde., Hamburg 1996.
12 Albrecht, S. 583.

Version der „Einheit der Arbeiterbewegung". Die Gewerkschaften verstanden sich als „Advokat" der Arbeiter in der DDR, weil der FDGB keine freie und unabhängige Gewerkschaftsorganisation sei.[13] In Variation der „Magnet"-Metapher hat insbesondere der „linke" Vorsitzende der IG Metall, Otto Brenner, nicht nur betont, daß die Sozialpolitik im Westen eine „Anziehungskraft für die Menschen hinter dem Eisernen Vorhang" ausüben müsse, sondern im Sinne der anwaltschaftlichen Rolle der westdeutschen Gewerkschaften auch reklamiert, durch das „Tempo und Ausmaß des sozialen Fortschritts in der Bundesrepublik den Druck von unten gegen das Ulbricht-Regime zu verstärken".[14] Daneben hat die SPD auf den Parteitagen der fünfziger und sechziger Jahre immer wieder proklamiert, „stellvertretend" für die Sozialdemokraten „in ganz Deutschland" zu handeln. Insbesondere Herbert Wehner verwendete in diesem Zusammenhang die Schumachersche Formel von der „stummen Armee" der „Hunderttausende Sozialdemokraten in der Ostzone, die dasselbe wollen, was wir auch wollen".[15]

Die Abgrenzung zur SED bzw. DDR zog also gleichzeitig eine besondere Nähe zur Arbeiterschaft – und der Bevölkerung insgesamt – in „Mitteldeutschland" (wie man in den fünfziger Jahren noch selbstverständlich sagte) nach sich; die „Nation" wurde – nur von wenigen mehr oder weniger stillschweigend bezweifelt – noch in den Grenzen von 1937 gedacht. Jene Nähe war von starken Gefühlen der Erinnerung an die Parteigeschichte beherrscht. Historisch eigentümlich selektiv und unpräzise stilisierte man Sachsen und Thüringen zu alten, gleichsam ewigen sozialdemokratischen „Hochburgen". Diese Regionen waren gewiß herausragende Ursprungsländer der Arbeiterbewegung im 19. Jahrhundert; übersehen wurde aber, daß sie auch zu denjenigen Teilen Deutschlands in den zwanziger Jahren zählten, die vom scharfen Konflikt zwischen SPD und KPD durchfurcht waren. Die mentalen Traditionen, Stereotypen und historischen Gewißheiten der Milieupartei machten die Klage plausibel, daß die Sozialdemokratie ohne jene Hochburgen „nur auf einem Lungenflügel" atme,[16] aber auch die Hoffnung attraktiv, in einem wiedervereinigten Deutschland eine demokratische Mehrheit zu gewinnen. Es zeugt von der historischen Wirkungsmacht kultureller Traditionen und „Illusionen", daß die SPD in den fünfziger Jahren offenbar keine Anstrengungen unternahm, die Annahmen über die „Hochburgen" selbstkritisch zu überprüfen – trotz Wehners hellsichtiger Warnung vor der „Ausrottung" einer freien Arbeiterbewegung im kommunistischen Machtbereich. Die heute möglichen Kenntnisse über die Repression und Demoralisierung der Sozialdemokratie in der SBZ/DDR verweisen darauf, daß die Stärke der „stummen Armee" wohl überschätzt wurde.

Gerade die Verfolgung stabilisierte jedoch, so scheint es, alte Gewißheiten der Parteigeschichte. Die Ausgrenzung ehemaliger Sozialdemokraten aus der SED, ihre

---

13 Vgl. Schröder, S. 295ff.
14 Protokoll über den dritten ordentlichen Gewerkschaftstag der Industriegewerkschaft Metall, 13.-18. September 1954, S. 271; Protokoll des 6. ordentlichen Gewerkschaftstages der Industriegewerkschaft Metall, 17.-20. Oktober 1960, S. 227.
15 Albrecht, S. 397f. (1946); Wehner: Parteitag SPD 1960, S. 24; Parteitag SPD 1966, S. 15.
16 So 1952 Fritz Erler, zit. nach: Groh/Brandt, S. 268.

soziale Marginalisierung, strafrechtliche Verfolgung und Inhaftierung unter oft traumatischen Bedingungen, die viele nicht überlebten[17] – also der so bezeichnete kommunistische „Terror" –, stellte die SED-Herrschaft auf eine Stufe mit früheren Phasen der Unterdrückung der Arbeiterbewegung. Insbesondere die Gleichsetzung mit der Verfolgung unter dem NS-Regime war aufgrund dieser Erfahrungen selbstverständlich; entsprechend ehrte z.B. der Berliner Parteitag vom 21. bis 24. Juli 1954 gleichzeitig die Opfer des 20. Juli 1944 und der Verfolgung in der DDR.[18] Der Antitotalitarismus war in den fünfziger Jahren nicht nur eine vergleichende politische Theorie, sondern für Sozialdemokraten mehr noch eine Erfahrung, mit der wahrscheinlich kleine Zirkel in der DDR den Widerstand gegen den Nationalsozialismus vor 1945 gegen den alten und neuen Gegner fortsetzten.[19] Das schloß nicht aus, daß Sozialdemokraten vom gängigen Totalitarismuskonzept einer zentralistischen und wandlungsunfähigen totalitären Herrschaft abrückten, um ein realistisches Bild über die DDR zu gewinnen – so etwa in der politologischen westlichen DDR-Forschung der fünfziger Jahre, die in bedeutendem Maße von DDR-Flüchtlingen mit sozialdemokratischem Hintergrund entwickelt wurde.[20]

Im Verhältnis von Ferne und Nähe zugleich lagen tiefe Konflikte, zumal die Konfrontation zwischen Sozialdemokraten und Kommunisten in der Weimarer Zeit nicht vergessen war. Dieser Kampf erneuerte sich in besonderer Weise am 17. Juni 1953, in der wechselseitigen Wahrnehmung noch viel mehr als in der „Wirklichkeit" der kurzen, spontanen und wenig organisierten Arbeiter- und Volksrebellion gegen das SED-Regime und damit auch für ein vereinigtes Deutschland. Die SED sah überall das Ostbüro der SPD subversiv tätig und die streikenden Arbeiter vom „Sozialdemokratismus" verführt.[21] Die SPD auf der anderen Seite war stolz auf den Aufstand, weil gerade die Arbeiter die nationale Frage zu ihrer eigenen Sache gemacht hätten. Herbert Wehner

---

17 Vgl. K.W. Fricke, Selbstbehauptung und Widerstand in der sowjetischen Besatzungszone Deutschlands, Bonn 1964, S. 26ff.; B. Bouvier/H.-P. Schulz (Hg.), „ ... die SPD aber aufgehört hat zu existieren". Sozialdemokraten unter sowjetischer Besatzung, Bonn 1991; H. Grebing u.a., Zur Situation der Sozialdemokratie in der SBZ/DDR 1945-1950, Gutachten für die Sozialdemokratische Partei Deutschlands, Marburg 1992; A. Malycha, Partei von Stalins Gnaden? Zur Entwicklung der SED zur Partei neuen Typs in den Jahren 1946 bis 1950, Berlin 1996, S. 119ff.; B. Bouvier, Ausgeschaltet! Sozialdemokraten in der sowjetischen Besatzungszone und in der DDR 1945-1953, Bonn 1996; F. Boll (Hg.), Verfolgung und Lebensgeschichte. Diktaturerfahrungen unter nationalsozialistischer und stalinistischer Herrschaft in Deutschland, Berlin 1997.
18 Vgl. Parteitag der SPD 1954, S. 51f., 7f.
19 Vgl. W. Buschfort, Das Ostbüro der SPD. Von der Gründung bis zur Berlin-Krise, München 1991.
20 Vgl. H. Buchstein, Totalitarismustheorie und empirische Politikforschung – Die Wandlung in der Totalitarismuskonzeption in der frühen Berliner Politikwissenschaft, in: A. Söllner u.a. (Hg.), Totalitarisismus. Eine Ideengeschichte des 20. Jahrhunderts, Berlin 1997, S. 239-266.
21 Vgl. S. Wolle, „Agenten, Saboteure, Verräter ...". Die Kampagne der SED-Führung gegen den „Sozialdemokratismus", in: I.-S. Kowalczuk u.a. (Hg.), Der Tag X - 17. Juni 1953. Die „Innere Staatsgründung" der DDR als Ergebnis der Krise 1952/54, Berlin 1995, S. 243-277; Bouvier, Ausgeschaltet!, S. 261ff.; Buschfort, S. 92ff.; Franz Walter u.a., Die SPD in Sachsen und Thüringen zwischen Hochburg und Diaspora. Untersuchungen auf lokaler Ebene vom Kaiserreich bis zur Gegenwart, Bonn 1993, S. 163ff., 269ff., 454ff.

feierte ihn am 1. Juli 1953 als das „gewaltigste [Ereignis] seit vielen Jahren", das ein „neues Stadium im Ringen um die Wiedervereinigung" in Gang gesetzt habe, und forderte, aus der nationalen Tat der ostdeutschen Arbeiter „schwerwiegende politische und psychologische Schlußfolgerungen über das und für das Verhältnis dieses Staates [d.h. der Bundesrepublik, J.M.] (...) zur Arbeiterschaft in diesem Staat" zu ziehen.[22] Im Pathos des Augenblicks stimmten Partei-, Klassen- und Nationalbewußtsein überein. Auf die Initiative der SPD ging das Gesetz über die Erklärung des 17. Juni zum Nationalfeiertag zurück.

Auch wenn die Feiern dieses Gedenktages, die zunächst durchaus im Zeichen einer großen Mobilisierung standen und erst seit der Wende zu den sechziger Jahren degenerierten, das Bild eines umfassenden „Volksaufstandes" zeichneten,[23] bildete in der sozialdemokratischen Wahrnehmung immer der Arbeiteraufstand den Mittelpunkt. Am ersten Jahrestag 1954 stilisierte die SPD den Aufstand zum Zeugnis der „geschichtsbildenden Kraft der deutschen Arbeiterschaft", die für die gesamte Bevölkerung gehandelt habe. In ähnlichen Erklärungen zum 17. Juni betonte man in den folgenden Jahren stark die aktive Rolle von Sozialdemokraten und die Bedeutung sozialdemokratischer Ideen während des Aufstandes und darüber hinaus im anhaltenden Widerstand in der DDR. Die SED-Abwehrpropaganda gegen den „Sozialdemokratismus" gegen den Strich lesend, diagnostizierte man 1959 einen wachsenden Einfluß des „demokratischen Sozialismus" auf „alle Schichten der mitteldeutschen Bevölkerung" und das „größte Interesse für das Godesberger Programm".[24] Auch diese Stellungnahmen verweisen wieder auf die wahrnehmungsstrukturierende Kraft der kulturellen Milieutraditionen. Zweifel an den Vorstellungen über den sozialdemokratischen Osten blieben isoliert. Gerade und besonders nach der Wahlniederlage im September 1953 sah Erich Ollenhauer die Grundsätze der SPD bestätigt, weil insbesondere die Wiedervereinigung „in ganz kurzer Zeit das zentrale Problem der deutschen Politik" werden könne. Wohl auch an diese Erwartung knüpfte sich das Bedenken des Abgeordneten Fritz Baade, daß im Fall der Wiedervereinigung „eine gesamtdeutsche Wahl (...) stark von der antisozialistischen Sehnsucht der Massen getragen" sein könne. Soweit erkennbar, wurde Baade barsch zurechtgewiesen.[25]

---

22 Wehner, Wandel, S. 98ff. (Zitate: S. 98, 100).
23 Vgl. E. Wolfrum, „Kein Sedanstag glorreicher Erinnerung". Der Tag der Deutschen Einheit in der alten Bundesrepublik, in: DA 29 (1996), S. 432-443; ders., Der Kult um den verlorenen Nationalstaat in der Bundesrepublik Deutschland bis Mitte der 60er Jahre, in: Historische Anthropologie 5 (1997), S. 83-114.
24 Vgl. Jahrbuch SPD 1952/53, S. 84ff.; ebd. 1954/55, S. 93ff., 325 (Zitat); ebd. 1956/57, S. 104ff.; ebd. 1958/59, S. 118ff., 119 (Zitat).
25 Vgl. P. Weber (Bearb.), Die SPD-Fraktion im Deutschen Bundestag. Sitzungsprotokolle 1949-1957, 2. Halbband, Düsseldorf 1993, S. 3, 9f. (Sitzung am 17.9.1953).

3. Verflechtung und Abgrenzung: politischer Alltag und programmatische Neuorientierung der SPD

Die Mischung von starker Abgrenzung und Verflechtung, von Ferne und Nähe zur DDR hatte auch Folgen für den politischen Alltag von SPD und Gewerkschaften in der Bundesrepublik. Die Nähe motivierte zum Beispiel das nachhaltige parlamentarische Engagement der SPD für die Interessen der DDR-Flüchtlinge, deren Lage und Ansehen in Westdeutschland im Schatten der Vertriebenen stand und die offenbar nur von wenigen mit offenen Armen empfangen wurden.[26] Mißtrauisch vermutete man unlautere Fluchtmotive und fürchtete die kommunistische Unterwanderung mit dem Flüchtlingsstrom. Auch die Gewerkschaften waren davon nicht frei. Mit Ausnahme von Otto Brenner zeigte man sogar am Vorabend des Juniaufstandes 1953 eine abweisende Haltung, weil angeblich „viele" Flüchtlinge im Westen „überhaupt nicht arbeiten, sondern nur Geschäfte machen" wollten.[27] Ebenso teilte man die Furcht vor Agenten, gegen die sowohl die SPD wie die Gewerkschaften in Abstimmung mit der Regierung, anderen Parteien und Verbänden mobil machten.[28] Diese Wahrnehmung paßte zur politischen Abgrenzung und wurde bestätigt durch die äußerst aggressive Propaganda und aufwendige „Westarbeit" der SED und der „Massenorganisationen" der DDR. Besonders in den frühen fünfziger Jahren pflegte die DDR-Führung und mit ihr die westdeutsche KPD nicht nur das auch später wirksame Selbstbild des „besseren" Deutschlands, des „wahren", weil gesellschaftsstrukturell antifaschistischen „Sachwalters der Interessen der ganzen deutschen Nation" (so 1965); sie rief darüber hinaus im Stil der kommunistischen Politik der späten zwanziger Jahre, der Propaganda der „Revolutionären Gewerkschaftsopposition" und des sozialdemokratischen „Sozialfaschismus" zum „nationalen Befreiungskampf" und zum Sturz des Bonner „Kolonialregimes" auf. Wie vor 1933 appellierte sie an die „Einheit der Arbeiterklasse", die wiederum den „Kampf" gegen die „rechten Führer" der Arbeiterbewegung implizierte.[29] Der Antrag zum KPD-Verbot und die gewerkschaftliche „Revers"-Politik, der Ausschluß von 654 hauptamtlichen kommunistischen Gewerkschaftsfunktionären seit 1951, reagierte auf diese propagandistische Offensive zur Zeit des Korea-Krieges.[30]

---

26 Vgl. H. Heidemeyer, Flucht und Zuwanderung aus der SBZ/DDR 1945/49-1961. Die Flüchtlingspolitik der Bundesrepublik Deutschland bis zum Bau der Berliner Mauer, Düsseldorf 1994, S. 286ff., 307ff.
27 J. Kaiser (Bearb.), Der Deutsche Gewerkschaftsbund 1949 bis 1956, Köln 1996, S. 412ff., Zitat S. 414 (Sitzung am 29.4.1953).
28 Vgl. Buschfort, S. 87ff., 106ff.; J. Kaiser, „Der politische Gewinn steht in keinem Verhältnis zum Aufwand". Zur Westarbeit des FDGB im Kalten Krieg, in: Jahrbuch für historische Kommunismusforschung, 1996, S. 127ff.
29 Vgl. den Überblick über die deutschlandpolitischen Proklamationen der SED, in: Bundesministerium für gesamtdeutsche Fragen (Hg.), SBZ von A bis Z, Bonn [10]1966, S. 436ff.; D. Staritz, Geschichte der DDR. Erweiterte Neuausgabe, Frankfurt a.M. 1996, S. 48ff.; ders., Die Kommunistische Partei Deutschlands, in: R. Stöss (Hg.), Parteien-Handbuch. Die Parteien der Bundesrepublik Deutschland 1945-1980, Opladen 1986, Bd. 3, S. 1663-1810.
30 Vgl. K. Schönhoven, Kalter Krieg in den Gewerkschaften. Zur Gewerkschaftspolitik von KPD und SPD nach 1945, in: ders./Staritz (Hg.), Sozialismus, S. 261-280.

Weniger bekannt als der „Kalte Krieg" im Westen gegen die „Infiltration" und „Unterwanderung" sind die gleichzeitigen Kontakte zwischen West- und Ostdeutschland. In den fünfziger Jahren waren sie noch eingelassen in den durchaus regen verwandtschaftlichen und sonstigen Reiseverkehr[31] und wurden von der DDR in der „Westarbeit" sowie in Einladungen nach dem Osten mit einem nicht unbeträchtlichen Aufwand und trotz vieler Enttäuschungen, wie die internen Berichte zeigen, immer wieder gesucht und forciert. Gezielte Besuche im Westen einerseits, Urlaube in den Ferienheimen des FDGB, Betriebsbesichtigungen sowie die Besuche der „deutschen Arbeiterkonferenzen" während der Leipziger Messe, die sich besonders an Mitglieder und Funktionseliten der SPD und Gewerkschaften richteten, sollten die „Aktionseinheit der Arbeiterklasse" propagieren und vorantreiben.[32] Art, Umfang und Inhalte dieser Kontakte sowie die Teilnehmer (darunter wahrscheinlich viele Kommunisten aus der Bundesrepublik) sind im Detail noch wenig erforscht. Immerhin bewirkten sie im Westen eine schwierige Auseinandersetzung darüber, unter welchen Umständen und in welchen Formen die Kommunikation innerhalb der geteilten Nation aufrechterhalten werden sollte. Gehörte zur fundamentalen Abgrenzung vom Kommunismus auch die Gesprächsverweigerung gegenüber Kommunisten? Darüber gab es zum Beispiel auf dem DGB-Kongreß 1959 eine unabgeschlossene Kontroverse. Die offizielle Sprachregelung (von Gewerkschaften und SPD), Kontakte zu den Organisationen und „Funktionären" zu meiden, aber zu den „Menschen" zu suchen, schien manchen unrealistisch geworden. Selbstbewußt forderte besonders eine jüngere Generation von Gewerkschaftern die offensive Auseinandersetzung auch mit den „Funktionären". Sie sahen vermutlich keinen Grund mehr zur Angst vor den „geschulten Leuten" im Osten, vor der scheinbar diabolischen, unwiderstehlichen kommunistischen Propaganda und der „Dialektik" als der Kunst des Rechthabens.[33] Bemerkenswert ist, daß im Streit über Kontakte zu den Kommunisten und deren politische Funktion, die Chancen zur Wiedervereinigung offen zu halten, die Diskussion über die Ursachen der nationalen Spaltung sich erweiterte. Bislang sah man sie hauptsächlich begründet im Konflikt zwischen den Alliierten seit 1945. In den späten fünfziger Jahren wuchs auch in diesem Zusammenhang die Sensibilität für die „unbewältigte Vergangenheit" des Nationalsozialismus und die deutsche Verantwortung für die Teilung. Die „Ostangst" und damit „Kommu-

---

31 Vgl. dazu im Spiegel von Umfragen: S. Jansen, Meinungsbilder zur deutschen Frage. Eine Längsschnittanalyse von Repräsentativerhebungen in der Bundesrepublik Deutschland, Frankfurt a.M. 1990, S. 194ff.
32 Vgl. Kaiser, Westarbeit; K.H. Schmidt, Die Deutschlandpolitik der SED, in: Enquete-Kommission „Aufarbeitung von Geschichte und Folgen der SED-Diktatur in Deutschland"; Bd. V/3, Frankfurt a.M. 1995, S. 2114-2293. Zu den „Deutschen Arbeiterkonferenzen" vgl. G. Fülberth, KPD und DKP 1945-1990. Zwei kommunistische Parteien in der vierten Periode kapitalistischer Entwicklung, Heilbronn 1990, S. 93; H.O. Hemmer, Flankierende Maßnahmen. Gewerkschaftliche Ostpolitik zwischen Kaltem Krieg und Entspannung, in: Chr. Jansen u.a. (Hg.), Von der Aufgabe der Freiheit. Festschrift für Hans Mommsen zum 5. November 1995, Berlin 1995, S. 184f.
33 Protokoll 5. Ordentlicher Bundeskongreß Stuttgart 7. bis 12. September 1959, Deutscher Gewerkschaftsbund o.O.o.J. (im folgenden zit. als DGB-Kongreß, Jahr), S. 253ff., 293ff., 323, 330f., 346ff., 358f.; vgl. Kaiser (Bearb.), Gewerkschaftsbund, S. 489ff. (Sitzung am 18.1.1954), S. 654 ff. (Sitzung am 1.2.1955); Schröder, S. 288ff.; Hemmer, 171ff.

nistenangst" aus dem Zweiten Weltkrieg, die die Arbeiterschaft teilte und die zunächst das nationale Selbstbild eines Opfers des Kommunismus stabilisierte, wurde nun Gegenstand einer öffentlichen Kontroverse.[34]

Das konfrontative Element im Verhältnis von Ferne und Nähe verweist im eben genannten Zusammenhang auf eine Dimension, die später geeignet war, den Gegensatz zwar nicht aufzuheben, aber doch zu relativieren. Das historische Erbe des Nationalsozialismus und Zweiten Weltkrieges ließ längerfristig den „Weimarer" Kampf zwischen Sozialdemokratie und Kommunismus auch noch in den fünfziger Jahren verblassen. Schneller, wenngleich noch nicht durchschlagend, bewirkte dieser Kampf auch eine Erschütterung der sozialistischen Symbolwelt, die zu kleinen Signalen auf dem Weg der Sozialdemokratie aus dem Weimarer Traditionsüberhang heraus wurden. In Zusammenhang der Parteireformdiskussion empfahl der Parteivorstand 1954 das kommunistisch anrüchige Wort „Funktionäre" durch „Vertrauensleute" zu ersetzen. Gleichzeitige Vorschläge, die rote Parteifahne und die Anrede „Genosse" wegen des „Mißbrauchs durch Kommunisten und Faschisten" abzuschaffen, stießen aber auf Empörung und Ablehnung. Die besonders in der aktiven Mitgliedschaft und im Funktionärscorps noch tief im Weimarer Milieu und Denkhabitus steckende Partei wollte auf diese traditionellen Symbole nicht verzichten.[35] Auch mit Rücksicht auf die Abgrenzung zur bürgerlichen Gesellschaft der fünfziger Jahre und zu der ebenfalls noch sehr traditionell wirkenden CDU/CSU tat sie sich schwer, sich aus jener Vergangenheit zu lösen.

Gleichwohl hat die Abgrenzung von der DDR bzw. die Konfrontation zwischen Ost und West es Minderheiten in der Partei erleichtert, den Weg zum Godesberger Programm des „demokratischen Sozialismus" erfolgreich zu Ende zu gehen. Diese Konfrontation hemmte die marxistische Linke, weil ein bestimmter Sozialismusbegriff, nämlich die Begründung der sozialistischen Gesellschaft durch staatliches Eigentum und zentrale Planung, gleichsam nach Osten ausgewandert und gleichzeitig durch die Diktatur diskreditiert war. Die marxistische Linke innerhalb der SPD, die kaum einen ernsthaften Gedanken an die Vorbildhaftigkeit des „Arbeiter- und Bauernstaates" verschwendete, steckte in einem tiefen Dilemma, aus dem sie sich allmählich durch das „Zurück zu Marx" und zu der utopischen Dimension im Marxismus zu befreien suchte.[36]

Das Godesberger Programm markiert bekanntlich eine Zäsur in der Geschichte der SPD. Als „Volkspartei" eines ethisch begründeten „demokratischen Sozialismus" hob sie die marxistische Engführung von Interessen und geschichtlicher Rolle der Arbeiter-

---

34 Vgl. die Bemerkungen auf dem DGB-Kongreß 1959, S. 253, 289. 302; allgemein zur „Ostangst" und ihrer Bedeutung in den 1950er Jahren: P. Bender, Die „Neue Ostpolitik" und ihre Folgen. Vom Mauerbau bis zur Vereinigung, München ³1995, S. 13ff.; R.G. Moeller, War Stories: The Search for a usable Past in the Federal Republic of Germany, in: AHR 101 (1996), S. 1008-1048.
35 Vgl. Jahrbuch des SPD 1954/55, S. 322f.; P. Lösche/F. Walter, Die SPD: Klassenpartei – Volkspartei – Quotenpartei, Darmstadt 1992, S. 113, 131ff.; Klotzbach, S. 308ff.
36 Aufschlußreich: R. Petry (Pseudonym für P. von Oertzen), Die SPD und der Sozialismus, in: Frankfurter Hefte, 1954, S. 663-676; vgl. S. Heimann, Zum Scheitern linker Sammlungsbewegungen zwischen SPD und KPD/SED nach 1945: Die Beispiele USPD und UAPD, in: Ebbighausen/Tiemann, S. 301-322.

schaft einerseits und einer sozialistischen Gestaltung der Gesellschaft andererseits im Konzept einer umfassenden „Demokratisierung" der Gesellschaft auf. Die Demokratie sollte über eine Staats- und Regierungsform hinaus zu einer „Lebenshaltung" aller „wirklich" gleichberechtigten Bürger und Bürgerinnen mit gleichen Chancen werden. Weil diese für die Arbeiter bislang nicht gegeben waren, sah Herbert Wehner in diesem Programm, das in expliziter Weise keine schichtenspezifischen Ziele verfolgte, auch diejenigen der Arbeiterbewegung aufgehoben. Die alte antikapitalistische Forderung nach der „Sozialisierung" des Privateigentums verwandelte sich zur Kontrolle wirtschaftlicher Macht innerhalb einer wie angedeutet verstandenen Demokratie, um schließlich die Hauptaufgabe erfüllen zu können, ein „Deutschland zu schaffen, das die Wiederholung der Schrecken der Vergangenheit ausschließt".[37]

Diese Konzeption wurzelte weit stärker in der historisch reflektierten und politisch verantwortungsbewußten Verarbeitung der Weimarer Niederlagen als damals wahrgenommen und anerkannt wurde, da man im „Abwerfen von Ballast" (Carlo Schmid) nur eine Anpassung an die Gegebenheiten des „Wirtschaftswunder"-Landes und eine Flucht aus der Sackgasse der Fundamentalopposition sehen wollte. Gleichzeitig konnte die SPD mit jener Konzeption des Sozialismus sich gewissermaßen aus dem Clinch der „Weimarer" Kampfsituation mit der SED bzw. DDR lösen. Gewiß stand „Godesberg" noch in der Linie des historischen Legitimitätsbewußtseins der Nachkriegszeit, eine antikommunistische Alternative des Sozialismus für ganz Deutschland zu schaffen; die Wiedervereinigung galt weiter als „lebensnotwendig" und „wichtigstes Ziel".[38] Aber der enge, ja konstitutive Zusammenhang von demokratischer, nationaler und sozialer Frage war nun subtil durchtrennt. Der „demokratische Sozialismus" konnte auch in der Bundesrepublik angestrebt werden und brauchte nicht mehr die Wiedervereinigung zu seiner Voraussetzung.[39]

Im Unterschied dazu ist die Bedeutung und Kontinuität sozialer Erwartungen in der nationalen Politik festzuhalten und bemerkenswert. Sie sind bis zum Deutschland-Plan der SPD von 1959 zu erkennen und handelten Herbert Wehner den für die Polarisierung in der Bundesrepublik symptomatischen Vorwurf des Freiherrn von und zu Guttenberg (CSU) ein, als Gesamtdeutschland eine „Zone ohne Ulbricht", eine „Bundesrepublik mit den sozialistischen Errungenschaften" anzustreben.[40] Letzteres Schlagwort machte besonders seit 1955 in der deutschlandpolitischen Diskussion die Runde, nach-

---

37 Vgl. Wehner, Die Arbeiterfrage im Programm der SPD. Rede vor Betriebsfunktionären 1959, in: ders., Wandel, S. 219ff, Zitate: S. 223, 225, 230. Zu den Wurzeln der Programmrevision schon in der Emigration: H.A. Leugers-Scherzberg (Hg.), H. Wehner, Selbstbesinnung und Selbstkritik. Gedanken und Erfahrungen eines Deutschen, Köln 1994; H. Grebing, Entscheidung für ein demokratisch-sozialistisches Europa, in: C. Keller u.a. (Hg.), Die Nacht hat zwölf Stunden, dann kommt schon der Tag. Antifaschismus-Geschichte und Neubewertung, Berlin 1996, S. 160-171; siehe ferner Lösche/Walter, S.110ff.
38 Vgl. Fritz Sänger, Grundsatzprogramm der SPD. Kommentar, Berlin 1960, S. 37f.
39 Vgl. dazu mit kritischer Sicht A. Klönne, Die deutsche Arbeiterbewegung, Köln 1980, S. 348f. – einer der wenigen Autoren, die den ursprünglichen Zusammenhang zwischen Wiedervereinigung und Sozialismus überhaupt wahrnehmen.
40 Zit. nach Klotzbach, S. 493, Anm. 716.

dem die Sowjetunion die „Zweistaatentheorie" proklamiert und eine Wiedervereinigung unter bestimmten Bedingungen für möglich erklärt hatte; dazu gehörte – unter Berufung auf das Potsdamer Abkommen 1945 – die Erhaltung der „politischen und sozialen Errungenschaften" der DDR. Gemeint waren insbesondere die wirtschafts- und sozialstrukturellen Eingriffe in der „antifaschistisch-demokratischen Umwälzung", die Bodenreform und Enteignungen im industriellen Sektor.

Die Wahrung der „sozialen Errungenschaften" im Sinne der Sowjetunion und DDR waren im Westen auch für die SPD und Gewerkschaften als Ganzes unannehmbar. Gleichwohl wurde das Schlagwort zu einem Stichwort auch für die westliche Diskussion über Voraussetzungen für eine Wiedervereinigung und vor allem für die innere, wirtschaftliche und soziale Ordnung eines vereinigten Deutschland. Sowohl die Bundesregierung als auch die FDP-Politiker Thomas Dehler und Erich Mende ließen z.B. 1954 bzw. 1956 die Bereitschaft erkennen, die Bodenreform zu akzeptieren.[41] In den Organisationen der Arbeiterbewegung wurde darüber mehrfach gesprochen. Die soziale Gestalt eines zukünftigen Gesamtdeutschlands stand dabei noch deutlich im Zeichen der Sozialismushoffnungen der unmittelbaren Nachkriegszeit. Im Blick auf die „Hochburgen" und im Glauben, bei gesamtdeutschen Wahlen endlich die Mehrheit zu erringen, hoffte man, die Enttäuschung jener Hoffnungen kompensieren zu können. Herbert Wehner wandte sich 1952 gegen eine „Restaurierung früherer Verhältnisse", weil die Probleme im Falle einer Wiedervereinigung nur durch eine „wirkliche soziale Neugestaltung" zu lösen seien. Ähnlich plädierte 1954 der DGB-Vorsitzende Walter Freitag gegen eine „Rückrevidierung im Osten, insbesondere in bezug auf die Bodenreform" – dies in einer Sitzung des DGB-Bundesausschusses, die mögliche Maßnahmen im Fall einer Wiedervereinigung behandelte und trotz der starken Naherwartung auf dieses Ereignis allerdings eine große Unsicherheit darüber offenbarte.[42]

Die deutlichsten Aussagen über ihre Forderungen zur Wiedervereinigungspolitik und zur inneren Gestalt eines künftigen Deutschlands machten SPD und Gewerkschaften im Jahre 1956. Eine Entschließung des SPD-Parteitages setzte sich für eine „sozialistische Neugestaltung Deutschlands ein, deren unveräußerlicher Bestandteil die Demokratie sein wird". In klaren Worten wandte sich die Partei gegen die Reprivatisierung des enteigneten Großbesitzes oder neuaufgebauter Betriebe, verlangte die Förderung des bäuerlichen und gewerblichen Mittelstandes und schließlich die Erhaltung derjenigen bildungspolitischen Maßnahmen in der SBZ/DDR, die den „allgemeinen" Zugang zur Bildung „erleichtert" hatten. Im vereinigten Deutschland sollte „jegliches Besitz- und Bildungsmonopol gebrochen" sein. Weniger konkret, aber mit ähnlicher Stoßrichtung distanzierte sich das „Manifest zur Wiedervereinigung" des DGB-Kongresses 1956 von der „Wiederherstellung überholter wirtschaftlicher und gesellschaftli-

---

41 Vgl. die Hinweise bei A. Bauerkämper, Legitimation durch Abgrenzung. Interpretationen der Bodenreform und Kollektivierung im Kontext der deutschen Teilung und Vereinigung, in: BzG 38 (1996), S. 65.
42 Wehner, Wandel, S. 89; Kaiser (Bearb.), Gewerkschaftsbund, S. 489ff., Zitat: S. 495 (Sitzung am 18.1.1954).

cher Zustände, wie sie [im Fall der Wiedervereinigung, J.M.] von bestimmten Kreisen in der Bundesrepublik angestrebt werden". Heute ist in diesem Zusammenhang auch der politische Sprachgebrauch in der Debatte über die Form der Wiedervereinigung erinnerungswürdig; die SPD lehnte damals die „Kolonisierung" (Wehner) oder die „Anschlußtheorie" ab, die die „beste Hilfe" für die SED darstelle (Ollenhauer).[43]

Bei aller Distanz zum kommunistischen Verständnis der „Errungenschaften" in der DDR zeigt sich in der Verknüpfung von Wiedervereinigung und Sozialismus unter Einschluß einer rechtsstaatlich bereinigten „antifaschistisch-demokratischen Umwälzung" in der SBZ eine deutliche Nähe der westdeutschen Arbeiterbewegung zur DDR. Es war eine in einem wichtigen traditionellen Element des Sozialismus begründete Nähe, in der hohen, wenn nicht ausschlaggebenden Bedeutung des „gemeinen", insbesondere staatlichen Eigentums für eine sozialistische Gesellschaft. Gleichzeitig ist aber – um allfälligen Mißverständnissen vorzubeugen – wiederum die Ferne in dieser Nähe zu unterstreichen. Die Erwartungen der SPD und Gewerkschaften ließen keinen Zweifel daran, daß die „sozialistische Neugestaltung Deutschlands" das Werk einer demokratisch gewählten Nationalversammlung sein sollte. Als ebenso selbstverständlich galt die nachträgliche rechtsstaatliche Korrektur der Enteignungsmaßnahmen, nämlich die Entschädigung der früheren Eigentümer.

4. „Weimarer Kampf" in der Arbeiterbewegung und deutsch-deutsches Verhältnis

Die vorstehenden Überlegungen konzentrierten sich auf politische und programmatische Aspekte des Verhältnisses von Sozialdemokratie und Gewerkschaften in der Bundesrepublik zur DDR in den fünfziger Jahren. Um abschließend eine zugespitzte Hypothese zu formulieren: Unter den Folgen der „deutschen Katastrophe" und unter den Bedingungen des Kalten Krieges stand die spannungsvolle Abgrenzung und Verflechtung noch in der Tradition des „Weimarer" Kampfes zwischen Sozialdemokratie und Kommunismus.[44] Die SED war insofern keine „russische Staatspartei" (Kurt Schumacher), sondern eine fundamentale Herausforderung für die sozialdemokratische Arbeiterbewegung, in Auseinandersetzung mit ihrer eigenen und der allgemeinen Geschichte der deutschen Arbeiterbewegung wie der deutschen Nation eine nichtbürgerliche Antwort auf den Kommunismus zu suchen. Ein zentrales Moment dabei war die Verände-

---

43 SPD-Parteitag 1956, S. 344ff., 57 (Ollenhauer); DGB-Kongreß 1956, S. 754f.; Wehner, Wandel, S. 90. Dies sind nur Beispiele. Der Diskurs über Formen der Wiedervereinigung und die innere Ordnung des vereinigten Deutschlands in den 1950er Jahren auch in anderen Organisationen und Orten der Öffentlichkeit wäre eine genaue Analyse wert.

44 Vgl. zu dieser Kontinuitätshypothese die Interpretation der SED (aber ohne Blick auf die SPD und die HJ-Generation innerhalb der SED) bei E. Weitz, Creating German Communism, 1890-1990. From Popular Protests to Socialist State, Princeton 1997, S. 358 ff.; K.-M. Mallmann, Kommunisten in der Weimarer Republik. Sozialgeschichte einer revolutionären Bewegung, Darmstadt 1997, S. 393f., streift diese Frage nur sehr kurz.

rung der Konzeption des Sozialismus. Die konstitutive wechselseitige Verbindung von Demokratie und Sozialismus im Godesberger Programm stellte eine doppelte Antwort dar: zum einen auf die Niederlage der Arbeiterbewegung im Jahre 1933 und auf den Untergang der Weimarer Republik, zum andern auf den DDR-Sozialismus, der das alte Ziel der antikapitalistischen Wirtschaftsordnung um den Preis der Ausschaltung der Demokratie durchsetzte. Auf gegensätzliche Weise bildete das jeweils das Ende der alten sozialistischen Arbeiterbewegung in Deutschland. Im Osten erfolgte es durch die Auflösung in einer „modernen Diktatur" (Jürgen Kocka), deren historische Eigenarten sich allerdings noch einer präzisen Bezeichnung entziehen; im Westen hob sich die Arbeiterbewegung auf im Programm und in der Praxis der sozialstaatlichen Demokratie und sozialen Chancengleichheit, wobei die Organisationen der Arbeiterschaft zu wichtigen Trägern dieser Ordnung wurden.

Diese Hypothese ist hier nur politik- und ideengeschichtlich zu begründen versucht worden. Eine sozialgeschichtliche Erweiterung steht noch aus. Gegenüber naheliegenden Annahmen scheint es gleichwohl verkürzt, die Wohlstandserwartungen im Land des „Wirtschaftswunders" gegen die sozialdemokratische Verknüpfung von Wiedervereinigung und Sozialismus bis 1959 auszuspielen oder umgekehrt das Godesberger Programm nur als Anpassung zu betrachten. Bei einem nüchternen Blick auf das „Wirtschaftswunder" wird eher das Gegenteil deutlich. Trotz der unzweifelhaften Verbesserungen des Lebensstandards bis in die späten fünfziger Jahre blieben diese für die Arbeiterschaft – wie auch für andere Gruppen – noch bescheiden. Gegen die Verdrängung von Armut und sozialer Marginalität in der auftrumpfenden Kultur des „Wirtschaftswunders" richtete sich die große Klage von SPD und Gewerkschaften über die Verteilungsungerechtigkeit und die wachsende Vermögensungleichheit in der Hochkonjunktur ebenso wie die Enttäuschung in der Arbeiterschaft darüber, daß ihre heroische Arbeitsleistung im „Wiederaufbau" zu wenig Anerkennung fand.[45] Die Wahrnehmung der Arbeits- und Lebensformen wie des Lebensstandards in der DDR seitens der westdeutschen Arbeiterschaft unter den Bedingungen der fünfziger Jahre, als das wirtschaftliche West-Ost-Gefälle noch nicht so offensichtlich war, wäre eine Untersuchung wert. Sie könnte auch darüber Aufschluß geben, in welcher Art und Weise die Arbeiter in Deutschland eine frühere Form des Versprechens von Wohlfahrt um den Preis der Diktatur, die nationalsozialistische „Volksgemeinschaft", verarbeitet hatten. Wie der offensichtliche Fehlschlag der „Westarbeit" der DDR in den fünfziger Jahren vermuten läßt, waren in diesem Zusammenhang auch die Arbeiter und nicht nur die Funktionseliten des „demokratischen Sozialismus" dabei, ihre historische Lektion zu lernen.

---

45 Vgl. die Argumentation zum sozialgeschichtlichen Kontinuitätsbruch erst in den sechziger Jahren in: Mooser, Arbeiterleben; zu den fünfziger Jahren siehe: A. Schildt/A. Sywottek (Hg.), Modernisierung im Wiederaufbau. Die westdeutsche Gesellschaft der 50er Jahre, Bonn 1993; R.G. Moeller (Hg.), West Germany under Construction. Politics, Society and Culture in the Adenauer Era, Ann Arbor 1997; als aufschlußreiches regionales Beispiel vgl. B. Weisbrod (Hg.), Von der Währungsreform zum Wirtschaftswunder. Wiederaufbau in Niedersachsen, Hannover 1998; H. Popitz u.a., Das Gesellschaftsbild des Arbeiters. Soziologische Untersuchungen in der Hüttenindustrie, Tübingen 1957, S. 177.

Klaus Schönhoven

Sozialdemokratie im Wandel.
Selbstverständnis und Sozialstruktur der SPD in den sechziger und frühen siebziger Jahren

In dem 1959 verabschiedeten Godesberger Programm der SPD steht der Satz: „Die Sozialdemokratische Partei ist aus einer Partei der Arbeiterklasse zu einer Partei des Volkes geworden".[1] Die gewählte Formulierung ist eindeutig, wenn man sie als eine programmatische Standortbestimmung interpretiert sowie als eine Absichtserklärung der Sozialdemokratie, möglichst viele Wählergruppen ansprechen und vertreten zu wollen. Sie sagt aber nichts darüber aus, ob die SPD aus soziologischer Sicht am Ende der fünfziger Jahre tatsächlich eine Volkspartei mit einer sozial heterogenen Mitgliedschaft war. Dieses Problem klammert die Parteigeschichtsschreibung über die SPD zumeist aus, wenn sie manchmal recht naiv von einer Parallelität der politisch-programmatischen und der sozialen Öffnung der Sozialdemokratie ausgeht und den Godesberger Parteitag als einschneidende Zäsur charakterisiert. Sieht man hingegen den Wandel der Sozialdemokratie zur Volkspartei als einen langwierigen Prozeß an, dessen Wurzeln bis in die Weimarer Republik zurückreichen,[2] wird man mit Blick auf den Trendverlauf der Mitgliederentwicklung die weichenstellende Bedeutung des Parteitags von 1959 relativieren und eher gesellschaftsstrukturelle Veränderungen ins Blickfeld rücken. Zu ihnen gehörte beispielsweise die von der Sozialdemokratie programmatisch lange Zeit kaum wahrgenommene Herausbildung einer Dienstleistungsgesellschaft, in der nicht mehr die Lohnarbeiter, sondern Angestellte und Beamte als Erwerbsgruppen expandierten, während der industrielle Sektor Schritt für Schritt schrumpfte. Dieser Wandel der Sozialstruktur ging in den fünfziger Jahren für die Arbeiterschaft einher mit dem „Abschied von der Proletarität".[3] Obwohl in Westdeutschland keine „nivellierte Mittelstandsgesellschaft" entstand, wie der Soziologe Schelsky damals prognostizierte, partizipierten auch die Arbeiter am Wachstum von Wohlstand und sozialer Sicherheit und veränderten ihr Konsumverhalten.

---

1 Vgl. D. Dowe/K. Klotzbach (Hg.), Programmatische Dokumente der deutschen Sozialdemokratie, Bonn ³1990, S. 369.
2 Vgl. zu dieser Sicht vor allem P. Lösche/F. Walter, Die SPD. Klassenpartei, Volkspartei, Quotenpartei, Darmstadt 1992.
3 Diesen Begriff prägte Josef Mooser in seiner facettenreichen Studie: Arbeiterleben in Deutschland 1900-1970. Klassenlagen, Kultur und Politik, Frankfurt a.M. 1984; s. ferner die einzelnen Beiträge in folgenden Sammelbänden: K. Tenfelde (Hg.), Arbeiter im 20. Jahrhundert, Stuttgart 1991; A. Schildt/A. Sywottek (Hg.), Modernisierung im Wiederaufbau. Die westdeutsche Gesellschaft der 50er Jahre, Bonn 1993.

Über die parteisoziologischen Folgen der Verwandlung der „Zusammenbruchgesellschaft" (Christoph Kleßmann) in eine Konsumgesellschaft, über die mentalen Auswirkungen dieses Vorgangs auf die Klassen- und Milieubindung der sozialdemokratischen Mitglieder und Wähler, über veränderte Rekrutierungschancen der SPD in den verschiedenen Sozialgruppen sowie über die politischen Prägungen und die Partizipationsvorstellungen der Parteineulinge sind unsere Kenntnisse noch bruchstückhaft. Nur ausschnittweise liegen Analysen zur regionalen Sozialdemokratisierung einzelner Bundesländer vor,[4] obwohl dieser Vorgang von großer Bedeutung war, weil sich in seinem Verlauf das Mitglieder- und Organisationsgefälle zwischen den Kernzonen der SPD in großstädtischen Kommunen oder industriellen Ballungsräumen und ihren Diasporagebieten auf dem flachen Land oder in katholisch überformten Sozialräumen verringerte. Über die gesellschaftliche Verankerung der Partei im Arbeitermilieu der Bundesrepublik und über ihre organisatorischen Binnenstrukturen sind erst einige punktuelle Befunde für die fünfziger Jahre veröffentlicht worden, wobei das Ruhrgebiet besonders intensiv erforscht wurde.[5] Die sozialhistorische Zeitgeschichtsforschung hat jedoch bislang weder die parteisoziologischen Datensätze der empirischen Sozialwissenschaften in einer Sekundäranalyse systematisch ausgewertet, noch die archivalisch überlieferten Materialien zur Zahl und Zusammensetzung der regionalen Parteimitgliedschaften in den Landesverbänden und Bezirken der SPD sorgfältig erschlossen.[6]

Faßt man die statistischen Angaben zur Mitgliederentwicklung der Sozialdemokratie auf der Makroebene der Bundesrepublik zusammen,[7] so wuchs die Partei nach ihrer Wiedergründung in den Westzonen zunächst von 711.000 (1946) auf 846.000 (1948) Mitglieder an. Dieser Nachkriegsboom war einerseits das Ergebnis der bemerkenswert raschen Rekonstruktion des 1933 zerstörten Organisationsgefüges der Weimarer Sozialdemokratie, deren Traditionsräume in der sowjetisch besetzten Zone allerdings im Zuge der Zwangsvereinigung mit der KPD zur SED eingeebnet wurden; andererseits profitierte die Schumacher-SPD zunächst aber auch vom Zulauf sehr heterogener

---

4 Siehe etwa H. Grebing, Von der ‚Traditionskompagnie' zur ‚Staatspartei'. Die Modernisierung der Sozialdemokratie in den 1950er und 1960er Jahren im regionalen Vergleich, in: J. Kocka u.a. (Hg.), Von der Arbeiterbewegung zum modernen Sozialstaat. Festschrift für Gerhard A. Ritter zum 65. Geburtstag, München 1994, S. 205-221.
5 Vgl. neben den bahnbrechenden Studien von Karl Rohe als jüngste Veröffentlichung R. Bovermann u.a. (Hg.), Das Ruhrgebiet. Ein starkes Stück Nordrhein-Westfalen. Politik in der Region 1946-1996, Essen 1996.
6 Dazu wird derzeit unter dem Dach der Kommission für Geschichte des Parlamentarismus und der politischen Parteien in Bonn ein breit angelegtes Forschungsprojekt durchgeführt, das Marie-Luise Rekker (Frankfurt) und Klaus Tenfelde (Bochum) gemeinsam leiten.
7 Vgl. zum folgenden auch die Überlegungen von Lösche/Walter, S. 107ff., 134ff.; ferner: S. Heimann, Die Sozialdemokratische Partei Deutschlands, in: R. Stöss (Hg.), Parteien-Handbuch. Die Parteien der Bundesrepublik Deutschland 1945-1980, Bd. 4, Opladen 1986, S. 2025-2216, S. 2171ff.; K. Klotzbach, Der Weg zur Staatspartei. Programmatik, praktische Politik und Organisation der deutschen Sozialdemokratie 1945-1965, Bonn 1996 (^{1}1982), S. 308ff.

Gruppen von Neumitgliedern, weil sie sich sozial für die Flüchtlinge und politisch für die HJ-Generation geöffnet hatte.[8]

Nach der Währungsreform und der Gründung der Bundesrepublik erlahmte die Anziehungskraft der Sozialdemokratie deutlich. In den sechs Jahren nach 1948 verringerte sich ihr Mitgliederbestand um fast 300.000 Mitglieder und erreichte 1954 mit einer Mitgliederzahl von 585.000 den Tiefpunkt. Für diesen Niedergang, bei dem sich die SPD um etwa ein Drittel verkleinerte, lassen sich viele Gründe anführen: Als bundesrepublikanische Oppositionspartei bot die SPD für Karrieristen in Politik und öffentlichem Dienst während der Adenauerära kaum Anreize; als Solidargemeinschaft mit Weimarer Stallgeruch präsentierte sie sich milieuverwurzelt, war aber außerhalb der Sozialschichten der Facharbeiter und kleinen Behördenangestellten wenig attraktiv; als auf Krisenszenarien fixierte und mit Klassenrhetorik auftretende Programmpartei argumentierte die SPD am Zeitgeist vorbei; zudem igelte sie sich auch symbolisch in ihrer Wagenburg ein, indem sie die Tradition der Zahlabende und Duz-Genossenschaft weiterhin pflegte.

Erst der Doppelschock der Bundestagswahlen von 1953 und 1957, bei denen die SPD jeweils an der 30-Prozent-Grenze stagnierte, während die Unionsparteien die Schwelle zur absoluten Mehrheit überschritten, erschütterte das sozialdemokratische Traditionsdenken und beschleunigte auch organisatorisch die Transformation der Arbeiterpartei in eine Volkspartei. Der Weg aus dem vertrauten Milieu, an dessen Anfang die Parteireform von 1958 stand,[9] erwies sich jedoch als sehr mühsam und wurde von der Sozialdemokratie auch nicht sehr dynamisch beschritten. Erst 1965 erreichte die SPD mit 710.000 Mitgliedern annähernd wieder den Stand von 1946, nachdem ihre Wachstumskurve zehn Jahre lang leicht angestiegen war. Godesberg löste in diesem Prozeß übrigens keine unmittelbare Schubkraft aus, denn in den fünf Jahren vor dem Programmparteitag waren die Mitgliederzahlen sogar etwas schneller gewachsen als in den fünf Jahren nach ihm. Der eigentliche Durchbruch zur Volkspartei vollzog sich eindeutig erst am Ende der sechziger und in den frühen siebziger Jahren, als jährlich jeweils mindestens 50.000 neue Mitglieder in die Partei eintraten – im Ausnahmewahljahr 1972 waren es sogar 156.000. Jetzt wuchs die Partei bis an die Millionengrenze heran, die sie 1976 sogar knapp überschritt.

Politisch wurde diese Expansion durch die Bildung der sozialliberalen Koalition, ihre innenpolitischen Reformimpulse sowie ihre deutschland- und ostpolitischen Initiativen stimuliert; programmatisch war der Abschied vom Marxismus zugunsten eines pluralistischen Sozialismusverständnisses ebenso wirksam wie der antiideologische Pragma-

---

8 In der Forschung ist umstritten, wie stark der Zustrom aus den HJ-Jahrgängen war, weil bislang erst einige punktuelle Untersuchungen zu diesem Thema vorliegen; vgl. F. Boll, Hitler-Jugend und skeptische Generation. Sozialdemokratie und Jugend nach 1945, in: D. Dowe (Hg.), Partei und soziale Bewegung. Kritische Beiträge zur Entwicklung der SPD seit 1945, Bonn 1993, S. 33-58; zum aktuellen Forschungsstand: ders., Jugend im Umbruch vom Nationalsozialismus zur Nachkriegsdemokratie, in: AfS 37 (1997) S. 482-520.
9 Vgl. dazu ausführlich Klotzbach, S. 401ff.

tismus, den die Parteierneuerer um Brandt, Schmidt und Schiller verkörperten; organisatorisch wirkte sich der Bruch mit dem Traditionalismus bis auf die Ortsvereinsebene hinunter aus, wo man sich um mehr Kontakte mit der Bevölkerung über den harten Kern der Altmitglieder und Stammwähler hinaus bemühte;[10] symbolisch spiegelte er sich im Farbwechsel und in neuen Werbemethoden der Partei wider, wie folgende Hinweise illustrieren mögen.

Hatten der Parteivorstand und der Parteiausschuß noch 1954 in einem gemeinsamen Beschluß betont, die rote Parteifahne sei „das Wahrzeichen der Glaubenskräfte des freiheitlichen demokratischen Sozialismus", das mit ihm „aus traditionellen, politischen und menschlichen Gründen unlöslich verbunden"[11] sei, so wurden nach dem Godesberger Parteitag die Mitgliedsbücher blau und nicht mehr rot eingebunden. Mit diesem Farbwechsel zum „Godesberg-Blau", das im Wahlkampf von 1961 die Farbe Rot völlig verdrängte, wollte die SPD sich ein neues Erscheinungsbild verschaffen. Dies unterstrich Klaus Schütz auf dem SPD-Parteitag von 1964, als er sich dafür aussprach, der Farbe wieder jene Rolle zuzuweisen, „die ihr in der Gebrauchsgraphik zukommt". Mit seinem Hinweis, dabei handele es sich um „technische Marginalien", hinter denen sich keine ideologischen, sondern lediglich „ästhetische Intentionen" verbergen würden,[12] bemühte er sich um eine Entdramatisierung des Farbwechsels. Seine werbepsychologischen Argumente, mit denen er den Abschied von der sozialdemokratischen Traditionsfarbe Rot zu rechtfertigen versuchte, stießen allerdings an der Parteibasis nicht auf ungeteilte Zustimmung.[13]

---

10 Wie man in der sozialdemokratischen Diaspora neue Ortsvereine gründete, schilderte der unterfränkische Delegierte Fritz Cremer auf dem Dortmunder Parteitag von 1966 sehr anschaulich: „Wir haben uns über die Betriebe, zum Teil von den Baustellen, zum Teil über Freunde in den Orten, in denen schon Ortsvereine waren, Adressen von Leuten in Orten besorgt, in denen noch keine Sozialdemokratische Partei bestand. Wir haben die einzelnen Menschen, die uns genannt waren, aufgesucht, drei, vier zuerst an der Zahl. Wir haben mit ihnen Einzelgespräche geführt, haben sie in einer Reihe von Fällen zum Parteieintritt bewegen können. Wenn wir etwa acht oder neun zusammen hatten, die Mitglieder waren, haben wir sie mit Autos abgeholt aus dem Ort, in dem sie das erstemal noch nicht in eine Gastwirtschaft bei einer Einladung gegangen wären, weil sie sonst vielleicht gleich als Sozialdemokraten verfemt worden wären. Wir haben sie in irgendein Privathaus geholt und haben mit ihnen gesprochen. Wir haben versucht, unter ihnen einen zu finden, der mal kommissarisch so etwas wie einen Stützpunktleiter abgeben konnte. Wir haben dann weiter geworben und haben gewartet, bis wir 10, 12 oder 15 Leute hatten. Dann haben wir die erste Versammlung einberufen, die der Gründung eines Ortsvereins diente. Wir haben also gewartet, bis die kleine Schar so groß war, daß keiner mehr Angst zu haben brauchte, ob die Leute nun hinschauten, wer in die Gastwirtschaft geht, wo eine sozialdemokratische Versammlung stattfindet". Parteitag der Sozialdemokratischen Partei Deutschlands vom 1. bis 5. Juni 1966 in Dortmund. Protokoll der Verhandlungen, Hannover, o.J., S. 642.
11 Zitiert nach: F. Osterroth/D. Schuster, Chronik der deutschen Sozialdemokratie, Bd. 2, Berlin 1978, S. 162.
12 Parteitag der Sozialdemokratischen Partei Deutschlands. Vom 23. bis 27. November 1964 in Karlsruhe. Protokoll der Verhandlungen, Hannover, o.J., S. 646.
13 Vgl. beispielsweise R. Meyer-Braun, Die Bremer SPD 1949-1959. Eine lokal- und parteigeschichtliche Studie, Frankfurt a.M. 1982; die Autorin befaßt sich ausführlich mit der Bedeutung der Parteitradition in Bremen in den fünfziger und frühen sechziger Jahren.

Während auf der regionalen Ebene nun die landeshistorische Folklore in der SPD Einzug hielt – die bayerische SPD präsentierte sich beispielsweise in Weiß-Blau und im Trachtenlook, im Saarland und im Ruhrgebiet zog man bergmännisches Traditionsgut zur regionalen Profilierung heran –, setzten sich andernorts Altgenossen zur Wehr, denen die Rote Fahne ein Stück Herkunftstreue und politische Identität war, das sie nicht zum Tischwimpel schrumpfen lassen wollten.[14] Dennoch gehörte in den sechziger Jahren die Vielfarbigkeit zum neuen Stil der SPD, die mit ihrem Symbolverzicht den Ausbruch aus dem roten Ghetto der Gesinnungsgemeinschaft veranschaulichen wollte und nun neben „Genossen" auch „Parteifreunde" in ihren Reihen begrüßte.[15] Den farblichen Kompromiß zwischen Tradition und Innovation fand man schließlich im Wahljahr 1969, in das die SPD „im satten Orange" zog, eine Farbe, die – so die Imageberater der Partei – einen „hohen Aufmerksamkeitswert" besaß und besonders Frauen ansprach.[16]

Der Abbau des politisch-ideologischen Antagonismus zu den Unionsparteien, das ostentative Einschwenken auf einen außenpolitischen Gemeinsamkeitskurs mit der Bundesregierung und die Selbstdarstellung als moderne, fortschritts- und zukunftsorientierte Volkspartei[17] wurden auch in die Mitgliederwerbung der SPD in Bild und Wort eingearbeitet. In den sechziger Jahren warb man mit Plakatfiguren, die typische Vertreter der neuen Mittelschichten waren: Ein Mann mit Anzug und Krawatte und eine Frau mit schickem Tageskleid, Hängetäschchen und lackierten Fingernägeln verkündeten: „Übrigens, ich bin jetzt auch dabei!"[18]. Über die Wirkung dieser Werbekampagnen gehen die Meinungen auseinander. Der Soziologe Hans Paul Bahrdt stellte nach dem für die SPD insgesamt enttäuschenden Ausgang der Bundestagswahl von 1965 in einer internen Analyse für den Parteivorstand fest: Die SPD habe „genau so spießig erscheinen" wollen, „wie der Mittelstand nach Meinung der Parteiführer war". Diese „totale Anpassung" an das Kleinbürgertum hätte jedoch „das gute Verhältnis zur Arbeiterschaft untergraben".[19] Ganz ähnlich argumentierte anderthalb Jahre später der IG Metall-Vorsitzende Otto Brenner in einer Rede vor sozialdemokratischen Gewerk-

---

14 Vgl. dazu die weiteren Hinweise bei P. Assion, Ohne Symbole schwach? Arbeiterbewegung, Symboltraditionen und Massendemokratie, in: W. Kaschuba u.a., Arbeiterkultur seit 1945 – Ende der Veränderung?, Tübingen 1991, S. 275-290.
15 Der „Traditionserlaß" des Parteivorstandes von 1954 hatte die Anrede „Genosse" noch „als Ausdruck besonderer Verbundenheit" und als „Zeichen solidarischer Kraft" bezeichnet. Zit. nach Osterroth/Schuster, S. 162.
16 Vgl. dazu die von der Agentur „Trend" ausgearbeiteten „Vorschläge für den Wahlkampf 1969", in: Archiv der sozialen Demokratie Bonn, Depositum Helmut Schmidt, SPD-Parteivorstand, Präsidium 5192.
17 Vgl. dazu B. W. Bouvier, Zwischen Godesberg und Großer Koalition. Der Weg der SPD in die Regierungsverantwortung, Bonn 1990.
18 Vgl. dazu A. Lange, Die Selbstdarstellung der SPD als moderne Volkspartei in den Bundestagswahlkämpfen 1961 und 1965, Magisterarbeit, Köln 1995.
19 Diese Analyse ist Teil einer umfassenden Studie von verschiedenen Autoren über die politisch-psychologische Situation der SPD nach der Bundestagswahl von 1965; vgl. Archiv der sozialen Demokratie Bonn, Depositum Helmut Schmidt, SPD, Allgemeines 5240.

schaftern in Bremen, als er vor der Gefahr warnte, „daß für einen großen Teil der Arbeitnehmer das Profil der Partei undeutlich" werde, wenn die SPD versuche, „für jeden etwas zu bieten" und dabei einen „Interessenpluralismus" praktiziere, der „unter Aufgabe verbindlicher Prinzipien Abhängige und Selbständige nebeneinander" vertrete. Mit Blick auf die Wahlergebnisse der letzten Jahre stellte Brenner fest: „Man darf auch nicht übersehen, daß nicht nur neue Volksschichten angesprochen und gewonnen wurden, sondern daß auch auf der anderen Seite Verluste in Kauf genommen werden mußten".[20]

In den Köpfen mancher Parteistrategen verschwammen während der sechziger Jahre Werbung und Wirklichkeit ineinander. Dies dokumentierte wiederum Klaus Schütz in seinem Grundsatzreferat auf dem Karlsruher Parteitag von 1964, in dem er feststellte: „SPD-Mitglieder sind überall – nicht nur in den Fabriken. Sie operieren als Chirurgen in großen Kliniken. Sie dirigieren Sinfonieorchester. Sie jagen in Fernsehspielen Verbrecher. Sie kommandieren in NATO-Manövern ganze Abschnitte. Sie machen in Kabaretts ihre eigene Partei madig. Sie plagen sich als Professoren in den Universitäten. Sie produzieren Bestseller in der Literatur. Sie mischen in der Bundesliga mit. Und das darf auch nicht fehlen – sie erringen bei den Olympischen Spielen für Deutschland goldene, silberne und bronzene Medaillen". Selbst der Parteibeitritt von Staatsanwälten, Theologieprofessoren und Schornsteinfegerinnungsmeistern zählte für Schütz „zur täglichen Routine", der nur einen Vorbehalt machte: „Der Dompropst sträubt sich noch".[21]

Das Parteitagsprotokoll verzeichnet bei diesen Passagen der Rede des Berliner Senators Heiterkeit, Bravo-Rufe und Beifall, wobei ungeklärt bleiben muß, ob die Ausführungen des sozialdemokratischen Wahl- und Werbeexperten[22] und engen Mitarbeiters von Willy Brandt die Delegierten mehr beeindruckten oder mehr belustigten. Man kann Schütz aber bescheinigen, daß er das Image der SPD so auffrischte, wie es sich die für die Parteimodernisierung zuständigen Berater und die Strategen im Bonner Ollenhauerhaus wünschten. Wenigstens partiell wurde dieses Konzept Realität, als sich in den Wahlkämpfen von 1969 und 1972 namhafte Schriftsteller und Wissenschaftler sowie beliebte Filmschauspieler und Fernsehstars in Testimonialkampagnen für die SPD engagierten und die Anstecknadel „Willy wählen" zum unverzichtbaren Accessoire der Linksintellektuellen wurde. Ob diese individuellen Sympathiebekundungen von einem Zustrom neuer Mitglieder begleitet waren, der auf breiter Ebene eine „Verbürgerlichung", „Akademisierung" und „Verjüngung" der SPD bewirkte[23], ist anhand der regionalen Daten der Mitgliederstatistik erst noch exakter zu überprüfen. Unbestreitbar ist aber, daß dieser Wandel von der SPD programmatisch gewollt und von ihren Funk-

---

20 Referat auf der Landeskonferenz der SPD-Betriebsorganisation in Bremen am 18. Mai 1967, in: Archiv der sozialen Demokratie Bonn, SPD-Parteivorstand, Neuer Bestand 913.
21 Zitiert nach: Protokoll Karlsruhe, S. 659.
22 Schütz hatte sich den fünfziger Jahren mit mehreren Studien einen Namen gemacht; vgl. etwa das von ihm und Wolfgang Hirsch-Weber herausgegebene Standardwerk: Wähler und Gewählte. Eine Untersuchung der Bundestagswahlen 1953, Berlin 1957; ferner K. Schütz, Politik und politische Werbung, in: Die Neue Gesellschaft, 1957, S. 54ff.
23 So die Begriffe von Lösche/Walter, S. 152f.

tionärsapparaten auf Bundesebene und in den Parteibezirken organisationspolitisch geplant und gesteuert wurde. Die Parteitage der sechziger Jahre widmeten diesem Thema mehrfach besondere Aufmerksamkeit und diskutierten in Arbeitsgemeinschaften ausführlich über die Entwicklungsperspektiven der SPD als heterogene Mitgliederpartei.[24]

Da das für die fünfziger und sechziger Jahre bislang vorliegende Datenmaterial zur sozialen Zusammensetzung der SPD-Mitgliedschaft lückenhaft ist und zumeist nur auf einigen mehr oder weniger repräsentativen Stichproben und nicht auf kontinuierlichen Erhebungen im Zeitverlauf basiert,[25] lassen sich vorerst nur Entwicklungstrends feststellen, deren weitere quantitative Präzisierung noch aussteht: Seit Mitte der fünfziger Jahre sank der Arbeiteranteil an der Gesamtmitgliedschaft der Sozialdemokratie kontinuierlich von rund zwei Fünfteln auf etwas mehr als ein Viertel zu Beginn der siebziger Jahre; im gleichen Zeitraum verdoppelte sich das Segment der Angestellten und Beamten auf knapp ein Drittel der Mitglieder; der Prozentsatz der Selbständigen veränderte sich in diesen anderthalb Jahrzehnten hingegen kaum und bewegte sich immer um die fünf Prozent; eine Halbierung des Rentneranteils auf dreizehn Prozent, ein Rückgang der Hausfrauenquote um ein Drittel auf knapp zehn Prozent und ein deutlicher Anstieg des Anteils von Schülern und Studenten an den Parteimitgliedern in den frühen siebziger Jahren ergänzen dieses umrißhafte Bild der Umstrukturierung der SPD.

Sehr viel präzisere Daten liegen über die soziale Zusammensetzung und die Altersstruktur der Neumitglieder der Sozialdemokratie vor. Diese Daten wurden von den Parteibezirken kontinuierlich erhoben und vierteljährlich zusammengestellt. Sie dokumentieren Alter und sozialen Status zum Zeitpunkt des Parteibeitritts und sind die einzige zuverlässige Quelle für statistische Berechnungen. Analysiert man auf der Basis dieses Zahlenmaterials den sozialstrukturellen Wandel der sozialdemokratischen Mitgliedschaft in den sechziger und frühen siebziger Jahren, kommt man zu dem Ergebnis, daß die Veränderungen im Parteiprofil als Ergebnis einer „differentiellen Mobilisierung" charakterisiert werden können, wobei sich verschiedene Phasen deutlich voneinander abheben.[26]

Einige der charakteristischen Merkmale dieses Mitgliederzustroms seien für die anderthalb Jahrzehnte von 1960 bis 1975 knapp skizziert.[27] Bis 1965 kamen aus den Rei-

---

24 Vgl. neben den bereits zitierten Debatten des Karlsruher Parteitages von 1964 auch die ausführliche Diskussion auf dem Dortmunder Parteitag von 1966, Protokoll, S. 561-693.
25 Vgl. dazu die zusammenfassenden Angaben bei P. Gluchowski/H.-J. Veen, Nivellierungstendenzen in den Wähler- und Mitgliedschaften von CDU/CSU und SPD 1959 bis 1979, in: Zeitschrift für Parlamentsfragen 10 (1979), S. 312-331.
26 Vgl. dazu O. Niedermayer, Die deutsche Sozialdemokratie nach 1945: Mitgliederentwicklung und Sozialstruktur, in: ders. u.a. (Hg.), Neumitglieder in der SPD. Ergebnisse einer empirischen Untersuchung im Bezirk Pfalz, Neustadt 1987, S. 11-29, Zitat: S.18.
27 Die folgenden Hinweise basieren auf den Angaben in den Jahrbüchern der SPD zwischen 1960/61 und 1975/76, die systematisch ausgewertet wurden, sowie auf Statistiken der Parteibezirke. Eine tabellarische oder graphische Darstellung mußte hier entfallen. Die zum Teil erheblichen Unterschiede auf regionaler Ebene bleiben ebenfalls ausgeklammert.

hen der Arbeiterschaft stets mehr als die Hälfte der Neumitglieder; ab 1966 setzte ein kontinuierlicher Rückgang dieses Arbeiteranteils ein, der sich zu Beginn der siebziger Jahre auf Dauer auf Werte unter dreißig Prozent einpendelte. Im gleichen Zeitraum stieg der Anteil von Angestellten und Beamten an den Mitgliedereintritten permanent an und vergrößerte sich von einem Fünftel (1960) über ein Viertel (1965) bis auf über ein Drittel der Neumitglieder seit den späten sechziger Jahren. Für die Gruppe der Selbständigen bewegte sich der Beitrittsanteil bis 1970 zwischen fünf und sechs Prozent, um in den folgenden Jahren auf drei Prozent zu sinken. Ähnlich verlief die Entwicklung bei den Rentnern, deren Quote zwischen 1960 und 1970 von sechs auf drei Prozent fiel, um sich dann aber wieder langsam auf über fünf Prozent zu vergrößern. Relativ gleichmäßig bewegte sich in den sechziger Jahren die Beitrittskurve bei den Hausfrauen, die in diesem Zeitraum konstant in der Bandbreite zwischen acht und zehn Prozent lag, bevor sie zwischen 1973 und 1977 von zehn auf sechzehn Prozent anstieg.

Generell kann man von einer sozialen Angleichung der SPD-Mitglieder an die Berufsstruktur der Bevölkerung in der Bundesrepublik sprechen. In diesem Prozeß schwächte sich die Klassengebundenheit der Partei ab, und ihre sozialen Einzugsgebiete verbreiterten sich; namentlich ihre wachsende Anziehungskraft auf Beamte und Angestellte im öffentlichen Dienst – vor allem nach dem Wechsel der SPD von der Oppositions- auf die Regierungsseite – fällt dabei ins Gewicht. Unterrepräsentiert blieben in der Partei die Hausfrauen; zwischen 1967 und 1973 war jedoch die Zuwachsquote bei den Frauen größer als bei den Männern, weil nun vor allem berufstätige Frauen den Weg in die SPD fanden. Dies mündete allerdings nicht in einer „Verweiblichung" der Männerpartei SPD, denn der Frauenanteil an der Gesamtmitgliedschaft verbesserte sich in den fünfzehn Jahren zwischen 1960 und 1975 nur minimal von 19,2 auf 19,5 Prozent. Signifikant war der Sympathiegewinn der Sozialdemokratie bei den in ihrer Mitgliederstatistik als „freie und geistige Berufe" geführten Gruppen, deren Anteil an den Neumitgliedern von knapp drei Prozent (1960) auf über elf Prozent (1971) wuchs. Sie trugen ebenso zur „Akademisierung" der SPD bei wie der zu Beginn der siebziger Jahre stark anschwellende Zustrom von Schülern und Studenten, die zwischen 1972 und 1975 rund ein Siebtel aller Neumitglieder stellten.[28]

Diese extreme und in der Parteigeschichte einmalige Mobilisierung des akademischen Nachwuchses für die SPD trug auch entscheidend zu einer Umschichtung des Altersaufbaus der Partei bei. Konnte man bis zu Beginn der sechziger Jahre von einer Überalterung der Parteimitglieder sprechen, weil der Prozentsatz der noch im Kaiserreich geborenen Genossen deutlich höher war als der Anteil ihrer Alterskohorten an der Gesamtbevölkerung, so verjüngte sich in den sechziger und siebziger Jahren die Mitgliedschaft der Partei. In diesem Zeitraum wuchs unter den Neumitgliedern der Anteil derjenigen, die jünger als 25 Jahre waren, von 14,9 Prozent (1960) über 25,1

---

28 Seit 1972 führte die neukonzipierte Mitgliederstatistik der SPD Schüler und Studenten als eigene Gruppe auf.

Prozent (1965) bis auf 35,3 Prozent (1972), um bis zu Beginn der achtziger Jahre wieder Schritt für Schritt auf das Ausgangsniveau von 1960 zu sinken.[29] Parallel dazu halbierte sich der Anteil von Neumitgliedern, die bei ihrem Eintritt in die SPD älter als fünfzig Jahre waren, von 24,2 (1960) auf 11,4 Prozent (1970).

Die Integration von jugendlichen Neumitgliedern, die noch zur Schule gingen oder im studentischen Milieu lebten[30] und zumeist aus Elternhäusern ohne sozialdemokratische Familientradition stammten,[31] konfrontierte die SPD bekanntlich mit einer Fülle von Problemen, die mit dem Begriff „Generationskonflikt" nur partiell zu erfassen sind. Vor allem in Universitätsstädten traf nun eine hochaktive, in den späten sechziger Jahren stark politisierte Schicht von Parteineulingen auf altgediente Parteigenossen, die aus völlig anderen Lebenszusammenhängen kamen und sich kaum mit dem radikal-intellektuellen Auftreten der Jungakademiker anfreunden konnten.[32]

Gegen eine Reideologisierung der Partei unter neomarxistischen Vorzeichen, wie sie die Wortführer der zur mitgliederstärksten politischen Jugendorganisation in der Bundesrepublik angewachsenen Arbeitsgemeinschaft der Jungsozialisten[33] anstrebten, wehrten sich auch die volksparteilichen Pragmatiker aus der Angestellten- und Beamtenschaft vehement. Sie wollten die von ihnen durchgesetzte und verkörperte programmatische Entideologisierung und soziale Öffnung der SPD nicht aufs Spiel setzen. Die nun aufbrechenden innerparteilichen Konflikte können somit nicht allein aus der Konfrontation von gewerkschaftlich sozialisierten Altmitgliedern mit der zum Marsch durch die Parteigremien angetretenen Studentenbewegung erklärt werden. In regionalen Kernzonen der SPD – zu nennen wäre das Ruhrgebiet, aber auch industriegeprägte Großstädte wie Mannheim, Stuttgart oder Nürnberg – spielten Studenten nämlich ohnehin kaum eine Rolle in den Parteiversammlungen. Hier bestimmten andere Konfliktkonstellationen die innerparteilichen Auseinandersetzungen, die oft im Zuge der

---

29 Vgl. dazu auch die Schaubilder bei Niedermayer, S. 20ff.
30 In den Jahren 1972 bis 1975 traten in die SPD über 50.000 Schüler und Studenten, aber nur knapp 13.000 Lehrlinge ein.
31 Eine infas-Erhebung für die SPD-Mitglieder in Dortmund gibt an, daß von den 1969/70 in die Partei eingetretenen Mitgliedern 19 von 100 aus einer Familie kamen, in der auch der Vater SPD-Mitglied war. Vgl. M. Güllner, Daten zur Mitgliederstruktur der SPD: Von der Arbeiterelite zu den Bourgeoissöhnchen, in: Transfer 2, Opladen 1977, S.101f. Zu ähnlichen Ergebnissen kommen auch Johannes-Berthold Hohmann, Harold Hurwitz und Götz Kuckhahn in einer Mitgliederstudie zum Berliner Stadtbezirk Schöneberg. Sie belegen, daß zwischen 1964 und 1973 etwa ein Sechstel der Neumitglieder aus sozialdemokratischen Elternhäusern stammte. Vgl. dies., Kontinuität und Wandel in der Rekrutierung von SPD-Mitgliedern in einem Berliner Bezirk von 1945 bis 1973, Arbeitspapier des ZI 6 der FU Berlin, Berlin 1986, S. 24.
32 Vgl. dazu die lokale Fallstudie von P. Glotz, Anatomie einer politischen Partei in einer Millionenstadt. Über den Zusammenhang von Mitgliederstruktur und innerparteilicher Solidarität in der Münchener SPD 1968-1974, in: APZ, B 41/1975, S. 15-37; s. auch Lösche/Walter, S. 339ff., die ausführlich auf die Münchener Entwicklung eingehen.
33 Vgl. zum politischen Spektrum und zu den Strategiediskussionen der Jusos V. Häse/P. Müller, Die Jungsozialisten in der SPD, in: J. Dittberner/R. Ebbighausen (Hg.), Parteiensystem in der Legitimationskrise. Studien und Materialien zur Soziologie der Parteien in der Bundesrepublik Deutschland, Opladen 1973, S. 277-306.

Neubesetzung von Funktionärsposten oder der Nominierung für Parlamentsmandate entstanden: Der Abschied von der alten Arbeiterpartei ging einher mit dem Vormarsch von sozial jenseits der „Kragenlinie" angesiedelten Angestellten und Beamten in die Parteiämter.[34] Kennzeichen dieser lokalen Führungsschicht waren ihre berufliche Verankerung im öffentlichen Dienst und ihre Gewerkschaftsmitgliedschaft in der ÖTV oder der DAG.[35]

Seit der Veränderung ihres programmatischen Profils und der Erweiterung ihres sozialen Spektrums befand sich die Sozialdemokratie auf allen Ebenen in einem Umbruchsprozeß. Er wurde durch die studentische Beitrittswelle in den Anfangsjahren der sozialliberalen Koalition lokal dramatisiert, hinterließ aber auch anderswo seine Spuren. Dies läßt sich mit wenigen Zahlen verdeutlichen: Innerhalb der anderthalb Jahrzehnte von 1960 bis 1975 traten der SPD mehr als eine Million neue Mitglieder bei; im gleichen Zeitraum verlor die Partei durch Tod, Austritt oder Ausschluß rund 650.000 Mitglieder. Schätzungen gehen davon aus, daß zu Beginn der siebziger Jahre lediglich ein Drittel der Parteimitglieder länger als zehn Jahre der SPD angehörte.[36] Einen derartigen Umbruch in ihrer Mitgliedschaft hatte die SPD bis dahin noch nicht erlebt. Ihre Erneuerung war „ein ungeheuer schmerzlicher Prozeß in vielen Einzelfällen", wie einer der Organisationsexperten 1966 in Dortmund betonte.[37] Willy Brandt meinte 1973 auf dem Parteitag lapidar, die Sozialdemokratie habe „Wachstumsprobleme",[38] wobei er sich ganz offensichtlich um eine Entdramatisierung der innerparteilichen Konflikte bemühte. Vier Jahre später war dieser Wachstumsprozeß abgeschlossen, als die Mitgliederzahl der SPD am Jahresende 1976 die Millionengrenze überschritt. Diese Schallmauer wurde seitdem nie mehr erreicht, auch nicht in der durch die DDR vergrößerten Bundesrepublik.

---

34 Auf dem Dortmunder Parteitag beklagte der Organisationsexperte Bruno Friedrich, der das Einleitungsreferat in der Arbeitsgruppe „Mitgliederpartei, Massenmedien und Verbände" hielt, daß es schwierig sei, altgediente Funktionäre zum Verzicht auf ihr Amt zu bewegen: „Genossen, die es am liebsten noch im Rollstuhl ausüben möchten, die aber einfach nicht mehr dazu in der Lage sind, die sich in der Weimarer Republik verbraucht haben, in der Illegalität und beim Wiederaufbau". Protokoll Dortmund, S. 669.
35 In Berlin-Schöneberg gehörten fast zwei Fünftel der zwischen 1963 und 1973 in die Partei eingetretenen Mitglieder dem öffentlichen Dienst an und waren in der ÖTV oder DAG organisiert. Vgl. Hohmann, S. 30ff.
36 Vgl. dazu F. Müller-Rommel, Innerparteiliche Gruppierungen in der SPD, Opladen 1982, S. 63. Vgl. auch die Rede von Willy Brandt auf dem Parteitag von Hannover 1973: Protokoll der Verhandlungen, Bonn, o.J., bes. S. 102ff.
37 So Bruno Friedrich auf dem Dortmunder Parteitag; Protokoll Dortmund, S. 668f.
38 Protokoll der Verhandlungen des Parteitages von Hannover 1973, Bonn, o.J., S. 102.

Wolfgang Jacobmeyer

DDR-Geschichte im Hauptschulbuch der Bundesrepublik[1]

Geschichtslehrbücher bezeugen, wie Gesellschaften Geschichte und sich selbst verstehen.[2] Die Rezeption der DDR ist hierfür ein besonders interessanter Beleg, weil sie seit 1990 für deutsche Lehrbücher[3] nicht mehr politisch, sondern nur noch historiographisch relevant ist. Lehrbücher für die Hauptschule wiederum erlauben wegen ihrer elementarisierten Aussagen einen ebenso elementaren Blick auf das Selbstverständnis von Gesellschaften, und sei es auch nur wegen der numerischen Stärke der von ihnen bedienten Schülerpopulation. – Es werden insgesamt 13 Lehrwerke untersucht, die ausschließlich (11) oder doch überwiegend (2) für die Verwendung an der Hauptschule bestimmt sind. Ihre Zulassung durch die Bundesländer streut stark; und man kann sagen, daß spezifische Hauptschulbücher weder gewöhnlich noch flächendeckend sind.[4]

Mit einer Ausnahme, die mit der Gründung der DDR einsetzt und die SBZ-Vorgeschichte nachschiebt,[5] bleiben die Hauptschul-Lehrbücher in der Chronologie und unterteilen die Geschichte der DDR in die beiden Blöcke 1949-1961 und 1961-1989.[6] Erzählt wird eine autonome, keine deutsch-deutsche Staatsgeschichte. Aufmerken läßt die Stoffverteilung. Wo das politische Urteil die DDR-Geschichte von hinten liest – 1989/90 für wichtiger hält als den Mauerbau 1961, diesen für wichtiger als den 17. Juni 1953, diesem die Staatsgründung 1949 nachordnet, dieser die Bodenreform 1945 und endlich die regelmäßige Lehrbuchnotiz über die „Gruppe Ulbricht" –, schenken die Hauptschul-Lehrbücher größte Aufmerksamkeit der SBZ-Phase; die erste Etappe der DDR-Geschichte 1949-1961 wird gerade noch nach ihrem realgeschichtli-

---

1 Der Beitrag ist in Teilen meinem unveröffentlichten Gutachten (1997) für die Enquete-Kommission des Deutschen Bundestages zur Aufarbeitung des DDR-Unrechts verpflichtet.
2 Vgl. W. Jacobmeyer, Das Schulgeschichtsbuch – Gedächtnis der Gesellschaft oder Autobiographie der Nation?, in: Geschichte, Politik und ihre Didaktik, H.1 (1998).
3 Ich danke dem Georg-Eckert-Institut für Internationale Schulbuchforschung in Braunschweig für vielfache Unterstützung, für Recherchen Frau StRef. Signe Barschdorff.
4 Zu Fragen der Zulassung einzigartig: Verzeichnis der zugelassenen Schulbücher für die Fächer Geographie, Geschichte, Sozialkunde (Politik) in den Ländern der Bundesrepublik Deutschland, Ausgabe 1996/97, hg. v. Georg-Eckert-Institut, Braunschweig 1996.
5 Geschichte heute: für Hauptschulen in Niedersachsen. Schuljahr 9, bearb. v. B. Kopp, Paderborn 1990.
6 Daß ein Lehrbuch die Entstehung einer sozialistischen Gesellschaft in der DDR erst für die letzte Phase nach 1961 ansetzt, unterstreicht die Bedeutung der Zäsur des Mauerbaus. Vgl. Entdecken und Verstehen: Geschichtsbuch für Niedersachsen, Bd. 1, bearb. v. Th. Berger, Frankfurt a.M. 1987, S. 182.

chem Gewicht abgehandelt, dagegen die längste Geschichtsstrecke der DDR 1961-
1989 klar unterbewertet:

DDR-Geschichte in Hauptschul-Lehrbüchern	SBZ-Phase	1949-1961	1961-1989
Textumfang (%)	27	27	46
Realgeschichte (%)	9	26	64
Differenz (%)	+18	+ 1	- 18

Nach diesem Wertmuster der abnehmenden Bedeutung von Geschichte zur Gegenwart hin ist, wenigstens quantitativ, kein besonderes Überlegenheitsgefühl eines politischen, ideologischen oder ökonomischen „Sieges" der BRD über die DDR erkennbar. Eher drückt sich darin eine zunehmende Beschleunigung von Entwicklungen aus.

Standard für die SBZ-Geschichte sind die beiden Blöcke der gesellschaftsverändernden (Bodenreform, Industriereform sowie Justiz-, Verwaltungs- und Bildungsreform) und der politisch konditionierenden Maßnahmen (sowjetische Besatzungsziele,[7] Dominanz der Gruppe Ulbricht, Zwangsvereinigung von KPD und SPD zur SED, Blockparteien, Einheitsliste und Volkskongreßbewegung). Damit wird die SBZ dem Antagonismus des Ost-West-Konflikts zugeordnet. Gemeinsame besatzungspolitische Beschlüsse der Alliierten werden für die SBZ weder als Faktum, noch in ihrer Durchführung thematisiert. Die Entnazifizierung wird zum Reservat der westlichen Besatzungszonen, findet in der SBZ offenbar nicht statt.[8] Infolgedessen tritt die eigentümliche Schräglage ein, daß die Auseinandersetzung der Deutschen mit dem Verbrechenserbe des Nationalsozialismus nach den Hauptschul-Lehrbüchern ein Reservat der westlichen Besatzungszonen ist, während der Bruch interalliierter Vereinbarungen (etwa durch die Schaffung von deutschen Zentralverwaltungen),[9] die Verschärfung des Kalten Krieges (etwa durch die Berliner Blockade) und die krisenhafte Zuspitzung der Deutschen Frage durch die systemtypischen Umgestaltungen bei der SBZ abgelagert

---

7 Mit dem im Vergleich zu den Westzonen merkwürdigen Affekt, als hätte nur die SMAD „klare Vorstellungen von der politischen und gesellschaftlichen Neuordnung in ihrer Besatzungszone" gehabt. Geschichtsstunden: Entdeckungsreisen in die Vergangenheit, Bd. 9, bearb. v. L. Baumann, Stuttgart 1994, S. 18.
8 Typisch dafür: Geschichte heute. Schuljahr 9/10, bearb. v. K.-H. Beeck, Hannover ³1992, S. 150f. – Nur ein einziges, 1992 neu für Bayern bearbeitetes Lehrbuch spricht von einer Säuberung der Gesellschaft, die „zur Entlassung von 80% aller Justizbeamten und 78% aller Lehrer" geführt habe. Vgl. Unsere Geschichte, Bd. 4: Von der Oktoberrevolution bis zur Gegenwart, bearb. v. W. Hug/J. Hoffmann/E. Krautkrämer/F. Bahl, Frankfurt a.M. ²1991, S. 11.
9 Ebd. Das ist übrigens die einzige Nennung in Hauptschulbüchern.

wird: Dominanz der SED, Verwaltungsreform,[10] Auflösung der Länder in Bezirke, „Aufbau der sozialistischen Gesellschaft in der DDR".[11] Die Streubreite von zusätzlichen Informationen ist numerisch und sachlich gering. Die Hauptschul-Bücher sind hinsichtlich der für die SBZ-Darstellung benutzten Fakten weitgehend homogen.

Für die erste Staatsphase der DDR betonen die Hauptschul-Bücher Ereignis- und Strukturgeschichte nahezu gleichgewichtig. Die letztere ist besonders wichtig, weil sich an ihr eine gegenüber der voraufgegangenen SBZ-Darstellung unvergleichliche Intensivierung der Deutungsmuster und des Urteilswillens der Lehrbücher ablesen läßt. Bei den ereignisgeschichtlichen Mitteilungen stechen die Bemerkungen zur Wirtschaftsverfassung durch Ausführlichkeit, Umfang und politische Zuspitzung hervor. An der Zwangskollektivierung[12] werden ebenso wie am Rhythmus der 5- bzw. 7-Jahrespläne oder an der zentralistischen Planwirtschaft und der sozialpolitisch verhängnisvollen Betonung der schwerindustriellen Produktion wesentliche Elemente der sozialistischen Wirtschaftsverfassung erkannt und beschrieben: „Verstaatlichung als Grundlage kommunistischer Kommandowirtschaft".[13] Dem sekundieren die ideologischen Systemmerkmale eines „totalitären Sozialismus":[14] Umbau der SED nach frühen Säuberungen zu einer Kaderpartei mit Herrschaftsmonopol, Verfolgung Andersdenkender durch eine politische Justiz,[15] gestützt auf die verfassungsmäßige Strafandrohung gegen „Boykotthetze" und die zunehmende Ausweitung von Macht und Zuständigkeit der Staatssicherheitsorgane. Die dazu wohl kompakteste Darstellung in einem Lehrwerk lautet:[16]

„SED-Herrschaft: Unterdrückung, Verfolgung, Verhaftung, Verurteilung.

Um die ‚planmäßige Errichtung der Grundlagen des Sozialismus in der DDR' zu verwirklichen, überzogen Ulbricht und seine SED-Funktionäre das ganze Land mit einem vielfältigen und flächendeckenden Unterdrückungssystem. Zu den besonderen Merkmalen kommunistischen Verhaltens gehörte das ständige ‚wachsame' Aufspüren von ‚Feinden'; verfolgt, verhaftet und verurteilt wurden tatsächliche politische Gegner, ‚Abweichler' von der gerade gültigen Parteilinie und Andersdenkende. Unterdrückung

---

10 Vgl. etwa Erlebnis Geschichte, Bd. 9, bearb. v. B. Gebhart/J. Schwandner unter Mitarb. v. F. Hutterer/W. Ziebolt, München 1993, S. 50.
11 Geschichtsstunden: Entdeckungsreisen in die Vergangenheit, Bd. 9, S. 18.
12 Geschichte heute. Schuljahr 9/10, S. 186, spricht angesichts der Bildung von LPG, VEB, HO oder HPG davon, daß die DDR ihre Wirtschaft zunehmend „nach sowjetischem Vorbild vergesellschaftete".
13 Geschichte: Schülerarbeitsbuch, Jgst. 9, bearb. v. H. Beilner, Donauwörth 1994, S. 42.
14 Erlebnis Geschichte. Ein Geschichtsbuch für die Hauptschule in Bayern, Jgst. 6, bearb. v. F. Hutterer, München 1986, S.98.
15 Erlebnis Geschichte, Bd. 9, S. 52, unterscheidet SBZ und DDR nach der Verfolgungstypik. Während der Besatzungsperiode „hatte die Rote Armee ehemalige Konzentrationslager der Nationalsozialisten in eigene Lager umgewandelt. Hier sollten ehemalige NS-Verbrecher gefangengehalten werden. In der Wirklichkeit war aber Verleumdungen Tür und Tor geöffnet. So ‚verschwanden' viele Unschuldige in den Lagern, aus denen sie häufig nie wieder zurückkehrten. Nach der Gründung der DDR entstand ein Rechtssystem, das das Vorgehen gegen Andersdenkende stärker an Regeln band."
16 Geschichte: Schülerarbeitsbuch, Jgst. 9, S. 41.

gehörte zwangsläufig zum System; auch der Stalinismus in der DDR brauchte immer ein Feindbild. Dadurch entstehende Einschüchterung und Angst hatte zweierlei Wirkung: Sie dienten der Abschreckung des ‚Feindes' und hielten die eigenen Anhänger und Funktionäre bei der Stange".

So scharf urteilen Lehrwerke gewöhnlich erst für die Phase nach 1961.[17] Da die Darstellungsweise der Hauptschul-Bücher im wesentlichen ereignisgeleitet ist, sind die Vorgänge des 17. Juni 1953 und des 13. August 1961 prominent und urteilssatt. Für den 17. Juni 1953 ist terminologisches Schwanken typisch:[18] „Volksaufstand",[19] „Aufstand",[20] „Arbeiteraufstand",[21] „Aufruhr gegen das System";[22] sekundierend, gelegentlich in einer dem Ablauf entsprechenden eskalierenden Anordnung, treten auf: revolutionäre Lage,[23] Arbeitsniederlegungen oder Streiks, Proteste, Demonstrationszüge, Generalstreiks,[24] Unruhen.

Stets wird vermittelt, daß die Situation nicht etwa sozialpolitisch bedeutsam war, sondern staatspolitisch. Kein Lehrbuch versäumt den Hinweis, daß der Einsatz sowjetischer Panzer – sowjetische Besatzer als „Hintermännern des SED-Regimes"[25] – eine „gewaltsame Befestigung des SED-Regimes"[26] war: „Russische Panzer walzen einen Aufstand nieder".[27] Die Niederschlagung des Aufstandes, vor allem aber die regelmäßig genannte nachträgliche sonderstrafrechtliche Verfolgung von Aufständischen „entlarvte die demokratischen Parolen".[28] Bei diesem Tenor systempolitischer Abgrenzung wird die offizielle bundesrepublikanische Rezeption dieses Ereignisses, der offizielle Gedenktag, nur ein einziges Mal genannt.[29]

Etwas andere Konturen ergeben sich für die Darstellung des Mauerbaus am 13. August 1961. Bei unproblematischer Terminologie hat die Emphase des Lehrbuchurteils seit 1989/90 zugenommen: „Die Mauerbauer von Berlin: Walter Ulbricht und Erich

---

17 „Die Diktatur der SED war menschenverachtend, der Staatssicherheitsdienst das wirksamste Werkzeug." Geschichte: Schülerarbeitsbuch, Jgst. 9, S. 68. – Analog: Entdecken und Verstehen: Geschichtsbuch für Hauptschulen in Baden-Württemberg, Bd. 4, bearb. v. Th. Berger, Frankfurt a.M. 1994, S.174: „Staat und Staatssicherheit".
18 Geschichte heute: Schuljahr 9/10, S. 186f, verweigert sogar einen Schlüsselbegriff und weist die Schüler an, ihn selbst zu suchen.
19 Erlebnis Geschichte. Ein Geschichtsbuch für die Hauptschule in Bayern, Jgst. 6, S. 98f.; Geschichte: Schülerarbeitsbuch, Jgst. 9, S. 126; Geschichte heute, Bd. 3, bearb. v. E. Mosel/H. Walter, Hannover/Paderborn ³1992, S. 164f.
20 Geschichtsstunden: Entdeckungsreisen in die Vergangenheit, Bd. 9, S. 52; Geschichte: Schülerarbeitsbuch, Jgst. 9, S. 45.
21 Geschichte heute: für Hauptschulen in Bayern, Jgst. 9, bearb. v. N. Autenrieth, Hannover 1989, S. 44.
22 Geschichte: Schülerarbeitsbuch, Jgst. 9, S. 45.
23 Ebd.
24 Damals – heute – morgen, Bd. 9, bearb. v. G. Bauer u.a., Geschichte/Gemeinschaftskunde. Stuttgart 1994, S. 114. – Ungewöhnlicherweise im Plural.
25 Geschichte: Schülerarbeitsbuch, Jgst. 9, S. 45f.
26 Ebd, S. 54.
27 Ebd, S. 45.
28 Erlebnis Geschichte. Ein Geschichtsbuch für die Hauptschule in Bayern, Jgst. 6, S. 99.
29 Ebd.

Honecker lassen Ost-Berlin einmauern",[30] so eine ins journalistische Fach abgleitende Kapitelüberschrift. Das operative Code-Wort „Chinesische Mauer II" für den Mauerbau wird mit dem aus der NS-Geschichte etablierten Verdikt „menschenverachtend"[31] belegt. Andere Lehrbücher fassen den Mauerbau als Konsequenz der Fluchtbewegung auf,[32] als staatlichen Notwehrakt,[33] als Eingeständnis des „Zwangscharakters"[34] der DDR: „Die DDR wird ein Gefängnis".[35] Die Emphase kritisiert nicht allein die DDR, sondern auch die Reaktionen der Bundesrepublik und der Westmächte.[36] Es sei „der Empörung die Gewöhnung"[37] gefolgt.

Die Außenpolitik der DDR ist in Hauptschul-Lehrbüchern unsystematisch; entsprechende Informationen sind eher willkürlich eingesetzt. Der Akzent liegt auf dem Beitritt zum RGW, allenfalls sekundiert von der Umwandlung der Volkspolizei in die NVA und ihrer daraufolgenden Aufnahme in den Warschauer Pakt. Nur ein Hauptschul-Lehrbuch faßt diesen Vorgang als „Ostintegration"[38] auf, also analog zur Westintegration der Bundesrepublik; und nur ein einziges Lehrwerk verweist auf die Anerkennung der Oder-Neiße-Grenze im Görlitzer Vertrag und auf die Anerkennung der Grenze mit der Tschechoslowakei.[39]

Auch die zusätzlichen Informationen, die das skizzierte Inhaltsmuster bis 1961 ergänzen, sind nicht systematisch, sondern aus den je spezifischen Kenntnisständen und Konzeptualisierungswünschen der Autoren entwickelt. Ein einziges Lehrbuch informiert im Zusammenhang mit der Verstaatlichung der Industrie in der Frühphase der DDR zusätzlich über die Reformen in der Schule und vor allem in der Verwaltung durch die Abschaffung des Berufsbeamtentums.[40] Daß es innerhalb der SED „oppositionelle Zirkel" gegeben hat, findet sich ebenfalls nur in einem Lehrbuch.[41] Gleichfalls hebt nur ein Unterrichtswerk hervor, daß den Betriebsleitungen erst in den sechziger

---

30 Geschichte: Schülerarbeitsbuch, Jgst. 9, S. 47.
31 Ebd., S. 48. – Der Begriff „menschenverachtend" wird in der Gegenwart ausschließlich für die Bezeichnung der Verbrechensqualität des nationalsozialistischen Regimes verwendet; in seiner Anwendung auf den Mauerbau liegt daher eine besondere Schärfe der Verurteilung. Im übrigen ist nicht das Code-Wort „menschenverachtend", sondern es ist die Sache. Es liegt also die Stilfigur der Vertauschung (Metonymie) vor.
32 Etwa: Geschichtsstunden: Entdeckungsreisen in die Vergangenheit, Bd. 9, S. 52. – Damals – heute – morgen, Bd. 9, S. 115.
33 Damals – heute – morgen, Bd. 9, S. 115: „Bis 1961 hatten 2,7 Millionen meist junge Menschen die DDR verlassen, das waren etwa 15% der Bevölkerung. So sah sich die DDR allmählich in ihrer Existenz bedroht. Mit dem Bau der Berliner Mauer schloß sie das letzte Schlupfloch zum Westen."
34 Lebendige Vergangenheit. Niedersachsen. Klasse 9, bearb. v. G. Eck, Stuttgart 1989, S. 126.
35 Geschichtsstunden: Entdeckungsreisen in die Vergangenheit, Bd. 9, S. 52.
36 Ebd.: „nur mit Protesten reagierende Westmächte".
37 Geschichte: Schülerarbeitsbuch, Jgst. 9, S. 48f.
38 Geschichtsstunden: Entdeckungsreisen in die Vergangenheit, Bd. 9, S. 49.
39 Geschichte heute, Bd. 3, S. 161.
40 Geschichtsbuch: Die Menschen und ihre Geschichte in Darstellungen und Dokumenten. Neue Ausgabe, Bd. 4: Von 1918 bis 1995, bearb. v. B. Mütter u.a. unter Mitarb. v. D. Hoffmann, Berlin 1996, S. 245.
41 Erlebnis Geschichte. Ein Geschichtsbuch für die Hauptschule in Bayern, Jgst. 6, S. 99.

Jahren ein Mitspracherecht eingeräumt wurde,[42] obwohl es nahegelegen hätte, das System der Planwirtschaft etwas differenzierter vorzustellen. Das gleiche gilt für die auch nur einmalige Erwähnung der „sozialistischen Wettbewerbe" in den Betrieben.[43] Überprüft man die geographische Verteilung solcher Zusatzinformationen nach der Zulassung der Lehrbücher, so läßt sich deutlich erkennen: Für Berlin, Baden-Württemberg und die Nordstaaten Hamburg, Bremen und Schleswig-Holstein spielen Zusatzinformationen jenseits des *mainstream* kaum eine Rolle.

Die quantitativ unterrepräsentierte Epochendarstellung 1961-1989 ist auf das staatliche Ende der DDR hin konzipiert, schon allein aus Gründen der Plausibilität. Dabei steigt nicht der Umfang, wohl aber die Massierung der Detailmitteilungen für die Realgeschichte der späten achtziger Jahre rapide an. Inhaltlich lebt die Darstellung davon, daß zwei gegenläufige Prozesse der Eskalation beschrieben werden: die Überspitzung, Erstarrung und der Verfall staatlicher Autorität auf der einen Seite, und das anfängliche Ausweichen (deutlich zu sehen an dem wegen seiner sozialwissenschaftlichen Konnotationen in Geschichtslehrwerken eher ungebräuchlichen Begriff der „Nischengesellschaft"[44]) der Bürger vor dem auf sie einwirkenden Politisierungsdruck und die dann einsetzende Bildung von Protestbewegungen. Unter dem Gewicht dieser beiden Themen werden alle anderen Vorgänge blaß: die Verfassung von 1974,[45] die außenpolitischen Erfolge der DDR[46] oder der Grundlagenvertrag von 1972, aber auch der Schwund ökonomischer Erfolge, wie sie in den Lehrbüchern für die Phase unmittelbar nach 1961 noch angegeben werden.[47]

Besonders auffällig ist, daß die nach Zahl und Intensität wachsende Tätigkeit des Ministeriums für Staatssicherheit als Exponent der staatlichen Gehorsamsforderung und die Erscheinungsformen bürgerlichen Protests in der Hauptschul-Darstellung erst nach 1989 Schulbuch-Karriere gemacht haben. Die Stasi-Prägung der Schulbuchaussagen durch den Umbruch von 1989 läßt sich im Vergleich ermitteln. In Lehrwerken, deren Konzeptionsphase vor 1989 liegen, treten weder die „Staatssicherheit" noch die Protestbewegung überhaupt in Erscheinung;[48] in einem 1992 publizierten Lehrbuch wird die „Staatssicherheit" zwar genannt, aber noch nicht in ihrer Tätigkeit darge-

---

42 Erlebnis Geschichte, Bd. 9, S. 54.
43 Lebendige Vergangenheit. Niedersachsen. Klasse 9, S. 126.
44 Der durch G. Gaus geläufig gewordene Begriff taucht öfter auf, z.B. Erlebnis Geschichte, Bd. 9, S. 78f; Geschichte: Schülerarbeitsbuch, Jgst. 9, S. 66f. Andere Lehrbücher sprechen von einer „Flucht ins Private": Geschichte heute: für Hauptschulen in Bayern, Jgst. 9, S. 57f.
45 Sie wird nur zweimal erwähnt: S. 121, und – ohne Jahreszahl – Geschichtsstunden: Entdeckungsreisen in die Vergangenheit, Bd. 9, S. 62.
46 Nur in Erlebnis Geschichte. Ein Geschichtsbuch für die Hauptschule in Bayern; Jgst. 6, S. 100.
47 Vgl. etwa Geschichtsbuch: Die Menschen und ihre Geschichte in Darstellungen und Dokumenten, Neue Ausgabe, Bd. 4: Von 1918 bis 1995, S. 248; Erlebnis Geschichte. Ein Geschichtsbuch für die Hauptschule in Bayern, Jgst. 6, S. 99; Erlebnis Geschichte, Bd. 9, S. 56f.
48 Vgl. Lebendige Vergangenheit, Niedersachsen, Klasse 9, dessen 1. Auflage 1989 erschienen ist, so daß also eine Konzeptionsphase reichlich vor 1989 anzunehmen ist; hier erscheinen „Opposition" und „Stasi" weder als Begriffe noch als Sache.

stellt;[49] während in einem 1994 erschienenen Lehrbuch die gesamte Epoche unter dem Begriff des „Stasi-Staats"[50] subsumiert wird. Daran ist abzulesen, wie direkt die Selektion von Schulbuchinhalten durch politische Aktualität angeleitet wird. Diese neue Aufmerksamkeit für den Überwachungs- und Unterdrückungsapparat der DDR betont auf der einen Seite dessen Allgegenwärtigkeit und Generalvollmacht – Nennung von Repressionsmaßnahmen (Schreibverbot, Hausarrest, Gefängnis, Ausbürgerung),[51] oder in Form von generalisierenden Begriffen („Überwachungsstaat",[52] „allmächtig",[53] „Überwachungs- und Unterdrückungsapparat",[54] „permanente Gängelung"[55]) oder durch die ausführliche Beschreibung des Überwachungsnetzes selbst:

„In allen Einrichtungen, ob Hausgemeinschaften, Kompanie, Arbeitsgruppe oder Sportverein, saßen Spitzel des Ministeriums für Staatssicherheit, die sogenannten IM (Inoffizielle Mitarbeiter). In Wohnungen eingebaute ‚Wanzen', abgehörte Telefongespräche und Postkontrollen dienten der lückenlosen Überwachung. Eine Kaderakte begleitete jeden Bürger durch sein Leben. Selbst geringste Anhaltspunkte für ein Abweichen von der Linientreue wurden darin vermerkt."[56]

Auf dieser Linie liegt auch, daß bizarre Details festgehalten werden, etwa die „unglaublichen Methoden"[57] der Entnahme von Geruchsproben politisch auffälliger Personen. Dieser aktualisierte Tenor macht Darstellungen sehr selten, die die endliche Erfolglosigkeit dieser Unterdrückung schon vorwegnehmen und dadurch entkräften – etwa durch Angabe der zeitgenössischen Spottnamen wie „VEB Guck, Horch und Greif"[58] –, mit denen implizit an oppositionelle Einstellungen angeknüpft werden kann.

Hinsichtlich der Protestbewegungen unterscheiden die Lehrbücher sehr genau zwischen Einzelpersonen (am häufigsten Biermann, weil die Maßnahme der Ausbürgerung an ihm demonstriert werden kann, dann aber auch Robert Havemann,[59] Reiner Kunze, Rudolf Bahro, Bärbel Bohley und Jens Reich aus dem „Neuen Forum" oder Konrad Weiß und Wolfgang Ullmann aus „Demokratie Jetzt",[60] und nicht zuletzt Kurt Masur[61]) und generellen Orten der Protestgenese. Bemerkenswerterweise nennen die Lehrbücher hier viele Personen unterhalb der sonst sorgfältig eingehaltenen und nach „unten" abschneidenden Ebene der „Staatsmänner". Sie beleuchten damit die Vorgänge aus

---

49 Geschichte heute, Bd. 3.
50 Entdecken und Verstehen: Geschichtsbuch für Hauptschulen in Baden-Württemberg, Bd. 4, S. 174.
51 Geschichtsstunden: Entdeckungsreisen in die Vergangenheit, Bd. 9, S. 62.
52 Geschichte heute: für Hauptschulen in Bayern, Jgst. 9, S. 56f.
53 Ebd., S. 58.
54 Erlebnis Geschichte, Bd. 9, S. 81.
55 Erlebnis Geschichte. Ein Geschichtsbuch für die Hauptschule in Bayern, Jgst. 6, S. 117.
56 Ebd.
57 Erlebnis Geschichte, Bd. 9, S. 81.
58 Geschichtsstunden: Entdeckungsreisen in die Vergangenheit, Bd. 9, S. 62.
59 Nur einmal genannt: Erlebnis Geschichte, Bd. 9, S. 76ff. Ebenso wird nur ein einziges Mal im Untersuchungsmaterial dieser Schulform von „oppositionellen Zirkeln in der SED" gesprochen: Erlebnis Geschichte. Ein Geschichtsbuch für die Hauptschule in Bayern, Jgst. 6, S. 99.
60 Geschichte: Schülerarbeitsbuch, Jgst. 9, S. 76ff.
61 Ebd., S.78.

einer Nahperspektive und betonen dadurch zugleich auch die singuläre Qualität der Vorgänge.

Die Kirchen nehmen in diesem revolutionären Geschehen einen herausragenden Platz ein, sowohl nach der numerischen Häufigkeit ihrer Nennung als auch nach der qualitativen Bewertung. Das betrifft den Status der Kirchen überhaupt, vor allem der evangelischen Kirche, aber auch einzelne politische Akte von kirchlicher Seite. Als sich beispielsweise gegen die massive Fälschung der Kommunalwahlen vom 7. Mai 1989 Proteste und Erbitterung regten, machte sich „die evangelische Kirchenleitung zur Fürsprecherin der Proteste".[62] Noch grundsätzlicher fungierte sie als „Schutzraum vor staatlicher Inanspruchnahme",[63] auch als Sammelbecken für oppositionelle Initiativen.[64] Darüber hinaus aber formierte sich „in der Kirche auch direkt politische Opposition in Form von Friedens-, Umwelt- und Bürgerrechtsgruppen",[65] „denn hier endete der direkte Einfluß der SED".[66] In ausführlicher Darstellung:

„Immer schon waren die evangelischen Kirchen in der DDR ein Sammelpunkt all der Menschen gewesen, die der allmächtigen Herrschaft der SED kritisch gegenüberstanden. Unter dem biblischen Motto ‚Schwerter zu Pflugscharen' bildete sich 1980 eine Friedensbewegung, die für Abrüstung und gegen die vormilitärische Erziehung an den Schulen eintrat. Gottesdienste, Gebetskreise und Kirchentage wurden nun zu Möglichkeiten, im Schutz der Kirche mit Gleichgesinnten zu diskutieren und Protestaktionen vorzubereiten. So waren z.B. die Montagsgebete in der Leipziger Nicolai-Kirche der Ausgangspunkt der großen ‚Montags-Demonstrationen'; an der Spitze der Oppositionsgruppen standen zum großen Teil Pfarrer. Hier liegen wohl auch die Gründe dafür, daß die Revolution in der DDR so friedlich ablaufen konnte"[67].

Betrachtet man das Verhältnis zwischen Ereignisdarstellung und Strukturdarstellung hinsichtlich des Endes der DDR, so treten nunmehr die Strukturen hinter den spektakulären Ereignissen sichtbar zurück. Die wichtigsten, ausnahmslos in allen Lehrbüchern thematisierten Vorgänge, sind: Botschaften-Fluchtbewegungen vom Juni 1989,[68] Formierung und Hervortreten von Protestgruppen wie „Neues Forum", „Demokratie Jetzt" und „Demokratischer Aufbruch", die Montagsdemonstrationen mit der Aufgipfelung vom 9.10.1989 und der Grenzöffnung. „Der Umbruch war nicht mehr aufzuhalten",[69] lautet ein typisches Urteil der Lehrbücher. Auch die terminologische Einigung auf den Begriff „friedliche Revolution" ist inzwischen ausnahmslos erfolgt.

Eine synthetisierende Zusammenfassung der Einzelvorgänge zu einem viele Aspekte abwägenden Gesamturteil über den Zusammenbruch der DDR bieten die Hauptschul-

---

62 Ebd., S. 75.
63 Erlebnis Geschichte, Bd. 9, S. 82.
64 Geschichte: Schülerarbeitsbuch, Jgst. 9, S. 69.
65 Ebd.
66 Geschichtbuch: Die Menschen und ihre Geschichte in Darstellungen und Dokumenten. Neue Ausgabe, Bd. 4: Von 1918 bis 1995, S. 251.
67 Geschichtsstunden: Entdeckungsreisen in die Vergangenheit, Bd. 9, S. 67.
68 Meistens konzentrieren sich die Lehrbücher auf die Vorgänge in Prag.
69 Geschichte: Schülerarbeitsbuch, Jgst. 9, S. 78.

Lehrbücher dagegen nicht an. Für die Konzeptionsphase der meisten Lehrbücher der Hauptschule, die Anfang der neunziger Jahre gelegen hat, dürfte es dazu wohl auch noch zu früh gewesen sein,[70] zumal die Schulhistoriographie zu diesem Zeitpunkt noch nicht auf überzeugende Deutungsmuster der Fachwissenschaften zurückgreifen konnte. Teils bleiben die Lehrbücher in der zeitgenössischen Euphorie gefangen: „Für alle Deutschen war das für unmöglich Gehaltene wahr geworden",[71] teils behelfen sie sich mit dem faktennahen Referat: „Am 9. November 1989 mußte die DDR-Führung dem Druck nachgeben und die Grenzen zur Bundesrepublik und West-Berlin öffnen."[72] Teils auch verweigern sie sich sogar der Deutung unter eher naiver oder hilfloser Berufung auf die Tatsache, daß Geschichte ein offener Prozeß ist: „Der Öffnung der innerdeutschen Grenze am 9. Novmeber 1989 folgte ein Jahr tiefgreifender Veränderungen. Der nachstehende Ereignisablauf zeigt, wie offen die geschichtliche Entwicklung immer wieder war."[73] Nicht wenige Hauptschul-Lehrbücher sind in der Urteilsbildung überfordert: „Die friedliche Revolution in der DDR 1989 erreichte ihr Ziel";[74] oder einfach chronologisch:

„Als die Proteste in der Bevölkerung anschwollen, wurde Erich Honecker von der eigenen Partei zum Rücktritt gezwungen. Sein Nachfolger Egon Krenz sah keine andere Möglichkeit, als durch Öffnung der Grenze am 9. November 1989 die Situation zu entspannen. Immer neue Enthüllungen über die Machenschaften der SED zwangen aber auch ihn zum Rücktritt. Die SED mußte auf ihren Führungsanspruch verzichten. Um ihrer Auflösung zuvorzukommen, gab sie sich einen neuen Namen: Partei des demokratischen Sozialismus (PDS)."[75]

Eigentümlicherweise erscheint im Zerfall der DDR die Staatsmacht praktisch nicht mehr darstellungsrelevant. Nur in einem Nebensatz wird das Werturteil gebildet, die Feierlichkeiten zum 40. Staatsjubiläum seien eine „gespenstische Komödie"[76] gewesen. Andere Informationsteile weisen nur noch auf die Starre und Reformunfähigkeit des Regimes hin. Dabei wird die Ablehnung der Glasnost-Bewegung am Beispiel des Verbots der Zeitschrift „Sputnik"[77] belegt und im übrigen die politische Sympathie der SED-Elite für das rigorose Vorgehen in China[78] zur Disqualifizierung des Regimes ins

---

70 Vgl. E. Jesse/A. Mitter (Hg.), Die Gestaltung der deutschen Einheit. Geschichte – Politik – Gesellschaft, Bonn 1992, S. 419: „Vielleicht ist es auch noch zu früh, in wissenschaftlich abgeklärter Weise den Zusammenbruch in der DDR mit der sich anschließenden Vereinigung zu analysieren." – Vgl. auch H. Weber, Die DDR 1949-1990, München 1993, S. 186-189.
71 Geschichte: Schülerarbeitsbuch, Jgst. 9, S. 79.
72 Entdecken und Verstehen: Geschichtsbuch für Hauptschulen in Baden-Württemberg, Bd. 4, S. 189.
73 Geschichte heute, Bd. 3, S. 174. Es folgen Einzeldaten 9.11.1989-3.10.1990.
74 Geschichte heute: für Hauptschulen in Bayern, Jgst. 9, S. 63.
75 Damals – heute – morgen, Bd. 9, S. 126f.
76 Geschichte: Schülerarbeitsbuch, Jgst. 9, S. 77.
77 Nur ebd., S. 74f.
78 Erlebnis Geschichte. Ein Geschichtsbuch für die Hauptschule in Bayern, Jgst. 6, S. 117ff. - Ausdrücklicher Hinweis, daß das Massaker auf dem Pekinger „Platz des Himmlischen Friedens" von der Partei gutgeheißen wurde: Geschichte: Schülerarbeitsbuch, Jgst. 9, S. 74f. Ebd. Hinweis, daß Kontakte vor allem zu reformfeindlichen Regierungen gehalten wurden.

Feld geführt. In die gleiche nicht nur politisch deskriptive, sondern eben auch moralisch wertende Richtung geht der Hinweis, die IM des Kontroll- und Spitzelwesens seien „häufig durch Erpressung"[79] auf ihre Rolle verpflichtet worden.

Insgesamt zeichnen sich die 13 Hauptschul-Lehrbücher durch gänzliche Übereinstimmung in der Zäsurbildung aus, wobei starker Nachdruck auf die SBZ-Phase 1945-1949 gelegt wird. Bei aller Bindung an Ereignisgeschichte enthält die Darstellung gerade dieser Phase dennoch, schwergewichtig und die Darstellung steuernd, Merkmale der Systemtypik. Diese werden ereignisgeschichtlich verwoben zu einer Erklärung des Konflikts des sogenannten Kalten Krieges. Nach dem Urteil der Lehrbücher ist entschieden, daß es sich bei ihm nicht – wie etwa die neuere fachwissenschaftliche Diskussion betont – um eine „reaktive Mechanik" (Christoph Kleßmann) zwischen den beiden neuen Weltmächten handelte, sondern daß allein die Politik der UdSSR für den entstandenen Konflikt und die Anlässe zu seiner Verschärfung verantwortlich war.

Der ereignisgeschichtliche Duktus der Darstellung begreift für die eigentliche DDR-Geschichte den 17. Juni 1953 und den 13. August 1961 als die beiden prominenten Gelenkstellen. Beide Ereignisse bestimmen die Zäsurbildung, die im übrigen für die Jahre 1961 bis 1989 ungleich gröber ausfällt, als es etwa in der Fachwissenschaft üblich ist. Die Epoche 1961 bis 1989 ist in der Lehrbuchdarstellung noch am wenigsten konsolidiert. Sie ist quantitativ unterbewertet und im Darstellungsmodus schwankend. Zudem tritt ein Erzählmuster der zunehmenden Beschleunigung auf, das zwar auf das Scheitern der DDR abstellt, aber die Gründe an der Vor- und Frühgeschichte expliziert und damit eher ein politisches System tadelt, als einen historischen Vorgang abbildet. Hinsichtlich des Umbruchs von 1989 erklären die Lehrbücher wenig und überlassen es vielmehr den Schülern, sich aus dem Faktenreferat einen Reim zu machen.

Nicht wenige Lehrbücher sind durch additive Hinzufügung der jüngsten politischen Geschichte auf den neuesten Stand gebracht worden. Aber die Qualität der eingetretenen Veränderungen in politischer, gesellschaftlicher und mentaler Hinsicht lassen dieses Verfahren als nicht ausreichend erscheinen. Die Schulbuchautoren befinden sich derzeit offensichtlich auf Modellsuche für die Darstellung der SBZ/DDR-Geschichte. Wie könnte dieses Modell aussehen? Es ist zu vermuten, daß weder die Epochenbildung 1961-1989 noch das Darstellungsmuster einer autonomen Staatsgeschichte der DDR mittelfristig Bestand haben werden. Wie auch immer die Einzelzüge gefüllt werden – ohne eine intensiv strukturdeutende Verzahnung der west- und ostdeutschen Geschichte werden künftige Lehrbücher den Erklärungsbedarf unserer Gesellschaft verfehlen. Hinzu kommt, daß die Geschichte des 20. Jahrhunderts das Volumen unserer Lehrbücher sprengen wird, wenn wir das Modell nationalstaatlich gekammerter Narration nicht ablegen. Es wäre eine große Herausforderung und eine enorme Verbesserung und Modernisierung der Lehrbücher, wenn sie die drei Ereignisgeschichten der Diktaturen des sowjetischen Kommunismus, des Nationalsozialismus und der DDR zu einem strukturgeschichtlichen Verbund umbauen würden. Diese Aufgabe liegt nicht nur des-

---
79 Erlebnis Geschichte, Bd. 9, S. 78f.

halb nahe, weil diese drei Diktaturen nunmehr historisch geworden sind und weil die Umfangprobleme der zeitgeschichtlichen Lehrbücher bei stetig zuwachsendem „Stoff" nur noch durch Strukturbildung beherrschbar sein werden. Vielmehr wäre ein solcher Verbund ein qualitativer Sprung, weil er eine neue Dimension der historischen Einsicht und eine Schärfung des historischen Sachurteils oberhalb des derzeitigen Niveaus mit sich bringen würde. Die offensichtlichen didaktischen und lernpsychologischen Vorzüge einer solchen vergleichenden Darstellungsweise sollen hier nicht erörtert werden; aber sie sollten den Geschichtslernenden aller Schulformen zugute kommen. Es wäre deshalb nicht ausreichend, nur ein Kursmodell für die Sekundarstufe II zu entwerfen.

Eine solche Empfehlung sogleich ganz konkret zu machen, enthielte die Gefahr, die Verwirklichung vorschnell zu beschränken. Aber einige Felder lassen sich doch schon jetzt bezeichnen, auf denen ein neuer Modus der Perspektivenbildung Gewinn brächte. Staatliche Unterdrückung und Überwachung der Bürger ist ein Zentralproblem des 20. Jahrhunderts; in Lehrbüchern sollte es in Gestalt eines systemübergreifenden Vergleichs organisiert werden. Daß die Darstellung des MfS seit dem Zusammenbruch der DDR gleichsam Karriere in deutschen Schulbüchern gemacht hat, zeigt die Dignität dieses Themas, zugleich aber auch die Notwendigkeit einer Betrachtungsweise, die Diktaturen nicht nationalgeschichtlich isoliert, sondern vergleichend zu einer Typologie öffnet.

Das Gleiche betrifft das enorme Übergewicht eines politik- und diplomatiegeschichtlichen Duktus der Schulbuchdarstellungen. Man muß einmal in aller Schärfe darauf hinweisen, daß dadurch ein bestimmter Modus des historischen Interesses überbewertet wird. Die Fachwissenschaft teilt diese Auffassung nicht, sondern hält sie für einseitig. Für die Schulbuchdarstellung wäre eine deutsche Sozialgeschichte im 20. Jahrhundert ein dringendes Desiderat. Zu befriedigen ist es allerdings nur über eine konzeptionelle Veränderung der Lehrbücher.

Simone Barck

„Zu groß angelegt?"
„Die Republik" – ein gescheitertes Zeitungsprojekt der DDR in den fünfziger Jahren

Als im Beschlußprotokoll zur Politbürositzung vom 5. Februar 1957 unter Punkt 10 „Herausgabe einer Wochenzeitung mit dem Titel ‚Die Republik' und einer Abendzeitung für Leipzig und Umgebung" der Satz erschien, daß „jetzt zunächst die Bezirkszeitungen der Partei der Reihe nach zu modernen Zeitungen auszubauen"[1] seien, war dies der von Walter Ulbricht höchstpersönlich gesetzte Schlußstrich unter eines der ehrgeizigsten Zeitungsprojekte in der vierzigjährigen Existenz der DDR.

Die Geschichte dieser geplanten Zeitung mit dem programmatisch anspruchsvollen Titel „Die Republik", deren Existenz bisher vor allem durch den Bericht eines daran beteiligten Journalisten belegt war,[2] kann heute anhand der – nun lange nach den Vorgängen – zugänglichen Archiv-Unterlagen im Groben rekonstruiert werden, wobei manche Details noch unklar bleiben müssen und wichtige konzeptionelle Papiere bisher noch nicht aufgefunden werden konnten. Es ist zu vermuten, daß das hier in der Sache selbst liegende Sicherheitsinteresse der SED-Führung die Ursache dafür ist, daß offensichtlich nicht nur die seinerzeit daran Beteiligten zum Schweigen verpflichtet worden waren, sondern daß auch bewußt alle Zeugnisse dieses Vorgangs nicht aufbewahrt worden sind.[3] Die Motive dafür liegen auf der Hand: Die geplante Gründung einer überregionalen Wochenzeitung mit internationalem Wirkungsanspruch tangierte den in einer diktatorisch verfaßten Gesellschaft wie der DDR stets im Zentrum des Herrschaftsinteresses stehenden höchst sensiblen medialen Bereich. Print- und audiosuelle Medien unterstanden bekanntlich der direkten Kontrolle der Partei, vor allem ausgeübt durch die Abteilung Agitation und Propaganda des ZK der SED, und das ebenfalls von der Partei geführte Presseamt beim Ministerrat.[4] Die Medien waren zentraler Teil der gelenkten DDR-Öffentlichkeit und daher ein Spiegel der offiziellen poli-

---
1 Sitzung des Politbüros vom 5. 2. 1957, Reinschriftenprotokoll Nr. 6, S. 8, in: SAPMO-BArch, DY 30/JIV 2/2/526.
2 Vgl. R. Reinhardt, Zeitungen und Zeiten. Journalist im Berlin der Nachkriegszeit, Köln 1988, S. 161-176. R. Reinhardt war als vorgesehener „Redaktionssekretär" unmittelbar an diesem Projekt beteiligt, danach als Chefredakteur bei der Neuen Berliner Illustrierten tätig und ging nach drohender Verhaftung durch die Staatssicherheit im Februar 1958 in die BRD.
3 So berichtet F. Knipping, DDR-Medienwissenschaftler und Journalist, daß „alle verfügbaren Unterlagen dem Reißwolf überantwortet" wurden. in: F. Knipping, Das Ende der „Republik", in: ND, 30.11./1.12. 1996, S. 11.
4 Vgl. hierzu G. Holzweißig, Zensur ohne Zensor. Die SED-Informationsdiktatur, Bonn 1997.

tisch-geistigen Atmosphäre und nur in Teilen des Denkens und Fühlens ihrer Produzenten.

Gründungsidee, Vorbereitungen und Konzeptionen für dieses Publikationsorgan sind Teil wichtiger politischer und gesellschaftlicher Prozesse, die in engem Zusammenhang mit der geistig-intellektuellen Liberalisierungsphase der Jahre 1953 bis 1957 stehen, als deren äußere Zäsuren der 17. Juni 1953 und der XX. Parteitag der KPdSU zu benennen sind. Für eine noch nicht geschriebene Pressegeschichte der DDR ist dieses sich immerhin über vier Jahre hinschleppende Zeitungsprojekt ein aufschlußreiches Lehrstück darüber, wie groß die Angst der SED-Führung vor einem „wirklichem Journalismus" war und wie engagiert und voller Hoffnung einige Intellektuelle und Kultur- und Parteifunktionäre gleichzeitig an solch ein Vorhaben herangingen.

1. Erster Anlauf: 1953 bis Juni 1954

Der Schock, den die Streiks der Arbeiter und die Unruhen und Proteste in der Bevölkerung im Juni und Juli 1953 für die SED-Führung bedeutete, läßt sich an den unter diesem Druck zugestandenen Zurücknahmen politischer Beschlüsse und Anweisungen sowie diversen Zugeständnissen ablesen. Dabei mußte die SED-Führung in ihren „Auswertungen" u.a. auch die Kritik an ihrer Pressepolitik und Medienpraxis akzeptieren. Sie war gezwungen, mangelnde Popularität und „Schönfärberei" sowie „ungenügende Überzeugungskraft – lederne Sprache"[5] – einzugestehen. Als Hauptmangel erschien die ungenügende „Massenverbundenheit"[6]. Dieses nach Leninschem Vorbild propagierte Prinzip stellte das Hauptproblem der Medienpraxis in der DDR dar, weil eine tatsächliche Massenverbundenheit bedeutet hätte, auf Probleme und Krisen der gesellschaftlichen Entwicklung einzugehen und aus der Sicht der Herrschenden unliebsame Vorgänge zu thematisieren. Um tatsächlich auf die vielfältigen Bedürfnisse reagieren zu können, wäre es notwendig gewesen, eine differenziertere Presselandschaft zuzulassen. Und so war es symptomatisch, daß als Neugründungen zwei der später beliebtesten Presseorgane in der DDR, die „Wochenpost" und das „Magazin", unmittelbar nach dem Juni 1953 zustande kamen. Aber auch in den bereits bestehenden Zeitungen und Zeitschriften gab es bemerkenswerte Veränderungen. So erschien seit Sommer 1953 jeden Sonntag in der Berliner Zeitung die originelle Rubrik „Offen gesagt" von Stefan Heym. Deren Titel signalisierte bereits den Anspruch und die Absicht,

---

5 Zit. nach K. Polkehn, Das war die Wochenpost. Geschichte und Geschichten einer Zeitung, Berlin 1997, S. 12.
6 „Massenverbundenheit" wurde in dem DDR-Standardwerk von H. Budzislawski, Handbuch der Presse, Leipzig 1966, S. 150, wie folgt definiert: „Da die Partei und ihre Presse die Massen nur führen können, wenn sie mit dem Volke eins sind, sprechen wir davon, daß die Massenverbundenheit, die Verschmelzung mit den Massen, ein Grundprinzip der Presse neuen Typs, unseres sozialistischen Journalismus, ist." Als Formen der Massenverbundenheit wurden angeführt: die journalistischen Volksthemen, die Mitarbeit der Massen, Volkstümlichkeit. Leserbriefe erscheinen als Gradmesser von „Massenverbindung". (S. 154)

aktuelle Probleme aufzugreifen und die Leser interessierende politische Fragen oder gesellschaftlich brisante Probleme aufwerfen zu wollen. Bis zum Frühjahr 1957 erschien diese beliebte Kolumne, in der Heym auf bürokratische Mißstände und betriebliche Schlampereien ebenso hingewiesen hatte, wie er gewitzt die als „subversiv geltenden Nietenhosen" als „Arbeitskleidung der armen Farmerhands im Süden der USA"[7] republikweit akzeptabel gemacht hatte. Schon mehrfach behindert, kam das Ende dieser Rubrik, als Heym die amputierte und selektive Veröffentlichungspolitik der Abteilung Agitation und Propaganda im ZK der SED kritisierte und die Parteiführung mit dem Vorwurf der Schönrednerei dann wohl doch zu sehr herausgefordert hatte.[8]

Eine andere kritische Analyse der „Fehler der Presse" stammte von Erich Loest und erschien am 4. Juli 1953 unter dem Titel „Elfenbein und Rote Fahnen" im Leipziger Börsenblatt. Er benannte als entscheidende Mängel: die Dominanz kritikloser Jasager, das fast völlige Verschweigen von Mißständen, die Methode der unautorisierten Redigierung. „Es nützt nichts, im Elfenbeinturm zu sitzen und die Rote Fahne zu schwingen. Man muß zu diesen Massen hingehen und ihnen die Fahne vorantragen".[9] Es spricht vieles für die These von Erich Loest, daß es nie wieder in der Geschichte der DDR eine solche Phase voller Schwung – und mit dem Glauben, daß dieser Schwung nütze –, gegeben habe, wenn man sich die zeitgleichen Dokumente und Konzepte etablierter Einrichtungen wie der Akademie der Künste oder des Kulturbundes zur demokratischen Erneuerung Deutschlands (im folgenden: Kulturbund) ansieht. So hatte die Akademie der Künste in 10 Punkten „Vorschläge an die Regierung" formuliert, die auf eine durchgängige Demokratisierung des Kulturlebens zielten. Über die Medien hieß es, die „Sprache unserer Tageszeitungen" sei bürokratisch und schablonenhaft, und der Rundfunk habe „als entscheidendes Instrument der öffentlichen Meinungsbildung" versagt.[10] Ähnliche Forderungen erhob der Präsidialrat des Kulturbundes, der sich als „umfassende überparteiliche Organisation der demokratischen Selbsttätigkeit der Intelligenz" verstand. Freiheit der Lehre und Forschung sowie der öffentlichen Meinungsäußerung sei zu gewährleisten. Inhalt und Sprache der Tageszeitungen und des Rundfunks müßten tiefgreifend umgestaltet werden. Sie hätten für

---

7 S. Heym, Nachruf, Berlin 1990, S. 591.
8 Ebd. S. 621-628. Der „Fall" bestand in folgendem: Die Erklärung der 18 westdeutschen Physiker, das sog. Göttinger Manifest, gegen die Atomwaffen war in der DDR-Presse um eine Passage gekürzt erschienen. Heym, der dies erst durch einen Leserbrief erfuhr, gab diesen Satz in einem zweiten „Offen gesagt" in dieser Angelegenheit bekannt. („Wir bekennen uns zur Freiheit, wie sie heute die westliche Welt gegen den Kommunismus vertritt.") und kommentierte gegen „unsere redaktionellen Schönfärber", die nicht begriffen: „Das Wichtige und Weltbewegende ist doch gerade, daß Wissenschaftler, die keine Kommunisten oder mit dem Kommunismus Sympathisierende sind, gegen die atomare Aufrüstung Westdeutschlands Stellung nehmen." (S. 622)
9 E. Loest, Durch die Erde ein Riß. Ein Lebenslauf, München 1990, S. 221.
10 Vorschläge der DAK an die Regierung, 2. 7. 1953, in: Zwischen Diskussion und Disziplin. Dokumente zur Geschichte der Akademie der Künste (Ost), hg. v. der Stiftung Archiv der Akademie der Künste, Berlin 1997, S. 93.

eine „reale Information und Bevölkerung"[11] zu sorgen, keine Schönfärberei zu dulden und Mängel in einer offenen demokratischen Weise zu besprechen. Dies war der Zeitgeist, auf dessen Boden und in dessen Aufbruchstimmung die Idee zu einer neuen „Wochenzeitung der Intelligenz" entstand, wie sie von Johannes R. Becher im September 1953 auf der 16. Tagung des ZK der SED zum ersten Mal erwähnt wurde.[12] Mit dem Namen „Die Republik" war sie seit November 1953 aktenkundig.[13]

Die Akteure, die in dieser ersten Phase eine zentrale Rolle spielten, waren der Kulturbund mit seinem Präsidenten Becher an der Spitze, der Aufbau-Verlag und die Redaktion der vom Kulturbund seit 1945 herausgegebenen kulturpolitischen Wochenzeitung „Sonntag". Mit dem „Sonntag" wird die ganze weitere Geschichte des neuen Projekts verbunden bleiben, da zunächst daran gedacht war, ihn zugunsten der Neugründung einzustellen. Auch später geht es wiederholt um eine arbeitsteilige Abstimmung zwischen diesen beiden Zeitungen. In einer „Vorlage an das Sekretariat des ZK der SED über die geplante Herausgabe der Wochenzeitung ‚Die Republik'" hieß es: „In den zahlreichen Aussprachen des Kulturbundes mit den Kreisen der schaffenden Intelligenz, sowohl mit Wissenschaftlern und Technikern als auch mit Künstlern und Vertretern anderer geistiger Berufe hat sich ein starkes Bedürfnis dieser Volksschichten für eine Wochenzeitung der Intelligenz ergeben. Diese Zeitung sollte, so wurde immer wieder betont, nicht nur kulturpolitischen Charakter tragen wie die zur Zeit erscheinende Wochenzeitung ‚Sonntag', sondern vor allem auch durch einen umfangreichen politischen, wirtschaftlichen und technisch-wissenschaftlichen Teil bestimmt sein. Die Zeitung müßte, besonders was den Nachrichtenteil und die Auslandsberichte anbetrifft, mehr als bisher in der DDR erscheinende Zeitungen bieten in einer besonders für die Intelligenz zugänglichen Form."[14] Damit waren die Stichworte gefallen, die im weiteren Diskussionsverlauf immer präsent sein sollten: mehr und umfangreichere Information, nicht nur kulturpolitische, sondern auch politische, ökonomische, technisch-wissenschaftliche Orientierung, wissenschaftlicher Meinungsaustausch. Gegliedert in ein „Hauptblatt", das „außen- und innenpolitische Nachrichten sowie Auslands- und Inlandsberichterstattung" enthalten sollte, „periodische Beilagen" (u.a. zu Wissenschaft und Technik, Welt der Wissenschaft, Literarische Umschau, Forum der Kunst) war die Auflage der auch reich zu illustrierenden Zeitung mit zunächst 50.000 Exemplaren vorgesehen. Das Herausgeberkollegium sollten „drei bis vier hervorragende Geistes-

---

11 Zit. nach: Stenografisches Protokoll der Sitzung des Präsidialrates des Kulturbundes vom 3. Juli 1953, in: M. Heider/K. Thöns (Hg.), SED und Intellektuelle in der DDR der fünfziger Jahre. Kulturbundprotokolle, Edition Deutschland Archiv, Köln 1990, S. 16.
12 Diskussionsrede auf der 16. Tagung des ZK der SED, in: C. Gansel (Hg.), Der gespaltene Dichter Johannes R. Becher. Gedichte, Briefe, Dokumente 1945-1958, Berlin 1991, S. 114.
13 Die Angabe von R. Reinhardt, daß der Name „Die Republik" von H. Budzislawski stammt (vgl. ders., Auch die SED wollte ihr „Reich". Eine Sternschnuppe am Zeitungshimmel der DDR, in: FAZ, 7.5.1997, S. 10) erweist sich damit als unzutreffend.
14 Zur Vorlage an das Sekretariat des ZK der SED über die geplante Herausgabe der Wochenzeitung „Die Republik", in: SAPMO-BArch, DY 27/315, o. D. (aber im Kontext des 27. 11. 1953), S. 1.

schaffende unter Verantwortung der Bundesleitung des Kulturbundes" bilden.[15] Dieser Modus bedeutete ein Novum, denn es war dominierende Praxis in der DDR, Presseorgane fast ausschließlich durch Körperschaften wie Organisationen, Institutionen, Parteien herausgeben zu lassen. Eine Ausnahme bildete eigentlich nur die „Weltbühne", der man als wichtigem demokratisch-publizistischem Relikt aus der Weimarer Republik und als antifaschistischer Bezugsinstanz wenigstens formell eine Einzelherausgeberschaft zugestand.

Eine vom Verlagschef Walter Janka auf der Grundlage von Angaben aus der „Sonntags"-Redaktion angestellte grobe vorläufige Kalkulation machte auf einen bei einer Auflage von 50.000 Exemplaren entstehenden Verlust von 573.600 Mark aufmerksam.[16] Sie ging von einem Preis von fünfzig Pfennig, von einer Redaktion von ca. 40 Mitarbeitern und eigenen Auslandskorrespondenten in Moskau, Prag, Warschau, Budapest, Paris, Rom und eventuell London aus. Korrespondenten in Düsseldorf, Hamburg und München sollten aus Westdeutschland berichten. Mit letzterem zielte man auch auf potentielle westdeutsche Leser des Blattes, die nur mit einer stimmigen Vorortberichterstattung und nicht mit der sonst üblichen Schwarz-Weiß-Malerei zu erreichen waren.

Eine der „Vorlage an das ZK" beigefügte Probenummer (sie trug die fiktive Nummer 10 und das Datum 15. März 1954 und ergab sich aus der Absicht, die erste Nummer am 28.2.1954 erscheinen zu lassen) vermittelte ein erstes Bild der anvisierten Zeitung. Auf insgesamt 12 Seiten brachte sie im „Hauptblatt" Artikel, Berichte und Kommentare zur Innen- und Außenpolitik (auf zwei Seiten), zur Wirtschaft und Technik (auf zwei Seiten). Dann folgten Beilagen zu den Themen: Dokumente der Zeit, Welt der Wissenschaft, Theater, Film, Musik, Tagebuch der Geschichte, Briefe an die Herausgeber. Das Neuartige dieser Zeitung im Spektrum der DDR-Zeitungen fiel ins Auge: Es war die beabsichtigte breite internationale Berichterstattung, zum Teil durch eigene Korrespondenten vor Ort, eine im Umfang gleich verteilte Berichterstattung über Wirtschaft, Technik, Wissenschaft und Künste, Unterhaltung. Für den angestrebten diskursiven Gestus des Blattes sprachen die Rubriken: eine ganze Seite Briefe an die Herausgeber: Tribüne der Republik, Zur Diskussion gestellt, Kritik am Rande u. ä.[17]

Die Vorbereitungen wurden im Kulturbund-Sekretariat und von dem Sonntag-Chefredakteur Heinrich Goeres zügig weiter betrieben. Zeitliche Verschiebungen (von Mai auf Juni) lösten Irritationen aus: So wies die Sonntags-Redaktion das Bundessekretariat Karl Kneschke am 7. Mai 1953 besorgt darauf hin, daß bereits Vertriebsschwierigkeiten mit dem zuständigen Postzeitungsvertrieb (PZV) entstanden seien, der davon

---

15 Ebd. S. 2.
16 Vgl. W. Janka, Vorkalkulation für die neue Zeitung „Die Republik", (an Herrn Wendt, Herrn Goeres), 27.11.1953, in: SAPMO-BArch, DY 27/315, S. 1.
17 Diese sog. Nullnummer blieb in zwei Varianten erhalten, deren Unterschied vor allem darin besteht, daß in der ersten Variante die Beilagen integriert, während sie in der zweiten Variante separat waren.

ausgehe, daß der „Sonntag" zum Mai diesen Jahres eingestellt werde.[18] Walter Janka legte im Mai dem Bundessekretariat zusammen mit dem Vorschlag, einen eigenen Zeitungsverlag zu gründen, eine zweite Kalkulation für die Zeitung „Die Republik" vor. „Die bisherigen Erfahrungen bei der Herausgabe des ‚Sonntag' und die mit der Herausgabe einer Wochenzeitung verbundenen Probleme, die ganz anders als bei der Herausgabe von Büchern gelagert sind, machen es zwingend notwendig, endlich einen Zeitschriften-Verlag des Kulturbundes zu gründen. Eine solche Regelung muß zwangsläufig zur Folge haben, daß die Arbeit auf den verschiedensten Gebieten, insbesondere der Wirtschaftlichkeit, der Werbung, des Vertriebs usw. sich sofort verbessert. Da der Mitarbeiterstab der ‚Republik' auch wesentlich größer ist als beim ‚Sonntag', ist auf die Dauer gesehen, auch eine spezielle Personalarbeit notwendig. All diese Dinge müssen untergehen, solange wie diese Zeitschrift nur als Nebengebiet der Arbeit im Aufbau-Verlag behandelt wird."[19] Die neue Kalkulation sah bei 39 Ausgaben und einer Auflage von 50.000 Exemplaren bei entstehenden Kosten in Höhe von 1.256.000 Mark einen voraussichtlichen Verlust von 800.000 Mark vor. Die Verhandlungen stockten im weiteren, weder kam der Zeitungsverlag auf die Beine, noch wurde der ins Auge gefaßte Chefredakteur Burghardt (bisher bei der Berliner Zeitung) bestätigt.[20] Statt dessen hatte jedoch der Kulturbund bereits eine Reihe von Mitarbeitern über seinen Verlag, den Aufbau-Verlag, für die neue Zeitung eingestellt. Dies geht aus einem Protokoll vom 30. Juni 1954 hervor, in dem die Kündigungen für sieben Mitarbeiter zum 15. Juli und die Weiterbeschäftigung von vier Mitarbeitern im Rahmen des Kulturbundes oder für den „Sonntag" als sogenannte „freie Mitarbeiter" festgehalten wurden.[21] Der Kulturbundessekretär Hugo Bergmann sah sich in diesem Zusammenhang genötigt, darauf hinzuweisen, daß im Schriftverkehr bei Dokumenten des Kulturbundes die Anrede „Genosse" nicht zu verwenden sei, „da diese Bezeichnung nur im Rahmen der SED gebräuchlich ist. Die Anwesenden waren nicht in ihrer Eigenschaft als Mitglieder der SED anwesend, sondern als verantwortliche politische Mitarbeiter des Kulturbundes."[22]

---

18 Sonntag-Redaktion an Kulturbund, Sekretariat K. Kneschke, vom 7. Mai 1954, in: SAPMO-BArch, DY 27/315.
19 W. Janka an Sekretariat des Kulturbundes, Herrn K. Kneschke, 13. Mai 1954, in: SAPMO-BArch, DY 27/315, S. 1.
20 K. Kneschke an ZK, Genossen Dr. P. Wandel, am 11. Mai 1954: „Das Sekretariat der Bundesleitung des Kulturbundes hat in seiner heutigen Sitzung nach mehreren Vorverhandlungen beschlossen, den Genossen Karl Burghardt, gegenwärtig Chefredakteur Stellvertreter (sic) der „Berliner Zeitung", die Chefredaktion der neu zu schaffenden Zeitschrift „Die Republik" zu übertragen. Wir bitten um die Überprüfung dieses Vorschlages und um seine eventuelle Anerkennung, damit wir in der Lage sind, die weiteren Arbeiten möglichst rasch fortsetzen zu können. Genosse Burghardt ist bereit, diese Aufgabe zu übernehmen und würde dafür von der „Berliner Zeitung" freigegeben.", in: SAPMO-BArch, DY 27/315. S. 1.
21 Protokoll über die Sitzung der Kommission zur Überprüfung der Kündigungen der Mitarbeiter der „Republik" vom 30. 6. 1954, in: SAPMO-BArch, DY 27/ 2581.
22 Bundessekretär Bergmann an Kaderleitung, Kollegin Klückmann, Aufbau Verlag GmbH, 20.7.1954, in: SAPMO-BArch, Dy 27/2581. Eine vorläufig letzte Spur ist die vom Oktober 1954 überlieferte Einschätzung des Bundessekretariats, daß die Herausgabe der Zeitung „Die Republik" ab 1. Januar 1955 nicht gesichert sei, weil die Chefredaktion „noch nicht die genügende Qualität aufweise." Zitiert nach: Leser-Brief von Dr. E. Schulz, „Die Republik" und der Kulturbund, in: ND, 5.12.1996. S. 2.

Mit diesem nicht nur bürokratisch aufschlußreichen Vorgang ist das Ende des ersten Anlaufs zu dieser Zeitungsgründung erreicht, „einer Zeitung für die Intelligenz auf hohem Niveau beruhend auf dem breiten Bündnis mit den humanistischen geistigen Kräften unter Führung der Kommunisten".[23]

2. Zwischenspiel: Der „Sonntag" als Problemkind des Kulturbundes und des Aufbau-Verlages

Aus dem bisherigen Verlauf der Zeitungsplanung wurde der enge Zusammenhang deutlich, der zwischen der bisherigen Existenz und Machart des „Sonntag" und der neuzugründenden „Republik" von den damit befaßten Institutionen und Personen gesehen wurde. Der Grund für die offenbar von allen leicht zu fällende Entscheidung, den „Sonntag" zugunsten von „Die Republik" einzustellen, muß in seinem schlechten öffentlichen Ansehen gesucht werden. Insbesondere Becher, der ja einer seiner Gründer war, sah den „Sonntag" in seiner Bedeutung gesunken: „Man müsse durch die Gewichtigkeit der Themen, das Niveau, auf dem sie behandelt würden, und durch den Rang der Mitarbeiter das Ansehen der Zeitung heben."[24]

Hinzu kam, daß die Auflagenhöhe des „Sonntag" sich in ständiger Talfahrt befand.[25] Diese Tendenz verstärkte sich dramatisch, als der PZV, eine dem Ministerium für Post- und Fernmeldewesen unterstehende Einrichtung, im Mai 1954 trotz Interventionen seitens des Kulturbundes beschloß, den „Sonntag" aus seinem „Lese-Zirkel" zu nehmen. Diese „aus wirtschaftlichen Gründen"[26] beschlossene Maßnahme bedeutete den Verlust von 10.000 Abonnements und war schlicht darauf zurückzuführen, daß die Teilnehmer dieser Lese-Zirkel den „Sonntag" ablehnten.[27] Die mangelnde Akzeptanz des „Sonntag"

---

23 G. Just, Zeuge in eigener Sache. Die fünfziger Jahre in der DDR, Berlin 1990, S. 24.
24 Ebd. S. 24.
25 Für die vierziger Jahre ist bei J. Wehner (Kulturpolitik und Volksfront. Ein Beitrag zur Geschichte der SBZ 1945 – 1949, Frankfurt a.M. 1992, S. 310) eine Auflagenhöhe von 150.000 Exemplaren angegeben. Ein Kostenvoranschlag für den „Sonntag" als „selbständige Hauptabteilung" innerhalb des Aufbau-Verlages für den Zeitraum Oktober bis Dezember 1954 geht bei einer Auflage von 22.500 Exemplaren von einem Verlust von 152.706 Mark aus. (SAPMO-BArch, DY 27/2881) Eine Lizenz-Urkunde von 1959 fixiert einen Umfang von 16 (!) Seiten und eine Auflage von 55.000 Exemplaren. (SAPMO-BArch, DY 27/324)
26 Brief des „Sonntag" an den Kulturbund, Sekretariat Kneschke, vom 19. Mai 1954, in: SAPMO-BArch, DY 27/315. Aus diesem Brief geht hervor, daß die Post bereits seit Herbst 1953 die Absicht zu diesem Schritt hatte, aber durch Interventionen auch aus der HV Verlage und Buchhandel (Genn. Pflug) noch verschoben hatte. „Das MFP teilte uns am 31.3.1954 mit, daß nach nochmaliger Prüfung eine Änderung nicht möglich sei. Ab April hat die Post ca. 10.000 Exemplare weniger bestellt."
27 Der Lese-Zirkel des PZV war eine wöchentlich an die privaten Haushalte durch die Post ins Haus gebrachte Lese-Mappe, in der sich Illustrierte und sog. Hobbyzeitschriften, aber auch die „Wochenpost" oder „Das Magazin" befanden. Die Zusammenstellung dieser Zeitschriften konnten die Leser (weitgehend) selbst bestimmen, bzw. es gab verschiedene Varianten in der Zusammenstellung. Die Einrichtung selbst hatte vor allem mit dem Mangel zu tun, denn Illustrierte waren in der frühen DDR nicht

ergab sich vor allem aus seiner kulturpolitischen „Leitfunktion", die zwangsläufig Offizialität bedingte. Aber auch die unterentwickelten Formen einer interessanten kulturellen Berichterstattung spielten hier eine Rolle. Die interessanteste Phase der Zeitung liegt in den Jahren 1955 und 1956, als sie inhaltlich und formal einen attraktiven Journalismus entwickelte. Daß dies, vor allem in den nach dem XX. Parteitag der KPdSU einsetzenden Demokratisierungsbestrebungen, lebendige und auch kritische Beiträge bedeutete, lag auf der Hand. Wie sehr dieser „Aufwind" von der SED-Führung als Provokation betrachtet wurde, machten die bekannten Maßregelungen und Verhaftungen und Verurteilungen von Wolfgang Harich, Walter Janka und Gustav Just auch dem letzten Betrachter klar. In dieser Situation, als der „Sonntag" und der Aufbau-Verlag als „Orte der Konterrevolution" gebrandmarkt wurden, erwies es sich für den gleichfalls gefährlich tangierten Kulturbund als lebensnotwendig, absehbaren Schaden für sich als Organisation abzuwenden.

Für diesen Zweck fertigte die Bundesleitung zwei umfängliche Dossiers an, die dokumentieren sollten, in welcher Weise sie sich mit „Versuche[n] und Unternehmungen, den Kulturbund für politisch feindliche Zwecke auszunutzen",[28] auseinandergesetzt hatte. Das erste Dossier zur „Behandlung der Fragen des ‚Sonntag' im Sekretariat der Bundesleitung des Kulturbundes" breitete auf insgesamt siebzehn Seiten ein Geflecht von Maßnahmen, Aussprachen, Festlegungen und Beschlüssen aus, das in aufschlußreicher Weise die wachsenden Schwierigkeiten der „Sonntags"-Redaktion mit ihrem weisungs- und kontrollberechtigten Bundessekretariat spiegelte. Obwohl bereits seit August 1955 ein Beschluß existierte, die druckfertigen Seiten des „Sonntag" dem ersten Bundessekretär vorzulegen, sei dies nur sporadisch geschehen, und auch dann wären dabei nie die ersten zwei Seiten gewesen, die jene oft anstößigen redaktionellen Kommentare enthielten. Ein ebenfalls seit 1955 gefordertes „Dokument über die politische Plattform des ‚Sonntag' war nur auf wiederholte Mahnung zustande gekommen. In ihm – einem der wenigen überlieferten konzeptionellen Dokumente zum „Sonntag" überhaupt – wurden folgende „Aufgaben und Ziele der Redaktion Sonntag" genannt: In der außenpolitischen Information und Berichterstattung sei die wichtigste Aufgabe, den oft schwankenden und zweifelnden Angehörigen der Intelligenz die politische, moralische und ökonomische Stärke der Länder der Demokratie und des Sozialismus und ihre Überlegenheit nachzuweisen. „Bei der Agitation für die Lösung unserer nationalen Lebensfrage beobachten und würdigen wir die patriotisch gesinnten Kräfte in ganz Deutschland. Das heißt, daß wir in der Berichterstattung über Westdeutschland sowohl das antinationale Treiben der Reaktion anprangern als auch die positiven, dem Frieden dienenden nationalen Leistungen westdeutscher Patrioten, Wissenschaftler und Künstler würdigen. Dabei geht unser Bemühen dahin, nachzuweisen, dass für die Freiheit des

---

ausreichend vorhanden. Die Geschichte dieser für den Alltag in der frühen DDR interessanten Einrichtung ist bisher noch nicht erforscht.
28 Hinweise über Versuche und Untersuchungen, den Kulturbund für feindliche Zwecke auszunutzen, Streng vertraulich. 23.8.1957, in: SAPMO-BArch, DY 27/2006.

geistigen und kulturellen Schaffens unter den Verhältnissen der Arbeiter- und Bauernmacht bessere materielle und ideelle Bedingungen gegeben sind als gegenwärtig in Westdeutschland."[29] Zu wenig sei bisher für das „gesamtdeutsche Gespräch" getan, zu ungenügend der „freie Meinungsaustausch" entwickelt worden. Die „Darstellung des demokratischen Charakters unseres Kulturlebens, des immer mehr wachsenden Teilhabens aller Werktätigen am kulturellen Reichtum unseres Volkes, sowie die Würdigung des schöpferischen Anteils der Werktätigen an der kulturellen Entwicklung" würden ebenfalls als Aufgabe unzureichend erfüllt. Selbstkritisch räumte man ein: Einige veröffentlichte kunstkritische Beiträge ließen die als „notwendig erkannte ideologische Klarheit" vermissen, es seien Tendenzen eines „exclusiven Ästhetizismus" sowie opportunistische Wertungen und Urteile aufgetreten. Auf dem Gebiet der Wissenschaften müsse eine „streitbare Propaganda" entwickelt werden. Insgesamt komme es darauf an, „eine wirklich mit unserem neuen Leben verbundene Zeitung zu gestalten"[30]. Die in diesem Dokument enthaltene Selbstkritik der Redaktion[31] unter Heinz Zöger und Gustav Just bezog sich auf drei konkret benannte „Fälle".

Da war erstens die Berichterstattung über die Frühjahrsausstellung der Akademie der Künste 1955, die eine bedeutsame Tradition der Akademie vor 1933 wieder aufnahm und mit der Beteiligung von zwanzig namhaften Malern und Bildhauern aus Westdeutschland gesamtdeutsch angelegt war. Der Bedeutung dieses Ereignisses entsprechend gab es dazu mehrere Beiträge im „Sonntag". Der Kulturbundleitung erschienen diese jedoch als zu „objektivistisch". Sie hätten „das Fehlen einer marxistischen Beurteilung" und „sogar eine Instinktlosigkeit in diesen Fragen" offenbart.[32] Insbesondere der umfängliche Abdruck eines Diskussionsprotokolls aus der Sektion Bildende Kunst hatte prominente Stimmen (von Otto Nagel, Lea Grundig, Arno Mohr, Brecht und Becher) öffentlich gemacht, die sich entschieden gegen eine vordergründige, nur ideologische Kunstkritik aussprachen. Sie brachten die Meinung zum Ausdruck, daß die dadurch eingetretene Verwirrung und Orientierungslosigkeit vieler Künstler sich in dem in der Ausstellung dokumentierten unbefriedigenden Zustand der Bildenden Künste niederschlage. Die Tendenz der Kunstkritik, den Sozialistischen Realismus als ein „Rezept fürs Malen"[33] zu oktroyieren, könne nur von einem kleinen Teil der Künstler in ihre individuelle Handschrift umgesetzt werden. Dabei stimmten die Gesprächsteilnehmer in ihrem Eindruck überein, daß die (gesamtdeutsche) Ausstellung „mehr oder weniger eine Abkehr von der großen Thematik und dem großen Inhalt" bedeute.[34] Otto

---

29 Zu den Aufgaben und Zielen der Redaktion Sonntag, o. D. Aber der Kontext der Aktenüberlieferung weist auf den August 1955, vgl. auch bei Just, in: SAPMO-BArch, DY 27/337, S. 1f.
30 Ebd. S. 4.
31 Der bisherige Chefredakteur Heinrich Goeres war im Sommer 1955 wegen angeblicher moralischer Entgleisungen entlassen worden. (Just, Zeuge, S. 26)
32 Die Behandlung der Fragen des „Sonntag" im Sekretariat der Bundesleitung des Kulturbundes, in: SAPMO-BArch, DY 30/337, S. 4.
33 Das Gespräch geht weiter (G.J.), in: Sonntag, 3.7.1955, S. 10.
34 R. Engel, Direktor der Akademie, in: Wo steht die Bildende Kunst? Diskussion um die Frühjahrsausstellung der deutschen Akademie der Künste, in: Sonntag, 3.7.1955, S. 9.

Nagel sprach von einer „Flucht ins Private", und Bertolt Brecht vermißte „das Menschliche". Besonders bei den aus der DDR stammenden Künstlern sei die Zurückhaltung „gegenüber der Behandlung bedeutender thematischer Inhalte und realistischer Aspekte des heutigen Lebens" evident.[35]

Als zweiter „Fall" im Sündenregister erschien eine Reportage über Stalinstadt, die „nicht den neuen sozialistischen Menschen in dieser Stadt" gesehen und damit nicht „das Grundlegende"[36] vermittelt habe. Sieht man sich den Text „Stadt ohne Vergangenheit" an, findet man eine recht differenzierte Schilderung des Arbeitens, Lebens und Wohnens in der „kinderreichsten Stadt der Republik", deren erklärte Absicht es war, „ohne rosarote Brille" auszukommen. Kritisch wurde das Fehlen kultureller Einrichtungen sowie die defizitäre Versorgungslage benannt. Aber da auch Rom ja bekanntlich nicht an einem Tag erbaut worden sei, lautete das Fazit eindeutig: „Stalinstadt trägt Züge einer sozialistischen Stadt, eben geboren, mit allen Kinderkrankheiten. (…) Das Neue ist interessant und der Erwähnung wert ob seiner Widersprüche und Gegensätze, ob seiner Zweifel und Schwierigkeiten. Und weil auf Stalinstadt alle diese Geburtswehen zutreffen, weil sie nichts Zerstörendes, sondern fast ausschließlich Vorwärtstreibendes in sich bergen, deshalb ist Stalinstadt wahrhaft positiv, wahrhaft beispielhaft und bedeutend für die ganze Republik."[37]

Der dritte „Fall" war wohl am brisantesten: Er betraf die Weigerung der Redaktion, den sog. „Nachterstedter Brief" abzudrucken. Dieser „Offene Brief" von Lesern der Betriebsbibliothek des VEB Braunkohlenwerks Nachterstedt an „unsere Schriftsteller" forderte die Autoren auf, „mehr Bücher über den großen Aufbau, der sich auf allen Gebieten der DDR vollzieht, über das Schaffen und Leben der Werktätigen" zu schreiben.[38] „Gestalten Sie den werktätigen Menschen so, wie er ist, von Fleisch und Blut, wie er arbeitet, liebt und kämpft. Zeigen Sie den Enthusiasmus, die Leidenschaft und das große Verantwortungsbewußtsein, das die Arbeiter im Kampf um das neue beseelt." Diese Art von Verlautbarungen gehörte zu den Ikonen sozialistischer Kulturpolitik, denn diese besondere Spezies des „Offenen Briefs" von Arbeitern an Schriftsteller oder andere Künstler entsprach in besonderer Weise dem Verständnis der SED-Führung von der führenden Rolle der Arbeiterklasse auch auf kulturellem Gebiet. Es war die Autorität der „schwieligen Faust", die solchen meist von rührigen Kulturfunktionären mitorganisierten Dokumenten höchsten Nachdruck verlieh. Und so war der *faux pas* enorm, als die Redaktion des „Sonntag" den ihr wie auch anderen Zeitungen zugeschickten Brief mit Argumenten wie zu allgemein, zu wenig inhaltsreich, präzise und

---

35 G. Pommeranz-Liedtke, Frühjahrs-Ausstellung 1955, in: Sonntag, 22.5.1955, S. 7.
36 Die Behandlung der Fragen des „Sonntag" im Sekretariat der Bundesleitung des Kulturbundes, S. 4.
37 H. Kintscher/G. Jäger, Stalinstadt. Stadt ohne Vergangenheit, in: Sonntag, 31.7.1955, S. 11.
38 Die Werktätigen des VEB Braunkohlenwerk Nachterstedt: Offener Brief an unsere Schriftsteller („Nachterstedter Brief"), 27. Januar 1955, zuerst veröffentlicht in: Tribüne, vom 27.1.1955. Hier zit. nach: E. Schubbe (Hg.), Dokumente zur Kunst-, Literatur- und Kulturpolitik der SED, Stuttgart 1972, S. 351.

von unzureichender Kenntnis auf dem Gebiet der Literatur zeugend, abgelehnt hatte.[39] Dies ließen sich die Nachterstedter, deren Brief inzwischen eine der von der SED geschätzten literaturpolitischen Kampagnen ausgelöst hatte, nicht nachsagen. Sie hielten der Redaktion nun vor, als einzige „den Sinn unseres offenen Briefes, ein öffentliches Literaturgespräch zwischen Arbeitern und Schriftstellern, also zwischen Leser und Autor, durchzuführen", nicht verstanden zu haben.[40] Die Geringschätzung ihres „Offenen Briefes" führten die Nachterstedter darauf zurück, „daß Ihr das neue Leben in unseren volkseigenen Betrieben nur vom Schreibtisch her kennt" und nicht „die völlig neue Periode auch des kulturellen Aufstiegs der Werktätigen, die mit immer größerem Interesse an der Gestaltung unserer Literatur teilnehmen" verstanden hättet. Als *vox populi* empfahlen sie dem Kulturbund, künftig dafür zu sorgen, „daß die Vorschläge der Arbeiter nicht mehr von den Redakteuren seiner Zeitung mißachtet werden".[41] Von der Kulturbund-Leitung veranlaßt, mußte die Redaktion der Einladung der Nachterstedter, mit ihnen vor Ort zu diskutieren, folgen und einen längeren Bericht darüber verfassen. Er schilderte, wie es hier gelungen sei, ein „sehr breites, allseitig interessiertes, gebildetes Arbeiter-Lesepublikum" heranzubilden. „So etwas hat es früher nie gegeben".[42] Angesichts der engagierten literarischen Betätigung habe man sich überzeugen müssen, wie groß der Fehler gewesen sei, über ihren Brief an die Schriftsteller hinweggegangen zu sein. Es sei vereinbart worden, einige Arbeitermeinungen zu literarischen Werken abzudrucken. Da die Bibliothek in Nachterstedt für ihre 2.000 Leser nur über insgesamt 5.000 Bücher verfügte, rief die Redaktion abschließend die Leser des „Sonntag" zu einer Bücherspenden-Aktion auf.

Im zweiten als „streng vertraulich" gekennzeichneten Dossier waren „eine Reihe von Fällen" aufgelistet, in denen „feindliche Tätigkeit im Kulturbund nachzuweisen"[43] sei. Dabei hätten sich als „anfälligste Punkte" die Klubs der Intelligenz und die Arbeitsgemeinschaften Natur- und Heimatfreunde erwiesen. Letztere verkörperten für die Bundesleitung besonders die latente Gefahr, den Kulturbund zu einem „kleinbürgerlichen Kulturverein" zu machen.[44] Die einzelnen Sparten dieser Arbeitsgemeinschaften (Aquarianer, Höhlenforscher, Tauchergruppen, Fotografen u.ä.), die auch mit ihren Publikationsorganen dem Kulturbund unterstellt waren, stellten wegen ihrer beständigen Autonomiebestrebungen ein Ärgernis dar. Zugleich waren sie vor allem in ihren „unübersichtlichen Beziehungen" zu ihren westdeutschen Hobby-Kollegen ein „Einfallstor für feindliche Ideologie". In einigen Klubs der Intelligenz werde „prinzipienlos

---

39 Brief des Redakteurs G. Jäger an die Betriebsbücherei VEB Braunkohlenwerk, vom 28. 2. 1955, in: SAPMO-BArch, DY 27/ 337.
40 Brief „im Auftrag der Leser der Betriebsbibliothek des VEB Braunkohlenwerk Nachterstedt" an die Redaktion Sonntag, vom 18. 3. 1955, S. 2, in: SAPMO-BArch, DY 27/ 337.
41 Ebd. S. 3.
42 G. Jäger, Besuch in Nachterstedt. Die Arbeiter und ihre Literatur, in: Sonntag, 8.5.1955, S. 11.
43 Hinweise über Versuche und Unternehmungen, den Kulturbund für politisch feindliche Zwecke auszunutzen, in: SAPMO-BArch, DY 27/2006. (9 S. und Anlagen)
44 Ebd. S. 8.

miteinander geredet" und bei den studentischen Film-Clubs sei eine gegen die FDJ gerichtete kulturpolitische Tendenz vorherrschend.[45]

3. Zweiter Anlauf: Sommer 1956 bis Februar 1957

Nach dem XX. Parteitag der KPdSU gab es einen zweiten Anlauf zur Zeitungsgründung, diesmal mit zum Teil veränderten Akteuren. Walter Janka hat überliefert, daß Becher nach dem XX. Parteitag der KPdSU seine alte Idee einer „Intellektuellen-Zeitung" wieder aufgenommen habe. „Wir sollten den ‚Sonntag' mit einer neuen Zeitung ablösen. Durch eine unabhängige kulturpolitische Wochenzeitung. Nicht mehr an den Kulturbund binden. Als Herausgeber könnten prominente Kulturträger zeichnen. Und sofort nannte er Namen. Sich selbst einbezogen. Als neuen Chefredakteur schlug er Gerhart Eisler vor."[46] Wie es im einzelnen zu der nun folgenden Doppel-Planung der neuen Zeitungsgründung kam, liegt noch im Dunkeln. Jedenfalls kursierten in Berlin darüber in den einschlägigen Kreisen verschiedene Gerüchte. Eine Aktennotiz des Kulturbund-Sekretariats vom 25. September 1956 hielt zu einem Telefonanruf von Becher fest: „Der Minister hat erfahren, daß beabsichtigt wird, ab Januar 1957 eine repräsentative Zeitung in der DDR herauszugeben, die ‚Republik' heißen soll. Chefredakteur dieser Zeitung soll Prof. Budzislawski werden. Der Minister ist empört, daß diese Zeitung „Die Republik" nun doch erscheinen soll, und daß der Kulturbund bis zum heutigen Tag überhaupt nicht informiert wurde, obwohl der Kulturbund vor 2-3 Jahren dem ZK der SED sehr ausführliche Vorschläge über die in Großformat und farbiger Ausführung erscheinende Zeitung gemacht hat. Der Minister schlägt vor, dem Sekretariat des ZK der SED zu erklären, daß wir nicht verstehen, daß der Kulturbund in dieser Frage nicht mit zu Rate gezogen wurde."[47] Mit dem Namen Budzislawski war die Person genannt, die nun vor allem in einer Art Geheimmission die Zeitungsgründung betrieb. Hermann Budzislawski, zu diesem Zeitpunkt 55jährig, war in Leipzig als Dekan der Fakultät für Journalistik tätig und als erfahrener professioneller Zeitungsmacher der legendären „Weltbühne" im Exil geeignet wie kaum ein anderer. Zugleich war er wie auch andere jüdische West-Remigranten Anfang der fünfziger Jahre in die stalinistischen Parteiüberprüfungen geraten und gemaßregelt worden. So gut seine aus dem Exil herrührenden Beziehungen zu Albert Norden (und auch Gerhart Eisler) waren, so mißtrauisch stand ihm wohl Ulbricht gegenüber – und dies nicht nur wegen dessen

---

45 Ebd. S. 7.
46 W. Janka, Spuren eines Lebens, Berlin 1991, S. 258.
47 Aktennotiz vom 25.9.1956 betrifft: Anruf von Minister Joh. R. Becher am 25.9.1957, in: SAPMO-BArch, DY 27 /315. Auf der 29. Tagung des ZK der SED (1956) kam Becher beleidigt in seinem Diskussionsbeitrag noch einmal darauf zu sprechen: „Ich meine, innerhalb des Zentralkomitees ist die Arbeit und die Zusammenarbeit zwischen den Abteilungen nicht gut. Es ist doch nicht notwendig, daß der Gen. Becher in München seitens der CSU erfährt, daß eine Zeitschrift „Die Republik" gegründet werden soll unter der Chefredaktion Budzislawskis. Diese Zeitschrift hat der Kulturbund vor fünf, sechs Monaten vorgeschlagen." (in: Gansel, S. 174)

generellem Argwohn gegenüber den West-Emigranten. Hier kam noch die SPD-Mitgliedschaft Budzislawskis vor 1933 hinzu und seine redaktionelle Verantwortung für die in der Exil-Weltbühne geführte Volksfront-Diskussion, in deren Verlauf auch die Kommunisten nicht mit Kritik verschont geblieben waren. Es konnte Walter Ulbricht nicht angenehm sein, daß ein Zeuge seiner Niederlage, die er seinerzeit 1936/37 im Volksfrontausschuß gegenüber Willi Münzenberg erlitten hatte, nun eine neue, wichtige Zeitung leiten sollte. Denn Budzislawski wußte um den Pariser Eklat, als sich Heinrich Mann geweigert hatte, mit Ulbricht weiter zusammenzuarbeiten.[48]

Offenbar erhielt Hermann Budzislawski den Auftrag von dem für die Medien verantwortlichen ZK-Sekretär Albert Norden, der sich wiederum des Einverständnisses von Otto Grotewohl versichert hatte. Zusammen mit dem Leiter der Abteilung Agitation und Propaganda des ZK der SED, Horst Sindermann, der jedoch nach Reinhardt die Angelegenheit eher skeptisch betrachtet haben soll, gelang es, die inhaltlichen, personellen und logistischen Vorbereitungen an Ulbricht vorbei in die Wege zu leiten. Für diese Allianz zwischen Norden und Budzislawski sprach sowohl deren gemeinsame Exil-Tätigkeit – so hatten sie in den USA für den „Council for a Democratic Germany" zusammen das Bulletin redigiert – als auch ihr gemeinsamer Wille, zu einem weniger eintönigen Journalismus in der DDR zu kommen. Von Anfang November bis Ende Dezember 1956 wurden rund 100.000 Mark in Personal- und Sachkosten in ein Blatt investiert, das „nach innen die Intelligenz ansprechen und nach außen zitatfähig und gleichrangig neben die Spitzenerzeugnisse der Weltpresse treten" sollte.[49] „Der Redaktion unter Budzislawski sollten nur solche Journalisten angehören, die sich in der Vergangenheit als unabhängig und besonders kritisch erwiesen hatten. Praktisch bedeutete das, daß das im Dezember 1956 zu konstituierende Redaktionskollegium fast nur aus gemaßregelten oder sonstwie suspekt gewordenen Journalisten bestand. Das Statut der Zeitung, das von Budzislawski entworfen und vom Sekretariat des ZK vollinhaltlich gebilligt worden war, legte fest, daß die Redaktion von keiner Seite ‚angeleitet' oder kontrolliert werde. Ihre Aufgabe sollte darin bestehen, das geistige Leben in der Ostzone entschieden aufzulockern und die Stärke der DDR dadurch zu demonstrieren, daß sie jedermann Gelegenheit gäbe, frei und offen seine Meinung zu sagen. Es war der Redaktion zur Pflicht gemacht worden, sogenannte heiße Eisen nicht nur nicht zu umgehen, sondern gerade sie aufzugreifen und zur Diskussion zu stellen. Der Untertitel der Zeitung hieß entsprechend ‚Zeitschrift für Information, Diskussion und Kritik'."[50] Als Orientierungsgröße habe Budzislawski sowohl auf die Hamburger Wochenzeitung „Die Zeit" wie auf die sowjetische Regierungszeitung „Iswestija" sowie auf den Londo-

---

48 Vgl. H. Wessel, Münzenbergs Ende. Ein deutscher Kommunist im Widerstand gegen Hitler und Stalin. Die Jahre 1933-1940, Berlin 1991, S. 131-138; B. Gross, Willi Münzenberg. Eine politische Biografie, Leipzig 1991, S. 449ff.; T. Schlie, Der „Fall Münzenberg" in den Akten von KPD und Komintern, in: T. Schlie/S. Roche (Hg.), Willi Münzenberg 1889-1940. Ein deutscher Kommunist im Spannungsfeld zwischen Stalinismus und Antifaschismus, Frankfurt a.M. 1995, S. 195-205.
49 Reinhardt, Zeitungen, S. 175.
50 Ebd.

ner „Observer" verwiesen. Jedoch habe er auch das 1940 von Goebbels konzipierte publizistische Aushängeschild des NS-Regimes „Das Reich" genannt. Dieser erstaunliche Bezug habe sich gegründet auf die „journalistische Machart, die berufliche Qualität der Mitarbeiter, das Geschick, in guten wie in schlechten Zeiten im Äußern wie im Innern für das System zu werben."[51] Eigene Auslandskorrespondenten in Ost und West sollten in der „nötigen Unabhängigkeit" und „ungeschminkt" über die Probleme ihrer Länder berichten.

Da weder das von Budzislawski ausgearbeitete „Memorandum" noch die unter seiner Leitung produzierte Null-Nummer der „Republik" bisher aufgefunden werden konnten, sind wir weiter auf die Spuren in den Kulturbund-Akten angewiesen. Eine Aktennotiz vom 13. Oktober 1956 hielt als Ergebnis einer „Aussprache zwischen den Genossen Sindermann, Zöger, Just und Schulmeister" fest: „In der Besprechung erklärte Genosse Sindermann die Konzeption der geplanten Wochenzeitung ‚Die Republik'. Chefredakteur wird Prof. Budzislawski. Die Zeitung soll im Berliner Verlag erscheinen und 16 Seiten umfassen. Sehr stark sollen internationale Fragen behandelt werden. Die Redaktion wird aus diesem Grund in vielen Ländern mit Auslandskorrespondenten zusammenarbeiten. Neben diesem starken außenpolitischen Teil wird die Zeitung einen Einblick in die politischen und wirtschaftlichen Erfolge unserer Republik geben. Auf einer Seite sollen geistige Probleme, so auch kulturpolitische Fragen behandelt werden. Außerdem sollen auf 2 bis 3 Seiten Kritiken über unsere Rundfunk-, Fernseh-, Film- und Theaterprogramme veröffentlicht werden. Wir sind überein gekommen, daß die ‚Republik' keine Konkurrenz zum ‚Sonntag' darstellen wird und haben gebeten, in Erwägung zu ziehen, den kulturellen Teil der Zeitung zugunsten der internationalen und anderen Fragen noch weiter einzuschränken."[52]

Mit Erscheinen der „Republik" solle der Umfang des „Sonntag" um vier Seiten erweitert und das Blatt in größerem Format erscheinen. Hier fließen ganz offensichtlich die parallel betriebenen Vorbereitungen für die neue Zeitung wieder zusammen. Der Kulturbund hatte sich, nachdem ihm die eigentliche Initiative aus der Hand genommen wurde, wenigstens für das Weitererscheinen seines „Sonntag" stark gemacht.

Nun werden die Spuren der Zeitungsgründung ganz parteioffiziell, aber natürlich weiterhin nicht-öffentlich. So wurde am 28. November unter der Leitung von Karl Schirdewan in der Sekretariatssitzung des ZK der SED über die „Verbesserung der Pressearbeit" beraten. Unter Punkt 2.3 war als Beschluß-Vorschlag für das Politbüro formuliert: „1. Ab März 1957 wird eine neue politische Wochenzeitung mit dem Titel ‚Die Republik' herausgegeben. 2. ‚Die Republik' wird im Berliner Verlag hergestellt.

---

51 Reinhardt, SED, S. 10. Eine Berufung auf die antifaschistische publizistische Tradition oder die der Weimarer Republik hätte man bei Budzislawski eher erwartet. „Das Reich" stand ihm wohl für den intelligenten und gefährlich-ambivalenten Versuch des NS-Regimes, sich ein pluralistisches Mäntelchen umzuhängen. Budzislawski kannte natürlich die Münzenbergsche Schrift von 1937 „Propaganda als Waffe", die als glänzende Analyse der NS-Propagandamethoden zur offensiven Gegen-Propaganda aufgefordert hatte. Vielleicht war sein Bezug zum „Reich" auch von daher motiviert.
52 Aktennotiz, gez. Schulmeister, vom 23. 10. 1956, in: SAPMO-BArch, DY 27/337, S. 1.

Die Zeitung wird durch die Kommission für Agitation beim ZK angeleitet. 3. Die Zeitung soll wöchentlich mit einer Anfangsauflage von 120.000 Exemplaren im Umfang von 16 Seiten im rheinischen Format erscheinen. Der Preis pro Zeitung soll 0,50 Mark betragen. 4. Um die Herausgabe und die großzügige Gestaltung der Zeitung zu gewährleisten, wird der Berliner Verlag angewiesen, entsprechende Finanzmittel in Höhe von 500.000,00 Mark zur Verfügung zu stellen. Dadurch würde sich die Lizenzabführung des Berliner Verlages an das Druckerei- und Verlagskontor um den Betrag von 500.000,00 Mark verringern."[53] Drei weitere Punkte beinhalteten: Bereitstellung von „gut satiniertem Papier" durch die Zentrag (Zentrale Druckerei-, Einkaufs- und Revisionsgesellschaft mbH), Vorlage der Zusammensetzung der Redaktion durch die Abteilung Agitation, „wobei eine größere personelle Sicherung der Parteilinie gewährleistet sein muß", Auftrag an die Abteilung Agitation, Presse, Rundfunk, „weitere Redakteure für die neue Wochenzeitung zu gewinnen".[54]

Mit diesen Festlegungen war die Zeitungs-Angelegenheit auf der nach dem Politbüro zweithöchsten Entscheidungsebene angelangt. Die praktischen Vorbereitungen waren inzwischen weit gediehen, wobei entgegen der Vorstellung Budzislawskis von seiner „freien" Zeitung ja bereits deutlich die Anleitung durch die Partei fixiert worden war. Auch der Passus über die „größere personelle Sicherheit" in der Redaktion signalisierte bereits, daß es mit der Unabhängigkeit nicht so weit her sein sollte. Angesichts einiger der von Budzislawski ausgesuchten Mitarbeiter verwunderte allerdings diese Formulierung nicht: Ernst Fischer, Bruno Frei, Ludwig Renn, Bernt von Kügelgen, Karl Raddatz, Leo Stern, Jan Petersen, Arne Rehan, John Heartfield, Wieland Herzfelde.[55] Als bedeutungsvoll sollte sich auch der Vermerk im Protokoll erweisen: „Ulbricht abwesend, dienstlich verhindert". Gravierender war jedoch, daß sich inzwischen im Zusammenhang der ungarischen und polnischen Entstalinisierungsereignisse auch in der DDR in der politischen und publizistischen Sphäre Unruhen und Proteste ergeben hatten. Nicht nur „Am runden Tisch des Sonntag" oder in der ebenfalls vom Kulturbund herausgegebenen und in die Kritik geratenen Zeitschrift „Aufbau" hatten sich im Herbst 1956 kritische Stimmen gemehrt, die eine Demokratisierung im wissenschaftlichen und kulturellen Leben forderten.[56] Auch in der „Wochenpost" (Auflage 800.000 Exemplare) kam es zu einem „staatstreuen Aufbegehren".[57] Das Familienmagazin durchbrach das verordnete Schweigen über den Tatbestand Republikflucht ebenso, wie es öffentliche Fragestunden der Volkskammer vorschlug. Als die Parteiführung anwies, die Berichterstattung über die polnischen und ungarischen Ereignisse auf ein Minimum zu reduzieren, wandte sich das Redaktionskollegium der „Wochenpost" am 27. Okto-

---

53 Sekretariat der SED, Reinschriftenprotokoll Nr. 40, vom 28.11.1956, in: SAPMO-BArch, DY 30 J IV 2/3 - 538, S. 1.
54 Ebd. S. 2.
55 Reinhardt, Zeitungen, S. 174.
56 Vgl. hierzu: S. Barck u.a., Jedes Buch ein Abenteuer, Zensur-System und literarische Öffentlichkeiten in der DDR bis Ende der 60er Jahre, Berlin 1997, S. 359-363.
57 Polkehn, S. 34.

ber 1956 in einem internen Schreiben an das Politbüro, in dem sie das Recht der „Leser der sozialistischen Presse auf wahrheitsgetreue Information, um so mehr wenn es sich um Vorgänge in unseren Bruderparteien handelt",[58] einforderte. Angesichts der nur widerwilligen und formalen Entstalinisierung der Ulbricht-Führung reagierte das generell dialogfeindliche Politbüro wie gewohnt mit innerparteilicher Repression und ideologischer Disziplinierung. Der Chefredakteur Rudi Wetzel wurde „abgelöst" und weitere Mitarbeiter aus der Redaktion „entfernt". Der Vorwurf: Mit ihrer Forderung nach „absoluter Pressefreiheit" habe die „Wochenpost" sich die Losung des ungarischen Petöfi-Clubs zu eigen gemacht und damit eine „revisionistische Plattform" eingenommen.[59] Auch bei der „Neuen Berliner Illustrierten" und dem „Eulenspiegel" sah die SED-Führung gefährliche Entwicklungen. Letzterer wurde von Albert Norden im Dezember 1956 dafür gerügt, mit seiner Art der Satire, statt den „Imperialismus" zu entlarven, Hohn und Spott über verdiente Wirtschafts- und Staatsfunktionäre der DDR zu verbreiten und damit dem Klassenfeind in die Hände zu arbeiten.[60]

Die Situation des „Sonntag" hatte sich durch die Verhaftung Wolfgang Harichs am 29. November und Walter Jankas am 6. Dezember 1956 dramatisch verschärft. Alexander Abusch und Alfred Kurella hatten Urteile über die Veröffentlichungspraxis im „Sonntag" wie „Verschwörung des Schweigens"[61] gegenüber der Kulturpolitik und „Aufruf zur Nachahmung des polnischen Beispiels"[62] in den parteiinternen Umlauf gebracht. Seit Anfang November war Klaus Gysi der Redaktion durch Becher als „Berater" zugeordnet worden. Am 30. Dezember konnte man im „Neuen Deutschland" in einer Rede Ulbrichts u.a. lesen: „Es ist bekannt, daß bei uns in Wissenschaft und Kunst ein Meinungsstreit geht. Es gibt auch keine Beschwerden darüber, daß bei uns vom Innenministerium eine Pressezensur bestehe oder vom Ministerium für Kultur die Herausgabe literarischer Werke beschränkt werde. Die Meinungsfreiheit im Rahmen der verfassungsmäßigen Ordnung bedeutet jedoch keine Freiheit für konterrevolutionäre Tätigkeit. Es gab bei uns Zeitungen, wie z. B. den ‚Sonntag', wo die Meinungsfreiheit stark eingeschränkt war. Die Redaktion ließ bestimmte fortschrittliche Auffassungen nicht zu Wort kommen. Einer der Redakteure erklärte selbst, daß die Redaktion unter dem Einfluß des Petöfi-Kreises stand. Wir wissen, daß es manche Angehörige der bürgerlichen Intelligenz in der Deutschen Demokratischen Republik gab, die einer Koexistenz der sozialistischen und der bürgerlichen Ideologie das Wort redeten und gar nicht merkten, wie die Harich-Gruppe sie für ihre konterrevolutionären Zwecke einzuspannen suchte."[63]

---

58 Ebd. S. 39.
59 Polkehn, S. 43 bzw. 48.
60 Kritik A. Nordens an der satirischen Zeitschrift „Eulenspiegel", in: E. Schubbe, S. 450.
61 A. Abusch an 1. Bundessekretär (des Kulturbundes) K. Kneschke, vom 6.7.1956, in: SAPMO-BArch, DY 27/337.
62 Vgl. Aktennotiz über die Auswertung des Zwerenz-Artikels in Leipzig, in: Just, Zeuge S. 193.
63 W. Ulbricht, Was wir wollen, und was wir nicht wollen", in: ND 30.12.1956, S. 3.

Diese Argumentationsweise, die Forderungen nach Meinungsfreiheit in unmittelbare Nähe von „Konterrevolution" rückte, mußte sich für die geplante „neue Wochenzeitung", die ja gerade neue Formen von Information und Kommentierung praktizieren wollte, fatal auswirken. So kam die für den 15. Dezember anberaumte konstituierende Redaktionssitzung der „Republik" schon gar nicht mehr zustande. Zwar soll Otto Grotewohl noch im Januar 1957 die Gründung der Zeitung in einem leitenden Pressegremium bekannt gegeben haben; das änderte jedoch nichts daran, daß am 5. Februar eine Politbürositzung, auf der diesmal Ulbricht anwesend war, das endgültige Aus für dieses Projekt brachte.[64] Von Budzislawski ist eine Äußerung aus dem Jahre 1967 überliefert, in der er angab, daß dieses Zeitungsprojekt „sich aus Gründen, die nicht journalistischer Art waren, zerschlagen habe".[65] Der Hauptgrund sei gewesen, daß er es zu groß angelegt habe. Diese Auskunft verdankte sich der Parteidisziplin, die für alle an dem Projekt Beteiligten Schweigen bedeutete. In der Geschichte des „Sonntag" tauchten später noch intern Bezüge zur „Republik" immer dann auf, wenn sich das Blatt wieder einmal erweitern und auch international profilieren wollte.[66]

Für die Geschichte der DDR bleibt dieses gescheiterte Zeitungsprojekt ein Beleg für die geringe Mobilität, die den Printmedien generell von der herrschenden Partei zugestanden wurde. Die Angst der SED-Führung vor publizistischen Experimenten war stets größer als der Wunsch nach einer professionell gemachten „wirklichen Wochenzeitung". Historisch war dieses Vorhaben gebunden an die gesellschaftliche Aufbruchstimmung in den Jahren 1953 bis 1956, „als alle Knospen sprangen und unsere Welt in Hoffnung stand …".[67] Es zeugt von den Überlegungen, Hoffnungen und Illusionen bei Intellektuellen und einigen Funktionären, die Verhältnisse in den Medien und durch sie demokratisieren zu können. Wenngleich das Scheitern der Zeitung „Die Republik" auch viel mit dem Konkurrenzkampf zwischen Ulbricht und Grotewohl zu tun hatte, so war das Mißlingen doch letztlich systembedingt. In „Systemen sowjetischen Typs" (Sigrid Meuschel) stellt die besondere Form der öffentlichen Kommunikation in ihrer „Durchherrschung" einen Grunddefekt dar. Die Vorstellung Budzislawskis, eine Zeitung ohne Anleitung und Kontrolle, mit eigenständigen Journalisten und einer nicht gleichmacherischen Sprache herausbringen zu können, war an die nach dem XX. Parteitag der KPdSU auch von der SED zunächst angekündigte Demokratisierung

---

64 Sitzung des Politbüros vom 5.2.1957, Reinschriftenprotokoll Nr. 6, S. 8. Außer der bereits auf Seite 1 zitierten Passage, enthielt der Punkt 10 noch die weiteren Festlegungen: es ist zu prüfen, wie den zentralen Zeitungen der Blockparteien größere Hilfe gegeben werden kann; der Ausbau der Bezirkszeitung Leipzig habe vorrangig zu erfolgen, danach kämen Halle, Dresden, Magdeburg. „Gen. Norden wird beauftragt, zusammen mit den Fachleuten zu überprüfen, auf welchen Gebieten die Papierzuteilung eingeschränkt werden kann." (S. 8)

65 R. Reinhardt, Zeitungen, S. 174.

66 Z.B. in einem Konzeptionspapier von 1969 „Anregung für die Weiterentwicklung der kulturpolitischen Presse", in: SAPMO-BArch, DY 27/3295. Darin verwiesen die Autoren (K.-H. Schulmeister und B. von Kügelgen) darauf, daß „ihre Vorstellungen eine Weiterentwicklung jener Gedanken darstellen, die J. R. Becher für die Herausgabe der Wochenzeitung ‚Die Republik' konzipierte, das Blatt sollte damals den ‚Sonntag' ersetzen." (S. 2)

67 Just, Zeuge, S. 24.

direkt gebunden. Sie fand genausowenig statt, wie dieses Zeitungsprojekt als eine Art weißer Rabe in der Geschichte der DDR singulär blieb.

Georg Wagner-Kyora

Arbeiter ohne Milieu und Angestellte im Abseits? Fragen an eine Sozialgeschichte der DDR-Chemieindustrie

1. Klasse – Habitus – Milieu:
Die DDR-Gesellschaft in Reichweite von Theorien

Arbeiter haben in der zweiten Hälfte des 20. Jahrhunderts einen nachhaltigen sozialen Wandel durchlebt, der ihre Lebensbedingungen wesentlich verbesserte, indem er ihren Lebensstandard sowie das Maß ihrer gesellschaftlichen Partizipation steigerte. Angesichts dieser in unregelmäßigen Schüben verlaufenden Entwicklung bleibt zu fragen, ob das Arbeiterdasein in der gesellschaftlichen Hierarchie noch denselben Stellenwert hatte wie in der ersten Jahrhunderthälfte oder ob es sich nicht vielmehr durch anhaltende Differenzierungsprozesse aus der Enge einer unterprivilegierten Arbeiterklasse emanzipierte, gerade in der Konkurrenz zu bürgerlichen Klassen. Wenn das letztere zutrifft, müßten sich dafür deutliche Anzeichen nicht nur im Anstieg der Erwerbseinkommen, sondern auch in der Veränderung der alltäglichen Lebenspraxis finden lassen. Wirkte beides in Richtung einer gesamtgesellschaftlichen Nivellierung der Lebensbereiche, welche die der Arbeiter an diejenigen der Angestellten anglich?

Josef Mooser hat 1984 in seinem Buch über „Arbeiterleben in Deutschland" die sechziger Jahre als entscheidende soziale Umbruchsphase für die westdeutsche Arbeiterschaft herausgestellt. Einerseits war sie als „soziale Klasse"[1] überraschenderweise homogener geworden – also gerade nicht in einer „nivellierten Mittelstandsgesellschaft"[2] aufgegangen – andererseits hatte der Bedeutungsgehalt dieser Klassenzugehörigkeit jedoch abgenommen, so daß die bundesdeutschen Arbeiter zwar „entproletarisiert", aber noch lange nicht „verbürgerlicht" waren. Insbesondere der Mobilitätsschub für Arbeitersöhne in Angestelltenpositionen und die infolge von Lohnsteigerungen gleichzeitig zu beobachtende spürbare Anhebung des Lebensstandards hätten dann zur Auflösung der traditionellen Arbeitermilieus geführt. Für Mooser war das ein Beleg für

---

[1] Diesen Begriff verwendet Mooser in Anlehnung an Max Webers Klassentheorie. Vgl. J. Mooser, Arbeiterleben in Deutschland 1900-1970. Klassenlagen, Kultur und Politik, Frankfurt a.M. 1984, S. 25. Für Anregungen danke ich Dr. Hartwin Spenkuch von der Berlin-Brandenburgischen Akademie der Wissenschaften zu Berlin.

[2] Vgl. H. Braun, Helmut Schelskys Konzept der „nivellierten Mittelstandsgesellschaft" und die Bundesrepublik der 50er Jahre, in: AfS 29 (1989), S. 199-223.

eine insgesamt offene Entwicklung, die keine eindeutige Definition von Klassenlagen mehr zuließ, auch wenn diese fortexistierten.[3]

Bei den Angestellten verhielt es sich ähnlich. Michael Prinz stellte 1986 fest, daß die Kulminationsphasen für den gerade in Deutschland gesellschaftsprägenden Arbeiter-Angestellten-Unterschied in der Weimarer Republik und NS-Zeit gelegen hätten.[4] Er äußerte die Vermutung, daß sich die Angestelltenschaft verstärkt zwischen den fünfziger und den siebziger Jahren an die Arbeiterschaft angeglichen habe. Dies sei einerseits durch den Verlust angestelltentypischer Privilegien im Arbeitsrecht und im Einkommen geschehen, andererseits durch entsprechenden Zugewinn der Arbeiter. Damit sei die Bedeutung der Kragenlinie verblaßt, und es sei dementsprechend auch nicht mehr sinnvoll, „wissenschaftlich von ‚den Angestellten' im Unterschied zu ‚den Arbeitern' zu sprechen."[5]

Beide Befunde stellten der westdeutschen Wohlstandsgesellschaft ein erstaunlich gutes Zeugnis aus und bewerteten ihre Fähigkeit hoch, soziale Ungleichheit zu begrenzen. Und das stand einerseits in frappierendem Gegensatz zu den zeitgenössischen Befunden der französischen Soziologie über Klassenunterschiede in Frankreich, repräsentiert durch ihren wichtigsten Vertreter, Pierre Bourdieu, wies andererseits aber eine bemerkenswerte Übereinstimmung mit den Befunden der DDR-Soziologie über die eigene, staatssozialistische Gesellschaft auf.

Als Kultursoziologe lieferte Bourdieu eine für die zeitgeschichtliche Forschung unerläßlich gewordene Zuarbeit, indem er alltägliche Habitusformen in ihrer Relevanz für die Gesellschaftsanalyse untersuchte. Erstmals nach Marx und Weber erhielt die Klassentheorie damit einen neuen Impuls. Kulturelle Unterschiede nicht mehr als lediglich von sozioökonomischen Faktoren abgeleitete Differenzen „passiv", sondern als herrschaftsstabilisierende Distinktionen „aktiv" zu sehen und ihrer Bewertung damit einen ganz neuen, politischen Stellenwert einzuräumen, erweiterte das analytische Potential der Sozialwissenschaften um eine zusätzliche Dimension.[6] Was in der Gesellschaftsanalyse zählte, war nicht mehr allein das durch die Höhe der Erwerbseinkommen bestimmte „ökonomische Kapital", sondern zusätzlich das durch Distinktionsmechanismen nach außen getragene „kulturelle Kapital" sozialer Kompetenzen.[7] Beide zu-

---

3 Vgl. Mooser, S. 229.
4 Vgl. M. Prinz, Vom neuen Mittelstand zum Volksgenossen. Die Entwicklung des sozialen Status des Angestellten von der Weimarer Republik bis zum Ende der NS-Zeit, München 1986, S. 11.
5 J. Kocka, Die Angestellten in der deutschen Geschichte 1850 - 1980. Vom Privatbeamten zum angestellten Arbeitnehmer, Göttingen 1981, S. 228 (dieser letzte Abschnitt wurde zusammen mit Michael Prinz verfaßt).
6 Vgl. S. Reichardt, Bourdieu für Historiker? Ein kultursoziologisches Angebot an die Sozialgeschichte, in: Th. Mergel/Th. Welskopp (Hg.), Geschichte zwischen Kultur und Gesellschaft. Beiträge zur Theoriedebatte, München 1997, S. 90.
7 Vgl. K. Eder, Klassentheorie als Gesellschaftstheorie. Bourdieus dreifache klassentheoretische Brechung der traditionellen Klassentheorie, in: ders. (Hg.): Klassenlage, Lebensstil und kulturelle Praxis. Beiträge zur Auseinandersetzung mit Pierre Bourdieus Klassentheorie, Frankfurt a.M. 1989, S. 15-18, 21f.

sammen wirkten in Richtung einer Reproduktion der bestehenden sozialen Ungleichheiten, sie bildeten einen „zirkulären Determinationszusammenhang".[8]

Mit dieser Interpretationslinie hatte Bourdieu die in Deutschland traditionell dominierende Fortschrittsperspektive in der Klassenanalyse durch das Beispiel der französischen Klassengesellschaft der fünfziger und sechziger Jahre scharf konterkariert. Er konstruierte drei immobile Hauptklassen: das (Groß-)Bürgertum, das Kleinbürgertum und die Arbeiterklasse. Sofern sich Angestellte eine eigenständige kulturelle Gruppenidentität bewahren, können sie sich innerhalb dieses Modells auch weiterhin von den Arbeitern absetzen, nämlich als Untergruppe des Kleinbürgertums.

Auch für Bourdieu ist der Beruf nach wie vor der primäre Indikator von Klassenlagen. Gegenüber konkurrierenden Klassen erzeugt er ein typisches Prestige, das die Beibehaltung des sozialen Unterschieds sowohl repräsentiert als auch fortschreibt.[9] Demnach wären valide Hinweise auf ein unterscheidbares Berufsprestige von Angestellten bereits Beweis für die Fortexistenz dieser Berufsgruppe als sozialer Klasse, was Bourdieu als Hypothese auch stillschweigend voraussetzt. Und damit könnte die Analyse differenter Habitusformen, sofern sich solche denn feststellen lassen, die von der westdeutschen Sozialgeschichtsschreibung der achtziger Jahre konstatierte Angleichungstendenz zwischen den sozialen Klassen deutlich relativieren.

Das gilt in besonderem Maße für die DDR-Gesellschaft. Zum ideologisierten Kernbestand klassenanalytischer Thesen der DDR-Sozialwissenschaften gehörte die Angleichung der Klassen und Schichten in Richtung auf einen utopischen „Kommunismus".[10] In vierzig Jahren DDR waren im Ergebnis einer aktiven Gesellschaftspolitik grundlegende Wandlungen im Gefüge der ostdeutschen Gesellschaft eingetreten, die als empirische Befunde für die Endphase der DDR belegt sind. So haben Martin Diewald und Heike Solga eine erhebliche Angleichung der Lebensverhältnisse festgestellt.[11] Sie be-

---

8 Ebd., S. 23.
9 Das geschieht nach Bourdieu – und als Reminiszenz an Marx – im Ergebnis von „alltäglichen Klassenkämpfen", also eines strukturtypischen Handelns gegen andere Berufsgruppen, um sich in der Klassenkonkurrenz zu behaupten. Ebd., S. 19-22.
10 Vgl. G. Erbe, Arbeiterklasse und Intelligenz in der DDR. Soziale Annäherung von Produktionsarbeiterschaft und wissenschaftlich-technischer Intelligenz im Industriebetrieb? Opladen 1982, S. 210. Demnach wurden Aufstiegsprozesse von Arbeitersöhnen bereits als weitgehende Interessenidentität von Arbeiterklasse und „Intelligenz" interpretiert (der genaue Nachweis hierfür fehlt allerdings). Dem entspricht die DDR-offizielle Interpretationslinie von Siegfried Grundmann, Manfred Lötsch und Rudi Weidig von zwar „fortbestehenden Unterschieden zwischen den Klassen und Schichten (...), die sich bei der Annäherung der Klassen und Schichten [aber] verringern und verringern müssen." In derartigen Formulierungen erhielt diese empirisch nicht unterlegte These den Charakter eines ideologischen Gesetzmäßigkeiten folgenden Zukunftsprojekts. Vgl. dies. (Hg.), Zur Entwicklung der Arbeiterklasse und ihrer Struktur in der DDR, Berlin (O) 1976, S. 248, 255-295.
11 M. Diewald/H. Solga, Soziale Ungleichheiten in der DDR: Die feinen, aber deutlichen Unterschiede am Vorabend der Wende, in: J. Huinink u.a. (Hg.): Kollektiv und Eigensinn. Lebensverläufe in der DDR und danach, Berlin 1995, S. 261-305, hier: S. 269f., 298-303. Ihre Datenbasis besteht aus einer Repräsentativerhebung von 2.331 Männern und Frauen aus den Geburtsjahrgängen 1929 bis 1961, die von Infas aus dem zentralen Einwohnermelderegister der DDR ermittelt und 1991/92 interviewt worden waren. Vgl.

tonten allerdings fortbestehende Unterschiede, sowohl in den Erwerbseinkommen als auch in Hinblick auf die Partizipation am politischen und kulturellen Leben. Diese Unterschiede waren immerhin so bedeutend, daß Diewald und Solga nach wie vor von Klassenunterschieden sprachen.[12]

Dieses Modell der DDR-Gesellschaft als einer Klassengesellschaft, die zunehmenden Nivellierungstendenzen unterworfen war, deckt sich in Teilen einerseits mit dem von Mooser für die Bundesrepublik diagnostizierten Zustand einer von sozialen Konflikten weitgehend entschärften Klassengesellschaft, andererseits aber auch mit dem von Bourdieu für Frankreich in den Vordergrund gerückten klassenprägenden Charakter kultureller Partizipationsmechanismen – es steht in gewisser Weise dazwischen und macht es deshalb für die Historiographie um so interessanter. Der Ideologie nach – nicht jedoch in der Gesellschaftsrealität – beherrschte in der DDR die sogenannte Arbeiterklasse das politische und kulturelle Leben. Wie sah diese Klasse aus, was differenzierte sie? Erzeugten die Arbeiter spezifische Distinktionsmerkmale, um sich von anderen gesellschaftlichen Gruppen abzuheben? Inwieweit unterschieden sich Angestellte von Arbeitern? Und für den Historiker noch wichtiger ist diese Frage: Auf welcher Quellengrundlage und mit welchen Methoden kann man das feststellen?

Kehren wir noch einmal zu den empirischen Befunden zurück. In seiner verdienstvollen Analyse der Sozialstruktur von „Arbeiterklasse und Intelligenz" aus dem Jahr 1982 hat Günter Erbe bereits einige zentrale Problemstellungen einer Gesellschaftsgeschichte der DDR aufgegriffen, insbesondere Fragen nach dem Umfang und der gesellschaftlichen Bedeutung der Arbeiterschaft und ihren Mobilitätschancen in die Schicht der Angestellten. Freimütig räumte Erbe ein, daß eine trennscharfe Definition seiner beiden Leitbegriffe nicht möglich sei, daß man sich also mit Behelfskonstruktionen begnügen müsse. Infolgedessen isolierte er zwei besonders leicht zu identifizierende Berufsgruppen: die Produktionsarbeiter, die in seiner Studie die „Arbeiterklasse" repräsentierten, und die wissenschaftlich-technischen Angestellten mit Hoch- und Fachschulabschluß für die Schicht der „Intelligenz". Mangels hinreichender Differenzierungsmöglichkeiten konnten Angestellte nicht in ihrer Gesamtheit erfaßt werden und schieden deshalb als statistische Bezugsgröße aus seiner Analyse aus, obwohl sie nach wie vor als unterscheidbare Berufsgruppen identifiziert wurden.[13] Das hatte den Vorteil, mit Hilfe der veröffentlichten Statistik der DDR den sozialen Wandel für die beiden ausgewählten Berufsgruppen nachzeichnen zu können; jedoch war das mit dem Nachteil erkauft, den Grenzbereich beider Klassen in der unteren und mittleren Angestelltenschaft aussparen zu müssen.

H. Solga, Auf dem Weg in eine klassenlose Gesellschaft? Klassenlagen und Mobilität zwischen Generationen der DDR, Berlin 1995, S. 130.
12 Vgl. Solga, Weg, S. 300.
13 Zur Begriffsklärung vgl. Erbe, S. 74–77.

Schon für Erbe war offensichtlich, daß die DDR-Soziologie professionell irrte, wenn sie ein zunehmendes quantitatives und auch politisches Gewicht ihrer „Arbeiterklasse" diagnostizierte. Denn das Gegenteil war der Fall: Vom Ende der fünfziger bis Ende der siebziger Jahre nahm der Beschäftigtenanteil der Produktionsarbeiter stetig ab, hingegen derjenige der höheren Angestellten um das Doppelte zu.[14] Bei den Arbeitern blieb es bei ihrer internen Differenzierung nach den jeweiligen Arbeitserfordernissen, während die Angestellten dann Karriere machten, wenn sie der SED beitraten und in die kleine Gruppe der Herrschaftsbürokratie aufstiegen.

Die Angestellten disponierten über Arbeit, und die Arbeiter führten sie aus. Aus diesem Interessengegensatz folgerte Erbe eine prinzipiell unüberwindliche soziale Hierarchisierung, die auch nicht durch eine punktuell gemeinsame Gruppensolidarisierung gegenüber der höchsten Leitungsebene hätte kompensiert werden können. Gemildert worden sei sie lediglich durch eine in der Höhe vergleichbare Lohn- und Gehaltsstruktur und durch die Tatsache, daß sich die Angehörigen der „Intelligenz" überwiegend aus der Arbeiterschaft rekrutierten, also in einem gewissen Ausmaß noch über denselben identitätsprägenden kulturellen Hintergrund verfügten. Aufgrund der dann eintretenden Bedarfssättigung für „Hochschulkader" zeichnete sich jedoch in den siebziger und achtziger Jahren eine Trendwende ab. Die Hochschulausbildung sei zunehmend reglementiert worden; Mechanismen der Selbstrekrutierung, die über den Bildungsweg umgesetzt wurden, ersetzten die Arbeiter-Angestellten-Mobilität. Arbeiterkinder seien wieder auf Facharbeiterqualifikationen verwiesen worden, so daß sich die seit den frühen fünfziger Jahren neu gemischte Sozialstruktur der DDR zum Nachteil der Arbeiter wieder verfestigte.

Im Grunde genommen entsprechen diese Befunde, vor allem diejenigen über die zunehmende soziale Schließung durch die Selbstrekrutierung der Führungsschichten, empirischen Ergebnissen, die Heike Solga 1995 über Klassenlagen und Mobilität in der DDR-Gesellschaft veröffentlichte.[15] Allerdings gibt es einen wichtigen Unterschied in der methodischen Ausrichtung beider Studien. Da Solga – in Anlehnung an Lepsius – einen herrschaftssoziologischen Klassenbegriff verwendete, der die Wirksamkeit von Kontroll-, Steuerungs- und Integrationsmechanismen höher bewertet als die strukturelle Wirkungsmächtigkeit sozioökonomischer Bedingungen und Statusgrenzen, die wiederum für Erbe ausschlaggebend waren, nahm sie sich die Freiheit, die Klassenhierarchie pointiert umzudefinieren. Und zwar mit dem Ergebnis, daß in ihrem Klassenmodell Angestellte als eigenständige soziale Kategorie entfallen. Solga rückte konkretes Entscheidungshandeln in den Mittelpunkt ihrer Klassendefinition und unterschied demnach vier abgestuft hierarchisierte Klassen: 1. die Parteielite mit Entscheidungsgewalt, 2. die ihr nachgeordnete „administrative Dienstklasse" im Staats- und Wirtschaftsapparat, 3. die „operative Dienstklasse" in ausführenden Positionen, also mittlere SED-

---

14 Der Angestelltenanteil insgesamt stieg ebenfalls an. Vgl. ebd., S. 208; das folgende ebd., S. 209f.
15 Solga, Weg, S. 207. Ihre Ergebnisse auf eine Kurzform gebracht: „Von der Aufsteiger- zur Etabliertengesellschaft".

Funktionäre sowie Angestellte mit hochqualifizierten Tätigkeiten und in mittleren Leitungsfunktionen.[16]

Von diesen drei Kategorien, von denen wiederum die beiden letzten hohe Angestelltenpositionen absorbieren, setzte Solga „*die* Arbeiterklasse" ab, in der sämtliche anderen Erwerbstätigen zusammengefaßt werden, deren Gemeinsames darin besteht, nicht am Entscheidungshandeln zu partizipieren. Solga versteht darunter alle Arbeitergruppen sowie alle einfachen und qualifizierten Angestelltenpositionen. Insgesamt erscheint dieses Klassenmodell sehr plausibel. Der wichtigste Grund dafür ist sicherlich darin zu sehen, daß es dem „common sense" über den politischen Charakter der DDR als einer Diktatur der Wenigen über die Vielen entspricht. Dann ist die Annahme sehr naheliegend, daß der Herrschaftsabsolutismus der Nomenklatura konkrete klassenbildende Auswirkungen hatte. Ob diese allerdings mit den empirisch vorfindbaren konkreten Klassenlagen trennscharf übereinstimmten, ist eine offene Frage.

Indirekt näherte sich Solga mit ihrem integrativen Klassenmodell dem weitgefaßten Begriff des „Werktätigen" aus dem DDR-Politjargon an, der ebenfalls die Opposition einer machtlosen Gesellschaft gegenüber einer kleinen Führungsgruppe implizierte. Dieser definitorische Spagat ist dann nicht zu kritisieren, wenn man glaubt, daß Herrschaftsabstinenz und sozioökonomische Gleichstellung tendenziell bereits kulturelle Angleichung und Identitätsübereinstimmung in einer bestimmten Richtung bewirken und Abweichungen von dieser Klassenlinie ausschließen.

Wenn man das aber bezweifelt, muß man nach Wegen suchen, den Angestellten als soziale Klasse für die DDR-Gesellschaft zu rehabilitieren. Denn potentiell bleibt die Option bestehen, daß es trotz ihrer Machtlosigkeit eine von den Arbeitern kulturell separierte Angestelltenschaft in der DDR gab, die trotz ihrer sozioökonomischen Homogenisierung mit diesen dennoch nicht dieselbe Klassenlage teilte. Zu vermuten wäre zumindest, daß Angestellte ein separates soziales Beziehungsgeflecht aufbauten, weil sie sich mental von den Arbeitern unterscheiden *wollten*. Nach dem Vorgenannten bleibt für die Analyse solcher Sozialbeziehungen nur ein Weg, und zwar der von Bourdieu skizzierte in der Konstruktion sozialer Klassen über Distinktionsmerkmale. Er setzt die Entdeckung eines spezifischen Angestellten-Habitus voraus, in der Opposition zum Habitus der Arbeiter.

Um uns beiden anzunähern, ist es hilfreich, das Ausmaß an kultureller Differenz zu bestimmen, das Angestellte von Arbeitern trennte. Als Indikator hierfür sollen zunächst die aus Umfragen gewonnenen Selbsteinschätzungen zum Freizeitverhalten dienen, welche bereits Erbe thematisiert hat. Eine 1977 in der DDR durchgeführte Erhebung unterschied – darin der herrschenden Terminologie folgend – vier Gruppen von „Werktätigen": die Arbeiter, die Genossenschaftsbauern, die Angestellten und „die Intelligenz", und belegte charakteristische Unterschiede in den kulturellen Präferenzen. Angestellte und „Intelligenzler" lagen in den klassischen Bereichen Konzert sowie Theater- und Museumsbesuch erheblich über dem Gesamtdurchschnitt, die Arbeiter

---

16 Ebd., S. 20, 67-78.

und mehr noch die Bauern weit darunter. Das gleiche Bild ergab sich bei Bildungsangeboten im weiteren Sinne (Vortrags- und Diskussionsveranstaltungen) sowie bei Gesprächen im Freundeskreis. Demgegenüber lagen die Arbeiter bei Kinobesuchen, Unterhaltungsveranstaltungen und im Sport deutlich vor allen anderen Gruppen, wobei sie allerdings noch geringere Abstände gegenüber den Angestellten aufwiesen, als diese von den Akademikern trennten.[17]

Insgesamt genommen legen diese Befunde jedoch eher eine Trennlinie zwischen den Arbeitern und den Genossenschaftsbauern auf der einen und den Angestellten und Akademikern auf der anderen Seite nahe, nicht aber eine Inklusion von Arbeitern und Angestellten. Diewald und Solga kamen 1995 ebenfalls zu dem Ergebnis „eine[r] durchschlagende[n] Prägung kultureller Aktivitäten durch die Klassenzugehörigkeit in der DDR."[18] Allerdings erlaubt es ihr herrschaftssoziologischer Ansatz nicht, diesen Befund produktiv für eine weitergehende Milieu- oder Lebensstil-Analyse zu nutzen. Dies ist auch deshalb nicht möglich, weil dafür die Datenbasis zu schmal ist, wie die Autoren einräumen. Unterscheidbare Freizeitaktivitäten sagen zwar etwas über die Differenz zwischen Klassenlagen aus, aber nichts über ihre klassenreproduzierenden Distinktionsmechanismen.

Ihre unzureichende empirische Grundlage verführt Diewald und Solga allerdings nicht dazu, auf das Fehlen von unterscheidbaren Klassenmerkmalen in der DDR-Gesellschaft überhaupt zu schließen, so wie es Meuschel und Engler tun, wenn sie plausibel zu machen versuchen, warum sich in der DDR eine von westdeutschen Verhältnissen scharf abgesetzte „Gesellschaft der kleinen Leute"[19] entwickelt habe. Jedoch begrenzen die quantitativen Quellen die Reichweite ihres Klassenmodells insofern, als das Freizeitverhalten – nicht zuletzt wegen der eingeschränkten Quellenlage – einen überproportional hohen Stellenwert in der Bewertung von Klassenlagen einnimmt. Im Grunde genommen bleibt aber in diesem Erklärungsmodell offen, warum es überhaupt

---

17 Im Bereich des Sports war es allerdings ausnahmsweise umgekehrt. Hier erreichten „Intelligenzler" einen fast ebenso hohen Präferenzanteil (Tennis) wie die Arbeiter, während die Angestellten weit hinter beiden Gruppen lagen. Weitere Ergebnisse der unter dem Titel „Körperliche und geistige Arbeit im Sozialismus" veröffentlichten Erhebung bei Erbe, S. 201-203. Erbe antizipierte seine Befunde ansatzweise bereits im Sinne Bourdieus: „Die Angaben über das Kommunikations- und Freizeitverhalten der beiden untersuchten sozialen Grupen bestätigen die Annahme, daß sich Unterschiede in der Qualifikation und in der Art der beruflichen Tätigkeit zu sozialen Unterschieden verdichten, da sie sich auch auf andere Lebensbereiche der Gruppenmitglieder auswirken." Ebd., S. 203.
18 Diewald/Solga, S. 299. Ihre quantitativen Ergebnisse zur hochkulturellen Partizipation sowie zu Sport und Kultur tabellarisch zusammengefaßt, ebd., S. 298.
19 Dort zitiert nach: W. Engler, Die zivilisatorische Lücke. Versuche über den Staatssozialismus, Frankfurt a.M. 1992, S. 65. Für die Nivellierungsthese sprechen demzufolge das Fehlen einer kulturellen Führungsschicht, der bis 1961 anhaltende Exodus des Besitz- und Bildungsbürgertums sowie die Rekrutierung der Führungsschichten aus Arbeiter- und kleinbürgerlichen Milieus. Sigrid Meuschel definierte die DDR sogar als „klassenlose Gesellschaft", als „einen Zustand der sozialen Differenzierung …, der sich als bedeutsamer erwies als die sozialen Unterschiede". Vgl. S. Meuschel, Revolution in der DDR. Versuch einer sozialwissenschaftlichen Interpretation, in: W. Zapf (Hg.), Die Modernisierung moderner Gesellschaften. Verhandlungen des 25. Deutschen Soziologentages in Frankfurt am Main 1990, Frankfurt a.M. 1990, S. 558-575, hier: S. 558. Vgl. hierzu auch Diewald/Solga, S. 262, 296.

zu einem unterschiedlichen kulturellen Partizipationsmuster gekommen war, wenn nämlich Einkommensdifferenzen nur eine untergeordnete Rolle spielten, wie beide feststellen.[20] Mit Hilfe der Methodik Bourdieus könnte an dieser Stelle die Analyse von Distinktionsmechanismen einsetzen. Die kulturellen Differenzen könnten dann als Folge einer klassenstabilisierenden Habitusbildung gedeutet werden, welche innerhalb eines relativ autonomen Handlungsfeldes – wenn auch nicht unabhängig von der Einkommensdifferenzierung – vonstatten ging. Mit diesem Kunstgriff ist aber noch längst nicht die Frage beantwortet, ob es solche Distinktionen überhaupt gab und wie sie funktionierten.[21]

Um sich aus dem methodischen Dilemma zu befreien, mit statistisch unmeßbaren Verhaltens- und Identitätsmustern eine valide Klassenanalyse zu erarbeiten, liegt es für den Historiker nahe, an dieser Stelle den Milieubegriff zu integrieren. Klaus Tenfelde hat 1996 das Milieu als eine „große Familie" beschrieben, das sich durch die Erblichkeit in der Organisierung von Lebensläufen auszeichne.[22] Im Zentrum dieser auf einer Art freiwilligem Zwang beruhenden Sozialisation stünden gemeinsame Bedürfnisse, Lebensweisen und Deutungskulturen. Indem er Lepsius' frühe Klassifikation aufgreift, unterscheidet Tenfelde vier große Milieus in Deutschland: „das ostelbisch-konservative, das katholische, das liberal-bürgerliche und das sozialistische"[23]. Damit legt er sich auf eine traditionelle, am Wahlverhalten sehr oberflächlich ausgerichtete Milieudefinition fest, die Konfessionsgrenzen überbewertet.[24] Entsprechend diesem Raster habe es nur für eine sehr kurze Zeit, nämlich in den Jahren der Weltwirtschaftskrise, Ansätze für den Aufbau eines eigenständigen kommunistischen Milieus gegeben – auch dies eine These, die angesichts der scharfen Trennung von kommunistischen und sozialdemokratischen Arbeiterkulturen in der Weimarer Republik nicht so recht überzeugt. Organisatorisches Rückgrat des Milieus sei die Vereinsbildung gewesen, die im Gefolge des Industrialisierungs- und Urbanisierungsprozesses in der zweiten Hälfte des 19. Jahrhunderts Milieus konstruierte, aber durch den Nationalsozialismus entscheidend beschädigt

---

20 Vgl. ebd., S. 300.
21 Im Gegenteil beschränken Diewald und Solga das kulturelle Kapital auf eine bloße Zuträgerfunktion für hochkulturelle Partizipation: „Es gibt daher keinen Grund zu der Annahme, daß die darüber definierte soziale Struktur keine entsprechenden Habitusformen erzeugt haben sollte, die sich in unterschiedlichen kulturellen Aktivitäten und Freizeitverhalten niederschlagen. Wir gehen daher von der Vermutung aus, daß das Gewahrwerden der eigenen Besonderheit im Gesellschaftsgefüge zu entsprechenden Klassenunterschieden in Umfang und Form der kulturellen Teilhabe geführt hat. Die mutmaßlich geringere Brechung der Klassenlagen durch weitere Differenzierungslinien spricht nur dafür, daß explizite im Vergleich zu impliziten Stilisierungen einen geringeren Stellenwert einnehmen." Ebd., S. 297.
22 K. Tenfelde, Historische Milieus - Erblichkeit und Konkurrenz, in: M. Hettling/P. Nolte (Hg.), Nation und Gesellschaft in Deutschland. Historische Essays, München 1996, S. 247-268.
23 Ebd., S. 247, das folgende S. 262f.
24 Paradoxerweise bleiben jedoch jüdische Milieus, gerade auch für das 19. Jahrhundert, völlig ausgespart. Vgl. demgegenüber: S. Rogge-Gau, Jüdische Selbstbehauptungsstrategien zwischen nationaler Identität und Diskriminierung, in: D. Schmiechen-Ackermann (Hg.), Anpassung, Verweigerung, Widerstand. Soziale Milieus, Politische Kultur und der Widerstand gegen den Nationalsozialismus in Deutschland im regionalen Vergleich, Berlin 1997, S. 193-199.

worden sei.[25] Im Gefolge von weitergehender „Modernisierung" der Gesellschaft, insbesondere gesteigerter Konsum- und Kommunikationsmöglichkeiten, hätten sich die Milieus in der Bundesrepublik dann zunehmend aufgelöst.

Wie auch immer man Milieus definieren will – wenn man im 20. Jahrhundert eine milieuprägende und -sprengende Dynamik als übergreifenden Veränderungsprozeß voraussetzt, müßte es in der DDR seit 1945 auf den Trümmern der – nach Lepsius und Tenfelde – (nur) drei dort vorfindlichen älteren Milieus zu einer neuartigen Milieubildung gekommen sein, die parallel zur Auflösung von Milieustrukturen in der Bundesrepublik Platz griff. Denn alle von Tenfelde beschriebenen gesellschaftsprägenden Mechanismen, die für eine Milieubildung erforderlich sind, lassen sich auch für die DDR-Gesellschaft diagnostizieren: die Begrenztheit in der Wahl des individuellen Lebenslaufes, die staatlich limitierte und kontrollierte Vereinsbildung, schließlich die Homogenisierung von Wahrnehmungsmustern und Identitätsstrukturen.

Da die DDR-Machthaber von der Vorstellung einer Universalisierung ihres kleinbürgerlich-nachstalinistischen Weltbildes eingenommen waren, werteten sie ihre Gesellschaftsideologie zur Gebrauchsanweisung für den alltäglichen Klassenkampf gegen Bürgerlichkeit auf. Nach vierzig Jahren Realsozialismus müßten infolgedessen überall in der DDR-Gesellschaft zumindest Ansätze eines über die Jahrzehnte gewachsenen, dennoch künstlich implantierten und schließlich dominierenden Arbeiterklassen-Milieus zu entdecken sein. Immerhin belegen die sozioökonomischen Befunde von Erbe und Diewald/Solga die erfolgreiche Nivellierung der äußeren Lebensbereiche. Gab es dementsprechend eine fortschreitende regionale Milieubildung mit unterschiedlich ausdifferenzierten Teilmilieus, die ältere Differenzierungslinien aufnahm?

2. Die Chemieregion Halle-Merseburg – kein klassisches Arbeitermilieu

In der DDR gab es unterschiedliche, gewachsene Industrieregionen, die nicht in gleicher Weise den Auswirkungen der staatssozialistischen Wirtschafts- und Gesellschaftspolitik ausgesetzt waren. Inwieweit entwickelte sich daraus eine gemeinsame, DDR-weite „Arbeiterklasse", respektive konnten sich regionale und lokale Milieus behaupten?

In der Industrieregion Halle-Merseburg können gesellschaftsprägende Strukturen beobachtet werden, die nicht durchweg mit dem Milieubegriff übereinstimmen. Hier wurden ab 1916 und nochmals nach 1936 in relativ kurzer Zeit riesenhafte Chemiefabriken aufgebaut, die in Leuna schließlich 30.000 und in Buna Mitte der fünfziger Jahre 20.000 Beschäftigte zählten. Die Chemieindustrie war wegen der Rohstoffvorkommen und der Verkehrslage an diese Standorte gewandert und fragte ein Potential an Arbeitskräften nach, das völlig unterschiedlichen Anforderungsprofilen genügen mußte und deshalb ein sehr heterogenes Erscheinungsbild aufwies.

---

25 Zu Letzterem vgl. auch W. Zollitsch: Modernisierung im Betrieb. Arbeiter zwischen Weltwirtschaftskrise und Nationalsozialismus, in: Schmiechen-Ackermann (Hg.), S. 95-107.

Zunächst sind die Bauhandwerker zu nennen, die die Produktionsanlagen aufbauten. Weil beide Werke bis Ende der sechziger Jahre neue Anlagen installierten und gleichzeitig laufend Teilmodernisierungen durchführten, bestimmten die Bauarbeiter über Jahrzehnte hinaus ihr Erscheinungsbild. Sie hatten ausnahmslos eine traditionelle handwerkliche Ausbildung absolviert, wurden höher entlohnt als die Chemiearbeiter und konnten aufgrund ihres Arbeitsprofils vergleichsweise frei über einen Arbeitsplatzwechsel disponieren. Dementsprechend kultivierten sie einen spezifischen Berufshabitus.[26] Zeitweise machten die Bauhandwerker ein Drittel oder – in der Gründungs- sowie in der Wiederaufbauphase der Nachkriegszeit – sogar die Hälfte der Belegschaften aus.

Die zweite wichtige Handwerkergruppe waren die Reparaturarbeiter in der Maschinentechnik, die Apparate herstellten oder reparierten. Ihr Berufsstatus war aufgrund der dafür erforderlichen Spitzenqualifikationen noch höher angesiedelt als der der Bauarbeiter. Demgegenüber verfügten die Produktionsarbeiter in den Chemiebetrieben über keine handwerklichen Qualifikationen. Sie wurden als Ungelernte eingestellt und direkt an den vorhandenen Maschinen ausgebildet, wobei sie, mit Ausnahme der Transportarbeiter, mittelbar in den Produktionsablauf eingriffen, indem sie die Zufuhr von Rohstoffen und den Betriebsablauf insgesamt regulierten, nicht aber handwerkliche Tätigkeiten verrichteten.[27]

Unabhängig von den Verdienstmöglichkeiten ergab sich so eine durch die konkreten Arbeitserfordernisse vorgegebene Hierarchie der Berufsbilder, wobei zu fragen wäre, ob diese klassenstabilisierend oder im Gegenteil schichtendifferenzierend wirkte und damit eine Binnensolidarisierung innerhalb der Arbeiterschaft schon nicht mehr zuließ. Ein Argument für diese Annahme kann in der hohen Fluktuation der Chemiearbeiter gesehen werden. Da sie nicht durch eine langjährige Ausbildung an ihren Beruf gebunden waren, wechselten die Angelernten ihren Arbeitsplatz, sobald ihnen eine bessere Alternative andernorts geboten wurde, wenn schon nicht in der Bezahlung, dann in den Arbeitsbedingungen.

Dieser Wechsel fiel leicht, da der Arbeitsort nicht mit ihrem Wohnort identisch war. Weder im Dorf Leuna, südlich von Merseburg, noch im nördlich dieser Stadt gelegenen Dorf Schkopau, dem Standort der Bunawerke, waren die Beschäftigten der Chemiefabriken ansässig. Sie kamen aus bis zu 300 Umlandgemeinden, nicht zuletzt aus der nahegelegenen Großstadt Halle, mit Straßenbahn, Zug oder Omnibus angereist und mußten dafür lange Anfahrtzeiten von mindestens einer, oft jedoch von zwei Stunden für einen Weg in Kauf nehmen.[28] Dahinter stand eine prononcierte Klassenpolitik

---

26 Am Beispiel der Großbaustelle Leuna II wurde dieser in Frank Beyers Film „Spur der Steine" mit künstlerischen Mitteln für die Mitte der sechziger Jahre dokumentiert.
27 Ein beträchtlicher Teil waren Schwerarbeiter in der Energie- oder der Grundstoffproduktion. Diese mußten überwiegend schwere körperliche Arbeiten verrichten, die oft hohe gesundheitliche Risiken bargen. Im Produktionsablauf bessergestellt waren diejenigen, die in der Weiterverarbeitung von Halbfabrikaten sowie in der Konsumgüterproduktion tätig waren.
28 Vgl. G. Große/H.-J. Steinmann, Zwei an der Saale – Halle – Halle-Neustadt, Leipzig 1981, S. 147.

der Unternehmensleitungen. Sowohl die Leuna- als auch die Bunawerke duldeten in unmittelbarer Nähe nur die höheren Angestellten als Wohnbevölkerung, die in entsprechend großzügig gestalteten Werkssiedlungen untergebracht wurden. Hingegen sollten die Arbeiter auf Distanz gehalten werden, nachdem es im März 1921 zu einem gewaltsamen Arbeitskampf in den Leunawerken gekommen war, der mit Waffengewalt ausgetragen und mit Hilfe der Schutzpolizei schließlich zugunsten der Werksleitung entschieden worden war. Ausgangsort der Unruhen war das überdimensionierte Barakkenlager für Arbeiter auf dem Werksgelände gewesen.

Eine Symbiose von Arbeits- und Wohnort und damit die Möglichkeit schneller Politisierung war für die Arbeiter in Leuna nach 1921 ausgeschlossen. Davon auf die Nicht-Existenz von Chemiearbeitermilieus in der Region zu schließen, wäre jedoch übereilt. Zwar waren sie nicht in einer großstädtischen Massierung von Arbeiterquartieren sichtbar, wie sie aus Berlin, Leipzig oder Chemnitz bekannt sind, aber latent an den jeweiligen Wohnorten vorhanden – in Dörfern, Klein- und Mittelstädten im Umkreis sowie in Halle, dort aber in Konkurrenz zu jeweils anderen, landwirtschaftlichen oder industriellen Milieus.

Damit allerdings ist die Eindeutigkeit eines Chemiearbeitermilieus in Frage gestellt. Denn wenn Söhne von Chemiearbeitern in dezentral-gemischten Milieus aufwuchsen, hatten sie größere Wahlmöglichkeiten für ihren künftigen Beruf als in einer industriellen Monostruktur. Auch die kulturelle Prägekraft für sektorale Identitäten war in einem solchen Umfeld geringer, wenn auch nicht bedeutungslos. Als Indiz könnte hier die Stabilität politischer Orientierungen gewertet werden. Während der zwanziger Jahre öffnete sich die ursprünglich auf USPD und KPD festgelegte Arbeiterschaft der Leunawerke langsam gegenüber der SPD, ohne daß diese allerdings die Mehrheit im Betriebsrat erreichte.[29] Gerade dieser Konsolidierungsprozeß politischer Präferenzen wäre als ein Argument zugunsten einer entstehenden Milieustruktur abseits einer lokalen identitätsstiftenden Lebenswelt anzusehen. Was fehlte, war eine entsprechende Vereinskultur vor Ort, die eine kulturelle Prägekraft außerhalb der Arbeitswelt hätte entfalten können.

Sofern Milieus an eine lokale alltagsweltliche Lebenskultur gebunden sind, gab es diese in der Chemieregion Halle-Merseburg nach 1921 jedoch nicht mehr, und das blieb auch so, als nach 1945 Stalinismus und Realsozialismus intensiv in die Arbeits- und Lebenswelt der Beschäftigten eingriffen. Die Fluktuation erreichte bald wieder den quantitativen Umfang, den sie in der Weimarer Republik gehabt hatte. Sie ging mit der Vertriebenenintegration und anschließenden Flüchtlingsmigration sowie der Massenemigration aus politischen und wirtschaftlichen Gründen, auch von qualifizierten Fach-

---

29 1922 bestand im Betriebsrat die Einheitsliste mit 21 Arbeitern aus sechs KPD-, acht USPD- und zwei SPD-Mitgliedern sowie fünf Unorganisierten. Auch 1928 wurden für die KPD dreizehn und die SPD acht Betriebsratsmitglieder auf einer gemeinsamen Liste gewählt, während auf die getrennt angetretenen Konkurrenten nur drei Sitze entfielen (zwei für den Werkverein, einer für die christlichen Gewerkschaften). Vermerk „Zusammensetzung der Betriebsvertretungen", undat. (1928), Landesarchiv Merseburg, Bestand Leuna A 1339.

arbeitern und Meistern, dann aber noch weit darüber hinaus. Und das blieb so bis zum Mauerbau im August 1961.

In den sechziger Jahren sollte schließlich ein Wohnungsbauprogramm bislang ungekannten Ausmaßes die noch immer fortbestehende Misere im Arbeiterwohnungsbau beheben. Es ist eine spannende Frage, ob damit neue Milieustrukturen unter sozialistischen Vorzeichen geschaffen werden sollten, die noch immer nicht existierten. Bezeichnenderweise wurde die neue „Chemiearbeiterstadt" aber nicht in Merseburg, sondern in Halle gebaut, durchaus mit dem Ziel, nicht nur den Wohnbedürfnissen von Arbeitern, sondern auch denen anderer Bevölkerungsschichten zu entsprechen.[30] Wenn hier für ein Milieu gebaut wurde, dann nicht für eines der Chemiearbeiter, sondern für das der integrativen DDR-„Arbeiterklasse" insgesamt.

Mit diesen lokalen Besonderheiten stellt sich die Region Halle-Merseburg quer zu einer herkömmlichen, lokal gebundenen Milieuinterpretation, die eng begrenzte kollektive Identitätsmuster beschreiben will. Fraglich ist darüber hinaus, ob sie sich auch in ein stärker betrieblich differenziertes Konzept integrieren ließe, so wie es Thomas Welskopp 1994 formuliert hat.[31] Er konstruierte ein Spannungsfeld von innerbetrieblichen Produktions- und außerbetrieblichen Sozialmilieus, das symbiotisch zusammenwirke. Am Beispiel von Berg- und Stahlarbeitermilieus im Ruhrgebiet lassen sich diese Modellkonstruktionen empirisch nachweisen, aber für eine auf andere Regionen ausgreifende Typenbildung fehlen ihnen Vergleichsparameter, die eine interregionale Analyse erst ermöglichen würden. So sind Welskopps Überlegungen eng an das bundesrepublikanische Demokratiekonzept gekoppelt, wonach Gewerkschaften eine wichtige Rolle im öffentlichen und politischen Leben spielen. Solidarisches Handeln ist demnach eine aus der Milieubindung resultierende Option für die kollektive Wahrnehmung gemeinsamer Interessen. Es nimmt damit einen hervorragenden Stellenwert in Welskopps Klassenkonzept ein.

Seine empirischen Bausteine sind: die handwerklich orientierte Gruppenarbeit in traditionellen Schwerindustrien, die Werkssiedlungen in Arbeitsplatznähe sowie die von der SPD dominierte Parteienstruktur mit starkem Gewerkschaftsflügel und damit doppelter Basisanbindung. Diese Merkmale finden jedoch keine oder nur eine ungefähre Entsprechung in der Industrieregion Halle-Merseburg. Das spricht nicht gegen eine Anwendung des Milieukonzepts schlechthin, wohl aber gegen eine vorschnelle Über-

---

30 „Eine Stadt, in der es kein enges ‚Arbeiterviertel' und kein vornehmes ‚Westend' gibt. Der Anlagenfahrer wohnt neben dem Universitätsprofessor, der Bauarbeiter neben dem Schriftsteller-Nachbarn, Gleichgesinnte, zwischen denen es keine ‚Standesunterschiede' gibt" (Große/Steinmann, S. 143). Inwieweit diese Einschätzung zutrifft, muß noch untersucht werden. Die Fahrtzeit mit der Reichsbahn von Halle-Neustadt zum Buna-Werk betrug 12 Minuten, die ins Leuna-Werk eine halbe Stunde. Vgl. ebd., S. 147.
31 Th. Welskopp, Ein modernes Klassenkonzept für die vergleichende Geschichte industrialisierender und industrieller Gesellschaften, in: K. Lauschke/Th. Welskopp (Hg.): Mikropolitik im Unternehmen. Arbeitsbeziehungen und Machtstrukturen in industriellen Großbetrieben des 20. Jahrhunderts, Essen 1994, S. 98-106, S. 99f.

nahme von Konzepten, die zu stark den Klassenstrukturen einer zwar vergleichbaren, aber nicht identischen Industrie- und Gesellschaftsstruktur Rechnung tragen.

Wenn man davon ausgeht, daß in der DDR nach 1945 die noch existierenden Milieustrukturen zerstört wurden und an ihre Stelle ein hochgradig künstliches und in der Substanz inhaltsloses Arbeiterklassen-Milieu trat, das gerade deshalb keine Binnensolidarisierung ermöglichte, stellt sich die Frage, wie der Habitus des Arbeiters innerhalb dieses „modernen" Milieus zu definieren ist. War hier überhaupt noch Platz für einen eigenständigen Habitus der Angestellten? Hinweise darauf liefert zunächst die innerbetriebliche Situation und hier in erster Linie die Schichtung der Berufsgruppen.

1965 hatte sich die Qualifikationsstruktur der Leuna-Arbeiter gegenüber dem Vorkriegsstand völlig verändert. 1928 waren in den Werken der IG-Farbenindustrie 79 Prozent aller Beschäftigten Arbeiter gewesen, davon mehr als die Hälfte Handwerker (44,2 Prozent aller Beschäftigten) und 34,7 Prozent Produktionsarbeiter. Von den Produktionsarbeitern waren die meisten Ungelernte (20 Prozent aller Beschäftigten) und nur ein starkes Drittel Facharbeiter gewesen (14,7 Prozent).[32] 1965 war der Anteil der Facharbeiter in den Leuna- und den Bunawerken auf knapp 66% der Produktionsarbeiter angestiegen und hatte damit die quantitative Relation zu den Ungelernten umgedreht.[33] Seit Anfang der sechziger Jahre ergab sich die für die DDR-Gesellschaft paradoxe und auch lähmende Situation, daß nach dem erfolgreichen kollektiven Aufstieg ganzer Arbeitergruppen die Möglichkeiten für eine weitere Aufstiegsmobilität Einzelner stärker beschränkt waren als in früheren Jahrzehnten. Wie wirkte sich diese Verfestigung des beruflichen Status auf Habitus und Identität der Arbeiterschaft aus?

Ende der sechziger Jahre wurde im Leunawerk eine Repräsentativumfrage unter denjenigen Arbeitskräften durchgeführt, die vom älteren Werksteil in das seit Mitte der sechziger Jahre aufgebaute Werk II wechselten,[34] in jenes – spät realisierte – Prestigeobjekt des 1959 verkündeten Chemieprogramms, für das Erik Neutsch seinen parteilichen Bauarbeiterroman „Spur der Steine" geschrieben hatte. Von 167 befragten Arbeitern und Arbeiterinnen hatten sich 69 (41,4 Prozent) freiwillig um den Wechsel in das neue Werk beworben, weitere 70 (41,8 Prozent) hatten dem von betrieblicher Seite an sie herangetragenen Vorschlag ohne Zögern zugestimmt; hingegen hatten 9 (5,4 Prozent) Bedenken geäußert und weitere 17 (10,2 Prozent) sich sogar dagegen gewehrt. Insgesamt gesehen also ein überwältigendes Votum zugunsten des Wechsels. Und dies,

---

32 Vgl. G. Plumpe, Die IG Farbenindustrie AG. Wirtschaft, Technik, Politik 1904-1945, Berlin 1990, S. 460 (seine Zahlen nach der IG-Halbjahresstatistik). Im Mai 1939 war der Anteil der Facharbeiter in der gesamten Chemieindustrie des Deutschen Reiches auf 19,4 Prozent angestiegen. Vgl. R. Hachtmann, Industriearbeit im „Dritten Reich". Untersuchungen zu den Lohn- und Arbeitsbedingungen in Deutschland 1933-1945, Göttingen 1989, S. 61 (diese Zahlen nach Wirtschaft und Statistik 1944, S. 59). Die Beschäftigtenstruktur in Leuna vor 1945 entsprach diesen Durchschnittswerten.
33 Vgl. H. Metzner: Probleme bei der Verbesserung der Qualifikation der Produktionsarbeiter, dargestellt an Beispielen aus Chemiebetrieben, Diss. Leuna-Merseburg 1966, S. 154.
34 O. Braun, Das Gesetz des Wechsels der Arbeit im Sozialismus. Die Notwendigkeit der Arbeitskräfteumsetzung, ihre Anforderungen und ihre Bewältigung durch die Werktätigen der Chemieindustrie, Diss. oec. Leuna-Merseburg 1969.

obwohl er überwiegend von der Betriebshierarchie initiiert worden war und zudem keine Aufstiegsmöglichkeiten eröffnete. Denn „da die Umsetzung im Werk A [Leuna I] mit dem Ziel erfolgte, die neuen Anlagen mit einem Kern künftiger Stammarbeiter zu versorgen, handelt es sich bei den Umgesetzten um zumeist [bereits] qualifizierte und hochqualifizierte Werktätige."[35]

Von diesen waren 12 (7,2 Prozent) Hoch- und Fachschulabsolventen, 6 (3,6 Prozent) Meister, 129 (77,2 Prozent) Facharbeiter und nur 18 (10,8 Prozent) Un- und Angelernte. Eine solche Qualifikationsdichte ließ keinen Spielraum für weiteren Aufstieg mehr zu. Dementsprechend erwarteten auch nur 10 der Umgesetzten (7,7 Prozent) „bessere Qualifizierungsmöglichkeiten", äußerten nur 2 von 167 Bedenken in Hinblick darauf, ihre „Chancen ‚weiterzukommen' würden sich verschlechtern."[36] Denn diese bestanden lediglich für die wenigen Un- und Angelernten und für einzelne Facharbeiter, sofern für diese Meisterstellen frei werden sollten. Infolgedessen gaben die Befragten retrospektiv eine spürbare Desorientierung über den Sinn ihrer Umsetzung zu Protokoll: Nur 42 (25,1 Prozent) antworteten mit Ja auf die Frage „Ist es zweckmäßig, öfter den Arbeitsplatz zu wechseln?", aber 99 (59,3 Prozent), also fast zwei Drittel, mit Nein.[37]

Auch wenn diese Umfrageergebnisse nur einen punktuellen Aspekt in der Selbstwahrnehmung von Chemiearbeitern wiedergeben, wird darin eine sehr nüchterne Selbsteinschätzung vor dem Hintergrund statischer Berufsperspektiven sichtbar. Sie bestätigen noch einmal Solgas Befunde über den Prozeß der sozialen Schließung innerhalb der DDR-Gesellschaft, der sich in den sechziger Jahren durchsetzte und Arbeiter nur noch den Facharbeiterstatus als selbstreproduzierte Klassenlage erreichen ließ, nicht aber den Aufstieg in eine höhere. Dementsprechend waren die Leuna-Arbeiter innerhalb der Werkshierarchie fest positioniert: Sie waren Ausführende der über sie gefällten Umsetzungsentscheidungen und reagierten darauf passiv – wie es ihrer Lage als sozial privilegierter, aber politisch einflußloser „Arbeiterklasse" entsprach, nicht aber im Sinne einer durch selbstbestimmte Produktionsaufgaben zusammengeschweißten Milieuarbeiterschaft.

3. *Chemiearbeiter, ihr Habitus und seine Bedeutung für die DDR-Arbeiterklasse*

Welchen Habitus hatte diese Arbeiterklasse ohne traditionelle Milieubindung? Führte ihre einkommensneutralisierende und sozialstaatlich breit abgesicherte Alimentation zur habituellen Emanzipation gegenüber der Angestelltenschaft? Wurde die „nivellierte Mittelstandsgesellschaft" als „nivellierte Werktätigengesellschaft" in der DDR verwirk-

---

35 Ebd., S. 179.
36 Ebd., S. 169.
37 26 (15,6 Prozent) ohne Antwort, ebd., S. 221.

licht? Diese Fragestellung kehrt in gewisser Weise Bourdieus Klassentheorie um, ist aber dennoch auf sein methodisches Instrumentarium zur Quellenanalyse angewiesen. Wird bei ihm „aus Verteilungsungleichheit auch Beziehungsungleichheit",[38] so lautet die Annahme für die DDR, daß aus Verteilungsgleichheit auch Beziehungsgleichheit resultierte und damit aus Arbeitern und Angestellten *eine* homogene Klasse entstand, wobei die Segregation von der Integration sozialer Schichten abgelöst wurde.

Dahinter verbergen sich zwei Bündel strukturgeschichtlicher Fragestellungen, die man nicht voneinander isolieren, aber dennoch getrennt analysieren kann: Zum einen der nach wie vor aktuelle, auf der Klassenanalyse Max Webers beruhende soziökonomische Ansatz Josef Moosers mit der Leitfrage: Sind „die Arbeiter (...) Arbeiter geblieben"?[39] Das ist die Frage nach dem Grad der Entproletarisierung der Arbeiterschaft, nach dem Zustand ihrer „strukturtypische(n) Merkmale": „die Körperlichkeit der Arbeit, ein überdurchschnittliches Maß an Arbeitsbelastung und Abhängigkeit am Arbeitsplatz, relative Einkommensrückstände, nicht zuletzt die berufliche Lage und das damit zusammenhängende Beschäftigungsrisiko."[40] Einige dieser Merkmale hatten für Arbeiter in der DDR tatsächlich in hohem Maße an Bedeutung verloren, so daß im Sinne Webers und Moosers durchaus von einer tendenziell homogenisierten Mittelstands-Arbeiterklassengesellschaft gesprochen werden könnte.

Zum anderen bleibt aber die Herausforderung, dieses „ökonomische Kapital" mit „kulturellem Kapital" auf die gleiche Waagschale zu legen und damit die „beziehungshistorische Konstitution von Klassen" auszuloten.[41] Es ist evident, daß das mit dem herkömmlichen quantifizierenden Instrumentarium nur oberflächlich zu leisten ist, zumal die Verfechter der kulturanthropologischen Methodik paradigmatisch davon ausgehen, daß Klassen „nicht durch das Maß, in dem sie in (Lohn-)Arbeitsverhältnissen stehen, begründet werden."[42] Demnach wäre auch die weiter oben angesprochene Umfrage über die Einschätzung persönlicher Qualifizierungschancen innerhalb des Betriebs in ihrer Reichweite zu stark auf das Feld des lediglich ökonomisch begründeten Arbeitszusammenhanges begrenzt und sagte nur sekundär etwas über die kulturellen Wahrnehmungsmuster der Arbeiterschaft aus.

Wie wurde das Klassenmodell der DDR habituell realisiert und woran ist das festzumachen? Reichardt nennt als mögliche Quellen Autobiographien im weiteren Sinne, also auch die „Oral History", sowie Umfragen und zeitgenössische Analysen, beispielsweise in Zeitschriften, die Lebensstile und kollektive Repräsentationsmuster zum Gegenstand haben.[43] Überflüssig anzumerken, daß dieser Quellenfundus, gerade für die

---

38 Reichardt, S. 78.
39 Mooser, S. 102.
40 Ebd.
41 Vgl. Reichardt, S. 84.
42 Ebd. Damit kann auch jene spezifische „reproduktive Zirkularität" von Bourdieus Klassentheorie für die Klassenlagen innerhalb der DDR-Gesellschaft diagnostiziert werden, deren wesentliche Strukturmerkmale, waren sie einmal implantiert, immobil blieben. Vgl. ebd., S. 86.
43 Vgl. ebd., S. 89.

Arbeiterschaft, traditionell sehr begrenzt ist. Das gilt besonders für die DDR, wo die „Arbeiterklasse" ideologisch so stark überformt war, daß unabhängige Meinungsäußerungen nicht unzensiert möglich waren.[44]

Jüngst hat Arnulf Siebeneicker mit der Analyse von Besucherbüchern aus Kunstausstellungen im Petrolchemischen Kombinat Schwedt eine solche kulturanthropologische Habitusanalyse vorlegen können.[45] Auch dieser erdölverarbeitende Betrieb wurde im Rahmen des Chemieprogramms in den Jahren 1959-1964 aufgebaut. Erfahrene Arbeitskräfte aus älteren Chemiebetrieben, u.a. aus Leuna, bildeten die Stammbelegschaft. Kunst als Produktivkraft wurde hier besonders intensiv als vertrauenstiftende Maßnahme zwischen Werksleitung und Belegschaft gefördert, da Traditionen und Mitbestimmungskompetenzen gleichermaßen fehlten.

Siebeneicker konnte nachweisen, daß die in den sechziger Jahren in der DDR vorsichtig beginnende nachstalinistische Öffnung der Kulturszene in der Belegschaft auf keinerlei Resonanz stieß. Diese verharrte vielmehr in der Rezeption einer monumentalisierenden Arbeiterkunst, die 1959 noch einmal durch den „Bitterfelder Weg" zum Leitbild erhoben worden war.[46] Kunst und Künstler waren damit als klassenstabilisierende Produktionsfaktoren für einen eng definierten sozialistischen Arbeiter-Typus reklamiert worden. Entsprechend weit auseinander lagen die Inhalte der Werke zeitgenössischer Kunst und das Rezeptionsverhalten der Betriebsbelegschaften.

Dieser Abstand machte sich in ostentativer Ablehnung der in Schwedt ausgestellten Kunstwerke Luft. Sprache und Gesinnung der Arbeiterschaft konnten schnell deckungsgleich gemacht und von ihnen in den Besucherbüchern dokumentiert werden. Die Arbeiter und Arbeiterinnen forderten einen abbildhaften Realismus ein und für die dargestellten Arbeitertypen die Kriterien: „Selbstbewußt und stark!"[47] Nicht-gegenständliche Malweisen wurden mit „bürgerlicher" Abstraktion gleichgesetzt und als „klassenfeindlich" gebrandmarkt. Bei Nichtgefallen stellten sie die Qualifikation der Künstler unter Maßgabe augenscheinlich feststellbarer handwerklicher Qualitäten in Frage und geißelten deren Kunstproduktion als Verschwendung. Insgesamt nahmen sie Kunst vor allem als abweichend von den Standardtypen eines guten Arbeiter-Verhaltens wahr, und dazu zählten: Berufsehre, Disziplin und Ordentlichkeit.[48]

Diese gegen den Künstler als Repräsentanten von Bürgerlichkeit gerichtete Norm enthielt so viele traditionelle Stereotypen einer spezifischen, habituell verfestigten Ar-

---

44 Um so höher ist das Verdienst Niethammers einzuschätzen, noch zu DDR-Zeiten den Erfahrungshorizont von Arbeitern verschiedener Industrieregionen, darunter auch der Bitterfelder Chemieregion, erkundet zu haben. Vgl. L. Niethammer, Die volkseigene Erfahrung. Eine Archäologie des Lebens in der Industrieprovinz der DDR, Berlin 1991.
45 Vgl. A. Siebeneicker, Kulturarbeit in der Industrieprovinz. Entstehung und Rezeption bildender Kunst im VEB Petrolchemisches Kombinat Schwedt 1960-1990, in: Historische Anthropologie 5 (1997), S. 435-453.
46 Vgl. Kultur und Macht – Deutsche Literatur 1949 - 1989, hg. vom Sekretariat für kulturelle Zusammenarbeit nichttheatertragender Städte und Gemeinden in Nordrhein-Westfalen, Bielefeld 1992, S. 61.
47 Siebeneicker, S. 446.
48 Ebd., S. 442.

beiterkultur, daß es unmöglich erscheint, sie mit den Wertmaßstäben von Angestellten zu synchronisieren. Denn auch wenn man in Rechnung stellte, daß diese ähnlich antireformerisch in Bezug auf die zeitgenössische Kunst urteilten, wird deren Identifikationsbereitschaft mit einem starken, selbstbewußten Arbeitertyp verschwindend gering gewesen sein, da er wegen der unterschiedlichen Berufsorientierung als Kernelement repräsentativer Selbstwahrnehmung für Angestellte nicht taugte. Einen entsprechenden, künstlerisch überhöhten Angestelltentyp gab es jedoch nicht. Vom bloßen Fehlen eines derartigen Repräsentanten in der offiziellen Propaganda und Kunstauffassung auf fehlende Angestellten-Selbstbilder in der sozialen Wirklichkeit zu schließen, halte ich allerdings für verfehlt.

Vielmehr ist es sehr naheliegend, daß es solche identitätsstiftenden Orientierungen gab, allerdings nur in einer geduldeten Grauzone außerhalb der vorherrschenden Arbeiterideologie. In dem Maße, in dem solche alternativen Wertmaßstäbe und Selbstcharakterisierungen in Industriebetrieben unterschiedlicher Größenordnung und aus den einzelnen Industrieregionen der DDR erkennbar ähnliche Merkmale aufwiesen, wird man davon ausgehen können, daß sie eine statuskonstituierende Wirkung für die Angestelltenschaft hatten, oder, um an Bourdieu anzuschließen, klassenkonstituierend und -erhaltend wirkten. Es wird die Aufgabe der künftigen Sozial- und Kulturgeschichtsschreibung zur DDR sein, diese Typen aus einem Überangebot an sozialstrukturellen und einem Unterangebot an schwer erschließbaren kulturanthropologischen Quellen zu isolieren und zu benennen.

Helga Grebing

Dritte Wege – ‚Last Minute'?
Programmatische Konzepte über Alternativen zu den beiden ‚real existierenden' Deutschland zwischen Ende 1989 und Anfang 1990

1.

Ende 1989, als der „administrativ-bürokratische Sozialismus" der kommunistischen Diktaturen bereits gescheitert, die „Staatsplanwirtschaft" zusammengebrochen und das „staatssozialistische Herrschaftssystem" in Auflösung begriffen war, gab es von einer Reihe von meist der SED angehörenden Intellektuellen Anstrengungen, den Verfall des „anderen deutschen Staates" durch Reformkonzepte nicht nur aufzuhalten, sondern umzupolen in eine neue Entwicklungsperspektive für einen ‚dritten Weg': zu einem wahrhaft menschlichen Sozialismus wollte man die DDR umbauen als Alternative zu den durch die Monopole beherrschten kapitalistischen Gesellschaften und den zentralistischen, machtdominierten monolithischen stalinistischen Gesellschaftssystemen.[1]

Die damals angestellten und auch öffentlich gemachten Überlegungen sind bis in die jüngste Zeit hinein wiederholt abgehakt worden als suspekte und untaugliche Versuche, nicht frei von ‚Wende(hals)impulsen' und zugleich a priori zum Scheitern verurteilt.[2] Es ist zwar evident, daß es keine „letzte Chance für den Sozialismus" in der DDR wie anderswo gegeben hat, weil das politisch-ökonomische System der marxistisch-leninistisch begründeten sozialistischen Produktionsweise immanent betrachtet gar nicht reformierbar sein konnte und alle Schritte in diese Richtung immer wieder gewaltsam unterdrückt wurden oder eben schließlich zum totalen Systembruch führten.

---

1 Vgl. 1. Sozialismus in der Diskussion: 1. Studie zur Gesellschaftsstrategie, Berlin 1989 (Autoren: R. Land, H. Petsch, M. Brie, D. Segert, R. Will); 2. Sozialismus in der Diskussion: 2. Texte zu Politik, Staat, Recht, Berlin 1990 (Autoren: H. Bluhm, A. Brie, M. Brie, W. Ettl, R. Land, D. Segert, W. Wallraf, R. Will); 3. Umbaupapier. Argumente gegen die Wiedervereinigung, hg. v. R. Land, Berlin 1990 (enthält Texte aus Nr. 1 und 2). 4. Für eine sozialistische Partei der DDR, in: ND, 12.12.1989, S. 3 (Autoren: A. Brie, M. Brie, W. Ettl, J. Jünger, D. Klein, H.-P. Krüger, D. Segert, H. Wagner, R. Will); 5. Für einen menschlichen, demokratischen Sozialismus in der DDR, in: ND, 16./17.12.1989, S. 3 (Autoren: R. Reißig, F. Adler); 6. R. Henrich, Der vormundschaftliche Staat. Vom Versagen des real existierenden Sozialismus, Reinbek 1989; 7. P. Ruben, Was ist Sozialismus? Zum Verhältnis von Gemein- und Personeneigentum an Produktionsmitteln, in: Initial 2/1990, S. 115-125, 224.
2 Vgl. R. Eckert, Verfehlte Reformhoffnungen und mißlungene Aufklärung, in: Hochschule Ost. 1/1997, S. 182-187; dazu die Stellungnahmen von Dieter Segert und Rainer Land, in: ebd. S. 187-193; E. Neubert, Geschichte der Opposition in der DDR 1949-1989, Bonn 1997, S. 870-873.

Insofern waren die Hoffnungen der hier in Rede stehenden Autoren, dem staatssozialistischen System zu einer fundamentalen Reformierbarkeit zu verhelfen, ohne seine systemspezifischen Grenzen zu sprengen, tatsächlich illusionär.

Dennoch entläßt diese historische Tatsache nicht aus der intellektuellen Pflicht, die seinerzeitigen Reformüberlegungen nicht einfach polemisch abzulegen als immanente Machterhaltungsstrategien, sondern sie einmal auf ihren Sinngehalt zu überprüfen; nicht zuletzt, um – vielleicht – Anregungen für die Zukunft zu gewinnen. Das Vorgehen wird dabei nicht angeleitet von den Positionen der einzelnen Autoren, damals und heute; es wird vielmehr eine hermeneutisch orientierte Analyse der Texte angestrebt – ohne den Versuch einer Bestimmung ihres Stellenwertes im zeitkontingenten Diskurs. Gewiß wäre es allerdings spannend, die Texte der DDR-Autoren als Spiegelung der desolaten Lage der DDR zu interpretieren;[3] und spiegelverkehrt dazu die ‚Phönix-aus der Asche'-Euphorie der „revolutionären Erneuerung des Sozialismus" zu untersuchen, der vielleicht in einer ‚zweiten Stunde Null' noch eine letzte Chance haben könnte – Hoffnungen, die ja auch im westlichen Teil der heutigen Bundesrepublik Deutschland nie aufgegeben worden sind.

2.

Das Ziel der Autoren war, eine sozialistische Perspektive für den einzuleitenden Wandel zu entwickeln: „Ohne wirklich tiefgreifende strukturelle Veränderungen der Wirtschafts- und Sozialentwicklung, des politischen Systems und der SED wird es keinen Weg aus der Krise geben."[4] Entsprechend gnadenlos fiel die Kritik des stalinistisch verformten „bürokratisch-administrativen Sozialismus" aus, der „gesetzmäßig" zu Stagnation, Krise, Fäulnis führen mußte, mit all den bekannten Erscheinungen der planbürokratischen Mangel- und Verschwendungswirtschaft. Das System beruhte auf der durch außerökonomische Zwänge der Über- und Unterordnung bis hin zur terroristischen Form des Gulag[5] gesicherten ökonomischen Rolle des Staates als Produzenten. Heraus kam ein lernunfähiges System, das den Menschen unter eine zentrale, sich selbst als Zweck setzende Planungsmacht subsumierte, statt die menschliche Dimension zum Maß aller Dinge zu machen.

Dennoch war – nach Auffassung der Autoren – nicht „die Menschheitsidee des Sozialismus" gescheitert und auch nicht die sozialistische Gesellschaftskritik am Kapitalismus falsch, sondern „ihre stalinistische, bürokratisch-administrative Verformung und der darauf basierende Gesellschaftstyp".[6] Deshalb kann es für die Zukunftsplanung bei

---

3 Vgl. H. Grebing, Die schöne Gewöhnlichkeit. Vom Ende des Dritten Weges, in: Funkkolleg „Deutschland im Umbruch", Tübingen 1997, Studienbrief 3, Studieneinheit 8, S. 4-32.
4 Zitat s. Anm. 1, Nr. 1, S. 5.
5 Die Bedeutung der extremsten Form des außerökonomischen Zwanges betont Rolf Henrich (Anm. 1, Nr. 6).
6 Siehe Anm. 1, Nr. 5, S. 3.

der begrifflichen Festlegung auf „den Sozialismus", bei der „ursprünglichen Idee des Sozialismus", bei der Orientierung auf den „Dritten Weg" eines „wahrhaft menschlichen Sozialismus", eines „modernen Sozialismus", eines bzw. des „demokratischen Sozialismus" bleiben. Eine anregende Ausnahme von dieser eindimensionalen Deutung findet sich bei Peter Ruben.[7] Das, was jetzt – 1990 – „den Gang ins Konkursverfahren antritt", „ist mitnichten der Sozialismus, der überhaupt noch keine reale, dauerhafte geschichtliche Gestalt gefunden hat (abgesehen von der kurzen Versuchsperiode zwischen 1921 und 1928), sondern der rohe Kommunismus im Sinne der Marxschen Charakterisierung, den wir heute auch das System des Stalinismus nennen."[8]

Der andere, der neue, der noch nicht da gewesene Sozialismus, der die beiden realgeschichtlichen Varianten – Monopolkapitalismus und bürokratisch-administrativer Sozialismus – in einem ‚dritten Weg' überwinden will, hat historisch-theoretische Grundlagen, an denen aber auch gar nichts fehlt – der Katalog macht in besonders auffallender Weise die Intention des angestrebten Wandels (der SED-Reformer) durch Annäherung (an das Konzept des demokratischen Sozialismus in der SPD) deutlich: Marx, Engels, Lenin (nach einer anderen Version: Marx, Engels und die „nachfolgenden Weiterentwicklungen des marxistischen Denkens in seinen vielfältigen Ausprägungen"), die demokratischen, die kommunistischen, die sozialdemokratischen, die sozialistischen und die pazifistischen Bewegungen; auch konstatiert man viele Berührungen zu christlichen und anderen religiös begründeten Standpunkten – schließlich wird ein „Meinungspluralismus als Prinzip kollektiver Erkenntnis" erstrebt.[9]

Zu den evidenten Defiziten des ‚alten' Sozialismus wird auch eine falsche oder doch vulgäre Interpretation ‚des' Kapitalismus gezählt; anstelle der Fixierung auf einen Kapitalismus des freien Eigentums und der freien Konkurrenz müßten die Fähigkeit des modernen monopolistischen Kapitalismus zu hoher Innovativität bei der Bewältigung der technisch-wissenschaftlichen Revolution und zu sozial progressiven Lösungen unter dem Druck existenzerhaltender Erfordernisse erkannt werden, um zu begreifen, wo im modernen Kapitalismus „sozialistische Tendenzen" hervorschauen und wo die Chancen für progressive soziale Bewegungen liegen, die politischen Kräfteverhältnisse umzukehren. Mit solchen Einsichten sind die Autoren vorwärts zurückgeschritten in die klassische Revisionismus-Debatte, die die europäische sozialdemokratische Arbeiterbewegung bereits in den zwanziger Jahren des Jahrhunderts hinter sich gebracht hatte.

Das von den Autoren präsentierte Sozialismus-Konzept beruht auf der Beibehaltung der sozialen Orientierung der sozialistischen Wirtschaftsentwicklung, deren grundlegender Kern die Vergesellschaftung wichtiger Produktionsmittel bleiben soll, unter der

---

7 Vgl. Anm. 1, Nr. 7; vgl. zu Ruben: H.-Chr. Rauh (Hg.), Gefesselter Widerspruch. Die Affäre um Peter Ruben, Berlin 1991. Dieser Band enthält eindrucksvollere Informationen als so mancher IM-Entlarvungsbericht.
8 Zum Begriff des ‚rohen Kommunismus' vgl. K. Marx, Ökonomisch-philosophische Manuskripte (1844), Drittes Manuskript, Abschnitt „Privateigentum und Kommunismus".
9 Vgl. bes. Anm. 1, Nr. 4, S. 3 u. Nr. 5, S. 3.

Voraussetzung einer Wandlung vom quantitativen zum qualitativen Wachstum unter der Devise ‚sozial und ökologisch'; das Konzept wird getragen von einem „Wirtschaftsmechanismus", der auf der Grundlage des für die ökonomische Entwicklung unverzichtbaren, aber auf einen solidarischen Konsens gegründeten Wettbewerbs Selbständigkeit, Eigenverantwortung und Eigentum zuläßt; es ist ferner gekennzeichnet durch die öffentliche und demokratische Gestaltung des politischen Systems und der „Wirtschaftsentwicklung auf allen Ebenen".

‚Sozialismus' in diesem Sinne kann dann als von den absoluten Zwängen der staatskapitalistischen Rationalität, die konträr zur Selbstentwicklung der Individuen steht, befreit gelten. Er wird denkbar als eine Rückorientierung auf die ursprunghaft humane Innovation, die er „in der Menschheitsgeschichte" bedeutet: Sozialismus könnte endlich eine Gesellschaft werden, deren Entwicklungsrichtungen „Räume für die Entwicklung der Individuen erzeugen", die diese autonom für ihre Selbstentwicklung zur Verfügung haben, für eine Entwicklung, bei der nicht die Entwicklung eines Subjektes gegen und auf Kosten anderer Subjekte geht" – wie Marx nach-gedacht deklariert wird.[10]

Dennoch bleibt ‚Sozialismus' ein System, wenn auch mit prozeßhaften Elementen, das stabilisierende Faktoren gegen überbordenden Pluralismus und gegen eine anarchisch entfunktionalisierte Selbstentwicklung der Individuen braucht. Es ist und bleibt ‚die Partei', wenn auch eine, die sich zurückgenommen hat in die demokratischen Traditionen der deutschen und der internationalen Arbeiterbewegung, die diese Stabilitätsgarantie zu erbringen hätte (ob die SED, stellte sie sich denn einem sie reformierenden Prozeß, dazu imstande sein könnte, blieb 1989/90 für die Autoren unterschwellig-resignativ eher eine zu verneinende Frage).

3.

Dieser ‚rohe Sozialismus' – noch nicht befreit von den den ‚rohen Kommunismus' konstituierenden Elementen der Geschichtsnotwendigkeit, der Systemkonstruktion und der die gesellschaftliche Pluralität eingrenzenden Funktion der ‚haltenden Institution' Partei – bleibt in der Gefahr der ‚Revolution', der Rücknahme emanzipatorischer Prozesse. Diesen ‚rohen Sozialismus' hatten die Oppositionsgruppen in der DDR weit hinter sich gelassen, wenn sie sich dem „Versuch einer Alternative zum kapitalistischen System" nach dem Scheitern des „staatssozialistischen Systems"[11] verpflichtet sahen, also sich auf das An-Denken eines ‚dritten Weges' einließen.

---

10 Vgl. R. Land, Anm. 1, Nr. 1, S. 108 bzw. Nr. 3, S. 15.
11 Den folgenden Ausführungen liegen zugrunde: 1. Statut der SDP, beschlossen bei der Gründungsversammlung am 7. Oktober 1989 in Schwante, in: M. Meckel/M. Gutzeit (Hg.), Opposition in der DDR. Zehn Jahre kirchliche Friedensarbeit, Köln 1994, S. 376-378; 2. M. Meckel, Programmatischer Vortrag zur Gründung der Sozialdemokratischen Partei in der DDR (SDP) am 7. Oktober 1989, erarbeitet und gehalten im Auftrag der Initiativgruppe, in: Historische Kommission beim Parteivorstand der SPD (Hg.), Von der SDP zur SPD, Bonn 1994, S. 54-73; 3. Grundsatzprogramm der Sozialdemokratischen Partei

In fast allen programmatischen oder doch programmähnlichen Äußerungen der Bürgerbewegungen, die allerdings recht knapp und spärlich ausfielen (was wohl vor allem den realpolitischen Rahmenbedingungen, aber vielleicht nicht nur ihnen geschuldet war), findet sich diese Orientierung auf eine sozialistische Alternative zum real existierenden Kapitalismus der Bundesrepublik und dem Staatssozialismus der DDR: dieser neue Sozialismus sollte der „wirkliche", der „eigentliche", der „freie", der „demokratische" Sozialismus sein.

Geht man näher auf die Texte ein, wie sie ausführlich und grundlegend nur die SDP bzw. SPD der DDR vorgelegt hat, so findet man ein Verständnis dieses anderen Sozialismus, das mit dem der SED-Reformer nicht kompatibel ist. Zwar gibt es im Hinblick auf die Grundlagen der Herkunft kaum Unterschiede, einmal abgesehen von der etwas anderen Reihung und Akzentuierung: von kommunistisch gefärbten Sehnsüchten der Entrechteten ist die Rede, von den Gesellschafts- und Geschichtstheorien von Marx und Engels, von Lassalles politischen Konzepten; man beruft sich, allerdings klarer und deutlicher, auf die christliche Ethik bzw. die Ideen des christlichen Humanismus und der Religiösen Sozialisten und will auf keine Ideologie fixiert sein; kurz: es sind die Traditionen des Demokratischen Sozialismus der europäischen Arbeiterbewegung, denen die SDP/SPD der DDR nahesteht.

Dabei verleugnete man nicht die Probleme, die man sich mit dem Begriff des Demokratischen Sozialismus auflud; so erhielt denn angesichts der Tatsache, daß mit diesem Begriff „die Erben der SED" lockten, die Kennzeichnung der eigenen Perspektive als „soziale Demokratie" eine gewisse Präferenz.[12] Aber entscheidend für das eigene Selbstverständnis sollten ja nicht Ideologien sein, sondern der gemeinsam zum Ausdruck gebrachte Wille, „sich für eine ökologisch fundierte soziale Demokratie einzusetzen".[13]

Soziale Demokratie/Demokratischer Sozialismus – als Synonyme verstanden und gebraucht – war keine „Gesellschaftskonstruktion", keine „gesetzmäßige Phase im Geschichtsverlauf", „sondern eine offene Form friedlichen Zusammenlebens, die den Menschen Gelegenheit gibt, ihre Freiheiten auszuweiten, ihre Beziehungen zueinander gerecht zu ordnen und wirksam Solidarität zu üben".[14] In diesem Sinne war Soziale Demokratie/Demokratischer Sozialismus auch kein Ordnungsmodell, sondern eine „Lebensform", die die Menschen instandsetzen sollte, „eine menschenfreundliche, aufgeklärte und damit gewaltarme Gesellschaft zu schaffen".[15] In eine solche Perspektivik ist – leicht erkennbar – viel eingeflossen von den inspirierenden Formen des offenen

---

der DDR, beschlossen auf dem Parteitag in Leipzig 22.-25.2.1990, hektographiert. Für die zitierte Textstelle s. Nr. 2, S. 396.
12 Anm. 11, Nr. 3, S. 4. Der innerparteiliche Diskurs ging in der SPD nach 1990 weiter, vgl. dazu die Broschüre der Grundwertekommission beim Parteivorstand der SPD: „Sozialismus" – von den Schwierigkeiten im Umgang mit einem Begriff, o. J. [1994].
13 Anm. 11, Nr. 3, S. 3.
14 Ebd., S. 5.
15 Ebd., S. 7.

und herrschaftsfreien Diskurses, wie er von den Oppositionsgruppen in der DDR gestaltet worden ist.

Als Leitmotiv für die gesellschaftliche und staatliche Erneuerung diente die lapidare wie eindeutige Forderung, deren Form in einem Programm recht ungewöhnlich wirkte: „der Plan muß weg". Auch von „marktorientierter Planwirtschaft" oder „sozialistischer Marktwirtschaft" wollte man nicht sprechen. Stattdessen sollten Markt und Wettbewerb in ihr Recht eingesetzt werden, wenn auch selbstverständlich nicht im Sinne einer ungebändigten kapitalistischen Wettbewerbswirtschaft; vielmehr war eine demokratische, soziale und ökologische Marktwirtschaft zu gestalten, für die der demokratische Staat den Rahmen durch koordinierendes, regulierendes und kontrollierendes Handeln zu schaffen hatte. So sollten Monopolbildungen und wirtschaftliche Machtkonzentrationen verhindert werden; erweiterte Mitbestimmung, Kapitalbeteiligung seitens der Arbeitnehmer und umfassende Selbstverwaltung sollten das Ihre zur Demokratisierung der Wirtschaft beitragen.

Dies alles war aus dem Blickwinkel der europäischen sozialdemokratischen Tradition nichts Neues; dieser falsche Anspruch wurde aber auch gar nicht gestellt. Dennoch ist zweierlei bemerkenswert, was zweifelsohne aus den Erfahrungen mit dem „staatssozialistischen System" resultierte: der traditionelle sozialdemokratische Etatismus (der Staat ‚soll', ‚muß', nur er ‚kann') erscheint etwas gedämpfter, zurückgenommener, und die Selbstgestaltungsfähigkeit der gesellschaftlichen Kräfte wird stärker akzentuiert. Der ‚Dritte Weg', eher verhalten angesprochen, führt nicht zu der Alternative eines geschlossenen Systems oder auch nur eines Ordnungsmodells, sondern manifestiert sich als die offene demokratische Form friedlichen Zusammenlebens.

4.

Mit dieser Standortbestimmung war die SDP/SPD der DDR in den großen sozialdemokratischen Hafen des programmatischen Konsens eingelaufen, der mit der Annahme des Berliner Programms am 20. Dezember 1989 einen neuen Höhepunkt fand.[16] Die Programmdiskussion hatte Anfang der achtziger Jahre begonnen; über die beiden Varianten – Fortschreibung des Godesberger Programms von 1959 oder ein neues, von der

---

16 Vgl. für die Programmdiskussion der SPD: 1. Bericht der Grundwertekommission zum Godesberger Grundsatzprogramm, vorgelegt am 14.1.1984, in: E. Eppler (Hg.), Grundwerte für ein neues Godesberger Programm, Reinbek 1984, S. 171-199; 2. Entwurf für ein neues Grundsatzprogramm der Sozialdemokratischen Partei Deutschlands, Irsee, Juni 1986; 3. Das neue Grundsatzprogramm der Sozialdemokratischen Partei Deutschlands, Entwurf März 1989 – Vorsitzender der Irseer Programmkommission war der damalige Parteivorsitzende Willy Brandt; der 2. Kommission saß Hans-Jochen Vogel, der Brandt folgende Parteivorsitzende, vor, geschäftsführender Vorsitzender war Oskar Lafontaine; die Verfasserin dieses Beitrags war eines der 28 Mitglieder der Kommission ohne Stimmrecht; 4. Grundsatzprogramm der Sozialdemokratischen Partei Deutschlands, beschlossen am 20.12.1989 in Berlin; 5. E. Eppler, Plattform für eine neue Mehrheit. Ein Kommentar zum Berliner Programm der SPD, Bonn 1990.

alten Vorlage weitgehend entkoppeltes neues Programm – wurde nach einem Bericht der Grundwertekommission beim Parteivorstand der SPD vom Januar 1984 zugunsten der letzten entschieden. Denn zu groß waren inzwischen die Defizite des 25 Jahre alten Programms. Das Wirtschaftswachstum war nicht „ungebrochen" geblieben; das Vertrauen in die Wissenschaft als zuverlässigem Kompaß für politisches Handeln und die Hoffnung auf die ‚dem Guten' dienende technologische Entwicklung waren inzwischen nicht mehr unerschüttert; die Beziehungen zwischen Ökonomie und Ökologie hatte das Godesberger Programm überhaupt noch nicht angesprochen; die Leitbilder für die Entwicklungsperspektiven einer freien, friedlichen, sozial gerechteren und ökologisch ausgeglichenen, zur Selbstorganisierung fähigen demokratischen Gesellschaft hatten sich seither entschieden verändert; die Nord-Süd-Dimension der Solidarität der Industrieländer mit der Mehrheit der Weltbevölkerung war noch nicht zum Thema geworden; die Vorstellung einer europäischen Gemeinschaft als einem Gebilde, das die Nationalstaaten ersetzen und eigene handlungsfähige Institutionen würde bilden können, fehlte.

1984 begann die Programmarbeit im engeren Sinne, getreu der seit langem im kollektiven Gedächtnis gespeicherten Einsicht oder auch nur Erfahrung, „daß die Diskussion von Grundsatzfragen nicht zu neuen Polarisierungen führt, sondern eher geeignet ist, bestehende abzubauen".[17] Mit anderen Worten: die Programm-Diskussion hatte sich wiederholt als wertvoller für die Klärung von Weg und Ziel der Partei erwiesen als das papierförmige Ergebnis dieser Diskussion, der Programmtext.

Bei der Arbeit am Programm zeigte es sich, daß die SPD eine grundsätzlich neue Zielbestimmung gar nicht benötigte: Der Demokratische Sozialismus war bereits im Godesberger Programm als dauernde Aufgabe definiert worden, die Grundwerte der europäischen sozialdemokratischen Arbeiterbewegung zu verwirklichen und die Demokratie zu vollenden. Auch die geschichtlichen Wurzeln, auf die sich die SPD berief, waren nicht umstritten; so wenig, daß auch Marx wieder ins Boot genommen wurde, allerdings um den Preis der hervorgehobenen Nennung des Christentums: „Der Demokratische Sozialismus in Europa hat seine geistigen Wurzeln im Christentum, in der humanistischen Philosophie, in der Aufklärung, in Marxscher Geschichts- und Gesellschaftslehre und in den Erfahrungen der Arbeiterbewegung. Die Ideen der Frauenbewegung sind bereits im 19. Jahrhundert von der Arbeiterbewegung aufgenommen und weiterentwickelt worden." So lautet die Textstelle im Berliner Grundsatzprogramm von 1989, die bereits wortgleich in den Irseer Entwurf von 1986 aufgenommen worden war.[18]

Demokratischer Sozialismus als dauernde Aufgabe – das bedeutet, daß er kein Gesellschaftssystem darstellen soll und auch lange gebrauchte Verkürzungen des Begriffsverständnisses von Sozialismus auf Sozialisierung oder sogar nur Verstaatlichung als

---

17 Anm. 16, Nr. 1, S. 199.
18 Vgl. Anm. 16, Nr. 4, unter II. Die Grundlagen unserer Politik, 1. Grunderfahrungen und Grundwerte, den Abschnitt „Unsere geschichtlichen Wurzeln".

obsolet betrachtet wurden. Demokratischer Sozialismus aus der Sicht der Sozialdemokratie verdichtete sich vielmehr zu einem Ensemble aufeinander bezogener Grundprinzipien, in deren Mittelpunkt das Vermögen des Menschen zur Freiheit, zur Veränderung und Gestaltung der Gesellschaft und der politischen Institutionen steht. Zu dieser offenen Form begriffsinhaltlicher Orientierung stand allerdings in einem gewissen Widerspruch die vom Godesberger Programm übernommene, jedenfalls weitergeführte Vorstellung einer „neuen", ja „besseren gesellschaftlichen Ordnung", die man schaffen wollte und die über bloße Reformen im Kapitalismus hinausführen sollte.

Sicherlich zutreffend kann man in solchen Wendungen noch die letzten Reste des auch einmal die demokratischen Sozialisten beflügelnden Traums von einem ganz anderen gesellschaftlichen System entdecken. Indessen waren solche Träume durch die historische Anschauung der kommunistischen Diktaturen längst bitter enttäuscht worden: „Anstelle einer Gesellschaft brüderlich und schwesterlich zusammenlebender Menschen haben sie (die Kommunisten) die Herrschaft einer privilegierten Bürokratie errichtet, die weder politische Freiheit noch kulturelle Entfaltung zu sichern vermochte."[19]

Pluralistisch, demokratisch, sozial gerecht sollte die Gesellschaft werden und damit die Aufhebung der letzten Klassenschranken und Klassenvorrechte bewirken – „eine solidarische Gesellschaft der Freien und Gleichen (…), in der alle Menschen gleichberechtigt über ihr Leben und ihre Arbeit entscheiden", schien nicht nur erstrebenswert, sondern auch gestaltbar. Das dieser Vorstellung zugrundeliegende Menschenbild – weit entfernt vom einstigen Ideal der Schaffung eines ‚neuen Menschen' – ließ solche Optionen zu: „Der Mensch, weder zum Guten noch zum Bösen festgelegt, ist lern- und vernunftfähig. Daher ist Demokratie möglich. Er ist fehlbar und kann irren und in Unmenschlichkeit zurückfallen. Darum ist Demokratie nötig (…)".[20]

Wiederum: Demokratie nicht verstanden als ein ‚System', sondern als „allgemeine Lebensform, weil allein sie der Achtung vor der Würde des Menschen und seiner Eigenverantwortung Ausdruck gibt. Demokratie ist die Lebensform der Freiheit."[21]

Strenge philosophische Kritik mag leicht spotten können über diese Minimalanthropologie oder wiederum: einen Rest jenes gefährlichen utopischen Denkens entdecken, das über noch human gedachte Erziehungsdiktaturen stets in eine ‚totale Gesellschaft' mündet. Aber wer utopische Ideale nicht mit geschichtsphilosophischen Legitimationsideologien verwechselt, wie es das Lehrstück des marxistisch-leninistischen ‚Realsozialismus' so grauenvoll demonstrierte, wird sich nicht dazu verleiten lassen, leichtfertig vom ‚Ende aller Utopien' zu sprechen; bisher waren die Bilder von einem möglichen anderen Leben nicht verzichtbar für konkretes Handeln.

---

19 Ebd. Die ‚große Abrechnung' mit den kommunistischen Diktaturen erfolgte bereits 1951 in der Erklärung der Sozialistischen Internationale über Ziele und Aufgaben des demokratischen Sozialismus, in: D. Dowe/K. Klotzbach (Hg.), Programmatische Dokumente der deutschen Sozialdemokratie, Bonn ³1990, S. 287-297.
20 Anm. 16, Nr. 4, unter II.1, Abschnitt „Unser Bild vom Menschen".
21 Ebd., Abschnitt IV. 5, Demokratie in Staat und Gesellschaft.

Der Weg zu den Zielen des Demokratischen Sozialismus im 1989er Programm führt über den qualitativen Aus- und Umbau des Sozialstaates auf der Grundlage einer leistungsfähigen, grundsätzlich kapitalistisch strukturierten Wirtschaft, der qualitative Ziele vorgegeben werden: Vollbeschäftigung bleibt der adäquate Ausdruck sozialer Gerechtigkeit, und hinzu tritt nun auch die Erhaltung der ökologischen Kreisläufe. Wieder, wie bereits im Godesberger Programm, wird dem Staat die demokratische gesamtgesellschaftliche Steuerung und die Setzung der ökonomischen Rahmenbedingungen zugewiesen, und dies nach dem Motto, das Karl Schiller bereits Anfang der fünfziger Jahre für den Entwurf seines Konzeptes „einer sozialistischen Wirtschaftspolitik im Kapitalismus" vorgegeben hatte[22] und wie es dann 1959 ins Godesberger Programm aufgenommen wurde: „Wettbewerb soweit wie möglich – Planung so weit wie nötig".

In der dem Staat zugewiesenen Rolle werden noch einmal die Spuren des langen Abschieds der Sozialdemokratie von ihrem traditionellen Über-Etatismus deutlich; ebenso klar wird aber auch der Lernprozeß, der sich in der herausgehobenen Bedeutung der „Demokratie als Lebensform" und der Erweiterung der Möglichkeiten spiegelt, den Gestaltungskräften in der Gesellschaft Partizipationschancen für die politische Willensbildung zu eröffnen.

So unumständlich die Bestätigung der Selbstbezeichnung der SPD als „linke Volkspartei" im Berliner Programm (wie bereits im Godesberger) ausfällt, so deutlich zeigten sich ihre Schwierigkeiten mit der begrifflichen Zuordnung ihres Gesamtkonzeptes: „Demokratischer Sozialismus" und „soziale Demokratie" werden synonym gebraucht, obwohl sie es in der theoretischen Diskussion nicht unbedingt waren. „Demokratischer Sozialismus" bezeichnet das Gesamtkonzept in scharfer Abgrenzung zur bürokratisch-terroristischen kommunistischen Diktatur; „soziale Demokratie" war jedenfalls in der jüngeren Theoriegeschichte der Begriff für die Ergänzung der noch unvollendeten bzw. unvollständigen politischen (gleichwohl rechtsstaatlich gesicherten) Demokratie, die per se gerade keine gesellschaftliche Dimension besitzt, vielmehr häufig dogmengeschichtlich in einem ursächlichen Zusammenhang mit dem Kapitalismus gesehen wird.[23]

Die Grundwertekommission der SPD hat sich bereits 1990 – also ein knappes Jahr nach der Annahme des Programms – zum ersten Mal mit einer Stellungnahme eingeschaltet, die sowohl gegen konservative Publizisten und Politiker gerichtet war, die die Konzepte und Ziele der SPD in die unmittelbare Nähe des gescheiterten „real existierenden Sozialismus" zu stellen versuchten, als auch gegen die anmaßende Selbstetiket-

---

22 Vgl. K. Schiller, Aufgaben und Versuche. Zur neuen Ordnung von Gesellschaft und Wirtschaft, Hamburg 1953, S. 139; P. Meyer-Dohm, „Wettbewerb soweit wie möglich, Planung soweit wie nötig". Karl Schillers Bochumer Leitregel, in: H. Körner u.a. (Hg.), Wirtschaftspolitik – Wissenschaft und politische Aufgabe, Festschrift für Karl Schiller, Bern 1976, S. 85-109.

23 Vgl. hierzu u.a. J. A. Schumpeter, Kapitalismus, Sozialismus und Demokratie (New York 1942), deutsch Bern 1946, S. 471.

tierung der PDS.[24] Bereits seit damals hätte klar sein können, daß das Verständnis des Demokratischen Sozialismus aus sozialdemokratischer Überlieferung nicht kompatibel ist mit dem, was die PDS und andere ‚Nachfolgeparteien' so bezeichnen. Für Sozialdemokraten ist Demokratischer Sozialismus eine regulative Idee und kein ‚Dritter Weg', der auch ‚last minute' nicht zu haben war.

---

24 Vgl. Anm. 12 sowie W. Euchner, Abschied vom demokratischen Sozialismus? in: K. Rudolph/Chr. Wickert (Hg.), Geschichte als Möglichkeit. Über die Chancen von Demokratie, Festschrift für Helga Grebing, S. 436-462; Th. Meyer, Was bleibt vom Sozialismus? in: ebd., S. 463-476.

Peter Hübner

Omnia vincit labor?
Historische Aspekte der Beschäftigungskrise in
Deutschland nach 1990

1. Das Problem und seine Vorgeschichte

„Omnia vincit labor",[1] Arbeit siegt überall, kündet seit 1928 eine Inschrift an einem repräsentativen Turmbau in der Leipziger Innenstadt, nahe der Oper gelegen.[2] Haus und Schrift haben bislang allen Gefährdungen widerstanden, die das 20. Jahrhundert heraufbeschwor. Wie durch ein Wunder überdauerte es selbst den Zweiten Weltkrieg. Interessant daran ist, daß die Schriftzüge am Turm offenbar niemals in Frage gestellt worden sind, weder in der Weimarer Republik noch im Dritten Reich und auch nicht in der DDR. Wenngleich der jeweilige Zeitgeist klassischem Latein eher abhold war, schien die Botschaft vom Siegeszug der Arbeit von den unterschiedlichsten politischen Positionen her akzeptiert zu sein. Allerdings dürfte die optimistische Devise doch bald zweifelnde Blicke auf sich gezogen haben. Seit 1929 nämlich stieg die Zahl der bei den deutschen Arbeitsämtern als erwerbslos gemeldeten Menschen dramatisch an, von 1,4 Millionen auf 1,9 Millionen im Jahr 1929 und schließlich von 4,5 Millionen 1931 auf 5,6 Millionen 1932. Die Zeit der „goldenen Zwanziger" zerstob in der Weltwirtschaftskrise wie Rauch im Wind. Die Wende zu mehr Beschäftigung stand im Zeichen der nationalsozialistischen Diktatur. Konjunkturelle Belebung, beschäftigungspolitische Regulierungsmaßnahmen und Aufrüstung erwiesen sich als eine ebenso erfolgreiche wie gefährliche Mischung.

Die nationalsozialistische Arbeitseinsatzpolitik entsprach zwar nicht dem Ideal der Vollbeschäftigung, doch wurde der NS-Diktatur in der öffentlichen Meinung die weitgehende Beseitigung von Arbeitslosigkeit positiv angerechnet.[3] In einigen wichtigen Grundzügen wiederholte sich diese Konstellation in der DDR. Das seit 1949 in der Verfassung verankerte Recht auf Arbeit wurde von der SED praktisch eingelöst. Sie sorgte für eine Vollbeschäftigung, wie sie nur unter planwirtschaftlichen Bedingungen entstehen konnte. Nach dem Ende der DDR gerann diese Seite ihrer Geschichte zu

---

1 Im antiken Original lautet der Spruch: „Omnia vincit Amor", Vergil, Eklogen 10.69.
2 Es handelt sich um das an der Goethestraße gelegene sogenannte Kroch-Haus, 1927/28 nach Plänen des Münchener Architekten Bestelmeyer in Stahlbetonbauweise errichtet.
3 Vgl. A. Kranig, Arbeitnehmer, Arbeitsbeziehungen und Sozialpolitik unter dem Nationalsozialismus, in: K. D. Bracher u.a. (Hg.), Deutschland 1933-1945. Neue Studien zur nationalsozialistischen Herrschaft, Bonn 1993, S. 136.

einer meist positiven Erinnerung.[4] Doch zeichnet sich ein bemerkenswerter Zusammenhang ab: Beide Diktaturen, die im Deutschland des 20. Jahrhunderts Macht erlangten, erreichten de facto Vollbeschäftigung, die eine durch Rüstung und Krieg, die andere durch extensive Industrialisierung und Planwirtschaft. Beide aber scheiterten mit den Instrumenten, durch die sie das hohe Beschäftigungniveau erreicht hatten.

Tabelle 1 Zahl der beschäftigten Arbeiter und Angestellten und die Entwicklung der Arbeitslosigkeit nach Meldungen der Arbeitsämter (in Tsd.)

Jahr	insgesamt	darunter Frauen	Arbeitslose
1928	19.494	7.179	1.391,0
1929	.	.	1.898,6
1931	.	.	4.519,7
1932	13.518	4.604	5.602,7
1933	13.432	4.751	4.804,4
1934	15.470	5.033	2.718,3
1935	16.424	5.246	2.151,0
1936	17.592	5.507	1.592,7
1937	18.885	5.894	912,3
1938	20.114	6.603	429,5
1939	20.813	6.822	118,9
1940	19.604	7.115	51,8
1941	20.169	7.764	10,0
1942	19.721	8.056	.

Quelle: Statistisches Handbuch von Deutschland 1928-1944, hg. vom Länderrat des Amerikanischen Besatzungsgebiets, München 1949, S. 474, 484 (Punkt in Tabelle = keine Angaben).

Als 1989 die Leipziger Montagsdemonstrationen Hunderttausende an der Inschrift vorbeiführten, galt ihr Interesse anderen Dingen. Der schnell voranschreitende Zusammenbruch des SED-Regimes und der DDR lenkte das Augenmerk der Menschen nicht auf lateinische Inschriften. Doch im dramatischen Herbst 1989 und während der letzten Monate der DDR im Jahr 1990 schien selbst unter politischen Antipoden Übereinstimmung zu bestehen, daß ein demokratischer Neubeginn im Ostteil Deutschlands nur mit viel Arbeit möglich wäre und diese geschützt werden müsse. So plädierte der „Runde Tisch" in einer am 5. Februar 1990 beschlossenen Sozialcharta für eine rechtlich einklagbare Garantie sozialer Standards.[5]

In seiner am 19. April 1990 abgegebenen Regierungserklärung entfernte sich der neue und letzte Ministerpräsident der DDR, Lothar de Maizière, nur wenig von dieser Position: „Die Wirtschaft ist kein Selbstzweck, sondern sie ist ein Mittel, um die Le-

---

[4] Vgl. A. Göschel, Mentalitätsforschung in einer „Kultur-, Erzähl- und Erinnerungsgemeinschaft", in: G. Kuhn/A. Ludwig (Hg.), Alltag und soziales Gedächtnis. Die DDR-Objektkultur und ihre Musealisierung, Hamburg 1997, S. 175-195.

[5] Vgl. U. Thaysen, Der runde Tisch. Oder: Wo blieb das Volk?, Der Weg der DDR in die Demokratie, Opladen 1990, S. 140.

bensbedürfnisse der Menschen zu sichern, um die Entfaltung der Menschen zu ermöglichen und um die Verwirklichung menschlicher Werte zu fördern. Arbeitsförderung und die Schaffung von Arbeitsplätzen, insbesondere auch für Frauen, Alleinerziehende, für Eltern kinderreicher Familien und für Geschädigte ist Ziel unserer Regierungspolitik." Die zu erwartende Arbeitslosigkeit solle durch „Umschulung und Qualifizierung von Werktätigen, den Aufbau leistungsfähiger Arbeitsämter, finanzielle Absicherung bei Arbeitslosigkeit, Schutz der Beschäftigten durch ein Kündigungsschutzgesetz, ein Betriebsverfassungsgesetz und ein Tarifvertragsgesetz" bekämpft werden.[6]

Auch wenn einige dieser Forderungen bereits in der zeitgenössischen Perspektive als etwas blauäugig erschienen, ließen sie aber doch erkennen, daß sich die politischen Akteure der ostdeutschen „Transitionseliten"[7] der Risiken für die „Arbeitsgesellschaft"[8] der DDR bewußt waren. Nicht anders ist zu erklären, daß in dieser Regierungserklärung wenige Wochen vor der Wirtschafts-, Währungs- und Sozialunion von mehrjährigen Übergangsfristen die Rede war, ähnlich, wie sie der Wirtschaft Griechenlands, Portugals und Spaniens von der Europäischen Gemeinschaft gewährt worden waren; auch dachte man bei Übergangs- und Sonderregelungen zum Schutz der ostdeutschen Wirtschaft und ihrer Beschäftigten an ein „Saarland-Modell".[9]

Auch wenn dieses Kalkül nicht aufging[10], blieb an den Vorgängen beachtenswert, wie stark die politischen und wirtschaftlichen Akteure darauf fixiert waren, Ostdeutschland als Wirtschaftsstandort relativ schnell durch eine allgemein als unvermeidlich betrachtete Anpassungskrise zum „Aufschwung Ost" zu führen.[11] Erklärtes Ziel war, die sozialistisch geprägte Arbeitsgesellschaft zu einer marktwirtschaftlich orientierten zu transformieren.

„Omnia vincit labor" also? Am Ende der neunziger Jahre des 20. Jahrhunderts befindet sich die deutsche Arbeitsgesellschaft in Ost und West im Zustand einer sich dramatisch zuspitzenden Beschäftigungskrise. Fällt jetzt der Blick der Passanten auf jene Inschrift am Turmhaus, zumal dann, wenn die beiden mit mächtigen Hämmern bewehrten Bronzefiguren hoch oben auf dem Gebäude ein aus drei übereinandergestülpten Glocken bestehendes Uhrschlagwerk zum Erklingen bringen, dann werden manche darin die Symbolik einer industriell-handwerklich geprägten Vergangenheit erblicken.[12] Andere werden vielleicht versucht sein, der Inschrift ein Fragezeichen hinzuzufügen oder sie gar durch eine andere zu ersetzen: „Sic transit gloria mundi", so vergeht der Ruhm der Welt, etwa läge nahe, wobei sogar das Uhrschlagwerk und sein Hersteller hierfür als Begründung in Anspruch genommen werden können. Denn die 1722 ge-

---

6 H. Herles/E. Rose (Hg.), Vom Runden Tisch zum Parlament, Bonn 1990, S. 463.
7 H.-U. Derlien, Elitezirkulation in Ostdeutschland 1989-1995, in: APZ, B 5/1998, bes. S. 7-9.
8 Vgl. M. Kohli, Die DDR als Arbeitsgesellschaft? Arbeit, Lebenslauf und soziale Differenzierung, in: H. Kaelble u.a. (Hg.), Sozialgeschichte der DDR, Stuttgart 1994, S. 31-61.
9 Herles/Rose, S. 457.
10 Informativ hierzu: D. Marsh, Die Bundesbank. Geschäfte mit der Macht, München 1992, S. 259-300.
11 Vgl. H. Flassbeck/W. Scheremet, Wirtschaftliche Aspekte der deutschen Vereinigung, in: E. Jesse/A. Mitter (Hg.), Die Gestaltung der deutschen Einheit. Geschichte – Politik – Gesellschaft, Bonn 1992, S. 279-304.
12 Vgl. M. Schilling, Glocken und Glockenspiele, Rudolstadt 1982, S. 126, 129.

gründete Firma der Glockengießerfamilie Schilling im thüringischen Apolda wurde 1972 verstaatlicht und 1988 als „volkseigener" Betrieb geschlossen.[13] Der Vorgang ist nicht zuletzt deshalb von Interesse, weil er etwas von dem strukturellen Veränderungsdruck ahnen läßt, dem die Wirtschaft der DDR noch unter planwirtschaftlichen Bedingungen ausgesetzt war.

Einen ähnlichen Anstieg der Erwerbslosigkeit wie zur Zeit der Weltwirtschaftskrise hat es in Deutschland seither nicht mehr gegeben, auch nach dem Zweiten Weltkrieg nicht. Doch fast sieben Jahrzehnte nach dem 1932 erreichten Höhepunkt der Erwerbslosigkeit zeichnet sich im wiedervereinigten Deutschland eine Entwicklung ab, die auf ein vergleichbar hohes Niveau deutet, im Grunde aber noch problematischer ist als zur Zeit der „Großen Depression". Am 5. Februar 1998, informierte die Bundesanstalt für Arbeit darüber, daß im Januar mit 4,82 Millionen registrierten Arbeitslosen der höchste Stand der Erwerbslosigkeit in der Geschichte der Bundesrepublik Deutschland erreicht worden sei. Das entsprach einer Arbeitslosenquote von 12,6 Prozent, darunter – leicht sinkend – in Westdeutschland von 10,5 Prozent und – deutlich steigend – im Osten von 21,1 Prozent.[14]

2. Strukturwandel und Transformation

Woraus resultiert dieser Anstieg der Erwerbslosigkeit bei gleichzeitig anziehender Konjunktur? Worauf ist die allen Hoffnungen und Erwartungen zuwiderlaufende Zunahme der Arbeitslosigkeit in den neuen Bundesländern zurückzuführen? Es gibt darauf offenbar keine einfache Antwort. Wolfgang Franz, Mitglied des Sachverständigenrates zur Begutachtung der gesamtwirtschaftlichen Entwicklung und Wissenschaftlicher Direktor des Zentrums für Europäische Wirtschaftsforschung in Mannheim bekannte: „Wir können nicht genau berechnen, welcher Teil der Arbeitslosigkeit auf zu hohe Löhne, auf eine schlechte Wirtschaftslage oder strukturelle Faktoren zurückgeht." Klar sei aber, daß die Politik, die Rahmenbedingungen für Investitionen verbessern und Inflexibilitäten – auch bei den Tarifverträgen – beseitigen müsse.[15] Damit sind Ursachen gemeint, doch ist nicht gesagt, ob es sich dabei auch um die wesentlichen handelt.

Zwei Umstände sind an jenem 5. Februar deutlicher hervorgetreten: Zum einen lockert sich, wie es scheint, der Zusammenhang von Arbeitsplatzangebot und Konjunktur; auch unter günstigen Konjunkturdaten gehen mehr Arbeitsplätze verloren als neue entstehen. Zum anderen schlägt die mit der hohen Arbeitslosenquote einhergehende soziale Problemlage allmählich in ein erhebliches politisches Spannungspotential um.

Der deutsche Arbeitsmarkt zeigt sich am Ende des 20. Jahrhunderts und Jahre nach der Wiedervereinigung in auffälliger Weise zweigeteilt. Graphische Darstellungen der

---

13 Vgl. Geschichte und Beschreibung der Stadt Apolda 1871-1990, hg. v. der Druckerei Friedr. Kühn, Inh. Rau, Apolda 1997, S. 447f.
14 FAZ, 6.2.1998, S. 1.
15 FAZ, 6.2.1998, S. 13.

Verteilung von Erwerbslosigkeit auf die einzelnen Bundesländer reproduzieren ganz deutlich die geographischen Konturen der untergegangenen DDR. Wie zur Zeit der Teilung gibt es eine parallele, aber unterschiedliche Entwicklung der Erwerbsarbeit in Ost und West. Die statistischen Daten der Erwerbslosigkeit allein reichen aber nicht aus, um die Beschäftigungssituation zu beurteilen. So ist zu berücksichtigen, daß der westdeutsche Arbeitsmarkt in den achtziger und ersten neunziger Jahren eine enorme Integrationsleistung vollbrachte und weiterer Einstellungsbedarf teilweise vorweggenommen wurde. Der ostdeutsche Arbeitsmarkt hingegen wurde einerseits durch die Aufnahmefähigkeit des westdeutschen entlastet, gleichzeitig aber vor allem durch die massiv einsetzende Deindustrialisierung verengt.

Frank Stille und Rudolph Zwiener bemerken hierzu, daß der Zusammenbruch der DDR der westdeutschen Wirtschaft eine Zusatzkonjunktur verschafft und die Nachfrage nach Arbeit verstärkte habe. Die ersten achtziger Jahre hätten zwar im Zeichen einer durch die zweite Ölkrise verursachten weltweiten Rezession gestanden, doch seien bereits 1983 wieder positive Wachstumsraten erreicht worden, während der Arbeitsmarkt allerdings nur verzögert folgte. Die Arbeitslosenquote stieg noch bis 1985. Der in der zweiten Hälfte der achtziger Jahre einsetzende, zuerst schwache, doch lang anhaltende und inflationsfreie Konjunkturaufschwung endete nicht wie erwartet. „Normalerweise", so Stille und Zwiener, „hätte dieser zu Beginn der neunziger Jahre ein Ende gefunden. Doch mit der Währungs-, Wirtschafts- und Sozialunion und der anschließenden deutschen Vereinigung setzte eine Sonderentwicklung ein, die Westdeutschland in den Jahren 1990 und 1991 ein kräftiges Wachstum bescherte.

Der Rückgang der Arbeitslosenquote von über 9 v.H. auf gut 6 v.H. zeigt die enormen Veränderungen auf dem Arbeitsmarkt in dieser Zeit nur zum Teil. So stieg die Beschäftigung in Westdeutschland von 23,3 Mill. Personen im Jahr 1983 um 2,8 Millionen bis zum Jahr 1992. Gab es vor der Vereinigung eine Zuwanderung von Aussiedlern aus vorwiegend osteuropäischen Ländern, so setzte nach dem Fall der Mauer ein starker Zustrom an Übersiedlern und Pendlern nach Westdeutschland ein. Die Bevölkerung Westdeutschlands erhöhte sich von 1985 bis 1993 um 4,6 Millionen Personen. Der Vereinigungsboom ermöglichte es, den Großteil der zugezogenen Erwerbstätigen in den Arbeitsmarkt zu integrieren. Dies geschah bis Ende 1991 weitgehend inflationsfrei. Einige Branchen Westdeutschlands konnten im ersten Jahr nach der Vereinigung ihr Produktionsniveau um bis zu 10 v.H. erhöhen.

1992 fand diese Sonderentwicklung ihr Ende. Neben der weltwirtschaftlichen Entwicklung führten insbesondere die Bemühungen der Finanzpolitik, über Steuer- und Abgabenerhöhungen die hohen öffentlichen Defizite zu reduzieren, und der Konflikt zwischen Lohn- und Geldpolitik in die tiefe Rezession, aus der Westdeutschland 1994 auf einen schwachen und noch ungesicherten Wachstumspfad eingeschwenkt ist. Die Arbeitslosenquote erreichte mit gut 9 v.H. wieder ihren ehemaligen Höchststand."[16]

---

16 F. Stille/R. Zwiener, Arbeits- und Betriebszeiten in Deutschland: Analysen zu Wettbewerbsfähigkeit und Beschäftigung, Berlin 1997, S. 84, 86.

Betrachtet man die westdeutsche Entwicklung über einen längeren Zeitraum, so ist eine sehr problematische Regelmäßigkeit zu bemerken. In keinem Fall ging die in Rezessionsjahren erhöhte Arbeitslosigkeit auf ihr Ursprungsniveau zurück. Stufenweise erhöhte sich die „Sockelarbeitslosigkeit". Jeweils in der ersten Hälfte der siebziger und achtziger Jahre war das der Fall. In den ersten neunziger Jahren trat die erwähnte Sonderentwicklung ein, die aber bereits 1992 in einen weiteren Anstieg der Arbeitslosigkeit überging.

Tabelle 2 Arbeitslose, Kurzarbeiter und offene Stellen im ehemaligen Bundesgebiet 1950, 1955, 1960, 1965 und 1970-1996

Jahr	Arbeitslose	Kurzarbeiter	Offene Stellen	Arbeitslosenquote
1950	1.808.534	109.526	127.218	10,7
1955	1.073.600	24.675	203.800	5,6
1960	270.658	3.305	465.081	1,3
1965	147.352	1.105	648.999	0,7
1967	459.489	142.094	302.008	2,1
1970	148.846	9.615	794.817	0,7
1971	185.072	86.055	648.084	0,8
1972	256.433	76.263	545.849	1,1
1973	273.498	43.710	572.039	1,2
1974	582.481	292.403	315.375	2,6
1975	1.074.217	773.334	236.174	4,7
1976	1.060.336	277.008	234.997	4,6
1977	1.029.995	231.329	231.227	4,5
1978	992.948	190.714	245.555	4,3
1979	876.137	87.613	304.016	3,8
1980	888.900	136.562	308.348	3,8
1981	1.271.574	346.859	207.928	5,5
1982	1.833.244	606.064	104.871	7,6
1983	2.258.235	675.102	75.797	9,1
1984	2.265.559	383.700	87.929	9,1
1985	2.304.014	234.515	109.996	9,3
1986	2.228.004	197.371	153.866	9,0
1987	2.228.788	277.867	170.690	8,9
1988	2.241.556	207.768	188.621	7,9
1989	2.037.781	107.873	251.415	7,9
1990	1.883.147	55.808	313.604	8,2
1991	1.689.365	145.009	313.390	6,3
1992	1.808.310	283.019	323.514	6,6
1993	2.270.349	766.935	243.282	8,2
1994	2.556.967	275.458	233.646	9,2
1995	2.564.906	128.059	266.503	9,3
1996	2.796.200	.	270.400	10,1

Quellen: J. Frerich u. M. Frey, Handbuch der Sozialpolitik in Deutschland, Bd. 3: Sozialpolitik in der Bundesrepublik Deutschland bis zur Herstellung der Deutschen Einheit, München/Wien 1993, S. 83, 165; Datenreport 1997. Zahlen und Fakten über die Bundesrepublik Deutschland, hg. vom Statistischen Bundesamt, Bonn 1997, S. 89; Statistisches Jahrbuch für die Bundesrepublik Deutschland 1994, Wiesbaden 1994, S. 128 f.; Statistisches Jahrbuch für die Bundesrepublik Deutschland 1996, Wiesbaden 1996, S. 124-126.

Die gesamtdeutsche Bilanz erfuhr seit 1991 durch die Beschäftigungslage in den neuen Bundesländern eine drastische Verschlechterung. Maßgebend hierfür waren durch die Währungsumstellung 1990 ausgelöste Arbeitsplatzverluste im primären und sekundären Wirtschaftssektor und die Auflösung der Staats- und Parteiapparate sowie der „bewaffneten Organe" der DDR.

Tabelle 3 Arbeitslose, Kurzarbeiter und offene Stellen in den neuen Bundesländern und Ostberlin 1991 bis 1996.

Jahr	Arbeitslose	Kurzarbeiter	Offene Stellen	Arbeitslosenquote
1991	912.838	1.616.224	31.445	10,3
1992	1.170.261	369.997	32.723	14,4
1993	1.148.792	181.428	36.170	15,8
1994	1.142.090	96.830	51.107	16,0
1995	1.047.015	70.521	54.803	14,9
1996	1.168.800	.	56.800	16,7

Quellen: Datenreport 1997. Zahlen und Fakten über die Bundesrepublik Deutschland, hg. vom Statistischen Bundesamt, Bonn 1997, S. 91; Statistisches Jahrbuch für die Bundesrepublik Deutschland 1994, Wiesbaden 1994, S. 128 f.; Statistisches Jahrbuch für die Bundesrepublik Deutschland 1996, Wiesbaden 1996, S. 124-126.

3. Geteilter Arbeitsmarkt – einheitliche Beschäftigungskrise

Die besondere Situation der neuen Bundesländer rechtfertigt es, den deutschen Arbeitsmarkt der neunziger Jahre als nach wie vor geteilt zu betrachten. Generell jedoch scheint bereits in den achtziger Jahren in der Bundesrepublik wie in der DDR eine Trendwende eingetreten zu sein, die einen längerfristigen Abbau der hohen Erwerbsquote einleitete. Diese war in Ost und West auf unterschiedlichem Wege zustande gekommen. In der DDR verursachten die spezifische industrielle Struktur, das planwirtschaftliche System und der hohe Personalbedarf der hochgradig zentralisierten Macht- und Verwaltungsapparate eine rasche Zunahme der Beschäftigung. Hinzu kam, daß es ein einklagbares Recht auf Arbeit gab. Der hohe Arbeitskräftebedarf wurde weitgehend aus inneren Ressourcen gedeckt, wodurch eine hohe Erwerbsqoute erreicht wurde. Für diese war die zunehmende Erwerbstätigkeit von Frauen ausschlaggebend. Deren Anteil unter den von der DDR-Statistik ohne Lehrlinge erfaßten Berufstätigen erreichte Ende der siebziger Jahre einen Spitzenwert von 50,1 Prozent und ging in den achtziger Jahren nur ganz leicht zurück.[17] Es handelte sich hierbei um den vielleicht wichtigsten Modernisierungseffekt in der Arbeitsgesellschaft der DDR.

Auch in der Bundesrepublik sorgte die Nachkriegskonjunktur für einen steigenden Arbeitskräftebedarf. 1960 überschritt die Zahl der offenen Stellen erstmals seit dem

---

17 Statistisches Jahrbuch der DDR 1988, Berlin 1988, S. 17.

Zweiten Weltkrieg diejenige der Arbeitslosen, und es begann eine bis 1973 dauernde Phase der Vollbeschäftigung, die lediglich 1966/67 durch einen kurzen Konjunktureinbruch unterbrochen wurde.[18] Es wäre unter den gegebenen Bedingungen möglich gewesen, ähnlich wie in der DDR, Frauen den Weg in die Erwerbsarbeit weit zu öffnen. In der nicht unberechtigten Annahme, die hohe Erwerbsquote auf Dauer nicht halten zu können, und wohl auch aus Vorbehalten gegenüber einer umfangreichen Frauenerwerbstätigkeit wurde ein anderer Weg gewählt. Bis zum Bau der Berliner Mauer konnte zwar der wachsende Bedarf, vor allem an Fachkräften, weitgehend aus dem Reservoir der DDR-Flüchtlinge gedeckt werden.[19] Doch Ende der fünfziger Jahre begann man ausländische „Gastarbeiter" anzuwerben. Burkhauser, Wasylenko und Weathers merkten hierzu an:

„In the late 1950s, the Federal Republic of Germany established a worker system to ease its labor market shortages. Treaties with Italy, Turkey, Yugoslavia, and other Mediterranean countries led to huge inflows of foreign laborers. In 1970 almost 2,9 million foreigners, 4,9 percent of the total population, lived in the western states of Germany. The economic recession of 1973 ended this labor recruitment policy, but foreign workers were not required to leave Germany. Those with work permits were permitted to stay even if their residence permit had expired. After eight years of residence they could apply for an unlimited residence permit, and their families were permitted to join them. Relatively high fertility rates and family migration have steadily increased the relative share of the foreign population in the western states of Germany since 1973. Today these foreign workers and their families have the same economic (but not political) rights as Germans. While they are not entitled to vote, they are eligible for social security benefits (social benefit, unemployment money, pension, etc.)."[20]

Die langfristigen Wirkungen dieser Entwicklung sind in mehrfacher Hinsicht problematisch. Im Datenreport 1997 des Statistischen Bundesamtes heißt es dazu, Ausländer hätten sich zu einer der „Problemgruppen des Arbeitsmarktes" in Deutschland entwickelt. Ihr Anteil sei in den Segmenten der un- und angelernten Arbeiter besonders hoch, wenngleich sie seit den achtziger Jahren verstärkt in Facharbeiterberufen Fuß faßten.[21] „Sie verlieren eher den Arbeitsplatz und werden später wieder eingestellt als Deutsche." Im Jahr 1995 lag die Arbeitslosenquote der ausländischen Bevölkerung im früheren Bundesgebiet mit 16,6 Prozent erheblich über dem Durchschnitt.[22]

Es fällt auf, daß die seit den ausgehenden fünfziger Jahren erschlossenen Arbeitskräfteressourcen, die Frauen in der DDR und die Ausländer in der Bundesrepublik, in

---

18 Vgl. H. G. Merk (Hg.), Wirtschaftsstruktur und Arbeitsplätze im Wandel der Zeit, Stuttgart 1994, S. 182.
19 H. Heidemeyer, Flucht und Zuwanderung aus der SBZ/DDR 1945/49-1961. Die Flüchtlingspolitik der Bundesrepublik Deutschland bis zum Bau der Berliner Mauer, Düsseldorf 1994, S. 187.
20 R. V. Burkhauser u.a., The German Socio-Economic Panel: A Representative Sample of Reunited Germany and its Parts, in: Vierteljahrshefte zur Wirtschaftsforschung 66 (1997), S. 11.
21 Datenreport 1997, S. 580.
22 Ebd., S. 97.

den neunziger Jahren besonders von Arbeitslosigkeit betroffen sind. Hier setzte offenbar eine Umkehr des Rekrutierungsprozesses ein, wovon nicht nur die Entlassenen betroffen wurden. Auch reduzierten sich die Chancen von Schulabgängern, die gewünschte Berufsausbildung zu absolvieren und eine Anstellung zu finden. Die arbeitsmarktpolitischen Maßnahmen der Bundesanstalt für Arbeit, wie Förderung der beruflichen Weiterbildung, Kurzarbeitergeld und Arbeitsbeschaffungsmaßnahmen, wurden seit 1990 deutlich auf die neuen Bundesländer konzentriert, um dort den Beschäftigungseinbruch einzudämmen. Im Jahr 1995 waren 1,1 Millionen Ostdeutsche, aber nur 0,88 Millionen Westdeutsche in dieses Arbeitsförderungssystem integriert[23], was allerdings auch zeigt, daß die reale Arbeitslosenquote im Osten deutlich höher veranschlagt werden muß als die offiziell ausgewiesene.

Erwerbstätigkeit und deren soziale Absicherung bestimmten in der Bundesrepublik und in der DDR die Grundrichtung der Arbeits- und Sozialpolitik. Die beiden konkurrierenden Systeme entwickelten auf diesem Gebiet hohe Standards, was sich besonders im internationalen Vergleich zeigt. Dieser deutsch-deutsche Sozialwettbewerb endete mit dem Fall der Mauer im November 1989. Die Überlastung des sozialpolitischen Instrumentariums, nicht zuletzt auch seiner beschäftigungsrelevanten Komponenten, trug wesentlich zum Kollaps der sozialistischen Planwirtschaft bei.[24] Zu diesem Zeitpunkt schienen die Perspektiven des westdeutschen Arbeitsmarktes trotz der zu erwartenden Anpassungsprobleme des Europäischen Binnenmarktes insgesamt günstig zu sein. Es galt als unbestritten, daß Wirtschaftswachstum als primärer Faktor für mehr Beschäftigung zu betrachten sei. Allerdings bedürfe es auch künftig einer staatlichen Mitgestaltung und -verantwortung im Sinne des Sozialstaatsgebots.[25]

Unter dem Druck der Beschäftigungskrise haben sich die Gewichte der politischen und wissenschaftlichen Debatten in Deutschland allmählich verschoben. In der Diskussion über die Reform des Sozialstaates ist „die Forderung nach Rückkehr zu einer ordnungspolitischen Ausrichtung der Sozialpolitik am Subsidiaritätsprinzip, nach Ausloten der Spielräume für mehr Eigenverantwortung und Wettbewerb sowie nach Vorrang für Chancen und Leistungsgerechtigkeit im Verhältnis zu Gleichheit durch interpersonelle Umverteilung"[26] lauter geworden. Die Funktionsfähigkeit dieses Modells hängt jedoch von einem funktionierenden Arbeitsmarkt ab. Im alten Bundesgebiet hat sich dessen Leistungsfähigkeit zwischen 1976 und 1991 darin gezeigt, daß er über vier Millionen neuen Beschäftigungsverhältnissen Raum bot, wenn auch zwischen 1989 und

---

23 Ebd., S. 93.
24 Vgl. H. G. Hockerts, Grundlinien und soziale Folgen der Sozialpolitik in der DDR, in: Kaelble u.a. (Hg.), Sozialgeschichte, S. 536; siehe auch: I. Deich/W. Kohte, Betriebliche Sozialeinrichtungen, Opladen 1997.
25 H. Franke: Der Arbeitsmarkt, eine bleibende Herausforderung für die Bundesrepublik Deutschland, in: N. Blüm/H. F. Zachert (Hg.), 40 Jahre Sozialstaat Bundesrepublik Deutschland, Baden-Baden 1989, S. 457.
26 G. D. Kleinhenz, Sozialstaatlichkeit in der Konzeption der Sozialen Marktwirtschaft, in: Jahrbücher für Nationalökonomie und Statistik 216 (1997), S. 392-412.

1992 unter den Sonderbedingungen der deutschen Vereinigung. In 15 Jahren stieg die Zahl der Erwerbstätigen von unter 26 Millionen auf rund 30 Millionen.[27]

In den neunziger Jahren haben sich die Rahmenbedingungen der Erwerbstätigkeit in Deutschland in einer Weise verändert, die eine Wiederholung dieses Erfolgs nicht wahrscheinlich macht. Die tiefe Beschäftigungskrise im Osten, der Globalisierungsdruck und die zu erwartende europäische Währungsunion dürften den deutschen Arbeitsmarkt auf längere Sicht belasten. Vieles spricht dafür, daß der „erste" Arbeitsmarkt, auch bei einer Ausweitung von Dienstleistungstätigkeiten, nicht mehr in der Lage sein wird, auch nur den größeren Teil der Arbeitsuchenden aufzunehmen. Damit würde am Ende des 20. Jahrhunderts ein qualitativer Einschnitt in der Geschichte der etwa eineinhalb Jahrhunderte hindurch industriell dominierten Erwerbstätigkeit eintreten. Jenseits davon liegt eine andere Arbeitswelt und – vielleicht – eine neue industrielle Revolution.[28]

---
27 Vgl. Datenreport 1997, S. 77.
28 Vgl. P. Kennedy, In Vorbereitung auf das 21. Jahrhundert, Frankfurt a.M. 1997, S. 112-128.

Peter Steinbach

Neuorientierung im Umbruch.
Zum Wandel des Selbstverständnisses deutscher Kriegsgefangener in England und den USA

Seit 1942 geriet eine schnell zunehmende Zahl deutscher Wehrmachtsangehöriger in alliierte Kriegsgefangenschaft. Sie waren zunächst oftmals überzeugt, einer guten Sache gedient zu haben. Im Kriegsverlauf wurden sie aber zunehmend mit der Tatsache nationalsozialistischer Verbrechen konfrontiert. So setzte allmählich ein Umbruch ihres politischen Selbstverständnisses ein. Mit der bedingungslosen Kapitulation steigerte sich die Erfahrung der Niederlage zum Identitätsbruch. Er war oftmals die Voraussetzung für die Entwicklung eines neuen Selbstgefühls. An die Stelle der nationalsozialistisch geprägten trat eine eher durch die Alliierten geformte Identität, und dies führte schließlich zum Wechsel des Selbstverständnisses und auch der Weltsicht.

Die Geschichte der Neuorientierung der Kriegsgefangenen in deutschen Uniformen läßt sich aus unterschiedlicher Perspektive darstellen. Vorherrschend war bisher die Sicht der Völkerrechtler. Aber auch Volkskundler und Sozialhistoriker haben sich frühzeitig der Kriegsgefangenschaft deutscher Wehrmachtsangehöriger zugewandt, dabei aber ihr Hauptaugenmerk vor allem auf die Langzeitgefangenen in der Sowjetunion gerichtet. Im Osten schienen in den politischen Auseinandersetzungen zwischen den deutschen Kriegsgefangenen Konturen des späteren Systemkonflikts in Anfängen greifbar zu sein. Die Geschichte der deutschen Kriegsgefangenen im Westen hat bei weitem nicht dieselbe Aufmerksamkeit gefunden wie die ihrer gefangenen Kameraden im Osten. Im folgenden soll ein besonderer Aspekt der Geschichte deutscher Kriegsgefangener in den USA beleuchtet werden: die Frage ihrer politischen Um- und Neuorientierung. Sie war das Ergebnis eines radikalen Wandels von Deutungssystemen.

Während fast allgemein angenommen wird, die deutschen Kriegsgefangenen der Roten Armee seien im Sinne Stalins und seiner deutschen Parteigänger indoktriniert worden, wird der Wandel politischer Überzeugungen deutscher Soldaten im Westen selten als eine zunehmend aktiv betriebene Neuorientierung von Weltanschauungen beschrieben. Diese ging mit dem Aufbau eines neuen Deutungssystems einher, welches durch demokratisch-verfassungsstaatliche Ordnungsvorstellungen geprägt schien. Vermutlich lag es an der Durchsetzung dieser Grundmuster in der westdeutschen Nachkriegsgesellschaft, daß der Prozeß der politischen Um- und Neuorientierung deutscher Kriegsgefangener kaum als fundamentale Neuorientierung oder gar als mentaler Bruch infolge einer konfliktreichen Konfrontation von politischen Deutungsmilieus zwischen Anhängern des NS-Staates, Indifferenten und „Anti-Nazis" empfunden und thematisiert wurde. Im folgenden soll der Blick auf die Geschichte dieser Umorientierung deutscher Kriegsgefangener in den Vereinigten Staaten und in Großbritannien gelenkt werden.

1. Schwierige Neuorientierung in der Kriegsgefangenschaft

„Wie ist so etwas möglich, daß in Amerika mitten im Krieg dauernd gestreikt werden konnte? Können Sie uns vielleicht sagen, warum es in Amerika nur zwei Parteien gibt? Sind die Amerikaner eigentlich gern Soldaten? Stimmt es, daß die Presse nur von Juden gemacht wird? Glauben Sie auch, daß Amerika bald kommunistisch wird?"[1] – Diese Fragen richtete der „Telegraf", eine Berliner Tageszeitung, wenige Monate nach Kriegsende an einen Kriegsgefangenen, der im Sommer 1946 aus Amerika zurückgekehrt war.

Der deutsche Soldat nach Jahren westlicher Gefangenschaft – am vielzitierten „Nullpunkt"[2] – als Amerikaexperte: Hinter diesem überraschenden Bild verbirgt sich ein Thema, das bei der Erforschung individueller, lebensgeschichtlicher, und kollektiver Übergänge von Diktaturen in Demokratien in der Regel vernachlässigt worden ist. Welche Rolle spielt die westliche Kriegsgefangenschaft deutscher Soldaten bei der Konfrontation der Deutschen mit den Grundprinzipien der westlichen Demokratie und der politischen Neuorientierung im Nachkriegsdeutschland? In einzelnen Romanen der Nachkriegszeit hat die Kriegsgefangenschaft zwar ihren Niederschlag gefunden. Werner Richters „Die Geschlagenen" hat ebenso wie „Kirschen der Freiheit" von Alfred Andersch jedoch niemals solch große Verbreitung gefunden wie der dokumentarisch anmutende und erfolgreich verfilmte Roman „So weit die Füße tragen" von Josef Martin Bauer. Denn die russische Kriegsgefangenschaft hat die Deutschen stets mehr als die amerikanische und britische oder gar die französische beschäftigt. Gefangenschaft – das war eine existentielle Erfahrung extremer Abgeschnittenheit, nicht aber der Rahmen einer Neuorientierung von Identitäten und Mentalitäten.

In ihren Erinnerungen haben sich Kriegsgefangene vor allem mit den politischen und kulturellen Konflikten beschäftigt, die in der sowjetischen Gefangenschaft der

---

1 „Allein auf das Wollen kam es an", in: Telegraf 80/1, 13. 7. 1946. Ich stütze mich im folgenden zum einen auf das wohl größte deutsche zeithistorische Forschungsprojekt, das im Bundesarchiv/Militärarchiv, Freiburg (BA/MA), dokumentierte Kriegsgefangenenprojekt. Es wurde unter Leitung des Heidelberger Historikers Erich Maschke seit den fünfziger Jahren durchgeführt und ist in den frühen siebziger Jahren abgeschlossen worden. Zum anderen hatte ich die Möglichkeit, weitgehend unbekannte und unveröffentlichte Quellen aus britischen, amerikanischen und kanadischen Beständen einzusehen. Vgl. dazu jetzt aber die vorzügliche Studie von H. Bungert, Das Nationalkomitee und der Westen. Die Reaktion der Westalliierten auf das NKFD und die Freien Deutschen Bewegungen 1943-1948, Stuttgart 1997. Erstmals ausgewertet wurden auch Bestände des ehemaligen Instituts für Marxismus-Leninismus bei Zentralkomitee der SED in Ostberlin.
2 V. Chr. Werdegang, Der Nullpunkt. Über die Konstituierung der deutschen Nachkriegsliteratur (1945-1948) in den amerikanischen Kriegsgefangenenlagern, Stuttgart 1971.

deutschen Soldaten auftraten. Das hat allerdings noch nicht zu einem systematischen Vergleich der Gefühle, Stimmungen und Verhaltensweisen deutscher Kriegsgefangener in Ost und West geführt. Man interessierte sich – sozialgeschichtlich – zumeist für die Konflikte innerhalb der Lager selbst. In diesen Auseinandersetzungen entschieden sich, gerade im Osten, vielfach die Überlebenschancen der Gefangenen, die unter schwierigsten klimatischen Verhältnissen in einer materiell unterversorgten Gesellschaft lebten.

Lebenslage und Lebenschancen der deutschen Gefangenen im Westen unterschieden sich fundamental von denen im Osten. Die deutschen Gefangenen in den USA, in Großbritannien und in Kanada, aber auch in Ägypten, wurden gut versorgt. Sie waren in der Regel als „Sommergefangene" körperlich in ungleich besserer Verfassung als die deutschen Wintergefangenen in der Sowjetunion. Und sie standen weitaus weniger unter Druck, weil die amerikanische Regierung peinlich auf die Einhaltung der Genfer Konvention bedacht war und Repressalien gegen ihre Gefangenen in deutscher Hand fürchtete. Dennoch spricht viel dafür, daß es in Ost und West bei der Entwicklung, der Funktion und der Abwicklung des Kriegsgefangenenproblems ganz ähnliche Entwicklungen gab. Die Gefangenschaft bedeutete nicht nur eine psychische Herausforderung, sondern in der Regel die Einleitung einer fundamentalen Umorientierung: Die Ablösung der Gefangenen von den Wertvorstellungen des NS-Staates und die Entwicklung eines neuen politischen Grundmusters, das den Übergang in genau jenes System gestattete, welches nicht nur militärisch bekämpft, sondern auch propagandistisch verächtlich gemacht oder als übermächtige Gefahr gedeutet worden war.

Die Vermutung liegt nahe, daß durch die Konfrontation deutscher Gefangener mit den politischen Strukturen und Wertvorstellungen des Westens nicht selten ein Wandel eingeleitet oder beeinflußt wurde, der durch die deutsche Diktatur geprägte Wertvorstellungen, Grundüberzeugungen, Einstellungen abschwächte und auch ablöste. Dieser Wandel wird zuweilen unter den Begriffen der Entnazifizierung oder der Re-education gern als Ergebnis einseitiger, gar propagandistischer Beeinflussung gesehen. In Wirklichkeit handelt es sich um einen Prozeß, in dem nicht nur die Um- oder Rückerziehungsbemühungen der Gewahrsamsmächte, sondern ebenso die zuweilen dramatischen Auseinandersetzungen unter den Gefangenen selbst eine wesentliche Rolle spielen.

Was die Kriegsgefangenschaft in den USA und Großbritannien von der in der Sowjetunion unterscheidet, ist der Umstand, daß hier ein deutlich abgrenzbarer Teil der deutschen Bevölkerung – teilweise noch vor Kriegsende – mit einem demokratischen System konfrontiert wurde. Folgt man dieser Perspektive, geht es vor allem um die Frage, wie eine durch den NS-Staat und spezifisch soldatische Wertvorstellungen, den soldatischen Ehrenkodex der Wehrmacht, tief geprägte, weltanschaulich relativ homogene Gruppe von Gefangenen den Übergang in postdiktatorische Verhältnisse bewältigte. Den seit Sommer 1943 in amerikanischen Lagern lebenden deutschen Gefangenen kommt dabei große Bedeutung zu, denn sie hatten eine ungleich längere Frist als die in Europa aufgebrachten Kapitulationsgefangenen, um sich mit dem „westlichen System", seinen Vor- und Nachteilen, seinen „Werten", Defiziten und Leistungen, aber auch mit dem NS-Staat und seinen Folgen auseinanderzusetzen.

2. Kriegsgefangenschaft als Erlebnis einer politischen und kulturellen Konfrontation

Kriegsgefangenschaft – dies ist zunächst einmal die in vielen Erinnerungen überlieferte Erfahrung der Leere, des Versagens, der Unsicherheit, der Raum- und Zeitlosigkeit.[3] Herausgerissen aus kameradschaftlichen Zusammenhängen, zunehmend weniger beeinflußt durch die bisher demonstrierte Siegeszuversicht, moralisch gebunden auch durch die Überzeugung, als Soldat eidgemäß gehandelt zu haben und weiterhin innerlich zur Treue gegenüber dem – wie man sagte – „Vaterland" verpflichtet zu sein, mußte es für die meisten Soldaten darauf ankommen, in der Gefangenschaft eine eigene Identität zu bewahren. In dieser Standortbestimmung nahm Deutschland, die „Heimat", eine entscheidende Stellung ein – damit allerdings auch der NS-Staat. Diese Verbindung – Deutschland, Heimat, Nationalsozialismus – innerlich aufrechtzuerhalten, wurde für viele Gefangene im Kriegsverlauf immer schwerer, nicht nur weil die deutschen Niederlagen die Siegeszuversicht lädierten, sondern weil zudem die geistige und politische Auseinandersetzung mit dem NS-Staat in der Gefangenschaft die politischen Bindungen an die Führung des Reiches lockern mußte.

Diese reagierte, was kaum bekannt ist, 1944/45 mit Maßnahmen, die an die Unterdrückung von Regimegegnern und Widerstandskämpfern erinnerten: Überläufer und jene, die in der Kriegsgefangenschaft „Landesverrat" begingen, sollten durch das Reichskriegsgericht verfolgt werden. Die Namen ihrer Angehörigen waren aktenkundig zu machen, um den „Bestimmungen der Sippenhaftung" – Haftung mit Freiheit, Vermögen und Leben – Geltung verleihen zu können. Begründend hieß es: „Während die überwältigende Mehrzahl aller kriegsgefangenen deutschen Soldaten es für ihre selbstverständliche Pflicht hält, lieber den Tod oder schwerste Mißhandlungen zu erleiden, als Führer, Volk und Vaterland zu verraten, haben einzelne Elemente in der Kriegsgefangenschaft Angaben über Stärke, Bewaffnung und Einsatzort ihrer Truppe gemacht und sind sonst zum Landesverräter geworden. Die Gefahr, die dadurch für die kämpfende Front und die Kraftanstrengungen der Heimat beschworen wird, muß rücksichtslos und mit allen Mitteln bekämpft werden. Die Sicherheit des Reiches und die Erhaltung der Nation verlangt das."[4]

Diese Bestimmung macht deutlich, in welchem Maß Desertion und politische Auseinandersetzungen in der Kriegsgefangenschaft der Soldaten von der Wehrmachtsführung als Problem erkannt worden waren. Sie versuchte, teilweise über große Distanz, Druck auf die Soldaten auszuüben, indem deren Angehörige bedroht wurden. Dies konnte jedoch nicht verhindern, daß bereits in den letzten Kriegsmonaten die Lebens-

---
3 Vgl. A. Lehmann, Gefangenschaft und Heimkehr: Deutsche Kriegsgefangene in der Sowjetunion; P. Steinbach, Jenseits von Zeit und Raum. Geschichte der Kriegsgefangenschaft, in: Universität 45 (1990), H. 529, S. 637ff.; W. Benz/A. Scharrt (Hg.), Kriegsgefangenschaft. Berichte über das Leben in Gefangenenlagern der Alliierten, München 1991.
4 Verfügung des Chefs des Oberkommandos der Wehrmacht, betreffend Maßnahmen gegen Überläufer, vom 5.2.1945, in: Institut für Zeitgeschichte, München, MA 671.

wirklichkeit der Kriegsgefangenschaft bei vielen Soldaten Anlaß zu einer inneren Auseinandersetzung mit der NS-Diktatur wurde, die ihre dramatische Kraft aber erst nach der Niederlage vollends entfaltete.

Der Stimmungsumschwung nach dem Scheitern einer diktatorischen Führung ist aus der Geschichte postdiktatorischer Gesellschaften durchaus bekannt. Der Niedergang einer Diktatur forciert regelmäßig eine politische Distanzierung von diesem System. Wie effektiv diese ausfallen kann, läßt sich daran erkennen, daß zahlreiche deutsche Kriegsgefangene versuchten, im Rückblick die Zeit ihrer Gefangenschaft positiv zu deuten. Nicht selten erschien sie – dies gilt vor allem im Blick auf die Gefangenschaft im Westen – als Übergangsphase in eine neue Grundhaltung, die den Gefangenen in die Lage versetzte, ideologische Illusionen und geistige Isolationen zu überwinden und „den Tatsachen ins Auge zu sehen, nüchtern und männlich".[5] Dieser Wandel ist für die Endphase der deutschen Kriegsgefangenschaft im Westen gut dokumentiert, vor allem durch eine seit 1944 kräftig aufblühende Lagerpresse, deren bekanntestes Beispiel „Der Ruf" war, der erstmals am 1. März 1945 erschien (und später, 1946, von Alfred Andersch und Hans Werner Richter in Deutschland neu herausgegeben wurde).[6] In dieser Zeitung schlug sich noch vor Kriegsende die Lagerstimmung so nieder: „Wir leben hier auf verlorenem Posten. Die Zeit geht an uns vorbei. Es sind verlorene Jahre, die wir hier hinter Stacheldraht verbringen müssen." Der unbekannte Verfasser warnte allerdings davor, die Zeit der Gefangenschaft wirklich als „verlorene Jahre" zu bezeichnen, dies sei „falsch – und gefährlich", denn jeder Tag, der durch solche Gedanken nutzlos verstreiche, sei „unwiederbringlich" verloren. Die Zeit der Kriegsgefangenschaft wird hier entschieden als Voraussetzung eines Lernprozesses gedeutet, als Ausdruck einer „Freiheit hinter Stacheldraht",[7] die Voraussetzung einer Neuorientierung sei.

Man mag im Hinblick auf die Masse der Gefangenen bezweifeln, ob diese Stimmung wirklich authentisch war. Mit Sicherheit jedoch spiegelte sich in ihr eine Tendenz, die auch statistisch greifbar wurde. Anfangs waren Briten und Amerikaner noch von der Vehemenz überrascht worden, mit der die deutschen Gefangenen ihr ungebrochenes Selbstwertgefühl ausdrückten, das sie nach dem militärischen Scheitern wohl nur aus Zukunftszuversicht zu begründen vermochten. Doch bald begann es – vor allem in der politischen Mitte – zu bröckeln. Man schätzte den harten Kern der Nationalsozialisten auf etwa zehn Prozent, den Kreis der engeren Gefolgsleute auf zunächst dreißig Prozent ein. Kritiker und Gegner des NS-Staates sollten maximal zehn Prozent ausmachen. Der Rest, also ungefähr die Hälfte, galt als Masse der Mitläufer und war abhängig von Einflüssen, die von außen, etwa durch Kameraden in der Lagerselbstverwaltung kamen.

---

5 „Erlösung", in: Der Ruf 6, Sondernummer, S. 1. Ein vollständiger Nachdruck der Zeitung „Der Ruf" ist im Saur-Verlag erschienen.
6 K. W. Böhme, Geist und Kultur der deutschen Kriegsgefangenen im Westen, München 1968, S. 46ff.
7 Rundfunkansprache im „Forum" der New York Herald Tribune, gehalten am 30. 10. 1945 von einem Kriegsgefangenen in der Verwaltungsschule Fort Getty/RI. Abgedruckt in: Der Ruf 18, 1. 12. 1945, S. 1f.

Die zahlreichen Berichte deutscher Kriegsgefangener, die in den Akten der Gefangenenverwaltungen überliefert sind oder Jahrzehnte später in Deutschland angeregt und gesammelt wurden, zeigen deutlich, daß die westliche Kriegsgefangenschaft für viele Soldaten, die in der Regel zwischen zwanzig und vierzig Jahre alt waren, eine grundlegende Konfrontation mit jener westlichen Demokratie bedeuten konnte – und zwar keineswegs nur für die erklärten Regimegegner unter ihnen.

Diese Begegnung war alles andere als harmlos. Großbritannien und die USA hatten schließlich für viele Deutsche lange Zeit geradezu das Gegenbild der eigenen politischen Ordnung dargestellt. Ob der Begriff des „deutschen Sonderwegs" den Gefangenen bekannt war, ob sie gar ihre eigenen Wertvorstellungen als Ausdruck des „deutschen Sonderbewußtseins" empfanden, müssen wir bezweifeln. Aber daß die westlichen Systeme Ziel ihres Spotts und Quelle eigener Überheblichkeit waren, läßt sich vielfach belegen. Amerika galt manchem Deutschen als ein Land, „das ausschließlich von Millionären, Gangstern, Schwächlingen, Filmstars, korrupten Politikern, Luxusweibchen und einem selbstsüchtigen, hungernden Proletariat bewohnt wurde".[8] In der „Schlußausgabe" des „Ruf" war hingegen als „Abschied" das folgende glühende Bekenntnis zu lesen: „… jetzt, wo wir noch einmal nachsinnen können, wo die erste Entfernung entsteht, spüren wir, daß es an uns liegen wird, später, aus noch größerer Distanz, doch nicht nur ein ungewöhnliches, sondern vor allem auch ein bereicherndes Erlebnis daraus zu gestalten."[9] Die Kriegsgefangenschaft als inneres Erlebnis, als Bereicherung – hier deutet sich an, daß die „äußere" Begegnung mit einer anderen als der diktatorischen Gesellschaftsordnung auch eine Innenseite hatte, daß sie die Befindlichkeit der Betroffenen tangierte.

Wenn es zutreffen sollte, daß die Kriegsgefangenschaft die deutschen Soldaten nicht nur mit den Prinzipien des Westens konfrontierte, sondern auch die Ausprägung eines spezifischen „Geistes" und einer „deutlich sichtbaren Kultur" bewirkte,[10] die zudem auch die Nachkriegsdemokratie geprägt hat, dann kann diese geistige Öffnung erst nach der Überwindung nationalsozialistischer Vorstellungen erfolgt sein. Und sie kann nur das Ergebnis eines sich über längere Zeit erstreckenden Prozesses sein, in dem die Entscheidung für die Prinzipien des freiheitlichen Verfassungsstaates vermutlich stufenweise erfolgte. Ein Faktor – freilich nicht der einzige – dieses Prozesses stellen die Einflußnahmen der Gewahrsamsmächte dar, die diese Entscheidung zu fördern versuchten.

Die demokratischen Verfassungsprinzipien wurden in der britischen, kanadischen und vor allem in der amerikanischen Bildungsarbeit den Kriegsgefangenen immer wieder durch Vorträge vermittelt und in den zahllosen Lagerzeitungen beschworen. Diese Bildungsanstrengung ist in Deutschland bis heute als „Umerziehung" diskreditiert: Der Begriff der „Re-education" gehört zu den Kampfbegriffen unseres Jahrhun-

---

8 Der Ruf 1, 1.3.1945.
9 „Abschied", in: Der Ruf 26, 1.4.1946, S. 1f.
10 Böhme, passim.

derts und hat in Deutschland bis heute seinen abschätzigen Klang nicht verloren. In der Sicht der westlichen Alliierten handelte es sich bei der „Re-education" aber nicht um eine schlichte weltanschauliche Umpolung, sondern vor allem um den Versuch, eine Rückkehr zu den Grundlagen einer gesitteten politischen Erziehung zu unterstützen.[11] In den Lagerzeitungen und in den Lebensberichten ehemaliger Kriegsgefangener ist deshalb selten von Umerziehung die Rede, viel häufiger hingegen von „Rück-" oder „Wieder-" und nicht selten sogar von „Zurückerziehung".

Dieses politische Erziehungsziel wurde zunächst vor allem von regimekritischen Kriegsgefangenen geteilt. Sie waren es, die offensichtlich die Prinzipien der Demokratie immer entschiedener kritisch auf diejenigen der Diktatur bezogen und so den Bemühungen der westlichen Alliierten den Boden bereiteten. Diese suchten denn auch seit Ende 1944 systematisch unter den Gefangenen Kandidaten, die nach entsprechender Vorbereitung in Lehrgängen oder sogar nach dem Besuch einer Verwaltungsakademie bei der Verwaltung der besetzten deutschen Gebiete, beim demokratischen Neuaufbau einzusetzen waren.

Regimekritische Gefangene waren es auch, die als erste versuchten, zentrale Begriffe der Nationalsozialisten umzuwerten. So hieß es in den „Grundsätzen" der aus „Anti-Nazis" gebildeten Lagergemeinschaft Fort Devens: „Mensch und Kamerad sein im besten Sinne des Wortes, das bedeutet eine innere Abkehr von der nazistischen Lehre, daß allein das Germanentum Kulturschöpfer sei und die nordische Rasse das Herrenvolk darstelle, das bedeutet innerliches Abrücken vom Naziterror."[12]

3. Wie macht man aus deutschen Kriegsgefangenen Demokraten?

Die Frage, ob man aus Deutschen Demokraten machen könnte, hat sich nicht zuerst, wie man vermuten könnte, in Großbritannien – als dem Land mit den ersten deutschen Kriegsgefangenen –, sondern in den USA gestellt. Aufgeworfen hatte sie erstmals wohl bereits 1943 der amerikanische Generalstabschef George C. Marshall. Er reagierte damit auf die Manifestation nationalsozialistischer Gesinnung unter Internierten und Gefangenen.[13]

Beunruhigt war man indessen auch in Großbritannien. Vertreter der Regierung und Unterhausabgeordnete regten im Mai 1943 erstmals an, die deutschen Gefangenen, die

---

11 Knapp dazu H. Wolff, Die deutschen Kriegsgefangenen in britischer Hand. Ein Überblick, München 1974, S. 46ff.; grundlegend H. Faulk, Die deutschen Kriegsgefangenen in Großbritannien: Re-education, München 1970.
12 Gedenkstätte Deutscher Widerstand. Sammlung Kriegsgefangene, Ordner Briefkasten.
13 Vgl. etwa die Schlagzeile der hektographierten Gefangenenzeitung „Die Woche" Nr. 19, 14. 12. 1943: „Einig und stark – deutsch bis ins Mark"; in „Die Woche", Nr. 5, 18. 9. 1943, heißt es: „Ob noch im Kampfe das Vaterland, /bald wird es stolz sich erheben, schwört es mit steil erhobner Hand, schwört es beim höchsten Weltenbrand/Deutschland muß frei sein und leben". In der gleichen Ausgabe ist die Rede Hitlers zur Lage in Italien dokumentiert.

damals noch sehr klein an Zahl,[14] aber unbeirrbar im Glauben an das nationalsozialistische Deutschland waren, auch weltanschaulich zu beeinflussen. Dies war aufgrund der Genfer Konvention zwar verboten, galt aber doch als legitim. Denn zum einen gab es Emigranten, die beanspruchten, das „wahre" und „andere Deutschland" zu vertreten, und verlangten, politisch auf die Kriegsgefangenen einwirken zu können. Zum anderen hatten sich seit der Französischen Revolution und mit der Entstehung von Nationalstaaten militärische Auseinandersetzungen immer stärker weltanschaulich aufgeladen. Sie wurden schon im Ersten und vollends dann im Zweiten Weltkrieg auf politisch-zivilisatorische Grundkonflikte bezogen, also auf jenen „clash" der Kulturen, der geradezu ein grundlegendes Legitimationsmuster im Zeitalter der Weltanschauungskämpfe ausmacht und unlängst wiederum, gewiß wenig überzeugend, von Samuel P. Huntington beschworen wurde.

Dieses Konfliktmuster war ein wichtiger Begleitumstand der Auseinandersetzung mit den deutschen Kriegsgefangenen. Es hatte eine Entsprechung in der Kritik der gefangengenommenen Regimegegner, die vor allem aus den in Nordafrika eingesetzten „Bewährungseinheiten" und „Strafkompanien" stammten, an den dort ebenfalls gefangenen Anhängern des NS-Staates. In der jahrelangen Kriegsgefangenschaft setzten sich nicht selten dieselben Konflikte zwischen weltanschaulichen Gegnern fort, die zunächst im Reich selbst zwischen den Anhängern der Nazi-Herrschaft und denen, die nach 1933 Widerstand versucht oder geleistet hatten, entstanden waren. Dabei stellten übrigens in den amerikanischen Lagern die Kommunisten die Mehrheit der sich bekennenden „Anti-Nazis", nach vorliegenden Erhebungen etwa siebzig bis achtzig Prozent.[15]

Entscheidend für die mentale Neuorientierung der deutschen Kriegsgefangenen war also nicht allein oder vorrangig die intellektuelle Auseinandersetzung mit den Grundstrukturen der deutschen Politik nach 1918, mit der „Machtergreifung" der Nationalsozialisten und deren Voraussetzungen. Diese Auseinandersetzung erklärt zwar die Vielzahl von Artikeln aus der Feder kriegsgefangener deutscher Soldaten, die geradezu *das* große Thema eines später bekannten Historikers und ehemaligen deutschen Kriegsgefangenen in den USA, Karl Dietrich Bracher, vorwegnehmen: die Erklärung des Scheiterns der Weimarer Republik. Und sicherlich finden sich auch immer wieder Versuche, den Nationalsozialismus faschismustheoretisch zu erklären, so daß es zuweilen scheint, als würden hier die großen Themen der frühen bundesdeutschen Politikwissenschaft, die Demokratiewissenschaft sein wollte, vorweggenommen.

Dennoch treten vor 1945 diese Problembereiche – so bedeutsam sie aus späterer historisch-politischer Sicht sind – noch zurück. Möglicherweise ist hier der Einfluß der führenden Politiker in London und Washington zu verspüren, die vehement die Auseinandersetzung mit der politischen Verantwortung jedes einzelnen forderten: Die „theoretische" Auseinandersetzung hätte eine solche unmittelbar moralische Rechenschaft vielleicht erschwert; sie hätte es erlaubt, „Schuld" und „Verantwortung" zu exter-

---
14 Vgl. Wolff, S. 20f.
15 Vgl. A. Krammer, Deutsche Kriegsgefangene in Amerika 1942-1946, Tübingen 1995, S. 187ff.

nalisieren und damit abzuschwächen. In der Tat rückt zunehmend die Auseinandersetzung mit der moralischen Schuld und der politischen Verantwortung in den Mittelpunkt der Versuche, das eigene Selbstverständnis zu bestimmen. Der Wille, die, wie es heißt, „Last der jüngsten Vergangenheit"[16] zu tragen und zu bewältigen, wird für die Neuorientierung immer entscheidender. Die Neuorientierung der Deutschen, so schien es, sollte nicht zuletzt das Ergebnis einer entschiedenen politisch-ethischen Auseinandersetzung mit dem eigenen Verhalten sein: „Schulddiskussionen" wurden gefordert, Klärungen der Verantwortlichkeit erwartet – und lange Zeit verweigert.

Darauf hatten bereits die ersten Konzepte der „Re-education" abgehoben. Sie bezogen sich zunächst vor allem auf Fragen des Volkscharakters, bemühten sich um eine differenzierte Betrachtung der deutschen Bevölkerung und bezweifelten nicht zuletzt die Bereitschaft oder gar die Fähigkeit der Deutschen, ein politisches System wie jener der westlichen Demokratie überhaupt zu ertragen. Wieviel Pluralismus, wieviel Konflikte, wieviel Unübersichtlichkeit würden die Deutschen dulden können, nachdem sie die Weimarer Republik hatten scheitern lassen? Diese Frage bewegte auch die Emigranten, die sich im Westen um die „Rekonstruktion" oder um eine kulturelle (Neu-)Orientierung deutscher Politik bemühten. Die deutschlandpolitischen Grundinterpretationen waren in jene der Optimisten und jene der Pessimisten zu scheiden: Optimisten setzten auf die Besserung des Volkscharakters durch Erziehung und Beeinflussung, Pessimisten hielten die Deutschen in ihrer Seele für schwer geschädigt und fühlten sich nicht zuletzt durch die Manifestationen des blanken NS-Geistes in vielen Gefangenenlagern bestätigt. Insofern spiegelten diese Richtungen auch die widerstreitenden Hauptströmungen der westalliierten Nachkriegsplanungen, die den Wandel zur Demokratie in der Reaktion auf eine sich langsam entwickelnde Besatzungspolitik[17] in konkreten Planungsentscheidungen zu bewältigen hatten.

Erst viel später – im Frühjahr 1945, mit den Bildern aus den Konzentrationslagern Buchenwald, Bergen-Belsen und Dachau und von den Todesmärschen – wurde die Konfrontation des einzelnen Gefangenen mit dem NS-System und seinen Zielen unter dem Eindruck des Schreckens in unmittelbarer Weise möglich. Die anfangs erörterte Frage nach der Möglichkeit einer Hinführung deutscher Kriegsgefangener an die Ordnungsvorstellungen einer repräsentativen, gewaltenteiligen und liberal-pluralistischen Demokratie verweist sicherlich in starkem Maße auf die Optimisten. Sie bestimmten zunächst die Diskussion über die „politische und moralische Rückerziehung", die ja überhaupt nur denkbar schien, wenn man an die Möglichkeit einer Besserung vor allem der jüngeren Deutschen durch politische Erziehung glaubte. Sie hatten ein optimistisches Menschenbild, das von der Lern- und Besserungsfähigkeit auch jener Menschen ausging, die in einer – wie man damals schon sagte – „totalitären Diktatur" sozialisiert worden waren. Daneben hatten sie aber auch klare politische Ziele und vor allem ein Konzept der Nachkriegsordnung unter Einbeziehung von Deutschland.

---

16 Böhme, S. 112ff.
17 Vgl. K.-D. Henke, Die amerikanische Besetzung Deutschlands, München 1995.

Deutlich wurden Prämissen und Ziele dieser Bestrebungen in einer Besprechung, die im Oktober 1945 unter Vorsitz des Leiters des Political Intelligence Department des britischen Außenministeriums stattfand, das den Stand der Re-education zu erörtern hatte.[18] Cyrus Brooks, der dafür Hauptverantwortliche,[19] wurde auf dieser Besprechung eingangs gebeten, die Grundziele der „Rückerziehung" zu bestimmen und Erfolge zu bewerten. Seine Aufzählung klingt nicht überraschend: Die Irrtümer aufzuklären, die aus den rassistischen und militaristischen Grundsätzen der Nationalsozialisten und der Deutschen folgten und so die Wahrheit über Deutschland sagen, lautete das erste Ziel. Das zweite bezog sich auf die Skizzierung des weltpolitischen Rahmens, der zum Ausbruch des Krieges führte. Erst beim dritten der genannten Ziele ging es um die Grundlagen der neuen politischen Ordnung, die wenige Wochen zuvor auch auf der Potsdamer Konferenz mit dem Bekenntnis der Alliierten zu den „vier großen Ds" – Demokratisierung, Dezentralisierung, Demilitarisierung und Denazifizierung – beschworen worden war: Brooks bekannte sich zu der Aufgabe, den deutschen Gefangenen die Ideale der westlichen Demokratie nahezubringen.

Diese Bemühungen stießen bei den meisten gefangenen Deutschen zunächst nur auf wenig Resonanz. Sie hatten die sozialpsychologischen Barrieren einer Kameradschaft, die nicht selten gewaltsam „Schweigespiralen" erzeugt und so „Fraglosigkeit" hergestellt hatte, nur schwer überwunden. Gerade die Mitläufer hatten sich von den oft aggressiven „Regimetreuen" beeindrucken lassen. Bei den überlieferten heftigen Debatten zwischen gefangenen Nationalsozialisten und Dozenten in den Lagerkursen hatten sie keine Partei ergriffen, sondern sich der Lagerstimmung angepaßt, weil sie überleben wollten. Daß bei dieser geistigen Disziplinierung stark auf Zukunftsängste gesetzt wurde, zeigt die Aufforderung eines Kriegsgefangenen an einen ebenfalls gefangenen Verwandten, er dürfe „mit Rücksicht auf sein weiteres Leben als Deutscher und als Mensch (…) unter keinen Umständen in einem amerikanischen Antinazilager gewesen sein".[20]

Nicht zuletzt wegen solcher Widerstände schlugen sich die politischen Bildungsbemühungen der Gewahrsamsmächte vor allem in der Lagerpresse nieder, am deutlichsten wohl in der ohne Beteiligung deutscher Gefangener zusammengestellten britischen „Wochenpost",[21] überzeugender dann in den amerikanischen Lagerzeitungen, an denen deutsche Gefangene mitarbeiteten. Das demokratische System wurde hier nicht nur als Institutionengefüge vorgestellt, sondern als Ausdruck einer politischen Aktivität, die auf die Beteiligung des einzelnen an den politischen Entscheidungsprozessen zielte.

Das Zugeständnis der Gewahrsamsmacht, die Häftlinge sollten sich an der Verwaltung ihrer Lager beteiligen, verschaffte aber zunächst den „Hitlertreuen" Vorteile. Den Kern machten dabei Unteroffiziere und Feldwebel aus, denen es vielfach gelang, die Führung in der Lager(selbst)verwaltung und sogar in der Postverteilung[22] in ihre Hand

---
18 National Archives (Washington), 39/459; XC 15860.
19 Faulk, passim.
20 Krammer, S. 190.
21 Böhme, S. 64ff.
22 Krammer, S. 190.

zu bekommen. Teilweise kam es dabei zu Konflikten mit Regimegegnern, die jedoch noch lange Zeit in der Minderheit blieben. Zunächst wurden sie innerhalb der Lager geschützt, dann zunehmend in speziellen Anti-Nazi-Camps zusammengefaßt, während „Naziführer, Gestapoagenten und Extremisten" in einem eigenen Lager – Alva/Oklahoma – zusammengeführt wurden.

Die politischen Konflikte in den Lagern hatten ein starkes Mißtrauen der Kameraden untereinander zur Folge. Es konnte sich zur Angst steigern und Anpassung nach sich ziehen. Die politische Bildungsarbeit reagierte darauf, indem sie immer deutlicher politisch mitmenschliche Grundkategorien der Demokratie beschwor, wie etwa das „Vertrauen" zum lernfähigen Mitbürger. Hier bot sich auch ein wichtiger Ansatzpunkt für die Kritik rassistischer Vorstellungen, die bei den Vertretern des Rückerziehungskonzeptes als Kern eines auf Weltherrschaft zielenden nationalsozialistischen Selbstverständnisses galt.

Dem Werben um Vertrauen in den Mitbürger und in seine politische Befähigung, an der Herrschaft durch das Volk mitzuwirken, entsprach es, wenn das Mißtrauen gegenüber Trägern staatlicher Institutionen betont wurde. Auch dieses Prinzip wurde in Beziehung zu Grundelementen diktatorischer Herrschaft gesetzt: Jeffersons Satz vom Mißtrauen als dem Grundelement der Demokratie diskreditierte jedes blinde politische Gefolgschaftsdenken und damit die Führerideologie. Bedingungsloses Vertrauen in die politische Führung münde in die Zerstörung der Öffentlichkeit durch die Ausschaltung der Pressefreiheit, in die Unterdrückung der Meinungsfreiheit, und nicht zuletzt mache die Forderung eines bedingungslosen Gehorsams gegenüber der politischen Führung alle Bestrebungen zur menschlichen Selbstverwirklichung durch Bildung und Erziehung zunichte.

Sicherlich wirkten sich in den zahlreichen Gegenüberstellungen ganz unterschiedlicher demokratischer und diktatorischer Prinzipien wissenschaftliche Ansätze einer sich immer kräftiger entwickelnden komparatistischen Politikwissenschaft und einer „politischen Verhaltenslehre" aus, die bereits Gabriel Almonds späteres Interesse an der „politischen Kultur" ahnen ließ und mit der Analyse der Diktatur Hitlers den Grundstein einer Totalitarismusanalyse legte. Die Betonung der Gegensätze sollte zunächst aber vor allem die geistige Auseinandersetzung der Gefangenen mit politischen Strukturprinzipien der westlichen Demokratie vorantreiben. So begann etwa ein an sich wenig aussagekräftiger Artikel über „Dr. Gallups Voraussagen" mit der Feststellung: „Zum Unterschied von der Diktatur spielt in der Demokratie die öffentliche Meinung eine wichtige Rolle".[23] Anzunehmen, daß derartige Beeinflussungsversuche durch die Gefangenenpresse direkte Wirkungen gezeigt hätten, wäre allerdings kurzschlüssig. Politische Neuorientierung ist in der Regel nicht nur das Ergebnis politischer Bildung, sondern steht am Ende einer mentalen Neuprägung, die Zeit braucht und als „Erwachsenensozialisation" besonders schwer zu greifen ist.

---

23 Der Ruf 25, 15.3.1946.

Messen läßt sich diese Neuorientierung nur schwer, am eindrücklichsten vielleicht anhand des „Screening". Diese Prozedur wurde später, ähnlich wie die Maßnahmen der Entnazifizierung, zumeist negativ bewertet; Kriegsgefangene stellten sie im Rückblick in die Nähe der Überprüfung durch Fragebogen. Beim „Screening" sollte aufgrund von Indikatoren gemessen werden, in welchem Maße Gefangene als politisch bildungsfähig gelten konnten, und auch, inwieweit sie im von alliierten Truppen besetzten Heimatgebiet einsetzbar waren. Selbstverständlich ist die statistische Gruppenbildung problematisch.[24] Dennoch gibt sie deutliche Hinweise auf die politischen Präferenzen und Prägungen der Gefangenen. Vergleichsweise konstant war der Anteil der „Whites" mit zwischen zehn und fünfzehn Prozent. Sehr hoch war zunächst die Gruppe der „Blacks", also der nationalsozialistisch Orientierten. Er lag im April 1945 bei weit über fünfzig Prozent, machte Ende des Jahres noch ein Drittel aus und sank erst im Laufe des Jahres 1946 stark ab. Der Anteil der „Grauen" stieg hingegen an, von einem Drittel im April 1945 auf über achtzig Prozent am Ende des Jahres.

Ohne Zweifel war die langsam einsetzende und dann widerspruchslos akzeptierte geistige und politische Neuorientierung der Gefangenen auch die Folge des Zusammenbruchs selbst – und nicht zuletzt auch ein Reflex auf unterstellte Erwartungen der Sieger. Vielfach ist überliefert, daß das durch die Kapitulation entstandene geistige Vakuum rasch gefüllt wurde, indem man sich vom NS-Staat absetzte und die verlorenen Wertmuster durch ein anderes Wertesystem zu ersetzen suchte. Nun wurde auch die politische Bildung positiver aufgenommen. Die Vorherrschaft der „Politischen", der „Nazi", wie man sagte, in den Lagern schwand, eine Art neuer Selbstverwaltungstyp entstand, die „Didaskalokratie",[25] die Herrschaft der Lehrer. Pädagogen schienen das Sinnvakuum füllen zu können, das mit dem Kriegsende gerade jene prägte, die zu den jüngeren Gefangenen gehörten.

Diese Vakuumtheorie erklärt die politisch-mentalen Wandlungen der Jahre 1943 und 1944 allerdings noch nicht. Mochte Brooks auch die Ideale der Demokratie beschworen haben, so war doch nicht zu bestreiten, daß es den deutschen Gefangenen weitgehend gerade an diesen Idealen gemangelt hatte. Vor allem die Überlieferung aus den Lagern der Afrikakorps-Gefangenen zeigt es: Die meisten deutschen Kriegsgefangenen glaubten weiterhin an den deutschen Sieg und ließen sich in dieser Zuversicht auch nicht durch die Niederlage von Stalingrad irritieren. Sie stabilisierten sich weltanschaulich, wie vielfach belegt, durch die Annahme, die alliierten Siegesmeldungen seien, ebenso wie die Nachrichten über NS-Verbrechen, vor allem Feind- und Greuelpropaganda.

---

24 Wolff, S. 48f.
25 Böhme, S. 124ff.

4. *Umorientierung als Folge von Gefangenschaft und Niederlage?*

Für Kapitulationsgefangene war eine Umorientierung als Folge der Niederlage typisch. Für die Soldaten hingegen, die sich schon seit längerer Zeit in Gefangenschaft befanden, waren die Erfahrung mit den Gewahrsamsmächten und die Auseinandersetzung mit den Parteigängern des Regimes hinter Stacheldraht entscheidend. Die Amerikaner wurden von ihnen ebenso wie die Briten in der Regel sehr gelobt. Sie versorgten die Gefangenen nach allem, was wir wissen, ausgezeichnet, ebenso die kanadische Gefangenenverwaltung. Insofern entstand ein positives Grundgefühl, das durch gute Kontakte mancher Gefangenen mit der Zivilbevölkerung vor allem bei Erntearbeitern verstärkt wurde. Die Ernährung war sehr gut, Arbeit und Freizeit waren geregelt, und nicht zuletzt wurden auch Bildungsbestrebungen befördert. Aus vielen Lagern werden Vortragsveranstaltungen, Sprachkurse und Sportmöglichkeiten überliefert. Es gab, wie am Bittersee in Ägypten oder in den USA, verschiedentlich Lageruniversitäten; die Kriegsgefangenenverwaltung organisierte darüber hinaus ein regelrechtes Prüfungswesen, verlieh Diplome und ermöglichte es Soldaten sogar, sich als Fernstudenten an amerikanischen Universitäten einzuschreiben. In manchen Kursen beschäftigten sich die Studenten intensiv mit zeitgeschichtlichen und verfassungspolitischen Fragen. Hier setzte eine reflektierte Auseinandersetzung mit Ordnungsprinzipien der westlichen Demokratien, aber auch mit jenen Tendenzen ein, die im NS-Staat vor allem den „Irrweg" (Abusch) einer Nation erweisen sollten, der in die zunächst noch nicht so deutlich akzentuierte „deutsche Katastrophe" (Meinecke) mündete. Besonders effektiv war die geistige Umorientierung, wo sie nicht durch das deutsche Unteroffiziersregiment erschwert wurde.

Der Kampf zwischen den Häftlingen wurde indessen vor allem im Bildungssektor und im publizistischen Bereich immer erbitterter, weil die „Anti-Nazis" den Kampf um die in der Mitläufergruppe bestimmenden wandlungswilligen und indifferenten Gefangenen aufnahmen. Die teilweise heftigen, blutigen, nicht selten sogar lebensgefährlichen Konflikte gingen seit Anfang 1945 zunehmend zugunsten der Regimekritischen aus, die sich schließlich sogar durch einen in der BBC ausgestrahlten Rundfunkaufruf zu erkennen gaben, obwohl dieser vor der Kapitulation Deutschlands noch ihre Angehörigen der Gefahr der Sippenhaftung aussetzte.

Diese Konflikte unter den Gruppen der Kriegsgefangenen waren vermutlich für die Auseinandersetzung der deutschen Gefangenen mit den eigenen Überzeugungen entscheidender als die Informationen über das politische System des westlich-liberalen Verfassungsstaates, das in zahlreichen Vorträgen für Gefangene und in unübersehbar vielen Artikeln der Lagerzeitungen beschrieben wurde. In den Konflikten wurde nicht zuletzt deutlich, daß die nationalsozialistisch gesonnenen Gefangenen mit dem sich abzeichnenden Kriegsende keine moralische Substanz mehr verkörperten. Sie verloren nach der Niederlage aber auch an Rückhalt in der Heimat, was unter anderem daran deutlich wurde, daß der bayerische Ministerpräsident Wilhelm Hoegner den Austausch unbelasteter Kriegsgefangener gegen belastete Nationalsozialisten anbot und anregte, die letzteren Wiedergutmachungsarbeiten verrichten zu lassen. Die politische Auseinandersetzung diskreditierte die „Nazis" auf diese Weise als das, was sie waren: als gewaltbereite Kameraden, die in der Mangelsituation vor allem auf der Suche nach dem eigenen Vorteil waren. Dies vor allem machte die Mitläufer wandlungsfähiger und trennte sie von jenen, die sich bewußt in der Gefangenschaft gegen den NS-Staat entschieden hatten.

Den breiten, nicht selten gedankenlos vollzogenen inneren Wandel mancher deutscher Kriegsgefangener hatten weitsichtige britische Fachleute der politisch-pädagogischen Gefangenenarbeit langfristig kommen sehen und schon sehr frühzeitig durch politische Schulungsprogramme gestalten wollen. Die Konfrontation der deutschen Kriegsgefangenen mit diesen schließlich geradezu schwärmerischen britischen Beeinflussungs- und Bildungsversuchen erfolgte aber zunehmend weniger unter dem Ausnahmezustand der Kriegsgefangenschaft als unter einem neuartigen sozialpsychologischen Gruppendruck.

Der statistisch klar feststellbare Anteil überzeugter Anhänger des NS-Staates sank rapide, die Macht der „Feldwebel und Unteroffiziere" wurde vor allem in den durch hervorragende Bildungsarbeit bekanntgewordenen Lagern geschwächt. Die Lagerpolizei konzentrierte sich auf Ordnungswidrigkeiten, nicht auf die politische Auseinandersetzung. Wer einen Kameraden als „Verräter" oder „Eidbrecher" bezeichnete, diskreditierte sich selbst; das wurde aber nicht zugleich als Aufforderung zum Terror verstanden. Die Gefangenen lösten unter dem Druck der Verhältnisse ihre Bindungen an das untergegangene Regime Hitlers, akzeptierten die Veränderung ihres bisherigen völkerrechtlichen Status vom „Kriegsgefangenen" zum „ehemaligen Feind" und empfanden sich nicht länger als Soldaten, die „für den Ausgang des Krieges verantwortlich"[26] seien.

Unter den Verhältnissen der massenhaften Gefangennahme deutscher Soldaten – der „Kapitulationsgefangenen" – war in den Maitagen 1945, also unmittelbar nach dem Kriegsende, eine politische Beeinflussung der Gefangenen wie in den Jahren und Monaten zuvor kaum mehr möglich. In den Lagern ging es um die Überlebenssicherung, die rasche Entwaffnung der deutschen Soldaten, auch um die Festsetzung Belasteter, die Enttarnung führender Nationalsozialisten, die Internierung hoher Militärs.

Politische Erziehungsarbeit setzte erst später wieder ein, nicht zuletzt in dem später geradezu legendär gewordenen britischen Lager Wilton Park,[27] einer oft als „Hochschule der Demokratie" bezeichneten Einrichtung, und in den ebenso legendären „Antifa-Schulen"[28] der Sowjetunion. Hier wurde eine Umorientierung abgeschlossen, die auf längere Sicht auch eine soziale Integration der Belasteten ermöglichte. Teilweise lag diese im unmittelbaren Nutzen der Besatzungsmacht – wie bei kriegsgefangenen Technikern und Forschern –, teilweise erwies sich auch die Ausbildung von Verwaltungsleuten als Zukunftsinvestition. Wer den Zusammenbruch der Diktatur produktiv

---

26 BA/MA, B 205/v.41 (WKF-036).
27 Faulk, passim.
28 G. Robel, Die deutschen Kriegsgefangenen in der Sowjetunion: Antifa, München 1974.

bewältigte und sich demokratischen Vorstellungen öffnete, hatte eine entscheidende Voraussetzung politischer oder bürokratischer, kultureller oder publizistischer Karriere bewältigt und befand sich gewiß in einer besseren Situation als mancher rückkehrwillige Emigrant.

Im Rückblick mag uns das von Brooks benannte Ziel, unter den Gefangenen die „Ideale der Demokratie" zu propagieren, ebensowenig überraschen wie die von ihm erwähnten Ziele rationaler historisch-politischer Bildungsarbeit. Wir haben uns an die Vorstellung gewöhnt, daß die Alliierten den Krieg gegen den NS-Staat und Japan als „Kreuzzug für die Demokratie" führten. Mit welcher Vehemenz diese Ziele seinerzeit jedoch verfolgt wurden, wird in den Formulierungen deutlich, denen zufolge der Krieg eine Folge einer „deutschen Krankheit" war, die durch „Re-education" geheilt werden sollte. Die bedingungslose Kapitulation hatte, wie der britische Minister Butler schon Ende Mai 1943 im Unterhaus erklärte, den Deutschen klarzumachen, „was unerlaubt ist".[29] Umerziehung setzte demzufolge die Beseitigung „übler Kräfte, übler Doktrinen und übler Einflüsse" voraus.

In der Praxis wurde die „Rückerziehung" auch durch eigene Anstrengungen vieler Gefangener geprägt. Sie suchten Zugang zu Land und Leuten ihrer Umgebung, forcierten die Auseinandersetzung zwischen Regimegegnern und „Hitlertreuen" und waren nicht nur bereit, die fremde Sprache zu lernen, sondern auch, selbstkritisch die eigene Geschichte zu sehen und die Prinzipien des Verfassungsstaates zu reflektieren. Wandlungsfähige Gefangene hatten schließlich nicht nur Aussicht auf ihre baldige Entlassung, sondern auch Anspruch auf die Anerkennung ihrer Person.

Dies rückt die Frage der Auseinandersetzung mit der deutschen Geschichte und der deutschen Schuld in den Mittelpunkt. Wer aktive Bewältigungsversuche glaubhaft machte, gehörte zu den „Weißen", nicht zu den Grauen und Schwarzen. Diese Unterscheidung, die im Zusammenhang des „Screening" gemacht wurde, hing mit der Absicht zusammen, eine beachtliche Anzahl durch gute Schulung gewandelter Kriegsgefangener nach Deutschland zurückzuschicken. Sie mußten ihre Überzeugung nachweisen, daß der demokratische Weg besser als der totalitäre und daß die Zusammenarbeit mit den Alliierten die beste Politik für Deutschland sei.[30]

Die verbreiteten und bekannten Bilder von deutschen Kriegsgefangenen, die in den alliierten Gefangenenlagern die Hakenkreuzfahne hißten und den Geburtstag Hitlers durch eine Parade feiern durften, lassen es vielleicht unwahrscheinlich erscheinen, daß ein solcher Wandel überhaupt stattfinden konnte. Diese Bilder beschreiben die Wirklichkeit, zugleich aber nur den Ausgangspunkt einer Entwicklung. Sie belegen, in welchem Maße die Kriegsgefangenen im Spätsommer 1943 und auch im folgenden Jahr zu der Fahne standen, die das Hakenkreuz trug. Was sie nicht zeigen, ist, daß dieser

---

29 Zit. nach Faulk, S. 11.
30 „Whites" wurden im Zuge des „Screening" wie folgt charakterisiert: „urgently needed by the Anglo-American-Armies on the Western front, and will be needed also the serve British interests during and after the period of occupation".

Gruppenzusammenhalt sich bereits aufzulösen begann; sie verschleiern, daß die westliche Gefangenschaft das breite Feld einer Regimegegnerschaft und einer Umorientierung wurde, die ihren moralischen Anspruch auf das intensiv beschworene Bild vom „anderen Deutschland" stützte.

In der Nachkriegszeit wurde diese Denkhaltung freilich zunehmend verdrängt. Die Absolventen von Wilton Park, dem bald zur Legende gewordenen „Fortbildungslager" in England und Keimzelle der deutsch-britischen „Königswinterer – Konferenzen", entwickelten den Stolz der Mitglieder eines Traditionsvereins. Verdrängt wurde auch die abstoßende Terrorisierung regimekritischer Skeptiker unter den gefangenen deutschen Soldaten, ebenso wie die Tatsache, daß in den USA nach dem 9. Mai 1945 fünfzehn Todesurteile an deutschen Gefangenen vollstreckt wurden, die wegen Mordes verurteilt worden waren. Verdrängt ist, daß 1944 ein in Gefangenschaft geratener kleiner Bahnbeamter von seinen Kameraden brutal zusammengeschlagen worden war, weil er die einzige Postkarte, die er im Monat versenden durfte, an seine Angehörigen und nicht als Geburtstagsgruß an Hitler schicken wollte, wie fast alle anderen seiner Kameraden.

5. *Neuorientierung des Selbstverständnisses: eine dramatische Geschichte*

Diese Beispiele verdeutlichen, daß sich in der deutschen Kriegsgefangenschaft eine dramatische Geschichte weltanschaulicher Konfrontation ereignete, eine Auseinandersetzung, die ganz unterschiedliche Konfliktdimensionen hatte. Zum einen handelte es sich um Konflikte zwischen Gefangenen und den Vertretern der Gewahrsamsmächte, zum anderen um Auseinandersetzungen zwischen den gefangenen deutschen Soldaten selbst. Diese Konflikte entluden sich im Zeitverlauf, nahmen aber teilweise eine Schärfe an, die nach dem Krieg, so scheint es, geradezu verdrängt werden mußte, um so mehr, als sich das westliche Ordnungsmodell als das akzeptierte und gewollte durchsetzte.

Die Wunden mancher Auseinandersetzungen schmerzten, die Narben gingen tief. In der Tat war es ja vorgekommen, daß kranke Gefangene, die vor Kriegsende vorzeitig repatriiert wurden, die Heimatanschriften von „Anti-Nazis" mitnehmen mußten, um die Angehörigen der Sippenhaftung zuführen zu lassen. Aber alles dies sackte in der Erinnerung an die heftigen Auseinandersetzungen mit den „aggressiven Neinsagern", den überzeugten Nationalsozialisten, ab und machte einem Gefühl der Überlegenheit Platz, wie ein abschließender Blick in den eingangs zitierten Artikel des „Telegraph" zeigt:

„Der Rückkehrer nach Berlin steht vor seiner aus Amerika mitgebrachten 54bändigen Bibliothek, blättert in seinen Ordnern voller Zeitungsausschnitte, Aufzeichnungen und Lehrmaterial und ist im übrigen der Ansicht, daß die drüben gelegte Saat irgendwann einmal aufgehen wird (…) Er ist der amerikanischen Gewahrsamsmacht dankbar für das, was sie tat und wie sie es tat."[31]

---
31 Telegraph 80/1, 13.7.1946.

Und konnte er nicht auch siegesgewiß sein? Im Hinblick auf die spürbare Wandlung ehemaliger Nationalsozialisten war sich der Verfasser sicher: Als überzeugender Anti-Nazi zähle er sich zur „überwältigenden Minorität". Er wußte: „eine hübsche Anzahl mehr" werde „mit gewaltigem Schwung die richtige Kurve nehmen und Anschluß zu finden versuchen". Dieser Umschwung war Teil einer politischen Umorientierung, die infolge der sich anschließenden Erfolgsgeschichte der deutschen Demokratie allmählich alle Anklänge an jene Umorientierung verlor, die während der Kriegsgefangenschaft nicht selten als Verrat gedeutet und geahndet worden war.

Die Gefühle der Gefangenen, die im Westen lange vor ihren Angehörigen im Reich Erfahrungen mit der Demokratie machen konnten, wurden in den folgenden Jahrzehnten freilich entpolitisiert, zumindest im Westen. Verdrängt wurde, daß die Beeinflussung der deutschen Gefangenen Teil einer „Entnazifizierung" des Bewußtseins war, die zunächst als „Wiedererziehung", schließlich als „Umerziehung" bezeichnet wurde. Nur die deutschen Gefangenen in der Sowjetunion konnten ihre politischen Auseinandersetzungen in den Lagern als politische Grundkonflikte zwischen weltanschaulichen Gegnern auch in der Öffentlichkeit plausibel machen. Die Konflikte in den Gefangenenlagern der westlichen Alliierten wurden hingegen sehr schnell ihrer politischen Inhalte entledigt. Dies läßt sich am besten an einigen populären Schlagern der fünfziger Jahre deutlich machen. Die Hits der fünfziger Jahre – „Brennend heißer Wüstensand" oder „Deutschland, deine Sterne" – emotionalisierten und verkitschten die Entfremdung und Einsamkeit, welche die Kriegsgefangenen in den Lagern erlebt hatten. Die von Goebbels entwickelten Weihnachts- und Silvestergrußsendungen über Radio Norddeich riefen die Erfahrungen der Trennung ebenso vor Augen wie der „Evergreen" Lili Marleen.

In den fünfziger Jahren wurde die Erinnerung an die Trennungen der Kriegs- und Nachkriegszeit überlagert von der Beschwörung der sowjetischen Kriegsgefangenschaft und der Hoffnung auf Überlebende in den „Schweigelagern", die es niemals gab. Diese Fixierung auf die deutschen Kriegsgefangenen in der Sowjetunion ließ vergessen, daß die politische Auseinandersetzung mit der westlichen Demokratie zuerst auch hinter Stacheldraht stattgefunden hatte.

Mario Keßler
Zwischen Kommunismus und Sozialdemokratie, zwischen Ost und West.
Die marxistischen Kleingruppen auf dem Weg in die deutschen Nachkriegsgesellschaften

Die Frage nach Handlungsspielräumen der deutschen Arbeiterbewegung angesichts des Aufstiegs des Nazismus wurde für Jahrzehnte zur Streitfrage zwischen kommunistischer und sozialdemokratischer Geschichtsschreibung. Für die Kommunisten war der Antikommunismus der Sozialdemokraten – für diese umgekehrt die Politik des „Sozialfaschismus" der KPD – die Ursache für die nicht zustande gekommene Einheitsfront gegen Hitler. Als Ende der sechziger Jahre in der Bundesrepublik das Interesse an der Geschichte der Arbeiterbewegung anwuchs, gerieten auch die kleinen Organisationen stärker in das Blickfeld der Forscher, die für ihre Versuche, die Kluft zwischen KPD und SPD zu überbrücken und die Einheitsfront zu schaffen, den Preis der Isolierung und Ausgrenzung von beiden großen Parteien zahlen mußten. Nach dem Ende der DDR und ihrer Parteigeschichtsschreibung konnten auch erstmals ostdeutsche Forscher unabhängige Arbeitsergebnisse zu den Kleingruppen veröffentlichen.[1]

Nach 1945 waren die überlebenden Mitglieder der Kleingruppen, die an deren Traditionen festhalten wollten, politisch noch isolierter als vor 1933. Dies zeigt exemplarisch den Grad der alsbald staatlich sanktionierten Spaltung der Arbeiterbewegung. Die Behandlung der Mitglieder dieser Gruppierungen nach 1945 weist dabei auf jeweils spezifische Probleme des Umgangs mit unorthodoxen Haltungen in Ost und West hin.

Im folgenden kann aus Platzgründen nicht das ganze vielschichtige Spektrum der linken Kleinorganisationen behandelt werden. Die Konzentration erfolgt deshalb auf die Sozialistische Arbeiterpartei (SAP), die KP-Opposition (KPO) und die Organisation Neu Beginnen (NB). Zwischen SPD und KPD stehend, mit Versuchen, zwischen beiden Lagern zu vermitteln, können diese Gruppen gewissermaßen als „echte" Zwischengruppen angesehen werden, während die linke Opposition zur KPD, insbesondere Trotzkisten und Leninbund, keineswegs eine derartige Brückenfunktion zu über-

---

[1] H. Arndt/H. Niemann, Auf verlorenem Posten? Zur Geschichte der Sozialistischen Arbeiterpartei, Berlin 1991; H. Jentsch, Die politische Theorie August Thalheimers 1919-1923, Mainz 1993 (Diplomarbeit, Leipzig 1990). Th. Bergmann/M. Keßler (Hg.), Ketzer im Kommunismus – Alternativen zum Stalinismus, Mainz 1993.

nehmen gedachten.² Leninbund und Trotzkisten wirkten jedoch an Einheitsfrontaktionen der anderen Kleingruppen mit, sofern an einem Ort mehrere dieser Organisationen bestanden.

1. Die Kleingruppen zwischen Kommunismus und Sozialdemokratie

Die KPO spaltete sich an der Jahreswende 1928/29 durch Ausschlüsse und Austritte von der KPD ab. Ihre wichtigsten Köpfe – August Thalheimer, Heinrich Brandler, Jakob Walcher, Paul Frölich, Rosi Wolfstein, Hans Tittel, Erich Hausen, Eduard Fuchs – waren Mitbegründer von Spartakusbund und KPD gewesen, hatten teilweise hochrangige Funktionen in der KPD und der Komintern innegehabt und verstanden sich zunächst auch weiterhin als integraler Teil der kommunistischen Bewegung, deren Reform an Haupt und Gliedern sie erstrebten.³ Die wichtigste, unter Federführung Thalheimers entstandene, aber kollektiv erbrachte theoretische Leistung vor 1933 war eine präzise Faschismus-Analyse. Die Ziele des deutschen Faschismus als einer möglichen Herrschaftsform der Großbourgeoisie waren, wie die KPO es formulierte, die Beseitigung der bürgerlichen Demokratie, die Vernichtung der Arbeiterbewegung und schließlich der Kurs auf einen neuen Weltkrieg.⁴ Dies wurde zu einer Zeit festgehalten, als die KPD in der Sozialdemokratie den angeblichen Zwillingsbruder des Faschismus erblickte, die SPD in Passivität erstarrt war und sich damit beruhigte, daß Deutschland nicht Italien sei, und beide Arbeiterparteien glaubten, Hitler werde bald abwirtschaften, danach komme ihre große Stunde.⁵

Auch in der SPD wurde nach dem Aufstieg der Nazis in den Septemberwahlen 1930 die Kritik am Kurs der Parteiführung lauter, der auf eine Kooperation mit den nichtfaschistischen Teilen des bürgerlichen Parteienspektrums und die Blockbildung einer republikanischen politischen Mitte setzte. Die SPD-Linke kritisierte diesen Kurs als illusionär und schlug als Alternative ein engeres Zusammengehen mit der KPD vor, was die Parteiführung aufgrund ihrer Einschätzung der KPD-Politik ablehnte. Zum Bruch kam es 1931, als neun sozialdemokratische Reichstagsabgeordnete die Zustimmung zu einem (weiteren) Panzerkreuzerbau verweigerten. Es folgten Parteiausschlüsse und -austritte. Am 4. Oktober 1931 konstituierte sich die SAP. Sie umfaßte ein breites

---

2 Die trotzkistische Politik des Entrismus, d.h. der Eroberung der Sozialdemokratie „von innen", entstand in einem anderen historischen und lokalen Kontext (in Frankreich) und war für die deutsche Politik nicht relevant.
3 Zur KPO vgl. K.-H. Tjaden, Struktur und Funktion der „KPD-Opposition" (KPO), Meisenheim 1964; T. Bergmann, „Gegen den Strom". Die Geschichte der KPD-Opposition, Hamburg 1987.
4 Vgl. Der Faschismus in Deutschland. Analysen und Bericht der KPD-Opposition 1928-1935, hg. von der Gruppe Arbeiterpolitik, Bd. 1, o. O. 1981; M. Kitchen, August Thalheimer's Theory of Fascism, in: Journal of the History of Ideas, 1973, Nr. 1, S. 67-78; J. Kaestner, Die politische Theorie August Thalheimers, Frankfurt a.M. 1982, bes. S. 99ff.
5 Vgl. Deutschland und Italien, in: Gegen den Strom, 25. Februar 1933, Nachdruck in: Der Faschismus in Deutschland, S. 212-218 (der anonym erschienene Aufsatz wurde vermutlich von Thalheimer verfaßt).

Spektrum. In ihr wirkten Marxisten wie Fritz Sternberg, Klaus Zweiling und Walter Fabian, Pazifisten wie Heinrich Ströbel und Richard Kleineibst, sozialdemokratisch orientierte Linke wie Anna Siemsen oder Reste der USPD und des Sozialistischen Bundes mit Theodor Liebknecht beziehungsweise Georg Ledebour. Max Seydewitz und Kurt Rosenfeld versuchten, die divergierenden Strömungen zusammenzuhalten.[6]

Inhaltlich kamen die SAP-Theoretiker Sternberg und Zweiling zu ähnlichen Faschismus-Analysen wie die KPO-Führung. Auch die SAP glaubte nicht an die Bereitschaft des deutschen Bürgertums, die Demokratie zu verteidigen. Beide Gruppen appellierten an KPD wie SPD, ihre Differenzen angesichts der faschistischen Gefahr zurückzustellen. Die KPD solle die bürgerliche deutsche Republik als verteidigungswert anerkennen, die SPD durch mehr Radikalität die schwankenden Mittelschichten auf die Seite der Arbeiterparteien bringen und somit ein Übergewicht gegenüber den antidemokratischen Kräften schaffen helfen.

Die wichtigste Differenz zwischen beiden Gruppen bestand in der Frage der mittelfristigen Perspektive der Arbeiterbewegung. Die KPO hoffte, die KPD könne sich aus der Abhängigkeit Moskaus befreien und einen innerparteilichen Willensbildungsprozeß einleiten. Sie sah sich noch als Teil der KPD, während sich die SAP bereits als Keimzelle einer erneuerten sozialistischen Dritten Kraft begriff. Dieser konzeptionelle Unterschied führte dazu, daß eine Minderheit der KPO, darunter Paul Frölich, Rosi Wolfstein, Jakob Walcher, August und Irmgard Enderle sowie Karl Frank zur SAP wechselten. Den umgekehrten Weg von der SAP zur KPO gingen Mitglieder des Sozialistischen Jugendverbandes (SJV) in Berlin und Stuttgart sowie Fritz Sternbergs zeitweiliger Sekretär Hans Mayer.[7] Der Machtantritt Hitlers und der alsbald einsetzende Nazi-Terror beendeten diese Auseinandersetzung schlagartig. Nunmehr galt es, sich unter den Bedingungen der Illegalität neu zu organisieren; es kam jedoch zu keiner organisatorischen Verschmelzung.[8]

Auf ihrer illegalen Reichskonferenz trug die KPO im April 1934 in Strasbourg der neuen Konstellation Rechnung. In einer Entschließung hieß es, für den revolutionären Kampf bedürfe es illegaler kommunistischer Parteiorganisationen sowie illegaler, überparteilicher, klassenbewußter Gewerkschaften. Notwendig seien Einheitsfrontorgane, in die auch Unorganisierte und nichtproletarische Kräfte einzubeziehen seien. Doch: „Einheitsfront bedeutet nicht die Einheit der Arbeiterparteien und ebensowenig bürgerliche Koalitionspolitik."[9] Das parteiorganisatorische Ziel der KPO bleibe „die Herstellung der einheitlichen und kampffähigen kommunistischen Partei durch die Vereinigung zwischen der KPD(O), der vom ultralinken Kurs befreiten KPD, und der für den Kommunismus (…) gewonnenen Bestandteile der reformistischen und zentristischen

---

6 Vgl. H. Drechsler, Die Sozialistische Arbeiterpartei Deutschlands (SAPD), Meisenheim 1965.
7 Vgl. Hans Mayer, Ein Deutscher auf Widerruf, Bd. 1, Frankfurt a.M. 1988, S. 157ff.
8 Zum KPO-Widerstand vgl. neben den Arbeiten von Tjaden und Bergmann: J. Becker, Der Widerstand der KPD-O im Faschismus, Mainz 1992.
9 Nachrichten der IVKO, Nr. 7, April 1934, zit. nach Bergmann, S. 217.

Organisationen."[10] Das Ziel sei ein sozialistisches Deutschland und die Errichtung der Räteherrschaft. Die KPO beantragte, zum VII. Weltkongreß der Komintern mit beratender Stimme zugelassen zu werden. Die KPD lehnte jedoch den Vorschlag ab.[11] Dennoch kam es zwischen der Leitung des KPO-Auslandskomitees, Brandler, Thalheimer und Leo Borochowicz, sowie KPD-Vertretern, namentlich Franz Dahlem, Heinrich Rau und Herbert Wehner, noch 1935 in Paris zu Gesprächen. Die KPO-Vertreter stellten dabei klar, daß vor einer angestrebten Verschmelzung beider Organisationen der bisherige Kurs der KPD grundsätzlich reformiert werden müsse. Dies wies die KPD natürlich zurück.[12]

Ein weiterer Kritikpunkt der KPO war, daß die Volksfront-Orientierung der KPD den Verzicht auf ein sozialistisches Deutschland nach Hitler bedeutet. Damit würden die theoretischen Grundsätze der kommunistischen Bewegung aufgegeben. Die KPO nahm daher an den Volksfront-Verhandlungen in Paris nicht teil.[13] Zum endgültigen Bruch kam es durch die Verfolgung des mit der KPO verbundenen Partido Obrero de Unificacion Marxista (POUM) 1937 in Spanien durch Stalins Geheimpolizei sowie die Moskauer Schauprozesse.[14]

Im November 1936 hatte die KPO-Führung das Lügengebäude des ersten Schauprozesses noch nicht voll wahrgenommen und sich nur zu einer halbherzigen Kritik durchgerungen.[15] Im Juli 1937 brandmarkte das Büro der IVKO zwar das Stalin-Regime als despotisch, hoffte aber, die Entwicklung zum Sozialismus könne sich in der Sowjetunion „auf dem Wege der Evolution vollziehen, es bedarf dazu keiner neuen Revolution."[16] Im März 1938 kam die KPO dann zu der Erkenntnis, „wie falsch es ist, anzunehmen, die Stalinclique könne noch zu den Grundsätzen des Kommunismus zurückkehren. (...) Dem Kommunismus gehört die Zukunft. Aber diese Zukunft kann ihm nur durch einen entscheidenden Kampf gegen den Stalinschen Verrat gesichert werden."[17] Nunmehr schloß sich die KPO Trotzkis Haltung an, die sie bisher abgelehnt hatte, und rief zum Sturz des Stalin-Regimes durch eine politische Revolution der sowjetischen Arbeiterklasse auf.[18] Das versprengte KPO-Exil stellte Kontakte zu anderen kommunistischen Dissidenten her, während die Sozialdemokratie als nunmehr wichtigster Teil

---

10 Zit. ebd., S. 218.
11 Vgl. ebd., S. 218f.
12 Vgl. ebd., S. 220ff., und Mayer, S. 97, 229f.
13 Die KPO-Materialien finden sich gesammelt in: Volksfrontpolitik. Ihre Ursachen und Folgen am Beispiel Frankreichs und Spaniens. Artikel aus dem „Internationalen Klassenkampf" von 1935 bis 1939, hg. und eingel. von der Gruppe Arbeiterpolitik, Bremen o.J.
14 Vgl. Internationaler Klassenkampf. September 1937, S. 16 (Reprint o.O. u. o.J., S. 116).
15 Vgl. Bergmann, S. 276ff.
16 Zur Krise in der Sowjetunion, hg. v. Büro der IVKO, Wolfisheim, Dezember 1937, S. 5, zit. nach Bergmann, S. 282f. Hervorhebung im Text.
17 Internationaler Klassenkampf, März 1938, S. 7, zit. nach ebd., S. 282.
18 Vgl. L. Trotzki, Verratene Revolution. Was ist die Sowjetunion und wohin treibt sie? Neuausg. Essen 1990, S. 284ff.

der Arbeiterbewegung gesehen, als reformistisch aber weiterhin strenger Kritik unterworfen wurde.[19]

Auch die SAP übte nach der Errichtung der Diktatur weiterhin harte Kritik an den großen Arbeiterparteien. „Es muß vor dem revolutionären Proletariat in Deutschland und in der gesamten Welt festgestellt werden, daß die von der Stalinfraktion beherrschte KI-Bürokratie die Hauptschuldige an dem Zusammenbruch der KPD ist", so die Resolution des illegalen SAP-Parteitages in Dresden im März 1933.[20] Es sei jedoch weder möglich noch wünschenswert, zur SPD zurückzugehen. Deren Wunsch, unter Hitler legal überleben zu können, sei eine Illusion. Nunmehr wolle die SAP zum „Kristallisationspunkt aller revolutionären Kräfte" werden.[21] Die Parteileitung forderte eine Politik des „revolutionären Marxismus, auf dem Boden der Grundsätze des revolutionären Marxismus unter der Anwendung der Lehren der russischen Revolution und insbesondere der Entwicklung in Deutschland seit 1914."[22] Dazu bedürfe es einer neuen Partei, schrieb Fritz Sternberg. Seine Hoffnung, die nazistische Demagogie werde an den deutschen Arbeitermassen abprallen,[23] hielt allerdings der Realität nicht stand. Der junge SAP-Aktivist Willy Brandt schrieb, „daß letzten Endes Sozialdemokraten, Kommunisten und die Gruppen dazwischen Mitglieder ein und derselben sozialistischen Bewegung" seien. Sie würden, „wenn sie zusammen eine vereinte Barrikade gegen den Nazismus errichten" könnten, dessen „Fortschreiten aufhalten."[24] Auch Klaus Zweiling sprach von der Prüfung der Voraussetzungen einer wirklich aktionsfähigen Einheit".[25]

Auch die SAP mußte jedoch allmählich erkennen, daß es keine genügenden Voraussetzungen für eine Einheitsfront gab. Die KPD versuchte, und dies mit Erfolg, die am stärksten der kommunistischen Ideologie zugeneigten SAP-Kräfte zu sich herüberzuziehen. Deren wichtigster Vertreter Seydewitz sollte schließlich während der Moskauer Schauprozesse Partei für das Lager Stalins ergreifen.[26]

Im Verlaufe eines hier nicht nachzuzeichnenden Differenzierungs- und teilweise auch Spaltungsprozesses beschloß der Kern des Pariser SAP-Exils, sich trotz mancher Vorbehalte an den 1937 anlaufenden Volksfront-Aktivitäten der KPD zu beteiligen.[27] Gleichzeitig kritisierte die SAP aber wiederum auch die Volksfront-Vorstellungen von KPD und Komintern wegen des faktischen Verzichts auf sozialistische Zielstellungen. Der Bruch mit dem Volksfront-Projekt durch die SAP ließ sich daher wohl nicht ver-

---

19 Vgl. die entsprechenden Bewertungen in der Artikelsammlung: Volksfrontpolitik.
20 Resolution des illegalen Dresdner Parteitages vom 11./12. März 1933, zit. nach J. Bremer, Die Sozialistische Arbeiterpartei Deutschlands (SAP). Untergrund und Exil 1933-1945, Frankfurt a.M. 1978, S. 96.
21 Vgl. O. Erbe (K. Zweiling), Der Sieg des Faschismus in Deutschland und die Aufgaben der Arbeiterklasse, o.O. 1933, S. 99ff.
22 Das Banner des revolutionären Marxismus, Berlin 1933, S. 2, zit. nach ebd., S. 100.
23 Vgl. ebd., S. 301.
24 W. Brandt, Draußen. Schriften während der Emigration, Berlin 1976, S. 64.
25 Erbe, S. 59, zit. nach Bremer, S. 101f.
26 Vgl. M. Seydewitz, Stalin oder Trotzki. Die UdSSR und der Trotzkismus. Eine zeitgeschichtliche Untersuchung, London 1938.
27 Vgl. ausführlich Drechsler, bes. S. 343ff.; Bremer, S. 166ff.

meiden, zumal die KPD massiv gegen wirkliche und ernannte Trotzkisten, das hieß gegen alle, die die Moskauer Prozesse nicht guthießen, vorging. Was als ein Versuch der Zusammenarbeit begonnen hatte, endete in Denunziationen der SAP durch die KPD als Organisation von Gestapo-Agenten und gekauften Subjekten des Monopolkapitals.[28] Die immer schärfer werdende Kritik des größten Teils der SAP-Mitgliedschaft an der Sowjetunion führte, anders als bei der KPO, zu einer allmählichen Annäherung an die SPD. Als einziger prominenter SAP-Politiker trug Jakob Walcher diesen Kurs nicht mit.[29]

Die stalinistische Politik verbreitete die Kluft zwischen den verschiedenen Strömungen der exilierten Arbeiterbewegung somit wiederum erheblich. Dies stellte auch die aus Sozialisten und Kommunisten zusammengesetzte Organisation Neu Beginnen (NB) vor unlösbare Probleme. Als zunächst namenlose und konspirativ wirkende Gruppe von kritischen Kommunisten 1929/30 gegründet, versuchte sie innerhalb der KPD und der SPD auf eine Einheitsfront hin zu wirken. Die Parteiapparate sollten unterwandert, schließlich erobert und dadurch der in der Arbeiterbewegung angeblich vorhandenen bürgerlichen Ideologie der Boden entzogen werden.[30] Natürlich war diese vom NB-Gründer Walter Löwenheim entwickelte Konzeption illusorisch. Die auch vor 1933 bereits vorhandene konspirative Struktur der Gruppe erleichterte ihren Mitgliedern allerdings den Übergang in die illegale Arbeit.[31] Im September 1935 legte das NB-Auslandsbüro eine Darstellung des Verhältnisses zur deutschen Sozialdemokratie vor und bezeichnete sich als „positiv mitarbeitende Opposition". Die Spannungen mit den großen Arbeiterparteien blieben jedoch auch im Exil erhalten.

Im März 1936 waren Kontakte zwischen der KPO und der SAP ohne ein greifbares Ergebnis geblieben.[32] Im Herbst 1937 vereinbarten NB und die SAP eine engere Zusammenarbeit, ohne daß die Kontakte von NB zur KPD gänzlich zum Erliegen gekommen wären. Mitte September 1938 kamen NB, die SAP und die Revolutionären Sozialisten Österreichs überein, eine Arbeitsgemeinschaft für sozialistische Inlandsarbeit zu bilden, aus der sich im Oktober 1938 der Arbeitsausschuß deutscher Sozialisten und der Revolutionären Sozialisten Österreichs entwickelte.[33] All diese Versuche, die Organisationen des linken Zwischenfeldes zusammenzuführen, blieben in ihrer Wirksamkeit marginal. Auch der 1937 unternommene Versuch des nichtmarxistischen Internationalen Sozialistischen Kampfbundes (ISK), sich als Dritte Kraft zwischen KPD und SPD im

---

28 Vgl. Drechsler, S. 343ff.
29 Vgl. U. Vorholt, Die Sowjetunion im Urteil des sozialdemokratischen Exils, Frankfurt a.M. 1991, S. 176ff. und passim.
30 Vgl. R. Löwenthal, Die Widerstandsgruppe „Neu Beginnen". Beiträge zum Widerstand 1933-1945, H. 20, Berlin 1980; W. Löwenheim, Geschichte der Org (Neu Beginnen) 1929-1935, hg. v. J. Foitzik, Berlin 1995. Auf eine Erörterung der unterschiedlichen Interpretationen, die sich aus der Absetzung Löwenheims durch maßgebliches Mitwirken Löwenthals ergaben, wird hier verzichtet.
31 Vgl. Vorholt, S. 145ff.
32 Vgl. Foitzik, Zwischen den Fronten, S. 204.
33 Vgl. Vorholt, S. 157.

Exil zu konstituieren, war von vornherein zum Scheitern verurteilt. Im Dezember 1938 schloß sich der ISK dem Arbeitsausschuß an.[34]

Außer der KPO rückten die dezimierten Linksgruppierungen nach dem Hitler-Stalin-Pakt weiter an die SPD heran. So fügte sich NB als „sozialdemokratische Richtung innerhalb der Sopade" 1941 in die Union deutscher sozialistischer Organisationen in Großbritannien ein.[35]

Nach dem 22. Juni 1941 ging durch die Reihen der Sozialdemokratie wie der radikalen Linken natürlich eine Welle der Solidarität mit der überfallenen Sowjetunion.[36] Dabei wurde auch manches – zutreffende – Urteil aus der Zeit der Moskauer Prozesse abgeschwächt.[37] Aber insgesamt wird man Helga Grebings Fazit zustimmen müssen: „Selbst nach dem Überfall auf die Sowjetunion konnte man sich der Illusion einer Einheit der Arbeiterbewegung im Kampf gegen den Nationalsozialismus nicht mehr hingeben. In der sozialdemokratisch-sozialistischen Emigration in London, in Stockholm und in New York bestätigte sich mehr und mehr die Einsicht, daß man erneut in einer Doppelauseinandersetzung wie am Ende der Weimarer Republik stand: gegen die Nazis und gegen die Kommunisten, soweit diese Stalins Politik willfährig folgten."[38] Dies taten natürlich nicht alle Kommunisten. Stalins kommunistische Gegner gehörten auch in der Nachkriegszeit zu den am unbarmherzigsten Verfolgten.

2. Die stalinistische „Einheit der Arbeiterbewegung" und ihre sozialistischen Gegner

Die Einflußnahme von Mitgliedern der Kleingruppen am Wiederaufbau der deutschen Arbeiterbewegung nach dem Ende des „Dritten Reiches" war naturgemäß nicht stark. Nennenswerte größere Initiativen zur Bildung einer Einheitspartei gab es aus dem bisherigen linken Zwischenfeld – trotz großer Hoffnungen – kaum.[39] Dies gilt auch für die Arbeiterpartei (Sozialistische Einheitspartei) unter Führung des ehemaligen KPO- und SAP-Mitglieds Heinrich Galm in Offenbach, die über eine regionale Bedeutung nicht hinauskam. Zuvor hatten KPD und SPD die Bildung einer sozialistischen Partei

---

34 Vgl. ebd., S. 135.
35 Vgl. ebd.
36 Vgl. H. Niemann u.a., Geschichte der deutschen Sozialdemokratie 1917-1945, Berlin (Ost) 1982, S. 450ff.
37 Vgl. Vorholt, bes. S. 257ff.
38 H. Grebing, Entscheidung für ein demokratisch-sozialistisches Deutschland in Europa, in: C. Keller (Hg.), Die Nacht hat zwölf Stunden, dann kommt schon der Tag. Antifaschismus: Geschichte und Neubewertung, Berlin 1996, S. 161.
39 „Für die deutsche Arbeiterbewegung: nur nach der Räumung Deutschlands ist eine wirkliche (und nicht nur scheinbare und mißtrauische) Vereinigung der besten Elemente der sozialdemokratischen und kommunistischen Arbeiter für die gemeinsame Aufgabe des selbständigen sozialistischen Aufbaus möglich." Thalheimer sah dies noch 1948 als unmittelbare Aufgabe an. A. Thalheimer, Westblock – Ostblock. Internationale monatliche Übersichten 1945-1948, Hamburg 1992, S. 335 (Zitat vom Mai 1948).

abgelehnt.[40] Im August 1945 konstituierten SAP- und ISK-Mitglieder im Raum Hannover eine Arbeitsgemeinschaft zur Bildung der sozialistischen Einheit. Diese sah in der KPD kein Sammelbecken für alle aufbauwilligen Kräfte der deutschen Arbeiterschaft. So trat sie in Verhandlungen mit dem Büro Schumacher. In der SPD bildeten die früheren SAP-Mitglieder unter Leitung Otto Brenners einen Marxistischen Arbeitskreis, ehemalige ISK-Mitglieder schlossen sich unter Führung Willi Eichlers zu einer Erziehungsgemeinschaft zusammen. Solche Zirkel entsprachen durchaus den Vorstellungen der SPD, wie sie diese auch in ihren Verhandlungen mit der Londoner SAP-Gruppe geäußert hatte.[41]

Diese Gruppierungen versuchten zunächst, eine Aufspaltung der Arbeiterbewegung in einen östlichen und einen westlichen Flügel zu verhindern, und brachten deshalb die Hannoversche KPD-Bezirksleitung in Kontakt mit dem Büro Schumacher. Das wurde aber von der SPD sehr rasch unterbunden.[42] Im Mai 1946 berichtete Joseph Lang, er sei wohl der letzte SAPler, der sich zu einem Eintritt in die SPD entschließe. Aber die SPD war auch für ihn lediglich eine Kompromißlösung, „da die KP mit Pieck, Dahlem, Ulbricht im ZK als ‚verlängerter Arm' der Roten Armee anzusehen" sei.[43] Irmgard Enderle setzte sich noch im Mai 1946 für einen Zusammenschluß von KPD und SPD in Gesamtberlin ein, obwohl sie ihre Haltung zu Walter Ulbricht mit den Worten formulierte: „Es steigt einem etwas hoch (...)"[44] Irmgard Enderle kritisierte Schumachers Kurs scharf, wollte aber auch keine neue SAP als „Sammelsurium verschiedener Meinungen" bilden.[45] Auch Rosi Wolfstein und Paul Frölich (SAP) dachten so: „Wir wollten den dritten Weg gehen, dieser Weg ist nur in einer Partei, nicht mit mehreren Parteien zu gehen. Diese eine Partei kann unter den gegebenen historischen Umständen nur die SPD sein, also kehren wir zu ihr zurück."[46] Jakob Walcher (SAP) gehörte zu den wenigen, die diese Meinung nicht teilten. Er wollte endlich einmal am Aufbau des Sozialismus mitarbeiten. Deshalb ging er in die Ostzone. Doch wurde er, ebenso wie Klaus Zweiling oder Edith Baumann (Honeckers erste Ehefrau), die ähnlich dachten, zu demütigenden Erklärungen gezwungen, in denen die alten SAP-Genossen ihre frühere Tätigkeit als parteifeindliche Aktivität charakterisieren mußten.[47]

Eine Minderheit von früheren KPO-, doch auch SAP-Mitgliedern lehnte freilich das Projekt einer Einheitspartei, sei es unter westlicher, sei es unter sowjetischer Ägide, ab. Sie schlossen sich in den Westzonen zur „Gruppe Arbeiterpolitik" zusammen, deren theoretische Führungsfigur der auf Kuba verbliebene August Thalheimer war, und zu dessen Führungskern neben Heinrich Brandler und Waldemar Bolze die aus schwedi-

---

40 Vgl. Bergmann, S. 380f.
41 Vgl. Bremer, S. 285.
42 Vgl. ebd.
43 Vgl. ebd., S. 286.
44 Vgl. ebd.
45 Vgl. ebd.
46 H. Grebing, „... und ist dabei doch eigenständig und unverwechselbar geblieben", in: „Sie wollte und konnte nie etwas Halbes tun". Die Sozialistin Rosi Wolfstein-Frölich, Witten 1995, S. 53.
47 Vgl. Drechsler, S. 360ff.

schem Exil zurückgekehrten Brüder Josef und Theodor Bergmann gehörten. Insbesondere sollten Thalheimers Exilschriften gelesen und möglichst verbreitet werden. In einer Kritik am Potsdamer Abkommen hatte Thalheimer „die Vernichtung des [deutschen, M. K.] Staates, die Errichtung einer fremden Militärdiktatur über das Land" hervorgehoben. Deutschland sei verstümmelt und geviertelt, ökonomisch entmündigt und in seiner Entwicklung um ungefähr einhundert Jahre zurückgeworfen worden. Millionen hätten Haus und Hof verloren und seien zur Zwangsarbeit verurteilt worden. „Wenn das nicht Versklavung ist, was bedeutet das Wort dann?"[48] Thalheimer machte die KPD wie die SPD als Anhängsel der Besatzungsmächte dafür verantwortlich, daß die deutsche Arbeiterklasse passiv und gelähmt sei. Er forderte zum Widerstand gegen die Politik der Besatzungsmächte auf. Gewiß, schrieb Thalheimer in einer anderen Broschüre, sei die sozialistische Ausdehnung der Sowjetunion von der allgemeinen imperialistischen Politik zu unterscheiden, da sie – auf eine sehr grobe und brutale Art – die Produktionsmittel sozialisiere. Aber: „Die Stalinsche Methode der sozialistischen Ausdehnung schädigt nicht nur die sozialistische Ausdehnung, sondern auch den Bestand des Sowjetstaates selbst. Sie ruft in den werktätigen Klassen der Länder, die diesen Methoden unterworfen sind, gegen sich auf das mit Füßen getretene nationale Selbstgefühl wie die Gewohnheiten der proletarischen Demokratie. Sie arbeitet so den inneren und äußeren konterrevolutionären Kräften in die Hände."[49] Auch Thalheimer versuchte, nach Deutschland zu gelangen und durch Vermittlung Hans Mayers eine Dozentenstelle an der Akademie der Arbeit in Frankfurt am Main zu bekommen.[50] Mayers Berufung nach Leipzig und Thalheimers Tod am 19. September 1948 in Havanna beendeten diese Bemühungen. Thalheimers immer größer werdende Desillusionierung in die sowjetische Politik ließ ihn kurz vor seinem Tod zu Urteilen greifen, wie sie so scharf unter den Angehörigen der früheren Kleingruppen nur Fritz Sternberg formuliert hatte. Sternberg sprach über Rußland als den „reaktionärsten Staat der Welt", der weltweit auf allen Ebenen – politisch, militärisch und ideologisch – bekämpft werden müsse.[51] Thalheimer schrieb in einem posthum veröffentlichten Manuskript, das Anwachsen der Staatsmacht habe in der Sowjetunion eine Stufe erreicht, „die nirgendwo in der Geschichte ihresgleichen gehabt hat, auch nicht in den faschistischen Staaten oder in den Diktaturen lateinamerikanischen Stils." Die sozialistische Demokratie sei abgestorben und durch eine „zentralisierte staatliche Zwangsarbeit"[52] ersetzt worden. Ob „die atomisierten Arbeiter ein selbstbestimmendes und kollektiv handelndes Ganzes werden im Widerstand und Kampf gegen die allmächtige Staatsmaschine", sei durchaus

---

48 A. Thalheimer, Die Potsdamer Beschlüsse. Eine marxistische Untersuchung der Deutschlandpolitik der Großmächte nach dem 2. Weltkrieg, o.O. ²1950, S. 6.
49 Aldebaran (Thalheimer), Grundlinien und Grundbegriffe der Weltpolitik nach dem zweiten Weltkrieg, o.O. u. o.J. (1945), S. 21.
50 Vgl. den Briefwechsel zwischen Hans Mayer und Bertha Schöttle (Thalheimers Schwester) zwischen Januar und April 1948. Kopien im Besitz des Verfassers.
51 F. Sternberg, So endete es ... Von der Oktoberrevolution zum reaktionärsten Staat der Welt, Köln o.J. (1951).
52 A. Thalheimer, Über die Kunst der Revolution und die Revolution der Kunst, Giessen 1972, S. 70f.

offen. „Eine Lösung dieses Widerspruchs ist auch der Untergang dieses ersten Versuches im großen Maßstab, den Horizont der kapitalistischen Gesellschaft zu überschreiten."[53]

3. Im Osten verfolgt – im Westen isoliert

Der Umgang mit den Angehörigen der Kleingruppen, die Nazismus, Krieg, Verfolgung und Exil überlebt hatten, verweist in beiden deutschen Nachkriegsgesellschaften auf jeweils spezifische Probleme. In der Sowjetischen Besatzungszone hofften ehemalige KPO-, SAP- oder NB-Mitglieder zunächst auf Spielräume innerhalb der SED, deren Führung vorgab, an demokratische Traditionen der deutschen Arbeiterbewegung anzuknüpfen. Die kubanischen Analysen Brandlers und Thalheimers wurden von ihnen rezipiert, aber nicht zur Grundlage politischen Handelns gemacht.[54] Dennoch begann der SED-Apparat bereits 1947, Druck auf frühere Mitglieder der Kleingruppen auszuüben. Dieser Druck richtete sich nicht gegen politisch aktive Gegner, sondern gegen potentielle Dissidenten, deren tradiertes unorthodoxes Gedankengut der aus der KPD kommende – entscheidende – Teil des Apparates fürchtete. Dieser Druck auf die Anhänger der marxistischen Kleingruppen war aber auch, wie neuere Forschungen unterstreichen, Teil einer langfristigen Strategie, deren Ergebnis in den Begriff der Stalinisierung der SED gefaßt wird.[55] Die einsetzenden Repressalien gegen diesen Teil der kritischen Parteimitglieder waren der Auftakt für eine weit umfassendere Kampagne. Die Passivität der Gesamtpartei angesichts der Verfolgung eines – relativ gesehen – kleinen Teils der Mitgliedschaft ermutigte den Apparat zu umfassenden, flächendeckenden Maßnahmen der Gleichschaltung. Historisch gesehen, erwiesen sich die Warnungen Brandlers und Thalheimers, aber auch beispielsweise Sternbergs, als nur allzu berechtigt.

Bereits am 12. September 1946 berichtete Hermann Scheler, Parteisekretär im thüringischen Bad Berka, dem Landesvorsitzenden Werner Eggerath über Aktivitäten des „Brandleristen" Theodor Bergmann, der Kontakte mit allen KPO-Anhängern aufnahm und ihnen die Schriften Brandlers und Thalheimers zukommen ließ.[56] Ein entsprechender Bericht der SED-Landesleitung Thüringen an den Berliner Parteivorstand vom 30. September schlug wie die SMAD „operative Gegenmaßnahmen" gegen befürchtete „trotzkistische Aktivitäten" vor, worunter jedes nichtkonforme, auf unabhängig-marxi-

---

53 Ebd., S. 77. Hervorhebung im Text.
54 Vgl. J. Cerný, KPO in der SED?, in: W. Hedeler u.a. (Hg.), Ausblicke auf das vergangene Jahrhundert. Die Politik der internationalen Arbeiterbewegung von 1900 bis 2000, Hamburg 1996, S. 102.
55 Vgl. u.a. Th. Klein u.a., Visionen, Repression und Opposition in der SED (1949–1989), 2 Bde., Frankfurt/O. 1996.
56 SAPMO-BArch, DY 30, IV 2/4/385, Bl. 597f.; Cerný, S. 100.

stischer Analyse beruhendes Denken und Handeln gefaßt wurde.[57] Dabei unterstellte die SED, die Taktik der „KPOler", die sich in die Partei eingeschlichen hätten, sei es, in der SED kleine Gruppen von Unzufriedenen zu organisieren.[58] Der Parteiapparat reagierte umgehend. Bereits 1947 wurde das einstige KPO-Mitglied Käthe Dreager aus der SED ausgeschlossen und aus dem Volksbildungsministerium entfernt.[59] Dies war der Auftakt zu weit schlimmeren Repressalien: Exemplarisch ist der „Fall" Alfred Schmidt. Im Juni 1948 wurde Schmidt aus der SED ausgeschlossen und wenig später mit anderen zusammen von der sowjetischen Besatzungsmacht in Erfurt verhaftet. Ein sowjetisches Militärtribunal verurteilte ihn zum Tode. Das Urteil wurde dann zu 25 Jahren Haft umgewandelt, von denen Schmidt acht Jahre in Bautzen absitzen mußte.[60] Der mit Schmidt in Verbindung stehende ehemalige KPO-Genosse Paul Elflein konnte sich – wie manch anderer – der drohenden Verhaftung durch die Flucht in den Westen entziehen.[61]

Wie systematisch und flächendeckend der SED-Apparat in den Jahren 1947 bis 1950 ehemalige Angehörige der Kleingruppen verfolgte, haben jüngste Veröffentlichungen umfassend dokumentiert.[62] Die SED konnte die Verfolgungen auch auf im Westen lebende KPD-Mitglieder ausdehnen, denen die frühere Zugehörigkeit zu einer der Kleingruppen angelastet wurde.[63] In der Presse der SED wurde, beginnend mit einem Aufsatz des Literaturhistorikers Werner Krauss 1947, eine Kampagne gegen wirkliche und unterstellte Aktivitäten von ehemaligen KPO-, SAP- oder NB-Mitgliedern gestartet, die (wie auch wirkliche Trotzkisten[64]) als „trotzkistisch" denunziert

---

57 SAPMO-BArch, DY 30, IV 2/4/385, Bl. 595. Die entsprechende Forderung hatte der Chef der SMAD-Propagandaverwaltung Tjulpanow an Pieck im Mai 1946 gerichtet. Vgl. W. Pieck, Aufzeichnungen zur Deutschlandpolitik 1945–1953, hg. v. R. Badstübner/W. Loth, Berlin 1994, S. 73f. Im August erhielt Pieck von Generaloberst Serow, dem sowjetischen Geheimdienstchef in Ostdeutschland, eine ausführliche Information über die Tätigkeit aller Oppositioneller. Vgl. ebd., S. 77–79.
58 Vgl. Cerný, S. 101f.; und Th. Klein, Widerstand und Verfolgung von Kommunisten während der Stalinisierung der SED 1946–1951, in: Realsozialistische Kommunistenverfolgung. Von der Lubjanka bis Hohenschönhausen. Konferenzband („Utopie kreativ"-Sonderdruck), Berlin 1997, S. 79ff.
59 Vgl. Cerný, S. 101.
60 Vgl. Bergmann, S. 420f. In einem von der Gruppe Arbeiterpolitik im April 1950 unter dem Titel „Freiheit für Alfred Schmidt! Zur Auflösung der KZs in der sowjetischen Zone" verbreiteten Flugblatts hieß es: „Mehr als ein Jahrzehnt verbrachte Alfred Schmidt als unversöhnlicher Feind bürgerlicher Klassenherrschaft in Gefängnissen, Zuchthäusern und KZs der Weimarer Republik und des Hitler-Staats. Es blieb der sowjetischen Besatzungsmacht und ihren Speichelleckern vorbehalten, diesen unbestechlichen proletarischen Kämpfer als ‚Agenten des anglo-amerikanischen Monopolkapitals' zu verleumden und hinter Schloß und Riegel zu setzen." Kopie des Flugblatts im Besitz des Verfassers.
61 Vgl. P. Elflein, Immer noch Kommunist? Erinnerungen, hg. v. R. Becker/C. Bremer, Hamburg 1978, S. 111ff.
62 Vgl. neben den genannten Arbeiten von Cerný und Klein auch A. Klein, Die Überprüfung der Mitglieder und Kandidaten der SED in Sachsen-Anhalt 1951, in: BzG 34 g(1992), S. 14–27.
63 Vgl. Herbert Mayer, Durchsetzt von Parteifeinden, Agenten, Verbrechern …? Zu den Parteisäuberungen in der KPD (1949–1952) und der Mitwirkung der SED, Berlin 1995; P. Major, The Death of the KPD. Communism and Anti-Communism in West Germany, 1945–1956, Oxford 1997, S. 210ff.
64 Vgl. O. Hippe, … und unsere Fahn' ist rot. Erinnerungen an sechzig Jahre in der Arbeiterbewegung, Hamburg 1979, S. 198ff.

wurden.[65] Ein Beispiel von vielen: Fred Oelßner behauptete am 19. Juli 1950 im „Neuen Deutschland", daß die „KPO-Traditionen" innerhalb der SED „ein Einfallstor für Agenten des amerikanischen Imperialismus" bilden würden, „in dessen Dienst heute Brandler selbst steht."[66] In einem Beschluß der ZPKK vom 24. August 1950 hieß es folgerichtig: „Die ZPKK wird ersucht, unverzüglich alle früheren Mitglieder der KPO, ihre Beziehungen und Tätigkeit festzustellen und die notwendigen Maßnahmen zu beschließen." Es ist kein Zufall, daß eine Verbindung unterstellt wurde zwischen abweichendem Denken innerhalb der SED und den Verbindungen zu angeblichen US-Geheimdienststellen. Der genannte Beschluß eröffnete auch die sogenannte „Affäre Field",[67] in dessen Verlauf keineswegs nur ehemalige Mitglieder der Kleingruppen, sondern auch stets parteitreue Kommunisten in Mitleidenschaft gezogen wurden, sofern ihnen der „Makel" der „Westemigration" angeheftet werden konnte.[68]

Es ging jedoch dem SED-Apparat nicht nur darum, kritisch Denkende politisch auszuschalten. Sie sollten auch gedemütigt, mögliche Sympathisanten sollten abgeschreckt und entmutigt werden. Ganz in diesem Sinne wurden alte KPO- oder SAP-Mitglieder zu demütigenden Widerrufen in der Parteipresse gezwungen. Robert Siewert, bis 1950 Innenminister von Sachsen-Anhalt, mußte im Januar 1951 öffentlich erklären, daß sich die KPO vom Opportunismus her nach 1933 „zu einer Agentur des angloamerikanischen Imperialismus" entwickelt habe.[69] Das „Neue Deutschland" brachte 1951 eine „Richtigstellung": Die KPO sei „von Anfang an eine konterrevolutionäre Agentur" gewesen.[70] Eugen Podrabsky mußte in der SED-Lokalpresse schreiben, „daß ich die ganzen Jahre, die ich in der KPO organisiert war, objektiv auf der Seite des Klassengegners gestanden habe."[71] Unmittelbar zuvor war Podrabsky genötigt worden, gegenüber der Landesparteikontrollkommission zu beteuern, auch in seinen theoretischen Auffassungen als KPO-Mitglied die Lehren von Lenin mißachtet zu haben. Daraus folgte: „Das war eine völlige Mißachtung der Größe und Genialität Stalins, des bedeutendsten Theoretikers und Fortsetzers des Werkes von Lenin, des größten Marxisten unserer Zeit, dessen Lehren der internationalen Arbeiterbewegung Richtschnur sind und der die internationale Arbeiterbewegung führt."[72] Das ehemalige NB-Mitglied Robert Havemann, Anfang der fünfziger Jahre nach eigener Aussage ein überzeugter

---

65 W. Krauss, Über marxistische Abweichungen in älterer und jüngster Zeit, in: Einheit 2 (1947), Nr. 3, S. 253–259, Nr. 4, S. 356–365. Verglichen mit späteren Schriften aus dem SED-Apparat waren Krauss' Äußerungen allerdings noch maßvoll.
66 Der Artikel trug die bezeichnende Überschrift: Konkreter Kampf zur Überwindung des Sozialdemokratismus, in: ND, 19.7.1950.
67 W. Kießling, Partner im Narrenparadies. Der Freundeskreis um Noel Field und Paul Merker, Berlin 1994.
68 Der Beschluß ist abgedruckt in: Dokumente der Sozialistischen Einheitspartei Deutschlands, Bd. 3, Berlin (Ost) 1952, S. 197ff.
69 ND, 25.1.1951.
70 ND, 14.3.1951.
71 Freiheit (Halle), 21.3.1951, zit. in: Cerný, S. 111.
72 E. Podarbsky, An die Landesleitung der SED (Parteikontrollkommission), 15.1.1951, S. 3. Die Kopie des Manuskripts ist im Besitz des Verfassers.

Stalinist, schrieb Jahre später, er habe 1945 Arthur Koestlers Buch „Sonnenfinsternis" gelesen, in dem genau jener Prozeß der Gleichschaltung und Selbstgleichschaltung beschrieben worden war, an dessen Ende die Kommunisten genötigt wurden, die Behauptungen der Parteiinquisitoren durch entsprechende Selbstbezichtigungen zu legitimieren: „Alles Verleumdung, gemeine raffinierte Lügen von Renegaten – das war mein Urteil".[73] Havemanns damalige Haltung war genau jene parteikonforme Mischung aus Gläubigkeit und sogenannter „Wachsamkeit" gegenüber allem „Abweichlertum", der die „Partei neuen Typus" kennzeichnen sollte. Havemanns späterer mutiger Widerstand gegen den Stalinismus stand allerdings in der besten Tradition der marxistischen Kleingruppen, die die SED-Führung aus nachvollziehbaren Gründen so erbittert bekämpfte. Während Havemann seine Opposition gegen den Apparat in den sechziger Jahren mit der totalen Ausgrenzung aus der Gesellschaft bezahlen sollte, verhalf anderen der Widerruf früherer Auffassungen zu einem begrenzten Wiederaufstieg in der SED-Hierarchie: Der ehemalige SAP-Politiker Seydewitz, der längst allen früheren Auffassungen abgeschworen hatte und bis zum sächsischen Ministerpräsidenten aufgestiegen war, wurde 1951 zur „Selbstkritik" gezwungen und später als Direktor der Staatlichen Kunstsammlungen in Dresden eingesetzt. Er kam jedoch nicht mehr an Schalthebel der Machtmaschine.[74] Der Umgang mit kritischen Marxisten und die Schikanen gegen sie blieben bis zum Ende der SED-Herrschaft eine der zahlreichen „weißen Flecke" in der DDR-Geschichtsschreibung.

In Westdeutschland eröffneten sich für die Angehörigen der Kleingruppen nach 1945 qualitativ andere Spielräume. Die „Gruppe Arbeiterpolitik" blieb, ebenso wie andere Neugründungen in der Tradition des linken Zwischenfeldes,[75] ohne politische Bedeutung. Die doppelte Frontstellung der Gruppe Arbeiterpolitik gegen die Stalinisierung der SED und der Sowjetischen Besatzungszone wie gegen die als restaurativ begriffene Entwicklung in den Westzonen, für die die SPD-Führung mitverantwortlich gemacht wurde, brachte die Gruppe in eine für sie ungünstige Lage: Ihre Anhängerschaft blieb auf wenige hundert Mitglieder und auf wenige tausend Leser der Zeitschrift „Arbeiterpolitik" begrenzt.[76] Im antikommunistischen Klima des Kalten Krieges konnte eine sich als kommunistisch verstehende Organisation nicht politikwirksam werden; auch dann nicht, wenn sie sich vom sowjetischen Modell so prinzipiell abgrenzte, wie es die „Gruppe Arbeiterpolitik" tat. Diese strikte Distanzierung vom Sowjetkommunismus bewahrte die Gruppe, wie Christoph Kleßmann schrieb, „vor direkte[n] Verfolgungsmaßnahmen", wie sie gegen die KPD eingeleitet wurden.[77] Die Beiträge der

---

73 R. Havemann, Ja, ich hatte unrecht. Warum ich Stalinist war und Antistalinist wurde, in: Die Zeit, 7.5.1965, zit. in: ders., Die Stimme des Gewissens. Texte eines deutschen Antistalinisten, hg. v. R. Rosenthal, Reinbek 1990, S. 127.
74 Vgl. Drechsler, S. 369.
75 Vgl. J. Bischoff/R. Detje, Zivilisierung des Kapitalismus oder Sozialismus? Überlegungen zur Rolle der linkssozialistischen Zwischengruppen, in: Hedeler, Ausblicke, S. 134–154 (mit Literaturhinweisen).
76 Vgl. K.P. Wittemann, Kommunistische Politik in Westdeutschland nach 1945. Der Ansatz der Gruppe Arbeiterpolitik, Hannover 1977.
77 Chr. Kleßmann, Die doppelte Staatsgründung. Deutsche Geschichte 1945–1955, Bonn 1986, S. 257.

„Gruppe Arbeiterpolitik" zu einer unabhängigen marxistischen Theoriedebatte wurden in späteren Jahren und Jahrzehnten innerhalb der linken Öffentlichkeit dann jedoch stärker wahrgenommen, als dies in den unmittelbaren Nachkriegsjahren der Fall war.[78]

Günstiger waren die Chancen auf politische Einflußnahme für jene aus den Kleingruppen kommenden Marxisten, die sich der SPD im Westen anschlossen. So sammelte Kurt Schmidt, seit August 1945 Mitarbeiter des Zentralausschusses der SPD, in Berlin die überlebenden ehemaligen NB-Mitglieder in einer Arbeitsgemeinschaft mit dem Ziel, sie in die SPD zu überführen.[79] Er starb sehr früh, im Alter von nur 34 Jahren im August 1947, doch bis dahin hatte er es verstanden, die meisten der früheren NB-Mitglieder für die SPD zu gewinnen. Nur drei von ihnen traten 1945 zunächst sofort der KPD bei. Ansätze zur Neuformierung von NB blieben 1945 eine Episode. Fritz Erler, der sich mit dem Gedanken eines Wiederaufbaus von NB trug, erhielt im August 1945 von Walter Ulbricht den Rat, sich der SPD anzuschließen. Dessen, wie Erler schrieb, „offensichtlich ehrliche Antwort war die, daß nach dem schmerzlichen Eindruck (…) der russischen Besatzung die Arbeitermassen der Bevölkerung ins bürgerliche Lager abwandern würden, wenn es keine Sozialdemokratie gäbe. Für mein künftiges Verhalten riet mir U., nur dann für eine Einheitspartei einzutreten, wenn kein nennenswerter Rest übrig bliebe. Andernfalls sei mein Platz in der SPD."[80] Als Erler dies schrieb, hatte Ulbricht jedoch bereits eine Einheitspartei unter Vorzeichen zustande gebracht, die sich von allen Vorstellungen der Kleingruppen bezüglich der Einheit der Arbeiterklasse grundsätzlich unterscheiden sollten.

Die Annäherung wichtiger Personen des bisherigen linken Zwischenfeldes an die SPD war auch durch die Tatsache bestimmt, daß viele von ihnen sich in die sozialdemokratischen Diskussionen um Schuld und Verantwortung Deutschlands für den Nazismus einschalteten. Sozialistische Publizisten wie Paul Hagen in den USA, Richard Löwenthal in Großbritannien und Henry Ehrmann in der Schweiz wandten sich vehement gegen eine auch unter Sozialdemokraten anzutreffende These von der deutschen Kollektivschuld.[81] Die schließlich entschiedene Ablehnung dieser Betrachtung durch die SPD trug zu ihrer Politikfähigkeit im deutschen Nachkrieg bei. Nicht unerwähnt soll hier die Übereinstimmung mit dem KPO-Exil in dieser Frage bleiben.[82]

---

78 Vgl. Bischoff/Detje, bes. S. 144f. Ausdruck dessen ist auch der in Bremen (ohne Jahresangabe) besorgte Neudruck der Zeitschrift „Arbeiterpolitik".
79 Das Folgende nach H. Hurwitz u.a., Demokratie und Antikommunismus in Berlin nach 1945, Bd. 4, Teil 1: Die Anfänge des Widerstands. Führungsanspruch und Isolation der Sozialdemokraten, Köln 1990, S. 33ff.
80 Fritz Erler (Tübingen) an Erich und Hilde Schmidt (New York), 6.9.1946, zit. nach: ebd., S. 47.
81 Vgl. ebd., S. 51. Zu Paul Hagen alias Karl Frank und seiner Rolle in den Debatten um Schuld und Verantwortung der Deutschen für den Nazismus vgl. M. Keßler, Die SED und die Juden – zwischen Repression und Toleranz. Politische Entwicklungen bis 1967, Berlin 1995, S. 28f. (unter Zugrundelegung des Nachlasses, der sich in der Hoover Institution on War, Revolution and Peace an der Stanford University befindet).
82 Vgl. z.B. A. Thalheimer, Die Potsdamer Beschlüsse. Eine marxistische Untersuchung der Deutschlandpolitik der Großmächte nach dem 2. Weltkrieg, o.O. 1945 (1950).

Der Anteil ehemaliger Angehöriger der Zwischengruppen an der Politik der SPD nach 1945 symbolisiert sich an der Bundeskanzlerschaft des ehemaligen SAP-Mitglieds Willy Brandt. Dabei muß die Frage, inwieweit sich die Erfahrungen aus der Arbeit der Zwischengruppen in der SPD-Politik konkret niederschlagen, hier offenbleiben, da eine Antwort detaillierte biographische Untersuchungen des entsprechenden Personenkreises voraussetzen würde. Solche Untersuchungen müßten auch die Aktivitäten beispielsweise im gewerkschaftlichen Bereich einschließen.[83] Die relative Isolierung jener, die sich um eine Wiederaufnahme politischer Aktivität im Sinne ihrer einstigen Kleingruppen-Tätigkeit innerhalb der SPD bemühten, sei zumindest angedeutet: Wolfgang Abendroth, einst in der KPO und bei NB aktiv, Ende 1948 zur Flucht aus der Sowjetischen Besatzungszone gezwungen,[84] und in der frühen Bundesrepublik der einzige marxistische Hochschullehrer, mußte seine Opposition gegen die Politik des SPD-Parteivorstandes 1961 mit dem Ausschluß aus der Partei bezahlen. Er war nicht bereit gewesen, sich vom Sozialistischen Deutschen Studentenbund loszusagen, wie es ein entsprechender Beschluß des Vorstandes gefordert hatte. Abendroth hatte die SPD „als wirkliche politische Heimat – vergleichbar meiner Mitgliedschaft zuerst in der KPD und später in der KPO während der Weimarer Zeit", seinen eigenen Worten nach, „niemals empfunden". Für ihn „war die SPD lediglich eine Operationsgrundlage, die ich zunächst für zweckmäßig und sinnvoll hielt, weil es eine andere Operationsgrundlage zur Herausbildung breiter und politisch wirksamer Gruppen mit Klassenbewußtsein nicht gab." Der SPD-Ausschluß war für Abendroth der Preis, den er zu zahlen bereit war, um als unabhängiger Marxist „innerhalb der Arbeiterbewegung für eine freie geistige Entwicklung zum Marxismus zu arbeiten und eine junge marxistisch orientierte Generation von Intellektuellen mitzuformen."[85] Für Ossip Flechtheim zeigte sich im Godesberger Programm der SPD und in ihrem rigiden Kurs gegenüber dem SDS „die Anpassung der SPD in den entscheidenden Fragen an die CDU"[86] – seine Konsequenz war der Parteiaustritt 1962. Richard Löwenthal, wie Flechtheim einst bei NB aktiv, betonte sein Leben lang: „Meine Heimat ist die deutsche Arbeiterbewegung."[87] Doch er machte seine Entscheidung für die SPD niemals rückgängig. „Ich bin in einem Prozeß jahrelanger Entwicklung wirklich Sozialdemokrat geworden", betonte er.[88] Dazu habe

---

83 Chr. Kleßmann wies auf das Beispiel der Salzgitter-Werke hin, in denen „mit Erich Söchtig (KPD/KPO) politische Aktivität für eine gesellschaftliche Neuordnung in besonderer Weise mit dem Abwehrkampf gegen die von der britischen Besatzungsmacht beabsichtigte Demontage verbunden wurde." Chr. Kleßmann, Politisch-soziale Traditionen und betriebliches Verhalten von Industriearbeitern nach 1945. Umrisse am Beispiel zweier Werke, in: Mentalitäten und Lebensverhältnisse. Beispiele aus der Sozialgeschichte der Neuzeit, Rudolf Vierhaus zum 60. Geburtstag, Göttingen 1982, S. 366.
84 Vgl. L. Abendroth, Die Flucht. Warum Wolfgang Abendroth die sowjetische Besatzungszone verließ, in: Sozialismus 16 (1990), H. 2, S. 24–27.
85 W. Abendroth, Ein Leben in der Arbeiterbewegung. Gespräche, aufgezeichnet u. hg. v. B. Dietrich/J. Perels, Frankfurt a.M. 1976, S. 253.
86 O.K. Flechtheim, „In unserer Familie war kein Platz für Patriotismus", in: H. Funke (Hg.), Die andere Erinnerung. Gespräche mit jüdischen Wissenschaftlern im Exil, Frankfurt a.M. 1989, S. 436.
87 R. Löwenthal, „Meine Heimat ist die deutsche Arbeiterbewegung", in: ebd., S. 405.
88 Ebd., S. 409.

der stalinistische Terror in starkem Maße beigetragen. Waren für Löwenthal die besten Traditionen des linken Zwischenfeldes in der SPD aufgehoben, sahen andere, wie Abendroth und Flechtheim, Handlungsmöglichkeiten im Sinne der einstigen Kleingruppen außerhalb der SPD als möglich und notwendig. Sie verknüpften diese jahrzehntelang mit der – wenngleich vagen – Hoffnung auf eine „Reform an Haupt und Gliedern" des Sowjetkommunismus, wie es in der alten KPO-Diktion hieß. Die schließlich pessimistischen Prognosen von Thalheimer und Sternberg bestätigten sich jedoch Jahrzehnte später. Mit dem Zusammenbruch des Kommunismus Moskauer Prägung erscheint das Studium der Kleingruppen, ihrer theoretischen Erkenntnisse und praktischen Erfahrungen keineswegs als hinfällig. Die Traditionslinie einer kommunistischen und linkssozialistischen Alternative zum Stalinismus, die Faschismus-Analysen zu einer Zeit, als die großen Arbeiterparteien und das bürgerliche Lager dieses Problem ignorierten oder bagatellisierten, schließlich die Politik der Arbeitereinheit auf radikaldemokratischer und sozialistischer Grundlage – all das wirft auch die Frage auf, ob der Marxismus als Analyseinstrument so veraltet ist, wie dies von einem heute großen Teil der deutschen Wissenschaft und Publizistik behauptet wird.

IV.

Widerstand:
Handlungsfelder und Legitimationsmuster

Bernd Faulenbach

Die Verfolgungssysteme des Nationalsozialismus und des Stalinismus.
Zur Frage ihrer Vergleichbarkeit

1. Zur Einführung

Vergleiche zwischen dem Nationalsozialismus und dem Stalinismus sind politisch umstritten und methodisch schwierig. Jürgen Habermas hat vor einiger Zeit die politische Aufladung des Streits über die Vergleichbarkeit kritisch angesprochen. Offensichtlich sei, daß die Rechten die Identität beider Systeme, die Linken dagegen die Unterschiede herausstellten: „Wo die Rechten zu Angleichungen neigen, wollen die Linken vor allem Unterschiede sehen. Die Linken dürfen sich über spezifische Gemeinsamkeiten totalitärer Systeme nicht hinwegtäuschen und müssen auf beiden Seiten den gleichen Maßstab anlegen, die Rechten dürfen wiederum Unterschiede nicht nivellieren oder herunterspielen."[1] Habermas ist zuzustimmen und gleichzeitig hinzuzufügen, daß eine hohe Selektivität der Geschichtssicht, verbunden mit der Unfähigkeit, die eigenen Traditionen kritisch zu reflektieren, auf die Dauer zu einem gestörten Verhältnis zur Realität führen muß.

Fraglos aber ist ein Vergleich auch wissenschaftlich schwierig, weil
- die Forschungslage sehr ungleichmäßig ist (das Verfolgungssystem des Nationalsozialismus ist ungleich besser erforscht als das des Stalinismus),
- die Historiker meist nur mit einem System wirklich vertraut sind und dazu neigen, von hier aus das andere – manchmal in Analogiezwang – mitzusehen,
methodische Probleme von beachtlichem Ausmaß zu lösen sind.

Wichtig ist, sich klarzumachen, daß
- Vergleiche immer neben Fragen der Gemeinsamkeiten vor allem die der Unterschiede umfassen;
- immer geklärt werden muß, bezogen auf welche Tatbestände unter welchen Fragen verglichen werden soll;
- zu berücksichtigen ist, daß die zu vergleichenden Phänomene sich häufig in der Zeit verändern.[2]

---

1 J. Habermas, Die Bedeutung der Aufarbeitung der beiden Diktaturen für die demokratische Kultur in Deutschland, in: Materialien der Enquete-Kommission „Aufarbeitung von Geschichte und Folgen der SED-Diktatur in Deutschland", 12. Wahlperiode, Bd. IX, Baden-Baden 1995, S. 689.
2 Zur Methode des Vergleichs siehe J. Rüsen, Rekonstruktion der Vergangenheit. Grundzüge einer Historik. Bd. II: Die Prinzipien der historischen Forschung, Göttingen 1986, S. 77.

Neben die Frage des Vergleichs treten hier zwei weitere Fragen: die nach dem beziehungsgeschichtlichen Verhältnis, ihrer wechselseitigen Beeinflussung etc. und die nach der Kontinuität und Diskontinuität, etwa zwischen dem NS-System und dem SED-System, die sich auf mentale Voraussetzungen ebenso wie auf Verfolgtengruppen beziehen kann.

Der Vergleich ist im übrigen keine rein akademische Frage: Manche Menschen haben zwei dieser Systeme erlebt und durchlebt – etliche auch als Häftlinge, als Opfer.[3] Hinzu kommt, daß der Vergleich sich im Hinblick auf Fragen des Geschichtsbewußtseins und der Geschichtskultur, etwa der Gestaltung von Gedenkstätten, in denen beide Vergangenheiten aufeinanderstoßen, nicht ohne weiteres abweisen läßt; die Konstellation ist heute eine andere als zur Zeit des „Historikerstreits."[4]

Die Totalitarismustheorie betont – bei aller Unterschiedlichkeit ihrer Ausformung – die Gemeinsamkeiten des nationalsozialistischen und der kommunistischen Systeme, wobei die Struktur des Herrschaftssystems und die Herrschaftstechnik im Vordergrund stehen. Sowohl auf der Ebene der Ideologie als auch in den Gesellschaftsstrukturen hingegen sind Unterschiede unübersehbar, zum Teil sogar polare Entgegensetzungen festzustellen.[5] Verfolgungssysteme gehören jedoch zu den Bereichen, bei denen nach verbreitetem Verständnis die Affinitäten besonders groß sind.

Unter Verfolgungssystemen verstehe ich hier die Instrumente, Formen und Vorgehensweisen bei der Eliminierung realer oder vermeintlicher politischer Gegner, was auch solche Personenkreise einschließt, die aus der Sicht des Systems lediglich „störend" oder „negativ" waren und deshalb ausgeschaltet wurden. Aspekte der Fragen nach den Verfolgungssystemen sind
– die Bestimmung der „Feinde",
– die geheime Staatspolizei und ihre Rolle bei der Festsetzung der Feinde und bei der Vernehmung,
– die Gefängnisse und Lagersysteme, insbesondere das KZ-System und der Archipel Gulag,
– die Bedeutung der Verfolgungssysteme für die Systeme und die Gesellschaften.
Selbstverständlich gehören auch Formen der Diskriminierung zu den Methoden der Verfolgung; sie können hier jedoch nicht näher beleuchtet werden.

---

3 Vgl. F. Boll (Hg.), Verfolgung und Lebensgeschichte. Diktaturerfahrungen unter nationalsozialistischer und stalinistischer Herrschaft in Deutschland, Berlin 1997.
4 Siehe zu den damit verknüpften Fragen: Chr. Kleßmann, Das Problem der doppelten „Vergangenheitsbewältigung", in: Die Neue Gesellschaft/Frankfurter Hefte 38 (1991), S. 1099-1105; B. Faulenbach, Probleme des Umgangs mit der Vergangenheit im vereinten Deutschland. Zur Gegenwartsbedeutung der jüngsten Geschichte, in: W. Weidenfeld (Hg.), Deutschland. Eine Nation – doppelte Geschichte. Materialien zum deutschen Selbstverständnis, Köln 1993, S. 175-190.
5 Zur Diskussion über den Totalitarismus vgl. E. Jesse (Hg.), Totalitarismus im 20. Jahrhundert. Eine Bilanz der internationalen Forschung, Bonn 1996; W.-U. Friedrich (Hg.), Totalitäre Herrschaft – totalitäres Erbe, Tempe 1994; B. Faulenbach/M. Stadelmaier (Hg.), Diktatur und Emanzipation. Zur russischen und deutschen Entwicklung 1917-1991, Essen 1993.

Generell sind die Gefahren einer derartigen komparativen Sicht nicht zu unterschätzen. Insbesondere muß uns bewußt bleiben, daß dieser Makro-Sicht die Gefahr immanent ist, die Einzelnen – die Opfer, übrigens auch die Täter – und das ungeheure Leid, das den Opfern angetan wurde, aus den Augen zu verlieren.

Ich möchte in dieser groben Skizze
- zunächst die Verfolgungssysteme von NS-Deutschland und der stalinistischen Sowjetunion in vergleichender Absicht nebeneinanderstellen, was angesichts ihrer zeitlichen Parallelität sinnvoll erscheint,
- dann die Frage der Vergleichbarkeit sowie der Kontinuität bzw. Diskontinuität zwischen den Verfolgungssystemen des Nationalsozialismus und des Stalinismus in der SBZ/DDR aufwerfen,
- in einem dritten Teil die Rolle der Systeme im Kontext der deutschen Geschichte ansprechen und von hier aus Überlegungen für die Erinnerungskultur und das Geschichtsbewußtsein anstellen.

2. Die Verfolgungssysteme der stalinistischen Sowjetunion und des nationalsozialistischen Deutschland

Die Verfolgungssysteme der stalinistischen Sowjetunion und des nationalsozialistischen Deutschland veränderten sich jeweils im Laufe der Jahre. Die Entwicklungen können hier nicht differenziert nachgezeichnet werden. Auf jeden Fall aber muß der Vergleich angesichts der Veränderungen behutsam durchgeführt werden.

Die Verfolgten und die Zwecke des Verfolgungssystems

Der vom NS-System verfolgte Personenkreis erweiterte sich im Laufe der Zeit.[6] Am Anfang – bis etwa 1934 – stand die Ausschaltung politischer Gegner im Vordergrund, also von „Marxisten", von Kommunisten und Sozialdemokraten, der Arbeiterbewegung, aber auch bürgerlicher Pazifisten und anderer, die als Gegner der Nationalsozialisten und Hitlers betrachtet wurden. Seit 1935 kamen andere Gruppen hinzu, nämlich sogenannte „Volksschädlinge": Asoziale, Kriminelle, Prostituierte, Homosexuelle, Geschlechtskranke, Alkoholiker, Psychopathen, schließlich auch Sinti und Roma und im Kontext des Pogroms 1938 Juden. Zunehmend machten politische Gegner nur noch eine Minderheit der Verfolgten aus.[7]

Der Kriegsbeginn bedeutete eine radikale Zäsur. Der Haftvollzug wurde verschärft, die Lager füllten sich nunmehr mit ausländischen Häftlingen aus den besetzten Län-

---

6 Zur Entwicklung der Konzentrationslager vgl. M. Broszat, Nationalsozialistische Konzentrationslager 1933-1945, in: H. Buchheim u.a., Anatomie des SS-Staates. Bd. II, München 1967, S. 11-136.
7 Zur NS-Ausgrenzungspolitik vgl. D. Peukert, Volksgenossen und Gemeinschaftsfremde. Anpassung, Ausmerze und Aufbegehren unter dem Nationalsozialismus, Köln 1982.

dern; der Anteil der deutschen Häftlinge sank und betrug während des Krieges nur noch 5-10 Prozent.[8] Die meisten ausländischen Gefangenen kamen aus Polen und der Sowjetunion, von wo sie direkt nach der Besetzung oder aber als Fremdarbeiter, die sich irgendwelcher „Vergehen" schuldig gemacht hatten, in die Lager verschleppt wurden. Aus Nord- und Westeuropa wurden zunächst im Kontext von Vergeltungsaktionen „Saboteure" und Widerstandskämpfer – reale oder vermeintliche – in die Konzentrationslager verbracht. Später wurde auch hier der Kreis ausgeweitet. Waren schon zuvor die Juden – unter den politischen Gegnern – aber auch allgemein im Zusammenhang mit dem Pogrom von 1938 besonders verfolgt worden, so begann die SS 1941/42 mit anfangs noch unsystematischen, bald aber systematischen Massenmorden, von denen nur ein Teil der Opfer zeitweilig verschont wurde, um „durch Arbeit" in der Rüstungsproduktion vernichtet zu werden, wie die zynische, aber den Tatbestand treffende Ausdrucksweise hieß.[9] Neben der Massenvernichtung war ein zweiter Funktionswechsel des KZ-Systems unübersehbar: die Verwendung der Häftlinge für den Arbeitseinsatz in der Rüstungsindustrie, in den Werken in unmittelbarer Nähe der Konzentrationslager und in den zahlreichen Außenkommandos.

Zugleich ging selbstverständlich die Verfolgung alter und neuer politischer Gegner auch in Deutschland weiter; als „Feinde" waren sie nach wie vor eine bedeutende Zielgruppe des Verfolgungssystems, bildeten in der Gesamtheit der Verfolgten aber nur noch eine vergleichsweise kleine Gruppe.

Das bolschewistische Verfolgungssystem setzte nicht erst unter Stalin ein, sondern begann mit dem aus Revolution und Bürgerkrieg entstandenen Sowjetstaat. Hier ging es ebenfalls um die Ausschaltung politischer Gegner, nicht nur der Konterrevolutionäre, sondern auch der Menschewiki, der Sozialrevolutionäre, bald auch von Bolschewisten mit abweichender Meinung. Hinzu kam das brutale Vorgehen gegenüber gesellschaftlichen Gruppen wie den Kulaken, die weniger wegen ihrer politischen Haltung, sondern gleichsam als Klasse, die sich der Zwangskollektivierung widersetzte, verfolgt wurden.[10] Verfolgt wurden bald auch zahlreiche Menschen wegen arbeitsdisziplinarischer Verfehlungen (eine gewisse Analogie zu den sogenannten „Arbeitsscheuen" im Nationalsozialismus). Im Rahmen der großen Säuberung, die nur eine von verschiedenen Verhaftungswellen war, wurden Millionen aus allen Schichten der Bevölkerung Ziel der Verfolgung.[11] In der Zeit des „Großen Terrors" 1937/38 wurden Hunderttausende Opfer von Massenerschießungen. Verfolgt und in Lager eingesperrt wurden übrigens auch hier Kriminelle zusammen mit politisch Verfolgten, mit Trotzkisten, Internationalisten usw.

---

8 Siehe W. Sofsky, Die Ordnung des Terrors: das Konzentrationslager, Frankfurt a.M. 1993, S. 48.
9 Vgl. dazu H. Kaienburg, „Vernichtung durch Arbeit". Der Fall Neuengamme. Die Wirtschaftsbeziehungen der SS und ihre Auswirkungen auf die Existenzbedingungen der KZ-Gefangenen, Bonn 1991; ders. (Hg.), Konzentrationslager und deutsche Wirtschaft, Opladen 1996; B. Chr. Wagner, IG Auschwitz. Zwangsarbeit und Vernichtung von Häftlingen des Konzentrationslagers Auschwitz III/Monowitz 1941-1945. Diss. Bochum 1998. (unveröff. Ms.)
10 Zusammenfassend dazu M. Wehner, Stalinistischer Terror. Genese und Praxis kommunistischer Gewaltherrschaft in der Sowjetunion 1917-1933, in: APZ, B 37-38/1996, S. 18ff.
11 Vgl. R. Conquest, Der große Terror. Sowjetunion 1934-1938, München 1992.

Seit 1939 – dem sowjetisch-finnischen Krieg und dem Hitler-Stalin-Pakt – kamen die Opfer des Verfolgungssystems zunehmend aus Polen, dem Baltikum, Rumänien und Finnland, wobei wir vergleichsweise wenig über die Zahlen wissen.[12] Während des Krieges ging die Zahl der in den Lagern Festgehaltenen in der Sowjetunion tendenziell zurück – hier ist der Trend anders als in Deutschland. Allerdings wurden die als unzuverlässig eingestuften Völker – vor allem Rußland-Deutsche, kaukasische Völker, Krimtataren, Kalmücken in sogenannte Verbannungsgebiete deportiert, wobei viele von ihnen ums Leben kamen. Schon in den Jahren 1934 bis 1939 hatte es große Umsiedlungen gegeben, die der „Säuberung" der Grenzgebiete im Hinblick auf einen Krieg dienten; betroffen waren Deutsche, Polen, Finnen, Letten, Griechen, Esten, Litauer, Tschechen und Bulgaren. Die Aktionen trugen Züge von „ethnischen Säuberungen".[13]

Nach dem Zweiten Weltkrieg wurden bestimmte Gruppen – neben der Verfolgung von politischen Gegnern – Ziel des Verfolgungssystems und kamen in die Lager: eine große Zahl von Wlassow-Soldaten und andere Freiwillige, die auf deutscher Seite gekämpft hatten; angebliche Kollaborateure aus den rückeroberten oder neu okkupierten Gebieten, „Ostarbeiter", die in Deutschland gearbeitet hatten, sowjetische Kriegsgefangene, die deutsche Lager überlebt hatten, neue Kollektivierungsopfer, Gegner einer Sowjetisierung, insbesondere aus der Ukraine und den baltischen Ländern. Hinzu kamen auch Deportierte aus den bisherigen deutschen Ostgebieten, auch deutsche Kriegsgefangene. Nach dem Tod Stalins sank die Zahl der Verfolgten, im Gulag Festgehaltenen; 1956 wurde dieses System, das vorher schon an Bedeutung verloren hatte, aufgelöst. Das Verfolgungssystem wurde modifiziert, und es ist die Frage, ob man es noch als stalinistisch oder aber als spät- oder poststalinistisch bezeichnen soll.

Schon diese grobe Skizze, die die Verfolgtengruppen in den Vordergrund stellt, läßt einige Unterschiede zwischen dem nationalsozialistischen und dem stalinistischen Verfolgungssystem erkennen:

(1) Beide Systeme begannen in ihren Verfolgungssystemen mit der Ausschaltung von politischen Gegnern unter dem Ziel der Sicherung der Herrschaft. Diese Komponente blieb in beiden Systemen die ganze Zeit über relevant. Manches spricht jedoch dafür, daß dieser Tatbestand im stalinistischen Verfolgungssystem, in dem der Bürgerkrieg nachwirkte, eine größere Rolle spielte als im nationalsozialistischen; vor allem zielte er auch auf die Bereiche und Gruppen, die das System mittrugen, und erhielt in den dreißiger Jahren geradezu paranoide Züge.[14] Der Tatbestand läßt sich nicht ausschließlich mit der Tatsache erklären, daß die Zustimmung zu Hitler und zur NS-Politik in Deutschland größer war als die Zustimmung zu Stalins Politik in der Sowjetunion.

---

12 Siehe S. Merl, Das System der Zwangsarbeit und die Opferzahlen im Stalinismus, in: GWU 46 (1995), S. 282-289. Vgl. auch unten Anmerkung 27.
13 Wehner, S. 23f.
14 Vgl. H. Weber/U. Mählert (Hg.), Terror. Stalinistische Parteisäuberungen 1936-1953, Paderborn 1998.

(2) In beiden Systemen wurde die Verfolgung bald auf Gruppen ausgedehnt, die das System nicht eigentlich bedrohten, aber als störend oder als Feinde betrachtet wurden. Bezogen auf die Sowjetunion seien die Kulaken genannt, die sich der kommunistischen Politik partiell widersetzten, bezogen auf NS-Deutschland die „Volksschädlinge" und die bald aus rassistischen und „rassen-hygienischen" Gesichtspunkten Verfolgten. In der Ausweitung des Verfolgtenkreises spiegeln sich ideologische Ziele, es ging nicht mehr um bloße Herrschaftssicherung, die in Diktaturen stets mit allen – auch terroristischen – Mitteln durchgesetzt wird.

(3) Die Hintergründe für die Expansion der Verfolgungssysteme, insbesondere der Lagersysteme, sind unterschiedlich. Die stalinistischen erreichen – soweit wir sehen –, was die Zahl der Inhaftierten angeht, ihre größte Zahl in der Zeit der großen Säuberung (1937-41), in der mehrere Millionen Menschen in Lagern litten (die angenommenen Zahlen differieren zwischen 2 und 20 Millionen als jährlicher Durchschnittszahl), während der Höhepunkt der Opferzahlen im NS-Verfolgungssystem erst während des Krieges erreicht wurde. Die Verfolgten im stalinistischen System waren in ihrer übergroßen Mehrheit Bürger der Sowjetunion; lediglich in der Zeit nach dem Zweiten Weltkrieg scheint der Anteil an Ausländern deutlich gewachsen zu sein. Demgegenüber wurden vom NS-Verfolgungssystem während des Krieges vor allem Männer und Frauen anderer Nationalitäten erfaßt, die deutschen Verfolgten bilden in den KZ's nur noch eine kleine Minderheit. Auf diesem Hintergrund ist Dan Diners These zu sehen, die NS-Verbrechen seien im nationalen Kontext, die stalinistischen mehr als Regime-Verbrechen zu betrachten.[15]

(4) Vergleicht man den Zweck des Verfolgungssystems, so geht es um die Ausschaltung realer und vermeintlicher Feinde. Zugleich ist jedoch zu fragen, inwieweit etwa die Verfolgungssysteme auch noch anderen, etwa ökonomischen Zwecken dienten. Und hier liegt offenbar ein nicht unwesentlicher Unterschied zwischen KZ-System und Gulag, der freilich durch die verschiedenen Phasen, die beide Systeme durchlaufen, etwas verwischt wird.[16]

Im stalinistischen Gulag spielte gegenüber dem Strafvollzugssystem der Leninzeit die wirtschaftliche Komponente eine ungleich größere Rolle, wobei die entscheidende Wende 1928-1930 stattfand. In der internationalen wissenschaftlichen und publizistischen Diskussion wird darüber gestritten, ob das Lagersystem nach 1930 „weiterhin vorwiegend oder ausschließlich als Strafvollzugsinstitution zu verstehen ist, ob politische oder wirtschaftliche Zwecksetzungen gleichwertig waren oder der wirtschaftliche

---

15 D. Diner, Kreisläufe. Nationalsozialismus und Gedächtnis, Berlin 1995, S. 57.

16 G. Armanski hat die beiden Systeme wie folgt charakterisiert: „Die KZs waren Instrumente einer aggressiven und expansiven Diktatur auf kapitalistischer Grundlage und fungierten als System vorrangig der Brechung und Vernichtung ihrer Opfer. Der Gulag verdankte sich den ökonomischen und politischen Projektierungen der stalinistischen Entwicklungsdiktatur auf staatssozialistischer Grundlage und hatte in erster Linie die Auspressung der Opfer zum Ziel." (G. Armanski, Maschinen des Terrors. Das Lager (KZ und GULAG) in der Moderne, Münster 1993, S. 189)

Aspekt sogar von Beginn an Priorität genoß".[17] Betrachtet man die Gesamtentwicklung des Gulag von 1928/29 an, so spricht manches für Ralf Stettners Kennzeichnung von „zwei gleichrangigen Aufgaben": „Sein erster Auftrag bestand darin, Straftäter zu inhaftieren und tatsächliche Gegner oder Konkurrenten zu isolieren, die Sowjetbevölkerung einzuschüchtern und so die kommunistische Herrschaft zu sichern und zu festigen." Insofern war der Gulag nicht nur Strafvollzugssystem, sondern auch Terrorinstrument und Mittel der Sowjetisierung. „Die zweite Aufgabe war, die Arbeitskraft der Lagerinsassen in umfassender Weise der staatlichen Wirtschaftsplanung verfügbar zu machen und so einen Beitrag zum wirtschaftlichen Aufbau, aber auch zur Siedlungspolitik zu leisten."[18]

Im NS-Verfolgungssystem, im KZ-System spielten ökonomische Gesichtspunkte dagegen zunächst praktisch keine Rolle. Bis 1939 diente das KZ-System vorwiegend der Ausschaltung der politischen Opposition, der Isolierung sozialer Außenseiter und der Einschüchterung der Bevölkerung. Der Arbeitseinsatz war „eher ein Mittel des Haftvollzuges als dessen Zweck", „ein Mittel der Tortur" – wie Wolfgang Sofsky mit Recht feststellt.[19] Wirtschaftliche Gesichtspunkte rückten für die NS-Führung während des Krieges freilich rasch in den Vordergrund. So wurde etwa schon im Frühjahr 1941 mit dem Bau eines Buna-Werkes der IG-Farben in Auschwitz begonnen; bei der Wahl des Ortes spielte die Nähe des Konzentrationslagers eine entscheidende Rolle. Ökonomische Interessen suchten das KZ-System zu nutzen, was zwar zu einer Modifikation der Verwendung der Häftlinge, nicht aber des Wesens des KZ-Systems führte. Ab Sommer 1942 wurden von der SS Häftlinge in größerer Zahl an Privatfirmen „vermietet" und Außenstellen (Außenkommandos) bei den Rüstungsfirmen errichtet. In der zweiten Kriegshälfte – parallel zur Vernichtung der jüdischen Bevölkerung Europas – wurden KZ-Häftlinge in der Rüstungsindustrie und bei den Bauprojekten der Sonderstäbe für die Raketen- und Flugzeugproduktion in großem Stil eingesetzt. Im Laufe des Krieges kam es – unter dem Vorzeichen der totalen Kriegswirtschaft – zur dramatischen Expansion des Systems mit seiner riesigen Zahl von Außenlagern. Kriegswirtschaftliche Gesichtspunkte spielten nun eine sehr große Rolle, doch ist dabei zu bedenken, daß die Arbeit „nicht Sklavenarbeit, sondern Terrorarbeit" war, bei der zwar die Arbeit nicht überall als Mittel der Vernichtung eingeplant, aber doch eine wesentliche Ursache für den Massentod war.[20]

---

17 R. Stettner, „Archipel GULag": Stalins Zwangslager – Terrorinstrument und Wirtschaftsgigant. Entstehung, Organisation und Funktion des sowjetischen Lagersystems 1928-1956, Paderborn 1996, S. 364.
18 Ebd., S. 365.
19 Sofsky, S. 50, 195.
20 Ebd., S. 55, 193ff.

Zur Binnenstruktur des KZ-Systems und des Gulag

Es ist nicht zu übersehen, daß das KZ-System und der Gulag erhebliche Unterschiede aufweisen, die teilweise mit der Größe der Länder, seinen Herrschaftsstrukturen, partiell auch mit ihren Traditionen und ihren zivilisatorischen Standards zusammenhängen.

Der Archipel Gulag war ein riesiges, in sich differenziertes System von Lagern, dessen Typen hier im einzelnen nicht darzustellen sind. Diese Differenzierung – als Besserungslager, Katorga-Lager, Speziallager bzw. Sonderlager, Straflager, Geheime Lager, Invalidenlager, Frauenlager usw. – hatte in dieser Form im KZ-System keine Entsprechung, das tendenziell, trotz mancher Differenzierung, straffer durchorganisiert war.[21] Die Lage des Gulag in vielfach sehr entlegenen Gebieten schuf für die Lager ihre spezifischen Bedingungen.

Margarete Buber-Neumann, die als „Trotzkistin" einige Jahre im Gulag, und zwar im Lagergebiet Karaganda, durchlitt, dann – im Zeichen der Zusammenarbeit von NS-Deutschland und der stalinistischen Sowjetunion – nach Deutschland ausgeliefert wurde und ins KZ Ravensbrück verschleppt wurde, hat in ihrem Bericht beide Lagersysteme aus der Häftlingsperspektive verglichen.[22] Das KZ ist in ihrem Bericht ungleich stärker durch Ordnung und preußischen Drill in hoher Perversion geprägt als die Lager in der Sowjetunion, die häufig durch das Fehlen elementarster hygienischer und zivilisatorischer Lebensbedingungen charakterisiert waren. Allerdings wuchsen die Probleme der SS auch in Ravensbrück während des Krieges über den Kopf, so daß die pervertierte preußische „Ordnung" keineswegs mehr wie zuvor aufrechtzuerhalten war.

Der Besserungsgedanke, der in den frühen sowjetischen Lagern noch eine gewisse, dann aber auch im Gulag praktisch keine Rolle mehr spielte, ist im KZ-System am Anfang selbst in der Perversion kaum erkennbar; er war für das NS-System niemals bedeutsam.[23]

In beiden Systemen wurde ein Teil der Häftlinge zur Beherrschung der Lager eingesetzt. Funktionshäftlinge gab es hier wie dort, und in beiden Fällen wurden – zumindest zeitweilig mancherorts – Kriminelle in diesen Funktionen gegenüber politischen Häftlingen besonders gefördert, denen es freilich teilweise ihrerseits gelang, Schlüsselfunktionen in ihre Hand zu bekommen.

In beiden Systemen gab es Strafsysteme. Die Tendenz, Häftlinge völlig willkürlich umzubringen, scheint aber ein Spezifikum des SS-Systems zu sein. Generell ist auch der Vernichtungsgedanke im deutschen System zumindest klarer und eindeutiger als im sowjetischen: die Vernichtung durch Arbeit war Programm des deutschen KZ-Systems, und nur dort wurden besondere Vernichtungslager eingerichtet. Die Technik der

---
21 Zu den verschiedenen Lager-Kategorien vgl. Stettner, S. 191ff.; zu den Konzentrationslagern vgl. Broszat, S. 11-136.
22 M. Buber-Neumann, Als Gefangene bei Stalin und Hitler, Berlin 1997.
23 Vgl. zum KZ-System auch E. Kogon, Der SS-Staat. Das System der deutschen Konzentrationslager, München 1993.

gleichsam industriellen Massenvernichtung war zweifellos ein Spezifikum des Nationalsozialismus.

Rund zwei Drittel der Häftlinge haben die Zeit im Konzentrationslager nicht überlebt, der Anteil ist noch höher, wenn man die Todesfabriken der „Aktion Reinhard" hinzuzählt.[24] Die deutschen Vernichtungslager hatten im Gulag – trotz der Massenerschießungen während der Großen Säuberung[25] – so weit ich sehe, keine eindeutige Entsprechung.

Die Frage nach dem Vernichtungscharakter des Gulag ist daher nur schwer zu beantworten; dazu gibt es ebenso unterschiedliche Positionen wie über die Häftlingszahlen. Die wesentlichsten Todesursachen im Gulag waren Überarbeitung, ständige Unterernährung, mangelhafte Kleidung, unzureichende hygienische und medizinische Verhältnisse und drakonische Strafen. Aussagen darüber, wie lange die Häftlinge den Gulag durchschnittlich überlebten, sind kaum zu machen und würden auch nach Lager und Zeit differieren. Zu den Toten durch Mangelversorgung kommen die Opfer durch Massenerschießungen. Viele Autoren erwähnen für 1937-1938 eine Massenhinrichtung an der Kolyma, insbesondere in Sespantika mit 25-26.000 Opfern.[26] Die Schätzungen der Todesrate in den „normalen" Lagern reichen von 3-30 Prozent; in den Lagern von Kolyma, den Lagern beim Eisenbahnbau oder in den Lagern des hohen Nordens etwa lagen die Anteile sicherlich noch höher; auch stieg die Todesrate während des Zweiten Weltkrieges noch einmal deutlich an (wegen der knappen Versorgung und Verpflegung). Angesichts der vergleichsweise langen Dauer des stalinistischen Systems ergibt sich auf jeden Fall eine Zahl von Millionen Opfern.[27] Berücksichtigt man die Verhältnisse in manchen Lagern des Gulag, so wird man das Diktum eines polnischen Historikers nicht ganz abwegig finden: „Kolyma war Auschwitz ohne Gas."[28]

Andere Elemente des Verfolgungssystems

Selbstverständlich sind außer den Lagersystemen andere Elemente der Verfolgungssysteme in die Betrachtung mit einzubeziehen. Dazu gehören etwa das tschekistische System, dessen Namen wechselten, auf der einen Seite und die Gestapo auf der anderen Seite samt ihrer jeweiligen Arbeitsweisen. Die Tscheka war unmittelbarer an die

---

24 Sofsky, S. 57. Sofsky nennt – bei Berücksichtigung der Todesfabriken von Chelmno und Auschwitz-Birkenau – eine Zahl von über vier Millionen Menschen, die in den Konzentrations- und Vernichtungslagern ums Leben gekommen sind.
25 Allein während des „großen Terrors" 1937-38 sind, legt man die „niedrigeren Planziffern" zu Grunde, 1,4 Millionen Menschen verhaftet worden, von denen 680.000 erschossen wurden (Wehner, S. 21).
26 Stettner, S. 188ff.
27 Die Diskussion über die Opferzahlen ist durch das „Schwarzbuch des Kommunismus", in dem freilich unterschiedliche Zahlen genannt werden, in ein neues Stadium getreten. Nicolas Werth kommt für die Zeit von 1917 bis zu Stalins Tod (1953) auf eine Gesamtzahl von 15 Millionen Opfern. (S. Courtois u.a., Le Livre noir du communisme. Crimes, terreur, répression, Paris 1997.)
28 So W. Dlugoborski auf einer internationalen Tagung im Dezember 1994 auf einer von der Gedenkstätte in Auschwitz veranstalteten internationalen Konferenz.

Partei gebunden, verstand sich als „Schwert und Schild" der Partei, während die Gestapo mit dem SS-System zunehmend eine eigene Rolle spielte, gleichsam ein selbständiger Machtträger des NS-Systems wurde und andere Institutionen mehr und mehr substituierte.

Gewiß spielte auch im NS-System der Terror gegen die eigene Bevölkerung eine bedeutsame Rolle. Doch der Versuch einer fast völligen bürokratischen Überwachung ist charakteristischer für die stalinistischen Systeme. Zu Recht ist darauf hingewiesen worden, daß das nationalsozialistische System stärker durch die Bevölkerung abgestützt wurde als das stalinistische. Hans Mommsen hat den Unterschied wie folgt gekennzeichnet: „Während der Kommunismus durch umfassende administrative Maßnahmen, die von der Partei gesteuert werden, neben der tradierte staatliche Autorität nicht mehr existiert, und gegebenenfalls durch rücksichtslosen Terror eine hochgradige politische Integration erzwingt, sind faschistische Systeme in der Regel bestrebt, letztere durch ideologische Indoktrinierung und Fanatisierung subjektiv zu erzeugen oder doch vorzutäuschen, aber keineswegs primär durch eine bürokratische Kontrolle an der Basis durchzusetzen. Die vollständige Unterwerfung der Gesellschaft durch Terrorisierung und das Überwachungssystem, die die KPdSU durchsetzte, ist von der Gestapo und der Justiz trotz aller Intimidation und des Konzentrationslagersystems nicht erreicht worden. Insoweit war der Effektivitätsgrad der Diktaturen unterschiedlich."[29]

Trotz mancher Parallelen zeigen sich in der Vorgehensweise doch auch manche Unterschiede. Die Verhörpraxis in den Gestapo-Kellern war fürchterlich, doch scheinen in dieser Hinsicht die GPU/NKWD-Verhörmethoden die der Nazis noch übertroffen zu haben: wochen-, ja monatelange Isolierhaft, unterbrochen mit Verhören unter unmenschlichsten Bedingungen mit dem Ziel, von den Verhafteten und Gefolterten nicht nur Informationen über eine angebliche Tat und angebliche Mittäter, sondern auch eine Bejahung der eigenen Schuld zu erpressen, sind Charakteristika des stalinistischen Systems, in dem es um die bedingungslose Anerkennung des Parteiwillens ging. War hier alles darauf ausgerichtet – wie Buber-Neumann feststellt – einen „Schuldbeweis" ohne Gerichtsverfahren zu erreichen, so begnügte man sich bei der Gestapo gegebenenfalls mit dem Verdacht und stellte einen „Schutzhaftschein" aus, mit der Konsequenz, daß die Häftlinge ins Konzentrationslager eingeliefert wurden – perfide waren beide Vorgehensweisen.[30]

Übrigens war die Dauer der KZ-Aufenthalte nicht festgelegt, sie war nicht prinzipiell limitiert und endete für viele mit der „Vernichtung durch Arbeit". Demgegenüber wurden im bolschewistischen System zeitlich begrenzte – allerdings vielfach barbarisch lange – Strafen verhängt: 5 Jahre, 10 Jahre, 20 Jahre, 25 Jahre – Zeiten, die überdies jederzeit verlängert werden konnten und auch wurden.

---

29 H. Mommsen, Nationalsozialismus und Stalinismus. Diktaturen im Vergleich, in: K. Sühl (Hg.), 1945 - 1989. Ein unmöglicher Vergleich?, Berlin 1994, S. 115f.
30 Buber-Neumann, S. 211.

Alles in allem gab es mancherlei Parallelen, doch auch Unterschiede. Der Vernichtungsgedanke etwa ist im Verfolgungssystem des NS doch eindeutiger als im bolschewistischen, obgleich es in diesem auch eine massenhafte „Vernichtung" von Menschenleben gab. Daß beide Systeme sich gegenseitig beeinflußt haben, ist bislang nicht hinreichend bewiesen.[31]

Ungeachtet der Frage nach Unterschieden und Parallelen sind die Verfolgungssysteme jedoch für das geschichtliche Bewußtsein in Deutschland nicht gleich relevant. Das nationalsozialistische System entstand eindeutig im Kontext der deutschen Geschichte; die Auseinandersetzung mit dieser Vergangenheit ist auf unabsehbare Zeit eine Aufgabe der deutschen Gesellschaft. Das bolschewistische System entstand – ungeachtet seiner internationalistischen Begründung – im Kontext der russischen Geschichte; mit ihm sich auseinanderzusetzen, ist zunächst eine russische und dann erst eine internationale Aufgabe, für die Deutschen eine Aufgabe, die nicht auf der gleichen Ebene wie die auf die NS-Zeit bezogene angesiedelt zu sein scheint. Allerdings haben wir doch auch die SED-Diktatur und ihre Opfer ins deutsche Geschichtsbewußtsein aufzunehmen. Deshalb hier noch einige Bemerkungen zur Frage nach der Vergleichbarkeit von NS-System und SED-System unter dem Aspekt der Verfolgungssysteme.

3. Zur Frage der Vergleichbarkeit des Verfolgungssystems in der SBZ/DDR

Die Geschehnisse nach 1945 in der SBZ und im SED-System sind nicht ohne weiteres mit denen im NS-System und in der stalinistischen Sowjetunion vergleichbar. Dazu einige knappe Überlegungen: Die Einrichtung der sogenannten Speziallager in der SBZ durch die sowjetische Besatzungsmacht war partiell die Folge des nationalsozialistischen Eroberungs- und Vernichtungskrieges gegenüber der Sowjetunion und hatte alliiertes Recht – jedenfalls teilweise – zur Grundlage.[32] Auf der anderen Seite aber waren sie eben doch auch Teil des sowjetischen Lagersystems. Die Verwaltung erfolgte in Analogie zu anderen sowjetischen Lagern. Auch die miserable Versorgungslage hat vielfältig im Gulag seine Parallele. So sind auch die Todesraten vergleichbar.

Die Speziallager weichen freilich wiederum von den Lagern des Gulag insofern ab, als sie keine Arbeitslager waren. Die Häftlinge wurden als gegebenenfalls für den Gulag zu nutzendes Potential betrachtet. Als man eine Gruppe von Häftlingen in die Sowjet-

---

31 Vgl. Stettner, S. 363, Anm. 1.
32 Zur Diskussion über die Speziallager vgl. R. Knigge-Tesche u.a. (Hg.), Internierungslager in Ost- und Westdeutschland nach 1945, Erfurt 1993; B. Ritscher, Speziallager Nr. 2, Weimar-Buchenwald 1995; A. Kilian, Stalins Prophylaxe. Maßnahmen der sowjetischen Sicherheitsorgane im besetzten Deutschland, in: DA 30 (1997), S. 531-564; J. Morré, Speziallager des NKWD. Sowjetische Internierungslager in Brandenburg 1945-1950, Potsdam 1997. Zur Frage der Einordnung siehe insbesondere auch L. Niethammer, Alliierte Internierungslager nach 1945. Vergleich und offene Fragen, in: Chr. Jansen u.a. (Hg.), Von der Aufgabe der Freiheit. Politische Verantwortung und bürgerliche Gesellschaft im 19. und 20. Jahrhundert. Festschrift für Hans Mommsen, Berlin 1995, S. 469-492.

union zu deportieren suchte, erwiesen diese sich freilich als gesundheitlich derart heruntergekommen, daß man die Aktion wieder abbrechen mußte.³³

Sowjetische Instanzen führten auch in den fünfziger Jahren noch Verhaftungen und Deportationen in der DDR durch, so daß die DDR als gleichsam penetriertes System Anteil am sowjetischen Verfolgungssystem hatte, abgesehen davon, daß das SED-System auch bis zu seinem Ende an der Sowjetunion orientiert blieb und das sowjetische Verfolgungssystem teilweise auf die DDR übertragen wurde. Man denke etwa an die Stasi, die sich auf tschekistische Traditionen berief, auch an die Anwendung der im sowjetischen Dienst üblichen barbarischen Verhörmethoden.

Sicherlich hatte das SED-System kein vergleichbares Lagersystem, doch wurden partiell analoge Funktionen von Bautzen und anderen Haftanstalten wahrgenommen – auch sie dienten neben dem Strafvollzug der Einschüchterung der Bevölkerung. Ein hochentwickeltes bürokratisches Überwachungssystem, das für die kommunistischen Regime charakteristisch war, besaß – wie wir alle wissen – auch die DDR. Die Repressionsmethoden in der späteren DDR waren dabei jedoch ungleich subtiler als die in der Hoch-Zeit des Stalinismus.³⁴

Was die „Feinde" angeht, so wurden sie im SED-System überwiegend aus der Perspektive der mit allen Mitteln betriebenen Machtverteidigung bestimmt, wobei sich auch hier die Verfolgung teilweise auch auf Mitträger des Systems in Partei und Staat – die abweichende Positionen vertraten – bezog. Daneben wurden anfangs die Kräfte verfolgt, die dem diktatorischen System Widerstand entgegenbrachten oder auch nur nicht angepaßt waren: Mitglieder der Kirchen, im politischen Raum Sozialdemokraten, Konservative, Liberale, wobei die Verfolgung ihre spezifische Prägung durch den Ost-West-Konflikt erhielt, in dem die Gegner eben der Kollaboration mit dem imperialistischen Feind bezichtigt wurden. Allerdings machte das spezifische Verhältnis zu Westdeutschland auch wieder den Unterschied zur Sowjetunion aus: Die SBZ/DDR war niemals so abgeschlossen wie die Sowjetunion.

Daß es einige Gruppen gab, die im NS- und im SED-System gleichermaßen verfolgt wurden, sei am Rande vermerkt, z.B. Sozialdemokraten oder auch Zeugen Jehovas. Günter Fippel hat eine nennenswerte Gruppe doppelt Verfolgter dokumentiert, unter diesen nicht wenige Juden.³⁵

Inwieweit ist ein Vergleich des SED-Systems mit dem NS-System hinsichtlich der Verfolgungssysteme möglich? Daß das SED-System keinen Holocaust angerichtet und keinen Vernichtungs- und Eroberungskrieg geführt hat, ist offensichtlich. Zudem treffen andere im Kontext des Vergleichs NS-System und stalinistische Sowjetunion festge-

---

33 Vgl. Morré, S. 21ff.
34 Vgl. Materialien der Enquete-Kommission „Aufarbeitung von Geschichte und Folgen der SED-Diktatur in Deutschland", 9 Bde., Baden-Baden 1995.
35 G. Fippel in der 30. Sitzung der Enquete-Kommission, in: Materialien der Enquete-Kommission „Aufarbeitung von Geschichte und Folgen der SED-Diktatur in Deutschland", Bd. III/1, S. 110-120. Vgl. auch Boll, S. 131 ff.; B. Faulenbach, Politisches Verhalten im NS-System und im SED-System - Zur Frage von Kontinuität und Diskontinuität, in: ebd., S. 267-284.

stellte Unterschiede auch für einen Vergleich zwischen dem NS-System und dem SED-System zu.

Gleichzeitig ist zu fragen, ob es nicht jenseits der strukturellen Brüche zwischen NS-Diktatur und SED-Diktatur mentale Kontinuitäten und politische Mittel gab, die beiden Diktaturen und ihren Verfolgungssystemen nutzten: etwa der Mangel an Zivilcourage und ein obrigkeitliches Denken, auch die Integration durch Beschwörung von Feinden, die Erzeugung von Angst als Mittel der Politik. Daß hier und da im Repressionssystem auch die früheren Apparate und Leute genutzt wurden, ist nicht zu übersehen, in seinem Ausmaß jedoch noch präzise zu bestimmen.

4. Konsequenzen für das Geschichtsbewußtsein und die Erinnerungskultur

Abschließend möchte ich einige Konsequenzen aus dem Gesagten im Hinblick auf die Erinnerungskultur in Deutschland in thesenhafter Zuspitzung ziehen:
(1) Das NS-KZ-System, der Genozid an Juden und Sinti und Roma und die Verfolgung der Menschen vieler Nationen sind im Kontext der deutschen Geschichte zu sehen. Das kommunistische Verfolgungssystem, das in manchen Zügen vom nationalsozialistischen abweicht, aber ebenfalls barbarische Züge trägt, hat in der deutschen Geschichte nicht das gleiche Gewicht. Gewiß war das Verfolgungssystem in der früheren DDR, das nur einen Teil der Deutschen betraf, nicht ausschließlich ein sowjetischer Import, aber eben doch in beträchtlichem Maße. Die Verbrechen des Stalinismus berühren nicht in vergleichbarer Weise die deutsche Identität wie die NS-Verbrechen, die in vieler Hinsicht zugleich historisch einzigartig und deshalb von eminenter Bedeutung für das deutsche Geschichtsbewußtsein sind.[36]
(2) Auch die Opfer der kommunistischen Diktatur haben ein Recht, nicht vergessen zu werden, einen festen Ort im kollektiven Geschichtsbewußtsein einzunehmen. Dies gilt auch für andere größere Opfergruppen. Ich stimme Peter Steinbach zu, wenn er sich gegen die Tabuisierung bestimmter historischer Ereignisse und die Ausklammerung ganzer Opfergruppen wendet und feststellt: „Politische Verfolgte, aus rassenpolitischen Gründen Entrechtete, Deportierte, Ermordete, KZ-Häftlinge, politische Häftlinge, Flüchtlinge, Vertriebene, Opfer des Bombenkrieges, gefallene Soldaten, Kriegsgefangene – sie alle verkörpern auf ihre Weise die Leidensgeschichte des 20. Jahrhunderts."[37] Deshalb ist es sinnvoll, Gedenkstätten auch für Stalinismus-Opfer in Deutschland aufzubauen. Diskussionsbedürftig bleibt gleichwohl die Tendenz, den Teil der Gedenkstättenkultur, der den Stalinismus-Opfern

---

36 Zur Frage der Einzigartigkeit des Holocaust A.S. Rosenbaum (Hg.), Is the Holocaust Unique? Perspectives on Comparative Genocide, Oxford 1996. Vgl. auch die Diskussionsbeiträge des Historikerstreites: „Historikerstreit". Die Dokumentation der Kontroverse um die Einzigartigkeit der nationalsozialistischen Judenvernichtung, München 1987.
37 P. Steinbach, Die Vergegenwärtigung von Vergangenem. Zum Spannungsverhältnis zwischen individueller Erinnerung und öffentlichem Gedenken, in: APZ, B 3-4/1997, S. 4.

gewidmet ist, schematisch mit der Erinnerungskultur, die der NS-Zeit und ihren Opfern gewidmet ist, zu parallelisieren.

(3) Vieles spricht gewiß für einen antitotalitären Konsens, d.h. für ein spezifisches Wertesystem, in dessen Zentrum die Menschen- und Bürgerrechte stehen; sie sind auch im Kontext der Demokratie immer wieder neu zu realisieren.[38] Dieser antitotalitäre Konsens ist gleichsam ein Aspekt des Verfassungspatriotismus.

(4) Antitotalitärer Konsens heißt aus meiner Sicht nicht, daß eine spezifische Totalitarismus-Doktrin aller politischer Bildung und Gedenkstättenkultur zu Grunde gelegt werden sollte. Auch sind gewisse Gefahren im Umgang mit den verschiedenen Vergangenheiten nicht zu verkennen. So muß in Gedenkstätten, die an Orten mit doppelter Belastung errichtet worden sind, alles vermieden werden, was die Vergangenheiten in ein Konkurrenzverhältnis bringen könnte.[39] Es darf keinesfalls eine Tendenz von gegenseitiger Aufrechnung geben. Allerdings sind die verschiedenen Vergangenheiten in den Gesamtprozeß einzuordnen, was insbesondere für die frühe Nachkriegszeit gilt: Ohne den deutschen Vernichtungs- und Eroberungskrieg wären etwa die Speziallager nicht errichtet und auch das SED-System nicht aufgebaut worden.[40]

(5) Anzustreben ist, die verschiedenen nationalen Erinnerungskulturen in Europa behutsam miteinander zu verknüpfen.[41] Sicherlich ist es sinnvoll, das Geschehen in nationalen Zusammenhängen zu erinnern. Daneben aber sollte es eine internationale Erinnerungskultur geben, die das Geschehen in nationalsozialistischen Konzentrations- und Vernichtungslagern ebenso umfaßt wie das Geschehen im Archipel Gulag und andere Menschheitsverbrechen.[42] Es geht um die Erinnerung an die Opfer, um die Einsicht, was Menschen einander anzutun in der Lage sind, und um die Aufforderung, Humanität immer wieder neu durchzusetzen.

---

38 Zum Begriff des antitotalitären Konsenses vgl. J. Habermas vor der Enquete-Kommission des Bundestages, in: Materialien der Enquete-Kommission „Aufarbeitung von Geschichte und Folgen der SED-Diktatur", Bd. IX, S. 686-694.
39 Vgl. dazu B. Faulenbach, Das Problem der Auseinandersetzung mit den verschiedenen Vergangenheiten und die Aufgaben der Gedenkstätten im vereinigten Deutschland, in: N. Haase/B. Pampel (Hg.), Doppelte Last – doppelte Herausforderung, Frankfurt a.M. 1998 (i.E.).
40 Vgl. Empfehlungen der Expertenkommission zur Neukonzeption der brandenburgischen Gedenkstätten, in: Brandenburgische Gedenkstätten für die Verfolgten des NS-Regimes. Perspektiven, Kontroversen und internationale Vergleiche, Berlin 1992, S. 215-265.
41 Vgl. B. Faulenbach, Erstarrte Rituale oder demokratische Kultur? Zu den Aufgaben und Problemen der Erinnerungsarbeit heute, in: H.-J. Vogel/E. Piper (Hg.), Jahrbuch des Vereins „Gegen Vergessen – Für Demokratie", München 1997, S. 9-17.
42 Siehe zu den großen Verbrechen im Gedächtnis der Menschheit A. Grosser, Ermordung der Menschheit. Der Genozid im Gedächtnis der Völker, Wien 1990.

Gisela Diewald-Kerkmann

Vertrauensleute, Denunzianten, Geheime und Inoffizielle Mitarbeiter in diktatorischen Regimen

Der neununddreißigjährige Industriearbeiter Rudolf Larsch sollte Mitte 1933 im Auftrag der KPD-Bezirksleitung Ruhr die illegale KPD in Bielefeld reorganisieren. Wie in den anderen Instruktionsgebieten wurde auch in Bielefeld versucht, die abgerissenen Verbindungen der Gruppen neu aufzubauen und die entstandenen Lücken durch andere KPD-Mitglieder auszufüllen. Durch die Arbeit eines V-Mannes, der selbst der KPD angehörte, konnte die Staatspolizeistelle Bielefeld den Apparat der KPD zerstören. Dieser V-Mann stand laut Gestapo Bielefeld „mitten in der illegalen KPD-Organisation und arbeitete im hiesigen Auftrag. Durch seine ausgezeichneten Verbindungen war es möglich, den ganzen Unterbezirk Bielefeld zu erfassen und den Gebietsinstrukteur Larsch festzunehmen".[1] Insgesamt erfolgten 48 Festnahmen. Das Oberlandesgericht Hamm eröffnete gegen 17 Angeklagte das Verfahren und verkündete im August 1934 das Urteil. Larsch wurde zu drei Jahren Zuchthaus verurteilt. Nach der Strafverbüßung im November 1936 wurde er von der Gestapo in Schutzhaft genommen; bis April 1939 befand er sich im Konzentrationslager Buchenwald. Im April 1939 wurde er zunächst entlassen, im September 1939 aber erneut festgenommen und in das Konzentrationslager Sachsenhausen überstellt. Dort gehörte Larsch, der bis zum Ende des NS-Regimes gefangengehalten wurde, der illegalen Widerstandsorganisation an. Nach 1945 erstattete Larsch Strafanzeige gegen den V-Mann. Dieser wurde am 6. April 1948 von der II. Strafkammer des Landgerichts in Bielefeld wegen Verbrechens gegen die Menschlichkeit zu einer Gefängnisstrafe von einem Jahr verurteilt. In der Begründung hieß es: „Der Angeklagte hatte auf Grund seiner illegalen Tätigkeit besondere Kenntnisse, aus denen sich bei ihm (...) klare Vorstellungen über die Folgen seines Tuns ergaben. Nach der Überzeugung des Gerichts wußte der Angeklagte damals schon, daß die Politische Polizei Larsch als höheren Funktionär auf alle Fälle und auf die Dauer ‚unschädlich' machen würde". Weiter hieß es: „Der Angeklagte hat zweifelsohne unter einem Druck seitens der Politischen Polizei gehandelt (...) Hierbei ist auch zu berücksichtigen, daß es menschlich verständlich ist, wenn der Angeklagte auch besonders auf seinen späteren Schwiegervater und seine spätere Frau Rücksicht nahm, um sie vor Verhaftungen zu schützen".[2]

---

[1] Staatsarchiv Münster, Oberlandesgericht (OLG) Hamm, OJ 7/34.
[2] Staatsarchiv Detmold, D 21 B Nr. 130.

1. Vertrauliche Mitarbeit: Der V-Mann

In diesem Beispiel bündeln sich die Probleme, die eine Auseinandersetzung mit V-Leuten aufwirft. Dabei stellt sich auch die Frage, in welcher Weise sich Vertrauenspersonen, hier der Gestapo, von Denunzianten, Geheimen und Inoffiziellen Mitarbeitern unterscheiden. Die Begriffsabgrenzung ist erforderlich, weil die einzelnen Vokabeln oft synonym benutzt werden. Da die staatlichen Gesetze keine eindeutigen Hinweise für die Definition und Abgrenzung liefern, werden im folgenden die verschiedenen Bezeichnungen aus dem allgemeinen Sprachgebrauch bestimmt, wobei die Motive, die Art (z.B. entgeltlich oder unentgeltlich) und die Dauer der Informationsbeschaffung (einmalig oder über einen längeren Zeitraum) bereits wichtige Kriterien bilden. Ein zentrales Abgrenzungsmerkmal ist das Verhältnis, das zwischen dem Auftraggeber und dem Ausführenden besteht. So besagt die Bezeichnung Vertrauensperson, „daß die Behörde dem Informanten vertraut, nicht aber, daß der Informant die Behörde vertraulich informiert hat".[3] Dieses Vertrauensverhältnis zwischen V-Mann und Auftraggeber setzt in der Regel voraus, daß die Zusammenarbeit bereits über einen längeren Zeitraum besteht und die Zuverlässigkeit der Vertrauensperson schon erprobt wurde. Daß der V-Mann oder Spitzel, so die herabsetzende Bezeichnung für ihn, im Auftrag handelt bzw. auf vertraglicher Ebene mit der Polizei und anderen Behörden zusammenarbeitet, spiegelt die folgende Begriffsbestimmung wider. Demnach ist der Spitzel jemand, „der in fremdem Auftrag andere heimlich beobachtet, aufpaßt, was sie sagen und tun, und seine Beobachtungen seinem Auftraggeber mitteilt".[4]

Die Tätigkeit von V-Leuten kann gegen Vergütung, Erhalt bestimmter Privilegien, aus Gefälligkeit oder, wie häufig im NS-Regime, unter direkter Gewaltanwendung und Drohungen erfolgen. Für die NS-Zeit dokumentieren die Hochverratsprozesse gegen politische Gegner, daß V-Leute oft ganz gezielt auf Regimegegner angesetzt wurden. Nicht selten handelte es sich um frühere KPD- oder SPD-Mitglieder und Sympathisanten, die durch Gewalt, Folter und Konzentrationslager zur Spitzeltätigkeit gezwungen worden waren. Zweifelsohne war das größte Kapital der angeworbenen oder erpreßten V-Personen „die intime Kenntnis der spezifischen Umstände und Praktiken, war das Vertrauen, das die in diesem Kontext agierenden Menschen ihnen auf Grund ihrer Vergangenheit, zumindest aber auf Grund ihres ‚Stallgeruchs' entgegenbrachten".[5] Sie hatten Zugang zu Informationen, die die Geheime Staatspolizei durch unmittelbare Beobachtung nicht erhalten hätte.

Die Frage, wieviele V-Leute während der NS-Zeit tätig waren, läßt sich nicht beantworten. Selbst wenn man berücksichtigt, daß es sowohl in Behörden, Organisatio-

---

[3] Chr. Röhrich, Rechtsprobleme bei der Verwendung von V-Leuten für den Strafprozeß, Diss. Erlangen 1974, S. 12.
[4] Vgl. Duden, Das große Wörterbuch der deutschen Sprache in sechs Bänden, Mannheim 1979, Bd. 6, S. 2451, Stichwort „Spitzel".
[5] K.-M. Mallmann, Die V-Leute der Gestapo, in: G. Paul/Ders. (Hg.), Die Gestapo. Mythos und Realität, Darmstadt 1995, S. 271.

nen wie auch in größeren Betrieben Personen gab, die den Auftrag hatten, die Regimetreue der „Volksgenossen" zu überwachen, bleibt es zweifelhaft, ob das NS-Regime tatsächlich von der Reichs- bis zur Lokalebene über ein differenziertes Netz von Informanten und V-Leuten verfügte. Mittlerweile dokumentieren immer mehr Studien, in erster Linie regional- und lokalhistorische Untersuchungen, daß die „mystifizierende Unterstellung eines breit gefächerten Agenten- und Spitzelapparates"[6] nicht zutrifft. Ganz im Gegenteil waren die Staatspolizeistellen (Stapo) personell schlecht ausgestattet und verfügten in der Regel nur über wenige V-Leute. So besaß die Stapostelle Frankfurt/Main etwa einhundert,[7] das Referat Nachrichten der Stapo Bremen verfügte über etwa zehn,[8] und das sechsköpfige Nachrichtenreferat der Staatspolizeistelle Nürnberg-Fürth, zuständig für ganz Nordbayern, hatte ca. achtzig bis einhundert V-Leute.[9] Werner Best, ein führender Jurist des NS-Regimes, seit 1935 Abteilungsleiter im Geheimen Staatspolizeiamt in Berlin und ab 1936 zugleich Chef des Amtes Verwaltung und Recht im Hauptamt Sicherheitspolizei im Reichsinnenministerium, sagte im Juli 1946 als Zeuge vor dem Internationalen Militärgerichtshof aus, daß es nicht so gewesen sei, als ob die Gestapo ein Netz von Spitzeln unterhalten habe, um das ganze Volk zu beobachten. „Das hätte mit dem kleinen Beamtenstand, der voll mit den laufenden Dingen beschäftigt war, gar nicht geleistet werden können".[10] Der Verdacht, daß es sich bei dem Bild der perfekten und allgegenwärtigen Gestapo letztlich um einen Mythos handelt, erhärtet sich noch, wenn man den tatsächlichen Personalbestand der Gestapo betrachtet. So standen Ende 1944 im gesamten Reichsgebiet lediglich 32.000 Personen im Dienst der Gestapo, darunter ca. 3.000 Verwaltungsbeamte, 15.500 Vollzugsbeamte und 13.500 Angestellte bzw. Arbeiter.[11] Insgesamt galt als Richtwert, daß ein Mitarbeiter der Gestapo auf 10.000 Einwohner kam.[12] Tatsächlich ist diese Personalausstattung für eine Einrichtung, die mit der Verfolgung jeder Form von Dissens und Nonkonformismus beauftragt war, äußerst gering. Damit wird aber deutlich, daß die Gestapo ihre umfangreichen, sich ständig ausweitenden Aufgaben ohne aktive und freiwillige Unterstützung von außen wohl kaum hätte bewältigen können.

---

6 K.-M. Mallmann/G. Paul, Allwissend, allmächtig, allgegenwärtig? Gestapo, Gesellschaft und Widerstand, in: ZfG 41 (1993), S. 994.
7 Vgl. A. Diamant, Gestapo Frankfurt am Main. Zur Geschichte einer verbrecherischen Organisation in den Jahren 1933-1945, Frankfurt a.M. 1988, S. 22.
8 Vgl. I. Marßolek/R. Ott, Bremen im Dritten Reich, Bremen 1986, S. 180.
9 Vgl. Mallmann/Paul, Allwissend, S. 994.
10 Der Prozeß gegen die Hauptkriegsverbrecher vor dem Internationalen Militärgerichtshof. Nürnberg 14.11.1945-1.10.1946. Amtlicher Wortlaut in dt. Sprache, 42 Bde., Nürnberg 1947-1949, hier Bd. XX (1948), S. 145.
11 Vgl. R. Gellately, „In den Klauen der Gestapo", in: A. Faust (Hg.), Verfolgung und Widerstand im Rheinland und in Westfalen 1933-1945, Köln 1992, S. 41.
12 Vgl. R. Eckert, „Flächendeckende Überwachung". Gestapo und Stasi – ein Vergleich, in: Stasi-Akte „Verräter". Bürgerrechtler Templin, Spiegel Spezial 1/1993, S. 166. Demgegenüber kam in der DDR auf je 200 Einwohner ein hauptamtlicher MfS-Mitarbeiter. Tatsächlich waren Überwachung und Spitzeldichte in der DDR etwa siebenmal so hoch wie im NS-Regime.

2. Teilhabe an der Macht: Der Denunziant

Im Gegensatz zu dem institutionell erfaßten V-Mann handelt der Denunziant[13] aus eigenem Antrieb, ohne Auftrag oder unmittelbaren Auftraggeber, wenn er „Vergehen" anderer einer Behörde oder anderen Dienststellen mitteilt. Anders als der V-Mann, der oft durch Zwang oder gegen Vorteile dazu gebracht wird, mit der Polizei und den Behörden vertraulich zusammenzuarbeiten, hat der Denunziant in der Regel keine besondere Nähe zu der jeweiligen Instanz, bei der er eine Person anzeigt. Setzt man sich mit der begriffsgeschichtlichen Entwicklung von Denunziationen auseinander, zeigt sich, daß die „denuntiatio" des Römischen Rechts etymologisch identisch ist mit der „Anzeige", durch die jemand einer strafbaren Handlung beschuldigt wird.[14] Nach „Zedler" (1734) ist der Denunziant lediglich jemand, der „etwas bey der Obrigkeit angiebt", und die Denunziation nur eine Ankündigung bzw. Anzeigung, „ingleichen die Angebung des Lasters bey der Obrigkeit".[15] Den abwertenden Charakter und heutigen üblen Beigeschmack hat der Begriff der Denunziation erst später erhalten. Tatsächlich wird der „pejorative Sinn … erst im 19. Jh. vorherrschend".[16] So schrieb Hoffmann von Fallersleben 1843 in seinen politischen Gedichten den Satz, „der größte Lump im ganzen Land, das ist und bleibt der Denunziant"[17] und kritisierte damit diejenigen, die mit ihrer Anzeige eine willkürliche Strafverfolgung der Obrigkeit unterstützten. Nicht zuletzt nach den Erfahrungen des NS-Regimes wird die Denunziation heute als die „aus Gehässigkeit oder sonst aus niedriger Gesinnung"[18], bzw. aus „unehrenhaften Motiven erfolgende Anzeige"[19], als „Anschwärzung" oder als die Namhaftmachung politisch Mißliebiger[20] definiert. Im allgemeinen Sprachgebrauch wird der Begriff der Denunziation oft noch weiter gefaßt. So braucht sich die Denunziation weder auf eine strafbare Handlung zu beziehen – „es kann schon die Herabsetzung im Urteil des Anzeigeempfängers genügen"[21] –, noch muß es sich um eine Anzeige im formalen Sinne handeln, vielmehr reicht jede Mitteilung, die aus eigenem Antrieb gemacht wird. Aber prinzipiell haftet dem Denunzianten an, daß er „böswillig oder leichtfertig einen anderen bei einer Behörde, einem Beamten, milit. Vorgesetzten oder öffentlich einer strafba-

---

13 Ausführlich hierzu G. Diewald-Kerkmann, Politische Denunziation im NS-Regime oder Die kleine Macht der „Volksgenossen", Bonn 1995.
14 Vgl. A. Eberhardt, Die Denunziation im Spiegel des Kontrollratsgesetzes Nr. 10 als Verbrechen gegen die Menschlichkeit, Diss. (unveröff. Ms.), München 1950, S. 65.
15 Großes vollständiges Universal Lexikon aller Wissenschaften und Künste. „Zedler", Bde. 1-64, Halle 1732-1754 (Nachdruck Graz 1962-1964), Bd. 7 (1734), S. 593.
16 H. Luther, Denunziationen als soziales und strafrechtliches Problem in Deutschland in den Jahren 1945-1990, in: G. Jerouschek u.a., Denunziation. Historische, juristische und psychologische Aspekte, Tübingen 1997, S. 258.
17 A.H. Hoffmann von Fallersleben (1798-1874), Politische Gedichte aus der Vorzeit Deutschlands (1843), in: R. Zoozmann, Zitatenschatz der Weltliteratur, Königstein/Ts. 1980, S. 99.
18 O. Gritschneder (Hg.), Lexikon des Rechts, Frankfurt a.M. 1971, S. 99.
19 Brockhaus-Enzyklopädie in zwanzig Bänden, Wiesbaden 1966ff., hier Bd. 4 (1968), S. 426.
20 Meyers Enzyklopädisches Lexikon in 25 Bänden, Mannheim 1972, Bd. 6, S. 444.
21 Eberhardt, Die Denunziation, S. 65.

ren Handlung verdächtigt".[22] Gerade diese moralische Verwerflichkeit stempelt die Anzeige zu einer sittenwidrigen Denunziation, wobei der Grad der Mißbilligung vor allem durch die Motive des Anzeigeerstatters wie Neid, Rache, Haß oder bloße Niedertracht bestimmt wird.

Welche verheerenden Folgen Denunziationen für eine Gesellschaft haben können, dokumentiert die Zeit des Nationalsozialismus. Tatsächlich belegen Akten der Justiz, der Gestapo und der NSDAP eine Denunziationsbereitschaft der Bevölkerung von einem unvorstellbaren Ausmaß. Erst diese Unterstützung ermöglichte die Verfolgung und die strafrechtliche Ahndung von „Heimtückereden" und Delikten wie „Rassenschande", „Rundfunkverbrechen", „Zersetzung der Wehrkraft", „Beihilfe zur Fahnenflucht" oder Umgang mit „Fremdvölkischen". Dabei muß man sich aber vergegenwärtigen, daß es auch während der NS-Zeit keine gesetzliche Vorschrift gab, derartige „Vergehen" anderer anzuzeigen. Zwar hatte Reinhard Heydrich, Chef des Reichssicherheitshauptamts, 1939 versucht, eine gesetzliche Anzeigepflicht zu installieren.[23] Dieses Vorhaben scheiterte aber, da selbst Göring die Gefahr sah, daß mit einer solchen Verordnung dem Denunziantentum Tür und Tor geöffnet werde. Aber vor allem der Reichsjustizminister Gürtner machte deutlich, daß eine gesetzliche Anzeigepflicht schon allein deshalb nicht notwendig sei, da bereits für jeden „Volksgenossen" die „sittliche Pflicht" bestehe, „an der inneren Sicherung des Reichs und der einigen kampfbereiten Volksgemeinschaft gegen reichs- und staatsfeindliche Handlungen aktiv mitzuwirken."[24] In der Tat wurde von jedem „Volksgenossen" erwartet, daß er jede Form von Nonkonformität und Dissens rechtzeitig und rücksichtslos anzeigte. Ungeachtet dessen darf der Spielraum des einzelnen, auch im Nationalsozialismus, nicht unterschätzt werden. Letztlich lag es allein im subjektiven Ermessen des einzelnen, andere zu denunzieren und die Denunziation an eine zuständige Stelle weiterzuleiten.

Signifikant ist, in welchem Maße es dem NS-Regime gelang, in kritischen Situationen die latent in der Bevölkerung existierende Anzeigebereitschaft zu aktivieren. Die Quellen belegen hierzu eine große Bandbreite, angefangen von der Hetzkampagne gegen Minderheiten, der „sittlichen Verpflichtung" des einzelnen, an der Sicherung der „Volksgemeinschaft" mitzuwirken, über verschärfte Strafgesetze, Anordnungen und Verfügungen bis zur Befugnis jedes „Volksgenossen", „Meckerer" und „Defätisten" vorläufig festzunehmen. Aber unabhängig davon können Denunziationen nicht nur auf „Anstöße von oben" zurückgeführt werden, vielmehr wurden sie auch „von unten" forciert. Es darf nicht unterschätzt werden, in welchem Maße die Bevölkerung die vom NS-Regime geschaffene Möglichkeit nutzte, mittels der politischen Denunziation soziale Macht auszuüben und private Konflikte zu lösen. Der Reiz der Denunziation bestand vor allem darin, daß der Denunziant durch sie unmittelbar an der Macht des

---

22 Meyers Enzyklopädisches Lexikon in zwölf Bänden, Leipzig 1936-1948, Bd. 2 (1937), S. 922.
23 Vgl. BArch, R 43 II/1264 a, Bl. 104-105, Entwurf einer Verordnung über den Volksmeldedienst.
24 BArch, R 43 II/1264 a, Bl. 115ff., Schreiben des Reichsministers der Justiz an den Ministerrat, 13.10.1939.

Regimes, zumindest als Illusion, partizipieren konnte. So wurden in der Mehrzahl der Fälle politische Motive der Beschuldigung lediglich vorgeschoben. Tatsächlich konnte der Denunziant unter Ausnutzung der staatlichen Gewalt individuelle Interessen direkt durchsetzen, wobei er „mit dem automatischen Funktionieren eines seelenlosen unbarmherzigen Apparates rechnen durfte, der ihm nicht nur die Arbeit abnahm, sich selber zu besudeln, sondern sogar noch die Bestätigung der Staats- und Gesetzestreue in die Hand gab".[25] Nach 1933 war in der deutschen Gesellschaft ein Klima entstanden, in dem persönliche Anzeigemotive – angefangen von gesellschaftlichen Ressentiments, sozialem Neid, Rache, Zorn bis zu Haß oder Mißgunst gegenüber dem Opfer – unter dem „politischen Mäntelchen"[26] hemmungslos ausgelebt werden konnten. Zwar wurde offiziell die „Volksgemeinschaft" propagiert, aber inoffiziell der Kampf „jeder gegen jeden" und „aller gegen alle" geführt. Vertrauensbruch und eklatanter Vertrauensmißbrauch hatten zur Folge, daß das gesellschaftliche Klima durch Angst und Verdächtigungen bestimmt wurde. Treffend hatte der Reichsjustizminister 1939 prognostiziert, daß die vermehrte Aufklärung von „Straftaten" infolge der Denunziationen aus der Bevölkerung mit einer „kaum erträglichen Untergrabung des vertrauensvollen Zusammenlebens der Volksgenossen untereinander, mit einer weitgehenden Erschütterung des Familienlebens und mit einer schwerwiegenden Beeinträchtigung des Vertrauens zu den auf Vertrauen angewiesenen Berufen (erkauft)"[27] werde. Selbst in einem Unrechtssystem konnte die verächtliche Bewertung einer Denunziation nicht ganz übertönt werden. Das belegen nicht nur die Reaktionen des NS-Regimes auf privat motivierte Anzeigen, auch Denunziationsfälle selbst demonstrieren, daß zumindest einzelne Anzeigeerstatter wußten, daß ihr Vorgehen moralisch verwerflich war.

Die Akten dokumentieren aber auch, daß die privat motivierten Anzeigen schon relativ früh, zu einer Zeit, da ihr ganzes Ausmaß noch gar nicht überblickt werden konnte, als Problem erkannt wurden. Eindeutig lief das Regime Gefahr, „von dem sich vermehrenden Bazillus der Anzeigen und Verdächtigungen selbst befallen zu werden und Loyalitäten, Vertrauensverhältnisse, formale Zuständigkeitsregeln und bürokratische Subordinationsverhältnisse, ohne die keine Staats- und Herrschaftsorganisation auskommen kann, selbst zu unterminieren".[28] Selbst die Gestapo, die vor allem bei der Ahndung nonkonformer Äußerungen und Verhaltensweisen auf die Mithilfe der Bevölkerung angewiesen war, sah die Gefahr, daß die Anzeigen dysfunktional wurden. Zwar brauchte sie die freiwillige Kontrolle und Überwachung von Arbeitskollegen oder Nachbarn und damit die Beschaffung von Informationen, aber die Zahl der Anzeigen und die zumeist privaten Motive der Denunzianten schränkten den Wert dieser Infor-

---

25 Urteil des LG Freiburg, 12.9.1947, in: C.F. Rüter/A. Rüter-Ehlermann (Bearb.), Justiz und NS-Verbrechen. Sammlung deutscher Strafurteile wegen nationalsozialistischer Tötungsverbrechen 1945-1966, Bde. I-XXII, Amsterdam 1968-1981, hier: Bd. I, S.693.
26 „Das politische Mäntelchen. Polizei warnt Denunzianten", in: WNN, 31.10.1933.
27 BArch, R 43 II/1264 a, Bl. 115, Schreiben des RJM an den Ministerrat für die Reichsverteidigung, 13.10.1939.
28 M. Broszat, Politische Denunziationen in der NS-Zeit, in: Archivalische Zeitschrift 73 (1977), S. 222.

mationen wieder erheblich ein. Gerade dieser Mechanismus war für das NS-Herrschaftssystem zweischneidig.

3. Flächendeckende Überwachung: Der IM

Die Ereignisse seit 1989, nach dem Zusammenbruch der DDR, haben dazu geführt, daß die Frage, welches Gewicht freiwillige Denunziationen in einem Überwachungsstaat einnehmen, zwangsläufig gestellt wird. Auch wenn ausdrücklich festgehalten werden muß, daß das NS-Regime nicht mit der DDR gleichgesetzt werden kann, drängen sich Parallelen auf. Daß eine kritische Analyse der Ähnlichkeiten und Unterschiede durch grobe Vereinfachungen und simple Übertragungen verhindert wird, liegt auf der Hand. Unbestreitbar ist, daß zu beiden Systemen „die systematische Verletzung von Menschen- und Bürgerrechten, die fehlende Begrenzung der Staatsmacht [gehörte] (...) All dies zeigte sich an der fehlenden Unabhängigkeit der Justiz, an der eingeschränkten Versammlungs- und Meinungsfreiheit, an staatlicher Willkür der verschiedensten Art, an staatlicher Verfolgung von Dissidenten".[29] Aber zwischen beiden Staaten bestanden auch gravierende Unterschiede. So hat es in der DDR weder „systematische staatlich gelenkte Massenmorde gegeben, (...) noch ist von der DDR ein Weltkrieg ausgegangen".[30] Erhebliche Unterschiede zeigen sich nicht zuletzt in der Akzeptanz des Regimes in der Bevölkerung, die im Nationalsozialismus wesentlich ausgeprägter war als in der DDR. Weder erreichten Ulbricht und Honecker den Mythos Hitlers, noch konnte die SED als die Staatspartei der DDR eine Verankerung erlangen wie die NS-Bewegung.

Während im Nationalsozialismus der Verrat mittels der Denunziation ein spontanes und freiwilliges Massenphänomen war, wurde in der DDR der Verrat im Rahmen des Staatssicherheitsdienstes organisiert und bis ins Detail bürokratisiert. Der Aufbau eines differenzierten Systems mit Inoffiziellen Mitarbeitern[31] erhält vor diesem Hintergrund seine Bedeutung, wobei man sich aber davor hüten muß, den Blick allein auf die Staatssicherheit zu richten oder diese sogar zu mystifizieren. So scheint sich die Stasi-Debatte fast ausschließlich auf die Inoffiziellen Mitarbeiter zu fokussieren und läuft damit Gefahr, „eigene denunziatorische Persönlichkeitsanteile und den gesellschaftlich-sozialpsychologisch bereiteten Nährboden (...) abzuwehren."[32] Unabhängig davon sind die

---

29 J. Kocka, „Nationalsozialismus und SED-Diktatur in vergleichender Perspektive", in: Materialien der Enquete-Kommission „Aufarbeitung von Geschichte und Folgen der SED-Diktatur in Deutschland". (12. Wahlperiode des Deutschen Bundestages), Bd. IX, Baden-Baden 1995, S. 590.
30 Ebd., S. 592.
31 Eckert weist zu Recht auf die gleichartige Stellung und Behandlung der Informanten des Sicherheitsdienstes des Reichsführer SS (SD) und den Inoffiziellen Mitarbeitern des MfS hin, vgl. ders., Geheimdienstakten als historische Quelle. Ein Vergleich zwischen den Stimmungsberichten des Sicherheitsdienstes der SS und des Ministeriums für Staatssicherheit der DDR, in: B. Florath u.a. (Hg.), Die Ohnmacht der Allmächtigen, Berlin 1992, S. 272.
32 Jerouschek, Denunziation, S. 13.

ungeheuren Dimensionen der Überwachungstätigkeit des Ministeriums für Staatssicherheit (MfS) auffallend, wobei die Bürokratisierung und Formalisierung des organisierten Spitzelsystems durch das MfS für eine bis dahin für unvorstellbar gehaltene Ausweitung sorgte. Die absurde Hypertrophierung des Personalbestandes im MfS spiegelt allein die Zahl der Inoffiziellen Mitarbeiter wider, deren Schätzungen von 109.000 über 180.000 bis zu mehreren hunderttausenden IM reicht.[33] Dabei ist zu berücksichtigen, daß das MfS nach „dem Vorbild der sowjetischen Sicherheitsorgane [entstand]. Es wurde mit deren tätiger Unterstützung aufgebaut, übernahm bis in Details hinein die Strukturen und die Arbeitsmethodik der sowjetischen Tschekisten und wurde lange Zeit durch Instrukteure bzw. Berater des MGB/KGB gesteuert und kontrolliert."[34]

In der DDR war die Bezeichnung der IM von 1950 bis 1968 „Geheimer Mitarbeiter" (GM) bzw. von 1950 bis 1958 „Informator" und von 1958 bis 1968 „Geheimer Informator" (GI),[35] MfS-intern auch der „Blaue"[36] nach der Farbe der Aktendeckel genannt. Die Staatssicherheit verstand unter GM Personen, „die zur nichtöffentlichen Zusammenarbeit mit den Organen des Staatssicherheitsdienstes herangezogen sind und dank ihren besonderen Verbindungen mit Personen, die eine feindliche Tätigkeit ausüben, in der Lage sind, den Organen des Ministeriums für Staatssicherheit besonders wertvolle Angaben über deren Spionage und andere illegale, antidemokratische Tätigkeit zu beschaffen."[37] Dagegen wurde der Inoffizielle Mitarbeiter (IM) in der Richtlinie Nr. 2/79 von der Staatssicherheit definiert als „Bürger der DDR und anderer Staaten, die auf der Grundlage ihrer objektiven und subjektiven Voraussetzungen Aufträge des MfS konspirativ erfüllen."[38] Das Ausmaß der Bespitzelung und die Aufblähung des Sicherheitsapparates spiegeln sich in der Zunahme der IM-Kategorien wider. Während das MfS 1950 und 1952 noch mit drei IM-Kategorien auskam, waren es 1958 schon fünf, 1968 und 1979 sogar sechs bzw. sieben Kategorien.[39] Neben den „Inoffiziellen Mitarbeitern Sicherheit" (IMS), die bei der flächendeckenden Überwachung der DDR einen wichtigen Faktor darstellten, die „Allround-Quelle der Stasi",[40] den „Inoffiziellen Mitarbeitern im besonderen Einsatz" (IME), die als Experten häufig eine Schlüsselstellung in der Wirtschaft einnahmen und auch zu „Einschätzungen und Gutachten über bestimmte Problembereiche ... herangezogen"[41] wurden, gab es als höchste Kategorie die „Inoffiziellen Mitarbeiter Bearbeitung" (IMB). Sie hatten, „wie es bei der Stasi hieß,

---

33 Vgl. K.W. Fricke, Das Ministerium für Staatssicherheit als Herrschaftsinstrument der SED-Kontinutät und Wandel, in: Materialien der Enquete-Kommission, Bd. VIII, S. 15.
34 K.W. Fricke, Zur Geschichte der DDR-Staatssicherheit, in: Florath, S. 123.
35 Vgl. H. Müller-Enbergs, Normative Grundlagen des MfS für die Arbeit mit Inoffiziellen Mitarbeitern, in: Materialien der Enquete-Kommission, Bd. VIII, S. 373f.
36 L. Wawrzyn, Der Blaue. Das Spitzelsystem der DDR, Berlin ²1991, S. 36.
37 Müller-Enbergs, S. 373.
38 Ebd., S. 366.
39 Vgl. ebd., S. 372.
40 Wawrzyn, S. 27.
41 J. Gauck, Die Stasi-Akten, Reinbek 1991, S. 64.

‚konkrete Feindberührung', das heißt, sie besaßen oftmals das Vertrauen desjenigen, den das MfS gerade bespitzeln ließ."[42] Darüber hinaus gab es noch die „Führungs-Inoffiziellen Mitarbeiter" (FIM), die selbst andere IM anleiteten, die „Inoffiziellen Mitarbeiter für Konspiration" (IMK), die den konspirativen Charakter der Überwachung sicherten, und die „Gesellschaftlichen Mitarbeiter für Sicherheit" (GMS). Hierbei handelte es sich um Vertrauenspersonen des MfS, die auf Grund ihrer beruflichen Stellung, beispielsweise als Kaderleiter bzw. Personalleiter der Staatssicherheit für Auskünfte, Berichte und Mitarbeit zur Verfügung standen. Sämtliche IM hatten aber nicht nur die Aufgabe, Informationen zu liefern, vielmehr erhielten sie von der Staatssicherheit gezielte Arbeitsaufträge, die sie zu erfüllen hatten. Tatsächlich verfügte die Stasi „nicht nur über ein nahezu unbeschränktes Arsenal an Maßnahmen, um jeden beliebigen DDR-Bürger zu observieren und lückenlos erkennbar zu machen", vielmehr gab sie „auch detaillierte Anweisungen, um ihre Opfer zu entmutigen und zu ‚zersetzen', wie es in der Stasi-Sprache hieß".[43] Wie vielfältig die Aufgaben der IM in der DDR tatsächlich waren, zeigt die Auswertung der großen Aktenbestände. Es steht fest, daß sie zur Machtausübung benutzt wurden.

Daß das System der IM planmäßigen Charakter hatte, zeigen das komplizierte Verfahren des Vorlaufes bzw. die prinzipielle Technik der IM-Gewinnung, angefangen von der Bestimmung des Anforderungsprofils, der Eignungsprüfung des IM-Kandidaten, der Überprüfung der Zuverlässigkeit, der Vorbereitung und Durchführung des Kontaktgespräches und des Werbegespräches über die verschiedenen Verpflichtungsarten bis zum Decknamen, erstem Auftrag und konspirativen Treff.[44] Aber weder die Planmäßigkeit, die personelle Expansion der Überwachungsorgane noch die zunehmende Ausuferung von Zuständigkeiten konnten verhindern, daß die Staatssicherheit zuletzt an ihrer eigenen Informationsflut scheiterte. Faktisch ertrank sie in der Fülle der von ihr gesammelten Informationen und war damit zur Ineffizienz verurteilt. Zu Recht zeigt Fricke auf, daß dieser Prozeß nicht auf der Unfähigkeit des MfS beruhte, sondern mit der absurden Sicherheitsdoktrin zusammenhing, „durch die Überwachung und Unterdrückung in der DDR als Garantien für politische Stabilität mißverstanden wurden".[45] Tatsächlich scheinen die Erfolge der Staatssicherheit eher bescheiden gewesen zu sein, „trotz der immensen Masse an Informationen, die über die Spitzelberichte, über Abhöraktionen und heimliche Wohnungsdurchsuchungen zustande gekommen ist, und trotz der hohen Anzahl der im Bürgerrechtsmilieu eingesetzten Inoffiziellen Mitarbeiter".[46]

---

42 Ebd., S. 64f.
43 Ebd., S. 24.
44 Ausführlich hierzu Müller-Enbergs, S. 408ff.; Gauck, S. 55ff.
45 Fricke, Ministerium, in: Materialien der Enquete-Kommission, Bd. VIII, S. 16.
46 W. Süß, Die Stasi war allgegenwärtig, aber nicht allmächtig, in: Das Parlament, Nr. 5, 24.1.1992, S. 8.

4. Resümee

Ebenso wenig wie der Begriff „V-Mann" eine Wortschöpfung des NS-Regimes bzw. der Gestapo war, sind Vertrauensleute ein Symptom diktatorischer Regime. Die Bezeichnung „V-Mann" wurde von der Polizei bereits lange vor 1933 benutzt und ist auch heute innerhalb der Justiz und der Polizei üblich.[47] Zu Recht weist Werkentin darauf hin, daß „in der Behördensprache jene, die im staatlichen Auftrag vorsätzlichen und planmäßigen Treuebruch betreiben, seit jeher (…) ‚Vertrauensleute' heißen".[48] Jeder Geheimdienst ist auf ihre Mitarbeit angewiesen. Auch der Verfassungsschutz braucht für seine Überwachungsmaßnahmen institutionell erfaßte und organisierte V-Leute. In der Tat ist ein Merkmal aller politischen Systeme, daß V-Leute „offenbar systemübergreifend zu den unverzichtbaren Elementen einer staatlichen Grundausstattung zählen."[49] Hierin liegt das Dilemma jedes Staates, da „öffentlich wirkender Gemeinsinn und staatlich geförderte geheime Schnüffelei"[50] sich gegenseitig ausschließen.

Der Denunziant handelt im Gegensatz zu dem institutionell erfaßten und organisierten V-Mann freiwillig bzw. aus eigenem Antrieb, ohne Auftrag oder unmittelbaren Auftraggeber, wenn er „Vergehen" anderer meldet. Denunziationen hat es zu allen Zeiten und in allen Gesellschaftssystemen gegeben, wobei sie besonders in politischen Umbruchsituationen in Erscheinung traten. Sie entwickelten gerade dann erschreckende Formen, wenn sie von der Obrigkeit bewußt zur Sicherung der eigenen Herrschaft eingesetzt wurden. Aber nicht nur die diktatorischen Systeme des 20. Jahrhunderts nutzten Denunziationen als Herrschaftsinstrument. Vielmehr drängt sich der Eindruck auf, daß sie in den modernen bürokratischen Staaten Europas seit dem 18. Jahrhundert für das Funktionieren von Herrschaft unverzichtbar waren.[51] Ungeachtet dessen kommt es allein darauf an, unter welchen staatlichen Machtverhältnissen, ob in einem Rechtsstaat oder in einer Diktatur, denunziert wird. In einem Rechtsstaat entzieht sich die Denunziation deswegen „der strafrechtlichen Erfassung, weil sie nicht strafwürdig ist"[52], wobei, wie Eugen Kogon im Jahre 1948 konstatierte, eine Denunziation im Rechtsstaat nie unmenschlich sei, da dem Denunzierten jeder Rechtsschutz offenstehe.[53]

Die politischen Denunziationen im Nationalsozialismus dokumentieren, wie der Machtmechanismus funktionierte. Die Institution der Anzeige ermöglichte es jedem einzelnen, unmittelbar an der Macht des Regimes teilzunehmen. Der Staat bzw. das staatliche Gewaltmonopol konnten im Nationalsozialismus direkt von jedem Normalbürger in Anspruch genommen werden, um eigene Ziele zu verfolgen. Zu Recht spricht

---

47 Vgl. W.O. Weyrauch, Gestapo V-Leute. Tatsachen und Theorie des Geheimdienstes, Frankfurt a.M. 1992, S. 3.
48 F. Werkentin, Der Mensch ist schlecht. Wie das Problem der Denunziation zu lösen wäre, in: Kursbuch „Kollaboration", H. 115, Berlin 1994, S. 186.
49 Ebd., S. 183.
50 Luther, Denunziationen, S. 272.
51 Jerouschek, Denunziation, S. 16.
52 Urteil des Landgerichts Bückeburg, 24.6.1949, in: Rüter/Rüter-Ehlermann, Bd. V, S. 52.
53 Vgl. E. Kogon, Denunziation als Verbrechen, in: Frankfurter Hefte 3 (1948), S. 298.

Jan Gross davon, daß in totalitären Staatsformen jeder Normalbürger einen unmittelbaren Zugang zum Staatsapparat habe.[54] Dabei wird deutlich, daß das denunziatorische Potential des Menschen unter bestimmten politischen Konstellationen relativ schnell zutage tritt und insoweit der Übergang vom unauffälligen Normalbürger zum Denunzianten fließend ist. Ein entscheidender und zugleich herrschaftsstabilisierender Faktor scheint zu sein, inwieweit es den Machthabern gelingt, das latent in der Gesellschaft vorhandene Potential an Denunziationsbereitschaft und damit auch an moralischer Hemmungslosigkeit freizusetzen. Aber je brutaler das NS-Regime jede Abweichung von der Norm verfolgte und mit Strafe belegte, je stärker es dem „Volksgenossen" suggerierte, mit der Anzeige von Abweichlern einer besonderen Pflicht nachzukommen, um so mehr legte es selbst das Fundament für das oft kritisierte „verächtliche Denunziantentum". Es mußte somit die Denunzianten in Kauf nehmen, die sich ihrerseits der staatlichen Macht bedienten, um private Interessen durchzusetzen. Pointiert ausgedrückt, war die politische Denunziation gewollt, aber der Denunziant nicht erwünscht. Prinzipielle Fragen werden dadurch aufgeworfen, etwa die nach der grundsätzlichen Bedeutung von Denunziationen in diktatorischen Regimen bzw. in politisch-revolutionären Umbruchsituationen, der wechselseitigen Abhängigkeit von Macht und Komplizenschaft oder dem Phänomen, daß unter bestimmten politischen Konstellationen der Übergang vom unauffälligen Normalbürger zum Denunzianten fließend sein kann.

Die Frage, inwieweit die DDR mangels Akzeptanz und Verankerung in der eigenen Bevölkerung einen größeren Sicherheitsapparat – anders als die Nationalsozialisten – benötigte, bedarf noch der wissenschaftlichen Aufarbeitung. Ohne systematischen historischen Untersuchungen vorzugreifen, scheinen Denunziationen aus der Bevölkerung für die Staatssicherheit der DDR eine untergeordnete Rolle gespielt zu haben. Offenbar konnte sich das SED-Regime im Gegensatz zum Nationalsozialismus nicht in dem Maße auf eine breite Zustimmung und freiwillige Mitarbeit der Bevölkerung stützen. Um diese Frage beantworten zu können, ist zu klären, in welchem Maße Anzeigen unmittelbar bei den Parteistellen der SED und den Massenorganisationen – darin vielleicht dem NS-Staat ähnlich – erstattet wurden. Eine vergleichende Diktaturforschung, etwa ein Vergleich der Bedeutung und Mechanismen von Denunziationen im NS-Regime bzw. in der DDR, könnte helfen, die Verflechtungen zwischen Machthabern und Bevölkerung, die verschiedenen Formen der Mitarbeit, aber auch der Partizipation an der Macht zu beleuchten. Prinzipiell wird noch zu untersuchen sein, in welchem Ausmaß sowjetische Sicherheitsorgane die Entwicklung und den Aufbau der DDR-Staatssicherheit prägten. Die Auswertung bislang nicht zugänglicher Quellen könnte klären, inwieweit etwa kommunistische Systeme gleiche bzw. ähnliche Geheimdienststrukturen hervorbrachten. So macht Irina Scherbakowa für Rußland deutlich, daß sich die neue Macht nach der Revolution von 1917 nicht mehr mit spontanen und freiwilli-

---

54 Vgl. J. Gross, Und wehe du hoffst ... Die Sowjetisierung Ostpolens nach dem Hitler-Stalin-Pakt 1939-1941, Freiburg 1988, S. 211f.

gen Denunziationen aus der Bevölkerung begnügen konnte, sondern sich sofort ein Netz von „Geheimen Mitarbeitern" schuf.[55]

Insgesamt bleibt es der vergleichenden Diktaturforschung vorbehalten, zu untersuchen, inwieweit der strukturelle und personelle Ausbau des Repressivapparates zu einer Selbstlähmung des Systems führte. So scheint sich der Zweck aus der Perspektive der Machthaber umgekehrt zu haben. Aber das grundsätzliche Thema – sei es bei der Auseinandersetzung mit den V-Leuten der Gestapo, den Denunzianten im NS-Regime oder den Geheimen und Inoffiziellen Mitarbeitern in der DDR – ist der massenhafte politische Verrat. Eine genaue Erforschung des Verrats in der deutschen Geschichte des 20. Jahrhunderts steht noch aus.[56]

---

55 Vgl. I. Scherbakowa, Die Denunziation im Gedächtnis und in den Archivdokumenten, in: Denunziation, S. 171.
56 Die Studie „Der Verrat im 20. Jahrhundert" von Margret Boveri (1956) konzentriert sich auf einzelne Fallbeispiele.

Arnd Bauerkämper
Abweichendes Verhalten in der Diktatur. Probleme einer kategorialen Einordnung am Beispiel der Kollektivierung der Landwirtschaft in der DDR

1. Die schwierige Kategorisierung von Verhalten in Diktaturen

Das Verhalten einzelner Menschen und gesellschaftlicher Gruppen in Diktaturen gehört zu den schwierigsten Problembereichen der historischen Forschung. Eine Geschichtswissenschaft, die das Ziel der gesellschaftlichen Aufklärung ernst nimmt, muß dieses Verhalten über die rekonstruierende Beschreibung hinaus analysieren und einordnen. Nach dem Ende der SED-Diktatur wird die Historiographie aber mit einem schwer zu durchdringenden Geflecht widersprüchlicher Selbstbilder und Fremdwahrnehmungen und Rechtfertigungen, öffentlicher Beschuldigungen und Denunziationen konfrontiert. Damit sind Werturteile verbunden, die auf ethischen und politischen Überzeugungen und dem Bemühen gründen, über die Reflexion der Vergangenheit zu einer Neuorientierung zu gelangen, aber auch von materiellen Interessen sowie dem Bedürfnis nach Rache und Vergeltung bestimmt sind. So ist nach dem Zerfall des SED-Regimes und der Vereinigung Deutschlands – im Gegensatz zu der Verdrängung der nationalsozialistischen Vergangenheit in den fünfziger Jahren – das Verhalten einzelner Personen und Gruppen in der DDR heftig diskutiert worden.[1]

Gegenüber der Polarität von Widerstand und Anpassung hat die Grauzone, die „Verweigerung, Widerständigkeit, Resistenz, abweichendes Verhalten, Dissidenz, Nonkonformität und Dissens"[2] bildeten, in der publizistischen Debatte und geschichtswissenschaftlichen Forschung bislang weitaus geringere Aufmerksamkeit gefunden. Die Zeitgeschichtsschreibung muß sich aber verstärkt dem breiten Spektrum abweichenden Verhaltens in der DDR zuwenden, auch um die traditionelle Widerstandsforschung zum „Dritten Reich" zu einer komparativen Sozialgeschichte der beiden deutschen Diktaturen zu erweitern.[3]

---
[1] Zur Debatte exemplarisch: K. Sühl (Hg.), Vergangenheitsbewältigung 1945 und 1989. Ein unmöglicher Vergleich? Eine Diskussion, Berlin 1994.
[2] Chr. Kleßmann, Opposition und Resistenz in zwei Diktaturen in Deutschland, in: HZ 262 (1996), S. 453.
[3] Dazu besonders die weiterführenden Überlegungen in: P. Steinbach, Widerstand – aus sozialphilosophischer und historisch-politologischer Perspektive, in: U. Poppe u.a. (Hg.), Zwischen Selbstbehauptung und Anpassung. Formen des Widerstandes und der Opposition in der DDR, Berlin 1995, S. 43, 61, 65.

Untersuchungen, die sich auf die vielfältigen Ausprägungen „der Abweichung und Dissidenz, der alltäglichen Normalität und des Arrangements"[4] in der DDR konzentrieren, können Begriffe und Kategorien nutzen, die in der neueren sozialgeschichtlichen Forschung zur NS-Zeit entwickelt worden sind.[5] Seit den sechziger Jahren hat die Geschichtsschreibung die Fixierung auf den militärisch-konservativen Widerstand, der im Attentat vom 20. Juli 1944 kulminierte, weitgehend überwunden. Über die politische Opposition als „Aktivitäten, die bewußt gegen die nationalsozialistische Parteidiktatur gerichtet waren, ihre Untergrabung und ihren schließlichen Sturz anstrebten" hinaus rückte zunehmend die breite gesellschaftliche Verweigerung, „die sich ohne politische Flagge konkret, praktisch und relativ offen gegen die Eingriffe des Nationalsozialismus in das gesellschaftliche Leben und seine Organisationen richtete",[6] in das Blickfeld der zeithistorischen Forschung. Damit wurde die Perspektive auf abweichendes Verhalten im Alltag und den Konflikt zwischen Herrschaftsanspruch und gesellschaftlicher „Resistenz" erweitert.[7]

Um die mangelnde analytische Trennschärfe des „Resistenz"-Konzepts zu überwinden und der Gefahr einer Glorifizierung des abweichenden Verhaltens der „kleinen Leute" im Alltagsleben zu begegnen, hat Detlef Peukert eine Matrix entwickelt, die sowohl das Ausmaß und die Auswirkungen der Kritik als auch den Wirkungsraum der Handlungen berücksichtigt und damit eine Einordnung abweichenden Verhaltens im „Dritten Reich" ermöglicht. Während „Nonkonformität" nach dieser Skala lediglich einzelne Normverletzungen bezeichnet, richteten sich „Verweigerung" und – noch direkter – „Protest" bewußt gegen Anordnungen des NS-Regimes. Als radikale Variante der Devianz kennzeichnet „Widerstand" – so hat Peukert insistiert – ausschließlich eine grundsätzliche und kompromißlose Ablehnung der nationalsozialistischen Politik.[8]

Insgesamt stellen Nonkonformität, gesellschaftliche Verweigerung und politische Opposition eine Stufenfolge abweichenden Verhaltens im „Dritten Reich" dar, die Anregungen für die noch zu schreibende umfassende Gesellschaftsgeschichte der DDR

---

4 Chr. Kleßmann, Zwei Diktaturen in Deutschland – Was kann die künftige DDR-Forschung aus der Geschichtsschreibung zum Nationalsozialismus lernen?, in: DA 25 (1992), S. 603. Vgl. auch ders., Opposition und Dissidenz in der Geschichte der DDR, in: APZ, B 5/1991, S. 53.
5 Zu den methodologisch-theoretischen Problemen dieser Forschungsperspektive: B. Stöver, Leben in Deutschen Diktaturen. Historiographische und methodologische Aspekte der Erforschung von Widerstand und Opposition im Dritten Reich und in der DDR, in: D. Pollack/D. Rink (Hg.), Zwischen Verweigerung und Opposition. Politischer Protest in der DDR 1970-1989, Frankfurt a.M. 1997, S. 30-53; R. Eckert, Die Vergleichbarkeit des Unvergleichbaren. Die Widerstandsforschung über die NS-Zeit als methodisches Beispiel, in: Poppe, Selbstbehauptung, S. 68-84; Kleßmann, Opposition; ders., Diktaturen.
6 Zit. nach: R. Löwenthal, Widerstand im totalen Staat, in: ders./P. von zur Mühlen (Hg.), Widerstand und Verweigerung in Deutschland 1933 bis 1945, Berlin 1984, S. 14.
7 Begriffsbestimmung in: M. Broszat, Resistenz und Widerstand. Eine Zwischenbilanz des Forschungsprojekts, in: ders. u.a. (Hg.), Bayern in der NS-Zeit, Bd. 4: Herrschaft und Gesellschaft im Konflikt, Teil C, München 1981, S. 697. Zur kritischen Diskussion besonders: K.-M. Mallmann/G. Paul, Resistenz oder loyale Widerwilligkeit? Anmerkungen zu einem umstrittenen Begriff, in: ZfG 41 (1993), S. 99-116.
8 Vgl. D.J.K. Peukert, Volksgenossen und Gemeinschaftsfremde. Anpassung, Ausmerze und Aufbegehren unter dem Nationalsozialismus, Köln 1982, S. 97f.

vermitteln kann und auch der folgenden Darstellung zugrunde liegt. Der Aufsatz, der das breite Spektrum der gesellschaftlichen Reaktionen auf die Kollektivierung der Landwirtschaft aufzeigt, prüft den heuristischen Wert der dargelegten Kategorien für die Untersuchung des DDR-Staatssozialismus und verbindet damit zwei Forschungsfelder, die trotz des weitverbreiteten Plädoyers für einen Diktaturenvergleich überwiegend noch separat bearbeitet und diskutiert werden. In der historischen Forschung über die DDR ist abweichendes Verhalten in dörflich-agrarischen Milieus der DDR außerdem bisher nur unzureichend methodologisch-theoretisch reflektiert worden.[9] Deshalb wird in diesem Beitrag, der sich auf die Entwicklung in Brandenburg (Bezirke Potsdam, Frankfurt/Oder und Cottbus) konzentriert, eine kategoriale Einordnung der Devianz auf dem Lande in den fünfziger Jahren angestrebt, ohne daß dabei die Vielfalt der Verhaltensformen umfassend rekonstruiert werden kann.

2. Der Handlungsrahmen. Kollektivierungspolitik und struktureller Wandel der ländlichen Gesellschaft in der DDR in den fünfziger Jahren

Die Bodenreform, die im Herbst 1945 in der Sowjetischen Besatzungszone Deutschlands (SBZ) von der UdSSR herbeigeführt und auch von der KPD durchgesetzt worden war, hatte insgesamt 35 Prozent der landwirtschaftlichen Nutzfläche erfaßt, in Mecklenburg-Vorpommern sogar 54 und in Brandenburg 41 Prozent. Insgesamt waren mehr als 14.000 land- und forstwirtschaftliche Objekte – darunter rund 7.000 Gutshöfe – enteignet worden; das beschlagnahmte Land, Vieh und Inventar sowie die konfiszierten Gebäude hatten überwiegend 210.000 Neubauern erhalten, die ihre unrentablen Kleinstbetriebe mit fünf bis zehn Hektar (ha) Land wegen des akuten Mangels an Produktionsmitteln nur mühsam bewirtschaften konnten. Als der Wiederaufbau der Industrie mit dem Zweijahrplan 1949/50 einsetzte und nach dem 1950 erlassenen 1. Fünfjahrplan von 1951 bis 1955 beschleunigt wurde, nahm die Zahl der vielerorts „Siedler" genannten neuen Landwirte sprunghaft zu, die ihr Land verließen und eine Beschäfti-

---

9 Materialreich, aber analytisch unzureichend: A. Mitter, „Am 17.6.1953 haben die Arbeiter gestreikt, jetzt aber streiken wir Bauern". Die Bauern und der Sozialismus, in: I.-S. Kowalczuk u.a. (Hg.), Der Tag X - 17. Juni 1953. Die „Innere Staatsgründung" der DDR als Ergebnis der Krise 1952/54, Berlin 1995, S. 75-128; A. Mitter/St. Wolle, Untergang auf Raten. Unbekannte Kapitel der DDR-Geschichte, München 1993, bes. S. 72-87, 126-131, 305-318, 330, 342-345; F. Werkentin, Politische Strafjustiz in der Ära Ulbricht, Berlin 1995, S. 73-110. Ebenso der Überblick in: E. Neubert, Geschichte der Opposition in der DDR 1949-1989, Bonn 1997, S. 131-133. Reflektierender die Darstellung in: K.W. Fricke, Opposition und Widerstand in der DDR. Ein politischer Report, Köln 1984, S. 132-137; I.-S. Kowalczuk, Artikulationsformen und Zielsetzungen von widerständigem Verhalten in verschiedenen Bereichen der Gesellschaft, in: Enquete-Kommission „Aufarbeitung von Geschichte und Folgen der SED-Diktatur in Deutschland", Bd. VII/2, Baden-Baden 1995, S. 1251. Zum Milieu-Konzept grundlegend: M.R. Lepsius, Parteiensystem und Sozialstruktur: zum Problem der Demokratisierung der deutschen Gesellschaft, in: G.A. Ritter (Hg.), Deutsche Parteien vor 1918, Köln 1973, S. 68. Zur historischen Entwicklung: K. Tenfelde, Historische Milieus – Erblichkeit und Konkurrenz, in: M. Hettling/P. Nolte (Hg.), Nation und Gesellschaft. Historische Essays, München 1996, S. 247-268.

gung in der gewerblichen Wirtschaft aufnahmen. Besonders Neubauern, die unzureichend mit Vieh, technischem Inventar und Gebäude ausgestattet waren und nicht über die erforderlichen Fähigkeiten zur Leitung ihrer Betriebe verfügten, gaben ihr Land in den staatlichen Bodenfonds zurück. In Mecklenburg-Vorpommern kehrten allein vom Januar 1947 bis Mai 1948 fast zehn Prozent der Neubauern ihren Betrieben den Rücken, und in der DDR erreichte der Anteil aufgegebener Betriebe bis 1952 insgesamt rund 30 Prozent. Diese Problemlage förderte den Übergang zur Kollektivierung – ein agrarpolitisches Ziel, das in der marxistisch-leninistischen Ideologie verankert war, aber von der SED erst offen verkündet wurde, nachdem die deutschlandpolitischen Initiativen der Sowjetunion („Stalin-Noten") im Frühjahr 1952 gescheitert waren.[10]

Nachdem führende Funktionäre der Staatspartei in der DDR noch Anfang 1952 eine Kollektivierung der Agrarwirtschaft explizit ausgeschlossen hatten, wurde nach den Notizen des Präsidenten Wilhelm Pieck in einer Unterredung mit Stalin in Moskau am 1. April 1952 die „Schaffung von Produktiv-Genossenschaften im Dorfe" anvisiert. Pieck sprach dieses Ziel am 14. April mit dem Chef der Sowjetischen Kontrollkommission (SKK), Wassili I. Tschuikow, ab, und das Politbüro der SED bereitete daraufhin ebenso wie die SKK gezielt die Kollektivierung vor. Am 3. Juni 1952 verabschiedete das Politbüro schließlich einen von SED-Generalsekretär Walter Ulbricht vorgelegten Beschluß zur Förderung von Produktionsgenossenschaften, die vereinzelt schon im Frühjahr gegründet worden waren.[11] Auf ihrer 2. Parteikonferenz im Juli 1952 erklärte die SED-Führung demzufolge, „daß in der Deutschen Demokratischen Republik der Sozialismus planmäßig aufgebaut wird"[12], und rief die Bauern und Landarbeiter auf, sich „auf völlig freiwilliger Grundlage" in Landwirtschaftlichen Produktionsgenossenschaften (LPG) zusammenzuschließen.[13]

Die Gründung der LPG wurde wirtschaftlich gefördert und ab November 1952 auch durch massiven politischen Druck vorangetrieben, der nicht nur von den Partei- und Staatsorganen, sondern auch von den neugebildeten Politabteilungen der Maschinen-Traktoren-Stationen (MTS) ausging. Die Zwangsmaßnahmen richteten sich besonders gegen die „Großbauern", die schon seit den späten vierziger Jahren zunehmend zur Zielgruppe einer pauschalen Diffamierungskampagne und rigorosen Verdrängungspolitik des SED-Regimes geworden waren. Die beschlagnahmten und verlassenen, als „devastiert" bezeichneten Betriebe der „Großbauern" wurden überwiegend den neuge-

---

10 Vgl. Chr. Kleßmann, Die doppelte Staatsgründung. Deutsche Geschichte 1945-1955, Göttingen 1991, S. 81. Angaben zu den aufgegebenen Neubauernbetrieben nach: Mecklenburgisches Landeshauptarchiv, Ministerium für Land- und Forstwirtschaft, Nr. 2707, Bl. 33; Chr. Nehrig, Landwirtschaftspolitik, in: A. Herbst u.a. (Hg.), Die SED. Geschichte – Organisation – Politik. Ein Handbuch, Berlin 1997, S. 296.
11 E. Scherstjanoi, Die DDR im Frühjahr 1952. Sozialismuslosung und Kollektivierungsbeschluß in sowjetischer Perspektive, in: DA 27 (1994), S. 354; J. Piskol, Zum Beginn der Kollektivierung der Landwirtschaft in der DDR im Sommer 1952, in: BzG 37 (1995) S. 19-23.
12 Zit. nach M. Judt (Hg.), DDR-Geschichte in Dokumenten. Beschlüsse, Berichte, interne Materialien und Alltagszeugnisse, Berlin 1997, S. 52.
13 Zit. nach I. Spittmann/G. Helwig (Hg.), DDR-Lesebuch. Stalinisierung 1949-1955, Köln 1991, S. 155.

bildeten LPG zugewiesen.[14] So verfügten in der DDR schon Ende 1952 mehr als 1.900 Produktionsgenossenschaften mit 37.000 Mitgliedern über 3,3 Prozent der landwirtschaftlichen Nutzfläche. Überwiegend wurde nur das Ackerland in die neuen LPG eingebracht und gemeinsam bewirtschaftet (Typ I). Die forcierte Kollektivierung verursachte in der DDR aber schon Anfang 1953 einen Versorgungsengpaß. Nicht zuletzt deshalb führte das Politbüro des ZK der KPdSU Ende Mai einen Beschluß „Über Maßnahmen zur Gesundung der politischen Lage in der Deutschen Demokratischen Republik" herbei, der die SED-Führung zu einem Kurswechsel zwang. Das Politbüro der Staatspartei beschloß daraufhin, vorerst keine neuen LPG zu bestätigen, lehnte jedoch am 6. Juni eine generelle Auflösung bestehender Produktionsgenossenschaften ab. Am 9. Juni 1953 gestand das Politbüro gravierende Fehler in der Agrarpolitik ein, hob die gegen „Großbauern" erlassenen Zwangsgesetze auf und räumte geflohenen Landwirten die Rückgabe ihres Besitzes ein. Wenige Tage später versicherte der neuernannte Landwirtschaftsminister Hans Reichelt sogar, daß auch bestehende LPG aufgelöst werden konnten. In einem Beschluß des ZK kritisierten die führenden Funktionäre der Staatspartei im Juli 1953 schließlich „die einseitige Bevorzugung der Produktionsgenossenschaften" und die „grobe[n] Vernachlässigung der Einzelbauern". Daraufhin zerfielen in der DDR 564 (über elf Prozent der Mitte 1953 bestehenden) LPG, und 23.000 Mitglieder traten aus Produktionsgenossenschaften aus.[15]

Von 1954 bis 1957 war die Neubildung von LPG weitgehend auf die Übernahme von Örtlichen Landwirtschaftsbetrieben (ÖLB) zurückzuführen, die aus den „devastierten" Großbauernhöfen und verlassenen Neubauernstellen gebildet worden waren. So gingen 1954 von insgesamt 635 neugegründeten LPG 557 (rund 88 Prozent) aus ÖLB hervor; weitere 628 Örtliche Landwirtschaftsbetriebe schlossen sich bestehenden Produktionsgenossenschaften an. Damit erhöhte sich der Anteil von Landarbeitern in den LPG, während die Zahl der Neubauern, die 1952/53 rund drei Viertel der Mitglieder gestellt hatten, bis 1956 zurückging. Durch die Übernahme von ÖLB wurden zunehmend auch Industriearbeiter, die im Rahmen der Aktion „Industriearbeiter aufs Land" seit den frühen fünfziger Jahren den Arbeitskräftemangel in der Agrarwirtschaft beseitigen sollten, Mitglieder von Produktionsgenossenschaften.[16] Die unzureichenden Produktionsergebnisse und die relativ geringe Produktivität in vielen LPG, besonders in der

---

14 Vgl. W. Bell, Enteignungen in der Landwirtschaft der DDR nach 1949 und deren politische Hintergründe. Analyse und Dokumentation, Münster-Hiltrup 1992, bes. S. 46-64; J. Piskol, Zur sozialökonomischen Entwicklung der Großbauern in der DDR 1945 bis 1960, in: ZfG 39 (1991), S. 423-429; Mitter, S. 79-82, 85-97.

15 W. Otto, Dokumente zur Auseinandersetzung in der SED 1953, in: BzG 32 (1990), S. 654-672 (Zitat: S. 658); R. Stöckigt, Ein Dokument von großer historischer Bedeutung vom Mai 1953, in: ebd., S. 647-653. Angaben zum Verlauf der Kollektivierung 1952 in: D. Schulz, Probleme der sozialen und politischen Entwicklung der Bauern und Landarbeiter in der DDR von 1949 bis 1955, Diss. A, Humboldt-Universität Berlin 1984 (Ms.), S. 56, 244.

16 Vgl. Chr. Nehrig, Zur sozialen Entwicklung der Bauern in der DDR 1945-1960, in: ZAA 41 (1993), S. 72; S. Kuntsche, Die Umgestaltung der Eigentumsverhältnisse und der Produktionsstruktur in der Landwirtschaft, in: D. Keller u.a. (Hg.), Ansichten zur Geschichte der DDR, Bd. 1, Bonn 1993, S. 199f.; Schulz, Probleme, S. 151, 245f.

Viehwirtschaft, stärkten die Vorbehalte gegenüber der Kollektivierungspolitik der SED-Führung. Nachdem die Entstalinisierung, die der XX. Parteitag der KPdSU im Februar 1956 ausgelöst hatte, Ulbricht am 4. März zu der Versicherung gezwungen hatte, daß Stalin nicht mehr zu den „Klassikern" des Marxismus-Leninismus gerechnet werden sollte, verlangte das Politbüromitglied Fred Oelßner, unrentable LPG und MTS aufzulösen. Kurt Vieweg, ein Agrarökonom und einflußreicher Funktionär der Vereinigung der gegenseitigen Bauernhilfe (VdgB), forderte sogar, LPG und privatbäuerliche Betriebe gleichermaßen wirtschaftlich zu unterstützen. Auch die Gruppe um den Schriftsteller Wolfgang Harich trat Ende 1956 für die „Entwicklung eines gesunden Klein- und Mittelbauerntums" ein. Das ZK der SED verurteilte diese Konzeptionen auf seiner 30. Tagung, die vom 30. Januar bis 1. Februar 1957 stattfand, als „konterrevolutionär" und „revisionistisch". Die Kritiker der offiziellen Agrarpolitik wurden daraufhin entmachtet oder sogar zu Haftstrafen verurteilt.[17]

Nachdem sich die Zahl der LPG von Anfang 1954 bis Ende 1956 um 1.600 erhöht hatte, lösten die 33. ZK-Tagung (Oktober 1957) und der V. Parteitag der SED (Juli 1958) den zweiten und entscheidenden Kollektivierungsschub aus. Angetrieben von dem selbstgesteckten Ziel, die Agrarproduktion in der DDR nachhaltig zu steigern und den in der Bundesrepublik erzielten Pro-Kopf-Verbrauch an Lebensmitteln zu übertreffen, drängten die Parteileitungen und die staatlichen Verwaltungsorgane seit Sommer 1958 massiv auf die Bildung Landwirtschaftlicher Produktionsgenossenschaften. Der Anteil dieser Betriebe an der landwirtschaftlichen Nutzfläche wuchs deshalb schon 1958 von 25,2 auf 37,0 Prozent. Zunehmend sahen sich auch alteingesessene Landwirte und „Großbauern", denen bis Ende 1954 der Beitritt zu LPG untersagt worden war, zum Anschluß an Produktionsgenossenschaften oder zur Bildung neuer Betriebe genötigt. Noch Ende 1958 waren aber weniger als sieben Prozent der Altbauern den LPG beigetreten. Die Kollektivierung erfaßte die alteingesessenen Landwirte – besonders die als „Großbauern" bezeichneten Betriebsinhaber mit jeweils mehr als 20 ha – mit ihrer traditionellen bäuerlichen Wirtschaftsform und Kultur überwiegend erst 1959/60, als sie zum Beitritt zu LPG gezwungen wurden.[18]

Ende 1959 bewirtschafteten LPG 40,2 Prozent der landwirtschaftlichen Nutzfläche in der DDR. Am 27. Januar 1960 erklärte Ulbricht vor den versammelten 1. Bezirkssekretären der SED schließlich die „Schaffung vollgenossenschaftlicher Dörfer" zur „Hauptaufgabe". Die Bezirks- und Kreisleitungen der Partei stellten daraufhin Agitationsgruppen zusammen, die von Volkspolizisten, Mitarbeitern des Ministeriums für Staatssicherheit und Staatsanwälten unterstützt wurden. Ebenso wie in der ersten Phase der Kollektivierung 1952/53 entzogen sich viele Bauern dem Zwang, indem sie in die

---

17 Zit. nach Die politische Plattform Harichs und seiner Freunde, in: SBZ-Archiv 8 (1957), S. 74. Vgl. auch D. Schulz, „Kapitalistische Länder überflügeln". Die DDR-Bauern in der SED-Politik des ökonomischen Wettbewerbs mit der Bundesrepublik von 1956 bis 1961, Berlin 1994, S. 14-16; M.F. Scholz, Bauernopfer der deutschen Frage. Der Kommunist Kurt Vieweg im Dschungel der Geheimdienste, Berlin 1997, S. 180-213, 235-242.
18 Vgl. Schulz, „Kapitalistische Länder überflügeln", S. 21-32.

Bundesrepublik oder nach West-Berlin flohen. Allein von Januar bis Mai 1960 beantragten rund 14.700 „Republikflüchtige", die in der Landwirtschaft der DDR gearbeitet hatten, die Aufnahme in Westdeutschland (7,4 Prozent aller Antragsteller). Im „sozialistischen Frühling" vollzog sich die Bildung von LPG – wie schon zuvor – in den nördlichen Bezirken der DDR deutlich schneller als im Süden, so daß der 1. Sekretär des Bezirks Rostock, Karl Mewis, dem ZK bereits am 5. März 1960 den Abschluß der Kollektivierung melden konnte; dagegen war der Bezirk Karl-Marx-Stadt erst am 14. April 1960 „vollgenossenschaftlich". Insgesamt erfaßte die Zwangskollektivierung, die am 25. April von der Volkskammer gesetzlich bestätigt wurde, fast 500.000 Bauern. Danach verfügten in der DDR nahezu 20.000 LPG mit rund 945.000 Mitgliedern – darunter waren nur etwa 42 Prozent frühere Einzelbauern – über 84,4 Prozent der landwirtschaftlichen Nutzfläche. Bauern schlossen sich überwiegend den LPG vom Typ I an, in denen sie 1960 95 Prozent der Mitglieder stellten; dagegen hatten in den LPG vom Typ III, in die außer dem Ackerland auch Maschinen und Geräte sowie das Vieh eingebracht werden mußten, nur 55 Prozent der Mitglieder zuvor als selbständige Landwirte Höfe bewirtschaftet.[19]

In den frühen sechziger Jahren waren die überstürzt gegründeten Kollektivbetriebe noch schwach, so daß es zu einer akuten Versorgungskrise kam. Die meisten LPG – im Bezirk Potsdam etwa zwei Drittel – bearbeiteten lediglich das Ackerland kollektiv (Typ I); der Übergang zu den von der SED-Führung favorisierten LPG vom Typ III konnte nur langsam vollzogen werden. Zudem bestanden in vielen Dörfern noch mehrere LPG, die Ende 1960 durchschnittlich 281 ha Nutzfläche umfaßten. In den Gemeinden bildeten sich deshalb oft mehrere, sich voneinander abgrenzende Gruppen, so daß die Kollektivierung in dieser Phase sozialen Konflikten Auftrieb verlieh und auch ökonomische Reibungsverluste förderte. Die LPG-Bauern konnten sich zudem nur schwer auf die Kollektivwirtschaft in Arbeitsbrigaden einstellen. So wirtschafteten im August 1960 im Bezirk Potsdam lediglich 6,5 Prozent der neugegründeten LPG genossenschaftlich, aber noch rund 39 Prozent individuell. Als sich die in der Kollektivierungskampagne im Frühjahr 1960 von den Agitationsbrigaden vielfach abgegebenen Versicherungen, für eine ausreichende Ausstattung der Produktionsgenossenschaften mit Inventar zu sorgen und den Übergang zur Kollektivwirtschaft bis zum Ende der Vegetationsperiode im Herbst zu verschieben, als unhaltbar erwiesen, waren viele neue LPG-Bauern vollends verärgert. In den frühen sechziger Jahren – vor allem bis zum Mauerbau im August 1961 – verließen deshalb einzelne Mitglieder ihre Produktionsgenossenschaften wieder; nur mit Mühe konnten Funktionäre der Bezirks- und Kreisleitungen der SED

---

19 Zit. nach Nehrig, Landwirtschaftspolitik, S. 299. Vgl. auch Chr. Kleßmann, Zwei Staaten – eine Nation. Deutsche Geschichte 1955-1970, Bonn 1988, S. 315-319. Angabe zur Zahl der Antragsteller in der Bundesrepublik in: H. Heidemeyer, Flucht und Zuwanderung aus der SBZ/DDR 1945/1949-1961. Die Flüchtlingspolitik der Bundesrepublik Deutschland bis zum Bau der Berliner Mauer, Düsseldorf 1994, S. 52.

die unzufriedenen oder sogar offen protestierenden Bauern zur Rücknahme ihrer Austrittserklärungen zwingen.[20]

3. Die Logik der Verweigerung in dörflichen Milieus. Reaktionen der ländlichen Bevölkerung auf die Kollektivierung der Agrarwirtschaft

Der Kollektivierung standen die ökonomischen Interessen der Bauern und der überlieferte Wertekanon entgegen, der auf der Verfügung über Landbesitz und Produktionsmittel basierte. Indem sie die Handlungsautonomie der eingetretenen Landwirte beseitigte, stellte die Arbeitsorganisation in den Landwirtschaftlichen Produktionsgenossenschaften das traditionelle Selbstverständnis der bäuerlichen Betriebsinhaber grundsätzlich in Frage. Die Agrarpolitik der SED löste deshalb in den fünfziger Jahren Nonkonformität, Verweigerung und Protestaktionen aus, die überwiegend individuell blieben. Da die Bauern auf ihren Betrieben weitgehend isoliert lebten und arbeiteten, über keine wirksamen Interessenorganisationen und Berufsverbände mehr verfügten und die Staats- und Parteiorgane besonders 1952/53 und 1959/60 bei der Kollektivierung überaus rigoros vorgingen, kam es aber kaum zu einer kollektiven gesellschaftlichen Verweigerung und einem breiten sozialen Protest, die Privatbauern gegenüber dem politischen Druck der Agitationstrupps abgeschirmt hätten. Bauern fanden in noch weitgehend intakten dörflichen Milieus jedoch einen beträchtlichen Rückhalt, der vielfältige Formen individueller Verweigerung begünstigte.[21]

Schon die Gründung der ersten LPG führte in einzelnen Gemeinden zu heftigen Konflikten. So versuchten im August 1952 sogar drei SED-Mitglieder, die Bildung einer Produktionsgenossenschaft in Friedrichsaue (Kreis Seelow; Bezirk Frankfurt/Oder) zu verhindern. Nachdem fünf Bauern die Gründung der LPG verkündet hatten, kam es in dem Dorfgasthaus, wo sich die Gegner der Kollektivierung versammelt und „einem ziemlichen Alkoholgenuß" gefrönt hatten, zu einer „Saalschlacht". Wie ein Funktionär der SED-Bezirksleitung notierte, „entstand ein unheimlicher Lärm und Krach sowie Stühleschmeißen, wobei das Licht kurze Zeit ausging." Die Empörung der Bauern veranlaßte die Kreisleitung der SED, der neugebildeten Genossenschaft die Anerkennung zu entziehen. Der 1. Sekretär der Kreisleitung Seelow ließ die fünf Bauern, die sich in der LPG zusammengeschlossen hatten, sogar als „Provokateure" verhaften. Das ZK der SED entschied daraufhin, in Friedrichsaue ein Exempel zu statuieren, und wies die Bezirksleitung an, die verantwortlichen Genossen der Ortsparteiorganisation sowie den 1. Sekretär der Kreisleitung zu verhaften und aus der Partei auszuschließen. Das SED-Zentralorgan „Neues Deutschland" berichtete am 2. November 1952 ausführlich

---
20 Vgl. Schulz, „Kapitalistische Länder überflügeln", S. 39-45; Werkentin, S. 105-110.
21 Vgl. demgegenüber Kleßmann, Zwei Staaten – eine Nation, S. 316, 318.

über das Gerichtsverfahren, um Bauern abzuschrecken und auch Parteifunktionäre auf die Kollektivierungspolitik zu verpflichten.[22]

Die selbständigen Landwirte blieben aber zurückhaltend gegenüber der Kollektivierungsagitation. Ihre ökonomischen Bedenken führten zu einer vielfältigen Nonkonformität, die sich in der weitverbreiteten Einstellung widerspiegelte, „daß man abwarten müsse, wie die Produktionsgenossenschaften arbeiten", zumal „nicht gerade die Vorbildlichsten Mitglieder der Produktionsgenossenschaften sind."[23] Informationen über geringe Produktionsergebnisse, Konflikte und eine schlechte Arbeitsmoral in einzelnen LPG bestätigten die reservierte oder sogar offen ablehnende Einstellung, auch bei Mitgliedern der SED und unter den seit Ende 1952 auf dem Land eingesetzten Abschnittsbevollmächtigten der Deutschen Volkspolizei (ABV).[24] Sogar viele Neubauern blieben skeptisch und wandten sich bewußt gegen die angeordnete Kollektivierung. So begründete eine Frau, die im Kreis Angermünde Land übernommen hatte, ihre Nonkonformität Anfang Oktober 1952 folgendermaßen: „Ich stehe mich viel besser bei der Einzelbewirtschaftung. Bei einer gemeinsamen Bewirtschaftung kommt nicht viel heraus. Da will keiner was tun. Das habe ich auf dem Gut vor 1945 erlebt."[25] Die Bedenken der Bauern konnten bis zu den späten fünfziger Jahren nicht vollends beseitigt werden. Noch im März 1960 wurden in einer Besprechung des „Operativstabes" der Bezirksbehörde der Deutschen Volkspolizei (BDVP) Potsdam mit Beauftragten der SED-Kreisleitung Luckenwalde folgende Argumente gegen die Kollektivierung wiedergegeben: „1.) LPG ja, aber noch nicht jetzt. (…) 2.) Die Funktionäre in den LPGs taugen nichts, in der LPG bin ich nicht frei. (…) 3.) LPG bei mir nicht, nur über meine Leiche!".[26]

Soziale Beziehungsnetze in dörflich-agrarischen Milieus immunisierten die Landbevölkerung vielfach gegenüber der Kollektivierungspolitik, so daß sich Bauern dem politischen Druck verweigerten. So klagte im Juli 1959 ein Funktionär der SED-Bezirksleitung Frankfurt (Oder) über die Einsätze von Agitationsbrigaden auf dem Lande: „(…) meistens ist es so, abends ist alles klar, morgen machen wir weiter. Kommen wir aber am Morgen hin, dann sagen sie nee, Mutter hat geschimpft, ich habe mir's anders überlegt, und schon ist wieder ein Rückzieher da."[27] Milieubindungen

---

22 Zit. nach dem Bericht vom 13. August 1952 in: Brandenburgisches Landeshauptarchiv, Potsdam (BLHA), Bez. FfO. Rep. 730, Nr. 953. Darstellungen mit unterschiedlichen Interpretationen in: H. Zimmermann, Die führende Rolle der SED in den ersten sechs Monaten der sozialistischen Umgestaltung der Landwirtschaft im Bezirk Frankfurt/Oder 1952/1953, in: St. Doernberg u.a. (Hg.), Beiträge zur Geschichte der Sozialistischen Einheitspartei Deutschlands, Berlin (O) 1961, S. 379f.; Fricke, S. 132f.; Mitter, S. 84f.
23 BLHA, Bez. FfO. Rep. 730, Nr. 954 (Bericht v. 8.10.1952; Orthographie korrigiert).
24 Vgl. Th. Lindenberger, Der ABV im Text. Zur internen und öffentlichen Rede über die Volkspolizei der 1950er Jahre, in: A. Lüdtke/P. Becker (Hg.), Akten, Eingaben, Schaufenster. Die DDR und ihre Texte: Erkundungen zu Herrschaft und Alltag, Berlin 1997, S. 161.
25 BLHA, Bez. FfO. Rep. 730, Nr. 954 (Bericht v. 8.10.1952).
26 BLHA, Rep. 404/15, Nr. 27, Bl. 109.
27 Protokoll der Beratung vom 23. Juli 1959 in: BLHA, Bez. FfO. Rep. 730, Nr. 964 (Orthographie und Interpunktion korrigiert).

wirkten der Propagandakampagne der SED entgegen, so daß die Bildung von Produktionsgenossenschaften in vielen Dörfern neue Konfliktlinien ausbildete. Im Landkreis Potsdam konfrontierten Einzelbauern Mitglieder einer neugegründeten LPG 1958 mit dem Vorwurf „Wie kannst Du Dich nur zu so etwas hingeben" und riefen die anderen Landwirte auf: „Bauern seid tapfer, tretet nicht in die LPG ein, der Westen rettet Euch."[28]

Gelegentlich mündete die individuelle oder kollektive Verweigerung auch in sozialen Protest oder in eine noch grundsätzlichere Kritik der SED-Politik. Besonders bei deviantem Verhalten, das den offiziellen Legitimationskanon des Regimes – wie die deutsch-sowjetische Freundschaft, den „Antifaschismus" und die Ergebnisse des Zweiten Weltkriegs, den „demokratischen Zentralismus" und das „Bündnis" von Arbeitern und Bauern – in Frage stellte, glitt Verweigerung stufenlos in politische Opposition über. Diese Eskalation war vor allem eine Folge des umfassenden Konformitätsanspruchs des Regimes und von den Trägern der Verweigerung selber nicht durchweg intendiert worden. Kriegserlebnisse in der Sowjetunion bildeten oft einen Erfahrungshintergrund, der Vorbehalte gegenüber der Kollektivierung begründete, dabei den traditionellen Antikommunismus mobilisierte und Bauern veranlaßte, sich der Bildung von LPG zu widersetzen. So erklärte im Juli 1952 ein Rentner in Jakobsdorf (Kreis Frankfurt/Oder), wo sieben Bauern eine Produktionsgenossenschaft gründen wollten, daß in dem Dorf „einige wären, die bloß nicht mehr arbeiten wollen. Deswegen will K. [SED-Mitglied und einer der Initiatoren der LPG-Gründung] jetzt den Kolchos-Sekretär machen und H. [ebenfalls SED-Genosse und Befürworter der LPG] den Kolchos-Inspektor; denn auf ihrer Wirtschaft kämen sie ja nicht weiter. Sie wollten dann die dicken Gehälter einstecken, und die anderen müßten schuften. Er kenne das aus eigener Anschauung, denn er hätte gesehen, wie in Rußland die Leute auf den Kolchosen verhungert wären."[29] Die Kollektivierung widersprach dem Autonomiestreben der Landwirte, ignorierte deren Eigentümerbewußtsein und verletzte den spezifisch bäuerlichen Berufsstolz, wie die Äußerung eines VdgB-Funktionärs gegenüber einem Polizisten in Mecklenburg verdeutlicht: „Die Produktionsgenossenschaften nehmen den Beteiligten die letzte Freiheit. Ein Jahr wird man noch Vieh behalten können, im zweiten ist man ohne Vieh, und im dritten kann man sich Eintopfessen aus der Volksküche holen. Ich habe gesehen, wie schlecht es die Teilnehmer einer Kolchose in Rußland haben, demzufolge weiß ich, was die Zukunft für uns bringt."[30]

Die Affekte gegenüber den LPG waren so tief in bäuerlichen Lebensstilen und traditionalen Werten begründet, daß die Kollektivierung auf dem Lande auch Illusionen Auftrieb verlieh und tief verwurzelten Ressentiments sowie Mythen aktualisierte. Dabei brachen einzelne Gruppen der ländlichen Gesellschaft sogar Tabus der parteioffiziellen

---

28 BLHA, Rep. 405/15, Nr. 25, Bl. 17. Hierzu auch das Beispiel in: Lindenberger, ABV, S. 158.
29 BLHA, Bez. FfO. Rep. 730, Nr. 953 (Interpunktion korrigiert).
30 Zit. nach: K. Schwabe, Arroganz der Macht. Herrschaftsgeschichte von KPD und SED in Mecklenburg und Vorpommern 1945-1952, Schwerin 1997, S. 275.

Politik wie die Oder-Neiße-Linie. So verbreitete sich nach dem Aufstand vom Juni 1953 im Bezirk Potsdam das Gerücht, „daß die Umsiedler in ihre Heimat zurückkommen, weil die Oder-Neiße-Grenze fällt",[31] und noch im September 1960 bezeichneten Flüchtlinge, die in der SBZ/DDR seit Herbst 1945 offiziell als „Umsiedler" galten, die Oder-Neiße-Linie explizit als „nicht rechtmäßige Grenze".[32] Einige Kritiker der Kollektivierungspolitik schreckten auch vor Analogien zur NS-Zeit nicht zurück. So äußerte ein Einzelbauer, der in der Gemeinde Grüneiche (Landkreis Brandenburg, Bezirk Potsdam) Sekretär der örtlichen Parteiorganisation der SED war, im Mai 1958 nach einem Polizeibericht, „daß er gegen die Großflächenwirtschaft ist und gegen die LPG. Sinngemäß sagte er, bei Hitler hat es nicht lange gedauert, und es wird hier auch nicht lange dauern."[33] Die Vergangenheit bildete in dörflich-agrarischen Milieus offenbar einen wichtigen Erfahrungshintergrund, der den betroffenen Bevölkerungsgruppen die Interpretation der Kollektivierung in ihrer Lebenswelt ermöglichte und den Umgang mit dem tiefgreifenden Umbruch erleichterte, der mit ihren Werten und der traditionalen Lebensführung auf dem Lande nicht vereinbar war.

Die in die Landwirtschaftlichen Produktionsgenossenschaften gedrängten Bauern verurteilten die Kollektivierung gelegentlich jedoch offen als Zwangsmaßnahme und stuften sie als Enteignung ein. Damit lehnten sie die offizielle Interpretation der LPG-Gründungen als „freiwillige" Zusammenschlüsse ab und wandten sich zumindest indirekt auch gegen das Dogma vom genossenschaftlichen Eigentum. Indem sie die Diskrepanz zwischen der propagandistischen Glorifizierung des Übergangs vom „Ich zum Wir" und dem Statusverlust der Landwirte in den LPG kritisierten, stellten sie insgesamt die Legitimität der SED-Diktatur in Frage. Der weitreichende Herrschafts- und Gestaltungsanspruch der Parteiführung begünstigte so die Eskalation gesellschaftlicher Verweigerung zu sozialem Protest und politischer Opposition. Mit dem erhöhten Kollektivierungsdruck nahm die SED-Führung den Bauern zudem die Hoffnung, sich dem Zusammenschluß zu LPG entziehen zu können. Die Landwirte flohen deshalb zunehmend aus der DDR oder gingen von der Verweigerung zu sozialem Protest über, der sich direkt und offen gegen die Agrarpolitik der Staatspartei richtete. So stellte die BDVP Potsdam noch im September 1960 fest, daß in einzelnen Produktionsgenossenschaften „ein offener Widerwille gegen unsere Agrarpolitik sichtbar wird". In einem Dorf im Kreis Zossen habe ein LPG-Bauer von den SED-Funktionären gefordert: „Laßt uns in Frieden, wir sind gezwungen worden, der LPG beizutreten." Die Berichterstatter betrachteten „das mangelnde Vertrauen zu unserem Staat" als „weit verbreitet".[34] Im Kreis Bernau (Bezirk Potsdam) arbeiteten die Mitglieder von zwei LPG im Dezember 1960 noch als Einzelbauern, denn sie seien „nicht aus Überzeugung in die LPG einge-

---

31 Bundesarchiv, Berlin (BArch), DK-1, Nr. 9118, Bl. 109 (Orthographie korrigiert).
32 BLHA, Rep. 604/16, Nr. 54, Bl. 44. Zum Begriff „Umsiedler": M. Frantzioch, Vertriebene (Umsiedler), in: R. Eppelmann u.a. (Hg.), Lexikon des DDR-Sozialismus. Das Staats- und Gesellschaftssystem der Deutschen Demokratischen Republik, Paderborn 1996, S. 656.
33 BLHA, Rep. 405/15, Nr. 25, Bl. 271 (Orthographie und Interpunktion korrigiert).
34 BLHA, Rep. 404/15, Nr. 27, Bl. 126 (Orthographie und Interpunktion korrigiert).

treten, sondern sie wurden gezwungen, in die LPG einzutreten".[35] Gelegentlich weigerten sich Bauern, das Wort „freiwillig" in das Statut ihrer LPG aufzunehmen. Im Sommer 1953 konzedierte sogar das Ministerium für Land- und Forstwirtschaft vage, daß „der Eintritt in die Genossenschaften teilweise aus (…) einem gewissen wirtschaftlichen Zwang erfolgt war."[36]

Als das SED-Regime infolge der Erhebung vom Juni 1953 und nach dem XX. Parteitag 1956 vorübergehend zu einer flexibleren Politik gezwungen war und seine diktatorische Herrschaft lockerte, stellten sich Bauern offen gegen die Kollektivierungspolitik. Die Landwirte fragten, „warum überhaupt noch LPG'n bestehen sollen". Die Veröffentlichung des Politbürokommuniqués vom 9. Juni 1953 und die zwei Tage später erlassenen Ministerratsbeschlüsse lösten auch in den Produktionsgenossenschaften „eine gewisse Beunruhigung" aus, „weil vielfach angenommen (…) wurde, daß die Regierung nunmehr alle Vergünstigungen für die Landw. Produktionsgenossenschaften aufheben würde, zumindest diese aber ihrem Schicksal überließe".[37] Mit der Entstalinisierung, die nach dem XX. Parteitag der KPdSU im März 1956 auch die DDR erfaßte, wuchsen in der DDR erneut die Zweifel an der Kollektivierungspolitik der SED. So fragte ein Genossenschaftsbauer, der der SED angehörte, in einer Mitgliederversammlung der Betriebsparteiorganisation in der LPG „Ernst Thälmann" in Altlandsberg (Kreis Strausberg, Bezirk Frankfurt/Oder) am 22. März beunruhigt: „Wie konnte denn der Personenkult in der S.U. [Sowjetunion] entstehen; doch durch die Schuld des ZK und des Politbüros. Haben denn die Genossen geschlafen, warum ist das nicht abgestellt worden?"[38] Der Aufstand in Ungarn und die Unruhen in Polen im Herbst 1956, die maßgeblich zu dem Abbruch der Kollektivierung in diesem Land beitrugen, weckten auch in der DDR auf dem Lande neue Hoffnungen. Noch im September 1960 waren im Kreis Zossen Spekulationen weitverbreitet, „daß die Regierung die LPG Typ I wieder auflösen wird. Man verweist dabei besonders auf die Vorgänge in Polen 1956 und ist der Meinung, daß die Regierung der DDR gezwungen sein wird, dem Druck der Bauern nachzugeben."[39] Besonders 1953, 1956 und 1960 verbreiteten sich auf dem Lande auch z.T. völlig aus der Luft gegriffene Gerüchte. So wurde behauptet, daß Landarbeiter in LPG keine Geldlöhne erhielten, in den neuen Betrieben nichts zur Ernährung verbliebe, eine Geldentwertung unmittelbar bevorstehe, in den südlichen

---

35 BLHA, Rep. 604/16, Nr. 89, Bl. 72.
36 BArch, DK-1, Nr. 5877, Bl. 122.
37 Zit. nach (in dieser Reihenfolge): BArch, DK-1, Nr. 9118, Bl. 102; DK-1, Nr. 5895, Bl. 73 (Grammatik und Orthographie korrigiert). Zu dem beträchtlichen, bis Anfang 1954 anhaltenden Protest gegen die Politik der SED auf dem Lande im Sommer 1953: Mitter/Wolle, S. 72-87, 126-131; Mitter, S. 98-128.
38 BLHA, Bez. FfO. Rep. 732, Nr. 959 (Protokoll v. 22.3.1956; Interpunktion korrigiert). Zu den Reaktionen auf die Entstalinisierung auch: St. Wolle, Polen und die DDR im Jahre 1956, in: H.H. Hahn/H. Olschowsky (Hg.), Das Jahr 1956 in Ostmitteleuropa, Berlin 1996, S. 46, 48f., 51, 54f.
39 BLHA, Rep. 404/15, Nr. 27, Bl. 223. Zum Abbruch der Kollektivierung in Polen und den Folgen: W. Quaisser, Das Ende der Kollektivierung in Polen im Jahre 1956 und die Perspektiven der bäuerlichen Landwirtschaft, in: H. Lemberg (Hg.), Zwischen „Tauwetter" und neuem Frost. Ostmitteleuropa 1956-1970, Marburg 1993, S. 41-52.

Bezirken Produktionsgenossenschaften aufgelöst worden seien und die SED die Kollektivierung zurückgestellt habe.[40]

Der anhaltende Einfluß traditioneller dörflicher Honoratioren nährte das Mißtrauen der Bauern gegenüber der Kollektivierung, auch wenn in Rechnung zu stellen ist, daß die Polizeiberichte das Ausmaß und die gesellschaftliche Prägewirkung örtlicher Führungspersonen überzeichneten. Besonders Pfarrer, Lehrer, Gastwirte und Bürgermeister galten als tief in den dörflichen Milieus verwurzelte Träger der Nonkonformität und Verweigerung sowie des sozialen Protests gegenüber der Kollektivierung. So berichtete die BDVP Potsdam am 19. April 1960: „Aus den Kreisen Belzig, Gransee, Jüterbog und Kyritz wurde bekannt, daß von den Pfarrern verschiedener Kirchengemeinden ein Schreiben der Kirchenleitung Berlin-Brandenburg verlesen wurde, dessen Inhalt sich auf die sozialistische Umgestaltung der Landwirtschaft bezog. Hierin wurde sinngemäß zum Ausdruck gebracht, daß der Herr dem Bauernstand sowie den Handwerkern beistehen werde, da bekannt ist, daß einige Bauern den Schritt zur LPG nicht freiwillig getan haben und daher unter Druck seien."[41] Funktionären der VdgB, der 1950 die traditionellen landwirtschaftlichen Raiffeisengenossenschaften angegliedert worden waren, unterstellte das SED-Regime besonders, die LPG bei der Zuteilung von Betriebsmitteln zu benachteiligen und „Großbauern" zu unterstützen, die überwiegend als entschiedene Gegner der Kollektivierung galten. So äußerte der Vorsitzende der VdgB-Ortsvereinigung in Beiersdorf (Kreis Bad Freienwalde, Bezirk Frankfurt/Oder), der mit „Großbauern" in der Gastwirtschaft gesessen und das „Deutschlandlied" gesungen hatte, nach einem Stimmungsbericht des Ministeriums für Land- und Forstwirtschaft am 18. Juni 1953: „Ab jetzt bestimmen wir wieder, was im Dorf gemacht wird."[42]

Das SED-Regime führte abfällige Bemerkungen wie „LPG – lahme Ente",[43] die Bildung von „Ohne-uns-Bewegungen" und andere Unmutsäußerungen von Bauern sowie offene Angriffe gegen Staats- und Parteifunktionäre verschwörungstheoretisch auf den Einfluß des vorgeblich omnipräsenten „Klassenfeindes" zurück. Besonders die ländlichen Regionen im Umfeld von Berlin galten in der Sicht der Parteifunktionäre in den fünfziger Jahren als Einflußzonen westlicher Propaganda. Dörfliche Auseinandersetzungen sowie Konflikte und wirtschaftliche Mängel in den LPG wurden deshalb politisiert und kriminalisiert. Die Polizeibehörden interpretierten Schäden an Maschinen der MTS und Viehverluste ebenso als „Sabotage" und Ausdruck von „Schädlings- und Diversionstätigkeit wie eine schlechte Arbeitsmoral in LPGs."[44] Dazu zählten auch „inneres Aufweichen von LPG-Vorständen, ganzer LPGen, Organisierung der Umge-

---

40 BLHA, Rep. 405/15, Nr. 25, Bl. 18f.; Rep. 404/15, Nr. 27, Bl. 71, 85, 151f., 194.
41 BLHA, Rep. 404/15, Nr. 27, Bl. 292. Weitere Berichte zu dörflichen Honoratioren z.B. in: BLHA, Rep. 405/15, Nr. 25, Bl. 230, 274f.; Rep. 404/15, Nr. 26, Bl. 308, 363.
42 BArch, DK-1, Nr. 5877, Bl. 126. Vgl. auch BArch, DK-1, Nr. 9118, Bl. 144.
43 BLHA, Rep. 405/15, Nr. 25, S. 105.
44 BLHA, Rep. 405/15, Nr. 24, Bl. 266; Rep. 604/16, Nr. 19, Bl. 49. Vgl. auch Lindenberger, ABV, S. 161-163.

hung von Statuten und Betriebsordnungen, Stellen von unerfüllbaren Forderungen".[45] Besonders Selbstmorde und „Republikfluchten" als extreme Formen bäuerlichen Protests lösten nicht nur bei den Sicherheitskräften, sondern auch in den Parteidienststellen ausgeprägte Verschwörungsobsessionen aus. So beschlossen Ende Mai Mitglieder der Gärtnerischen Produktionsgenossenschaft (GPG) in der Gemeinde Glindow (Landkreis Potsdam) nach dem Weggang von sieben Obstbauern schon im März 1960, den neugebildeten Betrieb wieder aufzulösen. Als Begründung brachten die Mitglieder „zum Ausdruck, daß sie das Gründungsprotokoll unter Zwang unterschrieben haben. Schuld daran sollen die Genossen der NVA Glindow, die dort zur Werbung eingesetzt waren, haben. Ein Oberleutnant Z. soll dabei geäußert haben, daß alle, die nicht in die GPG eintreten, eingesperrt werden." Ende Juni berichtete der „Operativstab" der BDVP Potsdam schließlich, daß „republikflüchtige Obstbauern aus Glindow in Briefen aus Westdeutschland verschiedene Obstbauern in Glindow aufgefordert haben, republikflüchtig zu werden. Im Weigerungsfalle würden sie sonst verraten, daß die Angeschriebenen in Westberlin ein Konto besitzen." Der Briefverkehr erwies sich damit als Residualform traditionaler dörflicher Kommunikation, nachdem die Kollektivierung soziale Milieus auf dem Lande nachhaltig erschüttert hatte. Die abschließende Bemerkung im Polizeibericht zeigt, daß auch diese Form abweichenden Verhaltens in der sozialistischen Diktatur der SED zur politischen Opposition wurde: „Weitere Ermittlungen führt MfS".[46]

4. „Nonkonformität", „Verweigerung", „Protest" und „Opposition" in gesellschaftlichen Milieus. Kategorien zur Analyse von Verhalten in diktatorischen Regimes

Der besonders 1952/53 und 1959/60 erzwungene Zusammenschluß zu LPG bildete in ostdeutschen Dörfern vielfältige Formen gesellschaftlicher Verweigerung und sozialen Protests aus, die über eine bloße Nonkonformität hinausreichten. Obwohl die durch Konspirationsdenken verzerrte Optik der Sicherheitsorgane als methodisches Problem zu berücksichtigen ist, verdeutlichen die exemplarisch dargelegten Formen der Devianz die Bedeutung von Wertorientierungen und Deutungsmustern für den Umgang mit zentralen Eingriffen in sich verändernden gesellschaftlichen Beziehungsnetzen. Der politische Druck aktualisierte dabei die Vergangenheit als Erfahrungshorizont, der den Individuen und gesellschaftlichen Gruppen ein Orientierungssystem und damit auch Handlungsparameter zur Verfügung stellte. Milieukontexte können deshalb das individuelle Handeln nur partiell erklären.[47]

---

45 BLHA, Rep. 604/16, Nr. 19, Bl. 141.
46 Zit. nach (in dieser Reihenfolge): BLHA, Rep. 404/15, Nr. 27, Bl. 317, 325. Beispiele für Todesurteile nach Brandstiftungen in: Fricke, S. 137.
47 D. Schmiechen-Ackermann, Soziale Milieus, Politische Kultur und der Widerstand gegen den Nationalsozialismus. Eine Bilanz der Widerstandsforschung aus regionaler Perspektive, in: ders. (Hg.), Anpassung, Verweigerung, Widerstand. Soziale Milieus, Politische Kultur und der Widerstand gegen den Na-

Zugleich ist die Beschränkung der Widerstandsforschung auf die NS-Zeit zu überwinden. Eine vergleichende Untersuchung abweichenden Verhaltens in den beiden deutschen Diktaturen im 20. Jahrhundert muß allerdings die deutlichen Unterschiede zwischen der nationalsozialistischen Terrorherrschaft und dem SED-Regime berücksichtigen. Die NS-Diktatur kennzeichnet besonders ihr enormes Zerstörungs- und Vernichtungspotential, während die kommunistischen Machthaber in der DDR tiefer in die Wirtschafts- und Gesellschaftsstruktur – besonders in die Eigentumsverhältnisse – eingriffen. Das SED-Regime konnte seinen Herrschaftsanspruch in einem Zeitraum von vierzig Jahren und im Generationswechsel sukzessive durchsetzen; das NS-Herrschaftssystem dagegen brach angesichts der totalen militärischen Niederlage 1945 nach zwölf Jahren zusammen. Die kommunistischen Parteiführer wurden von der sowjetischen Besatzungsmacht eingesetzt und protegiert, während exogene Einflüsse für die Etablierung der nationalsozialistischen Diktatur nicht ausschlaggebend waren.[48] Schon seit 1936 hatte die forcierte Aufrüstungspolitik die Partei- und Staatsführung im „Dritten Reich" zudem zu pragmatischen Kompromissen gezwungen und die ideologischen Utopien schrittweise verdrängt. So schränkte das am 29. September 1933 erlassene „Reichserbhofgesetz", nach dem Bauernhöfe mit einer Fläche von 7,5 bis 125 ha nicht veräußert, geteilt und belastet werden durften, die Disposition der Bauern über ihr Eigentum zwar gravierend ein; der diffuse Mythos von „Blut und Boden", auf dem das Gesetz basierte, und das Konzept der ernährungspolitischen Autarkie bildeten aber einen Zielkonflikt, der schon vor 1943 zunehmend zugunsten der Produktionssteigerung aufgelöst wurde.[49]

Während das „Reichserbhofgesetz" in der Praxis deshalb vielfach modifiziert wurde und ohnehin nur zwischen einem (Saarland) und 46 Prozent (Schleswig-Holstein) der land- und forstwirtschaftlichen Betriebe im „Dritten Reich" erfaßte, beseitigte die Kollektivierung der Agrarwirtschaft in der DDR nicht nur das Verfügungsrecht der Bauern über ihr Eigentum, sondern verdrängte in den LPG sukzessive traditionale bäuerliche Lebens- und Arbeitsformen. Der radikale Eingriff in die tradierte Kultur begünstigte den Übergang von der individuellen und kollektiven Verweigerung zur politischen Opposition. Diese Eskalation ergab sich auch aus dem hohen Konformitätsdruck, den das SED-Regime ausübte, und wurde durch die Abhängigkeit der kommunistischen Führung von der Sowjetunion gefördert, die das Regime installiert hatte. Außerdem instrumentalisierten Parteifunktionäre gezielt dörfliche Konflikte und lösten so den „Klassenkampf" in den Dörfern erst aus. Viele Bauern betrachteten ihre Lage 1959/60

---

tionalsozialismus in Deutschland im regionalen Vergleich, Berlin 1997, S. 24. Vgl. auch Löwenthal, S. 20.

48 Dazu die Überlegungen in: J. Kocka, Nationalsozialismus und SED-Diktatur im Vergleich, in: ders., Vereinigungskrise. Zur Geschichte der Gegenwart, Göttingen 1995, S. 95-100; G. Heydemann/Chr. Beckmann, Zwei Diktaturen in Deutschland. Möglichkeiten und Grenzen des historischen Diktaturenvergleichs, in: DA 30 (1997), S. 12-40; Löwenthal, S. 11f.

49 Vgl. D. Münkel, Bäuerliche Interessen versus NS-Ideologie. Das Reichserbhofgesetz in der Praxis, in: VfZ 44 (1996), S. 550-552, 577-579.

schließlich als ausweglos, so daß sie mit Flucht, sozialem Protest oder politischer Opposition reagierten. Angesichts des weitreichenden Herrschaftsanspruchs und der umfassenden Feindbildprojektionen, die für die Perzeption der kommunistischen Spitzenfunktionäre kennzeichnend waren, gewann Devianz insgesamt – z.T. unabhängig von den jeweiligen Zielen und Intentionen – vielfach eine politische Qualität.[50]

Der Zusammenschluß zu LPG traf zwar bei wirtschaftsschwachen Neubauern auf Zustimmung und entsprach den Interessen vieler Bäuerinnen, deren Arbeitslast mit dem Beschäftigtenverlust auf den Höfen in den fünfziger Jahren sprunghaft gewachsen war; die Kollektivierung richtete sich aber gegen traditionale Eigentumsbindungen und den Wert des Besitzes, der für die bäuerliche Kultur konstitutiv war und das Sozialprestige der Betriebsinhaber in dörflich-agrarischen Milieus begründete. Über Nonkonformität und „momentane Distanz"[51] hinaus weigerten sich deshalb besonders alteingesessene Landwirte vielfach, LPG zu bilden oder sich bestehenden Produktionsgenossenschaften anzuschließen.

Der Führung der SED gelang es zwar ebensowenig wie dem nationalsozialistischen Regime, die informelle Konfliktregelung in Milieus vollständig zu unterbinden; die Handlungsräume waren für Individuen und gesellschaftliche Gruppen aber enger als im „Dritten Reich". Besonders der umfassende Lenkungs- und Gestaltungsanspruch, den die SED-Machthaber in der DDR vertraten, die sozial-paternalistische Politik sowie die Internalisierung der Herrschaftsmechanismen und der durch sie herbeigeführten Verhaltensformen in einem Zeitraum von rund vierzig Jahren gewährleisteten, daß die staatssozialistische Diktatur tief in die Gesellschaft eindrang und das Alltagsleben nachhaltig prägte. Das Ausmaß und die Auswirkungen der Versuche, sich der Kollektivierungspolitik zu entziehen oder sie zu unterlaufen, dürfen deshalb ebensowenig überschätzt werden wie die Verweigerung und der soziale Protest gegenüber dem NS-Regime auf dem Lande.

Die Kollektivierung der SED traf aber auf eine erheblich breitere Ablehnung als das nationalsozialistische „Reichserbhofgesetz" und die Zwangswirtschaft im Zweiten Weltkrieg. In beziehungsgeschichtlicher Sicht bildete die individuelle und kollektive Verarbeitung der agrarpolitischen Eingriffe des NS-Regimes für die Bauern in der Konfrontation mit der Transformationspolitik der Staatspartei in der SBZ/DDR in den späten vierziger und in den fünfziger Jahren einen wichtigen Erfahrungshintergrund, der im Staatssozialismus auf dem Lande Verhaltensdispositionen prägte. Die staatliche Produktionsreglementierung im „Dritten Reich" hatte wiederum die Tradition der obrigkeitsstaatlichen Steuerung der Landwirtschaft seit dem Kaiserreich radikalisiert – eine Kontinuität agrarischer Protektionspolitik, die auch in der Weimarer Republik nicht grundsätzlich unterbrochen worden war und bei älteren Bauern in der Erinnerung die Erzeugungskontrolle und Preisfixierung von 1914 bis 1923 einbezog. Nachdem

---

50 Dazu: Fricke, S. 18-20. Allgemein auch: Löwenthal, S. 12, 21f. Vereinfachend dagegen die undifferenzierte Kategorisierung als sozialer Protest in: Kowalczuk, S. 1251.
51 Mallmann/Paul, S. 106.

das nationalsozialistische Regime mit der beschleunigten Aufrüstungspolitik schon in den späten dreißiger Jahren in die Preisbildung eingegriffen und „Erzeugungsschlachten" propagiert hatte, wurden ab 1942/43 Verordnungen zur Landbewirtschaftung und Produktionskontrolle deutlich verschärft. Ein umfassendes Überwachungssystem, das „Hofkarten" und „Hofgehungen" einschloß, sollte – ebenso wie in der Nachkriegszeit – die Erzeugnisse lückenlos erfassen und sie der Ernährungswirtschaft zuführen. „Schwarzschlachten" und andere Verstöße gegen die Bestimmungen führten in der NS-Zeit deshalb dazu, daß sich dörfliche Solidargemeinschaften und – damit verknüpft – eine breite Grundlage der Nonkonformität herausbildeten. Da die Kollektivierung der Landwirtschaft in der DDR aber direkt gegen das bäuerliche Selbstverständnis zielte, löste sie eine besonders nachhaltige Verweigerung und zumindest zeitweise auch sozialen Protest aus, der gelegentlich sogar in politische Opposition umschlug.[52]

Insgesamt gründete abweichendes Verhalten von Bauern in beiden deutschen Diktaturen vor allem auf ökonomischen Interessen, aber auch auf dem Ideal bäuerlicher Autonomie. Damit konnte die Herrschafts- und Gestaltungspolitik der diktatorischen Regimes aber nicht dauerhaft blockiert werden. Bauern gingen zudem vielfältige Arrangements mit den Herrschaftsorganen ein, um eine möglichst weitgehende Handlungsautonomie zu bewahren. In der DDR trotzten sie vor allem 1959/60 den Agitationsgruppen, die von den ihnen übergeordneten Parteileitungen zu einem schnellen Abschluß der Kollektivierung gedrängt wurden, oft materielle Konzessionen ab und bestanden auf Übergangsfristen, bevor sie die Eintrittserklärungen in die Produktionsgenossenschaften unterschrieben. Ebenso spiegelte die selbständige Bildung von LPG vom Typ I – anstelle eines bedingungslosen Anschlusses an bestehende Produktionsgenossenschaften – oft den Versuch von Bauern wider, eine Restautonomie zu bewahren. Während sich einerseits die Landbevölkerung der Kollektivierung nicht dauerhaft verschließen konnte und deshalb kein stabiles Potential gesellschaftlicher Verweigerung darstellte, waren andererseits Parteistellen und Staatsorgane nicht imstande, LPG umstandslos zu oktroyieren; vielmehr mußten sie die Werte und Interessen der betroffenen Bevölkerungsgruppen auf dem Lande berücksichtigen. Auch weil die Bauern Formen der Verweigerung und des Protests als ihren Erfahrungshorizont mit in die LPG einbrachten, blieben die neuen Betriebe nach dem offiziellen Abschluß der Kollektivierung im „sozialistischen Frühling" fragil. „Verdeckte Formen der Realisierung von Interessen" bestimmten in der Diktatur des DDR-Staatssozialismus offenbar den Alltag von Herrschaft und gesellschaftlichem Leben auf dem Lande.[53]

Die hier dargelegten Befunde zeigen, daß die Bauern im SED-Staat durchaus nicht nur Objekte der diktatorischen Gesellschaftspolitik waren, sondern sich eine begrenzte

---

52 Vgl. D. Münkel, Nationalsozialistische Agrarpolitik und Bauernalltag, Frankfurt a.M. 1996, S. 336, 368f., 374, 385, 392, 422, 477f.; G. Corni/H. Gies, Brot – Butter – Kanonen. Die Ernährungswirtschaft in Deutschland unter der Diktatur Hitlers, Berlin 1997, S. 469-497.
53 Kleßmann, Opposition und Resistenz, S. 468. Dazu auch die Überlegungen in: Th. Lindenberger, Alltagsgeschichte und ihr möglicher Beitrag zu einer Gesellschaftsgeschichte der DDR, in: R. Bessel/R. Jessen (Hg.), Die Grenzen der Diktatur. Staat und Gesellschaft in der DDR, Göttingen 1996, S. 312-320.

Autonomie erhielten, mit den ihnen auferlegten Zwängen nach ihrer Eigenlogik umgingen und in diesen Prozeß ihre Interessen zur Geltung brachten. Im Gegensatz zu der offenen Verweigerung und dem sozialen Protest, die ebensowenig dauerhaft aufrechterhalten werden konnten wie politische Opposition, verschränkte sich dieses Verhaltensspektrum in widersprüchlichen Allianzen mit der politischen Herrschaft, so daß deren Ausübung keineswegs unterbunden wurde. Die Reaktionen der Landbevölkerung auf die Kollektivierung legen zudem nahe, daß dörflich-agrarische Milieus die Kollektivierung zwar verzögerten oder deformierten, dabei aber so weit zersetzt wurden, daß sie den Zusammenschluß der LPG zu Kooperationsbetrieben, der sich in den späten sechziger und frühen siebziger Jahren in der DDR vollzog, kaum mehr behinderten. Indem ihre Politik der gesellschaftlichen Konstruktion bzw. Destruktion traditionale subkulturelle Organisationen beseitigte und örtliche Honoratioren entmachtete, führte die SED-Führung den Übergang zu neuen dörflich-agrarischen Milieus herbei, die mit der realsozialistischen Herrschaft weitgehend kompatibel waren. Die sozialistische Diktatur hatte in der DDR offenbar schon in den späten fünfziger und frühen sechziger Jahren auf dem Lande einen Milieuwechsel erzwungen, der wenige Jahre später auch in der Bundesrepublik Deutschland einsetzte, dort aber nicht politisch induziert, sondern durch die umfassende ökonomisch-kulturelle Modernisierung vorangetrieben wurde.[54] Damit zeichnet sich insgesamt ab, daß nur ein breiter Untersuchungsansatz, der den diachronen und synchronen Vergleich einbezieht, eine kategoriale Einordnung von Devianz im ostdeutschen Staatssozialismus ermöglicht. Erst in komparativer Perspektive treten die spezifischen Impulse und Formen abweichenden Verhaltens in der DDR hervor.

---

54 Zur Herausbildung landwirtschaftlicher Kooperationsbetriebe in der DDR zusammenfassend: K. Hohmann, Agrarpolitik und Landwirtschaft in der DDR, in: Geographische Rundschau 36 (1984), S. 600f.; Nehrig, Landwirtschaftspolitik, S. 300-302. Zum Wandel dörflicher Milieus in Westdeutschland besonders: P. Exner, Ländliche Gesellschaft und Landwirtschaft in Westfalen 1919-1969, Paderborn 1997, bes. S. 443f. Allg. auch: F. Walter, Milieus und Parteien in der deutschen Gesellschaft. Zwischen Persistenz und Erosion, in: GWU 46 (1995), S. 489-493; Tenfelde, S. 263f.

Bernd Stöver

Der Fall Otto John

1. Eine Widerstandsgeschichte aus dem Kalten Krieg?

Die historische Forschung hat sich seit den Diskussionen um die Neubestimmung des Widerstandsbegriffes in den siebziger Jahren überwiegend darauf festgelegt, den Terminus „Widerstand" ausschließlich für das aktive und politisch bewußte Handeln gegen Diktaturen zu verwenden. Diese Definition bedeutete gleichzeitig, daß für politisches Protestverhalten in demokratischen Gesellschaften, in denen prinzipiell ein anderer Ausgleich, etwa in der öffentlich-parlamentarischen Debatte, möglich ist, die Bezeichnung „Widerstand" nicht angemessen sein kann.[1]

Die kategoriale Beschränkung des Widerstandsbegriffes hat sich, wie der Vergleich diktatorischer Regime zeigt, als nützlich erwiesen. Sie vermeidet zu Recht, Verhaltensweisen in unterschiedlichen Systemen unzulässig zu vermischen und historisch ungerecht zu urteilen. Dem unter den Bedingungen einer Diktatur Handelnden steht in der Regel kein anderes als das verdeckte Vorgehen offen, seine abweichende Meinung zu äußern, und es bedeutet gleichzeitig eine ungleich größere Gefährdung.[2] Widerstand ist eben auch das Verhalten, das die eigenen Risiken für Leib und Leben, berufliche und persönliche Nachteile usw. zugunsten der übergeordnet erscheinenden (politischen) Aufgabe billigend in Kauf nimmt.

---

1 Vgl. zur Diskussion Chr. Kleßmann, Opposition und Resistenz in zwei Diktaturen, in: HZ 262 (1996), S. 453-479; B. Stöver, Leben in Deutschen Diktaturen. Historiographische und methodologische Aspekte der Erforschung von Widerstand und Opposition im Dritten Reich und der DDR, in: D. Pollack/D. Rink (Hg.), Zwischen Verweigerung und Opposition. Politischer Protest in der DDR 1970 – 1989, Frankfurt a. M. 1997, S. 30-53; P. Hüttenberger, Vorüberlegungen zum „Widerstandsbegriff", in: J. Kocka (Hg.), Theorien in der Praxis des Historikers, Göttingen 1977, S. 117-139.
Der Widerstandsbegriff in der Demokratie ist sehr eng gefaßt. Artikel 20 des bundesrepublikanischen Grundgesetzes, Abs. 4 (eingefügt 1968 im Zuge der Diskussion um die Notstandsgesetze), spricht das Recht auf Widerstand als ultima ratio nur in dem Fall zu, in dem die Verfassung droht, vollständig abgeschafft zu werden. („Gegen jeden, der es unternimmt, diese Ordnung zu beseitigen, haben alle Deutschen das Recht zum Widerstand, wenn andere Abhilfe nicht möglich ist.") Dies hat mit dem klassischen Widerstandsrecht, der Zulässigkeit zivilen Ungehorsams gegen staatliches Handeln, nichts mehr zu tun. Der Parlamentarische Rat hatte bei der Ausarbeitung des Grundgesetzes das Widerstandsrecht bezeichnenderweise deswegen abgelehnt, weil es als Einladung zum Landfriedensbruch verstanden werden könne. Zum Widerstandsrecht in demokratischen Gesellschaften vgl. K. Kröger, Widerstandsrecht, in: W. Mikkel (Hg.), Handlexikon zur Politikwissenschaft, Bonn 1986, S. 559-561.
2 Vgl. H. Jaeger/H. Rumschöttel, Das Forschungsprojekt „Widerstand und Verfolgung in Bayern 1933-1945". Ein Modell für die Zusammenarbeit von Archivaren und Historikern, in: Archivalische Zeitschrift 73 (1977), S. 214.

Die Frage jedoch bleibt, ob diese klare Kategorisierung des Widerstandsbegriffes tatsächlich immer der historischen Realität gerecht wird, vor allem, wenn man versucht, die subjektive Wahrnehmung der Handelnden gleichzeitig zu berücksichtigen. So erweist sich dabei gerade der Kalte Krieg als methodisches Problem. Für Zeitgenossen hatte er in seiner frühen Phase durch seine ideologische Bipolarität und seine verhärteten Fronten in vielem diktatorische Züge. Das „Diktat" bestand in erster Linie in der direkten und vielfach unüberbrückbar erscheinenden dualistischen Zuordnung von Freund und Feind, von Gut und Böse, von Richtig und Falsch und in der Tatsache, daß vermittelnde Positionen, Dissens oder Anzeichen mangelnder Loyalität oder gar Übergänge zur anderen Seite, aus welchem Grund sie auch immer stattfanden, als Verrat bewertet wurden. Er zwang beide „Lager" in ein spezifisches Werte-, Perzeptions-, Denk- und Verhaltenskorsett und ließ in der Wahrnehmung von Zeitgenossen in manchen Fällen eben nicht mehr die freie öffentliche Debatte und die Durchsetzung der abweichenden politischen Meinung zu. Vor diesem Hintergrund soll im folgenden der „Fall" des westdeutschen Verfassungsschutzpräsidenten Otto John, der am 20. Juli 1954 in die DDR ging und nach knapp anderthalb Jahren in die Bundesrepublik zurückkehrte, dargestellt werden, um zu fragen, ob sie eine „Widerstandsgeschichte" im Kalten Krieg war.

2. „Mit dem Rücken an der Wand"

Otto John, der Präsident des 1950 neugeschaffenen Bundesamtes für Verfassungsschutz, wechselte am 20. Juli 1954, am zehnten Jahrestag des Attentats auf Hitler, die Seite des Kalten Krieges. Mit einem Bekannten, dem Berliner Arzt Wolfgang Wohlgemuth, überschritt er am Abend nach dem Besuch der Gedenkveranstaltung die Sektorengrenze nach Ost-Berlin. Die Berichte über den Grenzübertritt sind höchst widersprüchlich. Otto John selbst hatte im Prozeß 1956 und in seinen Memoiren 1969 immer wieder dargelegt, er sei narkotisiert worden, über die Grenze gebracht und erst am 22. oder 23. Juli wieder aufgewacht, als er in Karlshorst beim sowjetischen Geheimdienst angekommen sei.[3] Dies stand in auffallendem Gegensatz zu den Beobachtungen der Westberliner Zollbeamten, die am 26. Juli 1954 von verschiedenen Zeitungen veröffentlicht wurden.[4] „An keinem der beiden Männer", so die Mitteilung, „konnte der Beamte Anzeichen entdecken, daß ‚etwas nicht stimmte'. Auf den üblichen warnenden Hinweis des Beamten, daß sie bei Weiterfahrt in den Ostsektor kämen, antworteten sowohl John als auch Wohlgemuth: ‚Ja, da wollen wir auch hin. Wir müssen zur Charité'." Die Glaubwürdigkeit der Beamten, so hatte „Die Welt" hinzugefügt, werde zusätzlich da-

---
3 Vgl. O. John, Zweimal kam ich heim. Vom Verschwörer zum Schützer der Verfassung, Düsseldorf 1969, S. 259.
4 Folgende Wiedergaben nach: Stiftung Archiv der Parteien und Massenorganisationen der DDR im Bundesarchiv (SAPMO-BArch), Ordner: Prozeß: Otto John, Ost- und Westpresse, o. Pag., Die Welt, 26.7.1954.

durch erhärtet, daß sich der Zollbeamte die drei Endziffern des Autos gemerkt habe. Wer am Steuer des Fahrzeugs gesessen hatte, war ihm allerdings nicht mehr erinnerlich.[5] Abweichend davon hatte der „Telegraf" jedoch schon am 25. Juli berichtet, Zollbeamte hätten John selbst am Steuer des Fahrzeugs gesehen.[6] Wohlgemuth selbst war kurz nach dem Grenzübertritt wieder in den Westsektor zurückgekehrt und hatte auf seinem Schreibtisch einen Brief an seine Assistentin hinterlassen, der kurz nach Johns Verschwinden von der Polizei veröffentlicht wurde. In ihm heißt es: „Ein bestimmter Vorfall, der eventuell einen falschen Verdacht auf mich lenken könnte, veranlaßt mich, heute in die Charité zu gehen. Herr Rechtsanwalt Y. erhält hiermit die Vollmacht über mein Eigentum. Ich bitte um Bestandsaufnahme meiner Praxis und Wohnung. (…) Es handelt sich darum, daß Herr John nicht in den Westsektor zurückkehren will. Er hatte in der Charité anläßlich einer Besichtigung ein Gespräch mit Ostberliner Kollegen geführt. Nun könnte ich dadurch in den Verdacht geraten, ich hätte ihn beeinflußt."[7]

Am 23. Juli – das Dokument selbst trägt das Datum des vorangegangenen Tages – sendete der Rundfunk der DDR eine erste Erklärung Johns, die im Westen wie eine Bombe einschlug. John gab zu Protokoll, er sei freiwillig in der DDR und protestiere mit diesem Schritt gegen Adenauer, dessen Politik auf die dauernde Spaltung Deutschlands hinauslaufe.[8] In einer wenige Wochen später am 11. August 1954 offiziell durchgeführten Pressekonferenz in Ost-Berlin hatte er die Gründe für seinen „Widerstand" dann explizit ausgeführt. Adenauers strikte Politik der Westbindung, so John, zerstöre jede Möglichkeit der Wiedervereinigung, zudem säßen in seiner Regierung Täter aus der Zeit des „Dritten Reiches".

„Ich habe mich nach reiflicher Überlegung entschlossen, in die DDR zu gehen und hier zu bleiben", so John weiter, „weil ich hier die besten Möglichkeiten sehe, für die Wiedervereinigung Deutschlands und gegen die Bedrohung durch einen neuen Krieg tätig zu sein. Selbst viele kluge und aufrichtige Menschen in Westdeutschland sehen die Gefahren, die uns bedrohen, nicht, weil sie durch die Propaganda der Bundesregierung verblendet sind. Wieviele Menschen haben sich in Deutschland nicht nach 1945 darauf berufen, daß sie vor 1933 die Gefahr des Nationalsozialismus nicht hätten erkennen können? Deshalb halte ich es für meine Pflicht, jetzt öffentlich und eindringlich das deutsche Volk vor den Gefahren zu warnen, die uns heute bedrohen. Wenn der erste Schuß gefallen ist, wird es zu spät sein. Als ich im Dezember 1950 mein Amt in der Bundesrepublik übernahm, hatte ich die Illusion, am Aufbau eines neuen Deutschland mitzuarbeiten, das – gereinigt vom Nationalsozialismus – allen Deutschen die Möglich-

---

5 Vgl. SBZ-Archiv, 5.8.1954, S. 225.
6 SAPMO-BArch, Ordner: Prozeß: Otto John, Ost- und Westpresse, o. Pag., Telegraf, 25.7.1954.
7 Zitiert nach SAPMO-BArch, Ordner: Prozeß: Otto John, Ost- und Westpresse, o. Pag., Nürnberger Nachrichten, 23.7.1954. Die Namen wurden bereits von der Polizei anonymisiert. Vgl. auch Bundesbeauftragter für die Unterlagen des Staatssicherheitsdienstes der ehemaligen Deutschen Demokratischen Republik (BStU), MfS AP 11263/56, Bd. 13, Bl. 121, Urteil des 3. Strafsenats des Bundesgerichtshofs (BGH) gegen John, 22.12.1956.
8 BStU, MfS AP 11263/56, Bd. 16, Bl. 90.

keit zur friedlichen Entfaltung ihres Lebens bieten würde. Statt dessen haben wir heute ein geteiltes Deutschland, das in der Auseinandersetzung zwischen Ost und West zum Schauplatz eines neuen Krieges zu werden droht, der nicht nur unvorstellbare neue Leiden über uns bringen, sondern tatsächlich die Existenzgrundlage unseres Volkes als Nation zerstören würde. Der Kommunismus ist – ob man es mag oder nicht – eine Realität, die fast die Hälfte aller auf dieser Erde lebenden Menschen umfaßt. Die Vorstellung – oder auch der Wunschtraum –, ihn wieder ‚ausrotten zu können', ist so töricht wie der Glaube Hitlers, der das Christentum ausrotten wollte. (…) Das wollen die Amerikaner aber nicht erkennen. Sie glauben, sie könnten früher oder später durch einen neuen Kreuzzug gegen den Osten den Kommunismus noch einmal aus der Welt auskehren oder wegfegen, und sie bereiten den Krieg vor. In dieser Entwicklung ist die Bundesregierung durch die Verträge von Bonn und Paris zu einem Werkzeug der amerikanischen Politik in Europa geworden. Die Amerikaner brauchen zu ihrem Krieg gegen den Osten deutsche Soldaten. Dabei sind ihnen selbstverständlich vor allem jene willkommen, die aus der deutschen Katastrophe nicht gelernt haben, sondern seitdem nur auf die Stunde warten, in der sie für die Niederlage von 1945 Rache nehmen können. Deshalb sind in der Bundesrepublik die wildesten Nazis und Militaristen wieder hoffähig gemacht worden."[9]

Ausdrücklich hatte John dann jene Namen von Personen des öffentlichen Lebens Westdeutschlands genannt, die nach ihrer Karriere im „Dritten Reich" relativ bruchlos in eine neue Laufbahn in der Bundesrepublik gestartet waren, so Theodor Oberländer, vor 1945 Teilnehmer am Hitler-Putsch 1923, während des „Dritten Reiches" Führer des „Bundes Deutscher Osten", 1953 Vertriebenenminister in der Regierung Adenauer. Andere, wie Reinhard Gehlen, Chef der Vorgängerorganisation des Bundesnachrichtendienstes (BND), hätten begonnen, so John, SS- und SD-Führer einzustellen, „die über deutsche Widerstandskämpfer zu Gericht gesessen oder diese einfach umgebracht haben".[10] Dagegen werde „einem General von Gersdorff, der sich als Widerstandskämpfer bewährt hat, (…) die Aufnahme in das Amt Blank versagt (…) mit der Begründung, ‚daß er ja zum 20. Juli gehöre'".

Es gibt keine Veranlassung, daran zu zweifeln, daß John von dem, was er sagte, zutiefst überzeugt war. Der Aufbau einer neuen deutschen Armee im Rahmen der zunächst geplanten Europäischen Verteidigungsgemeinschaft (EVG), eine auch ansonsten strikte Westbindungspolitik, teilweise offene Sympathie für offensive außenpolitische Strategien der USA, wie sie die sogenannte „Befreiungspolitik" darstellte, die ungeprüfte Ablehnung von diplomatischen Vorstößen zur Wiedervereinigung, zum Beispiel der „Stalinnoten" 1952, der weitgehende Verzicht auf Gespräche mit dem Osten, das 131-Gesetz, nach dem Nationalsozialisten im Öffentlichen Dienst weiterbeschäftigt wurden, – alles dies waren Kritikpunkte, mit denen Otto John nun wirklich nicht allein stand.

---

9 Pressekonferenzprotokoll abgedruckt in: O. John, Ich wählte Deutschland, Ausschuß für Deutsche Einheit, o. O. [Berlin/Ost] o. J. [1954], S. 7f.
10 Ebd., S. 11. Folgendes Zitat ebd.

Positionen gegen die kompromißlose Wiederbewaffnungs- und Westbindungspolitik, aber auch gegen sonstige „restaurative" Tendenzen kamen von verschiedener Seite, wobei auch Prominente wie der Minister für Gesamtdeutsche Fragen, Jakob Kaiser, oder der Herausgeber der konservativen „Frankfurter Allgemeinen Zeitung" (FAZ), Paul Sethe, ihre Kritik zum Teil mit denselben Argumenten formulierten.

Johns politischer und ethischer Disposition vor seinem Übergang in die DDR am nächsten war wohl Eugen Kogon, Buchenwald-Häftling, Gründer und Herausgeber der als moralische Instanz geltenden „Frankfurter Hefte". „Beinahe mit dem Rücken an der Wand" überschrieb er im September 1954, kurz nach Johns Weggang aus der Bundesrepublik einen Aufsatz zur Situation von Kritikern in der Adenauer-Ära.[11] „Demokratie als heilsame Strafe gemeint – so hat es nach dem verlorenen Krieg ein zweites Mal mit Deutschland begonnen", schrieb Kogon. „Eine gewisse Quarantäne-Zeit, dann sollte es die internationale Zusammenarbeit schaffen. In der Tat, erstaunliche Ergebnisse schienen allmählich weitere Hoffnungen zu rechtfertigen. Im Laufe weniger Jahre brach dann allerdings, hier und überall, Altes, ein wenig angepaßt und neugefärbt, wieder durch. Schließlich wurde es stärker. Jetzt ist es stark geworden. (…) Die stille, allmähliche, schleichende, unaufhaltsame Wiederkehr der Gestrigen scheint das Schicksal der Bundesrepublik zu sein. (…) Die Gestrigen, zu denen einfallslose, rechthaberische Routiniers der Demokratie freilich ebenso gehören können wie im Verstand einigermaßen angepaßte, in ihren Gefühlen völlig unverändert gebliebene Nationalsozialisten, Nationalisten und die große Zahl derer, die hochmütig alte Vorrechte beanspruchen, sie alle werden bald ganz zufrieden sein, sofern die wenigen Verbliebenen verschwinden, die gemeint haben, so hätte es nicht kommen dürfen, und die meinen, vielleicht doch noch daran arbeiten zu müssen, daß nicht alle Typen und Figuren wiederkehren, die seinerzeit, ehe es vollends finster wurde, schrecklich geschäftig und schrecklich wirksam, an der totalen Verdunkelung arbeiteten (…)." Bezeichnenderweise glaubten John selbst die Richter des Bundesgerichtshofes im Dezember 1956, daß hier der Schlüssel zum Verständnis des Falles liege. Amtsmüdigkeit habe John 1954 sicherlich nicht gespürt. „Eine echte Beunruhigung verursachte ihm jedoch ganz offenbar der Gedanke, daß Nationalsozialisten, die früher in hervorragendem Maße politisch wirksam gewesen waren, zunehmend zu politischem Einfluß in der Bundesrepublik gelangen könnten."[12]

Der Weggang in die DDR als Reaktion auf „Restauration", „Renazifizierung", Wiederbewaffnung, auf die kritiklose Westbindung und Akzeptanz der „Befreiungspolitik" und auf den über allem stehenden massiven Antikommunismus – kurz gegen alles das, was Adenauer zu personifizieren schien und was auch enge inhaltliche Bindungen aufzuweisen hatte – war zur der Zeit, als John verschwand, nicht wirklich ungewöhnlich. Ein anderes prominentes Beispiel war der frühere niedersächsische Innen- bzw. Landwirtschaftsminister Günter Gereke (CDU), der im Juli 1952 in die DDR übersiedelte. Gereke war wegen Gesprächen mit Walter Ulbricht über Waren-

---

11 Folgende Wiedergaben nach: Frankfurter Hefte, 9. Jg., Heft 9 (September 1954), S. 641.
12 BStU, MfS AP 11263/56, Bd. 13, Bl. 112, Urteil des 3. BGH-Strafsenats gegen John, 22.12.1956.

austausch im Juni 1950 zunächst offiziell von der Bundesregierung gerügt, dann am 29. Juni 1950 durch das Ehrengericht der CDU aus der Partei ausgeschlossen worden. Gereke hatte wie John als Motiv für den Übertritt den Widerstand gegen die Politik Adenauers angegeben.[13] Einige Wochen nach John wechselte auch der CDU-Bundestagsabgeordnete Karlfranz Schmidt-Wittmack aus Hamburg die Seite. Die Liste ließe sich verlängern. Es waren alles Fälle, in denen sich die Protagonisten in dem parlamentarischen System der Bundesrepublik nicht oder nicht mehr vertreten fühlten – sie betrachteten ihren Schritt aus verschiedenen Motiven als politischen Widerstand gegen Adenauer und seine Politik. Und für manche galt das „Experiment DDR" zunächst als glaubwürdige Alternative.

3. Kontroversen um John

Anders als bei Schmidt-Wittmack oder Gereke, die freimütig bekannten, freiwillig gegangen zu sein, lag der „Fall John" wesentlich komplizierter, da John nach seiner Rückkehr in die Bundesrepublik am 12. Dezember 1955 behauptete, in die DDR entführt worden zu sein. Von dieser Version ist er bis zu seinem Tod im März 1997 auch niemals mehr abgegangen. Im Osten war demgegenüber der freiwillige Übertritt Johns als Protest gegen Adenauer von Anfang an betont worden, und diese Version hatte sich dann aufgrund von unleugbaren Indizien auch relativ früh im Westen durchgesetzt. Dies wurde bereits in einer der ersten systematischen Zusammenfassungen des „Falles John" betont: „Eine gewaltsame Entführung Johns kann (...) nicht angenommen werden", hieß es im „SBZ-Archiv" am 4.8.1954.[14]

Weitere Indizien, die zum Teil erst nach dem Ende der DDR und der Öffnung der dortigen Archive 1989 bekannt wurden, haben diese Version weiter gestützt, so daß heute wenig Grund besteht, an der Tatsache des freiwilligen Übertrittes zu zweifeln.[15] Das Magazin „Focus" veröffentlichte 1996 die Aussage des DDR-Volkspolizisten Harry Bergmann, dem Max Wonsig, ein Mitarbeiter des Ministeriums für Staatssicherheit (MfS), in den achtziger Jahren mitgeteilt hatte, Otto John sei freiwillig in die DDR gekommen, um an vertraulichen Gesprächen teilzunehmen. Wonsig war seit 1946 auch sowjetischer Agent gewesen und hatte Zugang zu Informationen des sowjetischen Geheimdienstes gehabt.[16] Die Aussage Wonsigs unterstützte auch Vitali Tschernjawski

---

13 Zu dem verwickelten Fall Gereke: K. P. Tauber, Beyond Eagle and Swastika. German Nationalism Since 1945, Middletown 1967, S. 182ff. Zur partiellen Parallelität der Fälle Gereke u. John auch: F. Winterhager, Günter Gereke – der erste Innenminister Niedersachsens – Wanderer zwischen politischen Welten, in: Geschichte, Politik und ihre Didaktik 24 (1996), S. 315-320.
14 SBZ-Archiv, 5.8.1954, S. 225.
15 Vgl. für das Folgende: Focus, 30.12.1996, S. 34. Diese Version, die sich mit dem Inhalt der John-Akte im SWR-Archiv (Sluschba Wneschnei Raswedki: Auslandsnachrichtendienst der Russischen Föderation) in Moskau deckt, ist auch Grundlage der Darstellung bei G. Bailey u.a., Die unsichtbare Front. Der Krieg der Geheimdienste im geteilten Berlin, Berlin 1997, S. 236ff.
16 Vgl. Bailey u.a., S. 241.

(Deckname: „Tschernow"), in den fünfziger Jahren Chef des KGB in Berlin-Karlshorst. Tschernjawski hatte angegeben, daß John bereits am Abend des 20. Juli 1954 hellwach in einer konspirativen Villa in Ost-Berlin auftauchte, in der allerdings nicht sowjetische Diplomaten warteten, wie John dachte, sondern Offiziere des KGB, die ihn als Spion anwerben wollten. Dieses Ansinnen, so Tschernjawski, habe John abgelehnt. Um ihn zu überzeugen, seien ihm Ämter in einem wiedervereinigten Deutschland versprochen worden, wobei John auch hier keine Zusagen gemacht habe. Daraufhin sei er vom KGB mit Tabletten „ruhiggestellt" worden. John, so Tschernjawski, sei freiwillig gekommen, aber nicht freiwillig geblieben. Der Rückweg, so hatte der MfS-Mann Wonsig dann auch angegeben, sei damals John durch die im Rundfunk ausgestrahlte Meldung, der Verfassungsschutzpräsident befinde sich freiwillig in der DDR, bewußt abgeschnitten worden.

In diese These fügt sich auch weitgehend die Aussage des sowjetischen KGB-Offiziers Wadim Kutschin, alias Wladimir A. Karpow, die 1971 von Hans Frederick vorgelegt wurde.[17] Daß Frederick dabei im Auftrag des MfS arbeitete, hatte allerdings damals wenig zur Glaubwürdigkeit der Thesen beigetragen. Auch Karpow, Deutschlandexperte des KGB in Karlshorst, gab an, John sei freiwillig gekommen. Karpows Version war wiederum identisch mit der Überlieferung im Moskauer KGB-Archiv.[18] Aus diesen Akten ergibt sich insgesamt folgendes Bild:

Der sowjetische Geheimdienst hatte wohl bereits seit längerem Interesse am BfV-Chef John, der als Kritiker der bundesrepublikanischen Politik bekannt war. Ende 1953 war der Kontakt zu John über dessen Bekannten Wohlgemuth hergestellt worden. Max Wonsig, der Mitarbeiter des ostdeutschen und sowjetischen Geheimdienstes, konnte über seine Schwester, die als Angestellte bei Wohlgemuth arbeitete, ein Treffen mit dem West-Berliner Arzt organisieren, der „etwas für die sowjetische Sache tun" wollte. Über Wohlgemuth erfuhr dann nach dieser Version die sowjetische bzw. die DDR-Staatssicherheit vom Einverständnis Johns. Wonsig teilte auch mit, daß er sich mit Wohlgemuth bereits am 21. Januar 1954 das erste Mal getroffen habe. Danach war ein Treffpunkt zwischen John und KGB festgelegt worden, wobei der sowjetische Geheimdienst dem BfV-Präsidenten versprach, mit einer „wichtigen politischen Persönlichkeit" zusammentreffen zu können, um mit ihr über „die Frage fortschrittlicher Gruppen in Westdeutschland, die fähig sind, in einem vereinigten Deutschland tätig zu werden" zu sprechen. Für das KGB überraschend, hatte John zugesagt und das Thema „gemeinsame Maßnahmen gegen die Nazis in Westdeutschland" vorgeschlagen. Als Termin hatte man sich auf den 20. Januar 1954 geeinigt, da John zu diesem Zeitpunkt ohnehin in Berlin sein würde. Ein geheimes Treffen in Ost-Berlin, so war kalkuliert worden, würde weitaus weniger öffentliche Aufmerksamkeit auslösen als eine eigens

---

17 Vgl. H. Frederick, Das Ende einer Legende. Die abenteuerlichen Erlebnisse des Towarischtsch Alexander Busch, Eine Dokumentation über die politische Provokation, in deren Mittelpunkt nicht nur Otto John, sondern vor allem Staatssekretäre, Politiker, Geheimdienste und Journalisten stehen, München 1971, S. 498ff.
18 Folgende Wiedergaben nach Bailey u.a., S. 242ff. Zitate: S. 242f.

angesetzte Reise des BfV-Präsidenten in die Stadt. „Wir wollten ihn (...) überreden", so das KGB, „nicht nach Westdeutschland zurückzukehren, sondern offen mit Adenauer zu brechen und eine entsprechende politische Erklärung abzugeben."

Daß John ohne Druck in die DDR gekommen sei, bestätigte auch der Journalist Carl Wittig aus Frankfurt am Main, der den ehemaligen Präsidenten des BfV in Weimar nach seinem Übertritt in einem Hotel wohl eher zufällig traf. Wittig sagte später im Prozeß 1956 gegen John als Belastungszeuge aus und gab an, John habe ihm damals versichert, daß er freiwillig übergelaufen sei.[19] John hatte diese Aussage im Prozeß auch nicht bestritten, aber hinzugefügt, er habe dies Wittig nur aus Tarnungsgründen erzählt, weil er von Beginn an seine Flucht geplant habe.[20]

Die vom KGB und MfS gegebene Version zum freiwilligen Übertritt des BfV-Chefs deckt sich auf diese Weise mit einer Reihe von Aussagen und Indizien. Vieles von diesem fügt sich aber auch in die Version, die Otto John selbst 1969 in seinen Memoiren präsentierte. Die Szenen, die John beschreibt, wie sie 24 oder 48 Stunden nach seinem Erwachen aus der Betäubung im KGB-Quartier in Karlshorst stattgefunden haben sollen, könnten in genau der gleichen Weise auch nach dem Treffen in der von Wonsig und Tschernjawski beschriebenen konspirativen KGB-Villa am 20. Juli 1954 stattgefunden haben, wohin John nach Aussage des Berliner KGB-Chefs Tschernjawski freiwillig gekommen war. Viel spricht dafür, daß es nicht in Karlshorst, sondern in der Villa zu dem Angebot an John kam, für den Osten zu arbeiten und John sich dort gegen ein solches Ansinnen sträubte. Durchaus möglich ist auch, daß John hier mit Medikamenten betäubt wurde, als er aufgeregt auf den „Verrat" reagierte, nicht mit sowjetischen Diplomaten, sondern mit KGB-Leuten zusammenzutreffen. Die Szene, die John in seinen Memoiren für die Zeit nach seinem Wiedererwachen aus der Betäubung beschreibt, entspräche nach dieser These dann wieder der Wahrheit: „Als ich wieder wach wurde, ging ein Mann im Zimmer auf und ab. Er war geschmackvoll westlich gekleidet, hatte ein sympathisches Gesicht und eine auffallend weiße Strähne im dunklen Haar. Mit dem kann ich reden, dachte ich, stand auf und fragte: ‚Wo bin ich?' ‚Bei guten Freunden', sagte er. ‚Wie fühlen Sie sich?' Mich packte die Wut ‚Wo bin ich?' fragte ich wieder. ‚Wo ist Dr. Wohlgemuth?' Er antwortete nicht. Ich schrie ihn an: ‚Bei guten Freunden, sagen Sie?! Was mit mir gemacht worden ist, sind Gangstermethoden. Ich will hier raus!' Die drei Männer im Nebenzimmer brachten mir wieder zum Bewußtsein, wie hilflos ich war. Mit Schreien und Toben konnte ich gar nichts erreichen. Ich legte mich wieder auf das Sofa und übte passiven Widerstand."[21]

---

19 Vgl. SAPMO-BArch, Ordner: Prozeß: Otto John, Ost- und Westpresse, o. Pag., Tagesspiegel, 9.6.1971 und John, Zweimal, S. 345f.
20 Wittig wurde in den sechziger Jahren selbst wegen Spionage für den Westen in der DDR verurteilt und 1969 von der Bundesrepublik freigekauft. John hatte kurz danach einen Meineidsprozeß gegen Wittig angestrengt, in dem es darum ging, daß Wittig abgestritten hatte, für den Verfassungsschutz und für ausländische Geheimdienste als Agent gearbeitet zu haben. Vgl. SAPMO-BArch, Ordner: Prozeß: Otto John, Ost- und Westpresse, o. Pag., Der Tagesspiegel, 9.6.1971.
21 John, Zweimal, S. 274f.

4. Die biographische Dimension

Die Schlüsselfrage des Falles John ist zum einen, aus welchen Gründen der Chef des Bundesamtes für Verfassungsschutz freiwillig in den Osten gegangen sein könnte. Zum anderen ist zu klären, warum John nach seiner Rückkehr vierzig Jahre auf der Behauptung beharrte, entführt worden zu sein.

Die Beantwortung der Frage nach den Gründen für einen freiwilligen Übertritt stellt sich um so mehr, als John eine einflußreiche Position in der Bundesrepublik besaß, die ihm von außen betrachtet durchaus eine gewisse politische Mitsprache und Gestaltungsmöglichkeit einräumte. Hier scheint ein Blick auf die Biographie Otto Johns wichtige Rückschlüsse zuzulassen. In einem Brief, Ende 1954 an Fritz Heine gerichtet, Widerstandskämpfer und Emigrant wie er selbst, hatte John die biographische Dimension des Falles selbst angesprochen. „Als ich am 20. Juli in den Ostsektor ging", so John Weihnachten 1954, „war entscheidend für mich dabei die Erinnerung an meine letzte Aussprache mit Julius Leber vor dem 20. Juli 1944. (...) Es war für ihn selbstverständlich, daß nach der Beseitigung Hitlers eine ‚Entnazifizierung' durchgeführt werden müßte. Es war für ihn aber auch ebenso selbstverständlich, die Kommunisten in einen Wiederaufbau eines neuen Deutschland mit einzubeziehen. (...) Und das war auch die Auffassung von Stauffenberg. Es ist eine erschütternde Tragödie, daß Leber bei dem Versuch, einen gemeinsamen Standpunkt mit den Kommunisten zu finden, einem Nazispitzel aufgelaufen ist. Aber die politische Absicht, die er damit verfolgte, war richtig. Und ich halte sie auch heute noch für richtig. Deshalb bin ich ja schließlich in die DDR gegangen."[22]

Auch hier gibt es keinen triftigen Grund, am grundsätzlichen Wahrheitsgehalt der Aussagen zu zweifeln. Das Zitat macht deutlich, daß die biographische Dimension eine erhebliche Rolle zur Erklärung des „Falles John" spielte. John zog seine grundsätzlichen politischen Überzeugungen weitgehend aus dem Widerstand gegen den NS-Staat. Und dies hatte einleuchtende Gründe. John war früh, bereits vor dem Krieg – er war damals noch nicht einmal dreißig Jahre alt – mit dem Widerstand gegen Hitler im Amt Ausland/Abwehr unter Admiral Canaris in Berührung gekommen.[23] Seit Februar 1944 hatte er vor allem mit Georg Hansen, Oberst i.G., dem Nachfolger von Canaris, zusammengearbeitet. John bearbeitete als Angestellter der Lufthansa gleichzeitig nachrichtendienstliche Aufgaben, die im Interesse der Verschwörer lagen. Seine Aufgabe lag vor allem in der Herstellung einer Verbindung zu den USA, zu deren Botschaft in Madrid er Kontakt hatte. Im November 1943 war er noch einmal mit der Herstellung eines direkten Kontaktes zum Hauptquartier von Eisenhower beschäftigt. Im Januar 1944 war Otto John dann sogar direkt mit Stauffenberg zusammengetroffen, von dem er persönlich den Auftrag erhielt, Kontakt zu den alliierten Generälen Eisenhower und

---

22 BStU, MfS AP 11263/56, Bd. 2, Bl. 97f., John an Heine, Weihnachten 1954.
23 Die weiteren Ausführungen folgen der Darstellung bei P. Hoffmann, Widerstand. Staatsstreich. Attentat. Der Kampf der Opposition gegen Hitler, München ⁴1985, S. 310ff.

Montgomery aufzunehmen. Im Februar und wieder im April 1944 befand sich John für diese Arbeiten in Madrid, und er war dabei durchaus erfolgreich. Anfang 1944 meldete er die Entscheidung der Alliierten, daß die Invasion nicht in Italien, sondern an der westlichen oder nördlichen Flanke Europas stattfinden werde, und er konnte im März auch den ungefähren Termin dafür übermitteln. Parallel dazu stand er im Kontakt zum britischen Botschafter in Portugal, Sir Ronald H. Campbell. Im Juni 1944 nahm John dann sogar an einer Besprechung mit Leber und Stauffenberg teil, in der über die Möglichkeiten eines Verhandlungsfriedens nach einem gelungenen Attentat auf Hitler gesprochen wurde. Gerade diese außergewöhnliche Unterredung hat ihn langfristig geprägt, wie der erwähnte Brief an Fritz Heine zeigt. Johns Auftrag blieb die Aufrechterhaltung von Kontakten, für die er knapp einen Monat vor dem Attentat, am 19. Juni 1944, wiederum nach Madrid flog. Am Tag vor dem Attentat befand er sich wieder in Berlin, von wo aus er sich am 24. Juli endgültig nach Madrid absetzte, um der Verhaftung zu entgehen. Von dort aus war er nach England gebracht worden und hatte sich dem „Soldatensender Calais" zur Verfügung gestellt. Unter der Leitung von Sefton Delmer war die Station der erfolgreichste britische Propagandasender während des Krieges. Anschließend hatte John bis 1950 als Rechtsanwalt in London gelebt.

Für die langfristige Wirkung dieser Jahre im Widerstand war aber nicht nur seine enge Bindung zu den Verschwörern und sein lange Jahre durchgehaltenes Doppelleben – einerseits offizieller Repräsentant der staatlichen „Lufthansa", andererseits Agent der Verschwörer – von entscheidendem Einfluß. Ganz massiv hat der Tod seines Bruders, Hans John, der nach dem gescheiterten Attentat hingerichtet wurde, den Haß auf den Nationalsozialismus und wahrscheinlich auch auf alles Militärische geprägt. Hans John hatte eine Stellung als Wissenschaftlicher Assistent bei Rüdiger Schleicher besessen, dem Leiter des Instituts für Luftrecht an der Universität Berlin und Ministerialrat im Reichsluftfahrtministerium. Schleicher war ebenfalls an der Verschwörung beteiligt gewesen.

Massiv zeigt sich die Prägung Johns durch den Widerstand nicht zuletzt in seinen schriftlichen Berichten, seinem Buch „Falsch und zu spät"[24] sowie in den Interviews, die er kurz vor seinem Tod in den neunziger Jahren gab. Schon 1946 hatte er einen Bericht über die Gründe des Scheiterns verfaßt.[25]

Soweit sich das an den Quellen überprüfen läßt, war John aus tiefster moralischer Überzeugung im Widerstand, und diese Haltung hat ihn sein ganzes Leben lang begleitet. Diese Erfahrung bietet deshalb mit großer Sicherheit einen der zentralen Schlüssel zum „Fall John". Unter Tränen hatte John am 20. Juli 1954, dem Tag seines Übertritts in die DDR, an der Gedenkveranstaltung zu Ehren des Widerstands vom 20. Juli teilgenommen, wie eine ganze Reihe von Zeitungen übereinstimmend berichteten. Auch während seines Aufenthalts in der DDR blieb er dieser Überzeugung kompromißlos treu. „Johns fanatischer Haß gegen alle, die mit Hitler zusammengearbeitet

---

24 O. John, „Falsch und zu spät". Der 20. Juli 1944. Epilog, Frankfurt a.M. 1989.
25 Vgl. Hoffmann, S. 748f.

haben, läßt ihn auch in der Sowjetzone unliebsam auffallen", berichtete im Februar 1955 der „Donau-Kurier". Aus Johns Briefen in den Westen gehe hervor, „daß John sich weigerte, an einem politischen Empfang teilzunehmen, auf dem der ehemalige SS-Führer Nehring sprechen sollte. Als ihm Nehring eine persönliche Einladung sandte, ließ John sie ungeöffnet zurückgehen. John soll auch scharf gegen die Freilassung von [Generalfeldmarschall] Schörner protestiert und sogar versucht haben, in dieser Sache bei Grotewohl vorstellig zu werden. Damit wollte er eine Verurteilung des Generals vor einem deutschen Gericht erwirken. John mußte einen scharfen Rüffel einstecken, als er mit dem ehemaligen Wehrmachtsgeneral und heutigem Vopo-Kommandeur Vincenz Müller zusammenkam. John hatte den in voller Uniform erschienenen Gewaltigen der Volkspolizei völlig ignoriert und nicht im Traum daran gedacht, ihm die Hand zu geben."[26] Dabei äußerte sich sein Widerwille gegen alles Militärische nicht nur beim Zusammentreffen mit ehemaligen Nationalsozialisten. Ein Auskunftsbericht des MfS meldete ebenfalls 1955, daß John während einer Gedenkveranstaltung zum 8. Mai auch Arthur Pieck, zu diesem Zeitpunkt Direktor der Lufthansa-Ost, „angepöbelt" hatte, „weil dieser seine Ehrenzeichen [der Roten Armee] trug".[27] An dieser tiefen Abneigung änderte sich für John bis zum Ende seines Lebens nichts. Sehr viel später, in dem Fernsehinterview, das Erwin Leiser 1995 mit Otto John führte, gibt es eine Szene, in der John sich noch fünfzig Jahre, nachdem ihm zum ersten Mal der von britischen Truppen 1945 aufgenommene Film über die Öffnung des Lagers Bergen-Belsen gezeigt worden war, tief bewegt über die Verbrechen des NS-Regimes äußerte.

Nach dem Krieg hatte John engagiert im alliierten Entnazifizierungsapparat gearbeitet. Im Auftrag des britischen „Control Office for Germany and Austria" überprüfte er Kriegsgefangene und vergab Belastungskategorien. In dieser Funktion war er unter anderem auch als Zeuge im aufsehenerregenden britischen Prozeß gegen Feldmarschall Erich von Manstein von August bis Dezember 1949 tätig geworden, wobei seine Aussage für die Verurteilung Mansteins zu achtzehn Jahren Gefängnis auf seine Ausführungen zurückzuführen war – ein Verhalten im übrigen, das ihm vor allem von nationalistischen Kreisen niemals verziehen wurde.

In die Stellung des obersten Verfassungsschützers war er dann eigentlich mehr zufällig gerückt. Nachhaltig hielt sich zwar das Gerücht, Jakob Kaiser habe ihn gegen den Willen Adenauers und vor allem Reinhard Gehlens auf den Posten geschoben,[28] doch belegbar ist nur, daß Kaiser 1950 Johns Bewerbungsunterlagen für einen Posten bei der Rechtsabteilung des Auswärtigen Amtes und für die Ruhrbehörde weiterreichte.[29]

---

26 SAPMO-BArch, Ordner: Prozeß: Otto John, Ost- und Westpresse, o. Pag., Donau-Kurier, 2.2.1955.
27 BStU, MfS AP 11263/56, Bd. 4, Bl. 6, Auskunftsbericht Nr. 1, 3.11.1955.
28 So z. B. H. Zolling/H. Höhne, Pullach intern. General Gehlen und die Geschichte des Bundesnachrichtendienstes, Hamburg 1971, S. 233.
29 Vgl. E. Kosthorst, Jakob Kaiser. Bundesminister für gesamtdeutsche Fragen 1949 - 1957, Stuttgart 1985, S. 301.

5. Der konspirative Unterhändler: Anti-Hitler-Widerstandstradition im Kalten Krieg

Otto John hatte sich, wie vor allem seine Memoiren zeigten, von Anfang an in der Stellung des BfV-Chefs nicht wohl gefühlt. Aber dies war nur eine Seite der negativen Erfahrungen. Es ist deutlich, daß er als Emigrant aus dem NS-Widerstand in der Bundesrepublik nicht heimisch wurde. Nicht ohne Grund stellte er dies später in den Mittelpunkt seiner öffentlichen Äußerungen in der DDR. Später, nach dem Übertritt in die DDR, schrieb die „Frankfurter Allgemeine Zeitung", John übertreibe sicherlich manches, was die Einsetzung von „Nazis" in Führungspositionen der Bundesrepublik angehe, aber seine Einschätzungen lägen nicht schon allein deshalb außerhalb jeder Diskussion, weil sie von ihm kämen. Bei Bewerbungen für Behörden, Verbände und Firmen sei der Hinweis, daß man nicht Parteigenosse gewesen, daß man gar Widerstandsbewegungen angehört habe, keine Empfehlung mehr wie in den Jahren kurz nach dem Kriege, sondern vielfach das Gegenteil.[30] Jakob Kaiser hielt diese Analyse der Stimmung im Lande immerhin für so treffend, daß er den FAZ-Artikel im Auftrag des Ministeriums nachdrucken und verteilen ließ.[31] Wie zur Bestätigung dieser Einschätzung hieß es in der Zeitschrift „Der Notweg" etwa zur gleichen Zeit in einem der zahlreichen rechtsgerichteten Anti-John-Artikel: „Uns ist jedenfalls ein anständiger ehemaliger P[artei]G[enosse], der seinen Dienst pflichtgemäß verrichtete, lieber als ein fahnenflüchtiger Nichtskönner, der sich arrogant ‚Widerstandskämpfer' nennt und damit nur die wirklichen Widerstandskämpfer disqualifiziert. (…) Wir können diesem wohl ohne innere Hemmung bescheinigen, daß er ausschließlich Landesverräter gewesen ist."[32]

John hat seinen Widerwillen gegen die Situation in der Bundesrepublik, soweit sich das rekonstruieren läßt, jahrelang mit sich getragen. Er habe es einfach nicht mehr ertragen können, schrieb John am 22.8.1954 an eine Frau im Westen, „nicht nur ein Mitläufer, sondern sogar ein Werkzeug einer Politik zu sein, die zur Zerstörung Europas führen muß u.[nd] wird. Dagegen mußte ich aufstehen, um der Welt die Augen zu öffnen. Daß ich das drüben nicht ungestraft hätte sagen können, sieht ja nun wohl jeder, nachdem ich daraufhin als Verräter angeprangert werde. Aber ich habe ein gutes Gewissen u.[nd] brauche keinen Whisky mehr, um die Stimme zu unterdrücken, die mich lange gemahnt hatte, diesen Irrsinn nicht weiter mitzumachen. (…) Es könnte für mich nur *eine* Enttäuschung geben, wenn Du an der Aufrichtigkeit meines Handelns zweifelst (…)."[33] Wann dieser Widerwillen in die Überzeugung umschlug, ein Zeichen des Widerstandes gegen die Politik des Westens vor aller Welt zu manifestieren, ist nicht mehr rekonstruierbar, genausowenig wie die Frage, ob es ein Initialerlebnis gab.

---

30 Vgl. den Artikel von A. Dresbach, „Die Übertreibungen des Herrn Dr. John", in: Frankfurter Allgemeine Zeitung, 13.9.1954.
31 Vgl. Kosthorst, S. 387.
32 E. Tschoeltsch, Zum Fall John, in: Der Notweg 6 (1954), Nr. 8, S. 6.
33 BStU, MfS AP 11263/56, Bd. 13, Bl. 169, Urteil des 3. BGH-Strafsenats gegen John, 22.12.1956. Hervorhebung im Originaltext.

John war zutiefst überzeugt davon, daß er in der Bundesrepublik keine Möglichkeiten haben würde, seine politischen Vorstellungen durchsetzen zu können, und er bereitete den Akt, „der Welt die Augen [zu] öffnen", deswegen konspirativ vor – eindeutig in der Tradition *seiner* Erfahrung des Widerstandes gegen den Nationalsozialismus. Die von östlicher Seite mehrfach bestätigte konspirative Absprache Johns mit offiziellen Stellen im Osten, einschließlich der Festlegung des Termins – im Anschluß an eine Gedenkfeier für die Opfer des NS-Staates – fand mit großer Wahrscheinlichkeit so statt. Das war für John nach seiner Tätigkeit für die Verschwörer nicht ungewöhnlich. Und mit diesem Erfahrungshorizont war John sich auch sicher, daß er „seinen Widerstand" erfolgreich umsetzen, zu einer Annäherung der Fronten des Kalten Krieges beitragen und möglicherweise eine gesamtdeutsche „Einheitsfront" abseits von der Blockpolitik schaffen könne. Der „ehrliche Makler" zwischen deutschem Widerstand und alliierten Stellen, der Unterhändler im Zweiten Weltkrieg, glaubte zweifellos, im Kalten Krieg nach denselben konspirativen Regeln agieren zu können. Es ist nicht zu bezweifeln, daß er diese Aktion als einen Akt des politischen Widerstandes verstand. Als „Verräter" empfand er sich, als er sich auf den Weg zu Geheimverhandlungen machte, mit Sicherheit nicht. Im Gegenteil, in seiner Vorstellung war er ein Patriot, den die Erfahrung des Widerstandes veranlaßte – wie er in dem erwähnten Brief an Fritz Heine anmerkte – die nationale deutsche „Einheitsfront" im Kalten Krieg zu suchen. Der als Zeuge im John-Prozeß aufgetretene Ministerialdirektor Hans Egidi, zuständig für die Abteilung Öffentliche Sicherheit im Bundesinnenministerium, beschrieb John 1956 bezeichnenderweise als einen Menschen mit einem „Schuß von Romantik", der jedoch immer ein „menschlich anständiger, sauberer Mann" geblieben sei.[34]

Was erwartete John durch seine inoffizielle Kontaktaufnahme? Zum ersten sicherlich ein weithin sichtbares Zeichen seines politischen Widerstandes gegen Adenauer bzw. die USA. Zum zweiten nahm er offensichtlich an, daß seine Person – wiederum wie damals Widerständler und offizieller Repräsentant in einem – erfolgreich die Vermittlung und damit die Wiedervereinigung vorantreiben könne. Der Blick auf die Tätigkeit Johns in der DDR macht dies besonders deutlich. John war, wie die MfS-Akten vermerken, auf eigenen Wunsch in die Arbeit des „Ausschusses für Deutsche Einheit" (Vorsitzender Albert Norden) und die „Nationale Front" eingebunden. In diesem Rahmen war es ihm möglich, „entsprechend seinen Vorstellungen" zu veröffentlichen und politische Gespräche mit „fortschrittlichen bürgerlichen Kreisen" zu führen.[35] Diese Tätigkeit lag also durchaus auf der Linie von Johns Idee, als gesamtdeutscher Mittler die Wiedervereinigung zu fördern. Gleichzeitig wurde ihm ein Büro des „Nationalrates der Nationalen Front" eingerichtet, nebst Räumen für eine Sekretärin und den ihm zugeteilten ständigen Begleiter (zunächst Prof. Girnus vom „Ausschuß für Deutsche Einheit"). John sprach auf etwa dreißig Veranstaltungen dieses Gremiums. Die erhebli-

---

34 Ebd., Bl. 110.
35 BStU MfS 11263/56, Bl. 17, Auskunftsbericht, HA XX, 2.11.1967, S. 12. In diesem zusammenfassenden Überblick auch Informationen über die sonstigen Begleiter, die von John getroffenen Personen usw.

chen finanziellen, personellen und organisatorischen Aufwendungen der DDR sind dabei nur vor dem Hintergrund zu verstehen, daß Johns Übertritt und Tätigkeit im Osten als politischer Sieg ausgeschlachtet werden sollte. John war mit Sicherheit nicht so naiv, daß er dies nicht bemerkte, aber er scheint diesen Nachteil für die seiner Meinung nach übergeordnete, gesamtdeutsche „Mission" in Kauf genommen zu haben.

Daß Otto John seine Situation im Laufe seines Aufenthaltes in der DDR immer mehr realisierte, ist vor allem in seinem Verhalten zu beobachten. Seine bereits angesprochenen Ausfälle gegen offizielle Repräsentanten der DDR, sein fast kindisches Protestverhalten in der Öffentlichkeit, das sich zum Beispiel auch im Absingen amerikanischer Schlager manifestierte, sprechen dafür, daß er seine selbstgestellte „Mission" wahrscheinlich schon Ende 1954 oder Anfang 1955 als gescheitert ansah. In den Mittelpunkt rückte für ihn jetzt der Wunsch nach Rückkehr in den Westen, vor allem aber das Bedürfnis, sich zu rehabilitieren, und das bedeutete, die politischen Gründe für sein Verhalten öffentlich zu erläutern. Dieser Vorgang setzte noch während des Aufenthaltes in der DDR ein. Zahlreiche Briefe an Personen des öffentlichen Lebens der Bundesrepublik, die er für Verbündete in seiner gesamtdeutschen Mission hielt, belegen dies.

Nach seiner Rückkehr und einer knapp einjährigen Untersuchungshaft wurde Otto John am 22. Dezember 1956 wegen „landesverräterischer Konspiration" vom BGH zu vier Jahren Gefängnis verurteilt. Das Urteil lautete: „Der Angeklagte wird wegen landesverräterischer Fälschung (§ 100 a Abs. 2 StGB) in Tateinheit mit landesverräterischer Konspiration im Sinne des § 100 d Abs. 2 und 3 StGB im besonders schweren Falle zu vier Jahren Zuchthaus verurteilt."[36] 1958 wurde er nach Verbüßung von zwei Dritteln seiner Haft entlassen. Von „Widerstand" oder gar Widerstandsrecht war in der Begründung des Urteils nirgends die Rede. Dort wurde aber ausdrücklich Johns Tätigkeit für die alliierte Anklage nach dem Krieg erwähnt, und dies war zweifellos ein Hinweis auf die Atmosphäre, in dem der Prozeß stattfand. Die Urteilsbegründung stellte zudem heraus, daß es erwiesen sei, daß John am 20. Juli 1954 nach Ost-Berlin gefahren sei, dort die Möglichkeit zu Gesprächen vorgefunden und daraufhin beschlossen habe, dort zu bleiben, um sich politisch zu betätigen. Die „landesverräterische Konspiration" nach § 100 d Abs. 2 und 3 war nach Auffassung des Gerichtes durch die „umfangreiche propagandistische Tätigkeit" Johns, durch seine Aussagen zu EVG-„Geheimabkommen", den „Hegemoniebestrebungen deutscher Generäle" und zu den angeblichen Ermittlungen Adenauers gegen Jakob Kaiser gegeben.[37] Landesverrat nach § 100 Abs. 1 StGB war nach Auffassung des Gerichtes ausdrücklich nicht begangen worden.

---

36 BStU, MfS AP 11263/56, Bd. 13, Bl. 106, Urteil des 3. BGH-Strafsenats gegen John, 22.12.1956.
37 Ebd., Bl. 181 ff. Direkte Wiedergaben ebd., Bl. 181, 192. Der „landesverräterischen Konspiration" nach § 100 Abs. 2 StGB machte sich schuldig, „wenn jemand zu einer Regierung, einer Partei, einer anderen Vereinigung oder einer Einrichtung außerhalb des räumlichen Geltungsbereiches des Strafgesetzbuches in der Fassung des 1. Strafänderungsgesetzes oder zu einer Person, die für eine solche Regierung, Partei, Vereinigung oder Einrichtung tätig ist, Beziehungen aufnimmt oder unterhält in der Absicht, Bestrebungen dieser Regierung, Partei, Vereinigung oder Einrichtung zu fördern, die darauf gerichtet sind, einen der in § 88 bezeichneten Verfassungsgrundsätze zu beseitigen, außer Geltung zu setzen oder zu untergraben" (ebd., Bl. 185). Der Tatbestand gemäß Abs. 2 war durch Aufstellung und Verbreitung von

Der Vollständigkeit halber sei erwähnt, daß auch dieses Urteil eine erneute Debatte auslöste, die in Teilen der von 1954 nicht nachstand. Für besondere Aufregung sorgte der Passus in der Urteilsbegründung, der sich mit dem Geheimnisverrat Johns befaßte. Der SPD-Politiker und Jurist Adolf Arndt, der sich bereits ausführlich an der John-Debatte beteiligt hatte, war geradezu erbost über das Urteil, vor allem da nach seiner Auffassung die im Urteil genannte Begründung den Sinn des Strafrechtsänderungsgesetzes von 1951 auf den Kopf stellte. Arndt äußerte seine Einwände nicht nur im Rechtsausschuß des Bundestages, sondern teilte sie auch Generalbundesanwalt Güde mit.[38]

6. Widerstand in demokratischen Gesellschaften?

Beruflich wie politisch war John im Westen bereits seit seinem Übertritt 1954 am Ende. Seine Bezüge als Leiter des BfV waren bereits am 21. Juli 1954, also an dem dem Übertritt folgenden Tag, gestoppt wurden.[39] Später, nach seiner Haftentlassung, wurde ihm von Bundespräsident Heuß ein Unterhalt „im Gnadenwege" zugesprochen, der offiziell nicht begründet wurde und sich allein auf die finanzielle Bedürftigkeit Johns stützte. In den achtziger Jahren gewährte ihm Bundespräsident von Weizsäcker dann unter diesem Hinweis auch einen Pensionsanspruch.

Das Urteil des Bundesgerichtshofes war für John dann nur noch die offizielle Niederlage eines zuvor bereits gesprochenen Urteils in der öffentlichen Meinung gewesen, die John mehrheitlich als „Verräter", nicht als „Widerständler" gegen Adenauer sah. Die gesamte Debatte um den „Fall John" war jedoch auch bereits unmittelbar nach seinem Übertritt in die DDR nicht nur politisch polarisiert, sondern – für die Wahrheitsfindung im „Fall John" besonders negativ – politisch instrumentalisiert worden. In dieser Debatte spielten die wahrscheinlich höchst ehrenwerten Intentionen und Ideale Johns nur noch am Rande eine Rolle. Bereits 1964 erfolgte sein erster Antrag auf Wiederaufnahme, 1995 wurde sein letzter Antrag abgelehnt. Warum Otto John sich fast vierzig Jahre nach dem Urteil gegen ihn um eine Rehabilitation bemühte, ist aus diesen Umständen ableitbar. „Ich will nicht ‚als Verräter' sterben und will mit allen Kräften meine Rehabilitierung betreiben", hatte der letzte Satz in Otto Johns 1969 erschienenen Memoiren gelautet.[40] John sah sich und seine politischen Gründe für sein Handeln, für „seinen Widerstand" gegen Adenauer und die Politik des Westens nicht genügend berücksichtigt. Ein gewisser Realitätsverlust war erneut unübersehbar. Der ehemalige BfV-Präsi-

---

„unwahre[n] oder gröblich entstellte[n] Behauptungen tatsächlicher Art" in der Absicht gegeben, einen der in § 88 StGB bezeichneten Verfassungsgrundsätze zu beseitigen, außer Geltung zu setzen oder zu untergraben (ebd., Bl. 192).
38 Zur Kritik Arndts: D. Gosewinkel, Adolf Arndt. Die Wiederbegründung des Rechtsstaats aus dem Geist der Sozialdemokratie (1945-1961), Bonn 1991, S. 396f.
39 SAPMO-BArch, Ordner: Prozeß: Otto John, Ost- und Westpresse, o. Pag., Meldung Der Tag, 7.1.1956.
40 John, Zweimal, S. 356.

dent hat zweifellos irgendwann selbst an seine Entführung unter Betäubung geglaubt, zumal sie ja wahrscheinlich nach seinem freiwilligen Übertritt und dem Treffen in der konspirativen KGB-Villa tatsächlich so ähnlich stattfand. Die Verschiebung der zeitlichen Zusammenhänge ging dabei einher mit einer Neukonstruktion der Wirklichkeit. John fühlte sich wiederum „mit dem Rücken an der Wand" – mißverstanden, politisch von seinen Gegnern aus dem „Dritten Reich" in Gestalt seiner Richter vor dem Bundesgerichtshof verfolgt. Daß er zutiefst von seiner Unschuld, d.h. von der Rechtmäßigkeit „seines Widerstandes" überzeugt war, belegte nicht zuletzt die Konsequenz, mit der er nach seiner Verurteilung bis zu seinem Tod 1997 den Versuch seiner Rehabilitation betrieb.

Vor allem im Vergleich zu den Widerstandshandlungen im „Dritten Reich" war Johns Verhalten sicherlich kein „Widerstand", auch wenn er ihn selbst so verstand. Der Verfassungsschutzpräsident der Bundesrepublik hatte selbstverständlich politische Möglichkeiten, seinen Protest auf parlamentarischem Weg oder in anderen öffentlichen Debatten zu artikulieren, jedenfalls mehr als die Masse derjenigen, die ähnliche Vorbehalte gegen die Politik Adenauers hatte. In Johns subjektiver Wahrnehmung war diese Option aber nicht vorhanden, und tatsächlich ist zu fragen, ob Johns politische Außenseiterposition in der Bundesrepublik und die Frontstellungen des Kalten Krieges mit ihrer ideologischen Bipolarität es in der Realität zugelassen hätten, daß der BfV-Präsident sich öffentlich gegen die Politik des Westens ausspricht. Wahrscheinlich wäre auch damit sein politisches Aus im Westen besiegelt worden. Was blieb, war das „Zeichen *seines* Widerstandes", wie er in den Briefen aus der DDR immer wieder betonte.

Margret Boveri, der das Verdienst zukommt, den „Fall John" 1956 als erste zeitgenössische Beobachterin einschließlich seines komplizierten biographisch-politischen Hintergrundes abseits von Schuldzuweisungen nüchtern abwägend dargestellt zu haben, sah in John daher das klassische Symbol eines zunächst durch das „Dritte Reich", dann durch den Kalten Krieg gespaltenen Landes. Otto John, schrieb sie in ihrer Arbeit über den „Verrat im 20. Jahrhundert", sei ein Mann, den „Wiedervereinigung und Demokratie (...) gefühlsmäßig, (...) nicht logisch stark bewegen".[41] Es sei *seine* Wahrnehmung des Kalten Krieges gewesen, die ihn in mindestens eine Flucht, wahrscheinlich aber in zwei getrieben habe, und damit „mag er wohl die unausgesprochenen Gefühle einer großen Zahl von Deutschen dramatisiert haben, die weder in der Lage sind noch den Wunsch haben, auf so sensationelle Weise einen Beitrag zu den öffentlichen Angelegenheiten zu leisten".

---

41 M. Boveri, Der Verrat im 20. Jahrhundert. Für und gegen die Nation. Bd. 2: Das unsichtbare Geschehen, Hamburg 1956, S. 130. Folgende Wiedergabe ebd.

V.

Die doppelte Vergangenheit als Herausforderung der Zeitgeschichtsforschung: Theoretische Fragen einer deutsch-deutschen Vergleichs- und Beziehungsgeschichte

Falk Pingel
Vom Paradigma der Weltrevolution zur Unbestimmtheit der Postmoderne –
was heißt „Zeitgeschichte" im Ost-West-Vergleich heute?

1. Zeitgeschichte als Epochenbegriff

Anläßlich der Gründung des Instituts für Zeitgeschichte hat Hans Rothfels „Zeitgeschichte" als die Epoche definiert, die von 1917/18 bis zur damaligen Gegenwart reicht. Der entsprechende Artikel erschien in der ersten Ausgabe der „Vierteljahrshefte für Zeitgeschichte" und war aus dem Blickwinkel der frühen fünfziger Jahre formuliert.[1] Zu dieser Zeit hatte sich die „polare Zweiteilung" der Welt gerade erst durchgesetzt. Strukturell angelegt war sie nach Meinung von Rothfels schon vorher. Er sah in der Russischen Revolution sowie in dem Eintritt der USA in den Ersten Weltkrieg den entscheidenden Umbruch vom klassischen Zeitalter der europäischen Großmächte hin zu einer von Massenideologien bestimmten Epoche, die bereits durch die Französische Revolution vorbereitet gewesen sei. Rothfels band in dieser Definition die drei Dimensionen unseres Zeitbewußtseins zusammen, die mit unterschiedlichen Erkenntnisweisen verbunden sind: die Gegenwartsanalyse, deren Ergebnis die Bipolarität war, historische Ursachenforschung, die die Teilung der Welt in Revolution und Weltkrieg begründet fand, und Zukunftsvoraussage, denn es war impliziert, daß die gefundene Struktur für absehbare Zeit bestimmend bliebe. Rothfels nahm hiermit implizit gegen einen weiteren und einen engeren Begriff der Zeitgeschichte Stellung.

1. Im französischen Sprachgebrauch kann „histoire contemporaine" die gesamte Zeitspanne von der Französischen Revolution bis zur jeweiligen Gegenwart umfassen: der Ausgangspunkt steht fest, der Endpunkt verschiebt sich mit dem Fortgang der historischen Zeit. Dahinter steht die Auffassung, daß die Revolution das moderne Frankreich als Volksstaat und Nation geschaffen habe und für das nationale Selbstbewußtsein verpflichtendes Erbe bleibe. Die welthistorische Bedeutung der Revolution ist darin zumindest implizit eingeschlossen, auf keinen Fall aber ausgeschlossen.

Diese Definition scheint durchaus nicht weit entfernt von Rothfels. Sehen wir einmal davon ab, daß Rothfels die Revolution weniger positiv wertete als die französische öffentliche Meinung, war für ihn der entscheidende Nachteil der in Frankreich üblichen Definition, daß mit ihr eine Tradition geschaffen wurde, deren Anfang unverrückbar festlag, deren Ende aber nicht absehbar war. Welches Ereignis erscheint denkbar, das in

---
1 Vgl. H. Rothfels, Zeitgeschichte als Aufgabe, in: VfZ 1 (1953) S. 1-9.

Frankreich eine neue zeitgeschichtliche Epoche einleiten könnte? Die französische Definition schien Rothfels eher einen modernen Mythos zu schaffen als eine unvoreingenommene und sachgerechte Analyse der zeitgenössischen Verhältnisse zu fördern.

2. Näher an seinem eigenen Verständnis schien Rothfels die englische Lesart, die den Begriff wörtlicher nimmt: Was die Zeitgenossen als selbst erlebte Geschichte tradieren können, ist Geschichte der „Jetztzeit". Nur war ihm hier das subjektive Moment zu stark. Zwar schien ihm die Ausformung eines spezifischen epochalen Bewußtseins durchaus notwendig zum Begriff der Zeitgeschichte zu gehören; dieses sollte aber zurückgeführt werden können auf ein epochales Ereignis oder einen epochalen Prozeß der Geschichte selbst, marxistisch würde man sagen, der materiellen, „objektiven" Geschichte. Und als dieses Ereignis und diesen Prozeß identifizierte Rothfels den Weltkrieg und die Weltrevolution mit ihren Nachwirkungen. Die wissenschaftliche Behandlung der Epoche der Mitlebenden unter der „universalen Konstellation", die von dieser Ereigniskette ihren Ausgang nimmt, sei die Aufgabe des Zeithistorikers, folgerte er. Erstaunlicherweise ist diese Festlegung sowohl von bürgerlichen als auch von marxistischen Historikern akzeptiert worden, zwar mit unterschiedlichen Akzentsetzungen, aber doch im ganzen mit vergleichbaren Begründungen.[2]

2. Zeitgeschichte im Geschichtsunterricht

Wo der Geschichtsunterricht chronologisch gegliedert ist, hat die Zeitgeschichte ihren festen Platz in der letzten Klasse der Pflichtschule, denn in dieser Klasse erreicht der Unterricht „unsere Zeit". Der Schulunterricht hat seine eigenen Perioden, das sind die Klassenstufen, und diese korrelieren aus unterrichtspraktischen Gründen auf eine mehr oder weniger vollkommene Art mit den epochalen Einteilungen, die die Geschichtswissenschaft vornimmt. Ob wir z.B. nach Italien, Deutschland, Frankreich oder Polen schauen, für die Behandlung der „Jetztzeit" ist im großen und ganzen die gesamte letzte Klassenstufe reserviert. Im allgemeinen behandeln die Schulbücher in dieser Klasse das „20. Jahrhundert", das konkret allerdings oft erst mit dem Ersten Weltkrieg beginnt, oder allenfalls noch einen Ausblick auf die imperialistischen Machtverhältnisse vor Ausbruch des Kriegs umgreift. Die Schulbuchautoren nehmen dabei Bezug auf ein geschichtswissenschaftliches Theorem, das die Zeit von der Französischen Revolution bis 1914 dem „langen 19. Jahrhundert" zuschlägt und das „kurze 20. Jahrhundert" von der Revolution bis zum Zusammenbruch des Sowjetstaates reichen läßt.[3]

1945 markiert aus östlicher und westlicher Perspektive in unterschiedlicher Weise eine Zäsur: Die westlichen Nationen konnten ihre bisherige mörderische Konkurrenz

---

2 Vgl. H. Möller, Zeitgeschichte – Fragestellungen, Interpretationen, Kontroversen, in: APZ, B 2/1988, S. 3-16.
3 E. Hobsbawm, Das Zeitalter der Extreme. Weltgeschichte des 20. Jahrhunderts, München 1995 (engl.: Age of Extremes. The Short Twentieth Century 1914-1991, London 1994).

unter einem gemeinsamen Dach neutralisieren, ohne sich aufgeben zu müssen, während die nationalstaatliche Eigenständigkeit für die meisten Völker unter sowjetischer Dominanz in Frage gestellt oder – von heute aus gesehen – unterbrochen worden ist. Dennoch sind die Inhalte osteuropäischer Schulbücher stärker nationalgeschichtlich geprägt als die der westeuropäischen, denn die „Welt" beschränkt sich in ihnen mehr und mehr auf den sozialistischen Teil, der wiederum auf die eigene Gesellschaft und die Sowjetunion verengt wird.

Kompliziert und für einen westlichen Beobachter vielleicht auch überraschend ist die Entwicklung in der DDR verlaufen. Der Bezug zu Gesamtdeutschland durchkreuzte hier die politisch doch so eindeutig gezogenen bzw. „gemauerten" Linien. In der Phase der „antifaschistisch-demokratischen" Ausrichtung, in der es ohnehin an marxistischen Autoren fehlte, mußten die potentiellen Gemeinsamkeiten in der progressiven Orientierung der Bevölkerung in ganz Deutschland betont und die Möglichkeit einer Wiedervereinigung offengehalten werden. Der Antifaschismus blieb wahrscheinlich eine der erfolgreichsten Integrationskonstruktionen; er war in den beiden Jahrzehnten nach dem Krieg die tragende Selbstinterpretation, die das zeitgeschichtliche Verständnis vielleicht noch stärker prägte als die allgemeine Zuordnung der SBZ bzw. DDR zum sozialistischen Weltsystem.

Die Darstellung von Reaktion und Fortschritt vollzog in der Schulbuchdarstellung eine bemerkenswerte Wendung. Zuerst reagierten die politischen Organe der Sowjetunion bzw. der DDR auf die Vorgaben der Westmächte. Die Sowjetunion sah sich zum Handeln „gezwungen" und zur Festigung ihres eigenen Systems herausgefordert. Erst nach dem Ende der Entstalinisierung und dem Mauerbau übernahm die DDR mit der Sowjetunion die Initiative – es waren die Westdeutschen, die den Anschluß verloren hatten und in deren Verantwortung es jetzt lag, nachzuholen, was in der DDR bereits gesichert war. „Wir sind der imperialistischen Welt um eine gesellschaftliche Epoche voraus. (…) Wir kennen und beherrschen zunehmend die Gesetzmäßigkeiten der gesellschaftlichen Entwicklung",[4] waren allgemeine Sentenzen, die jedenfalls viele der professionellen Geschichtsvermittler nicht nur unhinterfragt, sondern wohl auch im guten Glauben verbreitet haben. Es bleibt immer die Frage, wieweit die Adressaten diese Botschaften übernommen haben. Schwer jedenfalls war es, sie bewußt abzulehnen. Es war gerade das angeblich Neue, die DDR von der Bundesrepublik Unterscheidende, das eine marxistische Analyse notwendig machte, um die neuere Entwicklung verstehen zu können.

Der polnische Journalist Adam Krzemiński erklärt hiermit die Verständigungsschwierigkeiten in der Schulbuchkommission zwischen Polen und der DDR, die weit weniger erfolgreich arbeitete als diejenige zwischen der Bundesrepublik und Polen. „Obwohl wir demselben Ostblock angehörten, funktionierte der Dialog der Historiker

---

4 Offenes Geschichtslernen in einer geschlossenen Gesellschaft? Von den „Arbeitsgemeinschaften Junger Historiker" als einem ambivalenten Bestandteil historischer Bildung in der DDR, hg. v. der Körber-Stiftung, Berlin 1995, S. 140.

kaum, da uns – paradoxerweise – die Methodologie trennte. Während die DDR-Schule nach einem strikten, stalinistischen, klassenmäßigen Strickmuster die Geschichte lehrte, konzentrierte sich die polnische Schule auf die traditionelle Darstellung der politischen Geschichte Polens. Ein Kompromiß war da sehr schwierig, weil (…) es kaum Platz gab für die spezifischen deutsch-polnischen Belange, die nicht in das stalinistische Klassensystem paßten."[5]

Es unterstreicht die mangelnde Tragfähigkeit der sozialistischen Weltordnung als Identifikationsangebot, daß die „Bruderländer" sowie die um die Unabhängigkeit kämpfenden Entwicklungsländer schon in den achtziger Jahren wieder weniger berücksichtigt wurden. Die Inhalte der Geschichte des 19. und 20. Jahrhunderts konzentrierten sich auf die Geschichte Deutschlands vor 1945 bzw. der DDR und der Sowjetunion. Je mehr die Darstellung sich der Gegenwart näherte, um so mehr war sie national zentriert – ganz im Gegensatz zur Doktrin der internationalen Solidarität. Es ging nun um die Förderung eines eigenen, DDR-spezifischen nationalen Bewußtseins, in dessen Dienst der Geschichtsunterricht gestellt wurde. Die Darstellung des Klassengegners trat dahinter deutlich zurück. Die Lehrbücher vermitteln immer weniger Informationen über die Bundesrepublik. Doch hiermit nicht genug. Am Ende der Entwicklung 1989 behandelt das Lehrbuch für die zehnte Klasse ausschließlich die DDR, setzt also mit dem Jahr 1949 ein und unterschlägt so die eigentlich noch zur Gründungsgeschichte gehörende gesamtdeutsche Perpektive. Das Lehrbuch „Geschichte 10" stattet damit die DDR noch kurz vor ihrem Ende mit der Aura einer gesättigten und gefestigten Geschichte aus, deren Behandlung den Einsatz eines ganzen Schuljahres rechtfertigt. Offensichtlich konnte die detaillierte, an „objektiven" Datensammlungen und nicht an lebendigen Alltagsschilderungen ausgerichtete, damit oft langweilige und langatmige Schilderung der gesellschaftlichen Entwicklung in der DDR angesichts einer sich spürbar separierenden Jugendkultur und Mangelerscheinungen des Alltags nicht nur die geforderte Identifikation mit dem offiziellen Selbstbild nicht leisten, sondern brachte die Differenz zwischen Alltagserfahrung und Propaganda sogar auf den Punkt. Vom Lehrtext abzuweichen, der mit Fakten überhäuft war – die wiederum in ein starres Schema der Formationstheorie eingebaut waren –, schien unausweichlich, um Motivation zu wecken und Abwechslung zu schaffen. Die sozialistische Welt, so nun der Ausweg, konzentrierte sich in der kleinen Region, in der Heimat, die zum Fixpunkt des „Projektunterrichts" in der DDR wurde. Je ausführlicher die DDR im Geschichtsunterricht behandelt und im Geschichtsbuch ausgebreitet wurde, desto mehr suchte man in außerschulischen Aktivitäten nach konkreten Identifikationsobjekten oder -subjekten: über Heimatstolz zum Nationalstolz, so faßte Renate Kappler diese Orientierung im Rückblick zusammen. Die Tendenz hielt bis in die Umbruchsphase der Wiedervereinigung an und beeinflußte noch die ersten Entwürfe für Lehrplanrevisionen besonders in

---

5 A. Krzemiński, Das Deutschlandbild und die Deutschlanderwartungen in Polen heute, in: Deutschland ist nie nur Deutschland – Gemeinsame Fachtagung, hg. v. Niedersächsischen Kultusministerium, 1998, S. 50.

Sachsen, nun aber mit anderer Zielrichtung: die Beschäftigung mit der Landesgeschichte sollte einer allzu starken Hinwendung zur Nationalgeschichte vorbeugen.[6]

Das Bild, das die Schulbücher widerspiegelten, war im wesentlichen selbstgemacht. Repression, so resümiert Wendelin Szalai, „gab es meiner Ansicht nach in der Geschichtsmethodik nur selten".[7] Die zentralen gesellschaftlichen Vorgaben wie etwa das Wahrheitsmonopol wurden gemeinhin akzeptiert, die methodischen und inhaltlichen Kernstücke des Historischen Materialismus gingen „wie selbstverständlich" in die Schulbuchdarstellung ein; allerdings schrieben die Texte die Fachhistoriker; die Methodiker hatten vor allem auf deren Altersgemäßheit und die Lehrplankonformität zu achten.

Die Geschichtswissenschaft und der Schulgeschichtsunterricht in Westdeutschland taten sich gleichermaßen schwer, die theoretisch kaum angezweifelte Definition der Zeitgeschichte von Rothfels praktisch einzulösen. Denn Zeitgeschichte umfaßte danach in Deutschland so unterschiedliche politische Systeme wie das ausgehende Kaiserreich, die instabile Weimarer Republik, den Nationalsozialismus, die föderal-demokratische Bundesrepublik und die sozialistische DDR. Zeitgeschichte war nicht leicht als eine Einheit darzustellen; bis in die achtziger Jahre gab es kaum wissenschaftliche Studien, die von der Weimarer Republik bis zur Gegenwart reichten.

Die westdeutschen Geschichtsbücher haben alle vier bzw. fünf Systeme beschrieben. Das führte dazu, daß im zeithistorischen Unterricht die nationale Geschichte häufig stärker im Vordergrund stand als in anderen westeuropäischen Ländern. Dort war die Kontinuität des politischen Systems allenfalls durch die deutsche Besetzung im Zweiten Weltkrieg unterbrochen, aber nicht dessen Legitimität in Frage gestellt worden. Die Unterrichtenden hatten allerdings große Schwierigkeiten, die Fülle und Vielfalt des Stoffes zu bewältigen. Wollte man der Weimarer Republik ihr eigenes Gewicht geben, sie nicht nur in ihrem Scheitern und Hinlenken auf den Nationalsozialismus sehen, mußte hinreichend Unterrichtszeit hierfür eingeräumt werden. Der Nationalsozialismus bildete wiederum einen „Block" mit eigenem Gewicht – wenn er denn überhaupt ausführlich behandelt wurde. Die deutsche Nachkriegsgeschichte zerfiel in die der beiden deutschen Staaten.

Als solcher wurde die DDR aber erst mit der Entspannungspolitik von den Schulbuchautoren anerkannt: „Stelle auf der Landkarte die vier Besatzungszonen in Deutschland fest! Welche Zone besteht heute noch?" heißt noch eine Arbeitsfrage in einem Schulbuch von 1968.[8] Die DDR ist sicherlich am ausführlichsten in den Schulge-

---

6 Vgl. R. Kappler, Nationalgeschichte – Regionalgeschichte als Kategorie eines neuen Geschichtsverständnisses in den neuen Bundesländern, unveröff. Ms. (Beitrag zur Tagung „Politik und Geschichtsunterricht in den neuen Bundesländern", Ilsenburg, 25.-27.6.1991). Siehe auch dies., Geschichtsunterricht in der DDR am Scheideweg oder: Nur ein völlig veränderter Geschichtsunterricht hat eine Zukunft, in: Internationale Schulbuchforschung 12 (1990) S. 191-201.
7 Offenes Geschichtslernen, S. 74.
8 W. Marienfeld/M. Overesch, Deutschlandbild und Deutsche Frage in den Geschichtsbüchern der Bundesrepublik Deutschland und den Richtlinien der Länder, in: W. Jacobmeyer (Hg.), Deutschlandbild und Deutsche Frage in den historischen, geographischen und sozialwissenschaftlichen Unterrichtswer-

schichtsbüchern der siebziger und achtziger Jahre dargestellt worden. Sie war allerdings in diesen Jahren, als ein auf sozialwissenschaftlichen Fakten beruhender systemimmanenter Vergleich angesteuert wurde, eher Gegenstand des Politik- als des Geschichtsunterrichts. Ich habe selber in Lehrerfortbildungen in den Monaten nach der Grenzöffnung erlebt, daß diese Art einer „objektiven" Darstellung von Lehrerinnen und Lehrern aus der DDR als zu positiv heftig kritisiert wurde. Wir hätten doch den besseren Zugang zu den Quellen gehabt, von uns hätte verlangt werden können, hinter die Erscheinungen der Sozialstatistik zu schauen.

Nicht zuletzt um eine intensivere Beschäftigung mit der deutschen Diktatur zu ermöglichen, wurde mit Beginn der sechziger Jahre das Fach „Gemeinschaftskunde/Politik" eingerichtet. Politische Bildung, die es leisten sollte, wurde gleichgesetzt mit Zeitgeschichte. So behandelt Wanda Kampmanns „Didaktik der Zeitgeschichte" von 1968 Faschismus, Nationalsozialismus, Sowjetkommunismus und „gesellschaftliche Prozesse" in den USA und in den Entwicklungsländern. Ausdrücklich wird als gemeinsamer Nenner eines solchen Zugangs der „Totalitarismus" genannt.[9] Immerhin ist die Zeitgeschichte für Kampmann kein geschlossenes System, sondern bietet einen offenen Horizont. Die Zeitgeschichte würde mit der „new-frontier"-Ära der Kennedys, den erfolgreichen afrikanischen Unabhängigkeitsbewegungen und dem aufkeimenden sowjetisch-chinesischen Gegensatz in Gegenwartsanalyse („current events") übergehen, deren Verlauf und Einordnung in das bisher gültige Schema noch in Frage stünde.

Während bei Wanda Kampmann die Strukturen der Bipolarität und des Totalitarismus schon voll entwickelt sind, zeigt uns ein Blick in das erfolgreichste Schulgeschichtsbuch der fünfziger und sechziger Jahre, daß selbst das Theorem der sich feindlich gegenüberstehenden Supermächte erst durch die Erfahrung des Kalten Kriegs untermauert werden mußte, bis es als gängiger Ansatz Eingang in die Schulbücher fand. Hans Ebelings „Reise in die Vergangenheit" von 1961 behandelt unter der „bisherigen Geschichte unseres 20. Jahrhunderts" die beiden Weltkriege, Weimar, Nationalsozialismus und „Bolschewismus" sowie in einem Ausblick Krisen der Nachkriegszeit und die Befreiung vom Kolonialismus. Eine eigenständige Darstellung der demokratischen Weltmacht fehlt, die Bipolarität ist noch nicht sichtbar, aber das Zeitalter der Globalisierung deutet sich bereits an, wohlgemerkt nicht mit der Russischen Revolution, sondern mit der Erhebung der Kolonialvölker (vor allem China und Indien werden behandelt) und der Gründung der UNO: „Es gibt nur noch Weltpolitik" heißt das Schlußkapitel.[10]

So hat jedes Land auf seine Weise erst allmählich eine Topologie der zweigeteilten Welt entwickelt, bis schließlich die weltgeschichtliche Zäsur von Krieg und Revolution

---

ken der Bundesrepublik Deutschland und der Deutschen Demokratischen Republik von 1949 bis in die 80er Jahre, Braunschweig 1986, S. 52.
9 W. Kampmann, Zur Didaktik der Zeitgeschichte, Stuttgart 1968 (^{2}1971).
10 H. Ebeling, Die Reise in die Vergangenheit, Bd. 4: Unser Zeitalter der Revolutionen und Weltkriege, Braunschweig 1961.

sowie die exemplarische Rolle von USA und UdSSR Unterricht und Schulbücher zur Zeitgeschichte gegliedert haben.

3. Ist das Ende der alten der Beginn einer neuen Epoche?

Diese Epoche ist mit der Auflösung des sozialistischen Systems, der Überwindung der deutschen Teilung und der globalen Bipolarität zu Ende gegangen. Wir sind in ein Zeitalter der globalen Beziehungen, aber bei weitem nicht der weltweiten Einheit getreten.

Der wichtigste Unterschied zwischen unserer heutigen Situation und der Zeit vor 1990 liegt darin, daß die heutigen Machtpole Europa, USA und Japan/Ostasien keinen Kern eines voraussagbaren Konflikts in sich führen, der auf eine militärische Lösung zusteuert. Militärische Konfliktlagen bestehen eher in den Peripherien oder sind regional begrenzt, ohne gleichzeitig und notwendigerweise die Spannungen zwischen den Großmächten zu erhöhen; der Weltfrieden scheint vor allem davon abzuhängen, inwieweit es gelingt, diese Konflikte einzugrenzen.

Innenpolitisch gilt Entsprechendes. Globalisierung bzw. Internationalisierung stellen auch die traditionellen, gefestigten Demokratien vor neue Herausforderungen. Diese wandeln sich zu multiethnischen oder multikulturellen Gebilden. Die meisten osteuropäischen Staaten knüpfen zwar an ihre Unabhängigkeit vor dem Sozialismus an, können aber nicht einfach zurückkehren zu einem politischen System, das innenpolitisch oder auf äußeren Druck hin schon einmal gescheitert war. Besinnung auf die nationalen Anfänge ist ein durchaus verständlicher Bestandteil des historischen Bewußtseins. So ist es kein Zufall, daß manche der ehemals sozialistischen Länder anfangs Schulbücher aus den zwanziger oder dreißiger Jahren wiederaufgelegt haben. Auf die Dauer können aber sicherlich nur die historischen Anknüpfungspunkte, nicht die Lösungskonzepte in der Vergangenheit gefunden werden.

Damit gehören die Folgen des Zweiten Weltkriegs sicherlich zu den merkwürdigsten: die Hauptverlierer erweisen sich erneut als Mittelpunkte wirtschaftlich-politischer Kraftfelder. Dieses Ergebnis der zweiten Nachkriegszeit hat wohl kaum jemand 1945 vorausgesagt. Es wäre in die Erfahrungsmuster des Jahres 1945 nicht integrierbar gewesen. Noch innerhalb der bipolaren Struktur entstanden neu-alte Zentren, die zusammen mit den USA zu politischen Ordnungsfaktoren und Schwerpunkten der Ökonomie für eine Welt heranreiften, in der Finanz- und Handelsaustausch global möglich sein sollen, was auch ein Mindestmaß an Offenheit der politischen Systeme verlangt. Wer hätte 1945 geglaubt, daß Deutschland und Japan zu den Eckpfeilern eines solchen Systems gehören könnten, nicht aber ein Rußland, das sich des Sozialismus entledigt hat? Insofern ist auch der Begriff der bipolaren Welt nur eine Konstruktion, die in sich bereits Entwicklungen umgreift, die schließlich über sie hinausreichen. Aus unterschiedlichen Erfahrungen heraus ist Mißtrauen gegenüber historisch legitimierten Zukunftsideologien in Ost wie West verbreitet. Unsere Gesellschaft ist vorerst ohne

Alternative, aber auch weitgehend ohne Projektion und Utopie. Trägt sie damit aber schon die Zeichen der Postmoderne, der Dekonstruktion, der Zertrümmerung in partikulare Lebenseinheiten, in regionale Kleinräume, die zusammenkommen nur im Spiel der Macht beim Austragen des multikulturellen Diskurses?

Offene Konfliktlagen und Entwicklungsmöglichkeiten bringen uns noch nicht in das Zeitalter der Austauschbarkeit der Kulturen und Machtpole. Vielleicht ist mit dem Zusammenbruch des bipolaren Gegensatzes eine neue Epoche der „Mediation", der Vermittlung als Konfliktlösungsstrategie angebrochen. Am Beginn der vergangenen Zeitepoche hatte Europa schon einmal die Möglichkeit, den Schritt zur Konfliktverhandlung zu tun, und es hat sie verspielt. Gegenwärtig scheint es keine Gründe zu geben, die die Großmächte bewegen könnten, um nationaler Interessen willen den Weltfrieden aufs Spiel zu setzen. Angesichts möglicher Auseinandersetzungen um knapper werdende Rohstoffe, um ökologische Folgen forcierter globaler Industrialisierung sowie wegen der noch unbestimmten Einordnung von Rußland, China und der islamisch geprägten Staaten in das internationale System können sich die Grundbedingungen aber schnell ändern, so daß sich eine neue Struktur unserer gegenwärtigen Epoche für die Zeitgenossen noch nicht abzeichnet.

Wenn nun also die Revolution zunichte gemacht und das Zeitalter der Weltkriege und Blockkonfrontation vorbei ist, wo setzen wir dann unseren zeithistorischen Schnitt an, wie gliedern wir die jüngste Geschichte neu? Selbst wenn wir uns schon mit der Wende von 1990 in das 21. Jahrhundert und eine neue Epoche eintreten sehen, so sind wohl die nicht einmal zehn Jahre, die seitdem verflossen sind, zu kurz, um allein Zeitgeschichte genannt zu werden. Wie aber sollen wir Einschnitte setzen in der Zeit des Übergangs? Werden wir uns noch weitere Jahre oder Jahrzehnte auf die Zäsur von Weltkrieg und (gescheiterter) Weltrevolution beziehen, um den Beginn der Zeitgeschichte zu markieren, obwohl die Epoche, die dort ihren Ausgang nahm, bereits beendet ist?

4. Die Relativität epochaler Erfahrung

Obwohl der Einschnitt von Weltkrieg und Weltrevolution von der Wissenschaft als epochal anerkannt worden ist und sich als wichtige Zäsur in der Gliederung des Geschichtsunterrichts in Ost- und Westeuropa durchgesetzt hat, war er doch keinesfalls von vornherein als solcher „objektiv" gegeben. Die Zeitgenossen waren in der Mehrheit weder innerhalb noch außerhalb Rußlands davon überzeugt, eine Zeitwende erlebt zu haben, denn weder während des Krieges noch in den Jahren danach war erkennbar, ob und wieweit Krieg und Revolution die Weltverhältnisse auf Dauer neu strukturiert hatten. Der Krieg erhielt sein Attribut „Welt" erst später – durch den zweiten „großen Krieg" nämlich, der das von der Revolution geschaffene System exportierte und damit erst die bipolare Struktur schuf. Solange diese Struktur noch nicht sichtbar war, wurde die welthistorische Dimension von Krieg und Revolution zwar behauptet, aber keinesfalls allgemein akzeptiert. Sie ist in ihrer generell anerkannten Gültigkeit eine Interpretation der zweiten, nicht der ersten Nachkriegszeit. Einmal konstituiert, hat sie, wie das historiographische Konzepte an sich haben, ihren Ursprung in die Geschichte zurückverlegt und von dort die Geschichte neu geschrieben und für die Geschichtscurricula zumindest in Europa einen neuen Kanon geschaffen: Russische Revolution, die Sowjetunion als Repräsentant des kommunistischen Systems und die Vereinigten Staaten als demokratische Gegenmacht und Repräsentant des Freihandels erhalten in unseren Schulbüchern erst seit den späten fünfziger Jahren ihren herausragenden Platz.

Nach dem Ersten Weltkrieg konnten viele Menschen in Europa die neuen Verhältnisse, die der Krieg geschaffen hatte, nicht als gegebene historische Voraussetzungen der weiteren Entwicklung akzeptieren. Die Erinnerung an die Vorkriegszeit war eine der treibenden Kräfte der Revisionspolitik. Auf der anderen Seite hofften die Sozialisten auf eine neue Zukunft und wollten sich radikal von der bisherigen Geschichte lösen. In beiden Fällen hatte sich die Geschichte nicht „gesetzt", sondern die jeweilige historische Interpretation war geradezu das treibende Moment des politischen Handelns in der Gegenwart.[11] Die unmittelbare Vergangenheit blieb umkämpft. Man lebte gleichsam aus dem Krieg, er war die Mitte, nicht Ende oder Anfang einer Epoche. Alle Versuche, neue stabile Verhältnisse einzurichten, scheiterten nicht zuletzt daran, daß das Gedächtnis neue Horizonte nicht freigab, die Erinnerung an die Vergangenheit zu stark war, als daß Zukunftsvisionen eines wahren Völkerbundes oder eines vereinigten Europa sich hätten durchsetzen können. Gesellschaft und Kultur des Kaiserreichs, Führungspersönlichkeiten wie Bismarck, Militär und Fronterlebnis blieben historische Bezugspunkte, die bei vielen positiv besetzt waren und zu denen man sich in der Öffentlichkeit bekennen konnte.

Auf die Überwindung der Weltwirtschaftskrise folgte in einigen Ländern zwar noch ein Versuch des Aufbruchs in die Zukunft, aber er erwies sich nirgendwo dauerhaft, sondern endete, wo er mit sozialistischen Hoffnungen verbunden war, wie im Falle des Spanischen Bürgerkriegs und der französischen Volksfrontregierung, in Niederlage und Resignation. Die außerhalb Rußlands gescheiterten Revolutionäre führten ihren Kampf zwar in der kurzfristigen Hoffnung fort, die Weltwende doch noch zu erzwingen. Sie wagten es nicht, sich einzugestehen, daß ihr *kairos* – der rechte Zeitpunkt – bereits vorüber war. Ohne die Mithilfe und Herausforderung des Nationalsozialismus hätte sich das sowjetische System wohl kaum noch zur Weltmacht emporschwingen können. Davon aber wußten die Zeitgenossen noch nicht.

Die Erwartungen der Menschen hatten sich gemäßigt. Nicht einmal mehr die sowjetischen Führer glaubten noch an den Export der Revolution. Die schleichende Wiederherstellung der europäischen Großmachtverhältnisse wie vor dem Krieg war die uneingestandene Voraussetzung der Appeasementpolitik. Man suchte Kompromisse und keine radikalen Lösungen, was zur Fehleinschätzung des Nationalsozialismus

---

11 Vgl. F. Furet, Das Ende der Illusion. Der Kommunismus im 20. Jahrhundert, München 1996 (franz.: Le passé d'une illusion, Paris 1995).

wesentlich beitrug, der sich dieser Tendenz nicht anschloß. Wenn auch der deutsche „Führer" und der italienische „Duce" eine neue Welt entwarfen, erhoffte sich die Bevölkerung in beiden Ländern doch vor allem, die außenpolitische Anerkennung und wirtschaftliche Stabilisierung zu erringen, die ihr 1918 vorenthalten worden war. Die Massen, die Hitler und Mussolini folgten, bestanden weitgehend aus „Revisionisten", die hinter Versailles zurück und es nicht, wie die „Führer", überwinden und hinter sich lassen wollten.

Anders stellte sich die Situation nach dem Zweiten Weltkrieg dar. Hier gab es kein Zurück; die Zwischenkriegszeit galt allgemein als eine Periode gescheiterter Modelle, an die nicht wieder anzuknüpfen war. Die Erinnerung an sie trug wenig zur Orientierung in der Gegenwart bei. Die Zukunft verkörperten zumeist – jedenfalls in den ehemaligen besetzten Ländern – die Träger des Widerstands, die oft vor dem Krieg noch keine herausragende gesellschaftliche oder politische Rolle eingenommen hatten. Die materiellen Verwüstungen, die gesellschaftlichen Erschütterungen durch Völkermord, Kollaboration und Widerstand hatten an der „inneren Front" viel tiefere Spuren hinterlassen als im Ersten Weltkrieg. Mit Ausnahme der USA mußten sich alle Länder, die in den Krieg hineingezogen worden waren, neu formieren. Sie durchliefen alle – übrigens in Asien weitgehend wie in Europa – eine Phase der Rekonstruktion, die ihnen viel stärker als nach 1918 eine gemeinsame Kontur und Zukunftsausrichtung verlieh, selbst über die Blockgrenzen hinweg. Der gesellschaftliche Wandel im Sinne von Modernisierung und Zivilisierung (im Gegensatz zu Militarisierung) war trotz des Kalten Krieges in den meisten Ländern West- und Osteuropas sowie Asiens tiefgreifender, schneller und nachhaltiger als nach dem Ersten Weltkrieg. Man setzte sich ab von der Vorkriegsgesellschaft und kämpfte nicht darum, sie hinüberzuretten in die neue Zeit.

1945 war von Versailles nicht mehr die Rede. Die Erinnerungen waren im wesentlichen negativ gefärbt, und die politischen Bezüge, die blieben, wurden ambivalent beurteilt. Zwar wollte man in Deutschland zurück zur Demokratie, aber nicht zum „Weimarer System". Konservative Werthaltungen, die an Humanismus und Christentum anknüpften, hielten sich mit sozialistisch beeinflußten Neuordnungsvorstellungen weitgehend die Waage. Gewissermaßen das Überzeitliche, nicht das Epochenspezifische galt es zu übernehmen. So war auch die Russische Revolution nicht das eigentliche Vorbild für die Installation „volksdemokratischer" Verhältnisse in den Gebieten unter sowjetischer Dominanz. Der Sozialismus, der nun über die eine Hälfte Europas hereinbrach, wuchs nicht aus einer Revolution von innen heraus, sondern verdankte sich der drückenden Übermacht eines fremden Staates, der sich einheimischer Kräfte bediente. Den hieraus entstehenden weltpolitischen Gegensatz, der sich in den Jahren der Besatzungszeit ja erst durchsetzte, auf 1917/18 zurückzudatieren, verwischt die Konturen des zeitgenössischen Bewußtseins und beraubt die Entwicklung ihres Überraschungseffekts. Erst nach 1945 bildete sich eine neue Struktur der weltpolitischen Verhältnisse heraus, die nicht fortsetzte, was 1918 entstand, sondern vielmehr mit der Tradition von Versailles radikal brach. Hätten Churchill und Roosevelt von Anfang an gewußt, daß sie sich bereits in dieser Struktur bewegten, so hätten sie vermutlich eine andere Strategie des Kampfes und der Friedensregelung eingeschlagen.

5. Gemeinsamkeiten und Unterschiede historischer Orientierung in der bipolaren Welt und nach dem Zusammenbruch des Sozialismus

Die Erinnerung an die jüngste Vergangenheit konnte sich in der zweiten Nachkriegszeit nur auf komplizierte Weise und sehr selektiv äußern. Das gilt in besonderer Weise für Deutschland. Hier war man zur Zukunft verdammt in einer Situation, die allerdings weder politisch noch wirtschaftlich rosige Aussichten versprach. Vom Nationalsozialismus mußte man sich stärker distanzieren als vordem von der Monarchie oder vom Militarismus. In der Besatzungszeit standen die alliierten Strafprozesse und die Entnazifizierung im Vordergrund der Diskussion über die „Bewältigung" des Nationalsozialismus. Unter diesen Umständen waren die vier Jahre der Besatzungszeit viel zu kurz, um eine abwägende Reflexion über das eigene Verhalten in der Diktatur anzuregen.

Nach der Errichtung der Bundesrepublik und DDR erhielt die offizielle Erinnerung an den Nationalsozialismus und das Gedenken an die Opfer neue Konturen, die in beiden deutschen Staaten ganz unterschiedliche Formen zeigten. Während man in der DDR unter der Losung des Antifaschismus von einer aktiven Überwindung des Nationalsozialismus ausging und mit dem Historischen Materialismus über ein Instrument wissenschaftlicher Analyse des Faschismus zu verfügen glaubte, kam in der Bundesrepublik die Auseinandersetzung mit dem Nationalsozialismus nur zögerlich in Gang und wurde in den fünfziger Jahren sogar tendenziell wieder zurückgedrängt, um dann aber etwa seit Mitte der sechziger Jahre viel breiter und letztlich auch intensiver geführt zu werden als in der DDR. In beiden Staaten aber fiel persönliche Erinnerung und offizielles Gedenken weitgehend auseinander. Die politischen Stilisierungen der Erinnerungszeremonien entfernten sich von den Erfahrungen, die die Menschen unter dem Nationalsozialismus gewonnen hatten. Die Erinnerung der Mehrheit der Bevölkerung fand keinen Ausdruck in einem kollektiven Gedächtnis, das nach außen hin hätte in Erscheinung treten können. Zudem bauten sich in beiden deutschen Gesellschaften neue, in die Zukunft weisende Kontinuitätslinien auf, die weitere Orientierung in die Geschichte oder eine „Durcharbeitung" der Vergangenheit wenig ertragreich erscheinen ließen. Die Vergangenheit war ab-, die Zukunft angebrochen. Die Bruchstelle aber bildeten die Jahre 1945-50. Von der subjektiven Seite her – der Struktur der Erinnerung, die an die nächste Generation weitergegeben wurde – stellte die zweite Nachkriegszeit einen tieferen Einschnitt dar als die erste. Die Zeitstruktur des Gegenwartsbewußtseins formte sich in Ost- und Westdeutschland unterschiedlich.

Im Westen setzte sich das Bewußtsein einer im wesentlichen gleichlaufenden Vorwärtsbewegung fest, die sich von den Brüchen der Vergangenheit abhob; das Ende des Sozialismus und die Wiedervereinigung stellten den Höhepunkt dieser Aufstiegsgeschichte durch den friedlichen Siegeszug der sozialen Marktwirtschaft dar – vielleicht aber auch dessen Wendemarke. Die Ereignisse selbst jedenfalls läuteten für die Westdeutschen keine neue Zeit ein, sondern schrieben die ihrige erfolgreich fort. Ihre Lebensweisen bleiben im wesentlichen gleich, in der persönlichen Lebensgeschichte eines „Wessis" stellt die Wiedervereinigung kaum eine historische Zäsur dar, die ein deutliches Vorher und Nachher artikulieren würde. Vielleicht denkt man später darüber anders angesichts möglicher langfristiger Änderungen von Sozialpolitik und Wirtschaftslage, die sich mit den Folgen der Wiedervereinigung verbanden.

Die Westdeutschen hatten mit der Gründung der Bundesrepublik einen neuen Ausgangspunkt gefunden, von dem aus sie ihre Zukunft entwarfen. Die Absage an die nationalistische Traditionslinie und die Hinwendung zur europäischen Integration wurde von der Mehrheit der Bevölkerung gebilligt und stellten auch die Grundbedingung für die Wiedervereinigung dar, die in Wahrheit die Integration der DDR-Bevölkerung in das westdeutsche bzw. westeuropäische System bedeutete, das sich als das überlegene herausgestellt hatte. Vom Westen aus gesehen, bestätigte die Vereinigung also die „Richtigkeit" des nach 1945 eingeschlagenen Weges.

Die Entwicklung in den osteuropäischen Ländern (einschließlich der DDR), die unter dem Einfluß der Sowjetunion standen, verlief krisenhafter als im Westen, sowohl politisch als auch wirtschaftlich. Der „Aufstieg" war weniger kontinuierlich, seine Phasen kürzer und weniger ausgeprägt; weder verhaltene wirtschaftliche Besserung noch direkter Zwang konnten grundsätzliche Opposition zum herrschenden politischen System beseitigen. Selbst in der DDR, wo sich nach dem Mauerbau große Teile der Bevölkerung mit Staat und vor allem Gesellschaft arrangierten, begann bereits in den achtziger Jahren eine „innere" Absetzbewegung, die mit der Perestroika schließlich in eine sichtbare Fluchtbewegung überging. Dennoch hat die Mehrheit der älteren Bevölkerung nicht das Gefühl, 1945 einfach von einer Diktatur in die nächste gestoßen worden zu sein. Andererseits sind vierzig Jahre DDR zu lang, um sie nur als „Zwischenstadium" auf dem Weg in die westlich-liberale Gesellschaft betrachten zu können. Die Zeit von 1945/49 bis 1989/90 stellt also einen eigenen Abschnitt dar.

Vom Osten aus beurteilt, korrigierte die Wiedervereinigung „falsche" politische Weichenstellungen, die im wesentlichen die Sowjetunion als Siegermacht zu verantworten hatte. Die ostdeutsche Bevölkerung mußte demnach 1989/90 zum zweiten Mal von einer „fehlgeleiteten" Geschichte Abschied nehmen. Erwartungen, den Sozialismus von innen her zu reformieren oder mit den Westdeutschen zusammen neue Lebensformen zu finden, wurden gleichermaßen enttäuscht. Eine Alternative zum Weg der Westdeutschen bot sich nicht. Im großen und ganzen blieb daher den Ostdeutschen nur, möglichst schnell den „Anschluß" zu suchen. Für viele Ostdeutsche wird daher die Auflösung des sozialistischen Systems und der DDR einen deutlichen Bruch in der Lebensgeschichte und Zukunftsorientierung darstellen. Mehr noch: Viele, die in der DDR ihren Platz gefunden hatten, empfinden das völlige Verschwinden der DDR als eine „Niederlage" und sehen die Westdeutschen als historische „Sieger".

Wollen wir die Erinnerung der Menschen, die in der DDR gelebt haben, nicht allein *korrigieren* – was in gewissem Maße durchaus die Funktion von Zeitgeschichtsschreibung ist, die gleichermaßen aus dem Urteil der Zeitgenossen lebt, wie sie es durch Analyse und Vergleich relativiert und konterkariert –, sondern sie auch erreichen, dann sind wir weiterhin auf eine breite, von innen her konzipierte Darstellung beider Staaten angewiesen, die nicht allein vom Ergebnis her denkt und auch nicht vornehmlich aus dem Vergleich heraus argumentiert – dies war vielleicht der zu enge, politisch motivierte Ansatz der siebziger Jahre –, sondern auch das Unvergleichliche, weil gegeneinander Abgeschlossene aufscheinen läßt. Karl-Ernst Jeismann hat für eine solche „integrative", weder „separierende" noch „missionierende", den „Kontrast" und „Zusammenhang zweier Entwicklungsprozesse von der Teilung bis zur Vereinigung" verdeutlichende Schulbuchdarstellung plädiert: „Die Binnensicht bliebe erhalten, stünde aber nicht isoliert."[12]

Es spricht für die historiographische Leistung von Christoph Kleßmann, daß es ihm gelungen ist, eine wissenschaftliche sowie eine Schulbuchdarstellung von Bundesrepublik und DDR vorgelegt zu haben, die diesem Ansatz folgte, als die Wiedervereinigung nicht absehbar war und auch in Kleßmanns Sicht nicht in der historischen Entwicklung lag. Die von ihm konzipierte doppelte Geschichte einer Nation erweist sich jetzt zwar als ergänzungs-, nicht aber als revisionsbedürftig.

6. Beginnt die Zeitgeschichte nun 1945?

Die jüngste Geschichte, die die jetzige Generation der Erwachsenen an ihre Kinder weitergeben kann, bezieht sich nicht mehr auf die zwanziger Jahre oder den Nationalsozialismus, sondern auf die unterschiedlichen Lebensbedingungen, die den Alltag in Ost und West prägten. Die Zäsur zeitgeschichtlicher *Erfahrung* hat sich von der ersten auf die zweite Nachkriegszeit unseres Jahrhunderts verschoben. Das wird dazu führen, daß die Zäsur von 1945 auch in der Geschichts*darstellung* stärker hervorgehoben wird. Anzeichen hierfür zeigen sich bereits in neuerdings überarbeiteten Lehrplänen.

Zielten die Lehrplanrevisionen, soweit sie das 20. Jahrhundert betrafen, in den sechziger und siebziger Jahren vor allem darauf ab, eine ausführliche Behandlung des Nationalsozialismus als der unmittelbaren Vorgeschichte der Gegenwart sicherzustellen, gilt die Aufmerksamkeit derjenigen, die Lehrpläne aufstellen, nun der zweiten Nachkriegszeit, die für die jetzige Schülergeneration in der Tat Geschichte geworden ist – freilich mit dem wesentlichen Unterschied, daß sich die westdeutschen Schüler in der Kontinuität sehen können, die die Eltern- und Großelterngenerationen gestiftet haben, während sich die ostdeutschen Schüler erst in ein Verhältnis zu dieser Geschichte setzen müssen.

Die Richtlinien mehrerer Bundesländer sehen bereits vor, daß am Ende der vorletzten Klasse das Jahr 1945 erreicht werden soll, damit der Geschichtsunterricht in der

---

12 K.-E. Jeismann, Die Geschichte der DDR in der politischen Bildung: ein Entwurf, in: W. Weidenfeld (Hg.), Deutschland. Eine Nation – doppelte Geschichte, Köln 1993, S. 284.

Abschlußklasse sich konzentriert der Zeit seit 1945 widmen kann. Setzt sich diese Tendenz durch, so läßt sich feststellen, daß unbemerkt von den großen Historikerdebatten um die Historisierung des Nationalsozialismus die Schule begonnen hat, den Nationalsozialismus zur „bloßen" Geschichte zu machen und ihn aus der Zeitgeschichte auszugliedern. Zeichnet sich damit die Konstruktion eines noch längeren 19. Jahrhunderts ab, das von der Französischen Revolution bis zum Ende des Zweiten Weltkrieges reicht?

Wie wäre in ein solches Schema, das die zeitgeschichtliche Zäsur 1945 setzt, der „reale" Sozialismus einzuordnen? Aus dem Blickwinkel der meisten ehemaligen sozialistischen Staaten stellt er sich dar als eine weitere Phase der Besetzung und der Aufoktroyierung eines fremden Systems, das die vorangegangene Unterdrückung durch den Nationalsozialismus verlängerte. Jedenfalls handelt es sich mehr um die Geschichte einer Fremdherrschaft als um die Entfaltung einer neuen gesellschaftlichen Verfassung von innen heraus.

Welchen Ansatz wir auch wählen, wir ordnen die Geschichte vom Ergebnis her. Damit nehmen wir ihr gerade in Hinsicht auf den Lernprozeß wichtige und stimulierende Überraschungsmomente, verdecken Zufälle in der Entwicklung und Alternativen, die möglicherweise offenstanden. Können wir Geschichte und Zeitgeschichte so offen konstruieren, daß der Widerspruch zwischen dem Erwartbaren und dem Ergebnis fühlbar bleibt?

Der Zeitgeschichtsschreibung zumindest steht reiches Material zur Verfügung, das es erlaubt, die Perspektive der Handelnden einzunehmen und zu prüfen, wie diese sich selbst gesehen und ihre Lebenszeit in die Geschichte eingeordnet und periodisiert haben. Zwar greifen Historiker – Schulbuchautoren häufiger als Verfasser fachwissenschaftlicher Darstellungen – inzwischen auf Ergebnisse der „oral history" zurück. In den Schulbüchern werden solche Erlebnis- oder Lebensberichte zumeist im Quellen- oder Arbeitsteil wiedergegeben, der von vornherein in das übergeordnete Periodisierungsschema eingefügt ist. Die ursprünglichen und widerständigen Erwartungshorizonte können damit gerade nicht freigelegt werden.

Entgegen der vorherrschenden Orientierung an politischen Systemen haben die Autoren eines französischen Geschichtsbuchs versucht, die Zeitgeschichte nach den epochalen Erfahrungen zu ordnen, die das Zeit- und Gegenwartsverständnis der jeweiligen Generation geprägt haben.[13] Sie unterscheiden Generation der Krise und Gewalt (1914-1945), die der Reorganisation (1944-1975) und der Aktualität. Dieser Vorschlag zeigt Möglichkeiten und Grenzen eines generativen Ansatzes auf. Denn Generationen sind relative Gruppierungen, bezogen auf die Geburtsjahrgänge, die jeweils zu einer Generation zusammengefaßt werden. Die im Beispiel gezeigte Aufgliederung suggeriert deswegen eine prägende Erfahrungseinheit, weil sie mit dem von der Geschichtswissenschaft akzeptierten Epochenumbruch beginnt und mit der Zäsur 1945 endet. Generationen aber überdauern normalerweise diese Umbrüche; sie sind gezwungen, Konti-

---

13 Vgl. Histoire et géographie³, Nathan, Paris 1993.

nuität über sie hinweg herzustellen oder aber bestimmte Phasen der Vergangenheit zu verdrängen oder ihnen weniger Bedeutung zuzusprechen als anderen Lebensphasen. In den Generationen kumulieren bestimmte Erfahrungen, andere werden ausgestoßen oder integriert, ohne die einmal gebildeten Interpretationen noch revidieren zu können. „Subjektive" Erinnerung und „objektive" Geschichtsdarstellung treten in eine Spannung, und hierin liegt die tiefere Stimulation des erfahrungsgeschichtlichen Ansatzes. Die Zeitgenossen haben die Geschichte in der Regel anders verarbeitet, als die Schüler sie lernen. In Anlehnung an Braudel plädiert Dagmar Klose dafür, die unterschiedlichen Zeitebenen stärker zu berücksichtigen, in denen sich Geschichte im Bewußtsein niederschlägt. Die klassische epochale Einteilung könne den vielen Dimensionen historischer Erfahrung nicht hinreichend Ausdruck verleihen (hier seien nur Alltags-, Geschlechter-, Mentalitätsgeschichte genannt, deren Entwicklungsgeschwindigkeiten von denen der politischen oder wirtschaftlichen Geschichte abweichen können).[14] Es bleibt allerdings zu fragen, wieweit in einem Schulgeschichtsbuch die Zeit tatsächlich gleichsam versetzt gegliedert werden kann, je nach dem, auf welcher Ebene der Realgeschichte ich mich bewege.

Die Autoren des zitierten französischen Geschichtsbuches wagen es nicht, der gegenwärtigen Generation einen anderen Namen zu geben als den des Augenblicks, in dem sie lebt: „La génération actuelle". Sie wird ihren eigenen Namen erst noch hervorbringen. Im Gegensatz zu ihrer Elterngeneration, die Krise und Gewalt hinter sich ließen, muß sie aber das Erbe ihrer Eltern bewahren: Die Phase des Wiederaufbaus schuf die Basis des möglichen guten Lebens in der (Post-)Moderne. Wie ahistorisch die „aktuelle Generation" uns auch immer vorkommen mag – im Westen jedenfalls muß sie soweit rückwärtsgewandt sein, daß sie mit dem in der Wiederaufbauzeit erworbenen Reichtum zu wuchern versteht, um sich in der Konkurrenz der tripolaren Welt zu behaupten. Insofern bildet in Westeuropa die zweite Nachkriegszeit tragendes – und bewährtes – Fundament der Gegenwart. Gerade dies aber kann die Bevölkerung der osteuropäischen Staaten (hier einschließlich der DDR) von sich nicht behaupten. Zwar blickt auch sie auf eine Phase der Reorganisation zurück. Sie hat mit der Wiedervereinigung bzw. der Abschüttelung der sowjetischen Dominanz aber einen großen Teil des auch hier erworbenen Wohlstandes verloren und kann sich nicht der politischen und wirtschaftlichen Erfahrungen bedienen, die sie in dieser Zeit angesammelt hatte. Die osteuropäischen Gesellschaften sind daher gegenwärtig noch instabil, während die westeuropäischen gegenüber neuen Herausforderungen eher immobil werden.

Das wird sich vermutlich auch nicht wesentlich ändern, wenn der europäischen Dimension der neuesten Geschichte mehr Aufmerksamkeit geschenkt wird. Ähnlich wie in Deutschland kommen im integrierten Europa die unterschiedlichen historischen Erfahrungen und Zeitmuster zusammen. Die Anfänge und „Gründungsmythen" der Integration gehen auf die Jahre nach 1945 zurück. Hier beginnt eine neue Geschichte Europas, das zum ersten Mal in der Neuzeit eine reale Chance zu haben scheint, in der

---

14 Vgl. D. Klose, Prägungen und Wandlungen ostdeutscher Identitäten, in: APZ, B 41/1994, S. 10f.

Folge eines Friedensschlusses nach einem europaweiten Krieg in eine Phase der Zusammenarbeit einzutreten, die zumindest dem Modell nach bewaffnete Auseinandersetzungen zwischen den Mitgliedern der Union ausschließt. Dieser „Erfolgsgeschichte" können die Staaten, die sich ehemals unter dem Einfluß der Sowjetunion befanden, im wesentlichen nur beitreten – ähnlich, wie die DDR der Bundesrepublik beigetreten ist. Sie müssen die Bedingungen der EU, des Europarates oder der NATO annehmen und haben wenig Möglichkeiten, diese zu beeinflussen. Sie finden sich in der Rolle derer, die verlorene Zeit aufholen müssen. Die westliche Zeit aber läuft weiter, setzt immer neue Vorausmarken, die kaum von allen zu gleicher Zeit erreicht werden können. Aber immerhin ist die supranationale europäische Abstimmung und Zusammenarbeit vielleicht eine konkrete Utopie, die helfen könnte, ein gemeinsames Bewußtsein der zeitgeschichtlichen Epoche zu schaffen, in die wir als Europäer nach der Überwindung der Blocktrennung eingetreten sind.

Hans-Ulrich Wehler

Diktaturenvergleich, Totalitarismustheorie und DDR-Geschichte

In den letzten Jahren ist deutlich geworden, daß die Erforschung der DDR-Geschichte einer Gefahr ausgesetzt, zugleich aber mit einer besonderen Chance verbunden ist. Die Gefahr besteht in einem Rückzug auf die historistische Position, daß die DDR primär oder sogar ausschließlich aus ihren eigenen Bedingungen verstanden werden müsse, ein eigenständiges „historisches Individuum" im Sinne des Historismus sei, gleich nahe zu Gott oder Clio, wie andere Staaten auch. Dieser Rückzug liegt offenbar manchen ostdeutschen Wissenschaftlern nahe, da er nicht nur lebensgeschichtlich entlastet, sondern auch die enorme Anstrengung zur kategorialen Bewältigung der Forschungsprobleme fernhält. Wie oft zuvor dient auch diese Variante des Historismus als Schutzmauer gegen drängende Gegenwartsprobleme.

Die große Chance liegt demgegenüber darin, daß die DDR von Anfang an vergleichend erforscht werden kann. Unleugbar ist das mit beträchtlichen Schwierigkeiten verbunden, da die komparative Analyse zu den höchsten Künsten der Geschichtswissenschaft gehört. Dennoch sprechen die Hauptfunktionen und Leistungschancen des Vergleichs dafür, diese Aufgabe in Angriff zu nehmen.

Zum einen gestattet es nur der Vergleich, durch die Ermittlung von Unterschieden die individuellen, unverwechselbar eigentümlichen Züge eines Phänomens zu bestimmen. Zum anderen ermöglicht es nur er, Gemeinsamkeiten und daher auch generalisierbare Charakteristika herauszuarbeiten. Insofern bleibt der Vergleich der einzige methodische Ersatz für das natur- oder sozialwissenschaftliche Experiment, insofern auch in seiner klärenden Wirkung unübertrefflich produktiv. Das sind seit Otto Hintze und Marc Bloch vertraute Gesichtspunkte.

Seltener wird eine dritte Eigenschaft des Vergleichs betont: sein heuristischer Wert. Denn er ermöglicht die experimentelle Übertragung von Fragestellungen, Kategorien, Leitperspektiven, die sich bei der Analyse von Problemen eines Landes bewährt haben, auf diejenigen eines anderen Landes. Dadurch kann die Hypothesenbildung bereichert oder überhaupt erst in Gang gesetzt werden; die strukturierende Fähigkeit von Fragestellungen kann erprobt, die Erklärungskraft von Interpretationen und Theorien genutzt, die Suche nach trennscharfen Periodisierungskriterien gefördert werden. Die Beispiele aus der vergleichenden Imperialismus- und Industrialisierungsforschung, aus der vergleichenden Sozial- und Politikgeschichte demonstrieren durchaus diesen Gewinn, den der Vergleich als Ideen- und Hypothesenspender bedeuten kann.

Bekanntlich gibt es beim Vergleich unterschiedliche Schwierigkeitsgrade. Der synchrone Vergleich, z.B. des italienischen Faschismus und des deutschen Nationalsozialismus in den 1930er Jahren, wirkt noch relativ leicht, obwohl er die Beherrschung zweier Forschungskomplexe verlangt. Der diachrone Vergleich dagegen ist wegen der komparativen Perspektiven auf größere Zeitspannen und wegen der unterschiedlichen Systembedingungen ungleich schwieriger auszuführen. Man braucht etwa nur an einen Vergleich des englischen Chartismus der 1830er und 1840er Jahre mit der deutschen Sozialdemokratie der 1890er Jahre, an die Lage nach dem amerikanischen Bürgerkrieg nach 1865 und in Ostdeutschland nach 1990 zu denken.

Bei der Erforschung der DDR-Geschichte wird es offensichtlich um beides, um den synchronen und um den diachronen Vergleich gehen. Dafür sprechen vor allem drei sachliche Gründe. Die DDR sollte – sie kann nicht nur, sie sollte vielmehr unbedingt – im Vergleich mit drei anderen untergegangenen oder noch existierenden politischen Systemen und Gesellschaftstypen erforscht werden. Bisher gibt es kein einziges durchschlagendes Argument dafür, diesem Dreiervergleich auszuweichen.

1.

Der erste Vergleich drängt sich förmlich auf. Der Staatskommunismus der DDR, das politische Regime der deutschen Bolschewiki – in einer vergleichenden Typologie der Herrschaftsformen eine klassische Satrapie der Sowjetunion –, die von ihnen gewalttätig umgebaute Gesellschaft muß mit der Sowjetunion und anderen kommunistischen Staaten seit 1918 bzw. 1945 verglichen werden. Das Ergebnis ist zur Zeit noch ganz offen. Die Gemeinsamkeiten und die Unterschiede müssen erst einmal mit einleuchtenden Argumenten identifiziert, analysiert und erklärt werden. Zwei leitende Fragen liegen jedoch auf der Hand:
– Die DDR gehört zur Regimefamilie der kommunistischen Staaten. Daher muß sie auch in deren Kontext komparativ erörtert werden.
– Die wichtigsten Diktaturen des 20. Jahrhunderts sind in ihrem Kern totalitär und auch deshalb *a limine* vergleichbar.
Die Totalitarismustheorie ist allerdings inzwischen fast dreißig Jahre lang als ein Produkt des Kalten Krieges, als ein ideologisches Kampfmittel diskreditiert worden. Die Unterschiede zwischen Nationalsozialismus und Bolschewismus seien, hieß es, so gravierend, daß sie ein einheitliches Theoriegebäude nicht zuließen. Die Sowjetunion habe keinen Vernichtungskrieg wie das „Dritte Reich" geführt, sei als politisches System im Frieden reproduktionsfähig gewesen, habe durch den Rückgriff auf das Marxsche Erbe im Prinzip die Möglichkeit zu systemimmanenten Reformen besessen – und so weiter. All diese Einwände kann man mit guten Gründen bestreiten. Mir hat jedenfalls der Kern der Totalitarismustheorie, die aus der vergleichenden Analyse der nationalsozialistischen und der kommunistischen Diktatur – vor allem im Kreis emigrierter deutscher Wissenschaftler – hervorgegangen ist, als Hilfsmittel bei der Interpretation moderner Diktaturen stets eingeleuchtet.

Die Aufstiegsphase links- und rechtsradikaler Bewegungen läßt sich unstreitig durch die politische Sozialgeschichte überzeugender erklären. Aber die Regimephase kann sehr wohl mit Hilfe einer undogmatischen, historisch flexiblen Totalitarismustheorie angegangen werden. Berührungsängste sind hier ganz unangebracht, und die Versicherung, daß man noch nach den Charakteristika „moderner Diktaturen" suche, verhindert allzuleicht die nüchterne Prüfung von Kategorien und Denkfiguren, die mit den totalitarismustheoretischen Überlegungen bereits zur Verfügung stehen. Welcher Weg führt denn herum um die Einparteienherrschaft, das Ideologie- und Weltdeutungsmonopol, das Ziel des „neuen Menschen", den Einsatz von Terror, von Straf- und Todeslagern, um die Kontrolle des Staatsapparats, der Militärmacht, der Geheimpolizei, der zum Teil verstaatlichten Wirtschaft, des Propagandaapparats und der öffentlichen Meinung?

2.

Der unbequemere Vergleich ist fraglos derjenige mit dem Nationalsozialismus. Gegen ihn sträubt sich nicht nur die Antifa-Tradition, sondern ihm begegnen zur Zeit auch nicht wenige westdeutsche Historiker und Sozialwissenschaftler mit voreiliger Skepsis. Zugegeben, die DDR hat keinen Weltanschauungs- und Vernichtungskrieg im Stil des „Rußlandfeldzugs" von 1941 bis 1944 geführt, keinen Genozid praktiziert, und an ihrem Anfang steht ohnehin kein siegreicher Aufstieg wie derjenige des Faschismus seit 1922/23 und des Nationalsozialismus seit 1930/33. Unleugbar war sie ein besetzter Teil des formelle und informelle Herrschaftsformen verbindenden sowjetischen Imperiums, das seit 1945 rund 45 Jahre lang im westlichen Vorfeld Rußlands bestand – eine Satrapie in engster Abhängigkeit in den wichtigsten Entscheidungsbereichen und mit relativer Autonomie auf einigen Handlungsfeldern. Offenbar aber war sie in freier Willensbekundung auch nie konsensfähig – ohne einen Charismatiker wie Hitler, ohne seine blendenden ökonomischen und politischen Erfolge, wohl aber immer unter dem Konkurrenzdruck des überlegenen zweiten deutschen Staates. Das sind tiefe Unterschiede, die niemand nivellieren wird.

Aber, so beginnt eine lange Reihe von Gegenerwägungen, das Einparteienmonopol in der DDR läßt sich schwer leugnen. Die Kontrolle des Staatsapparats, des Militärs, der Propaganda, der Wirtschaft, die ideologische Definitionsmacht, die Geheimpolizei, der Terror – eignen sie sich etwa nicht für den Vergleich mit anderen totalitären Systemen? Wer hätte denn gegen einen Weltanschauungs-Feldzug im Jahre 1968 gegen den „Prager Frühling" und nach 1980 gegen das zerbröselnde polnische Regime effektiv opponieren können – abgesehen von jenen mutigen Studenten, die durchweg inhaftiert wurden? Die physische Ausmerzung von „Klassenfeinden" in der frühen Phase ist unbestreitbar. Strittig ist dagegen das heikle Problem, ob dabei vor allem die Größenordnung zählt. In der Bilanz ist dann freilich das NS-Regime dem Leninismus und Stalinismus deutlich unterlegen. Lager wie Bautzen kann man durchaus mit den Konzentrationslagern von 1933 bis 1939 vergleichen; die sechs großen Vernichtungslager außerhalb des „Reiches" bilden ohnehin einen Lagertypus für sich. Der Meinungsterror ist in der DDR vermutlich größer gewesen, aber die Nationalsozialisten hatten auch nur zwölf Jahre lang Zeit. In den Wissenschaften ist die ideologische Gängelung ganz offensichtlich rigoroser gewesen als damals.

Kurzum: Gerade dieser Vergleich ist ganz und gar unvermeidbar. Die präzise Gewichtung der Unterschiede und der Gemeinsamkeiten steht freilich noch bevor. Weder genügt es, den tief verinnerlichten „Antifaschismus" wie eine Monstranz vor sich herzutragen, um diesem Vergleich ausweichen zu können. Noch reicht es hin, den vermeintlich löblichen Kern einer Utopie zu verteidigen. Es geht ja nicht um irgendeine, sondern um diejenige Utopie, deren Verwirklichung unter kommunistischem Vorzeichen zu extrem menschenfeindlichen Systemen und Abermillionen von Opfern geführt hat. Nur in jenem europäischen Normalfall, den die sozialdemokratischen systemimmanenten Reformparteien verkörpern, ist das Erbe des Marxismus in Impulse übersetzt worden, die bewahrenswert sind.

3.

Eine mindestens ebenso hohe Hemmschwelle ist beim Vergleich mit der Bundesrepublik zu überwinden. Ausweichen kann man ihm aber nicht. Hier kommen andere Vergleichsebenen ins Spiel. Eberhard Jäckel genügen in seinem Plädoyer für den Vergleich der „zweifachen Vergangenheit" der neuen Bundesrepublik die Komplexe der Menschenrechte, der Demokratie und eines wohlverstandenen Sozialismus im Sinne der west- und nordeuropäischen Sozialdemokratie als normative Maßstäbe. Diese Konzeptualisierung der Problematik fällt zu karg aus.

Auf den Menschen- und Grundrechten des westlichen Verfassungs- und Rechtsstaats muß man in der Tat als Vergleichsmaßstab bestehen. Von ihnen her läßt sich eine unübertrefflich scharfe Unterscheidungskraft ableiten. Justiziable Individualrechte, die vor autonomen Gerichtshöfen eingeklagt und verteidigt werden können – das bleibt ein Spitzenprodukt der westlichen politischen Kultur.

Das gilt selbstverständlich auch für die institutionell gesicherte und funktionsfähige Demokratie, welche die einzige freiheitliche Regimeform zu sein scheint, die es gestattet, eigene Fehler relativ schnell und friedlich zu korrigieren. Anstatt aber die Sozialdemokratie in der modernen bürgerlichen Gesellschaft dem pervertierten Staatssozialismus entgegenzusetzen – ein leichtes Spiel, das vielleicht eine Zeitlang unvermeidbar ist –, lohnt es sich weit eher, abstraktere Kategorien dem Vergleich von Systemleistungen zugrunde zu legen.

Dabei geht es darum, die Ausübung wichtiger gesellschaftlicher und politischer Funktionen und die Lösung von Modernisierungsaufgaben zu vergleichen. Hier lassen sich ins Auge fassen: die Legitimierung des politischen Systems durch Wachstumskonstanz, Sozialstaatsleistung und Funktionstüchtigkeit seines *modus operandi*; die Förderung des Wirtschaftswachstums; die ökologische Zähmung der Wirtschaft; die Distribution des Wohlstands; die interventionsstaatliche Regulierung der Konjunkturschwankungen sowie die Verwirklichung und der Ausbau des Rechtsstaates.

In der Sprache der vergleichenden Historischen Modernisierungsforschung kann man im Hinblick auf das politische System drei Funktionsbündel unterscheiden:
- die Legitimierungsfunktionen, z.B. die Verteilung von Herrschaft, die Loyalitätsbeschaffung, die politische Sozialisation;
- die Prozeßfunktionen, z.B. die Elitenrekrutierung, die Aggregierung und Artikulation von Interessen, die politische Kommunikation;
- die Leistungsfunktionen, z.B. die Mobilisierung und Verteilung von Ressourcen, die Aufrechterhaltung der inneren Ordnung, die Gewährleistung stabiler Außenbeziehungen.

Auf der Linie dieser Unterscheidungen läßt sich mancher Vergleich anlegen.

Man kann aber auch den Umgang mit den bekannten Modernisierungskrisen zugrunde legen, um vergleichend zu erörtern, wie diese Modernisierungsaufgaben, gewöhnlich unter krisenhaften Bedingungen, gelöst werden oder ungelöst bleiben:
- Die Legitimationskrise lenkt auf die Basis traditionaler, rationaler, charismatischer Herrschaft und ihrer zahlreichen Mischformen hin, ferner auf die Schwierigkeit der Loyalitätsbeschaffung und des Defizitausgleichs.
- Die Partizipationskrise entsteht bei der Regulierung der politischen Teilhabe, der Beteiligung der Bürger am Getriebe des „politischen Massenmarkts", der zunehmenden Politisierung des Einflusses auf wachsende Staatsfunktionen.
- Die Identitätskrise entsteht aus dem Pluralismus konkurrierender politischer, regionaler, konfessioneller usw. Identitäten, die unter den Bedingungen der politischen Neuzeit auf den herrischen Anspruch des Nationalismus mit seinem Ziel treffen, die Vorherrschaft der nationalen Identität durchzusetzen.
- Die Integrationskrise ist mit der Stabilisierung verbindlicher Loyalitätsbeziehungen verbunden; sie muß von den Identitätsproblemen, auch vom Nationalismus analytisch getrennt werden.
- Die Penetrationskrise ist mit der Durchdringung eines Territoriums vom Zentrum bis an die Peripherie verbunden. Diese Organisationsaufgabe umfaßt nicht nur den bürokratischen Zugriff, sondern z.B. auch die Herstellung gleicher Lebensbedingungen.
- Die Distributionskrise entsteht aus dem Streit um die Verteilung materiellen Wohlstands, um die Transferleistungen für Benachteiligte, Alte, Schwache, überhaupt um die Verteilung von Lebenschancen, Lebensrisiken und begehrten Ressourcen.

Zu all diesen Modernisierungsaufgaben gibt es eine große, öfters vergleichend angelegte, qualitativ freilich sehr unterschiedlich überzeugende Literatur, die einen nüchternen Systemvergleich erleichtert.

Dieser Rundblick soll zeigen, welche Konzeptionen vermutlich am meisten versprechen, um die Einzelforschung, die unbestreitbar notwendig ist, in einer künftigen Synthese zu integrieren und vorläufig als theoretischer Fluchtpunkt zu dienen. Das Angebot an Synthesemöglichkeiten ist bekanntlich denkbar knapp bemessen. Dem Historiker vertraute Konzeptionen wie der Aufstieg und die Ausbildung des National- oder des Verfassungsstaats sind zu schmal angelegt. Die Systemtheorie bewegt sich auf einem zu hohen Abstraktionsniveau. Selbst ein noch so aufgeklärter Marxismus hat derart viele Blindstellen, daß er für einen solchen Vergleich von Systemen in der ersten und zweiten Hälfte des 20. Jahrhunderts nicht taugt. Daher bleibt, soweit ich zu sehen vermag, gegenwärtig am ehesten eine kritische, der Ambivalenzen des Modernisierungsprozesses bewußte historische Modernisierungsforschung.

Längst lohnt es nicht mehr, den Strohmann der töricht optimistischen amerikanischen Modernisierungstheorien der 1950er und 1960er Jahre als gegenwärtigen Zustand dieser Forschungsrichtung auszugeben. Die Selbstkritik angesichts des Scheiterns naiver Theoreme und Projekte hat zu einer Ernüchterung und entschiedenen Historisierung geführt. Im Gefolge der Max-Weber-Renaissance ist weithin Weber als der eigentlich lohnende Anreger einer historischen vergleichenden Modernisierungsforschung anerkannt worden. Und wen das Wort „Modernisierung" stört: Gemeint ist eine historische Evolutionstheorie in pragmatischer Absicht, eine historisch fundierte Theorie der Moderne.

Diese historische Modernisierungsforschung privilegiert ein Bündel von Basisprozessen, z.B. die Entwicklung des Kapitalismus, insbesondere des Industriekapitalismus; die Bildung von Klassen und damit neuer Muster der sozialen Ungleichheit; die Entstehung und den Ausbau des bürokratischen Anstaltsstaats, vor allem in der Form des Nationalstaats mit einem demokratischen politischen System; die kulturelle Mobilisierung und Rationalisierung; die „Entzauberung" der Welt: die Verwissenschaftlichung der Produktion und der Lebensführung; die Urbanisierung usw. Zugleich gibt die historische Modernisierungsforschung Entwicklungskriterien an (die Bewegung hin zum Kapitalismus, zur Klassengesellschaft, zum modernen Staat), die idealtypisch-hypothetisch verwendet werden können. Sie macht auch die normativen Implikationen klar, um die in jeder Modernisierungsforschung kein Weg herumführt und die deshalb so explizit wie nur möglich diskussionsfähig gemacht werden müssen.

Sie kann und muß aber auch, wie das Weber selber schon getan hat, die „schwarze" Seite der Modernisierung erfassen: totale Kriege, Massenvernichtungswaffen, totalitäre Systeme, Umweltprobleme. Kurzum, es wäre naiv und kenntnislos, die Modernisierungstheorie auf das Niveau der 1950er und 1960er Jahre festzunageln, als manche ihrer Adepten in Eisenhowers Amerika das Non-plus-ultra der menschlichen Gattungsgeschichte sahen. Noch sieht man keine überlegene Alternative, welche die besseren Argumente für sich geltend machen könnte.

Das wichtigste methodische Problem scheint nun dasjenige zu sein, daß unsere vertrauten Kategorien – die der westlichen Geschichtswissenschaft, auch die der Modernisierungsforschung – im Hinblick auf die osteuropäischen Gesellschaften, die nach 1945 zum großen Teil staatliche Veranstaltungen waren, gewissermaßen nicht greifen. Im Grunde kann das auch nicht überraschen, da diese Begrifflichkeit an einer bestimmten Realität gewonnen worden ist und es keineswegs um universalistische Kategorien geht. Man spürt das sofort, wenn man in der Sprache und im kategorialen System der Theorien privatwirtschaftlichen Wachstums oder der Ungleichheitsforschung im Sinne der Weberschen Klassenterminologie an die ostdeutschen und osteuropäischen Probleme herangeht. Die Realphänomene werden von den vertrauten Sprachnetzen nicht angemessen eingefangen. Mit Webers Zentralbegriff der „marktbedingten Klasse" lassen sich etwa die staatlich initiierten und formierten sozialen Formationen der DDR offensichtlich nicht realitätsadäquat erfassen. Anstatt jedoch den gesamten Begriffsapparat deshalb abzulehnen, sollte man die Kategorien paßgerecht machen oder neue erfinden, bis sie imstande sind, diese vergangene Wirklichkeit einzufangen.

Im Rahmen einer solchen modifizierten Modernisierungstheorie kann auch das Ziel der empirischen Einzelforschung anvisiert werden: z.B. eine Gesellschaftsgeschichte der DDR. Mit diesem Begriff ist der Anlauf zu einer Synthese der gesamtgesellschaftlichen Entwicklung innerhalb einer bestimmten Zeitspanne gemeint. Vielleicht ergibt aber auch die intensivierte wissenschaftliche Beschäftigung mit der DDR, daß eine weit konzipierte moderne Politikgeschichte den Grundstrukturen, die sich so sehr vom westlichen Gesellschafts- und Staatstypus unterscheiden, eher gerecht werden kann.

Wie die genaue Strukturierung einer solchen Gesellschafts- oder Politikgeschichte der DDR aussehen könnte, kann nur in einer breiten, undogmatischen Diskussion, wie sie inzwischen angelaufen ist, ermittelt werden. Immer bleibt eine solche Gesellschafts- oder Politikgeschichte ein Experiment. Aber es ist notwendig, damit die Einzelforschung durch die Synthese gebändigt wird. Das sind wir auch den Bedürfnissen unserer Leser und Hörer schuldig, welche die DDR insgesamt, nicht nur den Mikrokosmos ihrer Arbeiterbrigaden und LPGs verstehen wollen.

Es wäre ein Gewinn, wenn solche Konzeptionen einer Gesellschafts- oder einer Politikgeschichte Ostdeutschlands möglichst bald klare Konturen gewännen, damit ein gut Teil der Einzelforschung, ohne jede Gängelung, daraufhin angelegt werden könnte. Denn die empirische Akribie führt nur allzuleicht zur Zerfaserung größerer Zusammenhänge, und der berechtigte Wunsch, eine umfassende, vergleichende Interpretation geboten zu bekommen, würde nicht erfüllt.

Wer daran festhält, daß die Geschichtswissenschaft in hohem Maße durch ihre Standortgebundenheit, ihre Kontextabhängigkeit, ihren Gegenwartsbezug geprägt wird, und ihr weiterhin eine aufklärende Funktion zuschreibt, kann mit der Fülle spezialisierter Monographien auf die Dauer nicht zufrieden sein. Vielmehr muß er auf Synthesen hoffen, deren unterschiedliche Ansätze in der Arena des freien Wettbewerbs der Ideen und Konzeptionen konkurrieren, bis die Entscheidung für die überlegene Erklärungs- und Überzeugungskraft fällt. Das ist vorerst ein utopischer Fluchtpunkt, der durch anachronistische Totalitätsvorstellungen vielleicht sogar diskreditiert ist. Dennoch bleibt er ein Ziel, über das man sich nicht früh genug Klarheit verschaffen kann.

Arnold Sywottek

Nach zwei Diktaturen?
Über Perspektiven deutscher Gesellschaftsgeschichte im 20. Jahrhundert

1.

Auch und besonders zur Erklärung der Geschichtsentwicklung ist es zweckmäßig, längere Trends in Betracht zu ziehen, als sie die oft schnell wechselnden politischen Konstellationen und wirtschaftlichen Wechsellagen nahelegen. Nicht wenige Zeitgenossen der fünfziger Jahre konnten sich an die Jahre vor dem Ersten Weltkrieg lebhaft erinnern, und bis in die sechziger Jahre hinein gehörten die prominentesten politischen Verantwortlichen in Deutschland den Jahrgängen an, die den Ersten Weltkrieg bereits als Erwachsene erfahren hatten. Dieser Hinweis soll nicht die Annahme stützen, diese Politiker hätten die gesellschaftlichen Verhältnisse nach dem Vorbild der Gesellschaft ihrer Kindheit und Jugend formen wollen. Im Gegenteil: Anzubieten scheint sich die Hypothese, daß sie noch im hohen Alter versuchten zu verwirklichen, was ihnen in der Jugend in Gegenentwürfen zu den damals bestehenden Verhältnissen vorschwebte.

Die Komplexität geschichtsbezogener professioneller Reflexion läßt zudem manchmal vergessen, wie es um das Verhältnis zwischen Individuen und Geschichte bestellt ist. Daß Geschichte nicht nur „aufgearbeitet", sondern mindestens von den Nachgeborenen der jeweiligen Vorgänge angeeignet werden muß und daß diese Aneignung durch Lernen anhand und mit Hilfe von mehr oder weniger „konstruierten" Erzählungen – auch in Bildern – geschieht, wird zuweilen übersehen, wenn Historiker über ihre Aufgaben und Programme diskutieren. An diese fundamentale Gegebenheit ist jedoch zumindest dann zu erinnern, wenn es darum geht, Gegenwartsdiagnosen zu stellen. Für ihr Publikum bieten Historiker in solchen Diagnosen Deutungen an, die ihm helfen können, sich zu definieren und zu positionieren, seine Identität zu finden. Solche Deutungsangebote und Selbstzuschreibungen sind politisch in dem Sinne, daß sie eingenommene, angestrebte oder empfohlene „Standpunkte" markieren, von denen her dann über Erfahrungen gesprochen, über Überzeugungen und Handlungsziele oder gar -strategien gestritten und befunden werden kann. Bei Diagnosen wie „Zwei Staaten, eine Nation" sind solche politischen Bezüge offensichtlich; in diesem Fall hat die politische Entwicklung die seinerzeit von Christoph Kleßmann getroffene politische Diagnose mehr als bestätigt.

Die folgende Studie fragt danach, ob eine Diagnose, die die Gegenwart in Deutschland durch die zwei vorangegangenen Diktaturen geprägt sieht, tragfähig ist – nicht im

Sinne einer schlichten politikgeschichtlichen Chronik, sondern tragfähig im Sinne einer noch ausstehenden deutschen Gesellschaftsgeschichte des 20. Jahrhunderts. Dabei ist nicht nur der erwähnte Sachverhalt zu beachten, daß die Menschen sich ihrer Geschichte erst gewahr werden müssen, bevor sie sich mit ihr auseinandersetzen können. Ebenso gilt auch, daß „Gesellschaft" nach wie vor sinnvoll nur in ihrer Beziehung auf „Staat" gedacht werden kann und „Staat" bisher seine Qualität als Herrschaft(smittel) und Ordnungsrahmen und -instrument, d.h. als Obrigkeit nicht eingebüßt hat. Wie weit die deutsche Gesellschaft von den Diktaturen „durchherrscht" war, ist zu prüfen. Zu denken gibt, daß die „erste" deutsche Diktatur gewaltsam von außen beseitigt wurde, die „zweite" dagegen gewaltfrei von innen. Erklärt sich dieser Unterschied aus Differenzen in den Zielen und der Intensität der Diktaturen oder aus Wandlungen in der Gesellschaft, oder sind es schlicht näher zu spezifizierende Umstände im nationalen und internationalen Rahmen, die jeweils die Formen der Errichtung demokratisch legitimierter Herrschaft in den zuvor diktatorisch beherrschten Gesellschaften determinierten? Vielleicht hilft ein Aufriß einiger Aspekte der deutschen Gesellschaftsgeschichte im 20. Jahrhundert, diese Frage zu beantworten.

2.

Daß es politische Gegenentwürfe im Deutschen Kaiserreich gab und daß manche von ihnen eine bemerkenswert breite, öffentlich diskutierte Resonanz fanden, kann als ein Merkmal jener Gesellschaft gelten, das sowohl auf ihren materiellen als auch auf ihren kulturellen Reichtum hinweist. Der materielle Reichtum resultierte bekanntlich aus dem nach dem „Gründerkrach" von 1873 trotz „großer Depression" anhaltenden Wirtschaftswachstum, das Hungerzeiten wie in den vierziger Jahren des 19. Jahrhunderts unbekannt werden ließ. Die Zuwanderung ostdeutscher und polnischer Arbeitskräfte auch in die westdeutschen Industriezentren und damit die tendenzielle Vollbeschäftigung, die im internationalen Vergleich niedrige Streikhäufigkeit, dazu die zunehmende soziale Sicherung der Beschäftigten bei Krankheit, Invalidität und im Alter sowie der Ausbau der öffentlichen Für- und Vorsorge – all dies konnte auch in den breiten Schichten der Bevölkerung das Gefühl von Wohlstand vermitteln, ganz abgesehen von dem sich um die Jahrhundertwende steigernden Ausbau der Städte und ihrer Ausstattung mit nach damaligen Erfahrungen prunkvollen öffentlichen und privaten Bauten und vor allem einer technischen Infrastruktur, die das urbane Leben bis heute prägt. Nicht ohne Grund sprachen Zeitgenossen von der *belle époque*, und wenn auch nach wie vor manch altes und neues Elendsquartier zu ermitteln ist – nicht Sorge ums Überleben, sondern ums bessere Leben kennzeichnete weithin die Zukunftserwartungen in der Bevölkerung, deren psychische Befindlichkeit neuerdings verstärkt ins Blickfeld der Historiker gerät.

Kultureller Reichtum war für die Zeitgenossen nicht nur an den zahlreichen Museen abzulesen, die von einer breiten Sammeltätigkeit zeugten, an einer breiten Förderung von Künstlern und der Künste und mehr noch der technischen und Naturwissenschaften, sondern auch daran, daß sich die Kreise der aktiven Kulturkonsumenten bei gleichzeitigem Rückgang kirchlicher Bindungen erheblich verbreiterten. Eine kaum schon in ihren Wirkungsdimensionen ausgeleuchtete Bildungsexpansion war dafür Voraussetzung und Begleitumstand. Auch die angesprochenen Gegenentwürfe zu den gesellschaftlichen Verhältnissen und der damit verbundene expressive Pluralismus gehören in diesen Zusammenhang.

„Gegenentwürfe" – damit sind nicht nur durchdachte Modelle für das organisierte Zusammenleben der Menschen gemeint, wie sie in August Bebels Buch „Die Frau und der Sozialismus" unübertroffen Ausdruck fanden, sondern eher Visionen, die besondere Missionen beflügeln konnten, die zumeist an einzelnen Phänomen ansetzten und von dort her gesamtgesellschaftliche Perspektiven mehr oder minder konkret reflektierten. In der 1913 organisatorisch kulminierenden Jugendbewegung lassen sich solche Gegenentwürfe gut greifen, bemerkenswerterweise mehrere gleichzeitig. Aber auch der frühe extreme Nationalismus, der u.a. im Alldeutschen Verband gepflegt wurde, oder das „soziale Kaisertum", wie es Friedrich Naumann empfahl, können als programmatische Gegenentwürfe gelten. Der Gegenentwurfscharakter solcher Vorstellungen konnte dort verschwimmen, wo er Legitimationsfunktion gewann, z.B. in Kreisen der Lebensreformer, die ihren Lebensstil auf die ihnen genehmen Prinzipien und Ziele umstellen konnten und umstellten, ohne daran von ihrer Umgebung gehindert zu werden, aber auch ohne dieser Umgebung ihre Weltsicht aufzunötigen.

Gespalten war in dieser Hinsicht die politische Arbeiterbewegung, die sich selbst ihren Anhängern als zuweilen kaum überschaubares Organisationsgeflecht präsentierte. Zu den Szenen und Kreisen der „bürgerlichen Gesellschaft" oft nicht zugelassen oder sich selbst aus ihnen ausgrenzend, hatten sie sich ihre eigenen Selbsthilfe- und Kulturverbände geschaffen, nicht selten in Nachahmung bürgerlicher Vorbilder. Dies führte zwar zum Sicheinrichten in den bestehenden Verhältnissen, schloß aber Programme nicht aus, die auf deren klassenkämpferische, die eigene Dominanz zur Geltung bringende Ablösung zielten. Allerdings nahm die Ausrichtung des praktischen Verhaltens an diesen Programmen und an der Betonung der Zugehörigkeit zur Arbeiterklasse ab, nachdem die Vorstellung vom „großen Kladderadatsch", des revolutionären Zusammenbruchs, in den ausgehenden neunziger Jahren zurücktrat und seit Beginn des 20. Jahrhunderts die Verstärkung einzelner staatlicher Für- und Vorsorgemaßnahmen in den Vordergrund rückte. Sogar die staatsbürgerliche Ungleichheit in kommunalen und Landeswahlrechten wurde unter mäßigem Protest ertragen.

Gerade dies freilich weist auf ein wenig beachtetes Konstitutionsproblem der deutschen Gesellschaft hin, die bis 1914 noch stark bundesstaatlich fragmentiert war: Die sozialistische Arbeiterbewegung, die organisatorisch insgesamt nicht aus der Verwurzelung ihrer Anhänger in lokal und einzelstaatlich begrenzten Verhältnissen erstand, sondern ihre Mitglieder auf weltanschaulich-programmatischer Grundlage fand, formte die deutsche, auf Kaiser und im Reichstag symbolisierten Nationalstaat bezogene Gesellschaft maßgeblich mit, wenn auch eher funktional als intentional. Auch der anderen großen Mitgliederpartei, dem Zentrum mit seinem Rückhalt in der Katholischen Kirche, kam – allerdings in geringerem Maße – diese Funktion zu. Bezeichnend scheint, daß beide politischen Richtungen den Vorwurf reichspolitischer Unzuverlässigkeit auszuhalten hatten, der sich hinsichtlich der Sozialdemokraten kurz nach der Jahrhundertwende bis zur Zuschreibung der „Reichsfeindschaft" seitens der Verfechter „nationaler" Gegenentwürfe steigerte. Inzwischen war die nationalstaatliche Integration der Gesellschaft auch vom Kaiser und der Reichsführung zu ihrer speziellen politischen Aufgabe gemacht worden. 1914, als die Entscheidung zum Kriegseintritt anstand, schien die bundesstaatliche Ordnung des Reiches vollends nachrangig. „Ich kenne keine Parteien mehr, ich kenne nur noch Deutsche!", lautete die vielzitierte Parole Kaiser Wilhelms II.

Im Ersten Weltkrieg wurde für die Zeitgenossen erstmals die gesellschaftsorganisierende Potenz des Staates im Reichsmaßstab spürbar. Die Reichsbehörden oder die Militärkommandanten regelten autoritär Güterproduktion und Absatz, Preise und Löhne sowie die Versorgung mit Lebensmitteln; Einberufungen und Einsatzbefehle konnten Überlebenschancen mindern. Zur Vervollkommnung dieser Allmacht boten die Verantwortlichen sogar die bis dahin verweigerte Beteiligung an Beratungen zur Bewältigung der kriegsbedingten Aufgaben und Lasten und zur organisierten Interessenvertretung bei der Mobilisierung der Bevölkerung an. Am Ende, als die Niederlage für die militärische Führung schon absehbar war, verlangten sie gar die Beteiligung der bisherigen Opposition an der Regierungsverantwortung; und schließlich wurde den „Reichsfeinden" von ehedem diese Verantwortung ganz aufgedrängt. Proteste waren fast die einzige Form gewesen, in der sich die Bevölkerung eigenständig hatte artikulieren können. Als diese Proteste im November 1918 bei den Soldaten die Form der Verweigerung und der Revolte gewannen, richteten sie sich gegen eine ihrer traditionellen Symbole schon entkleideten Staatsautorität.

Solche Autorität demonstrativ wiederherzustellen und – in Wahlen legitimiert – dauerhaft zu sichern, wurde bekanntlich zu einem Zentralproblem der Weimarer Republik. Die militärische Reichsexekution, im Kaiserreich als Vorgang unbekannt, war mehrmals das ordnungssichernde Mittel, das einzusetzen sich der Reichspräsident genötigt sah. Ob dies jeweils in angemessener oder Überreaktion geschah, ist hier nicht zu diskutieren; festzuhalten ist allein, daß derartige Maßnahmen ausschließlich dort greifen konnten und griffen, wo Kommunisten und radikale Sozialisten bewaffnet die Staatsgewalt beanspruchten, um sie im Sinne, nach dem Vorbild oder in Fortsetzung der russischen Oktoberrevolution von 1917 zu nutzen, die inzwischen gewissermaßen zum symbolischen Fix- und Scheitelpunkt der (politischen) Gegenentwürfe geworden war. Erst Ende 1923 gelang es, die sich politisch und unabhängig davon auch wirtschaftlich krisenhaft zuspitzende, auch im Alltag der Bevölkerung chaotisch anmutende Situation zu konsolidieren.

Gleichwohl waren auch in den folgenden, von bürgerkriegsähnlichen Zuständen freien sogenannten „goldenen" zwanziger Jahren die alten Gegenentwürfe nicht vergessen, und neue kamen hinzu. Im Rückblick kann die Zeit, die volkswirtschaftlich bald wieder an das Leistungsniveau von 1913 heranführte, in der sich die Gewinne allerdings anders verteilten, gewissermaßen als Phase der Sammlung – im einfachen organisatorischen und im übertragenen Sinne der „inneren" Integration – vor neuem Sturm erscheinen. Als Paul von Hindenburg, ehedem oberster kaiserlicher Heerführer, 1925 als Nachfolger des Sozialdemokraten Friedrich Ebert zum Reichspräsidenten gewählt wurde, war damit gewissermaßen ein deutliches Zeichen für den geringen Rückhalt gesetzt, den die parlamentarische, aus sozialdemokratischer Sicht „soziale" Republik in der Bevölkerung hatte. Ob Hindenburg seinen Wählern als „Ersatzkaiser" galt, wie Historiker seit langem sagen, sei dahingestellt. Eine Rückkehr der (Hohenzollern-) Monarchie hielt jedenfalls keine der Parteien für ein attraktives Programm, wenn auch ein Volksentscheid über die entschädigungslose Fürstenenteignung 1926 nicht die hinreichende Stimmenzahl erhielt. Eher gehört die Wahl Hindenburgs wohl in den Komplex der politisch verdrängten Niederlage von 1918, die u.a. von jenen Militärkreisen, aus denen Hindenburg kam, mit dem „Dolchstoß" erklärt wurde, mit dem die Heimat der kämpfenden Truppe in den Rücken gefallen sei. Zwar verkörperte der inzwischen pensionierte und bald greisenhaft wirkende Generalfeldmarschall nicht jenen „kraftvollen Führer", der gleichsam als „Erlöser" von der Mühsal der politischen Auseinandersetzungen in weiten Kreisen der Bevölkerung in diesen Jahren ersehnt wurde, doch galt er ihnen wohl als Verkörperung jener Autorität und herkömmlichen Würde, die sie bei den Repräsentanten Deutschlands seit 1918 vermißten.

Doch Hindenburg wurde auch den damit verbundenen Erwartungen kaum gerecht. Schon bevor sich 1929/30 die Weltwirtschaftskrise mit rapide zunehmender Arbeitslosigkeit bemerkbar machte und die inzwischen organisatorisch erstarkte NSDAP in Landtags- und Reichstagswahlen von einer Splitterpartei zur beachtenswerten Mehrheitsbeschafferin oder gar Mehrheitspartei aufstieg, begann militante Gewalt die politischen Auseinandersetzungen mehr und mehr zu prägen. Dies zeigt sich zunächst in Zusammenstößen zwischen kommunistischen Demonstranten und der preußischen, von Sozialdemokraten befehligten Polizei, dann in zunehmendem Maß auch zwischen Kommunisten und Nationalsozialisten, die sich später gegenüber ihren konservativen Koalitionspartnern im ersten Kabinett Hitler zugute hielten, sich gewissermaßen nicht wie diese für den Straßenkampf zu schade gewesen zu sein. Solche militante antikommunistische Entschlossenheit wurde offenbar in breiten Bevölkerungskreisen honoriert, die Hitler 1932 ihre Stimme gaben, ließ diesen aber zunächst nur den Rang eines *primus inter pares* unter den Spitzenpolitikern gewinnen. Erst nachdem alle anderen Regierungsbildungsansätze versagt hatten, zeigte sich Hindenburg bereit, den „braunen Gefreiten" zum Reichskanzler zu ernennen.

Die dann mit revolutionärer Symbolik inszenierte „Machtergreifung" hat zweifellos die Bevölkerung beeindruckt. Weniger die Programmatik dürfte dabei von Belang gewesen sein – sie war nicht besonders profiliert und unterschied sich in der Summe kaum von dem, was sonst auf dem politischen Meinungsmarkt gehandelt wurde –, sondern der weithin aufrechterhaltene Eindruck der Entschlossenheit und des Aktivismus, den die nationalsozialistische Bewegung erzeugte. Sehr schnell kam Angst vor terroristischen Übergriffen hinzu, die Gegenaktivitäten lähmte. Die nicht selten als Hilfspolizisten eingesetzten SA-Leute stießen in den Februar- und Märztagen 1933 fast nirgendwo auf Gegenwehr – ein für die weitere Geschichte und nach den Gewalttätigkeiten in den Jahren zuvor bedeutsamer Sachverhalt, der bis heute nicht plausibel erklärt ist.

3.

Der allenthalben sichtbare Terror der ersten Wochen des „Dritten Reiches" ist offenbar nicht lange in der Erinnerung derer geblieben, die Hitler später zuschrieben, Ordnung geschaffen und sich auch damit Loyalität und wachsende Sympathie in der Bevölkerung erworben zu haben. Und daß auch der Terror der späteren „Friedensjahre" (1935-1938) gegen die Juden sich schon am 1. April 1933 vorzeichnete, ist wohl erst im Rückblick wahrgenommen worden. Doch schon ein Blick in eine grobe politische Chronik des „Dritten Reiches" läßt erkennen, daß es nicht die beharrliche Stabilisierung neuer Verhältnisse in Staat und Gesellschaft war, die „Führer" und „Geführte" zusammenhielt. Hier ist vor allem eine ständige, zuweilen willkürlich anmutende Mobilisierung der Bevölkerung zu nennen, die die überkommenen sozialökonomischen Konstellationen im Hegelschen Sinne aufhob, aber nicht beseitigte. Beseitigt wurden dagegen weithin die Mobilisierungsagenturen möglicher Gegner: nicht-nationalsozialistische politische und gewerkschaftliche Organisationen und ihre Kampfverbände zuerst, dann auch die nicht mit ihnen verbundenen Jugendorganisationen. In nationalsozialistisch gleichgerichteter Form bestanden die auf spezielle Interessenvertretung basierenden oder auf gesellschaftliche Teilintegration zielenden Organisationsstrukturen jedoch fort oder wurden neu geschaffen. Wenn dies auch nicht durchgängig gelang – besonders hinsichtlich der Kirchen mußten die Nationalsozialisten ihre Ziele zurückstecken –, wird man den seit dem Frühjahr 1933 sichtbaren gesellschaftspolitischen Ansatz als Entpluralisierung kennzeichnen können. Die noch in der Weimarer Republik aus dem Gegen- und Miteinander der Gruppeninteressen und -verbände erwachsende Dynamik wurde gewissermaßen gebündelt auf die nationalsozialistisch geführten Organisationen übertragen, und der immer als ein Zusammenwirken von Einzel- und Gruppeninteressen gedachten Gesellschaft wurde jenes (Volks-)Gemeinschaftsideal als Zielmodell verordnet, in dem selbst angesehene Soziologen vor 1933 eine besondere deutsche Möglichkeit gesehen hatten. Der Klassenkampfgedanke, der nicht selten zu Demonstrationen stimuliert hatte, sollte im „nationalen Sozialismus" aufgehoben sein.

Dem tendenziellen Mobilisierungsmonopol der Nationalsozialisten entsprach ihr extremer Nationalismus, den sie mit Hilfe ihres Propagandamonopols differenziert steuerten. Immer wieder wurde den Mobilisierten das Bekenntnis zur Nation, zum Deutschtum, abgefordert, nicht zum „Sozialismus", der ohne Gleichheit von den „Volksgenossen" kaum zu denken war. Das Bekenntnis zur Nation abzulegen, fiel auch den Kreisen der Bevölkerung nicht schwer, die ansonsten den Nationalsozialisten mit

Vorbehalten begegneten. Bei ihren in Gesetze und staatliche Verordnungen gefaßten rassepolitischen und -hygienischen Maximen konnten sich die Nationalsozialisten auf traditionelle Dispositionen zur Abwehr des Fremden durch die angstbesetzte Betonung der Überlegenheit des Germanisch-Deutschen stützen. Im Prinzip hatte auch Staatspräsident Hindenburg 1933 gegen die Ausgrenzung der Juden nichts einzuwenden; honoriert werden sollten nur individuelle Leistungen von Juden für das Deutsche Reich.

So scheint es auch in diesem Feld – ebenso wie bei der Erbgesundheitspflege und ihren Konsequenzen – der Radikalismus der Tat gewesen zu sein, mit dem die Nationalsozialisten „Loyalität" gewannen. An radikale Worte (ohne viel Gewicht) waren die Deutschen seit langem gewöhnt. Was mögliche Gegenworte und -mobilisierungen hätten bewirken können, zeigten später Bischof Galens Predigten gegen die „Euthanasie"; es war allerdings eher die Institution, die er vertrat, als seine Person, die sich hier als wirkungsmächtig erwies. Gleichwohl: Zur Schonung der deutschen und europäischen Juden gab es solche Gegenworte nicht.

Im innergesellschaftlichen Konflikt zwischen Kapital und Arbeit, der vor 1933 besonders heftig ausgetragen wurde, kam den Nationalsozialisten zugute, daß sie den 1933 bereits begonnenen Konjunkturaufschwung ihrer Politik zuschreiben konnten und so Gewerkschaften und Betriebsräte, die 1933 ohne großes Aufsehen verschwanden, nach dem Verbot nicht länger als Blockierer des Arbeitsfriedens – so die Sicht der Unternehmer – störten. Wenn die Unternehmer auch ihre Funktion als „Betriebsführer" im staatlichen Auftrag wahrzunehmen hatten und formal zur Fürsorge für die Beschäftigten verpflichtet waren, ging die entsprechende Gängelei offensichtlich nicht so weit, daß sie sich demonstrativ widersetzten. Im Risiko, die Konzessionierungen, staatliche Aufträge und gerade wieder besetzte Arbeitsplätze zu verlieren, waren Unternehmer und Beschäftigte verbunden; warum sollten sie sich streiten, wenn die praktischen Erfahrungen sich in weiten Bereichen von denen der Zeit der Weimarer Republik abhoben und die soziale Sicherung und der Arbeitsschutz sowie die Berufsausbildung sich eher verbesserten? Ab 1939 galten dann ohnehin die Regeln, die nicht wenigen Zeitgenossen noch vom Ersten Weltkrieg, der weniger als ein Vierteljahrhundert zurücklag, bekannt waren. Der 1939 von Deutschland begonnene, zunächst durchaus von breiter Skepsis in der Bevölkerung begleitete Krieg hat mit den anfangs schnellen deutschen Siegen verhindert, daß die potentiell mächtigste Institution mit relativem Eigengewicht sich ihrer seit 1938 nationalsozialistischen Führung verweigerte. Zwar fanden sich manche Wehrmachtsoffiziere, die sich individuell von einzelnen zentralen Befehlen distanzierten oder koordiniert die Beseitigung des „Führers" planten und sogar solche Planungen in die Tat umzusetzen suchten; bis zum „bitteren Ende" überwog jedoch die Gefolgsbereitschaft.

Selbst als 1944/45 fremde Heere zum erstenmal seit 130 Jahren tief in das (Alt-) Reich vorstießen, fand eine demonstrative Abwendung vom „Führer" kaum statt, obgleich seit der Kriegswende besonders in den zerbombten Städten mehr improvisiert als gezielt regiert wurde und seit Ende 1944 allenthalben gewissermaßen Chaos die Situation kennzeichnete. Ob dieses Verhalten der Deutschen eher als Folge der Kriegs- oder

Diktaturerfahrung zu erklären ist, kann hier nicht entschieden werden. Als Befreiung haben das Kriegsende außer den befreiten Inhaftierten aber offenbar nur wenige Zeitgenossen demonstrativ gefeiert – wohl ein untrügliches Zeichen dafür, daß die Eingebundenheit in die gerade besiegte Herrschaft auch das individuelle politische Verhalten weithin determiniert hatte. Erst nach ihrer örtlichen Beseitigung, mancherorts auch schon unmittelbar davor, traten Ausschüsse, Komitees, auch Partei- und Gewerkschaftsgruppen mit dem Anspruch an die Öffentlichkeit, die Interessen der Bevölkerung zu vertreten – gegen die Reste des alten Regimes und gegenüber dem neuen Regime der fremden Besatzung. Mehrheitlich hatten ihre Mitglieder zu Zeiten der Weimarer Republik politisch prägende Erfahrungen gewonnen.

4.

Bekannt ist, daß sich das Geflecht von Interessenverbänden und Parteien nach 1945 in Deutschland allenthalben in Anlehnung an organisatorische Muster von vor 1933 formte, teils in deren Reaktivierung, teils im bewußten Aufgreifen vor 1933 vergeblich angestrebter Alternativen. Vor allem die Besatzungsbehörden verhinderten, daß es schnell zu mehr als lockeren horizontalen Vernetzungen dieser Bemühungen über die Grenzen der Besatzungszonen hinweg kam. Zonen- und Landesgrenzen markierten zunächst Horizonte für eine wirksame Gleichrichtung, die erst nach der Gründung der Bundesrepublik im Jahre 1949 in Westdeutschland verschmolzen. Die Sowjetische Besatzungszone formte sich eher zu einem neuen geschlossenen System, weil hier Entprivatisierungseingriffe in die Eigentumsstrukturen nicht nur zum Abbau von Produktionskapazitäten führten, sondern auch zu früherer und stärkerer Ausnutzung der verbliebenen Kapazitäten unter staatlicher Kontrolle, Lenkung und Mobilisierung. Die außenpolitischen Entscheidungen zur staatlich geteilten Entwicklung in Deutschland trugen dann dazu bei, daß sich in der DDR aus dem sowjetischen Besatzungsregime eine Parteidiktatur nach sowjetischem „Sozialismus"-Vorbild herausschälte, während in der Bundesrepublik unter Kontrolle der Besatzungsmächte ein zweiter Versuch begann, eine parlamentarisch-repräsentative Republik zu errichten, in der die sozialökonomische Ordnung zwar nicht unumstößlich festgeschrieben war, aber doch massive Barrieren gegen die Aufhebung des Privateigentums an Produktionsmitteln bestanden. Wenn man so will, gewann der politisch-programmatische Grundkonflikt aus Zeiten des Kaiserreiches jetzt die Form eines Territorialkonflikts.

Während die politische Führung der DDR die dortige Bevölkerung von der grundsätzlichen und lange Zeit auch von der betriebs- und einzelwirtschaftlichen Überlegenheit der entprivatisierten, staatlich gelenkten Wirtschaft zu überzeugen suchte und nach und nach auch die verbliebenen Privatunternehmen nicht nur in lenkender staatlicher Verfügung beließ, sondern darüber hinaus auch bestrebt war, die Eigentumstitel zu verstaatlichen oder zu vergenossenschaftlichen, verlor die Eigentumsfrage in Westdeutschland angesichts auch zunehmender betrieblicher Konzentration schnell an

Gewicht in der politischen Auseinandersetzung. Zu Beginn der fünfziger Jahre im Zuge abklingender Sozialisierungsforderungen hatte die Festlegung des Verfügungsrechtes in volkswirtschaftlich wichtigen Branchen noch erheblichen Streit ausgelöst; nach der Übernahme der Mitbestimmungsregelungen in der Montanindustrie und der Reaktivierung der Arbeitsverfassung der Weimarer Republik – allerdings ohne das Institut der staatlichen Zwangsschlichtung – galt die Bundesrepublik bald international als Hort des Arbeitsfriedens. Nicht die wirtschaftliche Macht, sondern der Status der Beschäftigtengruppen und die Angleichung ihrer Rechte waren neben den Lohn- und Gehaltserhöhungen Gegenstand von mehr oder minder konflikthaft ausgetragenen Kontroversen zwischen Arbeitgebern und Arbeitnehmern. Die nahezu ein Vierteljahrhundert anhaltende, nur kurzfristig von Stagnation unterbrochene wirtschaftliche Wachstumskonjunktur beförderte zweifellos die Tendenz zum Arrangement zwischen den Tarifpartnern – ähnlich wie zwischen 1890 und 1914. Zwar kristallisierte sich auch gelegentlich die politische Programmatik an theoretischen Problemen, in den siebziger Jahren z.B. die Forderung nach verstärkter staatlicher Investitionslenkung; strukturpolitische Steuerung konnte gleichwohl ohne nennenswerte Beschneidung unternehmerischer Initiativen greifen.

Bis zu Beginn der sechziger Jahre war das wirtschaftliche Wachstum nicht zuletzt auf die Zuwanderung überwiegend gut ausgebildeter Arbeitskräfte aus der DDR zurückzuführen – eine Zuwanderung, die durch das Festhalten der Bundesrepublik an Vorstellungen von einer nach wie vor bestehenden einheitlichen Staatsbürgerschaft aller Deutschen erheblich erleichtert wurde. Schon die Integration der Flüchtlinge und Vertriebenen nach 1945 in die westdeutsche Arbeitsgesellschaft war dadurch begünstigt worden. Daß die Bundesrepublik alle deutschen Vertriebenen-Zuwanderer auch für Verluste in ihren Herkunftsgebieten entschädigte, während sich diese in der DDR nach einer geringen Soforthilfe mit der formalen Gleichstellung mit den Einheimischen begnügen mußten, erhöhte sicherlich die Attraktivität Westdeutschlands. Für politisch Verfolgte aus der DDR – darunter manche Selbständige aus Landwirtschaft, Gewerbe und Handel – lag die Flucht nach Westdeutschland ohnehin nahe. Die DDR tat sich mit ihrer politischen Ausgrenzung, die eine gesellschaftliche Entdifferenzierung zur Folge hatte, keinen Gefallen, verzichtete der Staat doch auf ein traditionelles Innovationspotential, das sich in allen Volkswirtschaften gleichsam zyklisch als hilfreich erwiesen hat.

Der Bau der Mauer um West-Berlin 1961 zeigte an, daß die Abwanderung qualifizierter Arbeitskräfte aus der DDR zu einem Überlebensproblem für den dortigen Staat geworden war. Zwar hatte sich die SED-Führung bemüht, eine ihr besonders verpflichtete Bevölkerungsschicht heranzuziehen, die ihren sozialen Aufstieg der gezielten Förderung verdankte; gesellschaftsprägende Kraft entfaltete sie bis 1961 offensichtlich nicht. Was nichtsdestoweniger drei Viertel der Bevölkerung zum Bleiben bewog, bedürfte genauerer Erkundung. Die Orientierung an Gegenentwürfen über Staat und Gesellschaft aus der Zeit vor 1933, die ja auch die positiv bewertete Diktatur einschlossen, scheint bis Ende der sechziger Jahre sowohl in der politischen Führung wie in der

Bevölkerung vorherrschend gewesen zu sein. Unübersehbar bleibt, daß es vor allem junge Menschen waren, die ihre Zukunft jenseits der DDR-Grenzen suchten. Die Unzufriedenheit mit dem politischen Regime wurde bei den meisten nicht als Hauptmotiv ihrer Westwanderung ermittelt, obgleich der Aufstand 1953 solche Annahmen eine Zeitlang nahelegte, sondern eher die in der DDR als schlechter angesehenen kurzfristigen Lebensperspektiven.

Den DDR-Deutschen der sechziger Jahre stand die Möglichkeit, sich im Westen niederzulassen, während ihrer Arbeitslebenszeit kaum noch frei. Die Grenzen der räumlichen Mobilität mögen auch ein verstärktes Sich-Einlassen auf die vorgefundenen Sozialisationsinstanzen und das dominante Ethos der Arbeitsgesellschaft DDR bewirkt haben. Arbeitszufriedenheit im Kollektiv gehörte zu den stabilsten Zukunftserwartungen, die bei den Heranwachsenden seit den siebziger Jahren ermittelt wurden. Doch gleichzeitig mit dieser als resignativ zu kennzeichnenden Haltung war die Tendenz zu konsumistischem Verhalten unübersehbar. Die Mangelwirtschaft der DDR konnte diesem Trend nicht genügen, seit die Einsicht in den strukturellen Rückstand gegenüber dem westdeutschen Entwicklungstempo auch seitens der politischen Führung nicht mehr durch die stimulierte Erwartung künftiger Überlegenheit beeinträchtigt wurde. Das Selbstlob der „entwickelten sozialistischen Gesellschaft" in der Ära Honekker mochte sich für die Angehörigen der „Aufbau-Generation" von 1945 mit der Genugtuung des eigenen Erfolgs verbinden; die Nachgeborenen sahen eher die Grenzen ihrer Möglichkeiten.

Für die westdeutsche Bevölkerung begann dagegen um 1960 eine Phase gesellschaftlicher Entwicklung, die mit der Perspektive der „Erlebnisgesellschaft" ansatzweise treffend gekennzeichnet scheint. Nicht die Gesellschaftsordnung mit ihren Strukturproblemen zog Aufmerksamkeit auf sich, sondern die Teilhabe an Konsummöglichkeiten, die bis dahin nicht erreichbar schienen, wurde zum Dynamisierungsmotiv. Zwar waren damit überkommene Muster und Voraussetzungen gesellschaftlichen Wandels nicht außer Kraft gesetzt – wirtschaftlicher Strukturwandel und eine bildungsabhängige Aufstiegsmobilität waren bis zu den siebziger Jahren die wichtigsten Parameter –, doch angesichts eines inzwischen geschaffenen Alterssicherungssystems und einer auch den Nachwachsenden einsichtigen Besserung ihrer Lebensverhältnisse gewann die individuelle Lebensgestaltung erhöhtes Gewicht, das kollektive öffentliche Bekenntnisse im herkömmlichen Rahmen nationalpolitischer Veranstaltungen oder gewerkschaftlicher Demonstrationen zurücktreten ließ. Erst gegen Ende des Jahrzehnts belebten Angehörige der jüngeren Generationen diese politische Kulturtradition neu – mit neuen Themen wie „Frieden" und „Umwelt". Der bis zum Beginn der sechziger Jahre noch intensive „Wettkampf der Systeme" war bereits Ende des Jahrzehnts, als manche Studenten den „Sozialismus" für sich als Gegenentwurf zu den bestehenden Verhältnissen entdeckten, der Suche nach einem „geregelten Nebeneinander" gewichen, das in den siebziger Jahren dann etabliert werden konnte und die Erlebnishorizonte der Westdeutschen, aber auch mancher Ostdeutscher erweiterte.

5.

Als Katalysator der Ereignisse von 1989/90 gilt wohl nicht zu Unrecht jene „Ausreise"-Bewegung in der DDR, die in den „Besetzungen" der Botschaften der Bundesrepublik in Budapest, Warschau und Prag im Sommer 1989 eine international öffentlich beachtete Form fand. Das Verhalten dieser überwiegend jüngeren Menschen ermutigte zweifellos das Engagement der Ostdeutschen, die für eine DDR eintraten, in der – bei Beibehaltung der sozialökonomischen Grundordnung – solche Aktionen nicht notwendig waren, um elementare Freizügigkeitsansprüche zu verwirklichen. Ende 1989 wurde aus der anfänglichen Forderung nach „mehr Demokratie", die in der Formel „Wir sind das Volk" Ausdruck fand, das Bekenntnis „Wir sind ein Volk". Dieses Bekenntnis, das gleichsam verschüttete Bestände politischer Tradition zum Vorschein brachte, legitimierte dann Diplomatie und Regierungskunst, die deutsche Zweistaatlichkeit zu beseitigen. Die ostdeutsche Gesellschaft ist im Zuge der Herstellung der erweiterten Bundesrepublik transformiert worden, indem die staatlichen Instanzen und Organisationen eingeführt wurden, die in Westdeutschland bestanden. Nur vereinzelt gab es Auflehnung gegen die Neuerungen; Anlässe waren die Verluste von Arbeitsplätzen durch Betriebsschließungen.

Was derzeit irritiert, ist eine sich hinziehende Diskussion über die Mühen des „Zusammenwachsens" zu einer einheitlichen Gesellschaft in den neuen Grenzen der Bundesrepublik. Aber hat es eine deutsche Gesellschaft als Gesinnungsgemeinschaft je gegeben? Im Ersten und mehr noch im Zweiten Weltkrieg mag dies der Fall gewesen sein, als die Situationen zur Solidarität zu zwingen schienen. Aber sie erzeugten befristete Handlungsgemeinschaften. Stabile Gesinnungsgemeinschaften zu formen ist weder der Diktatur der Nationalsozialisten im Deutschen Reich noch der der Kommunisten in der DDR gelungen. Die gesellschaftsgeschichtliche Gegenwartsdiagnose auf die Nachwirkungen der beiden Diktaturen auszurichten, dürfte deshalb allenfalls in eng begrenzten Untersuchungsfeldern ertragreich sein.

Jürgen Kocka
Nach dem Ende des Sonderwegs.
Zur Tragfähigkeit eines Konzepts

Vergleiche eröffnen der Geschichtswissenschaft große Erkenntnismöglichkeiten. Nicht ohne Grund ist der Vergleich als „Königsweg" historisch-systematischer Erkenntnis bezeichnet worden. Andererseits können Vergleiche auch zu problematischen Ergebnissen führen, wenn sie methodisch nicht gründlich durchdacht werden oder empirisch auf der Oberfläche bleiben. Auch empfiehlt es sich in vielen Fällen, den auf die Herausarbeitung von Ähnlichkeiten und Unterschieden konzentrierten Vergleich durch einen beziehungsgeschichtlichen Zugriff zu ergänzen, der die gegenseitige Beeinflussung der verglichenen Einheiten thematisiert: Prozesse der Verflechtung, des Transfers und der Abstoßung zwischen ihnen, die ihr Verhältnis über Ähnlichkeiten und Unterschiede hinaus bestimmen und (teilweise) erklären können. Christoph Kleßmann hat dies in seiner Analyse der deutschen Geschichte in der Phase der Zweistaatlichkeit vorbildlich gezeigt.[1] Schließlich sollte mitbedacht werden, daß die Wahl von Vergleichszielen und Vergleichspartnern oft keine rein wissenschaftliche Frage darstellt, sondern von außerwissenschaftlichen Faktoren mitentschieden wird.[2]

Im folgenden sollen einige der sich damit stellenden Probleme am Beispiel der Debatte über den „deutschen Sonderweg" aufgerollt werden. Diese Debatte eignet sich dazu, weil die mit dem Stichwort „Sonderweg" bezeichnete kritische Sicht auf die neuere deutsche Geschichte implizit oder explizit eine vergleichende Perspektive enthält.[3] Zuerst soll die „Sonderweg-These" vorgestellt werden, dann die wichtigste Kritik an ihr. Drittens führe ich aus, welche Elemente der Sonderweg-These nach den Forschungen und Debatten der letzten Jahre aufgegeben, modifiziert bzw. aufrechterhalten werden sollten. Abschließend werden einige Konsequenzen für die Methodik des historischen Vergleichs gezogen.

---

1 Chr. Kleßmann, Verflechtung und Abgrenzung. Aspekte der geteilten und zusammengehörigen deutschen Nachkriegsgeschichte, in: APZ, B 29-30/1993, S. 30-41.
2 Generell vgl. H.-G. Haupt/J. Kocka (Hg.), Geschichte und Vergleich. Ansätze und Ergebnisse international vergleichender Geschichtsschreibung, Frankfurt a.M. 1996, hier bes. die Einleitung, S. 9-45. Der Begriff „Königsweg" stammt von H.-U. Wehler.
3 Ich führe einen älteren Diskussionsbeitrag zum Thema fort: J. Kocka, Ende des deutschen Sonderwegs?, in: W. Ruppert (Hg.), „Deutschland, bleiche Mutter" oder eine neue Lust an der nationalen Identität? Texte des Karl-Hofer-Symposions 12.-17.11.1990, Berlin 1992, S. 9-32; Kocka., Geschichte und Aufklärung, Göttingen 1989, S. 101-113, 187-190.

1.

Im späten 19. und frühen 20. Jahrhundert haben deutsche Historiker und Publizisten häufig eine positive Variante der Sonderweg-These vertreten. Sie betonten Eigenarten der deutschen Geschichte, die diese aus ihrer Sicht vorteilhaft von der Geschichte des westlichen Europa unterschieden oder doch durch die besondere – teils geographische, teils konfessionelle, teils allgemein-historische – Situation Deutschlands begründet und gerechtfertigt seien: so etwa den starken Beamtenstaat im Unterschied zum westlichen Parlamentarismus, das preußische Dienstethos im Gegensatz zu westlichem Eudämonismus, deutsche „Kultur" gegen westliche „Zivilisation", auch den sich früh entwickelnden Sozialstaat in Absetzung vom wirtschaftsliberalen *laisser-faire* und zur Plutokratie im Westen.[4] Diese positive Version der Sonderweg-These hat nach 1945 keine größere Rolle mehr gespielt. Sie wird im folgenden nicht weiter berücksichtigt.

An ihre Stelle trat seit den vierziger Jahren eine kritische Variante der Sonderweg-These, die sich auf berühmte Ahnen berufen konnte, etwa auf Friedrich Engels und Max Weber. Wissenschaftler, die in den dreißiger Jahren aus Deutschland geflohen oder vertrieben worden waren und die häufig in England oder USA Aufnahme gefunden hatten – beispielsweise Ernst Fraenkel und Hans Rosenberg oder jüngere wie George Mosse und Fritz Stern – trugen zur Entwicklung dieser Interpretation deutscher Geschichte entscheidend bei, bald auch eine damals jüngere Generation von deutschen Historikern und Sozialwissenschaftlern, mit frühen Erfahrungen in Westeuropa und den USA, darunter Karl-Dietrich Bracher, Gerhard A. Ritter, Hans-Ulrich Wehler und Heinrich August Winkler – Autoren, die sich im übrigen sehr voneinander unterschieden.

Im Kern versuchte die kritische Version der Sonderweg-These eine fundamentale Frage zu beantworten, nämlich die, warum Deutschland im Unterschied zu vergleichbaren Ländern im Westen und Norden in der allgemeinen Krise der Zwischenkriegszeit faschistisch und/oder totalitär pervertiert war. Und sie interpretierten wesentliche Entwicklungen der deutschen Geschichte zumindest seit dem 19. Jahrhundert im Licht dieser Frage.

Niemand von ihnen übersah die große Bedeutung der deutschen Niederlage im Ersten Weltkrieg, der folgenden Inflation und der späteren Wirtschaftskrise, d. h. kurzfristig wirkender Faktoren, für den baldigen Zusammenbruch der Weimarer Republik und den Aufstieg des Nationalsozialismus. Und jedenfalls ernstzunehmende Wissenschaftler hüteten sich davor, den Durchbruch des Nationalsozialismus als zwingende Folge langfristiger Entwicklungen der deutschen Geschichte hinzustellen. Doch Historiker des „deutschen Sonderwegs" blickten ins 19. Jahrhundert und manchmal sogar weiter zurück, um auf der Grundlage expliziter oder impliziter Vergleiche mit England, Frankreich, Nordamerika oder „dem Westen" Eigenarten der deutschen Geschichte zu iden-

---
4 Dazu B. Faulenbach, Die Ideologie des deutschen Weges. Die deutsche Geschichte in der Historiographie zwischen Kaiserreich und Nationalsozialismus, München 1980.

tifizieren, die langfristig die Entwicklung freiheitlicher Demokratie in Deutschland erschwert und am Ende den Aufstieg und Durchbruch des Nationalsozialismus erleichtert hatten.

Helmut Plessner sprach von der „verspäteten Nation", also vom retardierten Prozeß deutscher Nations- und Nationalstaatsbildung als Last. Ernst Fraenkel, Karl-Dietrich Bracher und Gerhard A. Ritter beschrieben strukturelle Schwächen des Regierungssystems im Kaiserreich: die blockierte Parlamentarisierung, ein relativ rigide fragmentiertes Parteiensystem und andere Eigenarten, die später zu offenen Problemen des Weimarer Regierungssystems wurden. Leonard Krieger, Fritz Stern, George Mosse und Kurt Sontheimer betonen die langfristig sich entwickelnden illiberalen, anti-pluralistischen Elemente der deutschen politischen Kultur; an diese Elemente konnten später Feinde der Weimarer Republik und auch die Nationalsozialisten anknüpfen. Hans Rosenberg und andere zeigten, daß vorindustrielle Führungsschichten, insbesondere die „Junker" östlich der Elbe, viel Einfluß und Macht bis in die Zwischenkriegszeit hinein behielten und ein Hindernis für die liberale Demokratie in Deutschland darstellten. Bismarcks Variante der Nationalstaatsbildung mit „Blut und Eisen" führte zu einer Verstärkung des politischen und sozialen Gewichts des Offizierskorps, das in der preußischen Tradition ohnehin stark war und jenseits von parlamentarischer Kontrolle stand. Nicht nur verfassungsgeschichtlich, sondern auch sozial bedeutete Militarisierung eine Folge, die ausländischen Besuchern des deutschen Kaiserreichs häufig auffiel. Die „Feudalisierung" des deutschen Großbürgertums hatte schon Max Weber lebhaft kritisiert: Große Teile des gehobenen Bürgertums akzeptierten danach aristokratische Dominanz in Kultur und Politik, statt an bürgerlichem Lebensstil festzuhalten und die Frage der Macht im Innern auch gegen Adel und Bürokratie zu stellen. Ohne die Erfahrung einer erfolgreichen Revolution von unten, geprägt durch die lange Tradition eines starken Beamtenstaats und effektiver Reformen „von oben", zusätzlich herausgefordert durch eine immer mächtiger werdende proletarische Bewegung „von unten", erschien das deutsche Bürgertum als vergleichsweise schwach und „unbürgerlich", jedenfalls im Vergleich mit dem Westen. Das Kaiserreich war nach der einflußreichen Interpretation Hans-Ulrich Wehlers durch eine merkwürdige Mischung höchst erfolgreicher kapitalistischer Industrialisierung und sozioökonomischer Modernisierung einerseits und überlebender vorindustrieller Institutionen, Machtverhältnisse und Kulturen andererseits geprägt.[5]

---

5 Vgl. H. Plessner, Die verspätete Nation. Über die politische Verführbarkeit bürgerlichen Geistes, Stuttgart 1959; E. Fraenkel, Deutschland und die westlichen Demokratien, Stuttgart 1964; K.-D. Bracher, Die Auflösung der Weimarer Republik, Villingen 1962; M. R. Lepsius, Parteiensysteme und Sozialstruktur. Zum Problem der Demokratisierung der deutschen Gesellschaft, in: W. Abel u. a. (Hg.), Wirtschaft, Geschichte, Wirtschaftsgeschichte. Festschrift für Friedrich Lütge zum 65. Geburtstag, Stuttgart 1966, S. 371-393; L. Krieger, The German Idea of Freedom, Boston 1957; F. Stern, The Politics of Cultural Despair. A Study in the Rise of the German Ideology, Berkeley 1961; G.L. Mosse, The Crisis of German Ideology. Intellectual Origins of the Third Reich, New York 1964; K. Sontheimer, Antidemokratisches Denken in der Weimarer Republik, München 1962; H. Rosenberg, Bureaucracy, Aristocracy and Autocracy. The Prussian Experience 1660-1815, Cambridge/Mass. 1958; ders., Die Pseudodemokratisierung der Rittergutsbesitzerklasse (1958), in: ders., Machteliten und Wirtschaftskonjunkturen, Göttingen 1978,

Das Zusammenspiel solch langfristig wirkender Muster mit den kurzfristig wirksam werdenden Faktoren der zwanziger und dreißiger Jahre trug aus dieser Sicht viel dazu bei, den frühen Zusammenbruch der Weimarer Republik und – analytisch davon zu trennen – den Aufstieg und Durchbruch des Nationalsozialismus zu erklären. Die nationalsozialistische Diktatur mit ihren katastrophalen Folgen brachte den deutschen Sonderweg auf seinen tiefsten Punkt, trug jedoch gleichzeitig dazu bei, daß Voraussetzungen entstanden, unter denen er nach dem Zweiten Weltkrieg in der Bundesrepublik schrittweise zu Ende gebracht werden konnte. Denn trotz der Existenz zweier, in vielem gegensätzlicher deutscher Staaten und trotz der Belastung durch das Erbe der Zeit vor 1945 gelang es der Bundesrepublik, was wirtschaftliche Ordnung, soziales Leben, Verfassung und Kultur betrifft, zu einem einigermaßen normalen westlichen Land zu werden, dessen Selbstverständnis sich nicht mehr aus der Entgegensetzung „zum Westen" speiste.[6]

Dies mag als geraffte Rekapitulation der kritischen Sonderweg-These genügen, wobei eine Reihe extremer Äußerungen, insbesondere aus der Zeit unmittelbar nach dem Zweiten Weltkrieg – etwa nach dem Motto „von Luther bis Hitler" – als wenig diskussionswürdig unberücksichtigt bleiben. Der Kern sei noch einmal wiederholt: Aus dem Blickwinkel der Sonderweg-These wurden langfristig wirksame Strukturen und Prozesse in der neueren deutschen Geschichte identifiziert, die dazu beitrugen, daß in der Krise der Zwischenkriegszeit und unter dem Einfluß zahlreicher anderer Faktoren – von den Folgen der Kriegsniederlage über die Klassenkonflikte der zwanziger Jahre bis zu Eigenarten der Person Hitlers – die Weimarer Republik scheiterte und der Nationalsozialismus zum Durchbruch kam, ohne daß das Scheitern der Weimarer Republik und der Durchbruch des Nationalsozialismus als zwingend notwendige Folgen jener langfristig wirksamen Strukturen und Prozesse begriffen worden wären. Aus dem Blickwinkel der Sonderweg-These wurden wichtige Entwicklungen der neueren deutschen Geschichte unter dem Gesichtspunkt ihrer Beziehung zur „deutschen Katastrophe" der dreißiger und vierziger Jahre des 20. Jahrhunderts befragt und interpretiert, ohne daß unterstellt wurde, daß die moderne deutsche Geschichte insgesamt in dieser ihrer Beziehung zu „1933" gefaßt werden könnte und ohne daß die Legitimität anderer Interpretationsperspektiven bestritten wurde. Viele Autoren haben zu dieser These

---

S. 83-101; H. A. Winkler, Die „neue Linke" und der Faschismus. Zur Kritik neomarxistischer Theorien über den Nationalsozialismus, in: ders., Revolution, Staat, Faschismus, Göttingen 1978, S. 65-117; H.-U. Wehler, Das Deutsche Kaiserreich 1871-1918, Göttingen (1973) 1983, F. Fischer, Bündnis der Eliten. Zur Kontinuität der Machtstrukturen in Deutschland 1871-1945, Düsseldorf 1979.

6 Vgl. J. Kocka, Ursachen des Nationalsozialismus, in: APZ, B 25/1980, S. 3-15; H.A. Winkler, Unternehmensverbände zwischen Ständeideologie und Nationalsozialismus, in: ders., Liberalismus und Antiliberalismus. Studien zur politischen Sozialgeschichte des 19. und 20. Jahrhunderts, Göttingen 1979, S. 175-194; H. Möller, Parlamentarismus-Diskussion in der Weimarer Republik. Die Frage des „besonderen" Wegs zum parlamentarischen Regierungssystem, in: M. Funke u. a. (Hg.), Demokratie und Diktatur. Geist und Gestalt politischer Herrschaft in Deutschland und Europa, Düsseldorf 1987, S. 140-157; J. Kocka, 1945: Neubeginn oder Restauration?, in: C. Stern/H. A. Winkler (Hg.), Wendepunkte deutscher Geschichte 1848-1990, Frankfurt 1994 (Neuausgabe), S. 159-192.

oder Sichtweise beigetragen, in jeweils anderer Weise und oft ohne das Wort „Sonderweg" zu benutzen. Auf Englisch sprach man übrigens lieber, und im Grunde zutreffender, von der „German divergence from the West". Tatsächlich scheint das Wort „Sonderweg" eher von den zahlreichen Kritikern der These benutzt worden zu sein als von ihren Verteidigern.

2.

Die Kritik war teilweise methodologisch. Als einer der ersten unterstrich Thomas Nipperdey, daß es „mehrere Kontinuitäten" in der deutschen Geschichte gäbe. Das Kaiserreich sei nicht nur Vorgeschichte von 1933, sondern eben auch Vorgeschichte unserer Gegenwart, und überdies eine Periode in eigenem Recht. Mit zunehmender zeitlicher Distanz zum Nationalsozialismus läge es auch immer weniger nahe, deutsche Geschichte des 19. und 20. Jahrhunderts vor allem und primär in bezug auf den Kollaps der Weimarer Republik und den Sieg des Nationalsozialismus zu interpretieren.[7]

David Blackbourn und Geoff Eley haben darauf hingewiesen, daß die These vom „Sonderweg" die Vorstellung eines „Normalwegs" unterstellt, von dem die deutsche Entwicklung abgewichen sei. Je nach der Bedeutung des Begriffs „normal" fordere dies eine andere kritische Antwort heraus. Falls „normal" soviel wie „durchschnittlich" oder „am häufigsten" heiße, dürfte es schwierig sein, zu zeigen, daß die französische, die englische oder die amerikanische Entwicklung „die Normalität" darstellten, ganz abgesehen davon, daß zwischen ihnen große Unterschiede bestanden und sie sich deshalb zur Zusammenfassung als „westlich" wenig eignen. Falls „normal" aber im Sinne von „Norm" verstanden werde, dann impliziere dies eine sehr subjektive Wertentscheidung und überdies die Gefahr einer Idealisierung „des Westens".[8] Man mag hinzufügen, daß mit wachsenden Zweifeln an der Überlegenheit „des Westens" in den letzten Jahrzehnten die Sonderweg-These einen Teil ihrer unmittelbaren Plausibilität verlor. Demgegenüber bleibt festzuhalten, daß mit Bezug auf das säkulare Ereignis des Zusammenbruchs der Demokratie und des Aufstiegs der Diktatur in der Zeit zwischen den Weltkriegen West- und Nordeuropa ebenso wie Nordamerika sich sehr viel besser bewährt haben als Deutschland und weite Teile des mittleren, östlichen und südlichen Europa.

Mindestens ebenso wichtig war die empirische Kritik an der Sonderweg-These, die sich aus Untersuchungen ergab, welche teilweise von der Debatte über den Sonderweg ausgingen. Ich erspare mir einen Literaturüberblick und beschränke mich auf ein Beispiel: Das große Bielefelder Projekt über die Geschichte des europäischen Bürgertums ist teilweise durch die kontroverse Debatte über den „Sonderweg" angeregt worden. Im

---

7 Th. Nipperdey, 1933 und die Kontinuität der deutschen Geschichte, in: HZ 227 (1978), S. 86-111.
8 D. Blackbourn/G. Eley, Mythen deutscher Geschichtsschreibung, Berlin 1980; überarb. engl. Fassung: The Peculiarities of German History: Bourgeois Society and Politics in 19th Century Germany, Oxford 1984.

Laufe der Untersuchungen stellte sich heraus, daß der adlige Einfluß auf das Großbürgertum wahrscheinlich in Deutschland im späten 19. und frühen 20. Jahrhundert nicht stärker ausgeprägt war als an vielen anderen Orten Europas. Der gegen das Bürgertum gerichtete und seine Schwäche belegende Vorwurf der „Feudalisierung" verlor dadurch als Teil der Sonderweg-These ganz erheblich an Gewicht. Wenn man bürgerliche Selbstverwaltung in deutschen, westeuropäischen und osteuropäischen Städten des 19. Jahrhunderts miteinander vergleicht, ergibt sich kein Beleg für eine besondere Schwäche bürgerlicher Normen und Praktiken in Deutschland, im Gegenteil. Das deutsche „Bildungsbürgertum" erweist sich im internationalen Vergleich als kraftvoll und klar profiliert. Solche und andere Befunde ließen die empirische Grundlage der Sonderweg-These bröckeln.[9]

Eine dritte Infragestellung der Sonderweg-These hat noch wenig Dynamik entwickelt, dürfte aber zukünftig wichtiger werden. Es zeichnet sich die Tendenz zu einer gewissen Europäisierung des Bildes der Geschichte des 20. Jahrhunderts ab. Je mehr diese Platz greift, wird man den Nationalsozialismus weniger ausschließlich als deutsches Phänomen und stärker als Teil eines größeren europäischen Phänomens verstehen. Ernst Nolte hat Mitte der achtziger Jahre die Europäisierung der Interpretation des Nationalsozialismus in einer radikalen Variante vorgeschlagen. Das entbehrte nicht der apologetischen Züge, wurde im „Historikerstreit" kritisiert und hat sich nicht durchgesetzt.[10] Als einflußreicher dürfte sich hingegen der Versuch von François Furet erweisen, der bekanntlich ebenfalls die europäischen Faschismen (einschließlich ihres radikalsten Falls, des deutschen Nationalsozialismus nämlich) in ihrem großen europäischen Zusammenhang und ihrer Wechselwirkung mit dem sowjetischen Bolschewismus interpretierte.[11] Insgesamt bleibt dies sicher eine Aufgabe der historischen Forschung und Interpretation: Der vergleichende Blick auf die europäischen Diktaturen des 20. Jahrhunderts in ihrem Wechselverhältnis wird die nationalgeschichtliche Nabelschau zunehmend ergänzen. Die graduelle Europäisierung der Fragen, Definitionen und Deutungen trägt aber zur weiteren Relativierung der Sonderweg-Sicht bei.

---

9 Vgl. H. Kaelble, Wie feudal waren die Unternehmer im Kaiserreich?, in: R. Tilly (Hg.), Beiträge zur quantitativen deutschen Unternehmensgeschichte, Stuttgart 1985, S. 148-174; D.L. Augustine, Patricians and Parvenus. Wealth and High Society in Wilhelmine Germany, Oxford 1994; H.-U. Wehler, Deutsches Bildungsbürgertum in vergleichender Perspektive. Elemente eines „Sonderwegs"?, in: J. Kocka (Hg.), Bildungsbürgertum im 19. Jahrhundert, Teil IV: Politischer Einfluß und gesellschaftliche Formation, Stuttgart 1989, S. 215-237; J. Kocka (Hg.), Bürgertum im 19. Jahrhundert, 3 Bde., München 1988 (gekürzte Neuaufl., Göttingen 1995).
10 „Historikerstreit". Die Dokumentation der Kontroverse um die Einzigartigkeit der nationalsozialistischen Judenvernichtung, München 1987.
11 F. Furet, Das Ende der Illusionen. Der Kommunismus im 20. Jahrhundert, München 1995; jetzt auch F. Furet/E. Nolte, Feindliche Nähe. Kommunismus und Faschismus im 20. Jahrhundert. Ein Briefwechsel, München 1998.

3.

Dennoch glaube ich nicht, daß die Sonderweg-Interpretation der deutschen Geschichte im 19. und 20. Jahrhundert widerlegt worden ist oder aus anderen Gründen in absehbarer Zeit aufgegeben werden sollte.

Empirisch ist der Befund ambivalent. Sicherlich, manches, wie die aristokratische Einfärbung der oberen Bürgerschichten und ihre Abwendung vom Liberalismus seit dem späten 19. Jahrhundert, ist weniger ein spezifisch deutsches als vielmehr ein in Europa weit verbreitetes Phänomen gewesen. Es ist überdies einzuräumen, daß die vormodernen und unbürgerlichen Züge des Kaiserreichs lange überzeichnet worden sind. Die Zeit zwischen 1871 und 1914 war in Wirklichkeit voller moderner Dynamik, zum Beispiel in den Bereichen Wissenschaft, Kunst und Kultur. Auch hat die intensive Forschung der letzten Jahre dazu geführt, daß der Nationalsozialismus heute weniger als ein Resultat vormoderner Überreste und anachronistischer Traditionen, sondern stärker als ein Phänomen der Moderne selbst verstanden wird. Dies reduziert die Tragkraft der Sonderweg-These.

Doch entscheidende Fundamente dieser These sind durch die kritische Forschung der letzten Jahrzehnte nicht widerlegt, sondern bestätigt worden. Erstens: In Deutschland und nur in Deutschland gerieten drei fundamentale Entwicklungsprobleme moderner Gesellschaften fast gleichzeitig, nämlich im dritten Viertel des 19. Jahrhunderts, auf die Tagesordnung: zum einen die Bildung des Nationalstaats, zum zweiten die Entscheidung der Verfassungsfrage und zum dritten die soziale Frage als Folge der bereits begonnenen Industrialisierung. Mit der zeitlichen Überlappung und gegenseitigen Beeinflussung dieser drei Krisen hing die Art ihrer unvollkommenen Lösung zusammen, die vieles in Deutschland beeinflußt hat: so die Eigenarten einer früh selbständigen, früh fundamentaloppositionellen Arbeiterbewegung, die ausgeprägte Schwäche des Parteiliberalismus, die eng gezogenen Grenzen bürgerlicher Macht im Kaiserreich und illiberale Züge in der damaligen politischen Kultur, auch die Art der Nationalstaatsbildung mit „Blut und Eisen" und die dadurch erleichterte Aufwertung des Militärs in Gesellschaft und Staat.

Zweitens: Man wird heute nicht mehr generell von einem „Defizit an Bürgerlichkeit" im Deutschland des 19. und frühen 20. Jahrhunderts sprechen können. Doch klar ist auch, daß das Bürgertum die Gesellschaft als ganze bei uns weniger geprägt hat, als es in der Schweiz, in Frankreich, Italien oder den Niederlanden der Fall war.

Drittens: Immer wieder hat die jüngere Forschung eine Grundtatsache der deutschen Entwicklung bestätigt, die auch von der Sonderweg-These betont worden ist: das Gewicht und die Kontinuität der bürokratischen Tradition. Durch ein früh entwickeltes, effizientes, angesehenes, ausstrahlungskräftiges Berufsbeamtentum und durch eine lange Tradition der erfolgreichen Reformen von oben unterschied sich die deutsche Entwicklung nach Westen wie nach Osten. Sie war gekennzeichnet durch einen starken Obrigkeitsstaat, der viel leistete und nicht ohne Grund auf verbreitete Bewunderung stieß, aber mit einer spezifischen Schwäche bürgerlich-liberaler Tugenden –

gewissermaßen als Preis – verbunden war. Die bürokratische Tradition beeinflußte die verschiedensten Wirklichkeitsbereiche: die soziale Klassen- und Schichtenbildung, das Schulsystem, Struktur und Mentalität des Bürgertums, die Arbeiterbewegung und das Parteiensystem, die Organisation der großen Wirtschaftsunternehmen und selbst die sozialen Theorien eines Max Weber. Die bürokratische Tradition erleichterte den in Deutschland besonders frühen Aufstieg des Sozialstaats und hat langfristig – bis heute – mitgeholfen, ein Maß an Leistungskraft und Handlungsfähigkeit dieser Gesellschaft zu gewährleisten, das unter vielen Gesichtspunkten zu begrüßen und keineswegs selbstverständlich ist. Aber die Tradition des mächtigen Beamtenstaats half eben auch mit, die Parlamentarisierung von Reich und Einzelstaaten bis 1918 zu blockieren. Die bürokratischen Traditionen prägten die Mentalitäten. In den verschiedensten sozialen Milieus erwartete man viel vom Staat, und wenn diese staatsorientierten Erwartungen enttäuscht wurden, konnten sie leicht in staatsorientierte und schließlich systemkritische Proteste umschlagen.[12]

Gewiß: Das Bild vom Scheitern der Weimarer Republik und vom Sieg des Nationalsozialismus wurde differenziert und verändert. Es ist notwendig, bei der Frage nach den Ursachen zwischen Entstehung und Durchbruch des Nationalsozialismus einerseits, den Schwächen und dem Niedergang der Weimarer Demokratie andererseits zu unterscheiden. Den Nationalsozialismus aus den Traditionen des deutschen Sonderwegs abzuleiten, führt in die Irre; dazu war er zu neu, zu modern, zu sehr Teil eines europäischen Phänomens. Aber daß ihm in Deutschland so wenig Widerstand entgegengesetzt wurde, daß die Weimarer Republik gegenüber seinem Angriff so schwach und hilflos war, daß ihr Parlamentarismus so schlecht funktionierte, ihre Eliten sie kaum akzeptierten und es an Unterstützung der Republik in der politischen Kultur der Zeit so ausgeprägt fehlte, das hing sehr wohl mit den Traditionen zusammen, die aus dem Blickwinkel der Sonderweg-These immer wieder nachdrücklich analysiert worden sind.[13]

Zur These vom deutschen Sonderweg gehört seit den siebziger Jahren, daß er in der Bundesrepublik zu Ende gegangen sei – als nichtintendierte Folge von Diktatur, Krieg und Zusammenbruch, als Ergebnis bewußter Lernprozesse, als Frucht einer Politik der Westorientierung und des parlamentarisch-demokratischen Neubeginns, die innerhalb der Bevölkerung nach einer Weile auf breite Zustimmung stieß und von den westlichen Besatzungsmächten unter den Bedingungen des Kalten Kriegs ermöglicht und gefördert wurde. Auch dieser Teil der Sonderweg-Sicht auf die deutsche Geschichte wurde durch die Forschungen und die Erfahrungen der letzten Jahre bestätigt. Selbst die Wiedervereinigung von 1989/90 läßt sich in diesem Rahmen deuten: Elemente des Sonderwegs, vor allem seine illiberal-obrigkeitsstaatliche Dimension, hatten in der DDR

---

12 Näher in Kocka, Ende, S. 24-25; H.-U. Wehler, Deutsche Gesellschaftsgeschichte, Bd. 3, München 1995, S. 449-486.
13 Vgl. H. A. Winkler, Weimar 1918-1933. Die Geschichte der ersten deutschen Demokratie, München 1993.

in einer realsozialistischen Form noch existiert, als er in der Bundesrepublik schon längst geendet hatte. So gesehen, hört 1989/90 der deutsche Sonderweg auch dort auf, wo er – in stark gewandelter Form – noch überlebt hatte, ohne daß die Bundesrepublik, deren Ordnung nach Osten hin ausgedehnt wurde, dadurch auf einen Sonderweg zwischen West und Ost zurückgedrängt worden wäre.[14]

Die sich abzeichnende Europäisierung des Blicks auf die Katastrophen des 20. Jahrhunderts wird zwar – und dies ist zu begrüßen – über die üblichen nationalgeschichtlichen Verengungen hinausführen. Doch am Ende wird man nicht davon ablenken können und dürfen, daß Deutschland das Hauptland des europäischen Faschismus war und der Zweite Weltkrieg wie auch der Holocaust von Deutschland ausgingen. Die Europäisierung der Nationalsozialismus-Interpretation hat insofern klare Grenzen.[15] Und deshalb bleiben jedenfalls die Fragen akut, auf die die Sonderweg-These eine Antwort gesucht hat.

Und wie steht es mit der nachlassenden Überzeugungskraft der Sonderweg-These angesichts der wachsenden zeitlichen Distanz zum Nationalsozialismus? Nach mehr als fünfzig Jahren, nach einer neuen tiefen Zäsur (1989/90), angesichts neuer sozialökonomischer und soziokultureller Probleme, die für moderne westliche Gesellschaften typisch statt für Deutschland spezifisch sind, läßt, so ist zu vermuten, die Tragfähigkeit des Deutungsangebots nach, das die Sonderweg-These enthält. Die Neigung, deutsche Geschichte *sub specie* „1933" zu interpretieren, müßte eigentlich schwächer werden. Die lange Phase der Selbstkritik, die sich in einem betont skeptischen Blick auf die deutsche Nationalgeschichte niederschlug, sei, so hat man vermutet, in Deutschland vorbei.[16] Damit würde die Plausibilität der Sonderweg-These bröckeln, weil sie auf Fragen antwortet, die jetzt am Ende des Jahrhunderts kaum noch gestellt werden.

Manches in den gegenwärtigen Debatten der Historiker und Publizisten weist in der Tat in diese Richtung. Auch fällt auf, daß die vergleichende Forschung sich heute stärker dem lange tabuisierten Vergleich zwischen braunen und roten, faschistischen und kommunistischen Diktaturen widmet als dem Vergleich zwischen der deutschen Entwicklung, die in die Diktatur führte und den westeuropäischen Entwicklungen, denen dies erspart blieb.

Allerdings ist unbestreitbar, daß das Interesse am nationalsozialistischen Deutschland und seinen Untaten keinesfalls abnimmt. Je mehr man sich mit der Geschichte der zweiten deutschen Diktatur, der DDR, beschäftigt, desto mehr Aufmerksamkeit widmet man auch der ersten, eben der nationalsozialistischen. Das nationalsozialistische

---

14 Vgl. J. Kocka, Ein deutscher Sonderweg. Überlegungen zur Sozialgeschichte der DDR, in: ders., Vereinigungskrise. Zur Geschichte der Gegenwart, Göttingen 1995, S. 102-121; ders., in: Materialien der Enquete-Kommission „Aufarbeitung von Geschichte und Folgen der SED-Diktatur in Deutschland" (12. Wahlperiode des Deutschen Bundestages), Bd. IX, Baden-Baden 1995, S. 591f.
15 Jetzt gekonnt zur Verflechtung der europäischen und der deutschen Dimension: S. Friedländer, Das Dritte Reich und die Juden, Bd. 1, München 1998.
16 Kritisch dazu: S. Berger, The search for normality. National identity and historical consciousness in Germany since 1800, Oxford 1997.

Deutschland ist im historischen Bewußtsein heute stärker präsent als vor zwanzig Jahren. Es sieht nicht so aus, als ob sich dies bald ändern würde. Die deutsche Katastrophe von 1933 bis 1945 – von der der Holocaust nur ein Teil, wenngleich ein besonders schrecklicher war – bleibt die Zeitspanne, in der sich deutsche Geschichte und Weltgeschichte besonders eng verflochten haben, enger als jemals sonst im Zeitalter der Moderne. Dies ist weder angenehm noch zu ändern: ein Stück Vergangenheit, das mit der Zeit nicht vergeht, sondern eher präsenter wird. Solange das so ist, bleiben die Fragen aktuell, die zu den Antworten der Sonderweg-These geführt haben.

Alle diese Argumente für die Sonderweg-These gelten allerdings nur unter einer Bedingung, die ihren Geltungsanspruch erheblich einschränkt. Das Sonderweg-Konzept hat nur Sinn, wenn es um die Diskussion der Frage geht, warum Deutschland unter bestimmten Bedingungen in ein totalitäres, faschistisches System pervertierte, während dies in den westlichen Ländern, mit denen man sich in Deutschland traditionell gern vergleicht, unter ähnlichen Bedingungen nicht geschah. Dies ist die Frage, die zur kritischen Sonderweg-Perspektive auf die deutsche Geschichte führte, und hier war der Kontext, in dem die kritische Sonderweg-These ursprünglich formuliert wurde. Sie entstand auf der Grundlage der Lebenserfahrungen und Erkenntnisinteressen von zwei Generationen, der der Emigranten und Exilanten sowie der nachfolgenden jüngeren, die sich zunehmend als Teil „des Westens" sahen und die Last ihrer Vergangenheit mit den Chancen ihrer Zukunft kompatibel machen wollten. Als Antwort auf jene Frage und als Teil dieses Kontextes hat die Sonderweg-These weiterhin Sinn, wenngleich in inhaltlich modifizierter Form. Ansonsten führt sie in die Irre. Wenn man – beispielsweise – regionale oder nationale Industrialisierungsprozesse unter dem Gesichtspunkt ihrer Abhängigkeit von vorindustriellen Strukturen oder wenn man die Erziehungssysteme verschiedener Länder unter den Gesichtspunkten von Exklusion und Inklusion vergleichend untersucht, ist die Sonderweg-These fehl am Platz. Im Hinblick auf die meisten Fragen schlägt nämlich jedes Land, auch jede Region, einen Sonderweg ein. In bezug auf die meisten Themen und Problemstellungen besitzt das Konzept vom deutschen Sonderweg keine – oder kaum – aufschließende Kraft. Geltungsansprüche und Nützlichkeit des Sonderweg-Ansatzes sind eng an bestimmte Fragestellungen und Erkenntnisinteressen gebunden. In diesen Grenzen bleibt er weiter gültig.

4.

Die Sonderweg-Sicht der deutschen Geschichte hat einen komparativen Kern. Sie konfrontiert die deutsche Entwicklung unter bestimmten Gesichtspunkten mit Entwicklungen im westlichen Europa und in Nordamerika, wobei Ähnlichkeiten – etwa hinsichtlich des sozialen Entwicklungsstands und der zu bewältigenden Herausforderungen – vorausgesetzt und Unterschiede scharf herausgearbeitet werden. Doch resultierten die Aussagen zur Sonderweg-These selten aus gleichgewichtigen Vergleichen, die sich dadurch auszeichnen, daß sie jede der einbezogenen Vergleichseinheiten in etwa mit gleicher Genauigkeit und Ausführlichkeit untersuchen. Dagegen repräsentiert der Sonderweg-Ansatz zumeist einen extrem asymmetrischen Typ des Vergleichs, eher eine vergleichende Perspektive als einen ausgewachsenen Vergleich. Das Erkenntnisinteresse ist auf das bessere Begreifen der Geschichte des eigenen Landes unter bestimmten Fragestellungen gerichtet. Zu diesem Zweck wird die knappe Skizze der Geschichte eines anderen Landes oder anderer Länder als Folie benutzt, um auf ihr als Hintergrund Eigenarten des Falles zu identifizieren, an dem man eigentlich interessiert ist, also Deutschland.

Asymmetrische Vergleiche sind häufig riskant, wie sich an der Geschichte des Sonderweg-Theorems zeigt. Die in der Regel auf ausgewählter Sekundärliteratur fußende Skizze des Vergleichshintergrunds, in diesem Fall die Skizze der Geschichte eines westlichen Landes bzw. „des Westens", kann so selektiv, oberflächlich, stilisiert und auch idealisiert ausfallen, daß es zu verzerrenden Ergebnissen kommt. Auch kann man einwenden, daß der asymmetrische Vergleich einen Vergleichspartner mißbraucht, da er ihn nicht in eigenem Recht studiert, sondern instrumentalisiert. Man blickt auf den anderen, um sich selbst besser zu verstehen.

Doch lassen sich auch gute Argumente *für* den asymmetrischen Vergleich beibringen, solange es gelingt, Oberflächlichkeit und Verzerrung zu vermeiden. Er hat arbeitsökonomische Vorteile, weil er nicht den gleichen Aufwand in bezug auf alle einbezogenen Vergleichseinheiten verlangt. Für Dissertationen und andere unter zeitlichen Beschränkungen stehende Arbeiten ist der asymmetrische Vergleich oft die einzige Möglichkeit, sich überhaupt komparativ zu öffnen. Selbst in seiner asymmetrischen Form führt der Vergleich zu Fragen und Antworten, die ohne vergleichenden Ansatz weder gestellt noch gegeben würden. Bedenkt man, wie sehr weiterhin nationalspezifische Zugriffe jedenfalls in der modernen Geschichte – und auch in der Zeitgeschichte[17] – dominieren, dann spricht vieles dafür, die vergleichende Perspektive zum Zweck der Horizonterweiterung zu akzeptieren, auch wenn sie nicht gleichgewichtig, sondern nur asymmetrisch eingelöst wird. Wenngleich der asymmetrische Vergleich zu problematischen Ergebnissen und Verzerrungen führen kann, kann er auch empirische Forschungen motivieren, die zur Korrektur der anfangs einseitigen Annahmen und Zwischenergebnisse führen.

Am Beispiel der Sonderweg-Debatte wird überdeutlich, wie sehr die Ergebnisse eines Vergleichs von der Wahl der Vergleichspartner abhängen. Vergleicht man das deutsche Wirtschaftsbürgertum des 19. Jahrhunderts mit niederländischen oder englischen Parallelen, dann erscheint es als vergleichsweise beschränkt in Ausdehnung, Kraft und Bürgerlichkeit. Rückt man es in eine ostmittel- oder osteuropäische Vergleichsperspektive, erscheint es dagegen stark und ausgeprägt bürgerlich. Die westliche Vergleichsperspektive läßt den deutschen Nationalsozialismus als Abweichung erscheinen.

---

17 Vgl. Chr. Kleßmann, Die doppelte Staatsgründung. Deutsche Geschichte 1945-1955, Göttingen 1982; J. Kocka, Die Geschichte der DDR als Forschungsproblem, in: ders. (Hg.), Historische DDR-Forschung, Berlin 1993, S. 9-26.

Aus süd- und südosteuropäischer Perspektive wird er zum Teil eines große Gebiete Europas überziehenden Phänomens. Die Wahl der Vergleichspartner hängt nicht ausschließlich von wissenschaftlichen Erwägungen ab. Vielmehr spielen auch normative Entscheidungen und lebensgeschichtliche Erfahrungen mit. Die dadurch bedingte Selektivität des Vergleichs wird man nicht aus dem Auge verlieren dürfen. Durch den Wechsel der Vergleichspartner kann man sie bewußt machen und mildern.

Doch läßt sich die entschiedene „Westorientierung" der Vergleichsperspektive auch mit guten Gründen verteidigen, trotz der Selektivität, die sich aus ihr ergibt. Der Vergleich dient in der Geschichtswissenschaft zu verschiedenen Zwecken, und er erfüllt viele Funktionen. Im Fall der Sonderweg-Debatte dient er der kollektiven Identitätsprüfung, und zwar in kritischer Absicht. Der Vergleich mit dem Westen öffnet den Blick auf Alternativen der historischen Entwicklung, in diesem Fall auf bessere, nichtfaschistische, weniger diktatorische Alternativen, die von der deutschen Geschichte leider nicht eingeschlagen worden sind. Im Licht solcher Alternativen, die nicht nur möglich, sondern – in den Vergleichsländern – Wirklichkeit waren, erscheint der Kurs der deutschen Geschichte weniger zwingend, stärker fragwürdig, mehr als Problem denn als Faktum. Der historische Vergleich dient der Kritik, und die Sonderweg-These wird in ihm weiterhin ihren Platz haben.

Ulrich Herbert
Drei deutsche Vergangenheiten.
Über den Umgang mit der deutschen Zeitgeschichte[1]

1.

Bereits vor dem Ende des Zweiten Weltkrieges waren sich die Westalliierten darüber einig, daß es nach einem Sieg über Deutschland zu ihren wichtigsten Aufgaben gehören würde, die politischen und sozialen Führungsgruppen der Nazi-Diktatur auszuschalten und sie an der Wiedererlangung von politischem und gesellschaftlichem Einfluß zu hindern. Mehr als Frankreich und Großbritannien waren die Amerikaner gerade in diesem Punkt engagiert. In den USA gab es allerdings, etwas vergröbert, zwei Erklärungsansätze und Schulen, die in der Antwort auf die Frage, wer denn die für die Diktatur und ihre Verbrechen Verantwortlichen gewesen seien, gewaltig differierten.

Es ist unübersehbar, daß diese beiden Ansätze bis heute sehr wesentlich die Diskussion über Deutschland und die NS-Verbrechen in den USA prägen. Sie kennzeichnen aber auch darüber hinaus eine Grundsatzproblematik im Umgang mit untergegangenen Diktaturen: Kam es auf die Ausschaltung und Bestrafung der Regimeführung und der Eliten an, oder war die Verantwortung für das verbrecherische Regime vor allem in der Unterstützung zu suchen, die es in großen oder kleinen Teilen der Bevölkerung erhalten hatte?

Auf der einen Seite waren es die Intellektuellen vor allem im Umfeld des CIC (Counter Intelligence Corps), politisch der Roosevelt-Administration eng verbunden, die die Verantwortung der traditionellen Eliten der deutschen Gesellschaft hervorhoben. Ihr Konzept bestand darin, deren Einfluß auf Politik, Wirtschaft und Gesellschaft nachhaltig zu schwächen, ja zu brechen. Die praktischen Konsequenzen dieses Ansatzes schlugen sich vor allem im Programm der Kriegsverbrecherprozesse nieder. Außer dem Nürnberger Hauptkriegsverbrecherprozeß, in dem ein Querschnitt durch die politische und militärische Regimeführung angeklagt wurde, standen dafür vor allem die Nachfolgeprozesse gegen Ärzte, Juristen, Generäle, Industrielle und andere. Diese Prozesse, die in der deutschen Öffentlichkeit auf viel geringeres Verständnis stießen als

---

1 Die erste Fassung des folgenden Beitrags wurde auf einer Konferenz der Friedrich-Ebert-Stiftung in Warschau über den Umgang mit den diktatorialen Vergangenheiten in West- und Osteuropa im Frühjahr 1996 vorgetragen; er knüpft an zwei zuvor erschienene Aufsätze an; vgl. U. Herbert/O. Groehler, Zweierlei Bewältigung. Vier Beiträge über den Umgang mit der NS-Vergangenheit in den beiden deutschen Staaten, Hamburg 1992, sowie U. Herbert, Rückkehr in die Bürgerlichkeit? NS-Eliten in der Bundesrepublik, in: B. Weisbrod (Hg.), Rechtsradikalismus in der politischen Kultur der Nachkriegszeit: Die verzögerte Normalisierung in Niedersachsen, Hannover 1995, S. 157-173.

der Hauptkriegsverbrecherprozeß, fanden dann mit der Veränderung der politischen Koordinaten durch den einsetzenden Kalten Krieg ein überstürztes Ende.[2]

Der andere Ansatz, der vor allem in der Armee bei General Eisenhower Unterstützung fand, sah die enge Verbindung zwischen deutscher Führung und deutschem Volk als die wesentliche Stütze der Diktatur an. Notwendig war demnach die Herausfilterung aller aktiven Nationalsozialisten aus der gesamten deutschen Bevölkerung sowie eine demokratische Umerziehung der Deutschen insgesamt. Die praktische Konsequenz dieses Ansatzes der Konzentration auch auf die Verstrickung der deutschen Bevölkerung in die Diktatur war das Programm der Entnazifizierung, im Verlaufe dessen mehr als 35 Millionen Deutsche einen Fragebogen auszufüllen hatten, in welchem sie ausführlich über ihr Leben während der NS-Zeit Auskunft geben mußten. Dieses gesellschaftspolitische Großexperiment, im Hinblick auf Größenordnung und Zielsetzung ohne historisches Beispiel, gilt als gescheitert: Schon angesichts des schieren Umfangs der Aufgabe blieb der Versuch auf halbem Wege stecken, so daß die vorgezogenen „leichten" Fälle zwar erledigt wurden, die zurückgestellten Fälle der Schwer- und Schwerstbelasteten aber nicht mehr zur Verhandlung kamen – mit der Folge, daß ausgerechnet die besonders stark belasteten NS-Funktionäre im Zuge des Kalten Krieges einer allgemeinen de-facto-Amnestie unterlagen und weitgehend unbehelligt davonkamen. Die diesem Verfahren inhärente Zumutung, sich individuell mit eigener Schuld auseinanderzusetzen, war zum einen insofern kontraproduktiv, als sie große und kleine Nazis wieder enger aneinander und gegen den gemeinsamen Gegner führte. Andererseits war eine Nazi-Vergangenheit nunmehr ein Stigma, das man möglichst schnell loswerden wollte. Eine Flut entlastender „Persilscheine" war die Konsequenz: Jeder Deutsche nun ein innerer Nazigegner – kaum einer, der sich zu seiner Vergangenheit bekannte. Auch dies war eine Form der Distanzierung von der Diktatur.[3]

Darüber hinaus gingen die Westalliierten u.a. gegen jene Kerngruppen des nationalsozialistischen Staates, die sie an einer Beteiligung an den Massenverbrechen für verdächtig hielten, scharf und konsequent vor. Die weit überwiegende Anzahl derjenigen, die im „Dritten Reich" führende Positionen innegehabt hatten oder in einer der im Nürnberger Hauptverfahren als „verbrecherisch" eingestuften Behörden und Organisa-

---

2 Vgl. F.W. Buscher, The U.S. War Crimes Trial Program in Germany, 1946-1955, New York 1989; B.F. Smith, The Road to Nuremberg, New York 1981; ders., The American Road to Nuremberg. The documentary record 1944-1945, Stanford 1982; allg.: N. Frei, Vergangenheitspolitik. Die Anfänge der Bundesrepublik und die NS-Vergangenheit, München 1996; ders., Vergangenheitsbewältigung or Renazification? The American Perspective on Germany's Confrontation on the Nazi Past in the Early Years of the Adenauer Era, in: M. Ermarth (Hg.), America and the Shaping of German Society, 1945-1955, New York 1993, S. 47-59; U. Brochhagen, Nach Nürnberg. Vergangenheitsbewältigung und Westintegration in der Ära Adenauer, Hamburg 1994, S. 21-31; K.-D. Henke, Die Trennung vom Nationalsozialismus, in: ders./H. Woller (Hg.), Politische Säuberung in Europa. Die Abrechnung mit Faschismus und Kollaboration nach dem Zweiten Weltkrieg, München 1991, S. 66ff.

3 Vgl. C. Vollnhals/T. Schlemmer (Hg.), Entnazifizierung. Politische Säuberung und Rehabilitierung in den vier Besatzungszonen 1945-1949, München 1991; C. Vollnhals, Einleitung, in: ders. (Hg.), Entnazifizierung. Politische Säuberung und Rehabilitierung in den vier Besatzungszonen 1945-1949, München 1991, S. 7-64; L. Niethammer, Die Mitläuferfabrik. Die Entnazifizierung am Beispiel Bayerns, Berlin 1982.

tionen tätig gewesen waren, verbrachte die ersten Monate oder Jahre nach Kriegsende in einem Internierungslager der Alliierten – insgesamt etwa 250.000 Menschen, im Sommer 1946 noch etwa die Hälfte von ihnen, nach zwei Jahren noch etwa 40.000.[4]

Etwa 6.000 Belastete wurden von den Westmächten an Drittstaaten ausgeliefert, davon etwa die Hälfte an solche des sich herausbildenden Ostblocks, vor allem an Polen. Gegen 5.200 Personen wurden Strafverfahren vor alliierten Militärtribunalen eröffnet, 4.000 von ihnen wurden verurteilt, davon 668 zum Tode. Etwa gleich viele Personen wurden von deutschen Gerichten bis 1949 wegen NS-Verbrechen gegen deutsche Staatsangehörige verurteilt.[5]

Betrachtet man dies in der Rückschau insgesamt und vergleicht es mit Entwicklungen anderer postdiktatorialer Staaten im 20. Jahrhundert, so wird man zugeben müssen, daß die Westmächte bei allen Lücken, Fehlern und Versäumnissen in ihrem Bestreben, die NS-Eliten auszuschalten und auf Jahre hinaus aus dem öffentlichen Leben in Westdeutschland herauszuhalten, sehr viel geleistet haben.

Nun hatte es bereits seit 1946 von deutscher Seite Ansätze gegeben, das alliierte „Denazification"-Programm insgesamt und die Maßnahmen zur Ausschaltung der NS-Eliten im besonderen als falsch und schädlich zu kritisieren und seine schleunigste Beendigung zu fordern. Aber erst mit der schrittweisen Verschärfung des Kalten Krieges und der damit verbundenen Lockerung der alliierten Säuberungsmaßnahmen wurde diese Kritik breiter und verstärkte sich in Westdeutschland seit 1948 zu einer regelrechten Kampagne gegen die Entnazifizierung, die bis in die späten fünfziger Jahre hineinreichte und von einem weitreichenden gesellschaftlichen Konsens getragen wurde.

Hinzu trat seit 1950, als zum ersten Mal von einem deutschen Wehrbeitrag gesprochen wurde, eine Kampagne zur Freilassung der deutschen Kriegsverbrecher aus den alliierten Gefängnissen – und vor allem der in den Nürnberger Nachfolgeprozessen Verurteilten –, die auf große Unterstützung in der Öffentlichkeit stieß und sehr weitgehenden Erfolg hatte. Insbesondere die Freilassung beinahe aller in den Nürnberger Prozessen verurteilten und in Landsberg einsitzenden Angehörigen der NS-Führungsgruppen und die frühzeitige Entlassung von Schwer- und Schwerstbelasteten aus Gefängnissen in den westeuropäischen Ländern waren auf diese konzertierten Bemühun-

---

4 L. Niethammer, Alliierte Internierungslager in Deutschland nach 1945. Vergleich und offene Fragen, in: Chr. Jansen u.a. (Hg.), Von der Aufgabe der Freiheit. Politische Verantwortung und bürgerliche Gesellschaft im 19. und 20. Jahrhundert. Festschrift für Hans Mommsen zum 5. November 1995, Berlin 1995, S. 469-492; H. Wember, Umerziehung im Lager: Internierung und Bestrafung von Nationalsozialisten in der britischen Besatzungszone Deutschlands, Essen 1991; R. Knigge-Tesche/B. Ritscher (Hg.), Internierungspraxis in Ost- und Westdeutschland nach 1945, Erfurt 1993; L. Niethammer u.a. (Hg.), Sowjetische Speziallager in Deutschland 1945-1950, 3 Bde., Berlin 1998; H.A. Welsh, „Antifaschistisch-demokratische Umwälzung" und politische Säuberung in der sowjetischen Besatzungszone, in: Henke/Woller, S. 84-106.

5 Vgl. Bericht über die Verfolgung nationalsozialistischer Straftaten des Bundesjustizministeriums vom 26.2.1965 (=Dt. BT, 4.WP, Drucksache IV/3124); A. Rückerl, NS-Verbrechen vor Gericht. Versuch einer Vergangenheitsbewältigung, Heidelberg 1984, S. 97-99; Henke, S. 74.

gen zurückzuführen, denen der amerikanische Hohe Kommissar McCloy schließlich nachgeben mußte.⁶

An eine Fortsetzung der Prozeßserie unter deutscher Führung war danach nicht mehr zu denken. Vielmehr bestand in Westdeutschland zu Beginn der fünfziger Jahre die feste und weithin geteilte Überzeugung, es seien bereits weit mehr als die tatsächlich Schuldigen verurteilt worden. Solche pauschalen Exkulpationsversuche waren zudem stets verbunden mit einer grundsätzlichen Absage an „den Nationalsozialismus", wobei der Bedeutungsgehalt dieses Begriffes im Verlaufe dieses Prozesses bis zur Unkenntlichkeit schrumpfte und schließlich auf Hitler und eine Handvoll SS-Führer regrediert war. Aber es entstand auf diese Weise und in dem Maße, wie sich die neue Republik als politisch und wirtschaftlich stabil erwies, doch auch ein Klima der jedenfalls nach außen gewandten opportunistischen Anpassung an die neuen Verhältnisse. Das galt einerseits für die ehemaligen nationalsozialistischen Führungsgruppen selbst. Daß sie noch einmal eine Chance erhalten würden, hatten die meisten von ihnen bei Kriegsende oder im Internierungslager nie für möglich gehalten. Also taten sie alles, um diese unverhoffte Gunst der Stunde zu nutzen. Dieser Mechanismus führte im Ergebnis zu einer moralisch gewiß zweifelhaften, aber durchaus effektiven Einpassung großer Teile der NS-Eliten in den neuen Staat.⁷

Dieser Mechanismus war in abgeschwächtem Maße wohl auch für die westdeutsche Bevölkerung insgesamt wirksam. Ein Großteil der Deutschen fühlte sich als Opfer des Krieges, etwa infolge von Flucht und Vertreibung oder der alliierten Bombenangriffe auf deutsche Städte.⁸ Andererseits aber hatten bei den meisten Deutschen die eigenen Erfahrungen und die Aufklärungskampagnen der Alliierten wenn nicht eine Verdammung, so doch eine Tabuisierung des Nationalsozialismus als Herrschaftssystem zur Folge; was nicht bedeutete, daß Teile der ideologischen und politischen Hinterlassenschaft der Diktatur nicht weiterwirkten; sie wurden aber nicht mehr als spezifisch nationalsozialistisch apostrophiert oder begriffen. Mit dieser Tabuisierung ging ein Prozeß der Abstrahierung und Entwirklichung der NS-Vergangenheit einher, der die Geschichte gewissermaßen ihres Personals und ihrer Orte beraubte, so daß man sich in der Öffentlichkeit mit einigem Pathos gegen die vergangene Gewaltherrschaft aussprechen konnte, ohne sich mit konkreten Orten und wirklichen Menschen zu befassen.

Dieser Prozeß der Abstrahierung und des Schweigens kennzeichnet jene „gewisse Stille" in den fünfziger Jahren, von der der Züricher Philosoph Hermann Lübbe gesprochen hat und die vom Getöse des Kalten Krieges übertröhnt wurde. Die Abstrahierung

---

6 Vgl. T.A. Schwartz, Die Begnadigung deutscher Kriegsverbrecher. John McCloy und die Häftlinge von Landsberg, in: VfZ 38 (1990), S. 375-414; sowie Frei, Vergangenheitspolitik, S. 133ff.; U. Herbert, Best. Biographische Studien über Radikalismus, Weltanschauung und Vernunft, 1903-1989, Bonn 1996, S. 434ff.; Brochhagen, S. 32ff.
7 Vgl. Herbert, Rückkehr; ders., Best, S. 443-444, 473-476.
8 Vgl. R.G. Moeller, War Stories: The Search for a Usable Past in the Federal Republic of Germany, in: AHR 4 (1996), S. 1008-1048; A.J. Merritt/R.L. Merrit (Hg.), Public Opinion in Occupied Germany. The OMGUS Surveys, 1945-1949, Urbana 1970, S. 90-92, 144f., 149, 186f.

und Entwirklichung der Vergangenheit hingegen wirkten distanzierend, legten Zeit zwischen die Ereignisse und die Individuen.[9]

Aber es kamen doch auch neue Aspekte hinzu. Denn zum einen war – anders als nach dem Ersten Weltkrieg – in bezug auf den Zweiten an der Schuld der Deutschen an diesem Krieg ebensowenig zu zweifeln wie an der Vollständigkeit der Niederlage, und so kamen im weit überwiegenden Teil der westdeutschen Bevölkerung weder Dolchstoßlegenden noch realistische Revanchegelüste auf.

Zweitens wuchs im Laufe der Jahre auch die Bereitschaft, sich auf die neuen demokratischen Verhältnisse in der Bundesrepublik ernsthaft einzulassen, denn diese besaßen im Unterschied zu dem in den vierzig Jahren zuvor Erfahrenen den unübersehbaren Vorteil, daß sie funktionierten und einen bis dahin nicht gekannten wirtschaftlichen Aufschwung mit sich brachten. Hier, so hat Lübbe Anfang der achtziger Jahre argumentiert, liege der Grund für die allmähliche Stabilisierung der westdeutschen Demokratie: daß die Vergangenheit für ein Jahrzehnt ausgeblendet wurde und sich die westdeutsche Bevölkerung unbehelligt und sukzessive aus dem Konsens mit dem NS-Staat lösen und in das Staatsvolk der Bundesrepublik verwandeln konnte – ein stiller Opportunismus als Akt der inneren Demokratiegründung. Dies ist eine gewiß zutreffende Beobachtung, aber die Kosten dieses mit „Verdrängung der Vergangenheit" nur unzureichend beschriebenen Prozesses waren außerordentlich hoch und langwirkend. Denn daß angesichts der Millionen von Opfern der nationalsozialistischen Politik die Mehrzahl der Täter – der Mörder in den Konzentrationslagern und Einsatzgruppen der SS wie der Eliten in Bürokratie, Wirtschaft, Militär, Wissenschaft – in der Bundesrepublik beinahe ungeschoren davonkommen sollten, war ein allen Vorstellungen von Moral so grundlegend widersprechender Vorgang, daß dies unmöglich ohne schwerwiegende Folgen für diese Gesellschaft, für ihre innere Struktur wie für ihr außenpolitisches Ansehen bleiben konnte.

Der Zeitpunkt, an dem diese Folgen innenpolitisch spürbar wurden, liegt etwa Anfang der sechziger Jahre. Bis dahin hatte es in Westdeutschland bis auf wenige Ausnahmen keine Strafprozesse gegen die NS-Mörder gegeben – weder gegen die unmittelbaren Täter noch gegen die eigentlich Verantwortlichen in den Führungsstäben von Partei und Staat, die sogenannten „Schreibtischtäter". Durch den großen Prozeß gegen den „Judenreferenten" im Reichssicherheitshauptamt, Eichmann, in Jerusalem 1961 und den zwei Jahre später beginnenden und von der neuen Ludwigsburger Zentralstelle vorbereiteten Prozeß gegen die Lagerführung des Konzentrationslagers Auschwitz in Frankfurt wurde das Schweigen der fünfziger Jahre durchbrochen, und insbesondere der jüngeren Generation wurde das Ausmaß der Verbrechen und die Verstrickung so vieler Deutscher in diese Verbrechen allmählich deutlich. In der westdeutschen Öffentlichkeit entstand durch die Berichterstattung über diese Prozesse und die sich anschlie-

---

9 H. Lübbe, Der Nationalsozialismus im politischen Bewußtsein der Gegenwart, in: M. Broszat u.a. (Hg.), Deutschlands Weg in die Diktatur. Referate und Diskussionen. Ein Protokoll. Internationale Konferenz zur nationalsozialistischen Machtübernahme im Reichstagsgebäude zu Berlin, Berlin 1983, S. 334.

ßenden wissenschaftlichen Veröffentlichungen (wie etwa des Instituts für Zeitgeschichte) nun eine Ahnung von dem, was in den Jahren zuvor so strikt beschwiegen worden war. Und bei aller Kritik an den gewiß unzureichenden Ergebnissen der Bemühungen der westdeutschen Justiz um eine Bestrafung der NS-Täter: Es war dennoch die bislang bei weitem größte justitielle Auseinandersetzung eines demokratischen Landes mit seiner diktatorialen Vorgeschichte. Bei über 60.000 Ermittlungsverfahren, im Verlaufe derer Zehntausende von Zeugen verhört wurden, bekommt man eine Vorstellung, in welchem Umfang diese Verfahren die Ruhe und Behäbigkeit der einstigen Nazis über Jahrzehnte hinweg störten, auch wenn die Zahl der effektiven Verurteilungen mit etwa 6.000 viel zu gering war.[10]

So stellt die Auseinandersetzung über die NS-Vergangenheit seit etwa 25 Jahren eines der beherrschenden Themen der innenpolitischen Debatte in der Bundesrepublik dar, die seither mit für Außenstehende oft unverständlich scheinender Härte und Intensität geführt wurde und wird. Aber bei aller berechtigten Kritik, die manchmal an der „Bewältigungsmanie" der Westdeutschen geäußert wurde – es ist doch unübersehbar, daß sich in diesem langen, schmerzhaften und in der Regel doch ernsthaften Prozeß einer öffentlichen Dauerdebatte um die Ursachen und Folgen des „Dritten Reiches" allmählich eine ausgeprägte Sensibilität in der Öffentlichkeit Westdeutschlands in bezug auf die NS-Vergangenheit und aktuelle Erscheinungsformen von Nationalismus und Rassismus entwickelt und das politische wie individuelle Selbstverständnis der Bundesrepublik und der Westdeutschen stark geprägt hat; und zwar in zunehmendem Maße unabhängig von der parteipolitischen Option der einzelnen.

2.

Die Bedeutung dieses Prozesses wird offenbar, wenn man sich die parallele Entwicklung in Ostdeutschland näher anschaut. Unter dem bestimmenden Einfluß der sowjetischen Besatzungsmacht wurde nach dem Kriege die „Entnazifizierung" in der sowjetischen Besatzungszone, der späteren DDR, wesentlich gründlicher durchgeführt als im Westen.[11] Alle durch die NS-Zeit belasteten höheren Funktionsträger in Staat, Wirtschaft, Militär und Wissenschaft sowie auch Lehrer und Polizisten wurden entlassen

---

10 W. Dreßen, Die Zentrale Stelle der Landesjustizverwaltung zur Aufklärung von NS-Verbrechen in Ludwigsburg, in: Dachauer Hefte 6 (1990), S. 85-93; P. Busse, NS-Verbrechen und Justiz, Düsseldorf 1996; A. Rückerl, Die Strafverfolgung von NS-Verbrechen 1945-1978. Eine Dokumentation, Heidelberg 1979; ders., NS-Verbrechen.

11 Vgl. W. Meinicke, Die Entnazifizierung in der sowjetischen Besatzungszone 1945-1948, in: R. Eckert u.a. (Hg.), Wendezeiten – Zeitenwende. Zur „Entnazifizierung" und „Entstalinisierung", Hamburg 1991; ders., Zur Entnazifizierung in der sowjetischen Besatzungszone unter Berücksichtigung von Aspekten politischer und sozialer Veränderungen (1945 bis 1948), Diss. Berlin (O) 1983; O. Kappelt, Die Entnazifizierung in der SBZ sowie die Rolle und der Einfluß ehemaliger Nationalsozialisten in der DDR als ein soziologisches Phänomen, Hamburg 1997; M. Wille, Entnazifizierung in der Sowjetischen Besatzungszone Deutschlands 1945-48, Magdeburg 1993.

und durch eilig und oft notdürftig geschulte Unbelastete ersetzt. Zugleich war dieser Prozeß aber von einer dunklen Aura der Gerüchte und des Schweigens überdeckt, denn in den ersten Monaten nach Kriegsende wurden unter dem Titel „Entnazifizierung" Zehntausende von Menschen ziemlich wahllos in die jetzt der Besatzungsmacht unterstehenden ehemaligen Konzentrationslager eingesperrt, wo viele Tausende von ihnen an Hunger und Seuchen umkamen. Eine bisher unbekannte Zahl von tatsächlich oder vermeintlich „Belasteten" wurde zudem in die Sowjetunion deportiert, wo sich ihre Schicksale ebenso verlieren wie die der deutschen Kriegsgefangenen in sowjetischen Lagern, die zu den Opfern der pauschalen 25-Jahre-Aburteilungen gehörten.

Aber es waren nicht nur die mangelnde Öffentlichkeit und die Unüberprüfbarkeit der einzelnen Vorwürfe und Urteile, die diese Phase der „wilden Entnazifizierung" kennzeichneten, sondern auch die Instrumentalisierung der „Entnazifizierung" bei der Durchsetzung des kommunistischen Machtanspruches, die sich bis weit in die fünfziger Jahre fortsetzte. In der SBZ wurde die Entmachtung der Eliten des NS-Staates mit der Etablierung einer neuen Elite aus den Kadern der KPD bzw. der neugebildeten SED verquickt, wobei durch den antifaschistischen Monopolanspruch der Kommunisten auch bürgerliche Demokraten und Sozialdemokraten in die Mühlen der „Säuberungen" gerieten, die „Entnazifizierung" nur noch dem Namen nach hießen. Daß die Entnazifizierung zu einem Instrument des Kalten Krieges wurde, ging von seiten der sowjetischen und deutschen Kommunisten aus, nicht von den Westalliierten.

Zwar sind die Zahlen der ostdeutschen Entnazifizierungsverfahren und auch der angestrengten Strafprozesse gegen ehemalige Nationalsozialisten hoch; es ist dabei aber zu berücksichtigen, daß der überwiegende Teil der Führungsgruppen des NS-Staates und natürlich so gut wie alle hochrangigen Vertreter von Partei und SS vor oder nach Kriegsende nach Westdeutschland geflohen waren. Im Gegensatz zu der massenhaften Individual-Entnazifizierung im Westen wurde jedoch dem Großteil der ehemaligen einfachen Mitglieder der NSDAP und anderen „Mitläufern" das Angebot unterbreitet, daß ihre Vergangenheit vergessen würde, wenn sie sich in den neuen sozialistischen Staat aktiv integrierten – das Wort von der „SED, dem großen Freund der kleinen Nazis", das damals aufkam, bezog sich auf diese Vorgänge.[12]

Der „Antifaschismus", wie er sich im Verständnis der illegalen kommunistischen Partei und im Exil herausgebildet hatte, wurde nun zu einer Art von Staatsräson der DDR, die ihre Existenz direkt auf das „Vermächtnis" der politischen Häftlinge in den Konzentrationslagern zurückführte und ihren Fortbestand zu einem guten Teil mit der Kontinuität der NS-Eliten im westdeutschen Staat legitimierte.

---

12 O. Groehler, Verfolgten- und Opfergruppen im Spannungsfeld der politischen Auseinandersetzungen in der SBZ und DDR, in: J. Danyel (Hg.), Die geteilte Vergangenheit. Zum Umgang mit Nationalsozialismus und Widerstand in beiden deutschen Staaten, Berlin 1995, S. 31-46; ders., Der Holocaust in der Geschichtsschreibung der DDR, in: Herbert/Groehler, S. 41-66; N. Frei, NS-Vergangenheit unter Ulbricht und Adenauer. Gesichtspunkte einer vergleichenden Bewältigungsforschung, in: Danyel, Vergangenheit, S. 125-132.

Daß nahezu alle Spitzenfunktionäre in Regierung und Staatspartei der DDR Gegner des Nationalsozialismus gewesen und nicht wenige von ihnen von den Nazis verfolgt worden waren, verlieh dem staatsoffiziellen Antifaschismus auch eine langwirkende Glaubwürdigkeit, und hieraus resultierte zu einem erheblichen Teil auch der zukunftsgewisse Idealismus der Aufbaugeneration der SED; unzählige aus ihr gingen angesichts der vielen Ex-Nationalsozialisten in den Führungsgruppen der Bundesrepublik von der festen Überzeugung aus, ein auch moralisch „besseres Deutschland" zu schaffen und die Lehren aus der Geschichte zu ziehen – wie dies besonders eindrucksvoll etwa in den Äußerungen der aus dem Exil in die DDR zurückgekehrten linken Schriftsteller um Brecht und Anna Seghers zum Ausdruck kam und in den frühen Büchern Hermann Kants seine literarische Form fand.[13] Dieser idealistische Antifaschismus besaß bis zum Ende der DDR sowohl in der Bevölkerung wie in der SED eine nicht zu unterschätzende Prägekraft, aber er wurde schon in den Anfangsjahren des neuen Staates politisch funktionalisiert und verkam im Laufe der Jahre immer mehr zu einer formelhaft erstarrten Staatsdoktrin.[14] Die Gründe dafür kann man in drei Punkten zusammenfassen:

Zum einen hatte das humanistische Pathos des Antifaschismus einen unglaubwürdigen, ja zynischen Beigeschmack dadurch, daß in der DDR die Verbrechen des Stalinismus in der Sowjetunion und in der SBZ, aber auch etwa in Spanien, verschwiegen, ja geleugnet oder durch den Bezug auf den Antifaschismus gerechtfertigt wurden.

Zweitens wurden die repressiven Maßnahmen des SED-Regimes seit jeher und bis zuletzt mit der notwendigen Verteidigung des Sozialismus gegenüber dem Ansturm der Militaristen und Revanchisten aus Westdeutschland legitimiert, und nicht umsonst hieß die Mauer „antifaschistischer Schutzwall". Diese fortdauernde Instrumentalisierung des Antifaschismus zur Rechtfertigung der Unterdrückung nutzte sich aber in dem Maße ab, als der Ansturm der westdeutschen Revanchisten ausblieb, die Unterdrückung aber beibehalten wurde.

Drittens, und dies erweist sich längerfristig als der wohl folgenreichste Faktor, blendete das spezifisch kommunistische Geschichtsbild von Nationalsozialismus und Antifaschismus, wie es von der Führung der SED vertreten und in der DDR sowie bei der orthodoxen Linken Westdeutschlands durchgesetzt wurde, zentrale Aspekte der Vergangenheit einfach aus und ließ auch keine Diskussion darüber zu.

In diesem Geschichtsbild sind zwei Elemente hervorzuheben: Zum einen erscheint das deutsche Volk, vor allem die deutsche Arbeiterschaft, im wesentlichen als Opfer des Nationalsozialismus, während die Verantwortlichen ausschließlich bei den Eliten, insbesondere beim Großkapital ausgemacht werden. Das deutsche Volk, so heißt es in sich stupend wiederholenden Formulierungen, sei von den Mächtigen „mißbraucht"

---

13 Vgl. H. Kant, Die Aula. Roman, München 1966; ders., Eine Übertretung. Erzählungen, Berlin 1975; ders., Der Aufenthalt. Roman, Neuwied 1977.
14 Vgl. O. Groehler, Antifaschismus. Vom Umgang mit einem Begriff, in: Herbert/Groehler, S. 29-41; Danyel, Vergangenheit.

oder „verführt" worden, und hier liegt zugleich die Begründung für die Notwendigkeit der antifaschistischen Erziehungsdiktatur. Zum anderen, und damit verknüpft, wird in dieser Sicht auch die rassistische Terror- und Vernichtungspolitik der Nationalsozialisten allein auf die Eroberungs- und Herrschaftspläne des deutschen Imperialismus, letztlich des deutschen Großkapitals, zurückgeführt, so daß etwa der Antisemitismus nur noch als Manipulationsinstrument gegenüber der deutschen Bevölkerung angesehen und die Vernichtung der europäischen Juden gewissermaßen als Randphänomen, als bloße „Erscheinungsform" des deutschen Imperialismus wahrgenommen wird.

Die Oktroyierung dieses Geschichtsbildes hatte für weite Teile der DDR-Bevölkerung überaus entlastende Auswirkungen. Denn dadurch, daß der DDR-Staat und mit ihm seine Bürger aus der Tradition und damit der Verantwortung für die Verbrechen des Nationalsozialismus ausgenommen wurden, stand die individuelle Verstrickung der einzelnen, die Zustimmung zum NS-Regime auch in weiten Teilen der Arbeiterschaft und die Akzeptanz rassistischer und antisemitischer Vorstellungen in der deutschen Bevölkerung gar nicht zur Debatte.

Wer sich dieses Geschichtsbild zu eigen machte, dem wurde zugleich ein Platz auf der besseren, moralisch überlegenen Seite der Geschichte zugewiesen, selbst wenn die Erfahrungen derjenigen, die die NS-Zeit miterlebt hatten, dazu in deutlichem Kontrast standen. Eine Auseinandersetzung mit der NS-Vergangenheit, die auch mit der je individuellen Vergangenheit der einzelnen, mit ihren politischen Einstellungen und Überzeugungen in Berührung kam, ist so verhindert worden, und in der DDR-Bevölkerung bestand der verbreitete Eindruck, als sei der Nationalsozialismus allein die Vorgeschichte der Westdeutschen. Das aber bot eine Voraussetzung, daß nicht eben wenige Elemente der eingeübten Verhaltensweisen unter der NS-Diktatur bruchlos in das Leben unter der neuen Diktatur eingebracht werden konnten.

Auf der anderen Seite geriet mit der zunehmenden Diskreditierung des SED-Regimes bei seinen Bürgern auch dessen historisch-moralische Grundlage, der Antifaschismus, in Verruf. Zudem wurde in der Perspektive der DDR-Propaganda die Bundesrepublik bis zuletzt als Hort von Revanchisten und Neonazis dargestellt. Die jahrzehntelangen Debatten über die nationalsozialistische Vergangenheit in Westdeutschland nahm sie nicht wahr oder führte sie als Beweis für das Fortbestehen nationalistischer Traditionen an und gerade nicht als Beleg für die kritische Auseinandersetzung mit ebendieser Tradition.

Die Folgen dieser Reduktion der Beschäftigung mit der Vergangenheit auf einen staatsoffiziellen Antifaschismus der DDR, der die Gesellschaft und ihre Menschen vor einer Auseinandersetzung mit der eigenen Geschichte bewahrte, sind heute sichtbar: Auf der einen Seite steht ein immer wieder revitalisiertes, aber mittlerweile artifizielles antifaschistisches Pathos bei den Intellektuellen im weiten Umkreis der SED/PDS, dessen moralische Grundlagen durch die 40 Jahre Diktatur des von ihnen getragenen Regimes diskreditiert sind. Auf der anderen Seite hat die Bevölkerung der ehemaligen DDR eine offene Auseinandersetzung mit der nationalsozialistischen Vergangenheit nie wirklich führen können, die es ihr schrittweise erlaubt hätte, die eigenen Traditionen und langfristigen Folgewirkungen der jüngeren deutschen Geschichte und insbesondere des Nationalsozialismus auch als solche zu begreifen und sich ihnen zu stellen. Und zugleich geriet ein individuelles Bekenntnis zum Antifaschismus schnell in den Geruch des Opportunismus gegenüber dem SED-Regime.

Bei vielen Menschen in der ehemaligen DDR und vor allem bei denen, die an den revolutionären Ereignissen im Herbst 1989 beteiligt waren, ist aber auch eine entgegengesetzte Entwicklung feststellbar: Hier verbindet sich die Oppositionshaltung gegenüber dem SED-Regime mit einer von den Fesseln des offiziellen Geschichtsbildes der Partei befreiten intensiven und differenzierten Auseinandersetzung mit der NS-Vergangenheit zu einem spezifischen und erfahrungsgesättigten Antitotalitarismus.

3.

Die dritte der deutschen Vergangenheitsbewältigungen unterschied sich von den beiden bisher diskutierten schon dadurch, daß es sich nicht um ein spezifisch deutsches Problem handelte. Denn der Zusammenbruch des SED-Regimes war Teil des Zusammenbruchs aller Regimes des sowjetischen Imperiums in Mittel- und Osteuropa. Ihnen allen gemeinsam war, daß die bereits seit Jahrzehnten feststellbare und eskalierende Desorganisation und Dysfunktionalität des sowjetisch geprägten Wirtschafts- und Sozialsystems einen fortschreitenden Abbau der ohnehin nicht sehr weitreichenden Unterstützung oder doch Akzeptanz in diesen Gesellschaften nach sich zogen. Die hierauf gründende innere Aushöhlung der politischen Systeme, die bis weit in die Mitgliederschaft der Staatsparteien reichte, war die Voraussetzung einer sich dann in den meisten Satellitenstaaten der Sowjetunion ausbreitenden Oppositionsbewegung, die vollständig repressiv zu unterdrücken die Regimes nicht mehr in der Lage waren, auch weil Teile ihrer Eliten von massiven Selbstzweifeln durchsetzt waren, die sie an einer scharfen Unterdrückungspolitik, wie sie zur gleichen Zeit von der chinesischen Regimeführung praktiziert wurde, schließlich hinderten.[15]

Die Gründe oder die Formen des Zusammenbruches des ostdeutschen Staates unterschieden sich von denen des Untergangs der kommunistischen Diktaturen in Polen, der ČSSR oder Ungarn nicht wesentlich. Unterschiedlich waren aber zwei wichtige Faktoren: zum einen, daß es anders als in Polen oder Ungarn einen konkurrierenden westdeutschen Staat gab, der nach dem 9. November 1989 die Entwicklung in Ostdeutschland maßgeblich prägte und auch die Art und Weise des Umgangs mit der SED-Diktatur nachhaltig bestimmte. Und zum anderen, daß – ob man das nun guthieß

---

15 T. G. Ash, Ein Jahrhundert wird abgewählt. Aus den Zentren Mitteleuropas, München 1990; J. Juchler, Osteuropa im Umbruch. Politische, wirtschaftliche und gesellschaftliche Entwicklungen 1989-1993. Gesamtüberblick und Fallstudien, Zürich 1994; D. Bingen, Die revolutionäre Umwälzung in Mittel- und Osteuropa, Berlin 1993; J. Elvert/M. Salewski (Hg.), Der Umbruch in Osteuropa, Stuttgart 1993.

oder nicht – die „Bewältigung" der DDR-Vergangenheit sofort mit der „Bewältigung" der deutschen NS-Vergangenheit in Bezug gesetzt und verglichen wurde.

Zum ersten Punkt, der Überlagerung der Diskussion über die DDR-Vergangenheit durch den Ost-West-Gegensatz: Die westdeutsche Republik hatte sich gegenüber der DDR nicht nur wirtschaftlich als das überlegene System erwiesen, sondern auch politisch und (jedenfalls in den Wahrnehmungen der meisten Westdeutschen) auch kulturell und moralisch. Die Forderung nach politischer, individueller und juristischer Abrechnung mit dem DDR-Regime gewann dadurch eine herrschaftspolitische Komponente, sie erschien gegenüber erheblichen Teilen der DDR-Bevölkerung – auch solchen, die der SED ferngestanden hatten – vor allem als Forderung des Westens.[16]

Hier ist ein Vergleich mit anderen ehemaligen RGW-Staaten aufschlußreich. Denn nirgendwo sonst war der Elitenaustausch so scharf und radikal wie in der ehemaligen DDR. Nirgendwo sonst auch sind juristische Verfahren gegen die einstigen politischen Führer in solchem Ausmaß geführt worden. Nirgendwo sonst sind die Hinterlassenschaften der Geheimdienste so radikal erfaßt und öffentlich gemacht worden wie hier, wenn auch in der für Deutschland offenbar unvermeidlichen Form einer bürokratischen Superbehörde mit mehr als 3.000 Mitarbeitern. Nun sind es aber eben diese Unterlassungen, die von den einstigen Regimegegnern in Ungarn, Polen, der Sowjetunion, Rumänien oder Ungarn heute so heftig kritisiert werden: daß dort eben kein oder nur ein kaum verdeckter Elitenaustausch stattgefunden habe, daß die Schergen der einstigen Regimes ebensowenig bestraft wie die Machenschaften der Geheimdienste öffentlich aufgedeckt wurden usw. Die daraus zu ziehende Schlußfolgerung ist: Ohne die Hilfe von außen können sich postdiktatoriale demokratische Gesellschaften offenbar nicht oder jedenfalls nicht in kurzer Zeit von den Führungsgruppen der einstigen Diktatur befreien. Zu eng waren Staat und Gesellschaft miteinander verknüpft, und zu sehr sind Politik, Gesellschaft und Wirtschaft von den alten Eliten abhängig – denn es gab (vielleicht mit Ausnahme der Solidarność in Polen) in der Regel keine anderen. Das aber ist kein Spezifikum postkommunistischer Gesellschaften; ein Blick auf die Entwicklung in Spanien nach Franco, auf Argentinien nach der Junta oder gar auf Chile nach Pinochet verdeutlicht das.[17]

Mit der Hilfe von außen hingegen sind solche Formen des Elitenaustausches leichter möglich, ebenso wie scharfe Maßnahmen der Justiz zur Bestrafung von Menschenrechtsverletzungen. Das hat die Entwicklung in Deutschland nach 1945 gezeigt, aber auch nach 1989. Aber solches hat zur Folge, daß eben diese Maßnahmen in den Gesellschaften selbst als Einmischung von außen apostrophiert werden und zu partiellen Resolidarisierungen mit den einstigen Diktaturen führen. Hier werden die beiden Ansätze im Umgang mit der NS-Diktatur in den USA wieder in Erinnerung gerufen. So-

---

16 J. Kocka, Vereinigungskrise. Zur Geschichte der Gegenwart, Göttingen 1995.
17 W.L. Bernecker/C. Collado (Hg.), Spanien nach Franco. Der Übergang von der Diktatur zur Demokratie 1975-1982, München 1993; B. Thibaut, Präsidentialismus und Demokratie in Lateinamerika. Argentinien, Brasilien, Chile und Uruguay im historischen Vergleich, Opladen 1996.

lange sich die Aktivität der Amerikaner auf eine eng definierte Regimeführung konzentrierte, traf sie auf Zustimmung, weil sie dem Bedürfnis nach Reinigung nachkam und zugleich die deutsche Gesellschaft selbst entlastete. Mit dem Schritt darüber hinaus – zu den Nachfolgeprozessen und zur Entnazifizierung – trafen die Amerikaner bei den Deutschen auf scharfe Ablehnung.

Der Rekurs auf die Rolle Westdeutschlands bei der Überwindung der SED-Diktatur hat sich mittlerweile bei Teilen der Ostdeutschen, aber eben auch in Westdeutschland, als geeigneter Ansatz einer weitreichenden Rehabilitierung oder doch Verharmlosung der Diktatur in der DDR erwiesen – die über die Identifikationsbedürfnisse der ehemaligen DDR-Bewohner mit der eigenen Geschichte weit hinausreichen.

Zum zweiten Punkt, dem Vergleich der DDR mit dem Naziregime. Zum einen gab es jedenfalls in Westdeutschland unmittelbar seit 1989 und seither anhaltend die verbreitete, wenn auch nicht durchweg geteilte, Überzeugung, daß die Lehre aus den Fehlern im Umgang mit den Nazis und den Nazi-Verbrechen vor allem darin bestehen müsse, deren Wiederherstellung zu verhindern.[18]

Zugleich entwickelte sich hierbei in einem Teil der Öffentlichkeit und namentlich bei den Konservativen aber auch so etwas wie ein vergangenheitspolitischer Kompensationsbedarf: So wie die NS-Vergangenheit jahrelang von den Linken als Instrument gegen die Konservativen benutzt worden sei, wollte man nun die DDR-Vergangenheit als Instrument gegen die Linke nutzen.[19] Das Problem, das dabei entstand, lag in der impliziten Gleichsetzung von Nazi-Diktatur und SED-Regime, mehr noch: der Untaten beider Regimes. Das wirkte natürlich als eine bizarre Verharmlosung der nationalsozialistischen Massenverbrechen. Es gab derartige Parallelisierungsversuche, aber sie waren doch zu abstrus, um sich wirklich durchzusetzen. Vielmehr erwies sich dieses Argument schon bald als ganz kontraproduktiv. Denn wenn die Menschenrechtsverletzungen der SED-Führung mit den Massenverbrechen der Nazis verglichen werden, erscheint die DDR in einem solchen Vergleich plötzlich als geradezu human. Die doch sehr spezifischen Formen der Repression in der DDR wie in den anderen RGW-Staaten – nämlich eine umfassende, tatsächlich Orwellsche Ausmaße erreichende Bespitzelung und Bevormundung der Bürger, die Abstrafung gefährlich erscheinender Kontakte zur Außenwelt und anderes – mußten im Vergleich zu den Leichenbergen der Nazis dann als geradezu nachrangige Probleme erscheinen.

Kurz: der Vergleich mit der NS-Vergangenheit war vielleicht unvermeidlich, aber er hat sich für den kritischen Umgang mit der SED-Herrschaft insgesamt als irreführend und handlungshemmend erwiesen.

Stellt man aber solche deutschen Parallelisierungen beiseite und sieht die DDR als gewissermaßen „ganz normale Diktatur" ohne vergangenheitspolitischen Überhang an,

---

18 J. Herf, Divided memory. The Nazi Past in the Two Germanys, Cambridge 1997; Danyel, Vergangenheit.
19 Vgl. C. Hoffmann, Stunden Null? Vergangenheitsbewältigung in Deutschland 1945 und 1989, Bonn 1992, S. 235-310; R. Wassermann, „Kein zweierlei Maß bei NS- und SED-Verbrechen", in: Universitas 46 (1991), S. 1031-1034; F.K. Fromme, Wenn nicht verjährt, was dann?, in: FAZ, 21.11.1991.

so wird der Blick auf die das Regime kennzeichnenden Menschenrechtsverletzungen auch deutlicher, ebenso wie der Blick auf die für eine historische Beurteilung so wesentlichen Aspekte des Verhältnisses von Volk und Führung oder der Integration von Teilen der Bevölkerung in das Repressionssystem.

Ist der Umgang mit der DDR-Vergangenheit wirklich als so problematisch oder gar als gescheitert anzusehen, wie viele Beobachter annehmen? Dahinter verbirgt sich vor allem eine Frage der Erwartungen. Wer davon überzeugt war, daß sich die Einheit des deutschen Volkes unabhängig von den Zeitläuften und den vierzig Jahren in zwei verschiedenen Staaten im Kern erhalten habe, wird über die gegenwärtige Entwicklung natürlich bitterlich enttäuscht sein. Wer den Begriff des deutschen Volkes jenseits realer gesellschaftlicher und historischer Gemeinsamkeiten jedoch für eine völkische Fiktion hält, wird die Probleme nach der Wiedervereinigung für unvermeidlich halten. Wären sie kleiner, müßte es einem angst und bange werden.

Entsprechendes gilt für die dritte deutsche Vergangenheitsbewältigung: Wer glaubte, das SED-Regime sei nur eine repressive Diktatur gewesen, gestützt allein auf ihre Bajonette, der muß angesichts der skeptischen bis ablehnenden Reaktionen vieler Ostdeutscher auf Gauck-Behörde und Mauerschützenurteile schier verzweifeln. Wer hingegen sieht, daß die DDR zwar eine Diktatur war, aber eine mit gewiß notgedrungener, aber dennoch vergleichsweise hoher Akzeptanz bei nicht ganz geringen Teilen der Bevölkerung, der wird die bisherige Entwicklung seit der Wiedervereinigung für nicht gar so enttäuschend halten. Der Anteil der Ostdeutschen, die die DDR zurückhaben wollen, ist denkbar klein; die Sympathie für die Institutionen der Demokratie ist nicht gering; und schließlich ist die kritische Auseinandersetzung mit Rechtsstaat, kapitalistischer Wirtschaft und repräsentativem Parlamentarismus zum einen vollkommen legitim und zum anderen auch als eine Art von kritischer Aneignung zu begreifen – nicht anders als dies große Teile der Jugend in Westdeutschland in den sechziger und siebziger Jahren auch getan haben, jene Generationen, die heute den westdeutschen Staat und seine Gesellschaft repräsentieren (und heute zum Teil so tun, als hätten sie die Marktwirtschaft und parlamentarische Demokratie selbst erfunden).

4.

Kehren wir abschließend noch einmal zur Frage der Auseinandersetzung mit der NS-Vergangenheit zurück. Hat diese in Westdeutschland nun seit fast dreißig Jahren mit hoher Intensität geführte Debatte um die NS-Vergangenheit Resultate erbracht, die über den konkreten Gegenstand hinaus wirksam waren? Ist die Auseinandersetzung einer postdiktatorialen Gesellschaft mit ihrer Vorgeschichte überhaupt produktiv? Ist der zum Überdruß zitierte Satz: „Das Geheimnis der Versöhnung heißt Erinnerung", tatsächlich richtig? Oder muß es mit Blick auf die Probleme der ehemaligen kommunistischen Länder mit den Lasten ihrer Vergangenheit nicht realistischer heißen: „Das Geheimnis der Versöhnung heißt Vergessen?"

Hier kann die Antwort nicht ganz eindeutig sein. Zum einen: Betrachtet man etwa die Karrieren einstiger NS-Aktivisten in der Bundesrepublik, so steht außer Frage, daß nur ein ganz kleiner Teil von ihnen sich nach dem Kriege in rechtsradikalem Sinne wieder politisch betätigte. Die meisten versuchten, ihre eigene Vergangenheit zu verdecken und zu vergessen. Die deutsche Gesellschaft belohnte dies: Wer sich – jedenfalls öffentlich – zur Bundesrepublik und zur Demokratie bekannte, hatte, wenn nicht herauskam, daß er große Verbrechen begangen hatte, gute Chancen, in diesem Staate zu reüssieren. Und da sich die Bundesrepublik als ausgesprochen erfolgreiches Unternehmen erwies und auch das eigene Fortkommen ermöglichte – warum sollte man sich da weiterhin mit jenem alten Regime identifizieren, das den einzelnen ja auch persönlich die größte Niederlage ihres Lebens beigefügt hatte? Nicht wenige von denen, die diese Gelegenheit wahrnahmen und ihren Opportunismus belohnt sahen, wurden im Verlauf der Zeit tatsächlich zu guten und überzeugten Demokraten. Indem man ihren Opportunismus akzeptierte, wurde nicht bei allen, aber doch bei vielen die Grundlage zu einem tatsächlichen Einstellungswandel gelegt.[20] Die Parallelen zur gegenwärtigen Situation liegen auf der Hand. Der Opportunismus ist eine heilsame Kraft. Wer sie unterschätzt, kann die Wandlungen postdiktatorialer Gesellschaften nicht begreifen.

Zum anderen: Traditionen und Kontinuitäten wirken um so stärker fort, je weniger sie als solche begriffen werden. Insofern war und ist der hier geschilderte Prozeß der westdeutschen Vergangenheitsdebatte Ausdruck des Bemühens, diese Traditionen und Kontinuitäten als solche zu begreifen, zu erkennen und zu überprüfen – ein Prozeß der kontinuierlichen Selbstvergewisserung über die fortwirkenden Traditionen der NS-Vergangenheit, deren Ausmaß und Gestalt sich nur schrittweise erschließen. Daraus lassen sich allgemeinere Schlußfolgerungen ziehen.

(1) Wo ein solcher pluraler und in sich uneinheitlicher Reflexionsprozeß durch ein fixiertes Geschichtsbild ersetzt wird, das eine solche tastende und oft nur schwer erträgliche Debatte durch entlastenden Nachvollzug gegebener Interpretationen oder die bloße Proklamation der Abscheu ersetzt, wird die Auseinandersetzung mit der Geschichte in Wahrheit vermieden bzw. imitiert. Die weiterwirkenden, unbearbeiteten individuellen Erfahrungen und gesellschaftlichen Traditionen werden dabei negiert und unterdrückt, nicht aber freigesetzt und kritisiert.

(2) Eine nachdiktatoriale, freie Gesellschaft konstituiert sich durch die kritische Auseinandersetzung mit ihrer diktatorialen Tradition. Nur diese korrespondiert erfolgreich mit dem Angebot zum auch individuellen Neuanfang. Eine solche Auseinandersetzung, das ist das Fazit aus den hier vorgetragenen Überlegungen, muß öffentlich sein, konkret und ohne Vorgaben über Form oder Ergebnis der Debatte. Sie muß von denen geführt werden, die diese Geschichte gemacht und erlitten haben. Aber sie darf auch die Möglichkeiten zum Umdenken, auch zum Opportunismus und zur Anpassung – erst aus Bequemlichkeit, später vielleicht auch aus anderen Gründen – nicht ausschließen.

---

20 Vgl. Herbert, Rückkehr.

(3) Bei dem Umgang mit diktatorialen Vergangenheiten ist die Moral eine politische Produktivkraft. Verbrechen, auch und gerade wenn es Staatsverbrechen waren, müssen geahndet und dürfen nicht belohnt werden – für das Fortkommen der Zivilgesellschaft ist das eine fundamentale Voraussetzung. Aber man braucht auch Klugheit, um die Entwicklung von der Diktatur zur Demokratie, auch bei den vielen einzelnen, zu erleichtern und nicht zu verstellen. Zu viel vom einen oder vom anderen hat üble Folgen. Um die rechte Mischung von beidem zu finden, braucht man die öffentliche, die kritische Auseinandersetzung.

Manfred Hettling

Umschreiben notwendig?
Die Historiker und das Jahr 1989

1. Die Sehnsucht nach Deutung

Zu Silvester 1872 schrieb Jacob Burckhardt seinem vertrauten Freund Friedrich von Preen. Beide standen in regem Briefwechsel; die Themen variierten zwischen Berichten über Preens Sohn, der in Basel studierte, und historisch-politischen Reflexionen. Diesmal antwortete Burckhardt auf die Frage, welche Bücher zur neueren Geschichte Deutschlands er Preen empfehlen könne. Er bekannte, derartige Werke „lese und kenne" er nicht, schon lange hätte er einen „Abschmack" daran. Preen solle sich mit dem erstbesten billigen Opus behelfen, denn die Geschichtsschreibung sei in einer „Mauserung" begriffen, und innerhalb weniger Jahre werde „die ganze Weltgeschichte von Adam an siegesdeutsch angestrichen und auf 1870/71 orientiert sein".[1]

Man kann 1989/90 als einen Prüfstein dafür ansehen, ob die Historiker des späten 20. Jahrhunderts theoretisch reflektierter mit Zäsuren und politischen Brüchen verfahren, als es Jacob Burckhardt seinen – deutschen – Zeitgenossen in bezug auf die Reichsgründung von 1871 attestiert hat. Denn das unerwartete Ereignis stimuliert nach wie vor ein Verlangen nach Deutung, ja nach Sinn. „Wir", so wiederum Burckhardt, der Skeptiker des 19. Jahrhunderts, „möchten die Welle kennen, auf der wir im Ozean treiben".[2] Nach 1989, nach dem Schiffbruch des real existierenden Sozialismus, sind viele gewohnte Orientierungen und Deutungsmuster brüchig geworden. Die Sinnkonstruktionen der Geschichtsschreiber präsentieren sich zumeist in der Form von Epochenkonstruktionen. 1989 wird zur Zäsur erklärt, von der aus rückwirkend das Jahrhundert zur „Einheit der Epoche" (Tenfelde) deklariert oder als „kurzes 20. Jahrhundert" (Hobsbawm) präsentiert wird.[3] Daß derartige Epochenbildungen auf geschichtsphilosophischen Annahmen beruhen und politische Werturteile ungefiltert in die Interpretation überführen, wird im folgenden an zwei Beispielen gezeigt. Zuerst werde ich anhand der Verwendung des Begriffs des „kurzen 20. Jahrhunderts" bei Eric Hobsbawm (durch ihn wurde der Ausdruck popularisiert) die heilsgeschichtliche Implikation seiner Deutung zeigen. Danach werde ich an Stellungnahmen, die das Jahr

---
[1] J. Burckhardt, Briefe, Bd. 5, Basel 1963, S. 184 (Burckhardt an Preen, 31.12.1872).
[2] J. Burckhardt, Historische Fragmente, Stuttgart 1957, S. 269 (6. November 1867).
[3] K. Tenfelde, 1914 bis 1990: Die Einheit der Epoche, in: M. Hettling u.a. (Hg.), Was ist Gesellschaftsgeschichte? München 1991, S. 70-80; E. Hobsbawm, Das Zeitalter der Extreme. Weltgeschichte des 20. Jahrhunderts, München 1995.

1989 zu einem Wendepunkt für die Interpretation der deutschen Nachkriegsgeschichte stilisieren, die Vermischung von politischem Werturteil und historischer Erklärung demonstrieren. Darauf möchte ich am Beispiel der Wissenschaftstheorie Max Webers einige Kriterien benennen, mit denen historische Erkenntnis gewonnen werden kann, die jenseits der Relativität und Veränderbarkeit historischer Wertungen durch politische Umbrüche eine derartige Zäsuren überdauernde wissenschaftliche Haltbarkeit beanspruchen kann. Abschließend soll ein solches historiographisches Beispiel kurz skizziert und damit die Umsetzbarkeit dieses theoretischen Anspruchs demonstriert werden.

2. Sozialistischer Utopieverlust

Hobsbawm hat in seinem Buch „Zeitalter der Extreme" nicht nur eine Weltgeschichte zu schreiben versucht, sondern erhebt zugleich den Anspruch, den „Sinn" dieser historischen Entwicklung zu erfassen und zu interpretieren: „Wie können wir dem ‚kurzen 20. Jahrhundert' einen Sinn abgewinnen, also den Jahren vom Ausbruch des Ersten Weltkriegs bis zum Zusammenbruch der Sowjetunion, die, wie wir heute im Rückblick erkennen können, eine kohärente historische Periode bildeten, welche nun beendet ist?"[4] Die Frage so zu stellen, unterstellt nicht nur einen inneren Zusammenhang dieser Jahre und darüber hinaus einen „Sinn", der diesem derart konstruierten Jahrhundert abzugewinnen sei. Es impliziert ebenfalls, daß 1989 unstrittig als säkularer Einschnitt zu verstehen ist. „Im Zeitalter der Extreme" wird das 20. Jahrhundert im trüben Licht eines düsteren Endes betrachtet – 1989/91 deutet Hobsbawm als Krise ohne Alternative. Für ihn hat seit 1991 die „Konterrevolution" begonnen, auch wenn sich die Hoffnungen des Kommunismus (vielleicht) noch auf China richten können.[5] Doch nicht nur der real existierende Sozialismus existiert nicht mehr, durch und nach 1989/91 seien auch alle westlichen Systeme, wie etwa die Europäische Gemeinschaft, ins Wanken geraten. In langen Passagen beschwört er die Auflösung einer festgefügten Ordnung. Währungssysteme, Wirtschaftsordnungen, kulturelle Werte und Normen, Blockkonfrontation – alles sei in Bewegung gekommen oder habe sich verflüchtigt. In der Manier eines klassischen Konservativen beklagt Hobsbawm den Verlust von Ordnung. Vor zehn Jahren beendete er sein Buch über den Imperialismus – den Schlußband seiner Trilogie über das 19. Jahrhundert – mit einer optimistischen Prognose. Er bekannte sich damals noch zur „Suche nach einer vollkommenen Gesellschaft". Zwar bestehe die Gefahr, daß sich die Menschheit selber vernichten könne, doch falls das nicht geschehe, sei die Wahrscheinlichkeit sehr hoch, daß die Welt „besser" werde, indem sie der Utopie, die aus dem 19. Jahrhundert stamme, näher komme.[6]

---

4 Hobsbawm, Extreme, S. 20; in der englischen Fassung lautet die Stelle: „to make sense"; ders., The Age of Extremes, New York 1994, S. 5.
5 Hobsbawm, Extreme, S. 113.
6 E. Hobsbawm, Das imperiale Zeitalter. 1875-1914, Frankfurt 1989, S. 425f.

Zehn Jahre später ist die Gefahr der Selbstvernichtung der Welt zwar deutlich kleiner geworden, doch bei Hobsbawm dominiert nun die Enttäuschung – mehr als in den achtziger Jahren, wie er selbst zugibt. Sein Schluß ist geprägt von Begriffen wie „Erosion" und „Finsternis". Vor allem ist ihm in diesen Jahren die geschichtsphilosophische Zuversicht abhanden gekommen. 1987 war er sich ihrer noch gewiß, denn seit der Mitte des Jahrhunderts habe man erkennen können, „welche Konturen die Zukunft annehmen würde";[7] in den neunziger Jahren indes wisse man nicht mehr, was die Zukunft bringen werde. „Wenn die Menschheit eine erkennbare Zukunft haben soll, dann kann sie nicht darin bestehen, daß wir die Vergangenheit oder Gegenwart lediglich fortschreiben".[8] Theoretisch ist ein Fortschreiben der Vergangenheit ohnehin nicht zu begründen, doch Hobsbawms Pointe liegt darin, daß er jetzt, nachdem er den Gegensatz zwischen Kapitalismus und Sozialismus zum Prinzip des Jahrhunderts erhoben und den Sieg des Kapitalismus und der Demokratie konstatiert hat, die historische Notwendigkeit der Veränderung postuliert, um die Welt retten zu können. Die zuvor optimistische Teleologie wird umgekehrt und ins Negative gewendet – wenn sich nichts ändere, komme die „Finsternis".[9]

Man kann 1989/91 unzweifelhaft als Zäsur verstehen. Indes, es bleibt die Frage: wofür? Für die östlichen Staaten markiert es einen fundamentalen Umbruch.[10] Für die westlichen Nationen gilt das jedoch keineswegs. Im deutsch-deutschen Vergleich und auch in der Kontrastierung ganz unterschiedlicher biographischer Erfahrungen ist das seit 1989 zum Dauerthema geworden. Man kann durchaus eine tiefgreifende Veränderung der kapitalistischen Gesellschaften in den Jahrzehnten nach 1968/1973 konstatieren. Diese Veränderung, von Hobsbawm als Abbruch der Vergangenheit, als Zerstörung der gesellschaftlichen Grundlagen des liberalen Systems und seiner Werte mit düsterem kulturkritischen Pathos beklagt, erklärt sich aber gerade *nicht* aus dem Gegensatz zwischen Kapitalismus und Sozialismus – womit Hobsbawm jedoch das Jahrhundert strukturiert. Insbesondere wird in der kulturkritischen Diagnose von der Ero-

---

7 Ebd., S. 419.
8 Hobsbawm, Extreme, S. 719f. Wenn die „Überraschung" von 1989 etwas demonstriert hat, dann gerade die Illusion der Sicherheit, die vor 1989 über „die Geschichte" geherrscht haben mag. Insofern ist die Unsicherheit über die Zukunft kein Resultat von 1989 und danach – sondern 1989 hat gezeigt, daß man auch zuvor kein Wissen über die Zukunft hatte, sondern sich nur in einer vermeintlichen Gewißheit eingerichtet hatte.
9 Die Ironie liegt darin, daß Hobsbawm mit dem Verweis auf die Offenheit der Zukunft (sein dramatisches „wir wissen nicht, wohin wir gehen", ebd. S. 720) genau jenes Moment als neuartig, als das Ende des 20. Jahrhunderts markierend bezeichnet, welches in der Debatte über die Neuzeit seit langem diskutiert wird als eines der entscheidenden Charakteristika, welches einen fundamentalen Wandel seit dem 18. Jahrhundert benennt; vgl. R. Koselleck, Das achtzehnte Jahrhundert als Beginn der Neuzeit, in: ders./R. Herzog (Hg.), Epochenschwelle und Epochenbewußtsein, München 1987, S. 277. In seinem Bemühen, das Neuartige zu zeigen, belegt Hobsbawm die potentiell gleichartige Struktur der Wahrnehmung seit dem 18. Jahrhundert.
10 D. Geyer, Rußland in den Epochen des zwanzigsten Jahrhunderts. Eine zeitgeschichtliche Problemskizze, in: GG 23 (1997), S. 258-94; ders., Osteuropäische Geschichte und das Ende der kommunistischen Zeit, Heidelberg 1996.

sion der liberalen Gesellschaft seit den sechziger Jahren die – behauptete – Zäsur von 1989 völlig relativiert.

Hobsbawm erklärt, das Buch sei ein „biographisches Unterfangen". Er spreche von seinen „eigenen Erinnerungen" und ergänze sie. Für ihn und seine Altersgenossen sei die Vergangenheit unzerstörbar. Hobsbawm schreibt aus dem Geist der dreißiger Jahre: Die Krise des Kapitalismus einerseits und die noch nicht durch Terror diskreditierte sozialistische Zukunftshoffnung andererseits konstituieren sein Weltbild. Er gesteht selber ein, daß der Interpretation sowohl die (politische) „Überzeugung" wie die (biographische) „Erfahrung" im Weg stehen könnten. Die erstere sei leichter zu überwinden. Wie er indes seine biographische Erfahrung theoretisch gebändigt und methodisch kontrolliert habe, darüber schweigt Hobsbawm. Diese – das ist unverkennbar – konstituiert ungefiltert seinen Deutungsrahmen.[11] Vor 1989 blieb seine Perspektive optimistisch getönt, nach 1989 wurde sie mit kulturkritischem Pessimismus eingefärbt.

„Wir möchten gerne die Welle kennen, auf welcher wir im Ozean treiben", konstatierte Burckhardt in seiner Vorlesung über das Zeitalter der Revolution – um dann fortzufahren: „allein wir sind diese Welle selbst".[12] Die Antwort auf die Frage nach dem Erkennen der historischen Gegenwart kann aber dennoch nicht in einer simplen Gegenüberstellung von Theorie und Erfahrung liegen. Statt dessen sollte man eine andere Trennung vornehmen, die – im Anschluß an Max Weber – als Unterscheidung von „Werturteilen" und „Erfahrungswissen" bezeichnet werden kann.[13] Erstere sollte man offenlegen, letzteres läßt sich nach Regeln auf seine logische Konsistenz überprüfen.

3. Nationale Teleologien – ex post

Optimistisch getönte Umdeutungen der Geschichte findet man unter nationalpolitischem Vorzeichen auch bei deutschen Autoren. Historiker konstruieren – nach 1989 – eine neuartige Entwicklungslogik und beschreiben die Geschichte der Bundesrepublik als gleichsam linear sich entwickelnden, bestimmte Hindernisse überwindenden Verlauf bis hin zur Einigung der beiden deutschen Teilstaaten im Jahr 1990.

Ebenso wie Hobsbawm, doch in optimistischen Siegestönen der erfolgreichen Demokratie, gerät 1989 für Horst Möller zur historiographischen Scheidelinie.[14] Er betont den säkularen Gegensatz von Demokratie und Totalitarismus. Nationalsozialismus und

---

11 Hobsbawm, Extreme, S. 17, 19.
12 Burckhardt, Fragmente, S. 69 (6. November 1867).
13 M. Weber, Die „Objektivität" sozialwissenschaftlicher und sozialpolitischer Erkenntnis, in: ders., Gesammelte Aufsätze zur Wissenschaftslehre, Tübingen 1988, S. 160.
14 H. Möller, Die Relativität historischer Epochen: Das Jahr 1945 in der Perspektive des Jahres 1989, in: APZ, B 18-19/1995, S. 3-9; analog auch ders., Der SED-Staat – die zweite Diktatur in Deutschland, in: R. Eppelmann u.a. (Hg.), Lexikon des DDR-Sozialismus, Paderborn 1996, S. 3-12. Dagegen viel abwägender und reflektierter J. Kocka, 1945 nach 1989/90. Zur sich wandelnden Bedeutung des Endes von NS-Diktatur und Krieg, in: Chr. Jansen u.a. (Hg.), Von der Aufgabe der Freiheit. Fs. Hans Mommsen, Berlin 1995, S. 599-608.

sowjetisch dominierten Sozialismus gleichsetzend, wertet er – nach 1989, nach dem Zusammenbruch des Sozialismus – die Niederlage des Nationalsozialismus gleichsam nur als Etappensieg im Kampf gegen den Totalitarismus. Die Leiden der Millionen während der Vertreibung und Flucht, die „Weiterverwendung" von Konzentrationslagern wie Buchenwald werden für ihn zu Symptomen der Gleichartigkeit beider totalitärer Systeme.[15]

Möller geht noch weiter, er konstruiert 1989 als ein Resultat von 1945. „Erst" 1989 zeige die „Ambivalenz des 8. Mai 1945", oder, allgemeiner formuliert, eine zureichende Interpretation der Zeitgeschichte könne nur erfolgen, „wenn die Folgen epochaler Ereignisse vor Augen liegen".[16] Unklar bleibt bei ihm, wie er die internationale Niederlage der Faschismen im Zweiten Weltkrieg und den Zusammenbruch der Sowjetunion in einen zurechenbaren Zusammenhang bringen will. Denn er billigt dem Historiker nur die „Rekonstruktion ereignisgeschichtlich strukturierter Zusammenhänge" zu. Alle anderen Aussagen der Geschichtswissenschaft würden „relativiert" durch die „Bindung" historischer Deutungen an ihre eigene Zeit.[17] Offen muß bleiben, wie Möller als Historiker dann zu Interpretationen kommt, in denen er eben nicht nur Ereigniszusammenhänge rekonstruiert, sondern kausale Abfolgen und Zurechnungen vornimmt. Wenn er von der „Konsequenz des Jahres 1945", von den „Folgen epochaler Ereignisse" spricht, verläßt er die Ebene der Ereignisrekonstruktion – und bleibt seinen eigenen politischen Werturteilen und Bindungen verhaftet.[18]

Es gibt durchaus Angebote, die Geschichte des 20. Jahrhunderts in einem langen Bogen auch als Auseinandersetzung zwischen liberaler Demokratie und totalitären Systemen zu begreifen. François Furet hat in seinem Buch „Ende der Illusion" einen faszinierenden Versuch unternommen, geschichtsphilosophische Kritik und empirische Analyse zu verbinden. Seine Interpretation ist gewissermaßen auch eine „Beziehungsgeschichte" zwischen Demokratie und utopischer Diktatur seit der Französischen Revolution, deren dramatischer und wechselvoller Handlungsablauf bestimmt wird durch ein immenses Ausmaß an „revolutionärer Leidenschaft", welches die bürgerliche Gesellschaft freigesetzt hat, dann aber enttäuschte – worauf sich die „revolutionäre Leidenschaft" in Gestalt der faschistischen und sozialistischen Bewegungen gegen die bürgerliche Gesellschaft wandte.[19]

Möller hingegen bleibt bei der Konstruktion einer kausal zu verstehenden Konsequenz aus einem simplen zeitlichen Nachfolgen heraus. Das *post hoc* gerät ihm zum sicheren *propter hoc*. Sein Argument, daß 1989 die Interpretation der Geschichte seit 1945 verändere, könnte bestenfalls als Frage aufgegriffen werden. Er hingegen beläßt es beim geschichtsphilosophischen Postulat.

---

15 Möller, Relativität, S. 6.
16 Ebd., S. 3.
17 Ebd.
18 Ebd., S. 8.
19 F. Furet, Das Ende der Illusion. Der Kommunismus im 20. Jahrhundert, München 1996; vgl. ausführlicher dazu M. Hettling, Der Mythos des kurzen 20. Jahrhunderts, in: Saeculum 49 (1998).

Ein Beispiel für eine empirische Uminterpretation und Veränderung der Deutung findet sich bei Hans-Peter Schwarz in seiner Biographie des ersten Bundeskanzlers Konrad Adenauer. Im ersten Teil seiner monumentalen Darstellung, 1986 erschienen, skizziert er Adenauer als durch die Leitmotive des Bürgers, des Kölners und Rheinländers, sowie des Modernisierers geprägt. In bezug auf eine Würdigung der politischen Leistung Adenauers konstatiert Schwarz, daß zu Regierungszeiten die Innenpolitik vor allem umstritten gewesen sei, welche nun in viel weniger kontroversem Licht erscheine. Hingegen dauerten die Kontroversen über seine Deutschland- und Außenpolitik an, sei doch die „konsequente Einbindung in die Gemeinschaft der liberalen Demokratien umstritten wie eh und je".[20] Er würdigt damit Adenauer als konsequenten Verfechter einer Politik der Westintegration, für den – überspitzt formuliert – die demokratische Gesichertheit des Landes wichtiger war als die Hoffnung auf eine nationale Einheit um den Preis einer fragilen Neutralität. Schwarz verteidigt vehement die damaligen Weichenstellungen, auf denen die Freiheit der Bundesrepublik und die Stabilität der liberalen Demokratien im westlichen Europa ruhten.

Dieser Privilegierung der Einbindung des neugeschaffenen bundesdeutschen Teilstaates in die Gemeinschaft der westlichen Demokratien kann durchaus zugestimmt werden, gerade nach zwei von Deutschland initiierten Weltkriegen, die von den deutschen Führungskräften *gegen* die westliche Demokratie geführt wurden. Man muß dann nicht unbedingt – wie Schwarz – Adenauer als überragende und dominierende Figur der frühen Bundesrepublik präsentieren. Der Kanzler wird bei Schwarz – im Bild eines biblischen Patriarchen – als visionärer Führer beschrieben, der sein Volk in eine neue Zukunft geführt habe, in die westlich orientierte, plurale Demokratie. Als er im Mai 1952 die Westverträge unterzeichnet habe, sei sein Ansehen in der Bevölkerung noch unsicher gewesen. Doch nach dieser unwiderruflichen Weichenstellung habe ein Stimmungswandel begonnen, nach der Amerikareise von 1953 sei seine Popularität schließlich groß und ungefährdet gewesen. Das Frühjahr 1952, also die Westverträge, markierten den entscheidenden Wendepunkt. Damit sei – Schwarz bleibt in der Metaphorik des Patriarchen – das „Ende der beschwerlichen Wüstenwanderung" erreicht gewesen, „das Gelobte Land" lag „zum Greifen nah vor ihm", und – anders als die biblischen Patriarchen – „wird er es betreten können".[21]

Da Adenauer 1967 starb, kann mit diesem gelobten Land also kaum eine vereinte Nation gemeint sein. Schwarz orientiert sich in seiner Darstellung aus den achtziger Jahren damit unzweifelhaft – als seinem eigenen Leitbild – am Modell der Bundesrepublik als einem freiheitlichen und demokratischen Gemeinwesen; die nationale Einheit tritt demgegenüber zurück. Das schreibt er auch Adenauer zu: Die Zugehörigkeit der Bundesrepublik zur westlichen Demokratie sei dessen zentraler politischer Fixpunkt gewesen. Schwarz formuliert damit sicherlich einen weitverbreiteten Konsens und das

---

20 H.-P. Schwarz, Adenauer, 2 Bde., Stuttgart 1986/1991 (München 1994) hier: München 1994, Bd. 1, S. 963f., 967.
21 Ebd., S. 959f.

Selbstverständnis der Bundesrepublik spätestens seit den siebziger Jahren. Durchaus berechtigt ist es auch, Adenauer als patriarchalen Visionär zu bezeichnen, denn in dem von Schwarz herausgegebenen „Handbuch zur deutschen Außenpolitik" heißt es, „nur wenige westdeutsche Politiker, die den ‚Weststaat' befürworteten, waren damals bereit, dem Ziel der Wiedervereinigung einen so niedrigen Eigenwert beizumessen wie Adenauer". Im Gegensatz zu seinen propagandistischen Äußerungen zur Wiedervereinigung habe seine politische Praxis, seine „Deutschlandpolitik des Vertagens und Offenhaltens" gestanden.[22]

In seinem zweiten Band jedoch, 1991 erschienen, wird in einer bemühten Volte der 3. Oktober 1990 an die Adenauersche Politik zurückgebunden. Adenauers Westintegration wird gleichsam präsentiert als Wegbereiter des Jahres 1990.[23] „Hatte Adenauer doch recht?" lautet die rhetorische Frage von Schwarz. Die Einheit des Jahres 1990 sei möglich geworden in einer Konstellation westlicher Einigkeit und Stärke sowie sowjetischer Schwäche und Einsicht. Genau das sei, so Schwarz, „Adenauers langfristiges Kalkül seit 1952" gewesen.[24] Passenderweise beginnt der zweite Band der Biographie mit dem Jahre 1952, so daß die veränderte Interpretation den gesamten zweiten Band bestimmen kann. Adenauer wird nachträglich zum Visionär der deutschen Einheit stilisiert. Das „gelobte Land" wird damit nachträglich vom Rhein an die Spree verlagert.

Unstreitig kann man die gelungene Westintegration als eine Vorbedingung (unter mehreren) jener Konstellation verstehen, die nach den eruptiven Veränderungen 1989 die Vereinigung der beiden deutschen Staaten ermöglichte. Dazu gehört mindestens genauso die sozialliberale Ostpolitik nach 1969, ebenso wie die Veränderungen in der Sowjetunion in der Perestroikazeit. Nur sollte man Konstellationsanalysen nicht mit den Wertsetzungen der historischen Akteure (bzw. historischen Interpreten) verwechseln oder gleichsetzen.

Soll der Historiker also vor dem Schicksal der historischen Unvorhersehbarkeit kapitulieren und sich dem Faktum ausliefern, daß im Gefolge fundamentaler historischer Brüche seine Erkenntnisse obsolet werden? Daß sie politisch bedingt, deshalb als historisch kontingent, und schließlich als wissenschaftlich belanglos klassifiziert werden? Den meisten Historikern widerfährt das irgendwann nach ihrem Tod – was das Problem für den einzelnen abmildern mag. Wir haben heute gleichsam die Chance, als Lebende aus der „Überraschung" von 1989 zu lernen.[25] *Wie* man daraus lernen könnte, kann man bei Max Weber erfahren.

---

22 K. Körner, Die Wiedervereinigungspolitik, in: H.-P. Schwarz (Hg.), Handbuch der deutschen Außenpolitik, München 1975, S. 588f.
23 Analog, wenn auch vorsichtiger, die Interpretation bei K. Sontheimer, Die Adenauer-Ära. Grundlegung der Bundesrepublik, München 1996, S. 162, 164: „Die Wiedervereinigung im Jahre 1990 ist ungefähr so erfolgt, wie Adenauer sie sich gedacht und gewünscht hatte."
24 Schwarz, Adenauer, Bd. 2, S. 991.
25 J. Kocka, Überraschung und Erklärung. Was die Umbrüche von 1989/90 für die Gesellschaftsgeschichte bedeuten können, in: M. Hettling u.a. (Hg.), Was ist Gesellschaftsgeschichte? München 1991, S. 11-21.

4. Die „Objektivität" historischer Erkenntnis

Geschichtsschreibung ist ein Auf-, Fort- und Umschreiben der Geschichte – das Abschreiben sei einmal vernachlässigt.[26] Hier soll nach dem Umschreiben gefragt werden. Muß nach bzw. „durch" 1989 die deutsche Geschichte „umgeschrieben" werden? Weiter soll nur interessieren, inwiefern das Umschreiben aus einem Erfahrungswandel resultiert, einer Veränderung der kognitiven Konstruktionsprinzipien von Wahrnehmung. Erfahrungswandel meint damit anderes und mehr als einen bloßen Wechsel der – politischen oder kulturellen – Werturteile. Der Begriff zielt darauf, daß die veränderte Erfahrung den Historiker nötigt, seine gewohnten Erkenntnis*wege* zu revidieren.

Reinhart Koselleck hat wiederholt darauf hingewiesen, „daß die Erhebung eines Tatbestandes nicht identisch ist mit dem, was darüber gesagt und überliefert wird".[27] Es besteht immer ein Widerspruch zwischen tatsächlicher Geschichte und ihrer sprachlichen Vergegenwärtigung – der Historiker kann sich nur über die Konstruktion dieser Differenz klar werden, sie jedoch nicht aufheben.[28] Jede historische Interpretation trägt sogar zu ihr bei. Die von Möller propagierte Rekonstruktion von Ereignissträngen kann dem Dilemma der immer interpretativ gebrochenen Deutung des Geschehens also nicht entgehen. Sie führt eher in eine theoretische Vogel-Strauß-Politik – bei welcher man den Kopf (ausschließlich) in den Sand der Empirie stecken will, um der Unausweichlichkeit der interpretativen Konstruktion von Geschichte nicht ansichtig werden zu wollen.

Dabei ist es unbestritten, daß neue Quellen neue Erkenntnisse befördern *können*. Koselleck hat argumentiert, in bezug auf quellenkritische Verfahren gebe es drei Möglichkeiten, die ein Umschreiben hervorrufen könnten. Es können neue Quellen auftauchen, zweitens können originelle Fragen formuliert werden, die neue Quellen erschließen, schließlich können vorhandene Zeugnisse neu gedeutet werden. Kosellecks Pointe liegt darin, daß er den Erkenntniswandel rückbindet an einen Methodenwechsel; erst dieser konstituiert eine Neuheit von Erkenntnis. Nicht der Bruch in der subjektiven Erfahrung und Erwartung, die Irritation des individuellen Erfahrungswissens des Zeitgenossen oder Historikers allein zieht ein Umschreiben nach sich. Ohne einen derartigen Methodenwechsel bleibt die durchaus mögliche subjektiv veränderte Erfahrung unverarbeitet und läßt sich nicht übertragen.[29]

---

26 R. Koselleck, Erfahrungswandel und Methodenwechsel. Eine historisch-anthropologische Skizze, in: Chr. Meier/J. Rüsen (Hg.), Historische Methode, München 1988, S. 26.
27 Ebd., S. 41.
28 Das Argument richtet sich gegen positivistischen Wirklichkeitsfetischismus ebenso wie gegen postmoderne Positionen, die vergangene Wirklichkeit mehr oder weniger explizit in den Konstruktionen zu ihrer Interpretation verschwinden lassen; als – reflektiertes und lesenswertes – Beispiel hierfür vgl. etwa J. Scott, Nach der Geschichte?, in: WerkstattGeschichte 17 (1997), S. 5-23. Theoretisch ist das unhintergehbare Moment des Konstruktivismus bereits bei Max Weber weitaus präziser und handhabbarer entwickelt worden als bei den Postmodernen.
29 Koselleck, Erfahrungswandel, S. 50.

Man kann diesen Hinweis nun in zweifacher Weise interpretieren. Einerseits begrenzt er die Hoffnungen, durch neue Erfahrungen allzu schnell und allzu einfach auch zu neuen Erkenntnissen zu gelangen. Es ist sehr viel schwieriger und mühsamer, zu neuen Erkenntnissen zu gelangen, als man oft wahrhaben will. Nur zu leicht verfällt man der Illusion, neue Tatsächlichkeiten und neuartige Begebenheiten in den gewohnten Ordnungs- und Erkenntniskategorien zu klassifizieren, produziere bereits neuartiges Wissen. Andererseits – und das mag trösten für die Einsicht in die engen Grenzen der Innovationsfähigkeit – entwertet nicht jeder Wirklichkeitsbruch sofort und unweigerlich die bisherigen und gewohnten Erfahrungen und historischen Arbeiten.

Was aber können Kriterien einer methodischen Überprüfbarkeit sein, die die Dauerhaftigkeit von Erkenntnis gerade über politische Brüche und Zäsuren hinweg garantieren? Mein Vorschlag lautet, daß Max Weber mit seinen theoretischen Arbeiten über die „Objektivität" sozialwissenschaftlicher Erkenntnis genau für diese Frage eine Orientierung bietet. Er unterscheidet „Werturteil" und „Erfahrungswissen" prinzipiell voneinander – ohne aber eines von beiden kategorisch auszuschließen. Sein großer erkenntnistheoretischer Fortschritt ist es, die Verschränkung beider Dimensionen anzuerkennen und sie andererseits theoretisch voneinander zu filtern.[30] Webers Leistung besteht darin, einerseits Kulturvorgänge – d.h. menschliches Handeln – als auf „der Grundlage der Bedeutung, welche die stets individuell geartete Wirklichkeit des Lebens in bestimmten einzelnen Beziehungen für uns hat", zu fassen. Welche Beziehungen für den einzelnen bestimmend werden, entscheidet der Rekurs auf „Wertideen"[31] – diese Selektion ist innerwissenschaftlich nicht begründbar.

Blickt man vor diesem Hintergrund auf 1989, dann relativiert sich das Bild. Einerseits kann man sich von einer Aufgeregtheit distanzieren, wie sie Hans-Peter Schwarz in einem Aufsatz vorgeführt hat, als er die im diachronen Ablauf unterschiedlichen Positionen deutscher Historiker bezüglich der nationalstaatlichen Einheit zu bilanzieren versuchte. Er kritisiert die große Mehrheit der bundesdeutschen Historiker, sie hätten vor 1989 die Zweistaatlichkeit als „plausiblen Endzustand" deutscher Geschichte akzeptiert.[32] Sein Vorwurf lautet, daß sich die Historiker von der Orientierung auf die Einheit des Nationalstaats abgewandt hätten; er selbst schmückt sich hingegen mit den Lorbeeren des vermeintlich historischen Rechtbehaltens. Als Beziehung auf eine Wertidee kann man – als politisches Urteil – sowohl die Position vertreten, auf Grund der

---

30 M. Weber, Über die „Objektivität" sozialwissenschaftlicher und sozialpolitischer Erkenntnis, in: ders., Wissenschaftslehre, Tübingen 1988, S. 160.
31 Ebd., S. 180.
32 H.-P. Schwarz, Mit gestopften Trompeten. Die Wiedervereinigung Deutschlands aus der Sicht westdeutscher Historiker, in: GWU 44 (1993), S. 684. Versteckt in einer Anmerkung gibt der Autor indes zu, daß auch er, im Frühjahr 1989, sich mit der Zweistaatlichkeit abzufinden begann (S. 700, Anm. 47). Weniger polemisch mit derselben Tendenz: ders., Der Ort der Bundesrepublik in der deutschen Geschichte, Opladen 1996. Das als Verkennen eines historischen Verlaufs zu deuten, wie es Schwarz tut, führt stillschweigend eine Geschichtsphilosophie ein, die sich im Verlauf der Ereignisse als gleichsam Schillersches „Weltgericht" zu erkennen gibt – und den Historiker der eigenständigen Urteilsbildung enthebt.

deutschen Verbrechen vor 1945 sei das Recht auf einen Nationalstaat verwirkt, als auch nach wie vor am Primat der nationalen Einheit festhalten. Das ist jedem – als politische Entscheidung – unbenommen. Nur dem einzelnen Historiker hilft das nicht weiter.

Die theoretische Herausforderung Webers besteht darin, daß er trotz der unvermeidbaren Relativität von Bedeutungszuschreibungen einen Ansatz für kausale Erklärung anbieten kann. Eine Ausgestaltung dessen ist sein Konzept der „objektiven Möglichkeit". Die Frage nach den Möglichkeiten in einer historischen Konstellation läßt sich, so Weber, rückbinden an geschichtswissenschaftliche Analysen und methodisch filtern, so daß die Frage nach der Gestaltungsmöglichkeit von historischen Akteuren in bestimmten Situationen oder nach den Handlungsspielräumen in bestimmten Gegebenheiten evident begründet werden kann.[33]

Weber fragt, wie die Zurechnung eines konkreten Erfolgs zu einer einzelnen Ursache überhaupt möglich sei, „angesichts dessen, daß in Wahrheit stets eine Unendlichkeit von ursächlichen Momenten das Zustandekommen des einzelnen ‚Vorgangs' bedingt hat".[34] Seine Antwort lautet, daß die Auswahl aus der Unendlichkeit der Determinanten zuerst durch das Interesse des Forschers geschehe. Die „eigentliche" Frage aber sei, durch welche logischen Operationen man demonstrierend begründen könne, daß eine Kausalbeziehung zwischen „wesentlichen" Bestandteilen des Erfolgs und determinierenden Momenten vorliege. Seine Antwort – als methodischer Ratschlag – lautet: Isolierung und Generalisierung von Faktoren. Möglichkeitsurteile sind dann Aussagen darüber, was bei der Änderung oder dem Fehlen gewisser Bedingungen geworden „wäre".[35] Das einfachste historische Urteil über die Bedeutung einer Tatsache sei damit, „weit entfernt, eine einfache Registrierung des ‚Vorgefundenen' zu sein", ein kategorial geformtes Gedankengebilde, das sachlich nur dadurch Gültigkeit gewinne, daß zur Faktizität der Wirklichkeit das eigene Erfahrungswissen hinzukomme.[36] Die Herausforderung Webers liegt in seinem Konstruktivismus, um überprüfbare Kausalerklärungen vornehmen zu können. „Um die wirklichen Kausalzusammenhänge zu durchschauen, konstruieren wir unwirkliche." Ohne dieses Moment der Phantasie, der subjektiven Inspiration werde der Historiker zu einer Art „historischer Subalternbeamter". Ohne die methodische Zähmung durch die Weberschen Kategorien und Verfahrensregeln zur kausalen Zurechnung und zur ursächlichen Erklärung wird der Histori-

---

33 M. Weber, Objektive Möglichkeit und adäquate Verursachung in der historischen Kausalbetrachtung, in: ders., Wissenschaftslehre, Tübingen 1988, S. 266-90.
34 Ebd., S. 271.
35 Das heiße, so Weber, „daß wir das ‚Gegebene' so weit in ‚Bestandteile' zerlegen, bis jeder von diesen in eine ‚Regel der Erfahrung' eingefügt und also festgestellt werden kann, welcher Erfolg von jedem einzelnen von ihnen, bei Vorhandensein der anderen als ‚Bedingungen', nach einer Erfahrungsregel zu ‚erwarten' gewesen ‚wäre'"; ebd., S. 275f.
36 Ebd., S. 277. Damit, das sei nochmals betont, kann man auch dem von Möller konstruierten Gegensatz zwischen „Rekonstruktion ereignisgeschichtlich strukturierter Zusammenhänge" und der relativierenden „Bindung" historischer Aussagen an ihre Zeit entgehen; Möller, Relativität, S. 3.

ker zum politischen Trompeter.[37] Für beides gibt es zahlreiche Beispiele in der Zunft der Historiker.

5. Mögliche „Objektivität" historischer Interpretationen vor 1989

Zum Schluß muß nochmals auf Arbeiten und Debatten zu 1989 zurückgeblickt werden. Die Frage kann also nicht lauten, ob es richtig war, am Postulat der Wiedervereinigung festzuhalten, da sich das 1990 vermutlich als historisch „richtig" herausgestellt habe. Damit verbleibt man auf der Ebene der politischen Wertbeziehung, im Bereich des politischen Wollens. Historisch fruchtbar könnte man vielmehr die Frage stellen, welche Bedeutung der Politik – sowohl der Westintegration der fünfziger Jahre als auch der Ostpolitik der siebziger Jahre – für das Entstehen einer Konstellation zukommt, die den Herbst 1989 in Osteuropa möglich gemacht hat? Kommt ihr überhaupt Bedeutung zu? Was waren intendierte Folgen, was waren nicht intendierte Auswirkungen?

Daß man mit derartigen Fragen und den daraus resultierenden Ergebnissen gerade nicht eine große historische Distanz benötigt, nicht den Abschluß einer Epoche abwarten muß, belegen die Ergebnisse des Oral-History-Projekts von Lutz Niethammer und seinem Team. Basierend auf den lebensgeschichtlichen Interviews und der Konstruktion generationsspezifischer Erfahrungen, Deutungsmuster und Wirklichkeitskonstruktionen hat Niethammer bereits vor 1989 diagnostiziert, der Generationswechsel in der DDR werde das System mit der Schwierigkeit konfrontieren, daß die jüngeren Generationen nicht dasselbe Maß an Akzeptanz und Loyalität zum Arbeiter- und Bauernstaat aufbrächten wie die älteren.[38] Das erklärt keineswegs das Ende der DDR allein – aber es hat als historischer Befund und als Aussage über den politischen Bruch von 1989 hinweg Bestand, gerade auch weil es als Möglichkeitsurteil verfaßt worden ist.

Niethammer hat, ohne sich explizit auf Weber zu berufen, sein Angebot des Möglichkeitsurteils verwandt. Indem er mit Hilfe seiner lebensgeschichtlichen Interviews generationsspezifische Erfahrungsmuster rekonstruierte, hat er idealtypische biographische Konstellationen konstruiert und beschrieben. Diese hat er daraufhin untersucht, welche individuellen Erfahrungen sich einerseits auf kollektive Verlaufsmuster beziehen ließen, welche Strukturbedingungen für eine Chance auf typische Wiederholbarkeiten in den derart gefaßten Gruppen bestanden. In einem zweiten Schritt hat er sodann andererseits gefragt, wie sich diese individuellen Aufstiegserfahrungen mit politischen Werthaltungen, mit Einstellungen zum politischen System der SBZ und der DDR verbanden. Es ist ihm damit gelungen, je individuelle Erfahrungen und Erinnerungs-

---
37 Weber, Möglichkeit, S. 287, 278. Knapp und äußerst komprimiert ist Webers methodisches Vorgehen für eine deutend verstehende und ursächlich erklärende Wirklichkeitswissenschaft entwickelt in Max Weber, Wirtschaft und Gesellschaft, Tübingen 1980, S. 1-11.
38 L. Niethammer, Annäherung an den Wandel. Auf der Suche nach der volkseigenen Erfahrung in der Industrieprovinz der DDR, in: BIOS 1 (1988), S. 19-66.

konstruktionen sowohl auf kollektive Typen von Sozialformationen zu beziehen, als auch die biographischen Verlaufsmuster in Beziehung zu setzen zu politischen Einstellungen, zu Bindungen der einzelnen an das politische System der DDR. Sein Argument lautet, daß die biographischen Aufstiege aus der Gesellschaft der Deprivierten nach Faschismus und nach dem Krieg in der Wahrnehmung der einzelnen mit einer positiven Einstellung zur DDR verschmolzen. Der soziale Aufstieg, begünstigt durch den Exodus vieler „Bürgerlicher" bis zum Mauerbau, wurde auch als Erfolg des Gesellschaftssystems der DDR gesehen und förderte die Anerkennung des neuen Staates.

Isoliert man diese Faktoren, wie es Niethammer tat, kommt man zu dem Schluß, den Niethammer vor 1989 formulierte, daß derartige Aufstiegskarrieren, wie sie die – grob veranschlagt – um 1989 in Rente gehenden DDR-Bürger hatten, den später Geborenen nicht „möglich" waren, jedenfalls nicht in dem Maße, daß daraus ein kollektiv tragfähiges Wahrnehmungsmuster hätte entstehen können. Generalisiert man diese Perspektive, was Niethammer auch tat, kann man argumentieren, daß die DDR als politisches System in dem Maße in eine Krise der politischen Legitimation bei den eigenen Bürgern geraten würde, wie die Vertreter dieser Aufstiegskarrieren aus den politischen und gesellschaftlichen Leitungspositionen abtreten würden. Das deutete bereits vor 1989 darauf hin, „daß beim Abtritt der Aufbaugeneration in der DDR eine Lücke im normbildenden Erfahrungstransfer auftritt. (...) Wird dies durch den politischen Überhang an Autoritarismus und Ökonomismus länger unterbunden, wird man mit einer erheblichen Verminderung der gesellschaftlichen Kohäsion und Motivierbarkeit zu rechnen haben."[39] Natürlich sollte man das nicht als Ex-post-Prognose des Herbstes 1989 lesen; das wäre Unsinn. Doch werden hier Möglichkeiten in ihren strukturellen Voraussetzungen beschrieben, welche zu Bedingungen möglicher Entwicklungen wurden. Von den weit verbreiteten Hoffnungen auf den Import der Perestroika aus dem Osten über die Flucht der Jungen vor dem Oktober 1989 bis zur senilen Starrheit der Politbürogreise enthalten die Ereignisse des Herbstes 1989 diese strukturellen Bedingungen als „Möglichkeiten", ohne darin aufzugehen. Der Historiker bleibt auf das schwierige Verfahren von Möglichkeitsurteilen verwiesen, den Verlokkungen von Prognosen sollte er widerstehen.

Wem ein derartiges Verfahren zu kompliziert und zu schwierig ist, wer sich aber auch nicht in das ungefilterte politische Werturteil zurückziehen möchte, dem sei als Ausweg ein Rat von Jacob Burckhardt empfohlen. Dieser beglückwünschte einen Kollegen dazu, daß dessen Antrag zum Schreiben einer „neuesten deutschen Geschichte" abgelehnt worden sei. Angewidert durch die nationale Siegeseuphorie in Deutschland, urteilte Burckhardt: „nichts ist der höhern Erkenntniß weniger förderlich, nichts wirkt zerstörerischer auf das wissenschaftliche Leben als die ausschließliche Beschäftigung mit gleichzeitigen Ereignissen". Ihm sei die „plötzliche Entwertung aller bloßen ‚Ereignisse' der Vergangenheit" klargeworden. Sein Ausweg aus diesem Dilemma bestehe darin, daß er in seinen Kursen „fortan nur noch das Culturgeschichtliche" her-

---

39 Ebd., S. 66.

vorhebe.[40] Mit Burckhardt in die Kulturgeschichte oder mit Max Weber zur Konstruktion von Möglichkeitsurteilen – der Historiker hat mehrere Alternativen. Auch in der Zeitgeschichte.

---

40 J. Burckhardt, Briefe, S. 131 (2.7.1871, an Kugler), 119f. (31.12.1870, an Preen).

Werner Abelshauser

Der „Wirtschaftshistorikerstreit" und die Vereinigung Deutschlands

Die wirtschaftlichen Rahmenbedingungen und Folgen der deutschen Vereinigung sind bisher erst in Ansätzen zum Gegenstand zeitgeschichtlicher Forschung geworden.[1] Gleichwohl ist die deutsche Vereinigung schon jetzt auf eigenartige Weise und in doppelter Hinsicht mit der aktuellen wirtschaftshistorischen Debatte verknüpft.

Zum einen gibt es wohl kaum eine andere wichtige Entscheidung der deutschen Wirtschaftspolitik, die – wenn auch nur unterschwellig – so stark von der historischen Perzeption der wirtschaftspolitisch Handelnden beeinflußt worden ist wie die Währungs-, Wirtschafts- und Sozialunion der beiden deutschen Staaten, die die materielle Grundlage der deutschen Vereinigung bildete. Westdeutsche Politiker standen bewußt oder unbewußt unter dem Eindruck ihres Geschichtsbildes von den Ursachen des westdeutschen „Wirtschaftswunders", als sie Ostdeutschland dasselbe Rezept verordneten, das in ihren Augen Westdeutschland einst wirtschaftlich kuriert hatte und das nun erneut seine sagenhaften Wirkungen entfalten sollte. Dies läßt sich nicht zuletzt auch in den Debattenbeiträgen des Bundeskanzlers und anderer prominenter Abgeordneter des Deutschen Bundestages dokumentieren. So erklärte Bundeskanzler Helmut Kohl in der Debatte am 21. Juni 1990, nachdem er die „nationale Herausforderung der Deutschen" beschworen hatte: „Wir werden es schaffen, wenn wir uns auf die Fähigkeiten besinnen, mit denen wir vor über vierzig Jahren aus den Trümmern unserer zerstörten Städte und Landschaften die Bundesrepublik Deutschland aufgebaut haben."[2] Auf ähnliche historische Reminiszenzen spielte die finanzpolitische Sprecherin der SPD-Bundestagsfraktion, Ingrid Matthäus-Maier, in einer früheren Debatte an, als sie bekannte: „Ich bin der festen Überzeugung, die Einführung der DM wäre der Start-

---

1 Siehe dazu R. Hettlage/K. Lenz (Hg.), Deutschland nach der Wende. Eine Zwischenbilanz, München 1995; zu den Ausnahmen zählen: W. Fischer u.a. (Hg.), Treuhandanstalt – Das Unmögliche wagen. Forschungsberichte, Berlin 1993; W. Abelshauser, Two Kinds of Fordism: On the Differing Roles of the Automobile Industry in the Development of the Two German States, in: H. Shiomi/K. Wada (Hg.), Fordism Transformed – The Development of Production Methods in the Automobile Industry, Oxford 1995, S. 269-196; H. W. Sinn, Volkswirtschaftliche Probleme der Deutschen Vereinigung, Opladen 1996; P.J.J. Welfens (Hg.), Economic Aspects of German Unification. Expectation, Transition, Dynamics and International Perspectives, Berlin 1996; K. Tenfelde (Hg.), Ein neues Band der Solidarität: Chemie – Bergbau – Leder. Industriearbeiter und Gewerkschaften in Deutschland seit dem Zweiten Weltkrieg, Hannover 1997; siehe auch die vor allem im Hinblick auf den Zusammenbruch der DDR-Wirtschaft verfaßte Analyse von F. Küchler, Die Wirtschaft der DDR, Berlin 1997.
2 Siehe dazu Verhandlungen des Deutschen Bundestages, Stenographische Berichte Bd. 154, S. 17142.

schuß für ein Wirtschaftswunder in der DDR."³ Auch der Vorsitzende der FDP, Otto Graf Lambsdorff, war am 27. April 1990 davon überzeugt: „Was wir 1948 geschafft haben, das schafft auch die DDR 1990".⁴

Zum anderen scheint die Erfahrung der wirtschaftlichen Anpassung der ehemaligen DDR an den Westen die Gelegenheit zu bieten, einen seit Jahren schwelenden Streit unter westdeutschen Wirtschaftshistorikern mit der Autorität des Faktischen zu entscheiden. Es gilt die folgende Frage im Lichte gegenwärtiger Entwicklungen erneut zu beantworten: Was hat den schnellen Wiederaufstieg der westdeutschen Wirtschaft nach dem Zweiten Weltkrieg bewirkt? War es – pointiert formuliert – jene spezifische (west-)deutsche Ordnungspolitik, die noch heute als „Soziale Marktwirtschaft"⁵ zum Grundbestand der deutschen Politik gehört, oder eine außerordentlich günstige Konstellation der Produktionsfaktoren und ein überraschend reiches wirtschaftliches Erbe des „Dritten Reiches", die für eine schnelle Rekonstruktion der westdeutschen Wirtschaft gute Voraussetzungen schufen? Der Weg der fünf neuen deutschen Bundesländer in die Marktwirtschaft könnte in der Tat diesen Streit zwischen der Mehrheit der Forscher, die die Notwendigkeit eines aufgeklärten Staatsinterventionismus nicht grundsätzlich in Frage stellen, und ihren neo-liberalen Widersachern in ein neues Licht setzen.

Bis weit in die siebziger Jahre hat für die Interpretation der Ursachen des spektakulären Übergangs von dem Zusammenbruch der Kriegswirtschaft im Jahre 1945 zum westdeutschen Wirtschaftswachstum der „Langen fünfziger Jahre"⁶ das Paradigma des „Wirtschaftswunders" gegolten. Im Mittelpunkt des Interesses standen Fragen nach den Ursachen des überraschend schnellen wirtschaftlichen Wiederaufstiegs und den gesellschaftlichen Folgen des steigenden Wohlstands. Die Antworten auf diese Fragen betonten zunächst die Bedeutung jener – wie es schien – ebenso grundlegenden wie tiefgreifenden Reform des kapitalistischen Wirtschafts- und Gesellschaftssystems, für die in Westdeutschland der Begriff der „Sozialen Marktwirtschaft" geprägt worden ist,⁷ die aber in den meisten Ländern Westeuropas unter der Flagge der „Keynesianischen

---

3 Rede von Ingrid Matthäus-Maier (SPD) auf der 193. Sitzung am 7. Februar 1990, in: ebd., S. 14857.
4 Dr. Graf Lambsdorff (FDP) auf der 208. Sitzung am 27. April 1990, in: ebd., S. 16412.
5 Die Wirtschaftspolitik in Westdeutschland war in den späten vierziger und frühen fünfziger Jahren keineswegs ausschließlich von dem Leitbild der „Sozialen Marktwirtschaft" geprägt. Vgl. Chr. Kleßmann, Die doppelte Staatsgründung. Deutsche Geschichte 1945-1955, Bonn 1991, S. 225f.
6 Darunter werden jene, in ihrer wirtschaftlichen und sozialen Grundentwicklung eng zusammenhängenden eineinhalb Jahrzehnte verstanden, die 1947 mit der Wiederankurbelung der westdeutschen Wirtschaft beginnen und Anfang der 60er Jahre, als die Nachkriegszeit in wirtschaftlicher Hinsicht zu Ende ging, auslaufen. Siehe dazu W. Abelshauser, Die „Langen fünfziger Jahre". Wirtschaft und Gesellschaft der Bundesrepublik Deutschland, Düsseldorf 1987.
7 Unter vielen anderen: E. Tuchtfeld, The Development of the West-German Economy since 1945, Hamburg 1955; H. C. Wallich, Mainsprings of the German Revival, New Haven 1955; C. Mötteli, Licht und Schatten der Sozialen Marktwirtschaft, Erlenbach 1961; N. Balabkins, Germany under direct controls, New Brunswick, N.J. 1964; G. Stolper u.a., Deutsche Wirtschaft seit 1870, Tübingen 1966; W. Kaltefleiter, Wirtschaft und Politik in Deutschland, Köln 1968; H. Winkel, Die deutsche Wirtschaft seit Kriegsende, Mainz 1971; ders., Die Wirtschaft im geteilten Deutschland 1945-1970, Wiesbaden 1974.

Revolution" und des *welfare state* auch inhaltlich unterschiedliche Formen annahm. Während in Osteuropa die Begriffe „Marktwirtschaft" und „Planung" immer mehr ihren gegensätzlichen Charakter verloren und der eine ohne den anderen nicht länger denkbar war, schien die Besonderheit des westdeutschen wirtschaftspolitischen Weges in der Nachkriegszeit gerade darin zu liegen, diese beiden Begriffe alternativen Wirtschaftsstrategien zuzuordnen. Planung – sowohl in ihren staatlichen Formen wie direkte Kontrolle der Allokation von Ressourcen, der Preise und der Löhne oder Globalsteuerung des Wirtschaftskreislaufes durch Fiskalpolitik mit mittelfristiger Finanzplanung als auch in ihrer privatwirtschaftlichen Variante der Kartellierung und Monopolisierung von Märkten galten hier nach 1948 nicht nur als der Inbegriff vergangener Mißwirtschaft, sondern auch als ein Synonym für Unfreiheit, deren Keime sie aus der Sicht der westdeutschen Neoliberalen auch dann trug, wenn sie – wie in den westlichen Nachbarländern – in ein prinzipiell marktwirtschaftliches und demokratisches System eingebettet war.

Obwohl die Wurzeln der „Sozialen Marktwirtschaft" viel tiefer liegen,[8] speiste sich diese Grundüberzeugung aus den weitverbreiteten und lange Zeit nicht bestrittenen Annahmen über die historisch-spezifischen, auf die westdeutsche Nachkriegsgeschichte hinweisenden besonderen Ursachen für die Einführung der „Sozialen Marktwirtschaft" und deren Erfolg in den „Langen fünfziger Jahren". Es galt als unzweifelhaft, daß die westdeutsche Wirtschaftsordnung ihr spezifisches Erfolgsrezept den historischen Erfahrungen von Unfreiheit und Mißwirtschaft im „Dritten Reich" ebenso verdankte wie der permanenten Herausforderung durch den „Realsozialismus" des anderen deutschen Staates in den Jahrzehnten danach. Gerade im Kontrast zum „sozialistischen" Experiment in der SBZ/DDR schien die Erfolgswirkung des westdeutschen Reformweges – Außenwirtschaftshilfe (Marshallplan), Währungsreform und neoliberale Wirtschaftsreform – klar bewiesen.[9] Unter den positiven Wachstumsbedingungen der „Langen fünfziger Jahre" konnte sich diese Grundüberzeugung in Westdeutschland überdies schnell durchsetzen. Wohl kaum eine andere Ära der deutschen Wirtschaftsgeschichte hat das Urteil ihrer Zeitgenossen so positiv beeindruckt und den sozialen Konflikt durch Wachstum so gründlich entschärft. Die Zeitdiagnose fand deshalb hier ein besonders starkes Echo und senkte sich in den sechziger Jahren rasch als erstes Sediment eines sich bildenden (zeit-)historischen Urteils über den reform-liberalen Charakter des „Wirtschaftswunders" in das Bewußtsein der Zeitgenossen.

Herausgefordert wurde diese optimistische Sichtweise einer auf Wachstum gegründeten neuen Gesellschaft und ihrer ordnungspolitischen Machbarkeit erst in den siebziger Jahren, als sich eine neue politische Generation den Blick für die alten und neuen Schwächen der westdeutschen Wirklichkeit schärfte. In die dann einsetzende Forschung zur Wirtschafts- und Sozialgeschichte der Nachkriegszeit flossen neue Erfah-

---
8 Siehe dazu W. Abelshauser, Wirtschaftliche Wechsellagen, Wirtschaftsordnung und Staat: Die deutschen Erfahrungen, in: D. Grimm (Hg.), Staatsaufgaben, Baden-Baden 1994, S. 199-232.
9 Siehe dazu Winkel, Wirtschaft im geteilten Deutschland.

rungen ein, die deren Erkenntnisinteresse und Fragestellungen beeinflußt haben. Die bisherigen, ordnungspolitischen Erklärungen des „Wirtschaftswunders" büßten in demselben Maße an Überzeugungskraft ein, wie der fallende Trend des wirtschaftlichen Wachstums am Ende der „Langen fünfziger Jahre" in die relative Stabilität des herkömmlichen zyklischen Wachstumsmusters mündete und damit die Vorstellung von einer dauerhaften, auf die neue Ordnungspolitik gegründeten Dynamik entzauberte.[10] In der Sozial- und Wirtschaftspolitik der frühen siebziger Jahre hatte dann – für kurze Zeit – die Vorstellung eines stetigen Wachstums auf höherem Niveau – und damit der Glaube an eine von Verteilungskonflikten und Klassenkämpfen freie Zukunft der Industriegesellschaft – noch einmal Konjunktur – diesmal auf der Grundlage keynesianischer Rezepte der Globalsteuerung und der antizyklischen Finanzpolitik. Gleichzeitig meldete aber die wirtschaftshistorische Forschung schon Zweifel an der Dauerhaftigkeit dieser Entwicklung an, indem sie die Dynamik des Wirtschaftswachstums der „Langen fünfziger Jahre" auf andere Ursachen zurückführte und damit die Relevanz ordnungspolitischer wie staatsinterventionistischer Konzepte für das „Wirtschaftswunder" in Frage stellte. Der neue Ansatz relativierte aber auch – ohne sie völlig zu leugnen – die Bedeutung so spektakulärer Ereignisse wie des Marshallplans,[11] der Währungsreform und der Einführung der Sozialen Marktwirtschaft durch Ludwig Erhard. Aus dieser Sicht gewann die – inzwischen von der wirtschaftshistorischen Forschung nachgewiesene – außerordentlich günstige materielle Ausgangslage der westdeutschen Wirtschaft größere Bedeutung und ließ das wirtschaftliche Entwicklungsmuster der „Langen fünfziger Jahre" als eine „Rekonstruktionsperiode" erscheinen, in deren Verlauf die besonderen wirtschaftlichen Nachkriegsbedingungen ihre wachstumsstimulierenden Wirkungen zunächst entfalten konnten, sich dann aber im Aufholprozeß allmählich verzehrten.[12]

---

10 Kritisch vergleichend: Chr. Kleßmann, Zwei Staaten, eine Nation. Deutsche Geschichte 1955-1970, Bonn 1997, S. 21-23, 310f.; ders., Staatsgründung, S. 223. Erste Ansätze bei Stolper u.a., Deutsche Wirtschaft; vor allem aber F. Jánossy, Das Ende der Wirtschaftswunder. Erscheinung und Wesen der wirtschaftlichen Entwicklung, Frankfurt 1966; M. Manz, Stagnation und Aufschwung in der französischen Besatzungszone 1945-1948, Ostfildern 1985 (Diss. Mannheim 1968); W. Abelshauser, Wirtschaft in Westdeutschland 1945-1948. Rekonstruktion und Wachstumsbedingungen in der amerikanischen und britischen Zone, Stuttgart 1975; E. Altvater u.a., Vom Wirtschaftswunder zur Wirtschaftskrise. Ökonomie und Politik in der Bundesrepublik, Berlin 1979; W. Abelshauser/D. Petzina, Krise und Rekonstruktion. Zur Interpretation der gesamtwirtschaftlichen Entwicklung Deutschlands im 20. Jahrhundert, in: W. H. Schröder/R. Spree (Hg.), Historische Konjunkturforschung, Stuttgart 1980.
11 Die Kontroverse um die Wirkungen des Marshallplans sind dokumentiert in: H.-J. Schröder (Hg.), Marshallplan und westdeutscher Wiederaufstieg. Positionen – Kontroversen, Stuttgart 1990 (mit Beiträgen von J. Gimbel, M. Knapp, E. Ott, W. Link, W. Abelshauser, K. Borchardt, Chr. Buchheim, W. Bührer und H.-J. Schröder); Ch. S. Maier/G. Bischof (Hg.), The Marshall Plan and Germany, Oxford 1991, siehe auch W. Abelshauser, Hilfe und Selbsthilfe. Zur Funktion des Marshallplans beim westdeutschen Wiederaufbau, in: VfZ 37 (1989), S. 85-114; im europäischen Kontext: A.S. Milward, The Reconstruction of Western Europe 1945-1951, Berkeley 1984.
12 Siehe hierzu W. Abelshauser, Wirtschaftsgeschichte der Bundesrepublik Deutschland 1945-1980, Frankfurt a.M. 1983 (1989).

Der neue Ansatz blieb über mehr als ein Jahrzehnt intensiver zeitgeschichtlicher Forschung hinweg unangefochten. Die Kritik, die dann in den achtziger Jahren an der nunmehr herrschenden Lehre allmählich aufkam, hatte vor allem zwei Ansatzpunkte: den Paradigma-Wechsel in der Wirtschaftstheorie mit ihrer Rückkehr zu neoklassischen Prinzipien und die Welle der Kritik und Selbstkritik, die im vergangenen Jahrzehnt über die Methoden der Planwirtschaft in den ost- und mitteleuropäischen Ländern des realen Sozialismus hinwegrollte.[13] Beide Ansätze unterstreichen – in den Augen der Kritiker – die wirtschaftliche Signifikanz ordnungspolitischer Entscheidungen und konnten deshalb der Versuchung nicht widerstehen, im Übergang von der Kriegswirtschaft des „Dritten Reiches" zum „Wirtschaftswunder" der Ära Adenauer eine historische Fallstudie für die Überlegenheit eines reformierten Liberalismus in der Wirtschaft zu sehen. So meldete beispielsweise Horst Werner, Wirtschaftswissenschaftler und Politikberater in Bonn, im Februar 1992 zwar Skepsis gegenüber „Blaupausen für die Einführung der Marktwirtschaft" an, riet aber doch, „sich allerdings im Transformationsprozeß immerhin an den Prinzipien (zu) orientieren, die Walter Eucken für den Weg aus der nationalsozialistischen Planwirtschaft formuliert hat und mit denen die Bundesrepublik so erfolgreich auf dem Weg zu internationaler Wettbewerbsfähigkeit war".[14] Schon zwei Jahre zuvor hatte auch Helmut Kohl nach Gesprächen mit führenden Vertretern von Wirtschaft und Gewerkschaften den Eindruck, „es gebe gute Chancen dafür, daß sich der wirtschaftliche Aufschwung der Nachkriegszeit wiederholen könne".[15]

Die Vereinigung der beiden deutschen Staaten, die nach dem November 1989 möglich wurde und schon am 1. Juli 1990 zur Errichtung einer Währungs-, Wirtschafts- und Sozialunion führte, hat diesem „Wirtschaftshistorikerstreit" eine neue Dimension hinzugefügt. Nicht zuletzt durch die „Nachkriegserfahrungen Westeuropas" begründet, bestand unter den westdeutschen Wirtschaftswissenschaftlern „ganz allgemein Konsens", daß „eine Art ‚zweites Wirtschaftswunder'" aus der Vereinigung resultieren würde.[16] Erneut, wie schon auf dem Weg zur Gründung der Bundesrepublik Deutschland, ging die Einigung über die wirtschaftliche Verfassung der Festlegung des Gesamtrahmens staatlicher Ordnung und Einheit im Einigungsvertrag vom 31. August 1990 voraus. Wie schon der 20. Juni 1948 – der Tag der westdeutschen Währungsreform, auf den die neoliberale Wirtschaftsreform Ludwig Erhards unmittelbar folgte und der den Westdeutschen als der eigentliche Gründungstag ihrer Bundesrepublik in Erinnerung ist – galt nun auch im Bewußtsein der meisten DDR-Bürger der Tag der Währungs-

---

13 Charakteristisch dafür die beiden vielbeachteten Bände von J. Kornai, Economics of Shortage, Amsterdam 1980.
14 Ordnungspolitik im Reformprozeß Osteuropas, in: APZ, B 7-8/1992, S. 39; siehe auch P. Hampe (Hg.), Währungsreform und Soziale Marktwirtschaft. Rückblicke und Ausblicke, München 1989, vor allem die Beiträge von K. Schiller und H. Schlesinger.
15 FAZ, 21.2.1990.
16 W. Zohlnhöfer, Das Schlüsselproblem der deutsch-deutschen Wirtschaftsunion: Schaffung wettbewerbsfähiger Arbeitsplätze in der DDR, in: List Forum für Wirtschafts- und Finanzpolitik, 16 (1990), S. 192.

und Wirtschaftsunion mit dem Westen als Ausgangspunkt einer neuen Ära und nicht erst das Vereinigungsfest vom 2./3. Oktober 1990. Die Bonner Regierung, aber auch eine breite westdeutsche Öffentlichkeit, haben diese Sichtweise bestärkt, indem sie – nicht selten unter Anspielung auf die historische Währungs- und Wirtschaftsreform – in der Deutschen Mark und in der Sozialen Marktwirtschaft den Kitt sahen, der über vordergründige, materielle Aspekte hinaus den Konsens über die Einheit der Deutschen herstellen sollte. Sie folgten damit mit verblüffender Konsequenz den „Regieanweisungen", die Ludwig Erhard vor dem Hintergrund des gescheiterten Arbeiteraufstandes vom 17. Juni 1953 im „Bulletin" der Bundesregierung für den wirtschaftlichen Vollzug der Wiedervereinigung gab.[17] Um Ängste zu zerstreuen, mit dem Zusammenschluß „und den dann erforderlich werdenden großen wirtschaftlichen Anstrengungen (würde) eine unerträgliche Senkung des Lebensstandards verbunden sein",[18] beschwor Erhard den Vorbildcharakter seiner Reform von 1948 und war davon überzeugt, daß die Wiedervereinigung Deutschlands Kräfte freimachen würde, „von deren Stärke und Macht sich die Schulweisheit der Planwirtschaftler nichts träumen läßt".[19]

Unbeeindruckt von den Ergebnissen der wirtschaftshistorischen Forschung, erwies sich der Mythos des Jahres 1948 stark genug, um auch 1990 die wirtschaftlichen Entscheidungen im Vorfeld der deutschen Einigung zu beeinflussen. Die Mystifizierung der Währungsreform, nach 1923/24 und 1948 nun zum dritten Mal in der deutschen Geschichte des 20. Jahrhunderts trug paradoxerweise dazu bei, den Wechselkurs von DDR-Mark zu D-Mark nicht wirtschaftlich, sondern politisch zu definieren[20] – auf einem Niveau, das nach dem Urteil der Experten weit über dem wirtschaftlich Vernünftigen lag und das zu einem guten Teil für die auf die Vereinigung folgenden Probleme der wirtschaftlichen Anpassung verantwortlich war. Der Geldmengensprung von 15 Prozent, während lediglich 10 Prozent angemessen gewesen wären, fiel selbst nach dem Urteil der Bundesbank „höher aus, als auf Dauer stabilitätskonform erschien".[21] Der Währungsschnitt von 1948, von der Besatzungsmacht oktroyiert, hatte im Gegensatz dazu 93,5 Prozent der gesamten Geldmenge vernichtet und damit eher zu einer Unter- denn zu einer Überbewertung der immer noch beachtlichen wirtschaftlichen Substanz der deutschen Nachkriegsindustrie beigetragen. Noch problematischer und langfristig politisch folgenreicher war das aus dem verklärten Rückblick auf die westdeutsche Nachkriegsgeschichte abgeleitete Versprechen des Bundeskanzlers, die Ergebnisse von Währungs- und Wirtschaftsunion würden niemanden ärmer, viele aber

---

17 Wirtschaftliche Probleme der Wiedervereinigung, in: Bulletin vom 12. September 1953, abgedruckt in: L. Erhard, Deutsche Wirtschaftspolitik. Der Weg der sozialen Marktwirtschaft, Düsseldorf 1962, S. 225-230.
18 Ebd., S. 225.
19 Ebd., S. 230.
20 So das Urteil des ehemaligen Mitglieds des Sachverständigenrats Ernst Helmstädter (Aufgaben gesamtdeutscher Wirtschaftspolitik in funktional-ordnungspolitischer Sicht, in: List Forum für Wirtschafts- und Finanzpolitik 16 (1990) S. 279).
21 Ein Jahr deutsche Währungs-, Wirtschafts- und Sozialunion in: Monatsberichte der Deutschen Bundesbank, 43 (1991), Nr. 7, S. 19.

reicher machen. Nur im Glauben an eine ordnungspolitisch induzierte Hausse, wie sie im Geschichtsbild liberaler und konservativer Politiker der Währungs- und Wirtschaftsreform von 1948 unmittelbar folgen mußte, konnten derartige Absichtserklärungen *bona fide* gegeben werden.[22] Dieser Glaube, so scheint es, war in der Tat ungebrochen, sei es, weil der „Wirtschaftshistorikerstreit" noch nicht den Grad der öffentlichen Aufmerksamkeit erregt hatte wie zuvor der „Historikerstreit" über die Einzigartigkeit und Unvergleichlichkeit der Hitlerschen Verbrechen;[23] sei es, daß wirtschaftspolitisch Handelnde wie der Präsident der Deutschen Bundesbank, Helmut Schlesinger, selbst Kombattanten des „Wirtschaftshistorikerstreits" waren und nun zu Gefangenen ihrer eigenen Fehleinschätzung der jüngsten Wirtschaftsgeschichte wurden.[24] Allein Konrad Adenauer, der Pragmatiker, schien die wirtschaftlichen Folgen der Wiedervereinigung realistisch eingeschätzt zu haben, als er 1955 gegenüber den Außenministern der drei Westmächte in beruhigender Absicht erklärte: „Außerdem werde im Falle der Wiedervereinigung die volle wirtschaftliche Stärke für die bis zur Wiedervereinigung hinter dem Eisernen Vorhang gelegenen Teile Deutschlands benötigt werden. Nach seinen Informationen seien die Landwirtschaft und Industrie in sehr schlechtem Zustand, und zahlreiche Gebäude seien ebenfalls sehr schlecht unterhalten. Die Arbeit nach der Wiedervereinigung in diesem Gebiete komme einer neuen Kolonisation gleich. Dadurch werde die wirtschaftliche Stärke der Bundesrepublik auf Jahre hinaus absorbiert. So überraschend es klingen mag, so richtig sei doch der Satz, daß durch die Wiedervereinigung das deutsche Potential nicht erhöht, sondern vermindert werde."[25]

So wenig aber die Ergebnisse der historischen Forschung die aktuellen Entscheidungen im Vorfeld der deutschen Vereinigung beeinflußt haben mögen, so sehr wirken die gegenwärtigen Entwicklungen im Anpassungsprozeß der ostdeutschen Wirtschaft auf die wissenschaftliche Debatte zurück. Die Vereinigung Deutschlands ist geradezu zu einem Testfall für die Gültigkeit der jeweiligen kontroversen Positionen im „Wirtschaftshistorikerstreit" geworden. Auf dem Prüfstand stehen zwei widerstreitende Erklärungsansätze des westdeutschen Wiederaufstiegs nach dem Zweiten Weltkrieg, die – auf die neunziger Jahre angewendet – zu ganz unterschiedlichen „Handlungsanleitungen" an die Wirtschaftspolitik führen müßten. Der Schwerpunkt der traditionellen wie auch der aktuellen neo-liberalen Argumentation liegt auf der These, Wäh-

---

22 Siehe dazu die Rede des Bundeskanzlers Helmut Kohl vor dem Deutschen Bundestag am 21. Juni 1990 (Stenographische Berichte Bd. 154, S. 18024).
23 Spätestens im Sommer 1988 war die akademische Debatte allerdings einer breiteren Öffentlichkeit bekannt geworden; siehe dazu W. Zank, Das Wunder ließ sich nicht vermeiden. Die Wirtschaftshistoriker streiten noch heute über den Neubeginn, in: Die Zeit, Nr. 26, 24.6.1988, S. 25f.
24 Siehe dazu Schlesingers Beitrag „Vierzig Jahre Währungsreform", in: Hampe; sowie den Beitrag eines seiner Vorgänger in der Leitung der Deutschen Bundesbank, Otmar Emminger, auf einem Symposium der Ludwig-Erhard-Stiftung am 7. November 1984 in Bonn, in: C. Carstens u.a., Die Korea-Krise als ordnungspolitische Herausforderung der deutschen Wirtschaftspolitik. Texte und Dokumente, Stuttgart 1986, S. 13-32.
25 Bundeskanzler Konrad Adenauer im Gespräch mit den Außenministern Dulles, MacMillan und Pinay am 17. Juni 1955 in New York, Auswärtiges Amt/Politisches Archiv (AA/PA), Büro Staatssekretär, Bd. 297, betr. Diplomatengespräche.

rungsreform, Wirtschaftsreform und Marshallplan hätten die Phase verfehlter planwirtschaftlicher Experimente und sozialistischer Zielsetzungen abrupt beendet und damit die Voraussetzungen für den Wiederaufstieg der westdeutschen Wirtschaft geschaffen. In der sowjetischen Besatzungszone hingegen sei dieser Kurs fortgesetzt worden und habe schließlich zu dem wirtschaftlichen Schwächezustand in Permanenz geführt, der das Scheitern des ersten deutschen Arbeiter- und Bauernstaates verursacht habe.[26] Belege für diese Position sehen die Anhänger des auf neoliberale ordnungspolitische Reformen verpflichteten Ansatzes vor allem in der von ihnen behaupteten stimulierenden Wirkung, die Währungsreform und Liberalisierung auf die wirtschaftliche Tätigkeit gehabt hätten. Die Vorwährungszeit erscheint aus dieser Perspektive hingegen nicht nur als eine Periode des Hungers und der Not für den „Normalverbraucher", sondern auch als eine Phase der wirtschaftlichen Stagnation und der planerischen Desorganisation, d.h. die Neoliberalen sehen in ihr die „Stunde Null" der westdeutschen Wirtschaft.[27] Die materielle Grundlage, auf der die Reformen wirksam sein konnten, hatte aus dieser Perspektive der Marshallplan geschaffen, indem er der Wirtschaftsreform über die Klippen anfänglicher Gefährdungen geholfen hätte.

In der wirtschaftshistorischen Forschung stützt sich dieser neo-liberale Erklärungsansatz vor allem auf drei Pfeiler. Zum einen ist versucht worden nachzuweisen, daß die bisher vorgelegten Schätzungen über einen Produktionsanstieg vor der Währungsreform methodisch unzulänglich seien, ohne daß allerdings eigene Schätzungen angestellt worden wären.[28] Zum zweiten haben vor allem Anhänger der „Alltagsgeschichte" auf das Ausmaß des Hungers und der materiellen Not der Konsumenten in der Vorwährungszeit hingewiesen. Die alltagsgeschichtliche Diskussion übersieht freilich in der Regel[29] die „wirtschaftliche Dialektik des Hungers", d.h. daß die Konzentration der knappen Ressourcen auf Sonderrationen für verschiedene Arbeiterkategorien zwangsläufig zu einer dramatischen Senkung des Versorgungsniveaus des Normalverbrauchers führen mußte, damit aber gleichzeitig eine Voraussetzung für die Überwindung des Produktionsengpasses in der Vorwährungszeit schuf. Schließlich ist auch die Rolle des Marshallplans bei der Finanzierung von Investitionen in Schlüsselbereichen der westdeutschen Industrie unterstrichen worden.[30] Wenn es vor der Währungsreform nicht zu

---

26 Diese Position wird vor allem vertreten von Chr. Buchheim, Die Notwendigkeit einer durchgreifenden Wirtschaftsreform zur Ankurbelung des westdeutschen Wirtschaftswachstums in den 1940er Jahren, in: D. Petzina (Hg.), Ordnungspolitische Weichenstellungen nach dem Zweiten Weltkrieg, Berlin 1991, S. 55-65.
27 Charakteristisch dafür der Beitrag von Chr. Buchheim, Die Währungsreform 1948 in Westdeutschland, in: VfZ 36 (1988), S. 189-231.
28 Siehe dazu die Kontroverse zwischen A. Ritschl, Die Währungsreform von 1948 und der Wiederaufstieg der westdeutschen Industrie. Zu den Thesen von Mathias Manz und Werner Abelshauser über die Produktionswirkungen der Währungsreform, in: VfZ 33 (1985), S. 136-165, und W. Abelshauser, Schopenhauers Gesetz und die Währungsreform, in: ebd., S. 214-218.
29 So z.B. B. Klemm/G. J. Trittel, Vor dem „Wirtschaftswunder": Durchbruch zum Wachstum oder Lähmungskrise?, in: VfZ 35 (1987), S. 571-624.
30 So vor allem von K. Borchardt und Chr. Buchheim, The Marshallplan and Key Economic Sectors: A Microeconomic Perspective, in: Maier/Bischof, S. 410-451.

einem Wirtschaftsaufschwung kam, so die neoliberale Position, dann lag das vor allem an der fehlenden Koordination der einzelwirtschaftlichen Pläne und an anderen Mängeln im volkswirtschaftlichen Allokationsmechanismus. Dies gilt für die Arbeitskraft ebenso wie für die Rohstoffe, die gesamtwirtschaftlich gesehen unproduktiv eingesetzt wurden. Dieses Koordinationsproblem wurde „schlagartig" durch die Währungs- und die Wirtschaftsreform gelöst, „die wieder funktionierende Märkte schuf".[31]

In dieser Sicht steht die Währungs- und Wirtschaftsreform am Beginn des westdeutschen Wirtschaftswunders. Die leitenden Prinzipien dieser Argumentation gelten aber nicht nur für den historischen westdeutschen Fall, sondern sind nach der Überzeugung der Neoliberalen für „kapitalistische" Volkswirtschaften im allgemeinen gültig und damit auch auf den Transformationsprozeß in Osteuropa anwendbar.

Zwischen dem aktuellen Enthusiasmus für das Modell „Westdeutschland 1948" und dem Hauptstrom der wirtschaftshistorischen Forschung der vergangenen 20 Jahre klafft indessen eine weite Lücke. Während die alte wie die neue neoliberale Schule dem Paradigma der „Stunde Null" in der unmittelbaren Nachkriegszeit große Bedeutung beimißt und erste Zeichen wirtschaftlicher Wiederbelebung erst nach der Währungs- und Wirtschaftsreform erkennen will, verweisen andere Forscher auf die vergleichsweise günstigen materiellen Ausgangsbedingungen, die nach dem Zusammenbruch des NS-Regimes in allen vier Besatzungszonen gegeben waren und die sich wesentlich von der gegenwärtigen Situation im Osten unterscheiden. Schon unmittelbar nach Kriegsende war den Militärregierungen bewußt geworden, daß die Substanz der westdeutschen Wirtschaft bei weitem nicht dem desolaten Eindruck entsprach, den die zerstörten Wohnviertel der Großstädte dem Betrachter vermittelten. Sie fanden schnell heraus, daß die meisten Angriffe auf Betriebe der deutschen Rüstungsindustrie nichts anderes als „kostspielige Fehlschläge" gewesen waren.[32] Auf die Zivilbevölkerung und auf Verkehrseinrichtungen fielen jeweils siebenmal mehr Bomben als auf die schwer zu treffende und stark verteidigte Rüstungsindustrie.[33] Dementsprechend war im Mai 1945 die Substanz des industriellen Anlagevermögens nicht entscheidend getroffen. Bezogen auf das Vorkriegsjahr 1936, war das Bruttoanlagevermögen der Industrie sogar noch um rund 20 Prozent angewachsen.[34] Auch in qualitativer Hinsicht schließt die Bilanz des Kapitalstocks günstig ab. Sowohl der technische Standard als auch der Altersaufbau des Bruttoanlagevermögens der deutschen Industrie erreichten 1945 ihren höchsten Stand seit dem Ersten Weltkrieg.[35] Die deutsche Wirtschaft ging also mit einem –

---

31 Chr. Buchheim, Der Ausgangspunkt des westdeutschen Wirtschaftswunders. Zur neueren Diskussion über die Wirkungen der Währungs- und Wirtschaftsreform 1948, in: Ifo-Studien 34 (1988/1), S. 77.
32 J.K. Galbraith, Leben in entscheidender Zeit, München 1981, S. 227.
33 United States Strategic Bombing Survey, The effects of stategic bombing on the German war economy, Overall Economic Effects Division, October 31, 1945, S. 4f.
34 Abelshauser, Wirtschaft in Westdeutschland, S. 20.
35 R. Krengel, Anlagevermögen, Produktion und Beschäftigung der Industrie im Gebiet der Bundesrepublik von 1924-1956 in: DIW-Sonderhefte NF 42, Berlin (West) 1958, S. 52f., S. 79.

angesichts extrem niedriger Produktionszahlen – bemerkenswert großen und im internationalen Vergleich modernen und jungen Kapitalstock in die Nachkriegszeit.

Auch das Arbeitskräftepotential war in den Besatzungszonen Deutschlands keineswegs kleiner geworden. Gegenüber der Volkszählung von 1939 hatte die Bevölkerung 1946 in der britischen Zone um 11,3 Prozent, in der sowjetischen Zone um 14 Prozent und in der amerikanischen Zone um 17,1 Prozent zugenommen.[36] Nur in der französischen Zone und in Berlin ging die Bevölkerungszahl in diesem Zeitraum geringfügig zurück. Allerdings war der Anstieg regional ungleich verteilt. Arbeitskräfte waren zwar reichlich vorhanden, jedoch nicht dort, wo sie auf mittlere Sicht gebraucht wurden. Wichtiger war jedoch, daß sich die Qualität des Arbeitskräftepotentials nicht verschlechtert hatte.

Dieser aktiven Bilanz deutscher Ressourcen standen allerdings gewichtige Passivposten gegenüber. Auf der Substanz der zonalen Industriewirtschaft lastete die schwere Hypothek der Besatzungsverwaltung und der Reparationen zugunsten der Kriegsgegner Deutschlands. Für Westdeutschland wird der Anteil der Demontageschäden auf 3,1 bis 5,3 Prozent des industriellen Vorkriegsvermögens veranschlagt, während die Schätzungen für die SBZ/DDR zwischen einer dreimal so hohen Kapazitätsminderung (wie auch für die französische Zone) und einer Obergrenze von 50 Prozent des Brutto-Anlagevermögens von 1936 schwanken.[37] Im Westen übertraf der Bestand des Anlagevermögens 1948 den Stand von 1936 deshalb noch immer um rund 11 Prozent. Auch der Altersaufbau und der Gütegrad des Kapitalstocks waren nach wie vor günstiger als in den dreißiger Jahren. Im Osten war dagegen eine reale Kapazitätsminderung eingetreten, die wie in der französischen Zone, eine spürbar schlechtere Ausgangsbedingung für den Wiederaufbau schuf.

Selbst wenn diese Unterschiede voll gewürdigt werden, kann für das ganze „Zonendeutschland" gesagt werden, daß es in der umittelbaren Nachkriegszeit zwar arm war, aber nicht unterentwickelt. Auch wenn Deutschland – dies gilt für Ostdeutschland, aber auch für Westdeutschland vor dem Eintreffen der ersten Marshallplanhilfen Ende 1948 – beim Wiederaufbau seiner Wirtschaft im wesentlichen auf die eigenen Kräfte angewiesen war, waren diese Kräfte keineswegs schwach. Das zeigt die industrielle Vermögensrechnung ebenso wie die Bilanz des Arbeitskräftepotentials.

Die Frage, ob der Marshallplan für die unterschiedliche Entwicklung beider Teilwirtschaften verantwortlich war, ist dadurch im Prinzip schon negativ beantwortet. Aber auch eine genauere Analyse seiner wirtschaftlichen Auswirkungen zeigt, daß der

---

36 Abelshauser, Wirtschaft in Westdeutschland, S. 104.
37 Abelshauser, Wirtschaft in Westdeutschland, S. 120; W. Zank, Wirtschaft und Arbeit in Ostdeutschland 1945-1949. Probleme des Wiederaufbaus in der Sowjetischen Besatzungszone Deutschlands, München 1987, Anhang; W. Abelshauser, Wirtschafts- und Besatzungspolitik in der französischen Zone 1945-1949, in: C. Scharf/H.-J. Schröder (Hg.), Die Deutschlandpolitik Frankreichs und die französische Zone 1945-1949, Wiesbaden 1983, S. 111-140; R. Karlsch (Allein bezahlt? Die Reparationsleistungen der SBZ/DDR 1945-53, Berlin 1983, S. 88f.) schätzt eine Kapazitätsminderung von 43 Prozent des Brutto-Anlagevermögens von 1936.

Marshallplan nicht die Initialzündung für den Wiederaufbau der westdeutschen Wirtschaft gab.[38] Ein halbes Jahr nach der Währungsreform kam er zu spät, um den Währungsschnitt wirtschaftlich abzusichern. Er war mit einem Volumen von 1,4 Milliarden Dollar auch zu klein, um gesamtwirtschaftliche Wirkungen hervorzurufen, und schließlich entsprach seine Zusammensetzung nicht dem, was die westdeutsche Wirtschaft wirklich brauchte. Er brachte keine „freien" Dollars, sondern vor allem Rohbaumwolle und Tabak. Die Vereinigten Staaten hingegen konnten in Westdeutschland auf umfangreiche Ressourcen zurückgreifen. Nachdem Westdeutschland zu Beginn des Jahres 1947 in den Mittelpunkt der amerikanischen Stabilisierungsbemühungen für Westeuropa gerückt war, gelang so – lange vor der Ankunft der ersten Hilfslieferungen aus dem Marshallplan – die Ankurbelung der westdeutschen Wirtschaft, ohne daß es dazu eines Nettozuflusses ausländischer Ressourcen bedurft hätte. Damit war gleichzeitig die Voraussetzung für eine erfolgreiche Währungsreform gelegt, die ein Jahr später am 20. Juni 1948 stattfand.

Auch wenn nicht einmal das Warenangebot in den kritischen Monaten nach der Währungsreform aus Marshallplanlieferungen stammte, schuf das amerikanische Hilfsprogramm für Europa auf andere Weise günstige Rahmenbedingungen. Der Marshallplan bildete Formen der internationalen wirtschaftlichen Zusammenarbeit heraus und stellte handelspolitische Regeln auf, die die internationale Rehabilitation der Bundesrepublik erleichterten und schon auf mittlere Frist die Rückkehr Westdeutschlands auf den Weltmarkt möglich machten. Am Ende stand eine Weltwirtschaftsordnung, die für Jahrzehnte dem Interesse der westdeutschen Wirtschaft weit entgegenkam und zu ihrem Wiederaufstieg maßgeblich beitrug. Westdeutschland wurde dadurch in die Lage versetzt, aus eigener Kraft wieder aufzustehen und dabei zur Stabilisierung Westeuropas beizutragen. Ein „Marshallplan für Osteuropa" müßte deshalb heute den ganz anderen Bedingungen, die dort gelten, Rechnung tragen.

Auch wenn Ostdeutschand nicht am Marshallplan teilnahm, besaß es doch – wie Westdeutschland und anders als Osteuropa heute – Qualifikationen und Ressourcen, die einen Aufstieg aus eigener Kraft möglich gemacht hätten. Wenn es gleichwohl in seiner Entwicklung nach 1948 immer stärker zurückblieb, hatte das vor allem zwei Gründe, die beide politisch bedingt waren. Die SBZ/DDR verlor zum einen kontinuierlich „menschliches Kapital", das in den Westen abfloß. Selbst moderate Schätzungen beziffern den wirtschaftlichen Wert jener 3,6 Millionen Menschen, die in den fünfziger Jahren die „Republik" fluchtartig verlassen hatten, auf mindestens 30 Milliarden DM und damit auf ein Vielfaches des Wertes des Marshallplans für Westdeutschland.[39] Zum anderen, und wichtiger noch, entschied sie sich für eine Wirtschaftsordnung der direkten Planung und Lenkung, die in der unmittelbaren Nachkriegszeit noch sinnvoll erscheinen mochte, auf lange Sicht aber den Bedürfnissen einer komplexen Industriewirt-

---

38 Siehe Anm. 11.
39 Abelshauser, Wirtschaftsgeschichte der Bundesrepublik, S. 96.

schaft – von „nachindustriellen" Tätigkeiten ganz zu schweigen – nicht gerecht werden konnte.[40]

Die Anhänger einer neo-institutionalistischen Gegenposition zur neoliberalen Renaissance halten – vor dem Hintergrund günstiger materieller Voraussetzungen – die ordnungspolitischen *Vorzeichen* des Wiederaufbaus für weniger wichtig, so lange nur (irgend-)eine Wirtschaftspolitik betrieben wurde, die eine Ausschöpfung der vorhandenen Resourcenausstattung und der institutionellen Rahmenbedingungen einer (post-)modernen Volkswirtschaft erlaubte. Das DDR-Modell der Planwirtschaft, wie es im Zweijahrplan 1949/50 eingeführt wurde, entsprach dagegen schon damals nicht mehr dem Standard moderner „sozialistischer" Wirtschaftspolitik, wie sie in Großbritannien oder Skandinavien zu dieser Zeit praktiziert und von den deutschen Sozialdemokraten angestrebt wurde. Diese „keynesianische" Alternative, die in den Wahlen von 1949 noch knapp unterlag, bildete schließlich den wirtschaftspolitischen Rahmen für eine zweite intensive Wachstumsphase der westdeutschen Wirtschaft nach dem Ende der Ära Adenauer/Erhard.

Der wesentliche Unterschied in der wirtschaftlichen Leistung beider deutscher Staaten liegt aus dieser Perspektive weniger in einer schlechteren Ausgangslage oder im Fehlen ausländischer Hilfe beim Wiederaufbau, sondern in der Anwendung eines veralteten und einer hoch entwickelten und differenzierten Industriewirtschaft nicht adäquaten Systems der Wirtschaftspolitik.[41] Die deutsch-deutsche Wirtschaftsgeschichte lehrt aber auch, daß es falsch wäre, daraus den Umkehrschluß zu ziehen und in der Einführung der Marktwirtschaft allein das Heil zu sehen. Deren frappierender Erfolg beruhte in der Nachkriegszeit auf außerordentlich günstigen materiellen Rahmenbedingungen, die gegenwärtig weder in der ehemaligen DDR noch in Mittel- und Osteuropa gegeben sind. Gewiß sind Währungsreformen und die Einführung einer den fälligen institutionellen Wandel im Transformationsprozeß unterstützenden Wirtschaftspolitik *notwendige* Bedingungen für den wirtschaftlichen Aufschwung im Osten. Im Lichte der historischen Erfahrung sind sie aber weder allein *hinreichend* für den Aufschwung, noch garantieren sie heute eine ähnlich schnelle Entwicklung wie in der Nachkriegszeit. Das frühere Mitglied des Direktoriums der Deutschen Bundesbank, der heutige Bundesbankpräsident, Hans Tietmeyer, hat diese Einsicht schon frühzeitig formuliert: „Leider hat auch die Politik in der Bundesrepublik – zumindest in der Anfangsphase – die kurzfristig übertriebenen Erwartungen wohl nicht genügend gedämpft. Man hat im Gegenteil mit dem Hinweis auf Situation und Entwicklung nach 1948 leider teilweise falsche Erwartungen geweckt – und zwar aus allen Parteien."[42] Inzwischen ist sogar ein

---

40 Dazu neuerdings J. Roesler, Zwischen Plan und Markt. Die Wirtschaftsreform 1963-1970 in der DDR, Berlin 1990.
41 Dazu sieht Chr. Buchheim (Die Wirtschaftsordnung als Barriere des gesamtwirtschaftlichen Wachstums in der DDR, in: VSWG 82 [1995], S. 194-210) in der sozialistischen Wirtschaftsordnung „an sich" die Ursache für die Schwierigkeiten der DDR-Wirtschaft.
42 Vortrag vor dem FEM-Executive-Club am 23. Mai 1991 in Schloß Oud Wassenaar, Niederlande, abgedruckt in: Deutsche Bundesbank (Hg.), Auszüge aus Presseartikeln, Nr. 39, 28. Mai 1991, S. 6.

(zu) starker pessimistischer Meinungsumschlag in der neueren Debatte unverkennbar.[43] Auf jeden Fall bietet die Praxis der wirtschaftlichen Entwicklung in den neuen Bundesländern und in Osteuropa für diejenigen, die im Vorfeld der deutschen Vereinigung von diesen Voraussetzungen ausgegangen sind, genug Grund für eine Korrektur.

---

43 Siehe dazu u.a. H.-P. Spahn, Das erste und das zweite deutsche Wirtschaftswunder, in: Wirtschaftsdienst 1991/II, S. 73-79; Institut für Wirtschaftsforschung (Hg.), Wirtschaft im Systemschock: die schwierige Realität der ostdeutschen Transformation, Berlin 1994; V. Greiner u.a., The East German Disease: Volkswirtschaftliche Anpassungsprozesse nach der deutschen Einheit, in: Zeitschrift für Wirtschaftspolitik 43 (1994), S. 271-299; K.-H. Oppenländer (Hg.), Wiedervereinigung nach 6 Jahren: Erfolge, Defizite, Zukunftsperspektiven im Transformationsprozeß, Berlin 1997; Charakteristisch auch das Presse-Echo. So ist z. B. in den siebzehn Titelgeschichten, die „Der Spiegel" seit 1991 dem Thema „Blühende Landschaften?" (und seinen Variationen) widmete, immer stärker ein pessimistischer Trend erkennbar.

Norbert Frei

Die Rückkehr des Rechts.
Justiz und Zeitgeschichte nach dem Holocaust –
eine Zwischenbilanz

Als der Prozeß von Nürnberg im Sommer 1946 nach nur 200 Verhandlungstagen sich seinem Ende näherte, bekundete Hannah Arendt in einen Brief an Karl Jaspers ihre grundsätzlichen Zweifel gegenüber diesem historisch beispiellosen Versuch, einem historisch beispiellosen Verbrechen mit den Mitteln des Rechts zu begegnen. Anders als ihr wiedergefundener verehrter Lehrer, der durchaus einverstanden war mit dem Konzept, die politischen Verbrechen der Nationalsozialisten als „kriminelle Schuld" zu begreifen und auch als solche zu ahnden,[1] meinte Arendt, diese Schuld lasse sich „juristisch nicht mehr fassen". Gerade das mache ihre „Ungeheuerlichkeit" aus.

Für die Verbrechen des „Dritten Reiches" gebe es keine angemessene Strafe mehr, befand Hannah Arendt in diesem halb hingeworfenen, halb durchkomponierten[2] Text, um dann ihr berühmtes Diktum folgen zu lassen: „Göring zu hängen, ist zwar notwendig, aber völlig inadäquat. Das heißt, diese Schuld, im Gegensatz zu aller kriminellen Schuld, übersteigt und zerbricht alle Rechtsordnungen. Dies ist auch der Grund, warum die Nazis in Nürnberg so vergnügt sind; die wissen das natürlich."[3]

Hannah Arendt ahnte in diesem Moment nicht, daß justament Hermann Göring das „Vergnügen" dann doch noch ein paar Stunden früher als von seinen Richtern geplant mit einer Giftkapsel beenden würde. Erschießen hätte er sich lassen, erklärte Göring in einem hinterlegten Schreiben an den Alliierten Kontrollrat, aber „den Deut-

---

1 Dies auf der Grundlage seiner bekannten Unterscheidung zwischen politischer Haftung sowie krimineller, moralischer und metaphysischer Schuld; vgl. K. Jaspers, Die Schuldfrage. Von der politischen Haftung Deutschlands, Heidelberg 1946, Neuausgabe München 1965; vgl. dazu jetzt A. Rabinbach, In the Shadow of Catastrophe. German Intellectuals between Apocalypse and Enlightenment, Berkeley 1997, S. 129-165, bes. S. 131, 143.
2 Der Kern des Arguments findet sich bereits in: H. Arendt, Organized Guilt and Universal Responsibility, in: Jewish Frontier 12 (1945), S. 19-23; deutsche Fassung unter dem Titel: Organisierte Schuld, in: Die Wandlung 1 (1946), S. 333-344.
3 H. Arendt/K. Jaspers, Briefwechsel 1926-1969, hg. v. L. Köhler/H. Saner, München 1985, S. 90. Demgegenüber argumentierte Jaspers, es gelte, jeder Überhöhung des Nationalsozialismus zu „satanischer Größe" vorzubeugen: „Mir scheint, man muß, weil es wirklich so war, die Dinge in ihrer ganzen Banalität nehmen, ihrer ganzen nüchternen Nichtigkeit – Bakterien können völkervernichtende Seuchen machen und bleiben doch nur Bakterien. Ich sehe jeden Ansatz von Mythos und Legende mit Schrecken, und jedes Unbestimmte ist schon solcher Ansatz." Arendt zeigte sich von diesen Erläuterungen „halb überzeugt; das heißt, ich sehe vollkommen ein, daß, so wie ich es bisher ausgedrückt habe, ich in gefährliche Nähe einer ‚satanischen Größe' komme, die ich doch mit Ihnen ganz und gar ablehne."; ebd., S. 99 bzw. S. 106.

schen Reichsmarschall durch den Strang zu richten" habe er „um Deutschlands willen nicht zulassen" können.[4] Der Öffentlichkeit wurden diese Zeilen damals nicht bekannt, doch daß Göring sich vor seinem Abtritt noch einmal der Rhetorik des völkischen Heroismus bedient haben würde, lag zu vermuten nahe. Denn das entsprach nicht nur der Pose, die er während des Prozesses eingenommen hatte, sondern auch populären Erwartungen. Ein Indiz dafür sind jene Reaktionen, die Karl Jaspers in diesen Oktobertagen 1946 beobachtete: Viele Deutsche, so schrieb er an Hannah Arendt, sähen in dem Selbstmord „schon wieder etwas Großartiges – während es nur die einfache Unfähigkeit des Gefängnispersonals ist".[5]

Mit seinem scheinbar selbstbestimmten Abgang war es dem zweiten Mann des „Dritten Reiches" offensichtlich gelungen, jenen Verdacht noch einmal zu nähren, den Goebbels' Durchhaltepropaganda gegen Ende des Krieges zum Zwecke der Mobilisierung letzter Kampfreserven systematisch ausgestreut hatte: den Verdacht nämlich, die Justiz der Sieger werde sich als rächende Siegerjustiz erweisen. Dieses Vorurteil begleitete die justitiellen Ahndungsbemühungen der Alliierten von der ersten Stunde an, und das Fatalste daran war, daß es sich dabei um ein Wahrnehmungsmuster handelte, dem auch viele Deutsche anhingen, die persönlich gar nichts zu befürchten hatten.

Solche Fakten und Zusammenhänge sind es, die unserer Aufmerksamkeit bedürfen, wenn wir als Historiker versuchen wollen, die Geschichte der seit 1945 unternommenen Anstrengungen zu schreiben, nationalsozialistisches Unrecht mit den Mitteln des Rechts zu ahnden. Daß diese Geschichte nicht zuletzt – vielleicht sogar in erster Linie – als eine Geschichte der Unterlassungen geschrieben werden muß, ist unschwer zu erahnen. Das ändert aber nichts daran, daß es triftige Gründe gibt, diese Aufgabe nunmehr entschlossen anzugehen:[6]

- Zunächst und vor allem ist das Faktum zu nennen, daß es sich bei der justitiellen Auseinandersetzung mit dem Nationalsozialismus um einen zentralen Aspekt seiner Nachgeschichte handelt – einer Nachgeschichte, die insgesamt als spezifisches Element der Geschichte der beiden deutschen Nachfolgestaaten des „Dritten Reiches" viel zu lange im Schatten des historiographischen Interesses geblieben ist.
- Weiter ist darauf hinzuweisen, daß es sich dabei um einen ebenso langwierigen wie komplizierten (und im doppelten Sinne des Wortes historischen) Prozeß handelt, der am Ende einen wohl fünfmal so langen Zeitraum umfassen wird wie die Zeit der Unrechtsherrschaft selbst, der sich nun aber, wie damit implizit schon gesagt ist, erkennbar seinem Ende nähert.
- Erforderlich ist deshalb wenn nicht ein Wechsel, so doch eine fundamentale Ergänzung der von der Zeitgeschichtsforschung in diesem Zusammenhang bisher eingenommenen Perspektive: Während die im Rahmen staatsanwaltschaftlicher Ermitt-

---
4 Görings vier Tage vor seinem Selbstmord am 15. Oktober 1946 formuliertes Schreiben an den Alliierten Kontrollrat ist abgedruckt bei D. Irving, Göring. Eine Biographie, Reinbek 1989, S. 768.
5 Arendt/Jaspers, Briefwechsel, S. 99.
6 In diesem Sinne soeben auch P. Steinbach, NS-Prozesse nach 1945. Auseinandersetzung mit der Vergangenheit – Konfrontation mit der Wirklichkeit, in: Dachauer Hefte 13 (1997), S. 3-26, bes. S. 3.

lungen und der Rechtsprechung in NS-Strafsachen produzierten Akten bisher fast ausschließlich als Quellen für die historische Erforschung der zu ahndenden Verbrechenstatbestände herangezogen wurden, geht es nunmehr darum, diese Akten als Dokumente der Ahndungsbemühungen bzw. der Ahndungsverhinderung zu lesen.

– Für diesen Perspektivenwechsel spricht nicht zuletzt, daß er einen Einstieg in die überfällige Historiographie der Zeitgeschichtsforschung nach 1945 eröffnen könnte. Denn spätestens seit Anfang der sechziger Jahre prägten Zeithistoriker als Gutachter und Sachverständige die sogenannten NSG-Verfahren in erheblichem Maße mit. Es wird deshalb auch darauf ankommen, die Möglichkeiten der Befragung von Zeithistorikern als Zeitzeugen zu nutzen.

– Schließlich ist 1989/90 ein neues Argument hinzugekommen: Seit dem Ende der DDR drängt sich nicht nur der Vergleich von „zweierlei Bewältigung" des Nationalsozialismus auf[7], sondern auch die Frage, inwiefern die Erfahrungen mit der politischen Säuberung nach 1945 im Westen als Maßstab und Motivation bei der justitiellen Aufarbeitung des DDR-Unrechts dienen können und sollen. Das Problem mit dieser Frage ist allerdings, daß ihre abstrakte Beantwortung immer schon unmöglich war. Denn jedes wissenschaftliche oder politische Nachdenken über den Sinn und die Möglichkeiten einer Ahndung von DDR-Unrecht stand a priori unter dem Einfluß eines mittlerweile doch recht ausgeprägten öffentlichen Bewußtseins hinsichtlich der Versäumnisse und Leistungen der Aufarbeitung der NS-Vergangenheit, und zwar sowohl bei den „alten" als auch bei den „neuen" Bürgern der Bundesrepublik.[8]

Stellt man den zuletzt genannten Aspekt angesichts der gegenwärtig damit noch verbundenen starken tagespolitischen Kalküle einstweilen zurück, so ergibt sich mit Blick auf das NS-Unrecht: Der Schlüssel für eine historiographisch angemessene Darstellung und Deutung der darauf bezogenen justitiellen Bemühungen und Unterlassungen liegt in ihrem politischen und gesellschaftlichen Kontext – und er liegt nicht in dem Versuch der retrospektiven Validierung der von diesem Kontext ja nur vorgeblich losgelösten formalrechtlichen Einwände, wie sie seit 1945/46 immer wieder erhoben worden sind und zum Teil noch heute hartnäckig verteidigt werden.

Wenn es gelingt, darüber Klarheit herzustellen, mag man sich erneut auch jenen ernsten rechtsphilosophischen Vorbehalten nähern, die Hannah Arendt im Angesicht von Nürnberg formulierte und deren schwacher Widerschein sich 15 Jahre später noch in ihrem damals so umstrittenen Bericht über den Jerusalemer Eichmann-Prozeß fin-

---

7 Vgl. U. Herbert/O. Groehler, Zweierlei Bewältigung. Vier Beiträge über den Umgang mit der NS-Vergangenheit in den beiden deutschen Staaten, Hamburg 1992; J. Danyel (Hg.), Die geteilte Vergangenheit. Zum Umgang mit Nationalsozialismus und Widerstand in beiden deutschen Staaten, Berlin 1995.

8 Dies zeigte um die Jahreswende 1994/95 beispielsweise die Debatte um eine Amnestie für DDR-Straftäter, in der Gegner wie Befürworter Vergleiche mit der Geschichte der justitiellen Aufarbeitung der NS-Verbrechen zogen; vgl. W. Greive (Hg.), Amnestie für Straftaten unter der SED-Diktatur? Loccumer Protokolle 7/95, Loccum 1996; jetzt auch Redaktion „Kritische Justiz" (Hg.), Die juristische Aufarbeitung des Unrechts-Staats, Baden-Baden 1998, bes. Teil IV.

det.[9] Dann nämlich wäre es möglich zu prüfen – und zwar ohne die Befürchtung, dies könnte apologetischen Interessen dienen –, inwiefern Arendts Kritik an den Prozessen fruchtbar zu machen ist: Als Frage nach dem spezifischen Ort, nach der Funktion von Gerichtsverfahren im Rahmen einer vielleicht nicht prinzipiell, aber noch auf lange Dauer unabschließbaren Nachgeschichte des Nationalsozialismus – und allgemein im Rahmen demokratischer Nachgeschichten von Diktaturen im 20. Jahrhundert.[10]

1.

Wer die Anfänge der justitiellen Auseinandersetzung mit dem Nationalsozialismus verstehen will, muß zunächst Klarheit gewinnen über die Befindlichkeit der Deutschen bei Kriegsende. Zu den überraschendsten Erfahrungen, die Deutschland im ersten Sommer nach Hitler bereithielt, gehörte das fast völlige Ausbleiben von Akten der Rache. Selbst auf lokaler Ebene, dort also, wo die Erfahrung von Terror und Unterdrückung Gesichter hatte, kam es kaum zu Tätlichkeiten gegen die Repräsentanten des untergegangenen Regimes. Von Äußerungen des Volkszorns, von einem breiten gesellschaftlichen Bedürfnis nach Vergeltung, konnte keine Rede sein. Statt dessen bewegte sich die Abrechnung mit dem Nationalsozialismus und seinen Dienern praktisch von Anfang an in den Bahnen formalisierten Rechts.

Daß die politische Säuberung in Deutschland, anders als etwa in Italien oder in Frankreich[11], nicht geprägt war durch blutige Rachenahme, sondern durch justitielle und bürokratische Verfahren, hatte einen wichtigen Grund gewiß in der massiven Präsenz der Besatzungsmächte und in der von ihnen zunächst vollständig beanspruchten Regierungsgewalt. Zugleich aber war es Ausdruck einer nicht nur politisch, sondern auch mental völlig anderen Ausgangslage.

Diese Ausgangslage bestand, pointiert gesagt, darin, daß die Mehrheit der Deutschen sich im Frühjahr 1945 zunächst weniger befreit als vielmehr besiegt empfand. Gewiß waren die meisten dankbar, den Krieg überlebt zu haben, und viele waren wohl auch erleichtert darüber, aus der Indienstnahme durch das Regime entlassen zu sein. Aber diese Dankbarkeit verband sich doch häufig mit dem zumindest untergründigen Gefühl einer volksgemeinschaftlichen Verstrickung: mit der Ahnung, moralisch nicht unbeschädigt durch die „große Zeit" gekommen zu sein – und deshalb besser nicht über den Nachbarn richten zu sollen.

---

9 Vgl. insbesondere den „Epilog" in: H. Arendt, Eichmann in Jerusalem. Ein Bericht von der Banalität des Bösen, München 1964 (Neuausgabe 1986), S. 301-329.
10 Dazu jetzt G. Smith/A. Margalit (Hg.), Amnestie oder: Die Politik der Erinnerung in der Demokratie, Frankfurt a.M. 1997; G. Schwan, Politik und Schuld. Die zerstörerische Macht des Schweigens, Frankfurt a.M. 1997.
11 Vgl. als Überblick K.-D. Henke/H. Woller (Hg.), Politische Säuberung in Europa. Die Abrechnung mit Faschismus und Kollaboration nach dem Zweiten Weltkrieg, München 1991; jetzt auch H. Woller, Die Abrechnung mit dem Faschismus in Italien 1943 bis 1948, München 1996.

Selbstverständlich gab es in den kleinen Zirkeln entschiedener NS-Gegner autochthonen deutschen Säuberungswillen, und ebenso wie im politischen Exil hatte man sich im „Kreisauer Kreis" unter dem Eindruck der Massenverbrechen des Regimes schon seit Frühjahr 1943 intensiv Gedanken gemacht über die Frage der „Wiederaufrichtung der Herrschaft des Rechts".[12] Von einem verbreiteten Bedürfnis nach politischer Abrechnung, nach einer wie auch immer gearteten Prozedur der gesamtgesellschaftlichen Säuberung, in der schließlich jeder einzelne auf dem Prüfstand stehen würde, konnte angesichts der vorherrschenden sozialpsychischen Ausgangslage allerdings nicht die Rede sein.

Konfrontiert mit der säuberungspolitischen Entschlossenheit der Alliierten, begann sich die Mehrheit vielmehr sehr rasch als „Opfer" zu sehen: nicht nur als Opfer von Bombenkrieg, Flucht und Vertreibung, sondern als Opfer einer in der Tat empfindlichen Praxis der Internierung,[13] als Opfer einer spätestens aufgrund der Ungerechtigkeiten des ausgedehnten „Persilschein"-Wesens zur Farce geratenen Entnazifizierung – und ganz allgemein als Opfer einer vermeintlich postulierten Kollektivschuldthese.[14] Deren Abwehr setzte bereits ein, als in der Umgebung der eben befreiten Konzentrationslager jene Mehrheit, die sich ganz und gar unschuldig wähnte, von den Besatzungstruppen gezwungen wurde, das dortige Grauen zur Kenntnis zu nehmen. Die mit den Toten und Überlebenden der sogenannten Evakuierungsmärsche vollgestopften Lager vermittelten auf diese Weise ein paar Wochen lang wenigstens eine Ahnung von dem ansonsten noch weitgehend unaufgedeckten Zentralverbrechen der NS-Zeit, dem „im Osten" verübten Mord an den europäischen Juden.

Zweierlei ist damit implizit bereits gesagt: Zum einen, daß die Abrechnung mit dem Nationalsozialismus zunächst und vor allem ein Projekt der Alliierten, nicht der Deutschen war, und zum andern, daß der viel später erst so genannte Holocaust *nicht* im Zentrum dieser Ahndungsbemühungen stand. Hinzuweisen ist drittens schließlich noch einmal auf die Präzedenzlosigkeit des mit dem Nürnberger Prozeß eröffneten Verfahrens: Zum ersten Mal in der Geschichte war es gelungen, Prinzipien des Völkerrechts systematisch an die Stelle von Rache und Vergeltung zu setzen.

---

12 Vgl. den im Nachlaß Helmuth James Graf von Moltkes überlieferten „Grundtext" des Kreisauer Kreises zum Thema „Bestrafung der Rechtsschänder" vom 14.6.1943, der die Einsetzung eines „gemeinsamen Völkergerichts" mit Sitz im Haag und explizit die – in einer späteren Fassung allerdings aufgegebene – „Schaffung einer rückwirkenden deutschen Strafbestimmung [vorsah], welche im ordentlichen Strafrechtszuge den Rechtsschänder mit Freiheitsstrafe oder Todesstrafe belegt"; abgedruckt in: Ger van Roon, Neuordnung im Widerstand. Der Kreisauer Kreis innerhalb der deutschen Widerstandsbewegung, München 1967, S. 553-556.
13 Vgl. R. Knigge-Tesche u.a. (Hg.), Internierungspraxis in Ost- und Westdeutschland nach 1945. Eine Fachtagung, Erfurt 1993.
14 Dazu mein Aufsatz: Von deutscher Erfindungskraft oder: Die Kollektivschuldthese in der Nachkriegszeit, in: Rechtshistorisches Journal 16 (1997).

2.

Mit dem International Military Tribunal kehrte das Recht nach Deutschland zurück. Doch daß dieses Recht willkommen war, wird man nicht behaupten können. Aufschlußreich sind dafür die seinerzeit im Auftrag der Amerikaner erhobenen demoskopischen Befunde: Während der Laufzeit des Nürnberger Prozesses, das heißt zwischen dem 20. November 1945 und dem 1. Oktober 1946, hielten erstaunliche 78 Prozent der Befragten das Verfahren gegen Göring und Konsorten für „fair". Nur vier beziehungsweise sechs Prozent meinten, es sei „unfair", wie die einstigen Spitzen von Partei, Staat und Wehrmacht vor dem Internationalen Militärgerichtshof zur Rechenschaft gezogen wurden. Vier Jahre später allerdings, im Herbst 1950, hatte sich das Bild radikal geändert: Genau 30 Prozent meinten nun, der Prozeß sei „unfair" gewesen, und nur noch 38 Prozent fanden weiterhin, die sogenannten Hauptkriegsverbrecher seien „fair" behandelt worden.[15] Wie ist dieser dramatische Umschwung zu erklären? Was war zwischen 1945/46 und 1950 geschehen, das so vielen Deutschen Anlaß gab, ihre Meinung zu revidieren?

Bei aller Sorgfalt, die man der damaligen Umfrageforschung unterstellen darf: Vieles spricht für die Annahme, daß die Demoskopen mit ihrer Frage hinsichtlich der Fairneß von „Nürnberg" im Abstand von vier Jahren anderes gemessen hatten als der Deutschen Mitleid mit den Spitzen des Regimes. Zu vermuten ist, daß das ablehnende Votum in weit stärkerem Maße ein Urteil über die gesamte Phase der justitiellen Säuberung darstellte, die – wie bereits angedeutet wurde – mehrheitlich eindeutig negativ erlebt worden war; daß die Antwort jedenfalls keineswegs nur den erbetenen retrospektiven Kommentar zu jenem „Jahrhundertprozeß" bedeutete, an dessen Weisheit im Zeichen des Kalten Krieges nun übrigens auch jenseits des Atlantiks die nachträglichen Zweifel wuchsen.

In das Urteil der Deutschen floß, so scheint es, fast unvermeidlich auch die Erfahrung und Bewertung jener Prozesse ein, in denen sich – anders als vor dem IMT – in erster Linie Angehörige der militärischen, wirtschaftlichen und bürokratischen Eliten zur Rechenschaft gezogen sahen: Das waren vor allem die zwölf sogenannten Nürnberger Nachfolgeprozesse, aber auch zahlreiche Verfahren vor den Militärgerichten in den einzelnen Besatzungszonen, die ihre Tätigkeit zum Teil bereits im Sommer 1945 aufgenommen hatten. Allein in den Militärgerichtsprozessen der Westmächte standen

---

15 Die Umfrageexperten in der amerikanischen Hohen Kommission waren entsetzt: Eine so massive Verschiebung, wie sie der Rutsch von 78 auf 38 Prozent bei denjenigen darstellte, die den Prozeß für „fair" erachteten, hatte es noch nicht gegeben. Es handelte sich um die stärkste Veränderung demoskopischer Ergebnisse überhaupt, die bis dahin in Deutschland beobachtet worden war; vgl. A.J. Merrit/R.L. Merrit (Hg.), Public Opinion in Occupied Germany. The OMGUS Surveys 1945-1949, Urbana 1970, S. 33ff., und dies., Public Opinion in Semisovereign Germany. The HICOG Surveys 1949-1955, Urbana 1980, S. 11, 101.

etwa 5.000 Personen vor der Anklagebank, gegen etwa 800 wurde die Todesstrafe verhängt, mindestens ein Drittel dieser Urteile wurde vollstreckt.[16]

Wenn deutsche Rechtsgelehrte gegen Ende der vierziger Jahre beleidigt bemerkten, es sei fremdes, nämlich das „angelsächsische Recht" gewesen, das 1945 in Deutschland Einzug gehalten habe, so war dies nicht ganz falsch. Geflissentlich übersehen wurde dabei allerdings, daß sich die für die Urteilsbildung schließlich relevanten Unterschiede im wesentlichen auf Prozeßrecht beschränkten, jedenfalls nicht in der Strafbarkeit von Raub, Mord und Totschlag lagen.[17]

Die zunehmende Schärfe dieser Klagen reflektierte nicht nur den Umstand, daß der Nürnberger Hauptprozeß ohne das Engagement der Amerikaner schwerlich zustande gekommen wäre,[18] wohl mehr noch zielte sie auf die Tatsache, daß es die Amerikaner waren, die das Konzept einer systematischen justitiellen Ahndung der nationalsozialistischen Verbrechen in den Nachfolgeprozessen auch nach dem Zerbrechen der Anti-Hitler-Koalition bis Mitte 1949 im Alleingang weitergeführt hatten.

Immerhin 184 handverlesene Vertreter jener gesellschaftlichen Eliten, die das Funktionieren des NS-Systems garantiert und zu seinen Verbrechen entscheidend beigetragen hatten, mußten sich in den Nürnberger Nachfolgeprozessen verantworten: Generäle, Wirtschaftsführer, Juristen, hohe Beamte, Einsatzgruppenkommandeure, Ärzte. Und das Ergebnis der Verfahren ließ an Eindeutigkeit nichts zu wünschen übrig: Vier Fünftel der Angeklagten wurden verurteilt, die Hälfte der verhängten 24 Todesurteile wurde vollstreckt.

Dies alles war auch insofern von hoher Symbolkraft, als es sich keineswegs um Verfahren der ersten Stunde handelte; die spätesten der Nachfolgeprozesse gingen erst zu Ende, als das Grundgesetz bereits verabschiedet war, und die letzten sieben Todes-

---

16 Die Zahlen im einzelnen: In den Dachauer und den übrigen Prozessen der amerikanischen Armee wurden von insgesamt 1.672 Angeklagten 1.416 verurteilt, davon 426 zum Tode; vermutlich 268 Todesurteile wurden vollstreckt. In den Nürnberger Nachfolgeprozessen gab es 184 Angeklagte und 142 Verurteilte, von den 24 Todesurteilen wurden zwölf vollstreckt. Vor britischen Militärgerichten wurden 1.085 Personen angeklagt und 240 zum Tode verurteilt; französische Besatzungsgerichte verhängten 2.107 Schuldsprüche, davon 104 Todesurteile. Ein vertraulicher Bericht des BMJ von 1961 schätzte die Zahl der insgesamt rechtskräftig abgeurteilten Täter auf über 10.000 Personen; BA, B 305/48, Die Verfolgung nationalsozialistischer Straftaten durch Staatsanwaltschaften und Gerichte im Gebiet der Bundesrepublik Deutschland seit 1945, o.D., S. 22.

17 Eine Ausnahme bilden in diesem Sinne gerade nicht die oft genannten Anklagepunkte der „Verbrechen gegen die Menschheit" und der „Verbrechen gegen den Frieden", sondern allenfalls der im Völkerrecht undefinierte Straftatbestand der „Verschwörung", allein aufgrund dessen allerdings keiner der vor dem IMT Angeklagten verurteilt worden ist; vgl. B.F. Smith, Der Jahrhundert-Prozeß. Die Motive der Richter von Nürnberg – Anatomie einer Urteilsfindung, Frankfurt a.M. 1979, S. 139ff., 335.

18 Vgl. die prägnante Schilderung des „Weges nach Nürnberg" in der klassischen Studie von B.F. Smith, The Road to Nuremberg, New York 1981; sowie ders., Der Jahrhundert-Prozeß, S. 32-58; F.M. Buscher, The U. S. War Crimes Trial Program in Germany, New York 1989, bes. S. 7-27. Die Literatur zu „Nürnberg" und den Folgewirkungen ist breit; vgl. als knappe, nach wie vor anregende historische Problemskizze L. Gruchmann, Das Urteil von Nürnberg nach 22 Jahren, in: VfZ 16 (1968), S. 385-389; ergänzend dazu jetzt R. Merkel, Nürnberg 1945, Militärtribunal. Grundlagen, Probleme, Folgen, in: Merkur 50 (1995), S. 918-936; darüber hinaus vor allem Telford Taylor, Die Nürnberger Prozesse. Hintergründe, Analysen und Erkenntnisse aus heutiger Sicht, München 1994.

urteile wurden vollstreckt, als die neue Verfassung bereits seit zwei Jahren in Kraft war – eine Verfassung im übrigen, die die Todesstrafe, ebenso wie die Möglichkeit der Auslieferung deutscher Staatsbürger, eindeutig auch mit Blick auf jenes „angelsächsische Recht" für abgeschafft erklärt hatte, dessen Fortwirken inzwischen zu vielfältigen Solidarisierungsaktionen mit den verurteilten Kriegsverbrechern führte.[19]

Nicht, daß man in den Kreisen der Großwirtschaft nicht alles getan hätte, um den in Nürnberg ja in der Tat nur exemplarisch vor Gericht gestellten Krupps und Flicks und ihren Managern Unterstützung zuteil werden zu lassen; doch das war wenig im Vergleich zu jener nur mit Mühe gebändigten Empörung, die durch die westdeutsche Oberschicht ging, als die Amerikaner es wagten, den langjährigen Staatssekretär des Auswärtigen Amts, Ernst von Weizsäcker, im sogenannten Wilhelmstraßen-Prozeß noch im April 1949 zur Rechenschaft zu ziehen.

Marion Gräfin Dönhoff kämpfte in der „Zeit" beharrlich für die Freilassung des trotz aller Mühen von Zeugen und Verteidigern zu sieben Jahren Haft Verurteilten, der ihr – und nicht nur ihr – als Inbegriff jener aristokratisch-preußischen Staatsauffassung galt, die gegenüber deren nationalsozialistischen Usurpatoren klar abgegrenzt und gegenüber den Besatzungsmächten unbedingt verteidigt werden sollte. Einmal aber, in einem Kommentar anläßlich der Auslieferung des ostpreußischen Gauleiters Erich Koch an Polen, verlor die Gräfin in aufschlußreicher Weise die Contenance: „Wir sind es satt mitanzusehen, daß Männer wie Weizsäcker und andere, die unter ständiger Gefährdung ihres eigenen Lebens gegen Leute vom Schlage Kochs gekämpft haben, von alliierten Gerichten verurteilt werden – so als ginge uns das alles gar nichts an."[20]

Aus diesem Aufschrei sprach nicht nur die Überzeugung, daß den deutschen Führungseliten Unrecht geschehen war; vor allem war er ein Zeichen für die eher noch zu- als abnehmenden Aversionen gegen das – wie es inzwischen längst und mit durchaus absichtsvollem Bezug auf Weimar hieß – „System von Nürnberg".[21]

3.

Wenn für die Phase zwischen Kriegsende und Gründung der beiden deutschen Staaten von justitieller Abrechnung mit dem Nationalsozialismus die Rede ist, wird oft vergessen, daß es in diesen Jahren neben den Nürnberger Prozessen und den Militärgerichtsverfahren in allen vier Besatzungszonen auch Anstrengungen der deutschen Justiz gegeben hat, NS-Unrecht zu sühnen. Über Qualität und Gehalt dieser Rechtsprechung ist bis heute allerdings nur wenig bekannt; die zeitgeschichtliche Forschung ist auf

---

19 Dazu im einzelnen meine Darstellung: Vergangenheitspolitik. Die Anfänge der Bundesrepublik und die NS-Vergangenheit, München 1996, Teil II.
20 Die Zeit, 17.11.1949, S. 1.
21 Exemplarisch dazu Susanne Jung, Die Rechtsprobleme der Nürnberger Prozesse. Dargestellt am Verfahren gegen Friedrich Flick, Tübingen 1992.

diesem Feld eher noch weiter zurück als hinsichtlich der Rechtsprechung der Alliierten.

In nächster Zeit dürfte sich dieser Zustand besonders in bezug auf die sowjetisch besetzte Zone verbessern,[22] für die bisher allerdings auch nur sehr grobe Zahlen und vage Eindrücke vorliegen. Danach sind bis 1950 etwa 8.000 Urteile in NS-Strafsachen ergangen, darunter etwa 50 Todesurteile.[23] In den berüchtigten „Waldheimer Prozessen", in denen im Sommer 1950 gegen diejenigen Internierten aus den aufgelösten sowjetischen Lagern verhandelt wurde, die man nicht freigelassen, sondern der ostdeutschen Justiz zur Aburteilung überstellt hatte, gab es noch einmal 3.300 Verurteilungen, darunter 33 Todesurteile. Tatsächlich hingerichtet wurden in der SBZ bzw. der DDR insgesamt 24 der als NS- oder Kriegsverbrecher Verurteilten.

Für die Westzonen ist Martin Broszat in einem bahnbrechenden Aufsatz aus dem Jahre 1981 zu dem Ergebnis gekommen, daß die Anstrengungen einer – wie er es nannte – strafrechtlichen „Selbstreinigung" sowohl quantitativ als auch qualitativ beachtlich gewesen seien.[24] Insgesamt wurden in der amerikanischen, britischen und französischen Zone von deutschen Gerichten bis Ende 1949 rund 4.400 NS-Täter rechtskräftig verurteilt; die Zahl der eingeleiteten Ermittlungsverfahren lag sogar bei 13.600.[25]

Eine vorläufige Würdigung dieser Ahndungsbemühungen kann an den objektiven Beschränkungen nicht vorbeisehen, denen die seit etwa Ende 1945 sich reorganisierende westdeutsche Justiz gegenüberstand. So behinderten nicht nur allgemeine Schwierigkeiten, die sich aus den Kriegszerstörungen ergaben, ihre Ermittlungstätigkeit; im Zuge der Entnazifizierung war anfangs auch die Personaldecke beträchtlich ausgedünnt. Vor allem aber ist zu berücksichtigen, daß die Alliierten mit dem Kontrollratsgesetz Nr. 4 (vom 30. November 1945) die Zuständigkeit der deutschen Gerichte für Straftaten aufgehoben hatten, die „von Nazis oder von anderen Personen begangen wurden, und die sich gegen Staatsangehörige Alliierter Nationen oder deren Eigentum richten".[26] Damit lagen insbesondere der Mord an den europäischen Juden sowie das

---

22 Vgl. soeben, als erstes Ergebnis eines deutsch-russischen Gemeinschaftsprojekts, S. Mironenko u.a. (Hg.), Sowjetische Speziallager in Deutschland 1945-1955. Bd. 1: Studien und Berichte, Berlin 1998.
23 Nach A. Rückerl, NS-Verbrechen vor Gericht. Versuch einer Vergangenheitsbewältigung, Heidelberg 1984, S. 210. Vor sowjetischen Militärgerichten wurden (nach offiziellen sowjetischen Angaben von 1990) 756 Personen zum Tode verurteilt, 12.770 Personen wurden aus den zwischen 1945 und 1950 in der SBZ existierenden NKWD-Speziallagern in die UdSSR verbracht, wo insgesamt rund 37.600 Verurteilungen ausgesprochen worden sein sollen. Angaben nach R. Sigel, Im Interesse der Gerechtigkeit. Die Dachauer Kriegsverbrecherprozesse 1945-1948, Frankfurt a.M. 1992, S. 38f.; A. Rückerl, Die Strafverfolgung von NS-Verbrechen 1945-1978. Eine Dokumentation, Heidelberg 1979, S. 28-31; H. Weber, Vorwort, in: A. Kilian, Einzuweisen zur völligen Isolierung. NKWD-Speziallager Mühlberg/Elbe 1945-1948. Leipzig 1992, S. 7; S. Karner, Im Archipel GUPVI. Kriegsgefangenschaft und Internierung in der Sowjetunion 1941-1956, Wien 1995, S. 176.
24 M. Broszat, Siegerjustiz oder strafrechtliche „Selbstreinigung". Aspekte der Vergangenheitsbewältigung der deutschen Justiz während der Besatzungszeit 1945-1949, in: VfZ 29 (1981), S. 477-544.
25 Angaben nach der Statistik bei Rückerl, Strafverfolgung, S. 125.
26 Dieses und die folgenden Zitate nach Rückerl, Strafverfolgung, S. 34f.

Gros der Konzentrationslager- und der Kriegsverbrechen einstweilen außerhalb der deutschen Jurisdiktionsbefugnis.

Der deutschen Gerichtsbarkeit entzogen blieben zunächst auch „Versuche zur Wiederherstellung des Naziregimes oder zur Wiederaufnahme der Tätigkeit der Naziorganisationen", und spätestens daraus wird deutlich: Hinter den Einschränkungen stand unausgesprochen natürlich ein massiver politischer und moralischer Vorbehalt. Dahinter stand, kurz gesagt, die Vermutung, eine Justiz, die sich trotz vorgeschalteter Entnazifizierung nach Lage der Dinge im wesentlichen aus Richtern und Staatsanwälten zusammensetzte, die auch schon unter Hitler Dienst getan hatten, könnte schwerlich in der Lage – und womöglich nicht einmal willens – sein, den überlebenden Opfern der NS-Herrschaft Gerechtigkeit zu verschaffen. Besonders naheliegend erschien diese Annahme den Alliierten im Blick auf die nichtdeutschen NS-Verfolgten. Bei Verfahren, die diesen Kreis betrafen, waren deshalb nicht einmal Ausnahmegenehmigungen an die deutsche Justiz vorgesehen, wie sie das Kontrollratsgesetz Nr. 10 vom 20. Dezember 1945, das die „Bestrafung von Personen [regelte], die sich Kriegsverbrechen, Verbrechen gegen den Frieden oder gegen die Menschlichkeit schuldig gemacht haben", ansonsten durchaus gestattete.

Jedoch wurde deutschen Gerichten in der britischen und in der französischen Zone die Zuständigkeit für die Aburteilung von Verbrechen, die „deutsche Staatsbürger oder Staatsangehörige gegen andere deutsche Staatsbürger oder Staatsangehörige oder gegen Staatenlose begangen haben", generell erteilt, in der amerikanischen Zone jeweils fallbezogen. Damit hatten auch deutsche Richter explizit die Möglichkeit, Kriegsverbrechen, Verbrechen gegen den Frieden und Verbrechen gegen die Menschlichkeit zu verfolgen, sofern diese von Deutschen an Deutschen (oder an Staatenlosen) begangen worden waren.

Adalbert Rückerl, der langjährige Leiter der Zentralen Stelle der Landesjustizverwaltungen zur Aufklärung nationalsozialistischer Verbrechen in Ludwigsburg, hat dazu später bemerkt, diese Ermächtigung habe vielen deutschen Richtern und Staatsanwälten „arges Kopfzerbrechen" bereitet. Denn, so Rückerl: „Sie sahen sich gezwungen, besatzungsrechtliche Vorschriften rückwirkend anzuwenden und damit gegen den nicht nur im deutschen Recht[,] sondern in den Kodifikationen aller modernen Rechtsstaaten verankerten fundamentalen Grundsatz des Rückwirkungsverbotes zu verstoßen."[27]

Allerdings wurde die Schwere dieser Gewissensnot damals auch gerne übertrieben. Zum einen nämlich handelte es sich bei den zur Ahndung anstehenden Verbrechen durchwegs um Taten, die auch mit dem gewöhnlichen, zur Tatzeit in Deutschland geltenden Strafrecht wirkungsvoll geahndet werden konnten; zum anderen demonstrierten offenbar nicht wenige Richter in der britischen Zone immer wieder, daß sich das vermeintliche Problem bei ernsthaftem Ahndungswillen einfach lösen ließ: Und zwar, indem man den Urteilsspruch sowohl mit den alliierten Strafbestimmungen als

---

27 Rückerl, NS-Prozesse, S. 109.

auch mit den entsprechenden Paragraphen des deutschen Strafgesetzbuches begründete.[28] Insofern erscheint Rückerls vorsichtiger Hinweis mehr als begründet, wonach bereits in dieser Phase deutscher Rechtsprechung in NS-Sachen nicht selten ein „durch den echten oder vermeintlichen Zwang einer rückwirkenden Gesetzesanwendung ausgelöstes inneres Widerstreben erkennbar [war], das in freisprechenden Urteilen oder auch in einer zögerlichen Verfahrensführung ihren Ausdruck fand".[29]

Leider ist die Forschung noch nicht so weit, konkret zeigen zu können, wie sich dieses „innere Widerstreben" auf die Rechtspraxis der späten vierziger Jahre ausgewirkt hat. Manches spricht allerdings dafür, auch schon für diese Phase eine weitverbreitete Abwehrhaltung anzunehmen, möglicherweise sogar eine systematisch betriebene Obstruktionspolitik. Betrachtet man den Organisationsgrad vergangenheitspolitischer Interessen in den frühen fünfziger Jahren, so ist die Vermutung jedenfalls mehr als naheliegend, daß die Aversionen gegen das „System von Nürnberg" nicht erst seit Gründung der Bundesrepublik bis in die Gerichtssäle hinein durchgeschlagen haben.

4.

Vergegenwärtigt man sich die Schwere der Verletzungen, die dem Recht und dem Rechtsbewußtsein in den Jahren der NS-Herrschaft unter maßgeblicher Hilfe, ja unter Anleitung von Juristen beigebracht worden waren, dann erscheinen die Defizite, die mit seiner Rückkehr einhergingen, nicht unerklärlich. Dennoch bleibt vieles schockierend, was uns beispielsweise als Rechtsprechung in Entschädigungs- und Wiedergutmachungssachen aus den fünfziger und sechziger Jahren – und zum Teil darüber hinaus – entgegentritt. Die historisch-empirische Erforschung dieser die überlebenden Opfer nicht selten ein zweites Mal diskriminierenden Rechtspraxis, die bis heute im wesentlichen auf der Kenntnis einiger schon zeitgenössisch auf Empörung gestoßener Urteile fußt,[30] ist ein dringendes wissenschaftliches und politisch-moralisches Desideratum.

Gleiches gilt für die Rechtspolitik und die Rechtspraxis gegenüber den NS-Straftätern. Daß der Ahndungswille einer nahezu vollständig restaurierten deutschen Justiz angesichts der vergangenheitspolitischen Signale aus Bonn schon in den frühen fünfziger Jahre rapide nachließ und gegen Mitte des Jahrzehnts praktisch zum Erliegen gekommen war, ist mittlerweile offensichtlich. Und bekannt ist auch, daß erst der 1958 – durch einen Zufall – in Ulm zustandegekommene Prozeß gegen das Einsatzkommando Tilsit eine größere Öffentlichkeit aufhorchen ließ.

Weniger ins allgemeine Bewußtsein gedrungen ist bisher, daß es nicht zuletzt der permanente propagandistische Druck aus Ostberlin war, der gegen Ende der fünfziger Jahre zu jenem langsamen Wandel der Situation beitrug. Die hartnäckige Kampagne

---

28 Für diesen Hinweis danke ich Herrn OStA a.D. Alfred Spieß, Hilden.
29 Rückerl, NS-Prozesse, S. 109.
30 Chr. Pross, Wiedergutmachung. Der Kleinkrieg gegen die Opfer, Frankfurt a.M. 1988.

gegen „Hitlers Blutrichter in Adenauers Diensten" gab nicht nur den Bonner Rechtspolitikern zu denken; sie schädigte auch nach Meinung weltreisender deutscher Industrieller das Ansehen und damit die Exportinteressen der Bundesrepublik im Ausland. Und schließlich dürfte das Faktum von Bedeutung gewesen sein, daß für 1960 die Verjährung von Totschlagsverbrechen bevorstand. Sollte diese Verjährung ohne größeren Protest aus dem Ausland eintreten, mußte vorher noch etwas geschehen, das den Ahndungswillen zumindest gegenüber den noch bis 1965 zu belangenden Mördern demonstrierte.

Zwar sind die damit angedeuteten Zusammenhänge, die Ende 1958 zur Einrichtung der Zentralen Stelle in Ludwigsburg führten, zu Teilen noch spekulativ; aber sie vermögen zu zeigen, von welcher Bedeutung sowohl die genaue Erforschung dieser Gründungsgeschichte als auch der Rechtspolitik in den sechziger Jahren ist – und daß die zeithistorische Beschäftigung mit der Nachgeschichte des Nationalsozialismus hier eine genuine Aufgabe vor sich hat.

Vielleicht – es wäre sehr zu wünschen – kommt es dabei in den nächsten Jahren zu einer ähnlichen Kooperation zwischen Juristen und Historikern, wie sie seit Anfang der sechziger Jahre im Zuge eines erneuerten Ahndungswillens entstand und wie sie im Frankfurter Auschwitz-Prozeß von 1963 ihren zweifellos eindrucksvollsten Niederschlag fand. Ein Ergebnis dieser Anstrengungen waren jene grundlegenden Arbeiten zum System der Konzentrationslager, zur nationalsozialistischen Judenpolitik, zu den Einsatzgruppen der SS und zu einer Reihe anderer zentraler Fragen, die auf Initiative des hessischen Generalstaatsanwalts Fritz Bauer als Gutachten in das Verfahren eingebracht und danach unter dem berühmt gewordenen Titel „Anatomie des SS-Staates" veröffentlicht wurden.[31]

Bei aller berechtigten Kritik, die etwa Martin Walser schon damals an der Tatsache übte, daß in dem Frankfurter Prozeß nur die ausführenden Mordgesellen, nicht aber die Schreibtischtäter vor Gericht standen,[32] war die politische Bedeutung des Verfahrens doch nicht zu übersehen. Jene „Selbstaufklärung der Gesellschaft", die der unbeirrbare Fritz Bauer sich von diesem – durchaus auch in exemplarischer Absicht geführten – Prozeß erhoffte, trat doch zumindest teilweise ein, und vor allem in der jüngeren Generation fielen die historisch-politischen Aufklärungsbemühungen auf fruchtbaren Boden.

Aber auch mit dieser Aussage bewegt man sich schon wieder mehr auf dem Feld der Spekulation als der gesicherten Erkenntnis: Die Geschichte des gesellschaftlichen Umgangs mit der NS-Vergangenheit seit den sechziger Jahren ist noch zu schreiben, und erst wenn wir hinter die Kulissen etwa der Verjährungsdebatten von 1965, 1969 und schließlich 1979 gesehen haben, deren sich der Bundestag schon damals selbst in

---

31 Anatomie des SS-Staates. 2 Bde., München 1967; vgl. N. Frei, Der Frankfurter Auschwitz-Prozeß und die deutsche Zeitgeschichtsforschung, in: Fritz Bauer Institut (Hg.), Auschwitz. Geschichte, Rezeption und Wirkung. Jahrbuch 1996 zur Geschichte und Wirkung des Holocaust, Frankfurt a.M. 1996, S. 123-138.
32 M. Walser, Unser Auschwitz, in: Kursbuch 1 (1965), S. 189-200.

einer Art *instant historiography* zu berühmen suchte,[33] werden wir wissen, in welchem Umfang auch über die fünfziger Jahre hinaus Vergangenheitspolitik betrieben wurde.

Anhaltspunkte dafür gibt es allerdings bereits: Einige davon hat Fritz Bauer 1965 noch selbst zusammengetragen, drei Jahre vor seinem Tod und mit spürbarer Frustration über die, wie er es nannte, „weitgehende Passivität der Rechtspflege".[34] Als Beitrag zu einer deutschen „Bilanz nach 20 Jahren" prangerte er beispielsweise den Mißstand an, daß Richter und Staatsanwälte der Sondergerichte und des „Volksgerichtshofes" nur deshalb nicht verurteilt worden waren, weil der BGH den praktisch nicht zu erbringenden Nachweis vorsätzlicher Rechtsbeugung verlangt hatte. Und er kritisierte, daß die Gerichte – etwa durch die Annahme von Beihilfe statt Täterschaft – völlig von dem abwichen, „was sonst in unseren Strafprozessen üblich, ja selbstverständlich ist". Aus seiner Enttäuschung über die im eben zu Ende gegangenen Auschwitz-Prozeß verhängten Strafen machte Bauer dabei keinen Hehl: „Die Sach- und Rechtslage war ungewöhnlich einfach: Es gab einen Befehl zur Liquidierung der Juden in dem von den Nazis beherrschten Europa; Mordwerkzeug waren Auschwitz, Treblinka usw. Wer an dieser Mordmaschine hantierte, wurde der Mitwirkung am Morde schuldig, was immer er tat, selbstverständlich vorausgesetzt, daß er das Ziel der Maschinerie kannte, was freilich für die, die in den Vernichtungslagern waren oder um sie wußten, von der Wachmannschaft bis zur Spitze, außer jedem Zweifel steht. Wer einer Räuberbande im Stil von Schiller oder einer Gangsterbande im Stil von ‚Murder Inc.' angehört, ist, woran kein Strafjurist hierzulande zweifeln dürfte, des Mordes schuldig, gleichgültig, ob er als ‚Boß' am Schreibtisch den Mordbefehl erteilt, ob er die Revolver verteilt, ob er den Tatort ausspioniert, ob er eigenhändig schießt, ob er Schmiere steht oder sonst tut, was ihm im Rahmen einer Arbeitsteilung an Aufgaben zugewiesen ist. Von dieser hierzulande sonst ganz üblichen, schon dem jungen Strafjuristen geläufigen Praxis wichen unsere NS-Prozesse vielfach ab, wahrscheinlich, um das kollektive Geschehen durch Atomisierung und Parzellierung der furchtbaren Dinge sozusagen zu privatisieren und damit zu entschärfen."

Daß es – ungeachtet der Tätigkeit der Zentralen Stelle in Ludwigsburg und einer Reihe engagierter Juristen in manchen der sogenannten Schwerpunktstaatsanwaltschaften – in der bundesdeutschen Justiz insgesamt auch weiterhin an Entschlossenheit fehlte, die „im Osten" begangenen Vernichtungsverbrechen konsequent zu ahnden, zeigt auch der Blick auf das krasse Mißverhältnis zwischen der Zahl der neu eingeleiteten Ermittlungs- und Vorermittlungsverfahren und der Zahl der tatsächlichen Verurteilungen: Während sich letztere nach 1950 nur noch um etwa 800 auf bis heute insgesamt rund 6.000 erhöhte, betrifft die Gesamtzahl der Ermittlungen und Vorermittlungen inzwischen mehr als 106.000 Personen. Nimmt man die in den ersten

---

33 Zur Verjährung nationalsozialistischer Verbrechen. Dokumentation der parlamentarischen Bewältigung des Problems 1960 – 1979, hg. v. Deutschen Bundestag, Presse- und Informationszentrum, Bonn 1980.
34 F. Bauer, Im Namen des Volkes. Die strafrechtliche Bewältigung der Vergangenheit [Titel im Inhaltsverzeichnis: In unserem Namen], in: H. Hammerschmidt (Hg.), Zwanzig Jahre danach. Eine deutsche Bilanz 1945-1965, München 1965, S. 301-314; dieses und die folgenden Zitate S. 307f.

Nachkriegsjahren von den Alliierten und im Ausland verurteilten rund 50.000 NS-Täter hinzu, so gelangt man in jene Größenordnungen, die in der neueren Holocaust-Literatur als Täterzahlen geschätzt werden; etwa jeder dritte dieser identifizierten Täter wurde in irgendeiner Weise gerichtlich belangt.

Ein weiteres gewichtiges Indiz für fortwirkende vergangenheitspolitische Interessenwahrnehmung sind die Umstände der Neufassung des Einführungsgesetzes zum Ordnungswidrigkeitengesetz (§ 50 Absatz 2 StGB) im Jahre 1968. Vergegenwärtigt man sich die hohe personelle Kontinuität innerhalb der Bonner Ministerialbürokratie, so fällt es schwer zu glauben, es sei damals lediglich übersehen worden, daß durch diese Neuregelung die Möglichkeit der Verfolgung insbesondere der sogenannten Schreibtischtäter praktisch beendet wurde. Diese konnten fortan nämlich, wie der über das Werk seiner Referenten erschütterte Bundesjustizminister Gustav Heinemann einräumen mußte, nur noch verurteilt werden, wenn ihnen als beteiligten Tatgehilfen nachzuweisen war, daß sie aus einem persönlichen Motiv des Rassenhasses gehandelt hatten.[35]

Manches spricht dafür, auch in diesem Zusammenhang wieder das Wirken eines Werner Best und seiner Helfer zu vermuten, die es ja schon in den fünfziger Jahren höchst erfolgreich verstanden hatten, die vergangenheitspolitischen Interessen der mittleren und höheren Exekutoren des Holocaust zu wahren.[36] Festzuhalten jedenfalls ist, daß der in Berlin lange und mit großem Aufwand geplante Prozeß gegen die Funktionäre des Reichssicherheitshauptamts auch aufgrund der angeblichen Panne von 1968, die nach dem Willen Gustav Heinemanns eine Wohltat für Demonstrationsstraftäter hätte sein sollen, nie zustande kam.[37]

Vergegenwärtigt man sich also den Abbruch des alliierten Säuberungsprojekts und den faktischen Stillstand der Rechtspflege in NS-Strafsachen während der fünfziger Jahre, so erscheint es nicht länger verwunderlich, daß die systematische Ermordung der europäischen Juden erst im Laufe der sechziger Jahre stärker ins öffentliche Bewußtsein der bundesrepublikanischen Gesellschaft trat – ungeachtet allen ritualisierten Gedenkens der politischen Klasse, welches diese selbstverständlich auch schon in den Bonner Anfängen praktiziert hatte. Zugleich aber wird man sagen müssen, daß die verschleppte juristische Ahndung, so unbefriedigend sie unter dem Aspekt der Sühne dann bleiben mußte, für die gesellschaftliche Vergegenwärtigung des Menschheitsverbrechens von großer Bedeutung war. Das gilt besonders für den im November 1975 in Düsseldorf eröffneten Majdanek-Prozeß, der mit einer Gesamtdauer von über fünfeinhalb Jahren zum längsten Verfahren in der Geschichte der NS-Prozesse werden sollte.

Eberhard Fechners Dokumentation dieses Verfahrens bildete zweifellos die eindringlichste Leistung einer inzwischen durchaus engagierten bundesrepublikanischen

---

35 Vgl. Rückerl, NS-Prozesse, S. 190.
36 Dazu Frei, Vergangenheitspolitik, bes. S. 106-110.
37 U. Herbert, Best. Biographische Studien über Radikalismus, Weltanschauung und Vernunft, 1903-1989, Bonn 1996, S. 495-510.

Publizistik, auch wenn es dann eine amerikanische Fernsehserie war, die die Tat Ende der siebziger Jahre in nicht mehr rückholbarer Eindringlichkeit auf den Begriff brachte. Schon vor „Holocaust" allerdings war, und dies aufgrund der Anstrengungen Fritz Bauers, zumindest in Teilen der deutschen Gesellschaft „Auschwitz" zum Begriff und Synonym für jenes Menschheitsverbrechen geworden[38], von dem viel zu lange in der unerträglichen Terminologie der Täter gesprochen worden war: als „Endlösung" oder als „Judenvernichtung".

5.

Wenn eine neue Generation von Zeithistorikern nunmehr versucht, die Geschichte des Holocaust mit der Erforschung seiner Nachgeschichte zu verbinden, so geht damit unausweichlich auch ein Wechsel der Perspektive einher: Neben die Erforschung des Genozids an den europäischen Juden, die ja erst in jüngster Zeit empirische Dichte gewinnt, tritt nunmehr die Geschichte der gesellschaftlichen Auseinandersetzung mit dem Holocaust; insbesondere also die Frage, wie Politiker, Juristen und Zeithistoriker damit nach 1945 umgegangen sind.

Die Gefahr von Mißverständnissen ist dabei sicherlich gegeben. So mag die Tatsache, daß nun Ergebnisse der Auseinandersetzung mit dem „Dritten Reich" nicht mehr ausschließlich dessen Verständnis, sondern dem Verständnis der Nachkriegszeit dienen sollen, gerade denen als ein politisch-moralisches Problem erscheinen, die an dieser Produktion von Erkenntnis und Verarbeitung auf die eine oder andere Weise Anteil hatten und oft noch haben. Und in der Tat kann man ja fragen: Wird die Auseinandersetzung mit dem Holocaust dadurch nicht in ungehöriger Weise relativiert? Werden dadurch nicht Lebensleistungen einem ganz unangemessenen moralischen Zensurverfahren ausgesetzt?

Das Risiko besteht vielleicht, aber es wird nicht zu umgehen sein, wenn man versuchen will, den neuen ethischen und moralischen Fragen gerecht zu werden, die allein schon durch den wachsenden zeitlichen Abstand zu den Ereignissen entstehen.[39] Letztlich geht es darum, daß Historiker, nicht anders als Juristen, Politiker und Pädagogen, an der Formulierung und Vermittlung dessen mitwirken müssen, was man eine „intergenerationelle Ethik" nennen könnte – und das meint gerade nicht: an der Postulierung einer tradierten Schuld.

---

38 Vgl. N. Frei, Auschwitz und Holocaust. Begriff und Historiographie, in: H. Loewy (Hg.), Holocaust – Grenzen des Verstehens. Eine Debatte über die Besetzung der Geschichte, Reinbek 1992, S. 101-109.
39 Näheres dazu in meinem Aufsatz: Farewell to the Era of Contemporaries. National Socialism and Its Historical Examination en Route into History, in: History & Memory 9 (1997), S. 59-79.

Konrad H. Jarausch

Die Provokation des „Anderen".
Amerikanische Perspektiven auf die deutsche Vergangenheitsbewältigung

Amerikanische Intellektuelle sind von der deutschen Geschichte gleichzeitig fasziniert und abgestoßen. Was sie immer wieder anzieht, ist der Reichtum der künstlerischen Ausdrucksformen, die Schönheit der Musik, die Tiefe der Philosophie – kurz die kulturelle Kreativität der Deutschen. Dagegen finden die meisten angelsächsischen Kommentatoren die Grundlinien der Politik des „Zweiten" und „Dritten Reiches" repressiv und aggressiv, denn schließlich zwang sie zweimal das eigene Land zum Kriegseintritt als Gegner. Es sind die unverständlichen Widersprüche von wirtschaftlicher oder wissenschaftlicher Leistung und rassistischen oder nationalistischen Verbrechen, die das eigentliche „Faszinosum" des deutschen Problems ausmachen. Für angelsächsische Kommentatoren bedeutet die Entwicklung der Deutschen eine intellektuelle Herausforderung, weil sie in vielen Punkten nahe verwandt und doch grundlegend anders erscheint.[1]

In den Vereinigten Staaten sowie im englischen Sprachraum überwiegen daher allgemein kritische Ansichten zur deutschen Vergangenheit. Die Spuren der hart arbeitenden Einwanderer aus Mitteleuropa sind längst von erfolgreicher Assimilation verwischt und die *Pennsylvania Dutch* oder die Siedler von Hermann in Missouri zur touristischen Folklore herabgesunken. Auch die Erinnerung an früher enge intellektuelle Bande, wie das Studium von über 10.000 jungen Amerikanern im Deutschen Kaiserreich, ist wegen der Sprachbarriere verblaßt. In militärischer Hinsicht erscheinen die Deutschen als der große Gegner des zwanzigsten Jahrhunderts, dessen Erfolge Respekt abnötigen, den eigenen Sieg aber dadurch um so bewundernswerter machen. Trotz aller Bemühungen der Bundesregierung um eine Verbesserung des Deutschlandbilds dominiert in den Medien die Botschaft des Holocaust-Museums in Washington: Als Organisatoren des schlimmsten staatlichen Massenmords der Weltgeschichte gelten die Nazi-Deutschen bei vielen als die Inkarnation allen Übels.[2]

Kein Wunder, daß die Last einer solchen, ihnen immer wieder von anderen vorgehaltenen Vergangenheit vielen Deutschen zu schwer wird. In erheblichen Teilen des deutschen Publikums hat sich eine Art von Allergie gegen Vorwürfe von außen heraus-

---
1 D. Barclay/E. Glaser-Schmidt (Hg.), Mutual Images and Multiple Implications: American Views of Germany and German Views of America from the 18th to the 20th Centuries, Cambridge 1996.
2 K.H. Jarausch, Huns, Krauts or Good Germans? The German Image in America, 1800-1980, in: J.F. Harris (Hg.), German-American Interrelations: Heritage and Challenge, Tübingen 1985, S. 145ff.

gebildet. Ist ein halbes Jahrhundert von mehr oder weniger freiwilligen Schuldbezeugungen nicht genug, um den heilenden Schleier des Vergessens über vergangenes Leiden zu breiten?[3] Auch unter den Gebildeten, besonders der älteren Generation, findet man manchmal eine gewisse Abwehrhaltung, die äußeres Interesse als Einmischung ablehnt. Sollten sich Historiker aus anderen Staaten nicht zunächst um die Sünden der eigenen Vorväter kümmern, bevor sie deutschem Unrecht nachspüren? Sogar manche Fachkollegen werten aus ähnlichen Gefühlen nichtdeutsche Arbeiten pauschal als vereinfachend, überzogen und undifferenziert ab.[4]

Dieses unbewußte Grundmuster von äußerer Anklage und innerer Abwehr erschwert eine kritische Aufarbeitung der deutschen Vergangenheit. Um diesen Mechanismus zu durchbrechen, ist es notwendig, die unterschiedlichen Ausgangspositionen und Arbeitsbedingungen der ausländischen Beschäftigung mit deutscher Geschichte stärker zu berücksichtigen: 1. Welche Ursachen hat das amerikanische Interesse an deutschen Fragen? 2. Wie hat sich die deutsche Geschichte im englischen Sprachraum als Disziplin entwickelt? 3. Welche Themen und Ansätze dominieren die internationale Forschung? 4. Welche Rolle spielt das Deutschlandbild in intellektuellen Deutungen und politischen Beurteilungen? 5. Wie wirkt die englischsprachige Diskussion auf die deutschen Debatten zurück? 6. Hat schließlich die Zäsur von 1989/90 das vorherige Muster verändert? Die Beantwortung dieser Fragen soll erste Denkanstöße zum Thema der Wechselwirkung von äußerer und innerer Forschung sowie Geschichtskultur bieten.

1.

Die Ursachen des internationalen Interesses an der deutschen Vergangenheit liegen hauptsächlich in der historischen Entwicklung selbst. Um die Jahrhundertwende bewunderte das Ausland die positiven Aspekte des deutschen Sonderwegs: Trotz antiquierter politischer Institutionen schritt die Industrialisierung schnell voran, erreichten Wissenschaft und Technik Weltgeltung und schienen Sozialreform und Stadtverwaltung bahnbrechend. Der Ausbruch des Ersten Weltkriegs verdunkelte dieses Glanzbild, da die alliierte Propaganda den Kaiser für den Konflikt verantwortlich machte und beispielsweise die Zwangsrekrutierung von Fremdarbeitern und den unbeschränkten U-Bootkrieg als Beweise für die Unmenschlichkeit der Deutschen benutzte.[5] Nach dem verwirrenden Zwischenspiel der Weimarer Republik bestätigten Hitlers Unterdrük-

---

3 F.P. Lutz, Verantwortungsbewußtsein und Wohlstandschauvinismus. Die Bedeutung historisch-politischer Einstellungen der Deutschen nach der Vereinigung, in: W. Weidenfeld (Hg.), Deutschland. Eine Nation – doppelte Geschichte, Köln 1993, S. 157ff.
4 V. Berghahn, Deutschlandbilder 1945-1965. Angloamerikanische Historiker und moderne deutsche Geschichte, in: E. Schulin (Hg.), Deutsche Geschichtswissenschaft nach dem Zweiten Weltkrieg 1945-1965, München 1988, S. 239ff.
5 W.-U. Friedrich (Hg.), Die USA und die deutsche Frage 1945-1990, Frankfurt a.M. 1991, S. 43ff.

kungspolitik und Angriffskrieg dieses Negativbild; durch die Entdeckung der Vernichtungslager bei Kriegsende wurde es dann auf Dauer fixiert. Nicht der Neid der Nachbarn, sondern die von Deutschland zu verantwortenden Toten haben die deutsche Vergangenheit internationalisiert.[6]

Ausländische Intellektuelle standen vor der Herausforderung, den Widerspruch zwischen deutscher Kultur und Brutalität zu erklären. Als amerikanische Soldaten 1919 und 1945 aus Europa zurückkehrten, wollten sie wissen, warum Bauernjungen aus Iowa in französischen Schützengräben sterben mußten. Aus dieser Frage entstanden an den Universitäten Vorlesungsreihen über *Western Civilization*, die die Entwicklung der westlichen Wertegemeinschaft nachzeichneten und Kurse in Zeitgeschichte, die die Verwicklungen internationaler Politik auf dem alten Kontinent thematisierten.[7] Ironischerweise griffen dabei Akademiker auf das von borussischen Historikern geschaffene Erklärungsmuster eines deutschen Sonderwegs zurück, kehrten aber seine Bewertung diametral um. Als Rechtfertigung für die eigenen Opfer konstruierten sie eine gerade Linie des Sündenfalls von Luther und Friedrich dem Großen über Bismarck zu Hitler.[8] Die Verbreitung von Fotografien über die Juden- und Slawenvernichtung im Zuge der Nürnberger Prozesse besiegelte dann dieses Schreckbild in der breiteren Öffentlichkeit.

Nach dem Kriege führte diese Verurteilung zunächst zu einer scharfen Politik der Entnazifizierung. Der berühmte *Non-fraternization*-Befehl JCS 1067 war ein Ausdruck des alliierten Mißtrauens in die Deutschen, sollte die eigenen Soldaten abschotten und der Durchführung einer Bestrafungspolitik den Boden bereiten. Aber eigene Verantwortung als Proconsul für die nicht direkt an den Untaten beteiligte Zivilbevölkerung begünstigte langsam einen Sinneswandel, der zum Umschwung auf eine Politik des Wiederaufbaus führte. Ohne Ziele wie Umerziehung und Demokratisierung aufzugeben, verlagerte die Militärregierung schrittweise ihre Priorität auf die Lösung praktischer Versorgungsprobleme. Obwohl Journalisten in den USA eher auf Rache für NS-Verbrechen bestanden, schwenkte ihre Berichterstattung auf das große Sozialexperiment des wirtschaftlichen und politischen Neuaufbaus um.[9] Mit dem Kalten Krieg schließlich begannen Politiker gegen die kommunistische Gefahr statt der Nazi-Greuel zu polemisieren, so daß bei Akademikern eine differenziertere Darstellung einsetzen konnte.

An der Verarbeitung des Kriegserlebnisses waren Historiker stark beteiligt. Schon während der Kämpfe spielten Deutschlandkenner im amerikanischen OSS und im britischen CIC eine wichtige Rolle beim Entschlüsseln militärischer Geheimnisse und bei der Auswertung von Feindberichten. Im Besatzungsregime fungierten sie teils als

---

6 W.P. Adams/K. Krakau (Hg.), Deutschland und Amerika, Perzeption und historische Realität, Berlin 1985.
7 F. Stern, German History in America, 1884-1984, CEH 19 (1986), S. 131ff.
8 W.M. McGovern, From Luther to Hitler: The History of Fascist-Nazi Political Philosophy, New York 1941.
9 H.J. Rupieper, Die Wurzeln der westdeutschen Nachkriegsdemokratie. Der amerikanische Beitrag, 1945-1952, Opladen 1993.

Übersetzer und Aufklärungsspezialisten und teils als Kulturoffiziere.[10] Nach der Eroberung der Archive fiel ihnen die ungemein wichtige Aufgabe der Sicherung und Zusammenführung des feindlichen Aktenmaterials zu. In der neuen Einrichtung des „Berlin Document Centers" benutzten sie Nazi-Karteien als Basis für die zahlreichen Prozesse und Personalüberprüfungen der Nachkriegszeit. Die u.a. von Gerhard Weinberg organisierte Verfilmung dieser *captured German documents* machte der Öffentlichkeit die Kriegspläne des „Dritten Reichs" deutlich.[11] Der Hunger der Anglo-Amerikaner nach NS-Enthüllungen garantierte anfangs ein breites Publikum für Darstellungen des „Dritten Reichs" und etablierte eine Grundhaltung, die aus Schock und Entrüstung bestand.[12]

2.

Die Entstehung eines akademischen Spezialgebiets deutsche Geschichte brauchte mehr Zeit. In den ersten Jahrzehnten dieses Jahrhunderts hatten sich amerikanische Historiker eher mit Europa als ganzem beschäftigt, statt einzelne Länder detailliert zu studieren. Erst der Einfluß prominenter Emigranten wie Fritz Epstein, Dietrich Gerhard, Felix Gilbert oder Hajo Holborn, um nur einige zu nennen, führte zu einer Verfeinerung der Methoden und einer wachsenden Spezialisierung auf einzelne Länder wie Deutschland.[13] Zurückgekehrte Soldaten hatten die sprachliche Kompetenz und das persönliche Interesse, sich in die Details der deutschen Vergangenheit zu vertiefen. Die technologische Entwicklung des Mikrofilms machte es möglich, ganze Dissertationen in den „National Archives" oder dem „Public Records Office" zu erforschen, ohne selbst in das kriegszerstörte Deutschland zurückzukehren. Schon 1941 wurde als erste Fachzeitschrift das „Journal for Central European Affairs" (später als „Central European History" weitergeführt) gegründet, das aber thematisch als Folge des Krieges ganz Mitteleuropa umfaßte und Deutschland nicht explizit im Titel führen wollte.[14]

Erst während der fünfziger Jahre wurde deutsche Geschichte zu einem anerkannten Fach der Geschichtswissenschaft in Amerika. Zwar differenzierten sich gleichzeitig auch andere Spezialgebiete wie französische oder russische Geschichte heraus, aber die deutschen Probleme zogen viele der brillantesten Köpfe der Nachkriegsgeneration an. Nicht nur Kinder von vertriebenen Juden wie Theodore Hamerow, Georg G. Iggers und George Mosse oder Söhne von deutschen Einwanderern wie Fritz Ringer und Michael Kater, sondern auch junge Amerikaner wie Gordon Craig, Otto Pflanze oder

---

10 L. Krieger u.a. (Hg.), The Responsibility of Power: Essays in Honor of Hajo Holborn, New York 1968.
11 G.L. Weinberg, A Guide to Captured German Documents, Air University 1952.
12 W.L. Shirer, The Rise and Fall of the Third Reich, New York 1960.
13 F. Gilbert, A European Past. Memoirs, 1905-1945, New York 1988; und J.J. Sheehan (Hg.), An Interrupted Past. German-Speaking Refugee Historians in the United States after 1933, Cambridge 1991.
14 S.H. Thomsons Erklärung in: The Journal of Cental European Affairs 1 (1941), S. 1ff; und D. Unfug in: CEH 1 (1968), S. 1ff.

John Snell interessierten sich für Deutschland.[15] Mitte der fünfziger Jahre gründeten diese Historiker die „Conference Group for Central European History" als eigene Interessenvertretung im amerikanischen Historikerverband, die bald auf etwa 600 Mitglieder anwuchs.[16] In den sechziger Jahren richteten alle größeren Universitäten und viele kleinere Colleges Stellen in deutscher Geschichte ein, so daß sich schließlich im englischen Sprachraum fast ebenso viele Spezialisten mit der deutschen Vergangenheit beschäftigten wie in Deutschland selbst.

Die geographische Isolierung vieler Forscher führte während der siebziger Jahre zu einer interdisziplinären Zusammenarbeit in den „Deutschen Studien." Zunächst in den dünnbesiedelten westlichen Landesteilen gegründet, brachte die „German Studies Association" Germanisten und Politologen mit Historikern zusammen und initiierte dadurch einen fachübergreifenden Diskurs über deutsche Vergangenheit und Gegenwart. Die Jahrestagungen dieser bald auf über 1.000 Mitglieder angewachsenen Organisation wurden zu wichtigen Begegnungsstätten für deutsche und amerikanische Wissenschaftler, und die Zeitschrift bot ein weiteres Publikationsorgan für die englischsprachige Forschung.[17] Auch die Etablierung solcher Institutionen wie des Deutschen Historischen Instituts in Washington und des „American Institute for Contemporary German Studies" belegt die wachsende Reife dieser Forschung.[18] Durch den dauernden Kontakt mit Spezialisten anderer Fachrichtungen gewann die amerikanische Deutschlandforschung einen stark interdisziplinären Charakter.

Nach dem Vietnamkrieg ging das öffentliche Interesse an deutscher Geschichte zurück, ohne daß sich dadurch das interpretative Grundmuster veränderte. Die durch die Auseinandersetzung mit der Sowjetunion begünstigten Diskussionen über Stalins Massenmorde und den Gulag begannen die Einzigartigkeit der Hitlerschen Vernichtungspolitik zu relativieren. Gleichzeitig untergruben die von Kriegsgegnern erhobenen Vorwürfe amerikanischer Grausamkeiten wie in My Lai die antikommunistische Selbstsicherheit der Amerikaner. Auch die wachsende innere Kritik der Bürgerbewegung an der Rassendiskriminierung gegenüber den Schwarzen weckte Zweifel an der eigenen moralischen Überlegenheit. Durch das Austrocknen der klassischen Einwanderung aus Europa verlagerte sich im Laufe des Generationswandels der siebziger Jahre das geographische Interesse auf die neuen Herkunftsländer und Wirtschaftskonkurrenten in Asien und Afrika.[19] Einerseits verlor die deutsche Geschichte dadurch ihre privilegierte

---

15 Vgl. die Ausführungen von G. Feldman und Ch. McClelland in: CEH 19 (1986).
16 Rückblick von J.R. Rath und Akten der „Conference Group for Central European History" im Besitz des Autors.
17 Akten der „German Studies Association" im Besitz des Autors; sowie G.R. Kleinfeld in: German Studies Review 1 (1977), S. 1ff; und „German Studies Association Newsletter".
18 German Historical Institute in Washington (Hg.), Bulletin, Washington 1987ff.; und Publikationsserie mit Cambridge University Press.
19 M. Geyer/K.H. Jarausch, The Future of the German Past: Transatlantic Reflections for the 1990s, in: CEH 22 (1989), S. 229ff.

Stellung, aber andererseits konnte die Forschung nun ungehinderter methodologische Innovationen verfolgen.[20]

Da sich die Öffentlichkeit wenig für deutsche Nachkriegsgeschichte interessierte, kam auch die DDR kaum in den Blick. Der wissenschaftliche Austausch des Fulbright-Programms und des DAAD konzentrierte sich ausschließlich auf die Bundesrepublik, deren Geschichtsdebatten wie die Fischer-Kontroverse mit deutscher Vergangenheitsbewältigung insgesamt gleichgesetzt wurden. Die späte staatliche Anerkennung behinderte die Entwicklung von kulturellen Beziehungen zu Ostdeutschland, so daß erst in den achtziger Jahren mit Hilfe des „International Research and Exchanges Board" eine bilaterale Historikerkommission gegründet werden konnte. Das Tauziehen um den Archivzugang beschränkte sich fast ganz auf die Zeit vor 1945 und blockierte eine quellengestützte Erforschung der DDR-Entwicklung. Es waren daher vorwiegend Germanisten oder Politologen, die sich mit dem anderen Deutschland beschäftigten, während die wenigen Nachkriegshistoriker vor allem die amerikanische Rolle bei der Etablierung der Bundesrepublik untersuchten.[21]

3.

Bezeichnenderweise pflegen die Intellektuellen und Forscher ihr Interesse an der Geschichte Deutschlands als „das deutsche Problem" zu formulieren. Niemand würde auf die Idee kommen, von der „französischen Frage" zu sprechen, da die immer neuen Regimewechsel Frankreichs als transitorische Phänomene angesehen werden, während den deutschen Systembrüchen konstituierender Charakter zugewiesen wird. Diese Perspektive suggeriert eine gewisse Permanenz, d.h. periodische Wiederkehr von Umbrüchen, welche die Nachbarn zutiefst beunruhigen. Gleichzeitig setzt diese Formulierung ein Überlegenheitsgefühl des Betrachters voraus, der selbst keine ähnlichen Schwierigkeiten hat, sich aber aus der Distanz Gedanken darüber machen kann. Schließlich impliziert dieser Ansatz auch die Möglichkeit einer zukünftigen Lösung durch eine Kombination von Reformwilligkeit des Subjekts und helfendem Eingreifen von außen.[22]

Die englischsprachige Literatur über das deutsche Problem hat eine breite Palette von Definitionen und Ansätzen hervorgebracht. Anfangs überwog das Interesse an der deutschen Verantwortung für den Ersten Weltkrieg, das die Kontroverse zwischen Verteidigern von Versailles wie Bernadotte Schmitt und Revisionisten wie Sidney B.

---

20 In England verlief diese Entwicklung ähnlich, nur auf einem zahlenmäßig niedrigeren Niveau. Vgl. German Historical Institute in London (Hg.), Bulletin, London 1989ff; sowie Editorial in: German History: The Journal of the German History Society 1 (1984), S. 1ff.
21 Unterlagen der IREX-Kommission, im Besitz des Autors. Vgl. auch H. Bortfeld, Washington – Bonn – Berlin. Die USA und die deutsche Einheit, Bonn 1993.
22 Z.B. D. Calleo, The German Problem Reconsidered: Germany and the World Order, 1870 to the Present, Cambridge 1978.

Fay auslöste.²³ Nach 1945 gab es wegen der Eindeutigkeit von Hitlers Aggression keine vergleichbare Diskussion über die deutsche Schuld, wenn man von A. J. P. Taylors gewollter Provokation und David Hoggans NS-Apologetik absieht. Daher wurde der deutsche Militarismus ein beliebtes Thema, denn man konnte ihn nicht nur für die Weltkriege, sondern auch den Zusammenbruch der Weimarer Republik verantwortlich machen.²⁴ Aus politischer Sicht zielte die u. a. von Henry Turner gestellte Grundfrage auf das Versagen der Demokratie, die zunächst mit Fehlern der Verfassung und der Führung der Parteien erklärt wurde.²⁵

Die methodologische Verlagerung auf andere Bereiche in den siebziger Jahren erschloß neue soziale und kulturelle Dimensionen der deutschen Frage. Anfangs dominierten geistesgeschichtliche Ansätze zur Erklärung der deutschen Abweichung von der westeuropäischen Wertegemeinschaft unter dem Einfluß der Romantik oder wirtschaftshistorische Untersuchungen der Kartellierung und der Einwirkung von Konjunkturzyklen. Aber als Folge von Ralf Dahrendorfs Analyse der sozialen Ursachen der deutschen Demokratieunfähigkeit wandten sich jüngere Wissenschaftler wie Gerald Feldman, James Sheehan und Vernon Lidtke der Erforschung des besonderen Charakters der Gesellschaft zu.²⁶ Mit dem Begriff des „Illiberalismus" versuchte Fritz Stern, verschiedene Ansätze zusammenzuführen, um zu erklären, warum sich das deutsche Bürgertum im Kaiserreich von liberalen Traditionen abwandte.²⁷ Neueste kulturgeschichtliche Untersuchungen von Peter Jelavich oder Peter Fritzsche schließlich bemühen sich, den Spannungen und Brüchen der Identitäten in Deutschland nachzugehen.²⁸

Die Erforschung der Judenvernichtung hat im englischen Sprachraum einen erheblich höheren Stellenwert als in Deutschland. Dieses Interesse speist sich einerseits aus der jüdischen religiösen Beschäftigung mit der „Shoah" und aus der zionistischen Rechtfertigung für die Unabhängigkeit von Israel als Staat. Andererseits hat die Verbreitung des Begriffs „Holocaust" auch mit menschlicher Anteilnahme und amerikanischem Schuldgefühl zu tun, nicht genug für die Flüchtlinge des „Dritten Reichs" getan zu haben.²⁹ Trotz beachtenswerter deutscher Versuche von Werner Jochmann oder Wolfgang Benz gilt, daß die Standardwerke über jüdisches Leben in Mitteleuropa, die Entwicklung des Antisemitismus und die Ausrottung der Juden, Polen, Homosexuellen und Sinti überwiegend von amerikanischen Forschern wie Raul Hilberg oder Saul

---

23 K.H. Jarausch, World Power or Tragic Fate? The Kriegsschuldfrage as Historical Neurosis, in: CEH 5 (1973), S. 72ff.
24 G.A. Craig, The Politics of the Prussian Army, 1640-1945, Oxford 1955.
25 H.A. Turner, The Two Germanys Since 1945, New Haven 1987.
26 K.H. Jarausch, German Social History - American Style, in: Journal of Social History 19 (1985), 349ff.
27 F. Stern, The Failure of Illiberalism: Essays on the Political Culture of Modern Germany, New York 1972; und K.H. Jarausch, Illiberalism and Beyond: German History in Search of a Paradigm, in: Journal of Modern History 55 (1983), 268ff.
28 J. Caplan, Postmodernism, Poststructuralism and Deconstruction: Notes for Historians, in: CEH 22 (1989), S. 260ff; und P. Jelavich, Contemporary Literary Theory: From Deconstruction Back to History, in: ebd., S. 360ff.
29 Als Einstieg in die immense Literatur s. M. Marrus, The Holocaust in History, Boston 1987.

Friedländer verfaßt worden sind.[30] In ahistorisch-moralisierenden Darstellungen wie Daniel Goldhagens Erfolgsbuch sind die Deutschen allesamt Übeltäter, während in differenzierten Forschungen das Verhältnis von Tätern und Opfern um die Mitwirkung der Zuschauer ergänzt wird.[31]

Erst in den achtziger Jahren wurde die Grundprämisse des deutschen Sonderwegs von den jüngeren Historikern Geoff Eley und David Blackbourn angegriffen. Als Engländer standen sie den Problemen der eigenen Vergangenheit wie in Irland zu kritisch gegenüber, um diese Geschichte einfach als normativen Maßstab für deutsche Verfehlungen zu benutzen. Als von Gramsci inspirierte Neo-Marxisten folgen sie Hans-Ulrich Wehlers Refeudalisierungsthese nicht; ihre Untersuchungen der wirtschaftlichen, gesellschaftlichen und kulturellen Macht des deutschen Bürgertums relativierte das Klischee von seinem politischen Versagen eindrucksvoll.[32] Einerseits löste ihre Herausforderung in Deutschland eine scharfe Kontroverse mit der sogenannten "Bielefelder Schule" aus, andererseits trugen ihre Arbeiten in der anglo-amerikanischen Diskussion zu einer langsamen Entkrampfung des Umgangs mit Deutschland bei, so daß deutsche Entwicklungen nun weniger emotional mit den Eigenheiten der Geschichte anderer Länder verglichen werden können.[33]

4.

Im englischen Sprachraum bleiben öffentliches Interesse an und intellektuelle Interpretationen von Deutschland weitgehend auf das „Dritte Reich" fixiert. Diese verständliche Reaktion hat aber eine Reihe von problematischen Folgen für eine sachliche Aufarbeitung hervorgerufen. Zwischen der religiös motivierten Reformationsgeschichte und den Napoleonischen Kriegen bleibt die frühe Neuzeit in Mitteleuropa ein Thema, das nur von wenigen Spezialisten bearbeitet wird. Trotz der sich schnell vermehrenden Forschung ist das Publikumsinteresse an der Nachkriegsgeschichte gering, so daß die Zeit nach 1945 selten in kommerziellen Publikationen behandelt wird. Bei vielen Büchern führt die Dominanz der NS-Themen zu einer Teleologie, die vorherige Entwicklungen zur Vorgeschichte und die Folgen zur Nachgeschichte degradiert. Trotz vieler kenntnisreicher Forschungsarbeiten wird das öffentliche Bild Deutschlands in den Vereinigten Staaten nach wie vor von den Untaten des „Dritten Reichs" überschattet.

---

30 R. Hilberg, Unerbetene Erinnerung. Der Weg eines Holocaust-Forschers, Frankfurt a.M. 1994.
31 D.J. Goldhagen, Hitlers willige Vollstrecker. Ganz gewöhnliche Deutsche und der Holocaust, Berlin 1996; versus Chr. Browning, Ganz normale Männer. Reservepolizeibataillon 101 und die „Endlösung" in Polen, Reinbek 1993.
32 D. Blackbourn/G. Eley, Mythen deutscher Geschichtsschreibung. Die gescheiterte bürgerliche Revolution von 1848, Frankfurt a.M. 1980; und die anschließenden Polemiken.
33 J. Kocka, Deutsche Geschichte vor Hitler. Zur Diskussion über den „deutschen Sonderweg", in: ders., Geschichte als Aufklärung, Göttingen 1989, S. 101ff.

Für anglo-amerikanische Intellektuelle ist Deutschland vor allem als „das Andere" faszinierend. Während China oder Japan so fremd sind, daß sie nicht mit denselben Maßstäben gemessen werden können, scheinen die Deutschen in vielen Sekundärtugenden bewundernswert ähnlich und doch gleichzeitig unerklärlich fern. In der moralischen Meistererzählung des Fortschritts westlicher Aufklärung und Demokratie verkörpern sie den Rückfall, die Gefahr einer Modernität der Mittel bei fundamentaler Antimodernität der Werte. Die Grundfrage, wie eine so gebildete und kultivierte Nation einer so verbrecherischen Bewegung wie dem Nationalsozialismus folgen konnte, gibt immer neue Rätsel auf; sie macht die Verwundbarkeit westlicher Zivilisation für atavistische Verführungen deutlich. Der deutsche Sündenfall spielt daher in dem ethischen Selbstverständnis einer liberalen Elite der USA eine zentrale Rolle als abschreckendes Beispiel für die schlimmen Folgen von Autoritätsgläubigkeit, Rassismus oder Sexismus.[34]

Der Diskurs über die deutsche Vergangenheit in englischer Sprache hat daher einen recht negativen normativen Grundton. Der als paradigmatischer Sündenfall der Moderne geltende Nationalsozialismus schließt helle Farben aus, und so sind Auseinandersetzungen zwischen verschiedenen Positionen hauptsächlich auf ein Spektrum von hellgrau bis pechschwarz beschränkt. Obwohl gemäßigte Beobachter zu differenzieren und ein Verfehlungen und Errungenschaften abwägendes Urteil zu fällen versuchen, kann eine einseitige Verdammung auf rituellen Applaus rechnen, da sie tiefsitzende Gefühle anspricht. Der Vorteil dieser Diskursstruktur ist eine rigorose Kritik, die tradierte Rechtfertigungen national-orientierter deutscher Historiker durchbricht, wie die historiographischen Arbeiten von Georg Iggers zeigen.[35] Ihr Nachteil besteht aber darin, daß sie die Vorurteile von der moralischen Überlegenheit des eigenen Systems bestätigt und dadurch die Durchsetzung struktureller Reformen erschwert.

Diese Verurteilung der deutschen Vergangenheit wird durch die Medien tradiert und von Politikern instrumentalisiert. Zwar sind die selbstgerechten Streifen über den Zweiten Weltkrieg mittlerweile von kritischeren Vietnamfilmen ersetzt worden, aber es laufen immer noch genügend Repräsentationen des Siegs der guten Sache über das Böse, um die Deutschen in der Rolle der Erzfeinde festzuhalten. Vor allem die ältere Generation der Politiker von Präsident George Bush bis Premierministerin Margaret Thatcher war noch so vom Kampf gegen Hitlerdeutschland geprägt, daß sie zur Begründung ihrer konservativen Politik immer wieder auf antideutsche Rhetorik zurückgriff. Während des Kalten Kriegs waren *appeasement* und München schwere Vorwürfe, die jeden Versuch der Verständigung diskreditierten und die Konfrontation rechtfertig-

---

34 K.H. Jarausch/L.E. Jones, German Liberalism Reconsidered: Inevitable Decline, Bourgeois Hegemony, or Partial Achievement?, in: dies. (Hg.), In Search of a Liberal Germany: Studies in the History of German Liberalism, Oxford 1990.
35 G.G. Iggers, Deutsche Geschichtswissenschaft. Eine Kritik der traditionellen Geschichtsauffassung von Herder bis zur Gegenwart, München 1971; ders. (Hg.), The Social History of Politics: Critical Perspectives in West German Historical Writing since 1945, Leamington Spa 1985.

ten.³⁶ Dabei ließ sich das Schreckbild des „Dritten Reichs" gleichzeitig von der Rechten zum Zweck patriotischer Sammlung und von der Linken mit dem Ziel progressiver Reformen einsetzen.

Deswegen gelingt es öffentlichen Bemühungen um Versachlichung nur langsam, ein positiveres Bild der Bundesrepublik als demokratischem Staat zu zeichnen. Da sich wenige etablierte Historiker mit der Nachkriegszeit beschäftigten, werden diese Informationen vor allem von zeitgeschichtlich interessierten Politikwissenschaftlern vermittelt.³⁷ Auch eine realistischere Berichterstattung von Journalisten der führenden Zeitungen wie der „New York Times" hilft, historische Ängste zu beschwichtigen, und Wirtschaftsblätter wie das „Wallstreet Journal" bemühen sich um Genauigkeit in ihren ökonomischen Nachrichten im Gegensatz zu kulturellen Glossen. Mit dem wachsenden Gewicht Bonns in der EU sind auch die Äußerungen führender Politiker vorsichtiger geworden, da sie nicht mehr allein von innerer Wahltaktik abhängen.³⁸ Schließlich leisten die Goethe-Institute und die zahlreichen Austauschprogramme des DAAD und anderer Stiftungen einen wichtigen Beitrag. Im Gegensatz zu solchen Tendenzen reaktiviert jede Horrormeldung von Fremdenhaß weiterhin unterschwellige historische Sorgen.

5.

So überzeichnet sie manchmal sein mag, wirkt die Außensicht doch auch als ein notwendiges Korrektiv auf die innerdeutsche Vergangenheitsdiskussion zurück. Zu Recht folgerte Artur Rosenberg im englischen Exil: „Eine spätere Zeit wird feststellen müssen, daß seit 1938 eine lebendige kritische Geschichtsforschung im Deutschen Reich überhaupt nicht mehr existierte und gar nicht existieren konnte, und daß daher die kritische deutsche Geschichtswissenschaft seit 1933 nur noch in der Emigration weiterlebte."³⁹ Die neuen in der Weimarer Republik entstandenen demokratischen und sozialistischen Interpretationen konnten das „Dritte Reich" nur im Ausland überleben. Durch zeitweise oder permanente Rückkehr trugen prominente Emigranten wie Hans Rothfels, Hans Rosenberg oder Walter Markov wesentlich zur Erneuerung der Geschichtswissenschaft in Deutschland nach dem Zweiten Weltkrieg bei.⁴⁰ Als Zeitzeugen und Wissenschaftler stärkten sie die demokratischen Tendenzen in einer weiterhin von Nationalkonservativen wie Gerhard Ritter dominierten Zunft.

---

36 K.G. Faber, Historical Consciousness and Political Action, Middletown 1978.
37 Conference Group for German Politics (Hg.), Newsletter; sowie „German Politics and Society", 1984ff.
38 W.G. Gibowski/H.A. Semetko, Amerikanische öffentliche Meinung und deutsche Einheit, in: Die USA und die deutsche Frage, S. 391ff.
39 A. Rosenberg, Die Aufgabe des Historikers in der Emigration, in: E.J. Gumbel (Hg.), Freie Wissenschaft. Ein Sammelband aus der deutschen Emigration, Strasbourg 1938.
40 Im Gegensatz zu W. Schulze, Deutsche Geschichtswissenschaft nach 1945, München 1989.

In entscheidenden Momenten halfen englischsprachige Forscher deutschen Kollegen, eine kritischere Sicht zu legitimieren und durchzusetzen. Als die Mehrheit der Historikerschaft in der Fischer-Kontroverse den Vorwurf einer deutschen Verantwortung für den Ausbruch des Ersten Weltkriegs zurückwies, nahmen anglo-amerikanische Historiker wie John Röhl den umstrittenen Historiker demonstrativ in Schutz und ersetzten z. B. die vom Auswärtigen Amt gestrichene Finanzierung einer Vortragsreise in die Vereinigten Staaten durch Einladungen an einzelne Universitäten.[41] Ähnlich unterstützten ausländische Kommentatoren wie Charles Maier die kritische Position gegenüber einer Relativierung des Holocausts im Historikerstreit, indem sie vor einer vorschnellen Entsorgung der Vergangenheit warnten.[42] In zahlreichen Fällen wie der Diskussion um die Unabhängigkeit des Militärgeschichtlichen Forschungsamts oder des „Berlin Document Center" fungierten anglo-amerikanische Historiker sozusagen als externes Gewissen, indem sie liberale Positionen durch Appelle an die Weltöffentlichkeit vertraten.

Auch inhaltlich stellt die Entwicklung einer eigenständigen englischsprachigen Historiographie eine erhebliche Bereicherung dar. Einerseits geht die anglo-amerikanische Forschung stärker vergleichend vor, denn die jeweilige Nationalgeschichte ist der implizite Ausgangspunkt alles Forschens, und der Kontrast mit eigenen Erfahrungen schwingt unbewußt bei allen Beurteilungen mit. Aus der Ferne kann man leichter Gemeinsamkeiten zwischen verschiedenen Ländern sehen und Entwicklungen verfolgen, die über die Grenzen eines einzelnen Staates hinausgehen. Andererseits sind die Forscher in eine Diskussion mit Kollegen anderer nationaler Spezialgebiete eingebunden, die immer wieder neue Fragen aufwirft, welche in dem eigenen Kontext noch nicht behandelt worden sind. Ein Paradebeispiel für diese Anstöße ist die neue Frauengeschichte, die sich bei Forscherinnen wie Claudia Koonz oder Marion Kaplan etwa ein Jahrzehnt vor vergleichbaren deutschen Versuchen herausbildete.[43]

In methodologischer Hinsicht haben Hinweise von außen der deutschen Historiographie manche innovative Anregungen gegeben. Schon in den sechziger Jahren entwickelte sich in den Vereinigten Staaten zum Beispiel eine quantifizierende *social science history* und beeinflußte deutsche Wissenschaftler, die sich in ähnliche Richtungen bewegten. Mittlerweile sind die dadurch entstandenen Einrichtungen wie das Zentrum für historische Sozialforschung in Köln, die Organisation „Quantum", oder die Zeitschrift „Historical-Social Research" führend in Europa.[44] Ähnlich geht die nur zögerlich einsetzende deutsche Diskussion über die Postmoderne und den Poststrukturalismus in der Geschichtswissenschaft wesentlich auf amerikanische und französische Impulse

---

41 J.A. Moses, The Politics of Illusion: The Fischer Controversy in German Historiography, London 1975.
42 Ch.S. Maier, The Unmasterable Past, Cambridge/Mass. 1988; und K.H. Jarausch, Removing the Nazi Stain? The Quarrel of the German Historians, in: German Studies Review 11 (1988), S. 285f.
43 I. Hull, Feminist and Gender History Through the Literary Looking Glass: German Historiography in Postmodern Times, in: CEH 22 (1989), S. 279ff.
44 E.A. Johnson, Reflections on an Old „New History": Quantitative Social Science History in Postmodern Middle Age, in: CEH 22 (1989), S. 408ff.

zurück.⁴⁵ Diese Beispiele sollen nicht alle Innovationen als Importe von außen darstellen, sondern nur darauf hinweisen, daß die Internationalisierung ungemein bereichernd auf die deutsche Geschichtswissenschaft gewirkt hat.

Gleichzeitig hat die Einmischung von außen in Deutschland jedoch auch gewisse unterschwellige Überfremdungsängste hervorgerufen. In der allgemeinen Bevölkerung macht sich wiederholt ein Widerwillen gegen internationale Kritik breit, der weitere Schuldbezeugungen verweigert und eine „Normalisierung" der eigenen Vergangenheit fordert. Von vielen Studenten wird die englischsprachige Forschung weitgehend ignoriert, wenn sie nicht in einer deutschen Übersetzung vorliegt. Auch einige Fachkollegen sind des Rechtfertigungszwangs müde und betrachten ausländische Forschungen mit erheblichem Mißtrauen. Sicherlich geben oberflächliche Untersuchungen, vorschnelle Verallgemeinerungen und aus einem anderen Diskussionszusammenhang entsprungene Thesen manchen Anlaß zu berechtigter Abwehr. Oft geht jedoch das Bedürfnis nach Kontrolle der eigenen Vergangenheit über verständliche Frustrationen hinaus und weckt tieferliegende, gefährliche Ressentiments.

6.

Die historische Zäsur der deutschen Vereinigung von 1989/90 hat das Nachkriegsmuster der räumlichen Dreiteilung deutscher Geschichtswissenschaft grundlegend verändert. Wie bereits angedeutet, hatte die nationalsozialistische Unterdrückung kritischer Stimmen den demokratischen Strang deutscher Historiographie vor allem in das anglo-amerikanische Ausland verlagert. Die staatliche Teilung nach der Niederlage des „Dritten Reichs" führte dann zur Etablierung einer marxistisch beeinflußten Forschung in der sowjetisch kontrollierten DDR. Prominente westdeutsche Historiker wie Theodor Schieder verstanden sich hingegen als Fortsetzung einer geläuterten Nationaltradition, die sich durch die Entstehung der Gesellschaftsgeschichte in den sechziger Jahren methodologisch erneuerte und weiter demokratisiert wurde. Mit dem Zusammenbruch der DDR ist der ostdeutsche Strang institutionell abgerissen, während die westdeutsche Tradition im vereinten Deutschland die personelle und wissenschaftliche Hegemonie errungen hat.⁴⁶

Für die internationale Forschung zur deutschen Vergangenheit bedeutet dieser Umbruch das noch kaum wahrgenommene Ende der Gouvernantenrolle. Nach dem Abzug der Besatzungstruppen haben anglo-amerikanische Intellektuelle nicht länger das Recht, mit erhobenem Zeigefinger ihre deutschen Freunde in Sachen Demokratie zu belehren. Die durch den Zuwachs ostdeutscher Universitäten zustandegekommene

---

45 Stellvertretend nur U. Daniel, Clio unter Kulturschock. Zu den aktuellen Debatten der Geschichtswissenschaft, in: GWU 48 (1997), S. 195-219, 259-278.
46 K.H. Jarausch, Kritische Perspektiven zur deutschen Vergangenheit. Die Folgen der Vereinigung für die Geschichtswissenschaft, in: ders./M. Middell (Hg.), Nach dem Erdbeben. (Re-)Konstruktionen ostdeutscher Geschichte und Geschichtswissenschaft, Leipzig 1994.

zahlenmäßige Verstärkung der innerdeutschen Zunft muß das Gewicht einer nicht gleichzeitig wachsenden internationalen Forschung verkleinern. Da die Weltkriege und der Holocaust auch Teil der anglo-amerikanischen Geschichte sind, werden Ausländer weiter über diese Themen arbeiten. Aber das Ende der Nachkriegszeit und die Überwindung des Kalten Kriegs haben einen neuen Fluchtpunkt gesetzt, der ältere auf die Teilung als gerechte Strafe aufbauende Interpretationen obsolet macht.[47] Obwohl anglo-amerikanische Forscher weiter für eine internationale Wissenschaftsöffentlichkeit publizieren, wird sich daher ihr Einfluß auf die deutsche Geschichtswissenschaft vermeintlich verringern.

Politische Beobachter in den USA betrachteten die deutsche Vereinigung mit gemischten Gefühlen. Dabei zeigte die Bevölkerung allgemein ausgesprochene Sympathie für die Befreiung der Ostdeutschen vom Post-Stalinismus und akzeptierte auch den Wunsch nach der nationalen Einheit. Westliche Militärs begrüßten die kampflose Niederlage des Warschauer Pakts, und in der Wirtschaft wurde der Sieg des Kapitalismus mit unverhohlener Genugtuung registriert. Jedoch betrachteten vor allem historisch orientierte Intellektuelle die Wiederherstellung eines deutschen Nationalstaats mit erheblicher Sorge, da sie ein größeres Deutschland mit der Gefahr politischer Aggression verbanden. Demgegenüber forderten Politiker die Aufgabe einer moralisierenden Ohnmachtshaltung und die Übernahme einer angemessenen wirtschaftlichen und militärischen Verantwortung.[48] Im angelsächsischen Bereich ist die intellektuelle Wirkung des Bruchs von 1989/90 weitaus geringer als die der Zäsur von 1945, nicht zuletzt, weil der Westen am Sturz der zweiten deutschen Diktatur weniger direkt beteiligt war.

Trotzdem verfolgt das Ausland die nun verdoppelte Aufgabe der deutschen Vergangenheitsbewältigung mit erheblicher Sorge. Jüdische Kreise haben vor allem Angst, daß die Diskussion über stalinistische Verbrechen die Erinnerung an die älteren nationalsozialistischen Untaten auslöschen wird und beide unter der abstrahierenden Formel des Totalitarismus verblassen.[49] Manche Linksintellektuelle sind von dem Zusammenbruch des Sozialismus bedrückt, denn sie interessierten sich für die DDR trotz aller ihrer Schwächen als einer Alternative zu ihrem eigenen kapitalistischen System.[50] Schriftsteller nehmen den Literaturstreit mit Unbehagen wahr, denn die Angriffe auf anerkannte Regimekritiker wie Christa Wolf als Stasi-Kollaborateure erinnern sie an den McCarthyismus der fünfziger Jahre.[51] Wissenschaftler sind von der weitgehenden

---

47 M. Geyer/K.H. Jarausch, Great Men and Postmodern Ruptures: Overcoming the „Belatedness" of German Historiography, in: German Studies Review 18 (1995), S. 253-273.
48 G.A. Craig, Germany's Bungled Unity, in: New York Review of Books, 13. Januar 1994; sowie K.H. Jarausch, American Policy Towards German Unification: Images and Interests, in: Mutual Images and Multiple Implications, S. 333-352.
49 E. Jäckel, Die doppelte Vergangenheit, in: Der Spiegel, Nr. 52, 1991, S. 39ff.; H. James/M. Stone (Hg.), When the Wall Came Down: Reactions to German Unification, London 1992, S. 165ff.
50 So z. B. T. Judt, How the East Was Won, in: New York Review of Books, 16. Dezember 1993.
51 J. Kramer, Letter from Berlin, in: New Yorker, 25. November 1991; und K. Hafner, A Nation of Readers Dumps Its Writers, in: New York Times Magazine, 10. Januar 1993.

„Abwicklung" der DDR-Kollegen erschreckt, mit denen sie ungeachtet aller Gegensätze jahrelang zusammengarbeitet haben.[52] Die diffusen Eindrücke verdichten sich zu der Furcht, daß die neue Vergangenheitsbewältigung der Untermauerung westdeutscher Dominanz dienen könnte.

Da sie wesentlich an der Entnationalisierung der deutschen Geschichte beteiligt waren, fürchten anglo-amerikanische Historiker nicht zuletzt Ansätze einer Renationalisierung der Deutungen deutscher Vergangenheit.[53] Zwar hat der Wirtschaftshistoriker Harold James in einem aufsehenerregenden Essay dafür plädiert, die Nation wieder zur zentralen analytischen Kategorie zu machen.[54] Aber der englische Sozialhistoriker Stefan Berger interpretiert die affirmativen Interpretationen von Karlheinz Weißmann oder Rainer Zitelmann als Indizien eines Rückfalls in ältere nationale Interpretationsmuster, die längst überwunden zu sein schienen. Aus ähnlicher Sorge vor neuen Entlastungsversuchen warnt der israelisch-amerikanische Kriegshistoriker Omer Bartov vor allen Historisierungstendenzen in der Erforschung des „Dritten Reichs".[55] Eine Reihe von aufmerksamen anglo-amerikanischen Beobachtern ist daher darüber besorgt, daß die Verbreitung dieser noch begrenzten neo-nationalen Strömung den kritischen Konsens über die deutsche Vergangenheit gefährden könnte.

Welche Schlußfolgerungen ergeben sich aus diesem impressionistischen Überblick über die internationale Beschäftigung mit der deutschen Geschichte? Zunächst einmal involviert diese ärgerliche Vergangenheit nicht nur die Deutschen selbst, sondern auch ihre Nachbarn und früheren Freunde wie Feinde – und sei es auch eine halbe Erdkugel entfernt. So argumentiert John Moses, daß die Teilnahme von „Anzus" Streitkräften an den Weltkriegen eine zentrale Rolle in der Herausbildung einer australischen Identität spielte.[56] Wegen der langen Dauer und des hohen Blutzolls ist der Kampf gegen den Kaiser und Hitler ein wichtiger Bestandteil der Geschichte vieler Staaten, der weiterhin ihre öffentliche Haltung gegenüber Deutschland beeinflussen wird. Trotz aller kommunistischen Repressionen nach 1945 bleibt der staatlich organisierte Rassenmord des Holocausts *das* Paradigma der Unmenschlichkeit im zwanzigsten Jahrhundert. Deswegen werden auch weiterhin Intellektuelle sowie Historiker anderer Länder dazu Stellung nehmen wollen und müssen.

Ihre Intervention wird durch die Diskrepanz zwischen öffentlichen Vorurteilen und fundierten wissenschaftlichen Urteilen kompliziert. Erstere resultieren aus der kommerziellen Ausbeutung der deutschen Verbrechen durch schlechte Filme, aus politischer

---

52 J. Kocka, Folgen der deutschen Einigung für die Geschichts- und Sozialwissenschaften, in: DA 25 (1992), S. 793ff.
53 K.H. Jarausch, Normalisierung oder Renationalisierung? Zur Umdeutung der deutschen Vergangenheit, in: GG 21 (1995), S. 571-584.
54 H. James, Vom Historikerstreit zum Historikerschweigen, Berlin 1993.
55 S. Berger, The Search for Normalcy: National Identity and Historical Consciousness in Germany since 1800, Providence 1997. Vgl. auch O. Bartov, Murder in Our Midst, New York 1996.
56 J.A. Moses (Hg.), Germany in the Pacific and Far East, 1870-1914, Brisbane 1977.

Instrumentalisierung zu nationalen Zwecken sowie aus klischeehaften, an eigene Stereotypen appellierenden Darstellungen. Letztere bauen auf einer eindrucksvollen Forschung von erstaunlichem Ausmaß, breiter Themenvielfalt und hohem wissenschaftlichen Niveau auf. In der Lehre führt diese Spannung manchmal zu konstruktiven Entladungen, aber in der Auseinandersetzung mit einem breiten Publikum erweist sich dieser Unterschied eher als frustrierend, da er zu einer andauernden Verwässerung der Präsentation der Ergebnisse zwingt. Die enormen Qualitätsunterschiede der Veröffentlichungen sowie der von anderen Prioritäten dominierte Diskussionshorizont erschweren immer wieder die internationale Kommunikation.

Trotzdem erweist sich die Einmischung des Auslands in deutsche Debatten als fruchtbar, da sie hilft, die Bildung nationaler Legenden zu verhindern. Während in anderen Ländern Geschichte relativ unreflektiert zur nationalen Identitätsbildung eingesetzt werden kann, erschwert die Internationalität der Diskussion über die deutsche Vergangenheit eine solche Instrumentalisierung. Zwar gibt es immer wieder ausländische Autoren, die wie David Irving innerdeutsche Vorurteile fördern.[57] Doch generell stärken die permanenten Fragen nach Demokratiefähigkeit, Friedfertigkeit, Toleranz, usw. kritische Perspektiven in Deutschland. Auch methodologisch sind Anregungen von außen, die ihre Zweckmäßigkeit in Werken zur deutschen Vergangenheit bewiesen haben, eine erhebliche Bereicherung. Schließlich hat die Erschließung neuer Quellen, vor allem zur Zeitgeschichte, oft von den bahnbrechenden Forschungen nichtdeutscher Kollegen profitiert.

Um der Gefahr einer Renationalisierung zu begegnen, ist die Fortsetzung der engen Zusammenarbeit zwischen anglo-amerikanischen und deutschen Historikern nach der Vereinigung doppelt nötig. Erstere werden sich daran gewöhnen müssen, weniger gut gemeinte Ratschläge zu verteilen, sondern eher verständnisvolle Fragen zu stellen. Letztere sollten weiterhin beherzt Stimmen entgegentreten, die, wie der Erlanger Helmut Diwald, das Ausland beschuldigen, die deutsche Geschichte interpretativ verbogen zu haben.[58] In der transatlantischen Diskussion sind die unterschiedlichen kulturellen und politischen Kontexte nicht nur ein Hindernis sondern auch eine Herausforderung, die durch ihre Unstimmigkeit produktive Anregungen vermittelt. Für eine Neukonzeption multipler deutscher Geschichten, die von ihren zahlreichen Brüchen und Spannungen ausgeht, ist die hier vorgestellte internationale Perspektive eine wichtige zu berücksichtigende Linie.[59]

Letztlich ist jedoch die Entwicklung eines demokratischen Geschichtsbewußtseins eine Aufgabe der Deutschen selbst. In der Rolle der Historie als „kritische Instanz" kann und soll die internationale Diskussion befruchtend eingreifen. Aber die in der Vergangenheit nie recht gelungene Verbindung von Demokratie und Identität, von Liberalismus und Patriotismus muß vor allem von deutschen Historikern und Intellektuellen

---

57 D. Irving, The Destruction of Dresden, London 1963; und ders., Hitler's War, New York 1977.
58 H. Diwald, Deutschland einig Vaterland. Geschichte unserer Gegenwart, Frankfurt a.M. 1990, S. 150ff.
59 Geyer/Jarausch, Great Men, passim.

bewältigt werden, um glaubwürdig zu sein.⁶⁰ Dabei könnte man auch auf amerikanische Erfahrungen zurückgreifen, denn dort gibt es viel Stolz auf und Liebe für das eigene Land bei gleichzeitiger Meinungsvielfalt und unerbittlicher Selbstkritik. Weder eine permanente Selbstanklage noch eine neue nationalistische Verdrängung wird den Deutschen ein stabiles und vernünftiges Selbstgefühl bescheren. Gerade die doppelte Vergangenheitsbewältigung bietet eine Chance, in Zukunft den Versuchungen der rechten wie linken Diktaturen zu widerstehen.⁶¹

---

60 Chr. Maier, „Die Republik denken", in: FAZ, 29.4.1994; und H.A. Winkler, Nationalismus, Nationalstaat und nationale Frage in Deutschland seit 1945, in: APZ, B 40/1991, S. 12ff.
61 Chr. Kleßmann, Zweierlei Vergangenheit. Über den Umgang der Deutschen mit ihrer jüngsten Geschichte nach 1945 und nach 1989, in: Eichholzbrief. Zeitschrift zur politischen Bildung, 1992, H. 2, S. 12-19; und E. Jesse, „Vergangenheitsbewältigung" nach totalitärer Herrschaft in Deutschland, in: German Studies Review, Sonderheft über Totalitarismus, 1994, S. 157ff.

Abkürzungsverzeichnis

AA/PA	Auswärtiges Amt, Bonn/Politisches Archiv
ABBAW	Archiv der Berlin-Brandenburgischen Akademie der Wissenschaften
Abs.	Absatz
AfS	Archiv für Sozialgeschichte
AHR	American Historical Review
AP	Allgemeine Personalablage
APZ	Aus Politik und Zeitgeschichte
BA/MA	Bundesarchiv/Militärarchiv
Bd.	Band
BDM	Bund Deutscher Mädel
BDVP	Bezirksdienststelle der Deutschen Volkspartei
BfV	Bundesamt für Verfassungsschutz
BGBl.	Bundesgesetzblatt
BGH	Bundesgerichtshof
Bl.	Blatt
BLHA	Brandenburgisches Landeshauptarchiv
BND	Bundesnachrichtendienst
BStU	Der Bundesbeauftragte für die Unterlagen des Staatssicherheitsdienstes der ehemaligen Deutschen Demokratischen Republik
BzG	Beiträge zur Geschichte der Arbeiterbewegung
CDU	Christlich-Demokratische Union
CIC	Counter Intelligence Corps
CISH	Comité International des Sciences Historiques
CSU	Christlich-Soziale Union
DA	Deutschland-Archiv
DAAD	Deutscher Akademischer Austauschdienst
DAK	Deutsche Akademie der Künste
Diss.	Dissertation
DIW	Deutsches Institut für Wirtschaftsforschung
Dt. BT	Deutscher Bundestag
EVG	Europäische Verteidigungsgemeinschaft
FAZ	Frankfurter Allgemeine Zeitung
FDGB	Freier Deutscher Gewerkschaftsbund
FDJ	Freie Deutsche Jugend
Fs.	Festschrift

Gbl.	Gesetzblatt
GG	Geschichte und Gesellschaft
GWU	Geschichte in Wissenschaft und Unterricht
HA	Hauptabteilung
Hg.	Herausgeber
hg.	herausgegeben
HJ	Hitler-Jugend
HO	(DDR-)Handelsorganisation
HPG	Handels- und Produktionsgenossenschaft
HV	Hauptverwaltung
HZ	Historische Zeitschrift
i.E.	im Erscheinen
i.G.	im Generalstab
Ifo	Informations- und Forschungsinstitut für Wirtschaftsforschung e.V.
IML	Institut für Marxismus-Leninismus beim ZK der SED
IMT	Internationales Militär-Tribunal
Inh.	Inhaber
ISK	Internationaler Sozialistischer Kampfbund
IVKO	Internationale Vereinigung der Kommunistischen Opposition
Jgst.	Jahrgangsstufe
KGB	Komitet gossudarstwennoi besopasnosti pri Sowete Ministrow SSSR (Komitee für Staatssicherheit)
KI	Kommunistische Internationale
KP	Kommunistische Partei
KPD	Kommunistische Partei Deutschlands
KPdSU	Kommunistische Partei der Sowjetunion
KPO	Kommunistische Partei (Opposition)
KPÖ	Kommunistische Partei Österreichs
LPG	Landwirtschaftliche Produktionsgenossenschaft
MfAA	Ministerium für Auswärtige Angelegenheiten
MfS	Ministerium für Staatssicherheit
Ms.	Manuskript
NATO	North Atlantic Treaty Organization
NB	Neu Beginnen
ND	Neues Deutschland
NS	Nationalsozialismus
NSDAP	Nationalsozialistische Deutsche Arbeiter-Partei
NWDR	Nordwestdeutscher Rundfunk

o.Pag.	ohne Paginierung
ÖLB	Örtlicher Landwirtschaftsbetrieb
OSS	Office of Strategic Services
PG	Parteigenosse
POUM	Partido Obrero de Unification Marxista
PVAP	Polnische Vereinigte Arbeiterpartei
PZV	Postzeitungsvertrieb
RIAS	Rundfunk im Amerikanischen Sektor
SAP	Sozialistische Arbeiterpartei
SAPMO-BArch	Stiftung Archiv Parteien und Massenorganisationen der DDR im Bundesarchiv
SBZ	Sowjetische Besatzungszone
SD	Sicherheitsdienst (der SS)
SDJ	Sozialistische Deutsche Jugend
SDP	Sozialdemokratische Partei (in der DDR)
SDS	Sozialistischer Deutscher Studentenbund
SED	Sozialistische Einheitspartei Deutschlands
SJV	Sozialistischer Jugendverband
SMAD	Sowjetische Militäradministration in Deutschland
SPD	Sozialdemokratische Partei Deutschlands
SRuGM	Studienkreis Rundfunk und Geschichte, Mitteilungen
SS	Schutzstaffel
StGB	Strafgesetzbuch
SWR	Sluschba Wneschnei Raswedki
VdGB	Vereinigung der Gegenseitigen Bauernhilfe
v.H.	von Hundert
VEB	Volkseigener Betrieb
VfZ	Vierteljahrshefte für Zeitgeschichte
VSWG	Vierteljahrschrift für Sozial- und Wirtschaftsgeschichte
WNN	Westfälische Neueste Nachrichten
WP	Wahlperiode
ZAA	Zeitschrift für Agrargeschichte und Agrarsoziologie
Zentrag	Zentrale Druckerei-, Einkaufs- und Revisionsgesellschaft mbH
ZfG	Zeitschrift für Geschichtswissenschaft
ZIG	Zentralinstitut für Geschichte bei der Akademie der Wissenschaften der DDR
ZK	Zentralkomitee
ZPKK	Zentrale Parteikontrollkommission

Die Autoren

Abelshauser, Werner,
geb. 1944 in Wiesloch/Baden, Diplomvolkswirt, Dr. phil., Professor für Wirtschafts- und Sozialgeschichte an der Fakultät für Geschichtswissenschaft und Philosophie der Universität Bielefeld.

Albertin, Lothar,
geb. 1924 in Ortelsburg/Ostpreußen, Dr. phil., Professor (em.) für Zeitgeschichte und Politikwissenschaft an der Universität Bielefeld.

Barck, Simone,
geb. 1944 in Stolp, Wissenschaftliche Mitarbeiterin im Zentrum für Zeithistorische Forschung Potsdam.

Bauerkämper, Arnd,
geb 1958 in Detmold, Dr. phil., Wissenschaftlicher Mitarbeiter im Zentrum für Zeithistorische Forschung Potsdam.

Bramke, Werner,
Dr. phil., geb. 1938 in Cottbus, Professor für Neuere und Neueste Geschichte an der Universität Leipzig.

Diewald-Kerkmann, Gisela,
geb. 1953 in Essen, Dr. phil., Historikerin und Diplompädagogin, Bielefeld.

Faulenbach, Bernd,
geb. 1943 in Pyritz/Pommern, Dr. phil., Professor am Forschungsinstitut für Arbeiterbildung an der Universität Bochum.

Frei, Norbert,
geb. 1955 in Frankfurt a.M., Dr. phil., Professor für Neuere und Neueste Geschichte an der Universität Bochum.

Frevert, Ute,
geb. 1954 in Schötmar, Dr. phil., Professorin an der Fakultät für Geschichtswissenschaft und Philosophie der Universität Bielefeld.

Grebing, Helga,
geb. 1930 in Berlin, Dr. phil., Professorin (em.) für Vergleichende Geschichte der internationalen Arbeiterbewegung und der sozialen Lage der Arbeiterschaft an der Universität Bochum.

Görtemaker, Manfred,
geb. 1951 in Großoldendorf, Dr. phil., Professor für Neuere Geschichte an der Universität Potsdam.

Herbert, Ulrich,
geb 1951 in Düsseldorf, Dr. phil., Professor für Neuere und Neueste Geschichte an der Universität Freiburg i.Br.

Hettling, Manfred,
geb. 1956 in Ulm, Dr. phil. habil., Fakultät für Geschichtswissenschaft und Philosophie, Universität Bielefeld.

Holzer, Jerzy,
geb. 1930 in Warschau, Dr. phil., Professor im Institut für Politische Studien, Akademie der Wissenschaften, und im Institut für Geschichte der Universität Warschau.

Hübner, Peter,
geb. 1944 in Apolda/Thüringen, Dr. sc. phil., Projektleiter im Zentrum für Zeithistorische Forschung Potsdam.

Jacobmeyer, Wolfgang,
geb. 1940 in Hannover, Dr. phil., Professor für Didaktik der Geschichte an der Universität Münster.

Jarausch, Konrad H.,
geb. 1941 in Magdeburg, PhD, Lurcy-Professor für Europäische Geschichte an der University of North Carolina, Chapel Hill, Direktor des Zentrums für Zeithistorische Forschung Potsdam.

Keßler, Mario,
geb. 1955 in Jena, Dr. phil. habil., Wissenschaftlicher Mitarbeiter im Zentrum für Zeithistorische Forschung Potsdam.

Kocka, Jürgen,
geb. 1941 in Haindorf/Sudetenland, Dr. phil. Dr. h.c., Professor für Geschichte der industriellen Welt an der Freien Universität Berlin.

Lemke, Michael,
geb.1944 in Liebenwalde/Brandenburg, Dr. phil. habil., Projektleiter im Zentrum für Zeithistorische Forschung Potsdam.

Markiewicz, Wladislaw,
geb. 1920 in Ostrowo/Provinz Posen, Professor (em.) am Institut für Soziologie der Universität Warschau, Mitglied der Polnischen Akademie der Wissenschaften.

Mooser, Josef,
geb. 1946 in Abensberg/Bayern, Dr. phil., Professor für Allgemeine Geschichte des 20. Jahrhunderts an der Universität Basel.

Pingel, Falk,
geb. 1944 in Danzig, Dr. phil., Georg-Eckert-Institut für Internationale Schulbuchforschung, Braunschweig.

Sabrow, Martin,
geb. 1954 in Kiel, Dr. phil., Projektleiter im Zentrum für Zeithistorische Forschung Potsdam.

Schildt, Axel,
geb. 1951 in Hamburg, Dr. phil., Professor am Historischen Seminar der Universität Hamburg und Stellvertretender Direktor der Forschungsstelle für Zeitgeschichte in Hamburg.

Schönhoven, Klaus,
geb. 1942 in Würzburg, Dr. phil., Professor für Politische Wissenschaft und Zeitgeschichte an der Universität Mannheim.

Steinbach, Peter,
geb. 1948 in Lage/Lippe, Dr. phil., Professor im Fachbereich Politische Wissenschaften der Freien Universität Berlin und Leiter der Gedenkstätte Deutscher Widerstand, Berlin.

Stöver, Bernd,
geb. 1961 in Oldenburg, Dr. phil., Wissenschaftlicher Mitarbeiter am Historischen Institut der Universität Potsdam.

Sywottek, Arnold,
geb. 1942 in Insterburg/Ostpreußen, Dr. phil., Professor für Neuere Geschichte an der Universität Hamburg, Direktor der Forschungsstelle für Zeitgeschichte in Hamburg.

Wagner-Kyora, Georg,
geb. 1962 in Oldenburg, Wissenschaftlicher Assistent am Institut für Geschichte der Universität Halle.

Wehler, Hans-Ulrich,
geb. 1931 in Gummersbach, Dr. phil., Professor (em.) an der Fakultät für Geschichtswissenschaft und Philosophie der Universität Bielefeld.

Zimmermann, Detlev,
geb. 1955 in Berlin, Wissenschaftlicher Mitarbeiter am Historischen Institut der Universität Potsdam.